KB203282

선학원 연구

•

덕숭총림 수덕사 기획 · 김광식 지음

도서출판 中道

발간사

불교가 이 나라에 들어와서 물질문명과 정신문명을 발전시킨 사실은 누구나 인정하는 바이다. 삼국시대에 화려했던 불교는 조선조에 들어서 수난을 당하게 되었다. 억불 숭유정책이 500여 년 동안 지속되면서 불교는 피폐해지고 국운은 쇠퇴하였다. 한국은 근대기에 일제 침략으로 식민 지배를 당하게 되었다. 그 결과 일제에 의한 한국불교의 말살 정책이 가해지자 또 다른 불교의 수난 시대가 전개되었다.

그러나 그 당시 한국불교를 걱정하는 고승들이 모여 회의를 하고 한국불교의 전통을 지키기 위한 모임을 가졌으니 그 주역은 송만공, 김남전, 강도봉 등이었다. 이들은 1920년에 일제의 사찰령과 왜색불교를 반대하는 운동을 하게 되었으니 그것이 선학원을 발기하는 최초의 모임이었다. 그 모임의 취지는 왜색불교 반대, 한국의 전통불교 고수, 선수행의 지원과 선풍 진작이었다. 이러한 좋은 뜻으로 선학원은 1921년에 출발했지만 일제 당국의 압박과 재정의 어려움으로 존폐 위기에 몰리게 되었다.

1934년 무렵, 이러한 위기를 극복하기 위해 수덕사의 송만공선사, 범어사의 오성월선사, 직지사의 김현경 스님 등이 재정을 다시 출연하여 선학원 재건운동을 하였다. 그리고 적음 스님이 만공선사에게 건당을 하여 선학원을 운영하는 실질적 책임자가 되면서 정상화를 추진하였다.

선학원은 한국 근대사에서 한국불교의 토대이고 불교정화의 출발점이 된 것은 누구나 인정하는 사실이다. 선학원의 역대 이사장은 선수행을 한 조계종의 고승들이었다. 그러나 선학원의 이사장 17대부터 선학원은 변질되기 시작하여 조계종에서 탈종하고 말았다. 선학원이 본래의 설립 정신을 망각하고 강압적 지배로 분원의 권익과 분원장의 염원을 외면한 채 운영되고 있는 현실은 참으로 안타깝다.

심지어 선학원 임원진은 선학원 설립자가 한용운 스님이라는 역사왜곡과 환부역조하는 상황까지 시도하였다. 무지의 소치인가? 아니면 의도적으로 설립자인 만공선사를 지우기 위한 처사인가? 현재 선학원 임원진의 실체는 무엇인가? 많은 의아심이 들지 않을 수 없다.

요컨대 선학원은 제자리로 돌아와야 한다. 선학원은 다시 한번 한국불교의 중심이 되어 선학원을 만든 고승들의 설립 정신을 되살려 선풍진작과 불교 발전의 기둥이 되어야 한다. 이런 상황에서 김광식교수(동국대)가 역사학자로서 냉철한 안목으로 선학원의 진실을 펴낸 학문적 고투는 우리 불교인들에게 시사하는 바가 크다. 역사를 망각한 민족에게 미래가 없다는 교훈을 생각해 본다.

2023년 2월, 덕숭산에서

설 정

❙ 펴내는 글 ❙

선학원은 한국 근현대 불교사의 중심에서 활동한 기관이다. 이 같은 선학원의 정체성은 한국불교와 조계종단의 근간으로 치열한 활동을 한 것에서 기인한다.

한국이 일제의 식민지로 전락되어, 불교가 식민지 불교체제의 억압에 있을 때 한국불교의 선 전통을 회복하기 위한 주역으로 선학원은 1921년에 출범하였다. 서울 종로구 안국동에 위치한 선학원은 선우공제회라는 수좌들의 자생적인 수행 조직체를 출범시켜 전국의 선원과 공동 행보를 걸어 갔다. 나아가서 선원 및 수좌의 보호를 견고하게 기하기 위해 선리참구원이라는 재단법인을 1934년에 출범시켰다. 이런 기반하에서 조선불교선종을 표방하고, 전국 선원 및 수좌들과 긴밀한 협력관계를 맺고 선 수행의 진작, 수좌 보호, 선의 대중화를 추진하였다. 그런 구도에서 나온 것이 수좌대회 및 선회의 개최, 고승 유교법회, 잡지 『禪苑』 및 『경허집』의 발간이었다.

8 · 15 해방 공간에서는 수행 풍토의 진작을 위해 모범총림 건설의 제안, 불교혁신 활동을 추진하였다. 그리고 1950년대에 식민지 불교의 척결, 불교의 쇄신을 기하기 위해 전개된 불교정화운동이 발발하자 선학원은 그 중심에 있었다. 선학원은 불교정화운동의 거점, 후원처로 기능하여 1962년에 조계종단이 비구승단으로 재정립되는 근거처가 되었다.

그래서 선학원은 민족불교와 정화불교를 정체성으로 내세우게 되었다. 그리고 조계종과 선학원은 같은 뿌리라는 역사인식을 가졌다. 이 같은 선학원 역사, 문화, 정체성은 조계종도들이 공인하였다. 이에 조계종도들은 사찰 설립을 하여 종단에 등록을 하였지만, 선학원에도 등록을 하는 사례도 있어 현재는 500여 사찰이 선학원에 등록되어 있다. 그러나 1980년대부터 선학원과 조계종은 운영, 관리에 대한 이견으로 일정한 갈등 구도를 형성하였다. 1994년 종단개혁 이후 그런 갈등을 해소하려는 노력이 성사되어 선학원은 조계종과 협력 관계를 가졌다. 그러나 최근 법인법을 둘러싸고 그 갈등은 재연되어 현재는 불편한 관계가 노정되고 있다. 선학원이 걸어온 길, 정체성을 고려할 때 조계종단과 선학원은 대립 구도를 해소하고 협력 관계로 재정립되어야 할 것이다.

선학원이 갖고 있는 역사, 문화, 정체성은 한국 근현대 불교사에서 결코 간과할 수 없다. 그래서 선학원에 대한 연구는 관련 학자들에 의해 지금껏 적지 않은 연구가 축적되었다. 선학원은 2006년에 부설 학술기관인 한국불교선리연구원을 출범시켜, 학술 활동을 추동하고 학회지 『선문화연구』를 매년 발간하고 있다. 요컨대 선학원의 연구는 심화되고 다변화되었다. 또한 선학원은 2021년에 『선학원 백년사』를 펴내기도 하였다.

그러나 선학원을 대중들에게 이해시킬 수 있는 단행본은 부재하였다. 그리고 문헌 기록 및 증언에 의해 선학원을 객관적으로 연구를 해야 한다는 사부대중의 요청이 제기되었다. 그래서 필자는 30년간 수행해 온 선학원에 대한 논문들을 집약하여 학계, 불교계, 조계종단, 선학원에 보고할 필요성을 느꼈다. 필자가 선학원 연구를 수행하면서 유의한 것은 술이부작, 실사구시에서 나온 객관성, 보편성이다.

필자는 이 책을 펴내면서 그동안 선학원 연구를 후원해 주신 제방의 '님'들에게 감사를 표한다. 필자는 근현대 불교사에 대한 개척적인 연구를 하면서 선학원의 주제를 가장 중요하게 인식하였다. 때문에 선학원에 대한 애정은 애틋하다. 이런 연고로 조계종단과 선학원이 원만하게 화해하고, 선학원에 연고가 있는 스님들의 수행이 깊어지길 바란다. 이런 바탕에서 선학원의 미래가 굳건하기를 발원하는 바이다.

2023년 2월, 동국대 연구실에서

김광식

목 차

제1부

선학원 역사와 문화

일제하 선학원의 운영과 성격

선학원의 설립과 전개

조선불교 선종과 수좌대회

조선불교 선종의 선회에 나타난 수좌의 동향

유교법회의 전개과정과 그 성격

정화운동의 전개과정과 성격

일제하 선학원의 운영과 성격

1. 서언

일제는 한국인의 정신 및 사상과 습합(習合)되어 있었던 불교를 적극 활용하여 식민지 정책의 일환으로 운용하고 있었다. 일제의 바로 그러한 식민지 불교정책의 요체라 이해되는 사찰령(寺刹令)과 그 시행규칙(施行規則)은 한국불교계의 존립과 모든 활동을 일제가 직접 관장하여 일제의 식민통치에 활용하는 것이었다.[1)]

따라서 일제하의 한국불교계는 이러한 일제 식민지 불교정책에 대응하면서 전통불교의 수호와 불교개혁운동을 수행하고, 나아가서는 항일민족운동에 나서야 하는 시대적 과제에 직면하게 되었다.[2)] 그러나 조선

---

1) 鄭珖鎬, 「日帝의 宗教政策과 植民地佛教」, 『韓國史學』 3, 1980.
徐景洙, 「日帝의 佛教政策 -寺刹令을 中心으로-」, 『佛教學報』 25, 1982.
崔柄憲, 「日帝佛教 浸透와 『朝鮮佛教維新論』」, 『鎭山韓基斗博士華甲紀念 韓國宗教思想의 再照明』, 1993.

2) 日帝下 佛教界의 動向과 民族意識에 대한 研究는 아래의 論考를 참고할 수 있다.
安啓賢, 「三 · 一運動과 佛教界」, 『三 · 一運動 50周年紀念 論文集』, 1969.
柳炳德, 「日帝時代의 佛教」, 『朴吉眞博士華甲紀念 韓國佛教思想史』, 1975.
金昌洙, 「韓國近代佛教界의 改革運動」, 『曉城趙明基博士追慕 佛教史學論文集』, 1988.
鄭珖鎬, 「日本 침략시기 佛教界의 민족의식」, 『尹炳奭教授華甲紀念 韓國近代史論叢』, 1990.
金昌洙, 「日帝下 佛教界의 抗日民族運動」, 『伽山李智冠스님華甲紀念 韓國佛教文化思想史』 券下, 1992.
蔡尙植, 「한말, 일제시기 梵魚寺의 사회운동」, 『韓國文化研究』 4, 1991.
金光植, 「朝鮮佛教青年會의 史的 考察」, 『韓國佛教學』 19, 1994.

후기 이래 정치 · 사회적인 측면에서 수난을 겪었던 불교계는[3] 일제의 식민통치의 본질을 이해하지 못하고 오히려 일제의 식민지 불교정책에 굴절되는 움직임도 적지 않았다.

이에, 본고는 위와 같은 일제의 식민지 불교정책과 한국불교계의 동향을 고려하면서 3 · 1운동 이후에 설립된 선학원(禪學院)의 활동과 변질을 살펴보고자 한다.[4] 선학원은 3 · 1운동의 영향과 일제의 사찰정책에 대항하려는 발로에 의하여 1921년 설립되었다. 그리고 그 운영에 있어서는 송만공(宋滿空) · 백용성(白龍城) · 한용운(韓龍雲) 등의 항일 지사들이 관여하고 있었다. 선학원은 일본불교의 영향으로 만연되어 가고 있었던 이른바 '대처식육(帶妻食肉)'에[5] 대항하면서 한국 전통불교를 수호하고자 하였다.

선학원의 이러한 성향은 일제하 불교계의 동향에서 주목할 만한 것이라 볼 수 있다. 그러나 선학원의 제반 활동은 재정문제(財政問題)로 인하여 그 존립기반에 대한 문제가 초창기부터 제기되고 있었으며, 중일전쟁 · 태평양전쟁 이후부터는 일제의 강압적인 식민통치에 굴절되는 변질을 겪게 되었다. 본고는 바로 이러한 선학원의 운영과 성격을 살펴봄

______, 「日帝下 佛教界의 總本山 建設運動과 曹溪宗」, 『한국민족운동사연구』 10, 1994.

3) 鄭珖鎬, 「日本 侵略 初期의 韓國佛教 －王朝後期의 社會 · 文化的 背景을 中心으로－」, 『伽山李智冠스님華甲紀念 韓國佛教文化思想史』 卷下, 1992.

4) 禪學院에 관련된 검토는 鄭珖鎬가 大韓佛教(1972년 5월~9월)에 「禪學院半世紀」라는 제목으로 11회의 연재로 소개 한 바가 있는데, 정광호는 이 연재물을 정리하여 「한국 전통 禪脈의 계승운동」이라는 주제로 『近代韓日佛教關係史研究』 (1994, 仁荷大學校出版部)에 所收하였다. 그리고 현재의 禪學院에서 1986년에 펴낸 『財團法人 禪學院略史』가 있는 정도이다.

5) 鄭珖鎬, 「한국 近代佛教의 '帶妻食肉'」, 『한국학연구』 3, 1991.

으로써,[6] 일제하 한국불교계의 실상과 그 성격을 이해하는 디딤돌로 삼고자 한다.

2. 선학원의 설립

1) 설립과 주도 인물

선학원 설립의 성격은 일제의 사찰정책과 밀접한 관련 하에서 이해가 가능하기 때문에 우선 일제의 사찰정책의 개요부터 살펴보고자 한다.[7] 일제는 한국을 침략하는 과정의 일환으로써 불교를 활용하고 있었다. 즉, 1911년 일제의 한국불교계에 대한 사찰정책의 근간인 사찰령이 반포되기 이전부터 일제는 조직적으로 한국불교계를 침략하기 시작하였다.[8] 일제의 그러한 사찰정책은 크게 대별하여 이해할 수 있다.

우선 첫 번째로 지적할 수 있는 것은 조선후기 이래 사회적으로 핍박을 받고 있던 한국불교계에 대한 우호적인 자세의 표출이었다. 이러한 성격의 정책을 극명하게 보여 준 것은 1895년의 승려들의 '도성출입금지 해제령(都城出入禁止 解除令)'이었다. 그러나 한국불교계는 일제에 의한

6) 禪學院의 연구를 수행함에 있어 가장 문제시 되는 것은 일제하의 제반 事情을 전하는 資料의 不足이다. 필자가 本稿를 작성함에 있어 선학원 관련 모든 자료를 검토하여 서술하였지만 限界가 적지 않을 것이다.

7) 日帝의 寺刹政策은 주) 1의 논고 참조.

8) 사찰령 반포 이전의 일본불교의 한국 침략에 대한 전후사정은 鄭珖鎬의 「'明治'佛敎의 Nationalism과 韓國침략(1, 2)」, 『近代韓日佛敎關係史硏究』 1994, 仁荷大學敎出版部 참조.

도성출입금지 해제령이 갖고 있는 본질을 직시하지 못하고 이후 일제의 사찰정책에 편승하여 불교를 '발전' 혹은 '중흥'시키려는 노력을 하게 되었다. 이는 곧 불교계가 민족과 종교문제에 대한 구분과 그에 따르는 시대적 인식에 있어서 박약할 수밖에 없었던 한계를 보여주는 것이라 하겠다.

다음 두 번째로는 1877년 부산이 개항될 때부터 시작되어 1894년 청일전쟁 이후 본격화된 일본 각 불교 종파들의 한국 진출로 대변되는 일본불교의 한국 침투라 하겠다. 이러한 일본 각 불교 종파들은 일본 제국주의의 확장의 선발대로서 그들의 호국(護國)과 호법(護法)의 논리를 앞세워 한국의 사찰 및 정계에 침투하여 일제의 한국 침략의 당위성을 구현하고 있었다. 그리하여 개항장을 중심으로 한국불교계를 침투하고 있었던 일본의 각 불교 종파들은 점차 전국적으로 그 범위를 확대하여 갔다. 이처럼 한국에 들어온 일본 불교계는 그 포교 대상을 한국에 거주하는 일본인뿐만 아니라 한국인들도 포교 대상으로 하면서, 심지어는 한국의 사찰을 장악하고 승려들도 포섭하고 있었다. 그런데 당시 한국의 일부 불교계에서는 불교계 종단을 일본 불교의 한 종파에 예속시키려는 조약까지 체결하였다. 비록, 그 사건은 한용운 · 박한영(朴漢永) · 오성월(吳惺月) 등이 중심이 되어 한국불교의 보종운동(保宗運動)인 임제종(臨濟宗) 설립 운동으로[9] 성공하지 못하였지만 이는 당시 한국불교계의 일본 불교계 침투에 대한 인식이 얼마나 희박하였나를 단적으로 보여준다.

따라서 바로 위와 같은 일제의 한국불교계의 장악 및 일본 불교의 한국 침투의 속성이 응결되어 나타난 것이 1911년 6월과 7월에 반포된 사

---

9) 姜裕文, 「最近百年間朝鮮佛敎槪觀」, 『佛敎』 100號(1932. 10).

찰령과 그 시행규칙인 것이다. 즉, 사찰령은 한국불교계를 일제의 총독부가 직접 관장하겠다는 것이었다. 이에 따라서 일제하의 불교계는 사찰 일체의 운영이 일제의 총독부 당국에 의하여 제재를 받게 되었다. 또한 사찰령에 의하여 나타난 이른바 한국불교계의 31본산체제(本山體制)도 결국은 조선총독부의 행정체제내(行政體制內)로의 편입을 의미하는 것으로, 그 이전부터의 사원 자체의 자주적인 산중공의제도(山中公議制度)는 퇴색되어 가고 통제 편의주의(統制 便宜主義)로 변질되어 갔던 것이다. 더욱이 이와 같이 일제에 의한 행정 통제위주의 사찰 운영으로 나타난 주지들이 일제의 관권에 기생하여 불교계 운영에 암적인 존재로 등장하고 있었다. 일제 관권에 의지하고 있는 주지들의 독단 및 파행과 그를 시정하려는 불교계의 수많은 갈등들은 당시 한국불교계가 갖고 있는 내적인 어려움이었다.

따라서 일제하 한국불교계는 이러한 일제의 각종 통제와 내적인 모순을 극복하고 당시 불교계가 직면하고 있는 시대적 과제를 해결해야만 되었던 것이다. 그는 곧, 한국 전통불교를 수호하면서 불교를 근대적으로 개혁하고, 아울러 당시 식민지 체제를 극복하는 항일 운동에 나서는 것이라 하겠다. 이러한 일제하 한국불교계에 대한 일제 사찰정책의 성격과 불교계의 시대적 과제를 고려하면서 선학원의 창설 전후 과정과 그 성격을 살펴보고자 한다.

서울 종로구 안국동 40번지에 있는 선학원은 1921년 8월 10일에 공사를 시작하여, 동년 10월 4일의 상량식을 거쳐 동년 11월 30일에 준공이 되었다.[10] 이처럼 선학원은 1921년에 창설되었지만, 3 · 1운동 이전부터

---

10)「禪學院創設緣起錄」,『韓國近世佛敎百年史』第二卷, pp.7~8.

서울에서 포교사로서 활동하고 있었던 다수 선사들의 불교 천양(闡揚) 의식과 3 · 1운동 이후 일제의 사찰령에 대항하려는 발로에 의하여 창설의 움직임이 시작되었다고 볼 수 있다. 즉, 범어사 포교당(梵魚寺 布敎堂)의 포교사인 김남전(金南泉)과 석왕사 포교당(釋王寺 布敎堂)의 포교사로 있던 강도봉(康道峯)의 전통 한국의 선(禪)의 부흥을 위해 중앙에 대표적인 선원(禪院)을 만들어야겠다는 합의로부터 선학원 창설은 시작되었다. 이러한 움직임은 송만공 · 백용성 · 오성월 · 김석두(金石頭) 등의 협의를 거쳐 일제의 사찰령에 예속되지 않으려는 의도가 내재한 가운데 1920년경에는 선학원 발기가 구체적으로 시작되었다.[11]

이에, 1921년 5월 15일 서울에 있었던 석왕사 포교당[12]에서 선학원 창설에 필요한 자금을 수합하기 위한 보살계 계단(菩薩戒 戒壇)이 개최되었다. 이 회의에서 김남전 2,000원, 강도봉 1,500원, 김석두 2,000원 등의 개인 현금이 희사되었고, 오성월은 인사동에 있었던 범어사 포교당을 처분하여 건립 자금으로 지원하기로 합의를 하게 된 것이다.[13] 이러한 선학원 창설 전후 과정과 설립 자금에 관한 사정을 전하는 「선학원창설연기록(禪學院創設緣起錄)」[14]을 살펴보면,

---

11) 「朝鮮禪學院의 擴張」, 『朝鮮佛敎』 3호(1924. 7. 11) 참조. 한용운은 『朝鮮佛敎維新論』의 '論參禪'에서 조선 각 寺의 禪室의 재산을 합쳐 한두 개 큰 규모의 '禪學館'을 설립할 것을 제안한 바 있다.

12) 釋王寺(咸南 安邊郡) 布敎堂은 1914년 5월 경, 서울 諫洞에 新建하고 있다는 기록으로 보아 1914년에는 포교당이 설립된 것으로 보인다. 『海東佛敎』 7호(1914. 5) 「잡화포」의 관련 내용 참조.

13) 鄭珖鎬, 「한국 전통 禪脈의 계승운동」, 『近代韓日佛敎關係史研究』, pp.190~192. 1994.

14) 『韓國近世佛敎百年史』 第二卷, pp.7~8. 이 기록은 해방이후인 1948년에 선학원 관련 인물인 金鏡峰, 康道峯, 朴石頭 등이 정리하여 남긴 것이다.

京城 都市內에 正法禪理를 布敎하기 위하여 金南泉 康道峯 金石頭 三和尙이 협의하여 發起. 左와 如히 自願金을 收合하여 辛酉年 八月 十日에 工事를 시작하여 仝年 十一月 三十日에 竣工 入宅야.

記

金貳千圓=金南泉, 金壹千五百圓=康道峯, 金貳千圓=金石頭, 金六千圓=勳洞 趙判書

申潤慈堂李光明眼, 金四千圓=勳洞 趙判書 東冕慈堂 朴光明相, 金壹萬圓=京城 信徒 一同 自願金. 計 金一萬五千五百圓也

- 家屋 二十五間과 垈地는 韓相鶴處 買入也.
- 石物及 蓋瓦는 需昌洞 於義宮에 買用也.
- 材木은 尹澤榮處에 買用也.
- 監督 金石頭
- 京城 仁寺洞 梵魚寺 布敎堂 破屋材木은 現禪學院社務所 建築에 混用이요 그 垈地는 梵漁寺에서 賣云也
- 工事人夫供은 康道峯 禪師가 京城 諫洞釋王寺 布敎師로 있어서 役人夫供也
- 禪學院 家屋名義及 垈地 名義는 金南泉 康道峯 金石頭 三和尙 名義로 하였다가 稅金 관계로 梵魚寺 名 義借用也(吳梨山 住持時)
- 安城郡 土地 小作料 貳拾石拾斗 土地는 諫洞 布敎堂 涅槃戒沓條로 本院으로 引來 也 又安城土地 小作料 參拾斗는 領議政 沈舜澤夫人 具智月華 願沓으로 納入也

그 개요가 더욱 자세히 전하고 있다. 즉, 김남전, 강도봉, 김석두 선사들의 자원금 및 일반 신도들의 자원금을 합한 15,500원의 자금과 안성군 토지(土地) 수입 그리고 범어사(梵魚寺)의 적극적인 도움으로 선학원은 창건되었다. 특히 김남전, 강도봉, 김석두 선사들은 선학원 창설 제의부터 시작해서 자금 수합 그리고 공사 진행에 이르기까지 창설을 주도하였고, 범어사도 경제적인 지원뿐만 아니라 준공 이후에는 명의 제공 등 적지 않은 후원을 한 것으로 이해된다.

위의 「선학원창설연기록」에는 선학원 창설의 목적을 '정법선리(正法禪理)'의 포교라고 간략히 전하고 있지만, 선학원 설립 의의는 간단치 않았다. 이 사정은 선학원 창건 상량문(上樑文)[15]에 전하고 있는데, 그 내용을 보면

> 六緯의 唱은 支那 宋元時로부터 始作됨이요, 自古로 有한 法은 안인則, 足히 取할 바가 無하도다. 大抵 正法千年과 像法 千年이 旣是過去하고 季法萬年中에서도 亦是 九百四十八年이나 되었으니 世道와 人心이 漸次 複雜함으로 教理의 通學과 宗旨의 宣傳이 實로 極難한 中에 各種의 教가 朝發而暮作하야 個個 自善自 是로 闡揚하니 邪正의 根과 眞.의 端이 無異於烏之雌雄이로다. 此時를 當한 佛子가 엇지 責任이 無하리오.
>
> 吾輩 六七人이 潛伏의 志를 打破하고 金剛心願을 共發하여 京城에 來居한지 數星 霜만에, 惱心焦思하난 中에 丁巳生 具氏智月化의 檀力이 有하고 梵魚寺에서 仁寺洞 教堂 全部와 兼하야 千圓金額을 寄附하기 吾輩의 蚊力에 對하야는 可謂 虎가 山에 處하고 龍이 海에 蟠함과 如하도다. 辛酉十月四日 卯時에 立柱上樑하니 此大院을 成就한 然後에는 教理研究

15) 「財團法人禪學院略史」(1986, 선학원), p.7.

하며 正法을 說示하야 佛法大海를 十方世界에 永遠 流通하기로 하노라.
世尊應化二千九百四十八年 辛酉十月 四日 大衆秩 白龍城 吳惺月 宋滿空 康道峯 金石頭 韓雪濟 金南泉 李景悅 朴普善 白俊樺 朴敦法

라 하여 그 사정을 더욱 알 수 있다. 위의 내용에 의하면, 선학원을 주도한 인물들은 여타의 종교는 교세 확장이 번성함에 비하여 불교는 상대적으로 미약한 포교에 책임 의식을 갖고 선학원을 창설하였음을 전하고 있다. 이는 곧, 한국 전통불교가 일제의 불교 침투 및 사찰정책으로 본연의 역할을 다하지 못하고 있음을 직시한 것이라 이해된다. 그러나 위의 상량문에는 일제의 사찰정책에 대한 비판과 항일의식이 확연히 노출되지는 않고 있다. 다만 선학원의 명칭을 일반 사찰처럼 사(寺)나 암(庵)이라는 명칭을 붙이지 않음으로써 은연중 일제의 사찰령에 예속되지 않겠다는 의식을[16] 파악할 수 있다. 즉 일제의 사찰령과는 전연 관계가 없는 한국불교의 전통을 계승하는 독자적인 공간을 유지하고자 하는 의식의 발로에 의하여 선학원은 창설된 것이라 볼 수 있다.

그러면 선학원 설립을 주도하여 위의 상량문에 대중질(大衆秩)로 전하는 인물들을 분석하여 선학원 설립 의의를 더욱 살펴보고자 한다. 백용성은 주지하는 바와 같이 불교계의 대표로서 3 · 1운동에 한용운과 함께 민족대표로 가담한 인물이다. 백용성은 1911년 서울로 와서 타 종교의 포교 활동에 자극을 받아 대각사(大覺寺)를 건립하여 선회(禪會)를 개설하여 도시에서의 선포교(禪布教) 활동에 전념하였다. 1912년경에는 이회광(李晦光)이 한국불교를 일본 불교의 일개 종파에 예속시키려는 매종

---

16) 鄭珖鎬, 앞의 論考.

행위를 비판하면서 나타난 임제종의 조선선종중앙포교당(朝鮮禪宗中央布教堂)[17]의 포교사(布教師)로 일하다가 3 · 1운동에 참가하였다. 3 · 1운동의 참여로 일제에 체포되어 옥고를 치르고 출감한 1921년에는 삼장역회(三藏譯會)를 조직하여 불경의 번역을 통한 불교의 대중화에 전념하였다.[18]

송만공은 근대선의 중흥조인 경허(鏡虛)의 제자로 근대기 선풍을 이끈 선사이다. 그는 천장사에서 수행을 하면서 경허의 시봉을 하였다. 경허가 범어사 · 해인사에서 결사를 추진할 때에 조력을 하였고 통도사 백운암에서 오도하였다. 경허가 삼수갑산에서 1912년에 열반에 들자, 그 이후에는 수덕사 선원에서 대중을 지도하면서 선풍을 진작하였다.[19]

강도봉은 1915년경에는 석왕사 선실 좌주(釋王寺 禪室 座主)로 있었고,[20] 1918년 경 이후에는 석왕사 경성 포교당의 포교사로 재직하고 있었다.[21] 김남전은 1917년경에는 석왕사 경성 포교당 포교사로 있다가,[22] 1918년

17) 임제종의 朝鮮禪宗中央布教堂은 梵魚寺 · 通度寺 · 白羊寺 · 大興寺 · 龜岩寺 · 華嚴寺 · 泉隱寺 · 觀音寺 · 龍興寺 등이 聯合하여 1912년 4월 10일에 건립하었으며(서울의 大寺洞), 포교당 개교식은 동년 5월 26일에 있었다. 개교식 당시 백용성은 30분간 說教를 하였으며, 한용운은 趣旨說明을 하였다. 포교당의 이런 사정은 『朝鮮佛教月報』 5호 「雜報」의 개교식 소개 내용과 「布教區現狀一覽表」, 『朝鮮佛教月報』 19호 참조.

18) 韓普光, 『龍城禪師研究』, pp.5~13, 1981

19) 「만공월면 대선사 행장」, 『만공 법어』, 덕숭산 능인선원, 1982, pp.298~327.

20) 〈彙報〉, 『佛教振興會月報』 3호(1915. 5).

21) 〈彙報〉, 『朝鮮佛教叢報』 11호(1918. 9).

22) 〈彙報〉, 『朝鮮佛教叢報』 4호.

부터는 범어사 경성 포교당[23]의 포교사로 활동하던 인물이다.[24]

오성월은 범어사 승려로서 1915년경에는 범어사 주지를 역임한 바[25] 있다. 그는 범어사 1, 2대의 주지 재직 시 선원 및 포교당 확장 등의 범어사 활성화에 진력하여 그 공로가 『불교진흥회월보(佛敎振興會月報)』에 소개될[26] 정도로 범어사의 중추적인 인물이었다. 특히 그는 1919년의 불교계가 상해에서 대한승려연합회(大韓僧侶聯合會)의 이름으로 배포한 독립선언서(獨立宣言書)의 서명자이었다. 김석두도 범어사의 승려로서 김상호(金尙鎬)·김상헌(金尙憲)과의 밀의(密議), 범어사의 이담해(李湛海), 오성월, 김경산(金擎山), 오이산(吳梨山) 등의 원로들과의 숙의하에 상해 임시정부에 군자금을 지원한[27] 이력이 있는 인물이었다. 한설제(韓雪濟)는 1917년경에는 귀주사(歸州寺)의 함흥 포교당 책임자이었지만[28] 여타의 활동 상황은 알 수 없다. 그리고 이경열(李景悅), 박보선(朴普善), 백준화(白俊樺), 박돈법(朴敦法) 등의 소속 사찰이나 여타 활동 상황은 현재로서는 알 수 없다.

---

23) 범어사 경성 포교당은 이전 임제종의 중앙선종포교당이 변경된 포교당이다. 즉, 李晦光의 圓宗과 韓龍雲이 중심이 된 臨濟宗 간의 갈등이 한국불교의 매종행위로 인하여 있던 중, 일제는 한국불교의 종명을 朝鮮佛敎禪敎兩宗으로 결정하여 이를 寺刹令에 포함시킴과 동시에 圓宗의 李晦光 姜大蓮, 臨濟宗의 韓龍雲 등에게 이를 통보하면서 원종과 임제종 宗務院의 門牌를 철거하도록 하였다. 이에 두 종의 종무원 문패는 1912년 6월경에 철거되었다고 한다. 이러한 사실로 볼 때, 임제종 포교당도 동년 6월경에는 범어사 포교당으로 변경되었을 것으로 보인다. 이러한 사정은 『朝鮮佛敎月報』 6호 「雜報」의 관련 내용 참조.

24) 〈彙報〉, 『朝鮮佛敎叢報』 11호와 「行狀」, 『南泉禪師文集』(人物硏究所 편, 1987).

25) 〈彙報〉, 『佛敎振興會月報』 3호(1915. 5).

26) 〈彙報〉, 『佛敎振興會月報』 7호(1915. 9).

27) 「3·1운동에서 8·15까지」, 『大韓佛敎』(1964. 9. 20)의 金尙昊의 回顧.

28) 「官報抄錄」, 『朝鮮佛敎叢報』 3호.

선학원 주도 인물들의 위와 같은 이력을 통하여 선학원의 주도 인물들의 성향과 선학원의 성격을 정리하고자 한다. 우선 백용성, 김석두, 오성월의 경우처럼 항일의식의 소유자를 거론할 수 있다. 그리고 백용성, 김남전, 강도봉, 한설제의 경우에서는 선사의 포교사로 활동하였던 점에 비추어볼 때 불교의 천양의식(闡揚意識)이 강렬하였음을 이해할 수 있다.

아울러 여기에서 고려할 점은 선학원 주도 인물들이 일제의 사찰정책(寺刹政策)에 강력 도전한 조선불교청년회(朝鮮佛敎青年會)에 관여하고 있다는 점이다. 조선불교청년회[29]는 1920년 6월에 창립되어 전국적인 지회 조직을 갖추고 불교의 혁신과 일제의 사찰령 철폐를 위한 투쟁을 전개하였다. 조선불교청년회는 활동의 능률을 기하기 위하여 별동대의 조직체로서 조선불교유신회를 1921년 12월에 창립하였다. 이 유신회는 1922년 1월에 그 회원 2,270명의 연서로 총독부에 정교분립(政敎分立)과 사찰령 폐지를 주창하였는데[30] 당시 15명의 대표가 그를 주도하고 있었다. 이 15명의 대표에[31] 강도봉과 김석두가 포함되었다는 사실은 선학원 성격을 이해하는 데에 시사하는 것이 크다. 이처럼 선학원 핵심 주도자이었던 강도봉과 김석두가 일제의 사찰정책에 강력히 도전한 조선불교청년회의 주도 인물이라는 점은 자연 선학원의 주도 인물들의 성향과 선학원의 창설 의의도 조선불교청년회가 지향하였던 방향과 크게 다를 수

29) 朝鮮佛教青年會의 창설 및 활동상황은 위의 「朝鮮佛教青年會의 史的 考察」 참고.

30) 『東亞日報』 1922. 4. 21일자 보도기사와 동 신문 4. 25일자 社說 「佛教維新會의 寺刹令廢止運動」 참조. 「佛教青年運動의 總決算과 그 來頭」, 『佛靑運動』 9 · 10合號.

31) 15명의 대표는 朴漢永 劉碩規 金圭鉉 林錫珍 曺學乳 李古鏡 鄭晃露 金泰煥 康道峯 趙海 金海隱 奇石虎 金方泰 金雲學 金石頭 등이었다.

가 없는 것이다.

또한, 1922년부터 선학원에 관여한 한용운과 오성월은 1911년경 친일 승려 이회광이 조선의 원종(圓宗)을 일본 조동종(曹洞宗)에 연합하려한 소위 '매종행위(賣宗行爲)'를 강력 비판하면서 한국불교 전통의 고수를 주창한 임제종 설립 운동을 주도한 바 있었다.[32] 이는 곧 한용운과 오성월의 한국 전통불교 수호 정신이 선학원의 창설의 성격과도 무관할 수 없는 것이다.

이처럼 선학원은 불교의 천양의식이 투철하고 일제의 사찰정책에 비판적인 승려들의 주도에 의해서 설립되었다. 그들은 이러한 문제의식을 갖고 있다가 3 · 1운동의 일정한 영향 아래 한국 전통불교를 수호하려는 의식을 구현한 것이다. 따라서 선학원 창설 그 자체가 이미 일제의 사찰정책에 대항하는 의식의 발로인 것이다.

2) 선우공제회의 결성과 활동

선학원을 창설한 이후 선학원에서는 선풍진작(禪風振作)을 위한 활동에 들어가게 되었는데 그는 곧 선우공제회(禪友共濟會)의 결성이었다. 1922년 3월 30일~4월 1일 선학원에서 선우공제회의 창립총회가 개최되었다.[33] 이 선우공제회는 곧 선학원의 창립 정신에 동조하고 전통 한국 선

---

32) 姜裕文, 「最近百年間朝鮮佛教概觀」, 『佛教』 100호(1932. 10).

33) 「禪房編年」, 『韓國近世佛教百年史』 第二卷, pp.9~16 참조. 이하 선우공제회의 내용 설명은 특별한 인용 註가 없으면 동일한 인용임. 『韓國近世百年史』의 선학원 관련 기록은 1972년까지 선학원에서 보관하고 있었던 선학원 창건 직후의 「禪友共濟會 會議錄」과 「禪友共濟舍 規則」에 의거한 편집 내용이다. 그러나 이러한 文獻은 현재 행방불명된 상태라 필자는 이를 열람할 수 없었다.

풍을 계승하려는 인사들이 주축이 된 모임이다. 당시 창립총회에 참석한 승려들을 소개하면, 다음과 같다.

> 白鶴鳴 吳惺月 李雪耘 金南泉 金法界 金南翁 鄭石庵 權南鏡 朴慧明 奇石虎 申幻翁 具松溪 黃龍吟 金性玟 李海山 李一虛 金載奎 李戒奉 尹祥彦 姜恩鶴 金聖敬 方妙法 姜懶聲 宋滿空 金松月 韓雪濟 尹鐵只 羅炳奎 崔道玄 林石頭 馬應虛 曹東湖 李古鏡 朴古峰 朴普善

송만공, 오성월, 백학명(白鶴鳴)을 비롯한 35명의 승려가 출석하였다. 선우공제회 창립총회는 임시 의장 황용음(黃龍吟)에 의하여 진행되었다. 당시 총회에서 발표된 선우공제회 취지서(禪友共濟會 趣旨書)의 내용은 아래와 같다.

> 去聖이 彌遠에 大法이 沈淪하여 敎徒가 曉星과 如한 중에 學者는 실로 麟角과 如하여 如來의 慧命이 殘縷를 保存키 難하도다. 多少의 學者가 有하다 할지라도 眞正한 發心衲子가 少할 뿐아니라 眞贋이 相雜하야 禪侶를 等視하는 故로 禪侶 到處에 窘迫이 常隨하야 一衣一鉢의 雲水 生涯를 支持키 難함은 實노 今日의 現狀이라. 그러나 人을 怨치 말고 己를 責하여 猛然反省할지어다. 元來로 生受를 人에게 依함은 自立自活의 道가 아닌즉 學者의 全生命을 人에게 托하여 他人의 鼻息를 俟함은 大道活命의 本意에 反할지라. 吾輩禪呂는 警醒鬪勸하여 命을 하여 道를 修하고 따라서 自立의 活路를 개척하여 禪界를 勃興하고 大道를 闡明하여 衆生을 苦海에 救하고 迷倫을 彼岸에 度할지니 만천하의

禪呂는 自立自愛할지어다.

發起人 吳惺月 李雪耘 白鶴鳴 외 79명

이 취지서에는 한국 전통의 불교가 미약하여 선풍을 진작시킬 청정비구학자들이 수행하기 어려운 경제적 상황을 지적하고 그 타개책을 제시하고 있다. 이에, 선려(禪侶)들이 타인에게 의지하지 말고 자립자애하여 한국 전통불법을 발흥하고 중생을 구제해야 된다는 사명감을 밝히고 있다. 이는 곧 일제의 사찰정책으로 점차 희미해져 가는 한국불교 전통을 계승하고, 식민지 체제하의 중생을 구제해야 된다는 절박한 시대적 각성을 구현한 것이라 이해하고자 한다. 아울러 그러한 시행 방법을 의타적인 방법보다, 자립적인 방법으로 해결하겠다는 의지를 천명한 것은 의미하는 바가 크다.

이러한 의지를 모은 당시 총회에서는 선우공제회의 운영과 제반 조직에 대한 문제도 결정하였다. 그 주요 결정사항을 정리하면 다음과 같다.

첫째, 선원의 기관에 관한 조직을 제정하였다. 즉, 선우공제회본부는 선학원에 두면서, 중앙조직은 서무부(庶務部) · 수도부(修道部) · 재무부(財務部)의 3부를 설치하였다. 그리고 지방의 지부는 망월사(望月寺), 정혜사(定慧寺), 직지사(直旨寺), 백양사(白羊寺), 범어사, 불영사(佛影寺), 건봉사(乾鳳寺), 마하연(摩訶衍), 장안사(長安寺), 월정사(月精寺), 개심사(開心寺), 통도사(通度寺), 신계사(神溪寺), 남장사(南長寺), 석왕사, 선암사(仙岩寺), 천은사(泉隱寺), 용화사(龍華寺), 해인사(海印寺) 등의 19처의 사찰에 설치하였다. 또한 공제회 제반 사항을 의결키 위하여 공제회에 의사부(議事部)를 설치하기로 하였다.

둘째, 임원선거를 실시하여 집행부를 결정하였다. 공제회 사무 집행을 위해 이사 3인과 서기 1인을 두고, 지방 지부에는 당해 지부의 중망(衆望)에 의거하여 간사 2인을 선정하기로 하였다. 이러한 방침에 의거하여 공제회 본부 임원으로, 서무부 김적음(金寂音), 재무부 김석두, 수도부 송만공 등의 이사와 김용환(金用煥) 서기를 선출하였다. 그리고 공제회 사무를 토의하는 의사부 평의원으로 오성월, 백학명, 강도봉, 임석두(林石頭), 정석암(鄭石庵), 신환옹(申幻翁), 황용음, 이해산(李海山), 권일봉(權一鳳), 박고봉(朴古峰), 기석호(奇石虎), 이각원(李覺元), 이용하(李龍河), 이계봉(李戒奉), 김남전, 권남경(權南鏡), 김초안(金初眼), 김영해(金映海), 김법융(金法融), 김경석(金敬奭) 등 20인을 선출하였다.

셋째, 공제회 유지방침의 원칙을 정하였다. 공제회의 경비는 선우의 의연금 및 희사금으로 충당하고, 각 지부 선량(禪量) 중 2할과 매년 예산액 중 잉여금을 저축하여 공제회 기본 재산으로 설정하여 각 선원을 진흥하기로 결정하였다.

넷째, 기타 사항으로 공제회 운영방침을 결정하였다. 즉, 공제회 중요사항과 공제회 재산의 수지총액 예산 · 결산 등의 일은 평의원의 과반수 이상의 의결로 집행하기로 하였다. 그리고 공제회 규칙 및 세칙의 기초위원으로 기석호, 박고봉, 이해산 3인을 선정하였는데, 규칙과 세칙은 3차 낭독 수정 후 각 지부에 공포하기로 결정하였다. 아울러 각 지방에 지부를 설립하기 위하여 지방위원을 각처로 파견하기로 하였다.

이처럼 선우공제회 창립총회에서는 조직, 임원 선출, 재정, 지방 조직, 운영방침 등의 제반 문제를 결정하였다. 창립총회가 열린 7개월 후, 선우공제회 임시총회가 1922년 11월 3일과 4일에 선학원에서 개최되었다. 임시 총회는 공제회의 활성화와 조직 재정비를 위하여 열린 것으로 보인다. 임시의장 기석호의 주재로 개최된 이 회의에 참가한 회원은 오성월, 임해봉(任海峰), 김남전, 강도봉, 이혜봉(李慧峰), 마응허(馬應虛), 한용운, 정석암, 김석두, 기석호, 신환옹, 황용음, 이계봉, 김운산(金雲山), 이탄옹(李炭翁), 박보선, 김성민(金性敏), 이각원, 나병귀(羅炳龜) 등[34]이었다.

이 회의에서 논의된 주요 사항은 지부 조직과 선원증설 문제, 그리고 임원보강 등이었다. 즉, 선우공제회의 본부 · 지부의 명칭을 삭제하고 본부는 사무소로, 지부는 모선원(某禪院)으로 칭하기로 하였다. 공제회의 유지를 담당하는 7인의 전무위원으로 기석호, 이각원, 임해봉, 이혜봉, 강도봉, 김남전, 김영해 등을 선정하였다. 또한 지방의 선원을 증설하기 위해 임해봉, 이혜봉, 이탄옹, 신환옹 등을 지방위원으로 선정하여 활동을 하도록 하였다. 그리고 창립총회 당시에 선출한 중앙의 임원중 재무부 이사인 김석두가 신병으로 사면하기를 요청하였으나 수리하지 않고 박보선을 임시로 대리케 하였으며, 본부 사무소의 전무간사로 기석호를 선출하였다.[35] 아울러 공제회로 들어오는 신입토지의 증명은 해당 선원

34) 이중 吳惺月은 서무부 理事 代理로, 黃龍吟은 수도부 理事 代理로, 馬應虛는 評議員 金載奎 代理로, 李惠峰은 孤雲禪院 代表로 이 회의에 참가하였다. 그리고, 南長 · 把溪禪院에서는 사고로 因하여 총회에 참석할 수 없어 총회 결의에 따르겠다는 公函이 있었다고 한다.

35) 專務幹事는 월 50圓의 給與를 주기로 定하였는데, 그 비용은 각 禪院에서 每月 일정액의 禪米와 負擔金을 내기로 결의하였다. 그 내역은 梵魚寺 禪院에서 禪米 4斗 5升과 4원의 부담금을, 直旨寺 禪院에서는 禪米 6斗를, 定慧寺 禪院에서 禪米 4斗 5升과 4원의 부담금을, 望月寺 禪院에서 3斗의 禪米를, 摩訶衍 禪院에서 4斗 5升의 禪米와 4원의 부담금을, 共濟會 社務所에서 5원의 부담금을 擔當하기로 하였다. 이러한 방법으로도 費用이 부족하여 金南泉 康道峯 金石頭 吳惺月 등이 每月 1원씩 義捐하기로 自願하였다.

에서 신용자 3인의 연서로 증명을 얻고, 신용자 3인이 공제회에 대하여 임시관리의 계약서를 작성하기로 결정하였다. 이처럼 1922년의 선우공제회는 조직과 운영방침을 확정하여 전국의 선원이 선학원에 위치하고 있는 공제회 사무소를 정점으로 효율적으로 운영될 수 있는 근간을 마련하였다.

선우공제회는 이러한 운영의 근간을 유지하면서 1923년 3월 29일에는 선학원에서 제2회 정기 총회를 개최하기에 이르렀다. 임시 의장 기석호에 의해 진행된 이 회의에 참석한 인사는 마하연 대표 방해명(方海明) · 김숙암(金淑庵), 직지사 대표 고해담(高海潭), 통도사 대표 황경운(黃耕雲), 천은사 대표 이규환(李圭煥), 범어사 대표 심원전(沈圓田), 불영사 대표 신환옹, 정혜사 대표 황용음, 망월사 대표 구송계(具松溪), 선학원 대표 기석호 · 김남전 · 강도봉 · 이해산 · 정석암 · 하용주(河龍珠) 등이었다. 이 총회에서는 지난 1년간의 각 선원들의 보고를 듣고, 임원 개선과 기타 운영에 대한 문제를 결정하였다.

그 개요를 정리하면, 각 선원들은 선원의 안거자가 작란(作亂) 없이 선학의 정진이 순탄하였고, 공제회의 발전에 대한 희망이 있음을 지적하기도 하였다.[36] 공제회의 미결사항으로 되어 있는 재래의 선원토지에 대해서는 선원으로 이전하거나 여의치 못하면 그 토지의 전 수입은 해당 선원에서 처리하도록 결정하였다.[37] 그리고 이 총회에서는 공제회 유지에 대한 그간의 원칙을 수정하였다. 이전의 원칙은 선우의 의연금 및 희사

36) 당시 共濟會 財産은 米와 錢의 합계액 20,000원 정도라고 전하고 있다. 보고 당시, 공제회가 희망이 있다는 것은 이러한 재산 축적의 결과를 긍정적으로 본 것이라 이해된다.

37) 이러한 조치를 추진하기 위하여 平議員을 實行委員으로 兼務시키기로 하였다.

금과 지부의 선량 2할과 매년 예산 잉여의 저축금을 기본재산으로 유지하는 것이었으나, 이를 수정하여 선우공제회 유지는 재래의 선원토지와 신인토지의 수입 2/10와 기타 희사금으로 운영하는 것으로 하였다. 이는 곧 선우들의 지원금을 통한 유지에서 선원의 토지수입과 각종 희사금으로 변경된 것을 의미하는 것이다. 이는 선우들 개개인의 생활도 어려운 형편에서 실제로 염출하기가 어려웠다는 사정을 지적해 주는 것이다.

그리고 이 총회에서는 이사진과 평의원을 개선하였다. 이사로는 서무부 기석호, 재무부 신환옹, 수도부 강도봉 등이 선출되었다. 평의원에 선출된 각 선원의 소속 인사들은 마하연에 이계봉(李戒峰) · 김숙암, 직지사에 윤퇴운(尹退雲) · 피중현(皮重鉉), 통도사에 김성해(金聖海) · 이명산(李冥山), 범어사에 강영명(姜永明) · 김설산(金雪山) · 김경석(金慶奭), 천은사에 하용화(河龍華) · 정대하(鄭大河), 정혜사에 황용음 · 길호연(吉浩然), 불영사에 이보화(李寶化) · 김법융, 망월사에 정석암 · 이해산, 해인사에 김영해(金泳海) · 김영수(金英守), 월정사에 박혜명(朴慧明) 등이었다.

그런데 선학원 및 선우공제회의 정상적인 운영은 결국 원만한 재정확립이 관건이었다. 이 문제는 추후 선우공제회의 부실로 이어지지만 그 당시에서도 중요한 문제였다. 그리하여 이 총회에서도 이 문제가 중요한 의제로 논의되었다. 즉 자량이 있는 선우는 반드시 그 책임을 다해야 되고 능력이 있는 데에도 책임을 다하지 않으면 상당한 방침을[38] 가하기로 결정하였다. 1922년 11월에 개최된 임시 총회에서 결정된 전무간사를 철회하여 재무부 이사가 그를 대신하기로 하고 그간 월 50원의 급여를 월 20원의 급여로 인하시킨 것도 재정의 문제와 무관할 수는 없는

38) 상당한 방침의 내용과 성격을 알 수는 없다.

사정이었다.[39)]

1924년 3월 15일에는 선우공제회 사무소(선학원)에서 제3회 정기총회가 개최되었다. 임시의장 한용운의 사회로 진행된 이 총회는 공제회 사무소의 강도봉(康道奉)・김남전・한용운・신환옹・김덕률(金德律)・김세례(金世禮), 범어사의 오이산, 직지사의 서대암(徐大岩)・허일권(許一權), 망월사의 김성민(金性玟), 통도사의 양병선(梁柄善), 해인사의 김정암(金定庵)・정영신(鄭永信)・김거봉(金巨奉), 보덕사(報德寺)의 이각원, 정혜사의 황용음・김초안 등이 참석하였다. 당시 논의된 주요 사항은 정관과 법인등기의 문제, 공제회 사무소 유지, 임원 개선 등이었다.

우선 정관에 대한 문제를 보면, 공제회 서기가 사단법인 선우공제회 정관을 보고하자 이의가 없어 이를 결정하였다고 한다. 그런데 당시에 결정한 정관은 이미 1923년 9월 6일에 사단법인 선우공제회 설립 허가원을 총독부에 제출하였다는 것을 보아 9월 이전에 작성되었을 것으로 보인다. 이 정관은 현재 전하지 않아 그 내용을 알 수는 없지만, 동년 12월 20일에 총독부 학무국으로부터 법인 정관의 일부를 개정하라는 이유로 반송되어 12월 25일에 수정하여 접수시킨 이후에도 수차 교섭하여 불원간 허가될 것으로 예상하였다고 한다. 총독부가 정관의 내용을 수정한 것은 추측건대, 공제회 유지를 위한 방침 중 각 선원의 토지를 공제회로 소유권을 변경하는 것과 관련이 있을 것으로 보인다. 왜냐하면 당시의 모든 사찰은 사찰령에 의하여 토지를 비롯한 모든 재산의 변동은 총독부의 사전 승인을 받아야 하기 때문이다.

---

39) 幹事 20원에 대한 각 禪院의 配當을 보면 泉隱寺 1원, 直旨寺 2원, 摩訶衍 2원, 定慧寺 2원, 通度寺 4원, 佛影寺 3원, 梵魚寺 4원, 共濟會 事務所(禪學院) 2원 등이었다.

다음으로는 공제회 사무소 유지에 대한 문제를 살펴보고자 한다. 공제회의 목적을 철저히 이행하기 위해 공제회 사무소에서 선회 경영을 하여 선음(禪音)을 선전하기로 하였다. 그리고 이러한 활동에 소요되는 경비는 공제회에 신납한 토지수입 1/5과 각 선원의 고유재산 수입 1/10의 수합 및 선학원의 헌공금 및 희사금으로써 충당하기로 하였다. 또한 지방에 위원을 파견하여 공제회 사무소 경비를 수합케 하되 그 위원의 선정은 간부에게 일임하였다. 1924년에는 일부 사찰에서 부동산을 헌납하여 점차 재정 기반이 구축되기도 하였다. 즉 불영사에서는 이설운(李雪耘)의 답(畓) 연수(年收) 80석 상당을, 해인사에서는 김영해 답 10,101평과 전(田) 764평을, 표훈사(表訓寺)에서는 이성혜(李性惠) 답 3,255평 이성윤(李性潤) 답 4,228평 김도권(金道權) 답 21두락(斗落)을, 정혜사 송만공 답 6,173평을 각각 헌납하였다. 그러나 1924년의 예산의 결산를 보면 수입이 563원 38전이고 지출이 300원 3전이었다는 것을 보면 공제회의 운영과 사업 추진은 원만한 형편은 아니라 하겠다.[40)]

이 총회에서는 임원도 재선하였다. 그 내용을 보면, 이사로는 서무부에 강도봉, 재무부에 신환옹, 수도부에 한용운 등이 선출되었다. 그리고 이때에 처음으로 각 부의 간사가 선임되었는데, 서무부에 김정암, 재무부에 김초안, 수도부에 이각원 등이었다. 평의원으로는 윤퇴운, 황경운, 오이산, 김영해, 김보광(金普光), 김석두, 이설운, 김덕률, 김남전, 김성해, 서대암, 오성월, 이혜봉, 기석호, 전서경(全西耕), 김법융, 이보화, 김

40) 『朝鮮佛敎』 3호(1924. 7. 11)에 의하면 金南泉이 禪學院의 발전을 위해 私有財産 一萬圓을 寄附하였다고 전하고 있다. 이 기사를 신뢰한다면 위의 예산 상황은 이해하기가 곤란하다. 그러나 정상적인 예산이 문제가 되니 김남전이 기부한 것으로 볼 수도 있다.

성경(金性敬), 김명오(金明旿), 한설비(韓雪鼻) 등이 선출되었다. 그리고 이 총회에서 주목할 것은 법주로 신혜월(申慧月) 선사를 위촉하였다는 것이다. 신혜월 선사는 근대 한국선의 중흥조로 일컫는 경허(鏡虛) 선사의 제자로서 선풍 구현에 명망을 떨치던 승려였다.[41] 이러한 제반 활동을 추진하였던 1924년경의 선우공제회는 통상회원 203인과 특별회원 162인을 합하여 365인의 회원이[42] 소속되어 있었다.

지금까지 살펴본 바와 같이 전통 한국의 선과 불조정맥(佛祖正脈)을 중흥하기 위하여 세워진 선학원에는 선학원 창립 정신을 구현할 조직체로서의 선우공제회가 결성되어 본격적인 활동에 들어갔다. 선우공제회는 전국의 선원과 청정비구들을 조직과 회원으로 설정하고 선풍진작과 선수행의 상부상조의 정신을 실천해 갔다. 그러므로 선학원은 이러한 선우공제회의 사무소가 위치하고 있었기에 자연 전국 선원과 선사들의 중심 기관이 되었다.

3. 선학원의 침체와 재건

1) 선학원 활동의 부진

선학원과 선우공제회가 전통 한국의 선의 부흥과 불조정맥을 계승하

41) 『韓國佛敎人名辭典』(李政 編, 1993, 불교시대사), pp.342~343.

42) 『朝鮮佛敎』 3호(1924. 7. 11)에는 당시 회원을 230명 가량이라고 전하면서 회원이 점차 증가할 경향이 있다고 하였다. 이 230명의 인원은 통상 회원을 지칭한 것이라고 이해된다.

기 위해 각기 설립되었지만 존립에 대한 근원적인 문제는 앞서 살펴 본 대로 재정의 문제라고 볼 수 있다. 1924년경에 정혜사, 표훈사, 해인사, 불영사 등에서 전답이 어느 정도 공제회로 헌납되었다고 전하지만 이 토지의 수입 1/5 정도와 기타 해당 선원이 제공하는 1/10의 경비로서는 어려움이 많았다고 볼 수 있다. 당시 해당 선원이 소속되어 있는 사찰에서 선원 경비를 충분히 제공하지 않을 경우에는 문제가 더욱 심각한 것이다.

실제 일제하 각종 기록에 산견되는 바에 의하면 일제의 관권에 의탁하면서 종단과 사찰의 운영권을 갖고 있던 주지들은 점차 전통선원에 대한 인식이 희박하였음을 알 수 있다.[43] 그리고 그들은 일본 불교의 영향으로 대부분 대처(帶妻)생활을 하고 있었기에[44] 자연 선학원 및 선우공제회에 관여하는 수좌들을 배척할 수 있는 소지를 다분히 갖고 있었다. 이러한 형편이 당시 선을 공부하는 수좌들이 선방에서 기거하기도 어렵다는 상황으로 전하고 있는 것이다. 예컨대, 선우공제회 취지서에서도[45] 선려들이 각처에서 배척받고 심지어는 '일의일발(一衣一鉢)'의 생활도 유지하기 어려운 형편임을 단적으로 전하고 있다. 이러한 수행납자의 처지를 자세히 전하는 아래의 내용에도

---

43) 禪院에 대한 認識不在는 「佛教中央行政에 對한 希望과 不滿」, 『佛教』 93호(1932. 3)의 姜東秀의 意見에 잘 나와 있다. 이에 따르면, 朝鮮佛教의 大意는 禪 · 教라고 하면서 中央教務院에 禪院과 講院을 전연 설치하지도 않고 그를 지원도 안 한다는 비판은 그를 대변해준다고 하겠다.

44) 鄭珖鎬, 「한국 近代佛教의 '帶妻食肉'」, 『한국학연구』 3호, 1990, pp.96~100.

45) 『韓國近世佛教百年史』 제2권, pp.9~10.

> 現今 朝鮮寺刹에서 二十年이나 三十年 동안을 久參衲子로 禪院生活을 하는 眞實한 修行衲子의 末路를 보면 悲慘하기 짝이 없다. 그네의 向하는 바는 갈수록 山이요 갈수록 물이라 어느 곳이든지 住接할 데가 없다. 獨身으로 지내는 몸이 되고 본즉 世俗生活과 다름이 업는 在家寺院에 드러가서는 발부칠 곳이 업스며 金錢이 없자한즉 無人空庵 같은데 가서는 먹고 공부할 수가 없다. 그럼으로 할 수 없이 不完全한 禪室이나마 차저가면 한 三冬을 지내기가 무섭게 廢止宣言을 듣고 逐出을 당하며 또는 設使廢止까지는 안이 이른다 할지라도 우리 禪院은 糧食이 업슴으로 人員을 制限하기 때문에 한사람이라도 더 방부를 바들수가 업다고 拒絶을 당하고 만다. 그래서 春風秋雨에 懷恨음 품고 荒凉街路에 서서 左往右往하다가 佛如意하게 病이 들든지 하면 看護 한번 받지 못하고 行旅死亡이 되는 자가 非一非再하다[46]

라고 전하는 바와 같이 선을 수행하는 납자의 비참한 생활을 알 수 있다. 그런데, 수행납자들의 이러한 형편은 그 개인의 문제가 아니었다. 이는 위에서도 잠시 밝힌 바 있지만 한국불교 전통이 점차 희미해져 가고 특히 일제의 사찰정책으로 인하여 대처 풍조가 만연되어 가는 추세, 그리고 종단 및 해당 사찰들이 선원들을 미약하게 지원하는 상황 하에서 수행납자들의 형편은 자연 선원의 성쇠와 함께 하였다. 당시 선원의 형편을 전하는 아래의 내용에 의하면

46) 金泰洽, 「護禪論」, 『禪苑』 2호(1932. 2), pp.6~7.

> 地方의 幾個寺가 自發的으로 若干의 禪室을 維持하야 空寺를 守直케 함에 不過하고 朝鮮佛教의 體面을 有志할만한 研心成道의 選佛場으로서 朝鮮佛教의 機關自身이 設立하야 公認된 禪院은 一所도 업다고 하야도 過言이 아니다[47]

그 대강의 실정을 알 수 있다. 이렇듯 일제하 선원과 그 선원에서 수행하는 납자들의 제반 여건이 불안하고 존립 자체도 미약한 상황 하에서,[48] 바로 그들을 조직 및 회원의 기초 하에서 운영되고 있는 선우공제회의 존립도 동질적이라 볼 수 있다.

지금까지 잠시 살펴본 선원과 납자들의 제반 형편의 문제로 요컨대 선우공제회도 1924년경부터는 운영난에 직면한 것으로 보인다.[49] 즉, 공제회사무소를 재정 문제로 인하여 1924년 4월경에는 잠시 김천 직지

---

47) 위와 같음.

48) 이러한 事情을 살필 수 있는 內容을 소개하면 다음과 같다. "江原道 金剛山 表訓寺 境內에 있는 東國 第一 禪院인 摩訶衍을 年來에 閉壁하여 禪衆이 安居치 못하게 됨은 一般의 遺憾" (〈彙報〉, 『佛教』 30호(1926. 12)). "江原道 淮陽郡 金剛山 摩訶衍은 北方의 唯一한 禪院이엿으나 財政困難으로 不得已 閉壁케 되었든바"(〈彙報〉, 『佛教』 49호(1928. 7)). "海印寺의 近況……專修禪院 擴張 : 當寺 堆雪堂은 古來로 禪業을 專修하던 道場이나, 오래 空虛됨을 慨歎하야 大正 十三年夏부터 姜普月氏가 院主가 되야 房舍를 修繕하고 規模를 擴張하야 多數한 禪衆을 安居케 하얏는대 現 監院 徐對岩氏는 外護에 獻身 努力하며"(〈彙報〉『佛教』 29호(1926. 11)). "慶北 開慶군 大乘寺에서는 從來로 修禪興學을 힘써 오든 바이나 不得已한 事情으로 暫時동안 停止하엿더니 去九月부터 碍院及講院을 영원히 繼續코저 하엿다더라"(〈彙報〉, 『佛教』 55호(1929. 1)).

49) 1924년 1월 5일, 통도사 · 범어사 · 석왕사 등의 3본산이 주도하던 總務院에서 禪學 진흥을 위해 禪學院을 총무원 直轄로 경영하기로 결정하였다고 하나, 그 총무원은 1924년 4월경에 교무원으로 합류되어 실제 그 결정이 실행에 옮겨졌는지는 의문시된다. 그러나 이런 사정이 나오게 된 것도 선학원의 경영 부실과 무관할 수는 없는 것이다.(「佛教總務院總會」, 『朝鮮日報』 1924. 1. 5. 내용 참조).

사(直指寺)로 옮겼다는 것이나,[50] 선학원 및 선우공제회에서 중요 활동을 하고 있었던 김남전이 1924년경에 직지사에 있다가 통도사로 주석하여 있었다는 사실들은[51] 바로 그러한 정황을 반영하는 것이다. 따라서 공제회 사무소로 이용되고 있었던 선학원은 건물만 있었지 활동은 중단되었다고 볼 수 있다.

이에 선학원은 1926년 5월 1일부터는 그 이전부터 선학원에 연고권을 갖고 있었던 범어사 포교소로 전환되었다.[52] 이러한 선학원의 변동은 당시 언론에서도[53]

> 慶南 東來郡 北面 青龍里 朝鮮佛教 禪宗派 大本山 梵魚寺에서는 시내 안국동 사십번지에 布教所를 설치하고자 계획 중이든 바 지난일일에 설립하였다는 것을 경성부윤에게 제출하였더라

라고 보도하였다. 선학원이 이와 같이 범어사 포교당으로 전환되자[54] 자연 선학원과 선우공제회는 명맥이 단절된 것으로 보인다. 그리하여 선학원 관련 인사는 자연 각기 인연에 따라 흩어지고 재기를 기다릴 수 밖에 없었을 것이다. 예컨대 선우공제회 창립 당시부터 주요 역할을 한

---

50) 鄭珖鎬, 주) 13의 論考, p.198.

51) 『金南泉禪師文集』(人物硏究所, 1978), p.213.

52) 「官報抄錄」, 『佛教』 30호(1926. 12)에는 禪刹 大本山 梵魚寺 京城布教所가 京幾道 京城府 安國洞 40번지에 설치되었음을 전하고 있다.

53) 『東亞日報』 1926. 5. 6일자 보도기사.

54) 禪學院이 梵魚寺 布教堂으로 변동되었어도 일반 대중들은 기존의 禪學院으로 호칭하였을 것으로 보인다. 실례로 1926년 6 · 10만세운동이 발발하기 직전 선학원에 있던 한용운을 사전 검거하였는데, 당시 보도기사에는 한용운이 선학원 문전에서 검거하였다고 보도하였다. 『東亞日報』 1926년 6. 9일자 보도기사 참조.

것으로 이해되는 백학명 선사는 재단법인 조선불교중앙교무원(朝鮮佛教中央教務院)이 각황교당(覺皇教堂)을 중앙선원으로 변경하여 운영하게 되자, 그 회주 즉 책임자로 가게 되었다.[55)]

선학원의 폐쇄와 선우공제회의 해산은 곧 한국 전통불교의 명맥의 계승이 단절됨을 의미하는 것이라 볼 수 있다. 이러한 의미는 1927년 경, 송만공 선사가 아래의 「선림계서(禪林契序)」[56)]에서,

> 슬프다! 大法이 沈淪하매 마구니와 外道가 熾然하여 실과 같이 위태한 부처님의 慧命을 保存하기 어려움은 實로 오늘의 現狀이다.
> 이에 百가지 弊端이 일어나 諸山의 學者가 內로는 發心의 기틀을 잃고, 外으로는 메마름을 治療할 바탕이 없으므로, 이에 느낀바 있어 작으나마 助道의 資量을 近域 禪林에 香을 사르고 바치노니

라고 당시 불교계의 위기 상황을 지적한 내용과 동질적인 것이다.

2) 선학원의 재건과 전선수좌대회의 개최

선학원의 재건은 선학원 중흥의 지대한 영향을 끼친 김적음 선사가 1931년 1월 21일에 선학원을 인수하면서 마감하게 되었다. 이러한 선학원 재건의 전후 사정은 아래의 내용에 나온다.

---

55) 『東亞日報』 1927. 3. 15일자 보도기사와 〈彙報〉, 「覺皇教堂을 禪院으로 決定」, 『佛教』 34호(1927. 4) 참조.

56) 『滿空法語』(1982, 德崇山能仁禪院), pp.206~210.

京城 禪學院은 禪學을 表闡하기 爲하여 創設된 바 多少의 拘碍로서 十餘年間根本 目的을 達치 못하고 沈滯中에 잇서서 一般信徒와 創設한 諸大德은 實로히 만흔 遺感으로 넉여섯다. 그러자 客年冬에 金尙昊氏 周旋으로 全錦明院主로부터 金寂音 和尙이 引繼하얏으니 時는 一月 二十一日이었다[57]

침체에 있는 선학원을 인수한 김적음은 1930년 초 서울로 올라온 인물인데 그는 침술과 한약 시술 전문가로서 많은 부를 축적하였다고 한다.[58] 이에 김적음이라는 중흥조를 만나 선학원은 점차 정상적인 활동을 할 수 있게 되었다.

인계 즉시 선학원에서 이탄옹 화상의 입승으로 납자 및 신도 20여 명이 참가한 참선을 시작하였다. 또한 한용운, 이탄옹, 유엽(柳葉), 김남전, 도진호(都鎭鎬), 김경주(金敬注), 김태흡(金泰洽), 송만공, 조금포(趙錦圃), 백용성 등이 일반 대중들에게 설법(說法) · 강화(講話) 등의 행사를 거행하면서 점차 선학원을 대중적 운영의 방향으로 추진해 갔다.[59] 그리고 선학원 재건 이후 주목할 것은 선학원 대중화를 위한 남녀선우회가 조직되었다는 것이다. 그 회원이 70여 명이라는 적은 인원이었지만 이는 선학원 재건에 일익을 담당하였을 것이다. 이와 같이 선학원은 재건 이전보다 선풍진작을 활발히 전개하면서 선풍 대중화에 주력하였음을 알 수 있다.

이러한 선풍 대중화에서 주목되는 것은 선을 대중적으로 표천(表闡)하기

---

57) 「禪學院 日記抄要」, 『禪苑』 1號(1931. 10).
58) 鄭珖鎬 앞의 論考, pp.198~199.
59) 「日記抄要」, 『禪苑』 1 · 2號.

위하여 『선원(禪苑)』이라는 잡지의 간행이었다. 즉, 1931년 10월 6일에 창간된 『선원』은 선학원이 보다 적극적으로 선의 대중화를 기하려는 의도와 무관할 수는 없는 것이다. 이는 재정의 여건도 양호하여 가능한 것이지만 선학원의 활성화는 일반 대중의 기반하에서 가능하다는 것을 이해하였기 때문일 것이다. 『선원』은 창간호와 2호 · 3호는 정상적으로 간행되었지만, 4호는 선학원의 조직 개편의 문제로 인하여 늦게 간행되기도 하였다.[60)]『선원』은 통권 4호까지 간행되어 현재까지 전하고 있다. 이러한 『선원』의 간행의 의의는 창간호 창간사에서[61)] 살펴볼 수 있다. 그 내용을 보면

> 우리 佛教 가운데도 禪宗에 있어서 端的하게 宗趣와 法門을 드러본다고 할 것 같으면 佛心으로써 宗旨를 삼고 無門으로써 法門을 삼습니다. 이러고 본즉 肉眼으로 볼 수 업는 佛心이어니 엇지 차자내며 임의 門이 엇거니 엇지 차자들잇가 그럼으로 從門人者는 不是家珍이요 從緣得者는 始終成壞라 하겟습니다. 그러기에 達魔大師께서는 不立文字하고 直指人心하야 見性成佛의 道理를 端的하게 가르쳐 주섯습니다. 우리가 이런 것을 생각하면 禪苑이라는 雜誌를 世上에 내여노음도 無風起浪이요 호육 완창(剜瘡)일뿐더러 방맹이를 들어 달을 치며 신을 隔하여 가려운 곳을 글는 것과 다름 업슬 것입니다.

이라 하여, 선종(禪宗)의 종취(宗趣)와 법문(法門)은 불심(佛心)과 무문(無門)

---

60) 『禪苑』 3호는 1932년 8월에 나왔는데, 4호는 1935년 10월에 발행되었다. 4호의 「編輯餘言」에는 선학원이 선리참구원으로 변경된 것 등의 여파로 늦게 발행되었다고 전한다. 선학원의 이러한 조직 개편은 다음 章에서 서술할 것이다.

61) 『禪苑』 創刊號(1931. 10), pp.2~3.

인데 이는 납자(衲子)와 대중(大衆)이 체득하기 어려운 사정임을 지적하고

> 佛教에서는 이 靈而覺하고 寂而照하는 一物을 가르처서 혹은 佛이라 혹은 如來라 일르며 禪宗에서는 이것을 가르처서 或은 一靈의 眞性이라 或은 涅槃의 妙心이라 하는바 禪學의 工夫로써 此一物을 發見하고 捕促하는 妙理가 至簡至易하고 至明至妙하야 直下에 信得하면 本來成佛이라 瓦礫이 方光하고 當下에 悟入하면 觸處에 解脫이라 淨域이 脚下에 建設되는 것입니다. 그러나 이런 理致를 입으로 말하지 아니 하고 붓으로 써보지 아니하면 누가 알겟습닛가. 그래서 本是부터 文字에 서투른 禪學의 修者라도 時代가 時代인 만큼 精究默守만 할 때가 아니라 하야 本誌를 世上에 보내게 된지라 蕪辭로써 창간사를 代하는 바로소이다.

이라 하여 불교의 깨달음을 표현하는 진성(眞性)·묘심(妙心)의 이치를 정구묵수(精究默守)만 하지 않고 일반 대중들에게 적극적으로 알려야 하겠다는 시대적 각성을 제시하고 있다.

선학원은 이러한 재건 및 대중화 활동을 통하여 점차 예전의 선의 중심기관의 역할을 회복하면서 전선수좌대회(全禪首座大會)를 개최하기에 이르렀다. 1931년 3월 14일에 전선수좌대회 소집문 발송을 하고, 김적음이 집회 개최 개최에 관한 교섭을 일제 당국과 하였다.[62] 이에 동년 3월 23일 선학원 대방에서 수좌대회를 개최하였다. 당시 회의 내용은 전하는 것이 없어 자세히 알 수는 없지만, 불교계 대표기관인 교무원 종

---

62) 「禪學院日記抄要」, 『禪苑』 創刊號(1931. 10), pp.28~29.

회[63]에 중앙선원 설치 건의안을 제출하고 김적음이 설명을 하였다고 한다.[64] 그러나 종회에서는 선원 설치 건의안은 찬동하였으나 예산 부족으로 부결되었다.

선학원이 전선수좌대회를 개최하고 교무원 종회에 중앙선원 설치 건의안을 제출하게 된 것은 선학원이 선원의 중앙기관이라는 자부와 선학원이 재정 자립에 있어서도 큰 발전이 된 여건하에서 나온 것이라 하겠다. 전선수좌대회라는 대회명칭을 표방할 수 있는 것도 바로 이러한 자신감에서 가능한 것이라 볼 수 있다.

선학원은 이러한 기반하에서 점차 그 위상을 상승시켜 갔을 것이다. 즉, 선방중수에 대한 희사금을 모집한다거나, 부인선우회(婦人蟬友會)에서 재만동포구제회(在滿同胞救濟會)에 현금과 의복을 지원할 수 있었던 일들이[65] 바로 그러한 사정을 말해주는 것이다. 동안거 결제도 예전보다 다수의 납자가 참여하고 결제 중에 선규가 제정되어 진행되는 것도[66] 선

63) 教務院 宗會는 財團法人 教務院이 아니라, 1929년 朝鮮佛教禪教兩宗僧侶大會의 산물로 등장한 불교계 통일기관으로서의 宗會와 그 사무기관인 教務院이었다. 이 승려대회 이전에는 불교계에 종회라는 것이 없었다. 승려대회에 관해서는「朝鮮佛教禪教兩宗僧侶大會舍錄」,『佛教』56호(1929. 2) 참조.

64) 주) 61과 같음.

65)「禪學院日記要抄」,『禪苑』2호(1932. 2), p.85.

66) 上同 記錄에 나오는 당시 結制 大衆芳御錄과 禪規를 소개하면 다음과 같다. 籌室 白龍城, 入繩 金石下, 禪德 申法海, 說教 金大隱, 持殿 金宗協, 秉法 尹貫霞, 獻食 全德眞, 知客 尹大吼, 看病 朴可喜, 鐘頭 李喆悟, 茶角 柳普漢, 淨桶 徐萬福, 磨糊 徐無量功, 掃除 李普賢月, 米監 方玩山, 別座 盧釋俊, 書務 秦柄錫, 接賓 鄭貴寅 鄭智慧月, 供司 李春信, 火臺 金應化, 院主 金靈雲, 化主 金寂音

入禪 ; 오전 9시, 오후 2시, 오후 4시, 오후 7시.

放禪 : 오전 11시, 오후 4시, 오후 7시. 오후 9시.

法堂과 男女兩禪院 內에 結制中에는 長時 默言하고 特別한 事故가 有한시는 禪友待合室에서 談話할 事. 人神中에 는 道場內에는 何處에서든지 諠譁를 嚴禁함.

학원의 내실이 발전되었던 것을 반영하는 것이다. 그리고 7일간의 지장기도(地藏祈禱), 김태흡의 열반경(涅般經) 설법, 백용성 · 설석우(薛石友) · 기석호 등의 각종모임에서 설법, 일반 대중의 7일 불면가행용맹정진(不眠加行勇猛精進) 실시, 가사작성 여법회향에 200여 명의 참석 등도[67] 선학원 대중화와 내실 증대를 보여주는 실례라 이해된다.

선학원이 이처럼 대중적 기반을 갖게 된 것은 재정확립과 직접적인 연관이 있음은 당연하다. 그리하여 선학원에서는 김적음의 지원에 의존하는 것보다 근원적인 재정확립을 위한 조치를 강구하였는데, 그는 곧 범어사에 재정지원의 요청이었다. 1931년 11월 16일에 개최된 범어사 본산총회에서 김적음은 매년 600원의 선학원 경비보조를 청구하였지만, 범어사 본산 경제 곤란으로 인하여 매년 200원 지원이 결정되었다.[68] 그러나 범어사로부터 매년 200원의 지원도 선학원으로서는 재정적으로 큰 도움이 되었을 것이다. 1932년 경의 선학원은 범어사의 재정보조와 선학원의 제약부(製藥部)에서 나오는 수입을 위주로 운영되어 선원의 납자가 대략 20여 명이 되었다. 또한 선학원 포교부를 조직하여 선의 대중화를 기하면서 불교 서적을 판매하기도 하였다.[69]

또한 그 당시에는 선학원 산하의 남녀선우회로부터 파생되어 나온 것

---

67) 「禪學院日記要抄」, 『禪苑』 3호.

68) 「禪學院日記要抄」, 『禪苑』 2호(1932. 2).

69) 『佛教』 96號(1932. 6)의 『釋迦如來略傳』 선전문과 『禪苑』 제3호(1932. 8)의 뒷표지에 전하는 『釋迦如來略傳』 선전문 참조. 또한, 1933년에는 선학원에서 『長壽王의 慈悲』, 『六祖大師』, 『浮雪居士』 등의 도서를 간행한 것도 동질적인 것이라 하겠다(「通俗佛書新刊紹介」, 『佛教』 104號). 그리고 1936년 경에는 禪苑社 指定 '中央禪院佛具店'이 영업활동을 하였는데 이 사실로 선학원이 전국 선원의 중심기관임을 알 수 있다.(『金剛山』, 5號, 1936. 1)

으로 이해되는 부인선우회의 조직을 정비하면서 전문 도량을 마련하는 등 부인들을 대상으로 하는 선의 대중화에 박차를 가하게 되었다. 1931년 3월에 조직된 부인선우회는 김적음의 적극적인 도움과 회원들의 회비를 중심으로 마련한 재원을 이용하여 선학원 인근의 안국동 41번지의 가옥을 선원으로 건립하였다.[70] 부인선우회는 회원들의 입회금과 자원금 그 외 각 신도들의 자원금으로 유지되었다. 부인선우회의 발전은 운영과 직접적인 연관은 없다 할지라도 선학원 선풍 대중화의 영향과 무관하다고 볼 수는 없다.

그리고 1931년 이후 선학원 대중화에서 주목할 수 있는 것은 지방 선원과의 유대를 유지하려는 노력이다. 이전의 선우공제회에서 시도한 선학원과 지방 선원 간의 조직적인 유대는 나타나고 있지 않지만 지속적으로 지방 선원의 소식을 『선원』에 소개하고 있는 것은 그러한 노력의 일환으로 보여진다. 1931년경, 지방 선원으로 소개된 것은 유점사 선원, 오대산 상원암, 표훈사 선원, 직지사 천불선원, 대승사 선원, 은해사 금락선원, 석왕사 내원선원, 정혜사 수덕사선원, 건봉사 선원, 은해사 운부선원 등이었다.[71] 그런데 선학원의 이러한 지방 선원의 소식의 취합은 점차 그 질적인 측면에서 증가하였다. 1932년의 지방 선원으로 봉은사 관내 망월선원, 백양사 선원, 화엄사 탑전선원, 해인사 퇴설선원, 범어사 선원, 범어사 관내 마가사선원, 통도사 관내 내원암선원, 은해사 운부선원, 금룡사 관내 대승사선원, 도리사 선원, 유점사 비로선원, 표훈

---

70) 『禪苑』 4號(1935. 10), p.32. 『禪苑』 3호(1932. 8) 卷末의 『禪院』 續刊 축하광고란에 조선불교부인선원이 등장하는 것으로 보아 조선불교부인선원은 1932년 8월 이전에 건립된 것으로 보인다.

71) 「地方禪院 消息」, 『禪苑』 創刊號(1931. 10) 및 2號(1932. 2).

사 선원, 표훈사 부인선원, 신계사 미륵선원, 월정사 상원선원, 석왕사 선원 등의 활동을 전하고 있다.[72] 선학원이 이처럼 지방 선원의 소식을 『선원』에 전하고 있는 것은 은연중 전국 선원의 중심 기관임을 내세우는 것임을 알 수 있다. 이는, 곧 선학원이 과거의 선우공제회와 같은 조직을 결성하지 않았을지라도 전국 선원의 중심임을 내세우는 자신감을 가질 정도로 그 위상이 성장하였음을 이해할 수 있다.

3) 조선불교선리참구원으로의 개편

재건 후의 선학원은 재정자립과 선의 대중화를 기하면서 점차 전국 선원의 중심의 역할을 수행하면서 조직 기반 확립에 박차를 가하였다. 그는 재단법인으로의 개편이었다. 1934년 초에 총독부에 신청한 조직 개편이 12월 5일에 재단법인 조선불교선리참구원(朝鮮佛敎禪理參究院)으로 인가가 나왔다. 이 재단법인은 이전 선우공제회의 침체를 경험 삼아 재정자립과 그를 통한 선의 대중화를 위한 조처로 이해된다. 선학원의 재단법인으로의 개편 전후사정을 보여주는 아래의 내용이[73] 주목된다.

> 수좌들이 마음놋코 평안이 잘 공부를 하야 도를 깨치고 정각을 일우어 우로는 시방 여러 부처님과 조사의 혜명을 잇고 아래로는 악착한 이 고해에 헤매는 중생을 제도할 인격과 덕을 갓추신 삼게 대도사가 되게 할냐 면 무엇보담도 수좌들이 먹고 입고 안저 정진할 보호 기관을 맨드는

---

72) 『禪苑』 3號(1932. 8), p.72의 통계표. 그런데, 同 3호 「編輯餘墨」에는 直旨寺, 佛影寺, 長安寺의 선원에서는 통지가 없음을 유감이라고 전하고 있는 것으로 보아 이들 사찰과도 긴밀한 관계가 있음을 알 수 있다.

73) 「우리 각 기관의 활동 상황」, '재단법인' 『禪苑』 4호(1935. 10), pp.29~31.

> 것이 우리 불자들의 급선무일 것입니다.

위의 글에서는 당시 불교계에서 선을 공부하는 수좌들의 비참한 현실을 지적하고 있다. 그런데 이러한 문제점을 개선하려는 노력이 이미 선학원과 선우공제회의 창설로 나타났다.

> 이에 개탄한 뜻잇는 스님네들이 여러해 전에 서울에 중앙선성을 맨들고 그후 일시쇠퇴 지쟁에 빠젓든 것을 김적음화상이 부흥식혀 작년 十二月 五日부로 재단법인으로 완성식혓습니다. 재단법인이라는 것은 돈잇는 사람이 어느 목적에 토지와 돈을 쓰라고 기부하는 것을 바다 모아 총독부의 허가를 맡아 가지고 법률상 변할 수 없는 완전한 사람을 만드는 것입니다. 즉 우리 조선불교 중앙선리참구원을 두고 말하면 전일 선우공제회 및 기타 승려 신도들이 토지와 돈과 수좌들이 먹고 입고 공부하는 참선방을 맨드는 목적하에 토지와 현금을 기부한 것음 모은 후 총독부의 허가를 맡아 조선불교선리참구원이라는 법률상 사람을 맨드는 것입니다.[74]

그러나 선학원 운영의 조직체인 선우공제회가 쇠퇴하였다. 선우공제회 당시 기부된 토지와 기부금을 기반으로 하여 법률상의 기관인 재단법인 조선불교선리참구원을 만들게 되었다.

이에 선학원은 인가 즉시 이사회를 개최하여,[75] 이사장 송만공, 부이

---

74) 위와 같음.
75) 〈彙報〉 '財團法人 禪理參究院認可' 『佛教時報』 1호(1935. 8. 3).

사장 방한암(方漢岩), 상무이사 오성월 · 김남전 · 김적음 등의 이사진을 구성하였다.

> 京城府 安國洞 禪學院 金寂音 禪師는 邇間數年間 活動하야 當院을 財團法人 禪理參究院으로써 當局에 申請한 바 昭和 九年 十二月에 認可되야 卽時 理事會를 열고 役員을 配定하엿다는데 氏名은 左와 如하다. 理事長 宋滿空, 副理事長 方漢岩, 常務理事 吳惺月 金南泉 金寂音.

선학원이 재단법인 조선불교선리참구원으로 개편하게 된 것은 위에서 지적하였지만, 그는 재정의 확립을 기하기 위한 조치였던 것이다. 그런데 1934년경의 선학원 예산 상황은 1,427원이었는데,[76] 재단법인으로 개편된 직후인 1935년은 수입금을 6,200원으로 계상한 것을 보면[77] 재단법인의 조직체로 변경된 것은 재정 확립의 도움을 주고 있는 것으로 보여진다. 이렇게 선리참구원의 재정 상황이 양호하게 되고, 선학원이 재단법인으로 개편하게 되자 일반 대중과 전국 31 본산도 선학원에 대하여 긍정적인 반응을 보이기 시작하였다. 그러면 먼저 설립 당시 재산을 기부한 개요를 살펴보고자 한다.

---

76) 이 수입금은 범어사 기부토지 소작료 도조 매각대금중에서 들어온 550원, 1925년에 기부된 안성 토지 소작료와 도조매각 대금 540원 80전, 범어사 소작료 수입 300원, 안성 소작료 수입 62원 47전 등의 합계 금액이다. 이러한 내용은『禪苑』4호, p.31 참조.

77) 위와 같음.

선리참구원 기부 재산자 일람표「표 1」[78)]

寄贈者	住所	地目	地積	地價
宋滿空	忠南 禮山郡 德山面 斜川里	田 畓	1/549 22/779	309원 80전 8,182원 30전
全西耕	忠南 禮山郡 德山面 斜川里	田 畓 岱	5/874 5/286 5/131	174원 80전 1,850원 10전 26원 20전
金玄鏡 嚴兌永 朴初雲	慶北 聞慶郡 山北面 田頭里	田 畓 岱	8/223 28/374 /125	956원 9,791원 30원
黃法泉 方法印 馬鏡禪	忠南 禮山郡 德山面 斜川里	田 畓	1/894 2/268	422원 20전 907원 20전
尹退雲 徐對岩	慶北 金泉郡 岱項里 雲水洞	畓	4/95	1,609원
具澤喜 李貞淑	京城府 桂洞 京城府 通洞	田 畓	/938 3/194	375원 20전 1,580원 10전
金石頭	京城府 花洞	畓	1/560	1,568원
吳惺月	慶南 東來郡 梵魚寺	畓	2/294	1,000원
金擎山	慶南 東來郡 梵魚寺	田 畓	/958 1/785	316원 40전 589원 5전
吳梨山	慶南 東來郡 梵魚寺	畓 岱 建物 建物	44/696 /224 /190 /34	16,929원 20전 8,700원 20,000원 1,700원
金南泉	京城府 崇一洞 73番地	田 畓 岱 溝渠	21/674 4/575 /457 /24	4,042원 1,416원 45전 114원 25전 6원
합계			158/916	82,970원 45전

78)『禪苑』4호, pp.44~45.

위의 「표1」에 의하면 17명의 승려 및 일반인이 낸 각종 재산액은 90,000원에 이르고 있다. 그러나 그 이후 기부액이 증가하여 1935년 10월경에는 140,000원에 달하였고 선리참구원에서 완전히 경영하는 선원도 5개나 될 정도로[79] 재단법인은 기반을 잡았다.

선학원은 이처럼 재단법인 조선불교선리참구원으로 개편되면서 그 관련 조직도 세분화 되었다. 즉, 1935년 3월 7~8일에는 조선불교수좌대회를 개최하였다.[80]

> 조선불교수좌대회(首座大會)는 七, 八양일 간에 긍하야 시내 안국동 四十번지에 잇는 조선불교선리참구원(朝鮮佛敎禪理參究院) 대법당에서 열리엇는데 의장 기석호 씨 사회로 조선불교선종 종무원 원규(宗務院 院規)를 비롯하야 六종의 규약을 통과한 후 아래와 같이 임원 선거를 하엿다고 한다.
>
> 宗正 申慧月 · 宋滿空 · 方漢岩, 院長 吳惺月, 副院長 薛石友, 理事 金寂音 · 鄭雲澤 · 李兀然, 禪議員 奇石虎 · 河龍澤 · 黃龍吟 外 十二人

선리참구원 대법당에서 열린 대회에서 종무원 원규(院規)와 규약(規約)을 정하였다. 그리고 종정(宗正) · 원장(院長) · 이사(理事) · 선의원(禪議員) 등의 임원을 선출하였다. 여기에서 특기할 만한 것은 종무원(宗務院)이라는 기관이 새롭게 등장한 것이다. 이는 선학원이 선리참구원이라는 재단법인으로 그 성격이 변경되자 그 재단의 업무를 수행할 조직체를 구성한 것이라 이

---

79) 『禪苑』 4호, p.31.

80) 「佛敎首座大會」, 『東亞日報』 1935. 3. 13.

해된다. 위의 기록에 전하는 임원들은 바로 종무원의 임원진인 것이다. 이제는 수좌대회에서 이러한 종무원을 등장시킨 이유와 종무원의 업무 등을 살펴보고자 한다. 그러한 전후 사정은

> 지난 삼월의 전선수좌대회에서 선종의 자립과 전선 선원의 통일기관으로 중앙에 종무원을 설치키로 결의되여 동사무소를 경성부 안국동 중앙선원에 두고 원장 오성월 · 화상이 취임하야 우로 세분의 종정을 모시고 아래로 삼 리사를 거느리여 선종의 확립과 선원수 증가와 각 선원의 내용 충실을 도모한 바 불과 반년에 수좌 수효가 삼백 명을 초과하게 되엿습니다. 창립 당시 사무실 건축비로 재경신도 여러분이 연출한 바 불과 일일에 천여원을 초과하야 수년내에 사무실 건축을 보일 길한 전조를 보이다.[81]

라 하여, 종무원은 선종의 자립과 전국 선원의 통일 기관의 성격을 갖고 있음을 알 수 있다. 이에 종무원의 설치로 선종의 확립과 수행 수좌도 증가하였다는 자체 판단도 나올 정도가 되었다. 나아가 이러한 종무원의 활동은 사무실을 건축함에 있어서 신도들의 적극적인 지원이 나타나기도 하였다는 것이다. 또한 아래의 내용에 의하면

> 아직은 창설기임으로 완전한 활동에 들지 못하였으나 현재 주로 하는 사업은 지방 각 선원의 연락과 통제, 본 기관지를 통하야 선리를 참구하는 건전한 신앙의 확립, 법의 포양 각 본산을 권면하야 선방 중설 및

81) 「중앙종무원」, 『禪苑』 4호, pp.29~30.

수좌대우 개선, 행방 포교사를 각 지방에 보내여 설법 포교를 하는 등 선종의 독립 발전을 적극적으로 확장하고 있습니다. 직원은 원장에 오성월화상 부원장에 설석우화상 서무이사에 리올연화상 재무이사 정운봉화상 교화부이사에 김적음화상[82]

종무원은 지방 선원의 연락과 통제를 주로 하면서 선종의 독립과 발전에 주력하려는 업무를 담당하고 있음을 알 수 있다.

재단법인 선리참구원의 집행기관의 성격을 갖고 있는 종무원의 임원은 위에서 전하는 것처럼 종정에 신혜월, 송만공, 방한암. 원장에 오성월, 부원장(副院長)에 설석우, 이사로는 김적음 · 정운봉(鄭雲峰)[83] · 이올연(李兀然), 선의원에 기석호(奇石湖) · 하용택(河龍澤) · 황용음 외 12인 등이 선출되어 업무를 추진하는 조직을 정비하였다. 종무원은 재단법인의 운영 기관의 성격을 지니고 전국선원의 통일 기관으로 설치된 것으로 사무소는 선학원에 두게 되었다. 이는 곧 이전 선우공제회가 전국 선원의 통일적인 조직이면서도 운영 관리상의 문제로 해체된 사실을 극복하고 일층 조직의 성격을 다시 구축한 것으로 볼 수 있다.

또한 선학원도 이제부터는 '중앙선원(中央禪院)'으로[84] 그 명칭도 변경하였고,[85] 1932년에 창설된 조선불교부인선원도 조선불교중앙부인선원

---

82) 위와 같음.

83) 『東亞日報』에 보도된 선리참구원 이사 명단에는 '鄭雲澤'이라고 전하지만, 『禪苑』에 전하는 '鄭雲峰'의 기록을 신뢰하고자 한다.

84) 당시 中央禪院 즉 禪學院은 院主 金石下, 主繩 李能慧, 持殿 金算月, 典座 金道洪, 供司 林初乳, 知客 盧碩俊, 米監 金仁碩, 會計 姜昔珠, 化主 金寂音 등의 조직 구성을 통해 운영되고 있었다.

85) 「중앙선원」, 『禪苑』 4호(1935. 10) 참조.

으로 변경하였던 것이다. 선학원이 재단법인 선리참구원으로 변경되고, 그 법인의 목적 사업을 추진할 기관으로서 종무원이 설치됨에 따라, 자연 선학원은 순수한 선원의 기능만을 소유하되 전국 선원의 대표성을 갖는 위상으로[86] 그 성격이 변동되었다.

선리참구원의 조직을 확대 개편한 이 수좌대회에서 논의된 또 다른 주요 문제는 당시 불교계 통일기관인 교무원 종회에 "수좌들 전용의 청정사찰을 할애해 달라고" 건의한 것이다.[87] 물론 이 건의는 수용되지 못하였다.[88] 일제는 1926년에 가서는 주지 자격에 있어서 대처 승려의 제한을 삭제하여 소위 대처는 준 합법적인 세태로 변하고 있었다.[89] 이에 백용성 선사가 2차례나 총독부 당국에 그 부당성을 항의하기도 하였으나,[90] 여의치 않았던 것이다. 수좌대회에서 교무원의 종회에 일종의 타

---

86) 1931년 3월의 수좌대회에서는 선학원이 전국 모범 선원으로 결의되었다 한다. 그리고 선학원에서 종무원과 재단법인의 모든 비용을 부담하였다고 한다. 「중앙선원」, 『禪苑』 4호, p.29 참조.

87) 鄭珖鎬, 「韓國 전통 禪脈의 계승운동」, 『近代韓日佛教關係史研究』, 1994, p.201.

88) 불교계 통일기관인 종회에서 선학원의 제의가 거부된 것은, 우선 당시 종회가 그 실질적 힘을 갖지 못한 것과 함께 종회 구성원인 31본산주지들이 대부분 대처승들이라 선학원의 제의에 응할 입장이 아니라는 것을 지적하고자 한다. 당시 종회에 관한 사정을 이해하기 위해서는 당시 불교계의 문제점을 전하는 다음의 글음 참고할 수 있다. 鏡湖, 「宗會 强化의 一私案」, 『佛教』 91호(1932. 1). 夢庭生, 「危機에 直面한 朝鮮佛教의 原因考察」, 『佛教』 100호(1932. 10).

89) 鄭珖鎬, 「한국 近代佛教의 '帶妻食肉'」, 『한국학연구』 3, 1991.

90) 『龍城禪師語錄』 卷下, pp.26~27의 建白書와 『龍城禪師研究』 pp.91~97 참조. 그런데, 白龍城의 帶妻 禁止 陳情은 백용성뿐만이 아니라 그에 동참한 백여 명의 僧侶들의 連名으로 총독부 당국에 제출하였다. 현재 그 연명자 명단은 알 수 없다. 다만 당시 『東亞日報』에 보도된 기사(1926. 5. 19)에는 "동래 범어사(東來 梵魚寺) 주지 백룡성(白龍城) 함경도 석왕사(咸鏡道 釋王寺) 주지 이대전(李大典) 합천 해인사(陜川 海印寺) 주지 오회진(吳會眞) 등 일백이십 명의 연서로 전조선 사천의 중생을 위하야 불교의 장래를 위하야 취처(娶妻) 육식(肉食) 등의 생활을 금하야 달라는 뜻의 장문의 진정서를

협을 시도한 것은 선리참구원(禪理參究院) 계통 수좌들의 전통불교 수호 정신을 엿볼 수 있는 것이며, 이는 전국 선원과 그 수좌들의 기반하에서 태동된 선리참구원의 위상하에서 가능한 것이었다.

선리참구원의 이러한 조직 확대 개편과 선의 대중화 활동은 선리참구원이 한국불교 선종의 중심 기관임을 내세우면서 점차 그 위상을 증대시키는 방향으로 나가고 있음을 살펴보았다. 이러한 방향과 함께 이전에도 추진한 것이지만 선리참구원에서는 전국 선원의 중심 기관으로서 선원의 소식을 취합하고 있었다. 이러한 내용의 1935년도 전국 선원의 개요를 전하는 『선원』의 기록을 참고하면[91] 지방 선원도 점차 기반이 충실해 감을 이해할 수 있다. 즉, 석왕사 내원선원, 통도사 백련선원, 승가사 선원, 망월사 선원, 고운사 선원, 마하연 선원, 도리사 태조선원, 직지사 천불선원, 범어사 사자암선원, 월정사 상원선원, 대승사 선원, 금룡사 선원, 불영사 선원, 동화사 금당선원, 범어사 금어선원, 범어사 내원선원, 송광사 삼일선원, 중앙선원, 은해사 운부선원, 보현사 극락전선원, 양화사 선원, 해인사 퇴설당선원 등지에서 368명의 수좌가 수행하고 있음을 전하고 있다.

이러한 전국 선원의 건실한 운영은 각 선원의 자주적 운영에서 비롯된 것이다. 동시에 그는 중앙에서의 재단법인 선리참구원의 기반이 굳건해지고, 재단의 집행기관의 성격을 갖고 있는 종무원이 선종의 독립과 수좌 보호를 위한 활동이 활발한 것과 무관할 수는 없다. 그리고 그 선원 중에서도 재단법인 선리참구원과 종무원이 태동된 선원으로서의

총독부 당국에 톄출하엿다더라"라고 전한다.

91) 「昭和十年度 地方禪院 夏安居 大衆芳御一覽表」, 『禪苑』 4호, pp.42~43.

중앙선원 즉, 선학원은 전국 선원의 중심의 역할을 수행하면서 선의 대중화와 사회 활동 등을[92] 증대시켜 가고 있었다.

4. 중일전쟁 이후 선학원의 활동

1) 조선불교선종정기선회와 유교법회의 개최

일제의 만주 침략으로 시작된 중일전쟁 및 태평양전쟁 전후의 식민통치는 한국을 병참 기지화하면서 한국인들의 얼과 정신마저 근원부터 말살하는 강압적인 것임은 주지하는 바이다. 이러한 암울한 상황에서 선리참구원과 선학원은 한국불교의 전통을 고수하면서 선의 대중화에 적지 않은 노력을 하였지만 현실적인 한계와 선학원 관련 일부 인사들의 타협적인 행위로 말미암아 점차 변질하고 있었다. 본 장에서는 이점을 유의하며 선학원의 활동을 살펴보고자 한다.

선리참구원은 1939년에 수좌대회를 다시 한 번 개최하게[93] 된다. 이때부터는 그 명칭을 '조선불교선종정기선회(朝鮮佛教禪宗定期禪會)'로 개칭

92) 金寂音의 禪法 擧揚(『佛敎時報』 7호, 1936. 2. 1), 金寂音의 說敎와 禪院 大衆의 精進(『佛敎時報』 19호, 1937. 2. 10), 現金 50원과 廣木을 災地에 제공(『佛敎時報』 15호, 1936. 10. 1) 등의 사실 참조. 또한 선학원은 1936년 당시 조선불교동경유학생회 기관지인 『金剛杵』 綱刊 축하금을 내기도 하였다. (『金剛杵』 22號, 1937. 1)
이러한 선학원의 제반 활동으로 말미암아 선학원은 서울에서도 주요기관으로 인식되었다. 예컨대, 深源寺 (鐵原) 華山經院의 서울 수학여행 順路에 선학원이 포함된 것은 그러한 사정을 반영하는 것이 아닌가 한다. (『佛敎時報』 23호, 1937. 6. 1)

93) 鄭珖鎬, 「한국 전통 禪脈의 계승운동」, 『近代韓日佛敎關係史研究』, 1994, pp.202~204. 이하 首座大會 내용은 위의 논고를 참고함.

하였는데, 이 수좌대회의 명칭이 변경된 것에서 선학원이 선종의 중심 기관임을 내세울 수 있는 내외의 기반이 확고함을 짐작할 수 있다.

그러면 당시 그 총회에서 논의된 주요사항을 살펴보면 다음과 같다. 첫째, 초학 수좌의 지도를 위한 모범선원으로 금강산 마하연 지정의 건이다. 이는 초학자들의 자질 향상을 위해 이 선원에서 엄정한 수련을 거치도록 하고, 이 수련을 거쳐야만 각 선원에 방부할 수 있도록 하자는 논의라 이해된다. 둘째, 불교계 중앙기관인 교무원에 청정사찰 할애의 요청 문제이다. 이 문제는 1935년의 수좌대회에서도 유사한 건의를 제출하였지만 이번에는 모범 총림으로 지리산, 가야산, 오대산, 금강산, 묘향산의 5대 산을 지정하기까지 하였다. 물론 이때도 교무원에서는 이를 거절하였다. 그러나, 선학원에서 전국 수좌대회를 개최하고 일부 지역의 사찰을 양도받으려는 의지는 선원의 재정확립을 기하고 한국불교의 전통을 고수하려는 의지에서 나온 것이라 하겠다. 셋째, 수행납자의 질병구호 건이다. 본래 수행납자는 일발무애의 운수생활이었기에 생활도 비참하여, 질병에 대한 대책을 강구하고 이전의 어려운 사정을 개선해 보자는 것이다. 이 총회 이후로는 회원 수좌의 질병과 사망시에는 중앙과 지방이 유기적인 관계를 갖고 처리하는 관행도 나타나기도 하였다.

이러한 사정과 관련이 있는 아래의 기록에[94] 의하면,

> 京城 安國町 朝鮮佛教禪宗 中央 宗務院에서는 今後 禪會員의 消息을 더욱 敏活하게 하며 又는 相互親睦을 圖키 위하야 今年度부터 第二次로 全鮮寺刹 각 禪院의 今般 冬安居 雲水 大衆芳御錄을 收合하야 一一

94) 「禪院消息」, 『佛教時報』 54호(1940. 1. 1).

> 寫送케 되엿는데 中央에 報告된 禪院은 左와 如한다고 한다.

라 하여 종무원에서는 선회원 소식을 민활하게 알리고, 친목을 돋우기 위하여 각 선원의 동안거 방함록(冬安居 芳御錄)을 중앙선원에 보고하기로 하였다. 당시 보고된 각 선원과 그 선원들의 안거납자 수는 망월사 선원 16명, 중앙선원(선학원) 20명, 경성 봉익동 선원 15명, 범어사 선원 16명, 범어사 내원선원 12명, 범어사 금정암 선원 11명, 통도사 백련암 선원 27명, 천성산 내원암 선원(양산) 32명, 학성선원(울산) 11명, 직지사 선원 24명, 도리사 선원(선산) 16명, 은해사 운부암 선원 14명, 칠불암 선원(하동) 15명, 송광사 삼일암 선원(순천) 12명, 백양사 운문암 선원 21명, 청류암 관음선원(장성) 11명, 내장사 선원 9명, 심황사 선원(대전) 15명, 오대산 상원사 선원 44명, 불영사 선원 11명, 정혜사 선원 13명, 수덕사 선원 9명, 장안사 극락전 선원 17명, 마가하연 선원 25명, 석왕사 내원암 선원 23명, 보현사 상원암 선원 10명, 양화사 선원 9명 등으로[95] 총 27개 처의 선원에서 458명의 수좌(首座)들이 수행을 하였다는 것을 알 수 있다.

이러한 배경 하에서 선학원에서는 1941년 3월 4일부터 10일간 '유교법회(遺教法會)'를 개최하게 되었다. 이 법회는 일제의 불교정책과 일본불교의 침투로 인하여 한국의 청정승풍의 전통이 희미해지는 것을 방지하여 전통불맥을 구현해보자는 목적하에[96] 개최된 법회였다. 이러한 성

---

95) 위와 같음.
96) 鄭珖鎬, 앞의 論考, pp.204~205.

격의 유교법회를 전하고 있는 아래의 내용이[97] 주목된다.

> 去二月 二十六日부터 十日間 府內 安國町 禪學院에서는 雲水衲僧 高德諸師의 遺敎法會를 열고 朴漢永 宋滿空 蔡瑞應 金霜月 河東山 諸禪師의 梵網經 遺敎經 曹溪 宗旨에 對한 說法이 잇섯다고 한다.

그 법회에는 송만공, 박한영, 하동산(河東山) 등의 당시 청정비구(淸淨比丘)의 수도승들이[98] 참석하여 범망경(梵網經), 유교경(遺敎經), 조계종지(曹溪宗旨)에 대한 설법이[99] 있었음을 알 수 있다. 선학원에서는 법회가 종료된 후 수좌대회를 개최하여 제반 사항을 토의하면서, 기념사업으로 습정균혜 비구승(習定均慧 比丘僧)만을 중심으로 하는 범행단(梵行壇)을 조직하여 선학(禪學)과 계율(戒律)의 종지(宗旨)를 선양하기 위한 노력을 하였다.[100] 또한 법회 직후에는 제2회 조선불교선종정기선회를 개최함과 동시에 3월 16일에는 이사회와 평의원회를 개최하여 임원진을 개편하

---

97) 「禪學院의 遺敎法會」, 『佛敎時報』 69호(1941. 4. 15).

98) 당시 참가한 선사들에 대해서 정광호는 34명이라고 제시하였는데 반하여(정광호 위의 논고 p.206) 『佛敎近世百年』(姜昔珠 · 朴敬勛 共著, 中央新書 71) p.169에서는 40여 명이라고 서술하고 있다. 당시 그 법회에 참가하였다고 거론된 인사들은 朴漢永 宋滿空 蔡瑞應 金霜月 河東山 鞠默潭 金寂音 李青潭 李曉峰 永明 慈雲 無佛 등이다. 吳惺月은 법회에 참가하려고 왔으나 당시에는 帶妻를 하여 '청정비구' 불교전통을 강조하는 법회의 성격상 참가가 허락되지 않았다고 한다. 그러나, 유교법회 직후 개편된 임원 개선에서 吳惺月이 理事長으로 등장하는 것을 보면 위의 내용의 신뢰에 대한 의문점이 남는다.

99) 당시 宋滿空이 행한 법어는 『滿空法語』(德崇山 能仁禪院, 1982), pp.71~83에 전하고 있다. 이 내용에 의하면, 朴漢永과 河東山이 梵網經 설법을 하였음을 알 수 있다.

100) 「교계소식」 '선학원의 수좌대회' '범행단 조직' 『佛敎時報』 69호(1941. 4. 15).

였다.[101] 그 임원으로는 이사장 오성월, 부이사장 김경봉(金鏡峰), 상무이사 원보산(元寶山), 이사 변봉암(邊峰庵) · 정금오(鄭金烏), 보흠이사 하정광(河淨光) · 박대야(朴大冶), 감사 김일옹(金一翁) · 김시암(金是庵) 등이 선출되었다.

선학원의 한국전통선맥을 계승하려는 노력은 이후 1943년 한국 근대선의 중흥조로 일컬어지는 경허선사의 문집인 『경허집(鏡虛集)』 발간의 주관으로 이어진다. '우리 공로자의 표창은 우리 손으로' 라는 표어하에 진행된 경허집 발간은 전국 선원 수좌의 힘으로 부담하기로 하였는데 이 사업의 중심기관은 중앙선원 즉 선학원이었던 것이다.[102] 당시 그 간행의 발기인으로는 송만공, 오성월, 한용운, 강도봉, 김경산, 설석우, 방한암 등의 선학원 관련 인사를 중심으로 하는 40여 명의 불교계의 중진들이[103] 참여하였다. 선학원 중심의 『경허집』 발간 노력은 선학원이 창건 이후부터 일관되게 추진한 한국불교전통의 계승 및 선 대중화의 정신과 맥을 같이 하는 것이다.

---

101) 위의 「財團法人禪理參究院의 理事會及評議員會」, 『佛教時報』. 당시 그 禪會의 진행은 金鏡峰이 의장으로 추선되어 회의진행을 담당하였다. (『三笑窟日誌』 極樂禪院, 1992, p. 167) 선리참구원 개편 이전의 임원진은 그 개요를 현재로서는 알 수 없다. 다만 『佛教』 30호(1938. 1), 42호(1939. 1), 54호(1940. 1), 66호(1941. 1)의 謹賀新年란에 財團法人 禪理參究院 대표로 金寂音 金擎山 宋秉璣 崔應山 등의 인명이 전하고 있다.

102) 『鏡虛集』, 1990, 極樂禪院」, pp.4~5.

103) 주) 101 참조. 『鏡虛集』 간행 발기인을 소개하면 다음과 같다. 吳惺月 末滿空 張石霜 韓龍雲 康道峯 金擎山 薛石友 金九河 方漢岩 鄭雲峰 金靑眼 金鏡峰 李曉峰 金寂音 鄭雲岩 奇忍壁 姜昔珠 金霜月 金尙昊 朴古峰 金雲岳 黃龍吟 尹西湖 河東山 河淨光 金石下 崔圓虛 崔奇峰 鞠默潭 朴仁谷 李春城 李石牛 鄭鐵牛 朴大冶 林太虛 崔元宗 元寶山 朴石頭 金大愚(松廣寺) 李東疆, 또한 『鏡虛集』 발간 事務分擔은 編輯 尹燈岩, 校準 金大愚(梵魚寺), 庶務 崔應山, 財務 金靈雲, 化主 鄭景燦 등이 담당하였다.

2) 중일전쟁 · 태평양전쟁과 선학원의 변질

이와 같이 선학원은[104] 전통 선맥을 계승하려는 노력을 하였다. 그러나 일면에서는 강압적인 식민통치 현실 하에서 일제에 굴절되고 혹은 관련 인사들이 총독부에 좌지우지되었던 조계종에 협조 내지는 가담하는 현상도 나타났다.

그러나 선학원의 변질은 중일전쟁이 발발하기 이전에 일제의 주관으로 진행된 심전개발운동(心田開發運動) 당시부터 소급시켜 이해할 수 있다. 1935년 초부터 본격적으로 진행된 심전개발운동은 한국민족의 내선일체(內鮮一體)를 통한 황국신민화(皇國臣民化) 즉, 일본화(日本化)와 순량화(順良化)를 목적으로 하고 있었다.[105] 일제가 식민통치 이론적 근거로 이용하였던 심전개발운동에 대해서 당시 불교계 특히 교무원과 31본산 주지들은 총독부의 정책에 적극 협조하였다.[106] 이러한 불교계의 추세에 선학원도 일정한 입장을 표명한 것으로 이해된다. 즉, 1935년 10월 15

---

104) 선학원은 재단법인 선리참구원으로 개편되면서, 중앙선원으로 그 명칭이 변경되었는데 당시 호칭상의 관행 등을 고려하여 광의와 협의의 의미로 선학원을 명칭을 그 내용에 따라서 사용하고자 한다.

105) 中村進吾, 1936, 「心田開發運動」, 『朝鮮施政發達史』, pp.246~259. 心田開發運動에 대한 일제의 목적은 아래의 『大陸神社大觀』 岩下傳四郎, pp.156~157에 그 개요가 잘 나와 있다. 즉, ①國體觀念을 明徵할 것 ②敬神崇祖의 思想 및 信仰心을 涵養할 것 ③報恩 感謝 自立의 精神을 養成할 것이 目的이었다. 이의 實行에 관해서는 첫째로 宗教 各派 및 教化 團體는 相互 聯絡 提携함으로써 實現을 거둘 것, 둘째 指導的 立場에 있는 者는 率先하여 이에 努力하고 一般에게 示範을 보일 것이며 그 細目은 別記要項을 基準으로 하여 이의 實現을 圖謀하는 한편 각 地方의 事情에 의하여 適切한 施設을 더함으로써 目的의 達成을 기할 것이었다.

106) 임혜봉, 1993, 「심전개발운동」, 『친일불교론』. 金晶海, 「心田開發의 三大原則에 就하야」, 『佛教時報』 7호(1936. 1. 15) 참조. 이 내용에 의하면 당시 佛教界가 일제가 한국민의 皇民化 정책의 일환으로 전개한 심전개발운동에 대한 입장이 극명하게 전하고 있다.

일에 간행된『선원』4호가 심전개발 특집호로 기획되어, 그 내용에 심전개발 관련 내용이 포함되었던 것이다.[107] 즉, 김태흡의「心田開發과 禪의 大衆化」와 정추강(鄭秋江)의「心田開發에 對한 漫說」이 게재되었으며 권두언에서도 "禪苑아 …… 心田開發 宗教復興의 소리놉흔 時 大愛者 世尊의 不滅의 心語를 闡陽하야 罪에 더럽힌 地上을 淨化하려는 너의 再擧는 意氣가 새로 깁흘 것이다"라고 서술 즉,『선원』의 속간(續刊)을 심전개발에 연관 짓고 있었다.

선학원의 이러한 심전개발운동에 대한 동참은 일제에 협조해 주려는 의도보다는 오히려 일제가 추진하고 있는 심전개발운동에 대한 본질을 직시하지 못한 결과로 이해되다. 심전(心田)이라는 어휘 자체가 불교의 용어이며,[108] 선의 수행과 대중화에 가장 중요한 마음을 일반 대중에게 널리 알린다는 단순한 현실적 포교 인식에서 나온 것이다. 그러나 선학원의 이러한 현실 인식은 이후 일제의 식민통치가 가혹해지는 현실하에서 기준이 된다는 점에서 의미가 크다고 볼 수 있다.

한편, 중일전쟁 직후 일제가 한국불교계에 대한 제반 조치에 협조하고 있었던 교무원에서는 총독부 협의 하에 출정부대의 송영(送迎) 및 사망자 유족의 위로 나아가서는 위문금을 납부하였는데, 선학원도 그 대열에 동참하였다. 즉, 1937년 8월 25일 선학원에서는 위문금 30원 4전을 납부하였고,[109] 1937년 8월 11일부터 22일까지 9회에 걸쳐 교무원(教

---

107)『禪苑』4호의 目次 참조.

108) 心田은 雜阿函經 제4권에 '心田耕作' 관련 구절에 나온다. 당시 불교계에서는 일제의 심전개발운동을 불교계의 精神修養 혹은 禪修行에 긍정적인 것으로 볼 수 있는 여지가 있었던 것이다.

109)「慰問金募集內譯」,『佛教』신7집(1937. 10)과「在京城各寺庵及布教堂獻金」,『佛教時

務院) · 사간정 포교소(司諫町 布敎所)와 함께 전쟁 출동부대의 송영을 시행하였다.[110] 이후 11월에는 교무원 및 선학원 간부가 공동으로

> 市內 中央敎務院 幹部 及 禪學院 幹部 諸位는 北支出征皇軍의 出動이 잇슴으로부터 一日도 거르지 안코 京城 驛頭에 나아가서 歡迎傳送하엿고 그밧게 出征 皇軍의 留守宅 慰問과 名譽 戰死者의 遺族 慰問과 慰靈法要 其他 여러가지에 至誠으로 盡力하엿다.[111]

라고 전하듯이, '황군(皇軍)' 출동의 위문뿐만 아니라 '황군' 가족 및 전사자의 위로 등을 수행하였다. 이후 전쟁이 더욱 치열해지면서 일제는 한국인의 혼을 말살하기 위하여 '창씨개명(創氏改名)'을 강행하였는데, 교무원과 여타 불교계 단체도 협조하고 있었다. 이러한 분위기에서 선학원도 1940년 7월경에 창씨개명의 상담소를 설치하고 지도 담임자도 두었다.[112]

선학원의 일제에 대한 협조는 이후 전국 선원으로 그 영향이 파급되었는데, 예컨대 선학원 포교당인 대전 심광사(心光寺)에서는

> 京城 禪學院 布敎堂 大田 心光寺에서는 昨年 舊四月八日부터 三百六十日 地藏祈禱를 施行하야 住持 丁道益 及 信徒 一般은 誠心誠意로써 開心合力하야 如一히 奉行하여 오든바 今年 四月 八日 釋誕日을 當하야

報』 27호(1937. 10. 1).

110) 「교계소식」, 『佛敎』 신8집(1937. 11).

111) 「교계소식」, 『佛敎時報』 28호(1937. 11. 1).

112) 「교계소식」, 『佛敎時報』 60호(1940. 7. 15).

皇軍將兵 武運長久 祈願과 信徒諸氏의 生前 預修齋金剛戒壇의 山林이 有하였고[113]

라고 전하듯이 1941년의 석가 탄신일에 황군의 무운장구를 기원하는 행사를 거행하였다. 더욱이 1941년 9월경에 이르러서는 전국 각 선원도,

去九月 三日에 府內 安國町 禪學院에서는 全鮮 各寺 禪院에 發文하야 募集된 皇軍 慰問金 壹百五十九圓 二十參錢을 禪學院 代表 元田天一 和尙이 每日新報社에 持參하야 獻納方을 交涉하였다고 한다.[114]

선학원이 전국 선원에게 요청한 황군 위문금 모집에 참여하였다. 선학원의 위와 같은 황군 위문금 모집 주관과 시행은 단순한 종교적 행사의 성격으로만 이해하기는 곤란하다. 전사자 가족의 위로와 출동 병사의 송영 등은 그 자체의 종교적 행사가 아닌 일제의 한국의 병참 기지화 정책 및 나아가서는 한국인의 정신마저도 말살하려는 가혹한 식민정책과 동일선상에서 수행된 불교계 이용의 일환이었기 때문이다.

그리고 선학원은 1942년 11월에는 당시 일제에 협력하고 있는[115] 조계종 종회의 회원들을 초대하여 만찬을 제공하였다.[116] 이는 선학원의 일제에 대한 협조가 불교계 중앙기관인 교무원과 동질적임을 암시해 주는

113) 「교계소식」, 『佛教時報』 71호(1941. 6. 15).
114) 「교계소식」, 『佛教時報』 75호(1941. 10. 15).
115) 조계종의 친일 성향은 임혜봉, 「친일불교의 절정대동아전쟁기」(『친일불교론』 민족사, 1994) 참조.
116) 「宗務日誌」, 『佛教』 신32집(1942. 1).

것이다. 이러한 현상은 태평양전쟁 기간에도 지속되었다. 즉, 1943년 5월경에는 선학원에서 진유기(眞鍮器) 1점을 일제의 전쟁물자 수집에 납품하였다.[117)]

지금까지 살펴본 선학원 변질의 본질을 이해하는 것이 중요한 문제라 볼 수 있다. 물론 당시 대부분의 종교계는 일제의 강압적인 식민통치에 굴절되었음은 분명하다. 이제 그러한 변질의 문제를 구분하여 살펴보면, 첫째로 종교 집단의 조직 보호에 대한 문제와 관련이 있다. 무릇 종교 집단에서는 그 조직을 지키기 위한 대책이 최우선적으로 인식되어 왔다. 종교의 교리나 신앙생활을 보장하고 포교활동의 담보인 조직체는 종교활동의 가장 중요한 근간이기에 종교집단은 조직체의 존립과 팽창 등에 관해서는 강한 의지를 표출한다. 각 종교집단은 그 조직을 보호하기 위한 문제에 끊임없는 대가를 지불하였던 것이다. 이러한 일반론[118)]을 유념한다면 선학원의 변질의 문제도 이해할 수 있을 것이다. 선학원이 1921년에 창설되었지만 선우공제회의 활동의 부진 등으로 인하여 침체의 기운이 있었다. 그러나 1931년 전후의 재단법인 선리참구원으로의 개편을 통한 지속적인 조직정비와 대중화 활동은 일제하의 갖은 고난하에서도 의미있는 행보이다. 또한 선학원이 지향하는 바가 한국불교 전통의 계승과 일제 불교에 대한 대항의식이 은연중 개재되어 있는 것이라면 더욱 조직보호에 대한 문제는 중차대한 사항이었다.

둘째로는 선학원 관련 인사들이 일제에 굴절된 불교 종단인 조계종의 간부로 들어갔다는 측면에서 찾아볼 수 있다. 1941년 6월경에 새로운

117)「宗務日誌」,『佛教』 신50집(1943. 7).
118) 오경환, 「종교와 사회변화」, 『종교사회학』(서광사, 1990), pp.338~339.

종단으로서 조계종이 출범하였다. 조계종은 한국 불교계가 일제의 사찰령으로 인한 분립적인 31본산 체제의 극복 즉, 총본산건설운동(總本山建設運動)의 산물로서 나오게 된 것이다.[119] 그러나 조계종 출범도 결국에서는 일제의 영향력을 완전 배제할 수 없는 현실이었으며 그로 인하여 조계종 출범 이후에도 일제의 간섭과 통제를 거부할 수 없었다.[120] 그러므로 조계종은 일제의 군국주의 체제에 굴절될 수밖에 없었던 것이다. 이러한 조계종단의 종정으로 선학원의 종정을 지낸 방한암 선사가 취임하였고[121] 조계종 종무고문(宗務顧問)으로 김경산, 송만암(宋蔓庵), 송만공이 포함되었다는[122] 것은 선학원의 변질을 대변해주는 것이다. 이러한 사정은 당시 불교계의 여망이었던 조계종 종단을 출범케 한 소위 '총본산건설운동'의 고문과 건설위원에도 선학원 관련 인사가 포함하고 있는 것도[123] 동질적인 것이다. 그런데 이는 선학원이 한국전통 불맥의 계승을 강조하였기에, 조계종 종단에서는 그 이전부터 논란이 되어온 '조선

119) 總本山 체제로서의 曹溪宗團이 나오게 된 당시 불교계의 전후사정은 拙稿, 「日帝下 佛教界의 總本山 建設運動 과 曹溪宗」(『한국민족운동사연구』 10)을 참고할 것.

120) 조계종의 이러한 성격은 「학무국장 훈시」, 『佛教』 신31집(1941. 12)과 方漢岩 종정의 「善戰大詔의 御渙發에 際하여 宗徒 一般에 告함」, 『佛教』 신32집(1942. 1)의 내용에 단적으로 전하고 있다.

121) 「宗務日誌」, 『佛教』 신30집(1941. 9).

122) 「宗務日誌」, 『佛教』 신31집(1941. 12).

123) 金擎山이 총본산 건설 상무담당 고문으로, 金尙昊가 상무 건설위원으로 있었다. 「朝鮮佛教總本山大雄殿建築報告」, 『佛教』 신17집(1938. 11)과 「謹賀新年」, 『佛教』 신9집(1939. 12) 참조. 그런데 金擎山은 1929년 10월 11일~13일, 京城佛教各種聯合會와 朝鮮佛教中央教務院과 朝鮮佛教團 등이 연합하여 불교진흥을 목적으로 개최한 朝鮮佛教大會에 참가한 바 있다. 이 대회는 한국불교와 일제의 불교 종파를 연합하여 식민통치에 이용하려 한 대회였다. 이러한 성격의 대회에 김경산이 참가하였다면 그의 의식의 한계를 지적하지 않을 수 없다(「宗報」, 〈朝鮮佛教大會彙報〉 『佛教』 65호(1929. 11) 참조).

불교선교양종(朝鮮佛教禪教兩宗)'이 불식된다는 것이 작용하였을 면도 있다. 조계종이라는 어휘에서부터 짐작되는 선종 중심 그리고 조계종에서 한국불교 종조를 태고 보우(太古 普愚)로 내세우는 것들은[124] 선학원 관련 인사들에게는 선학원 전통과 동질적인 입장에서 이해할 수 있는 속성이 개재될 수 있다.

그러나 위와 같은 요인만으로 선학원의 변질을 이해할 수는 없다. 선학원의 변질은 위의 요인들도 중요한 것이지만 그보다는 선학원이 일제가 소위 총본산건설운동의 산물로서의 조계종 종단을 승인하면서 불교계를 효율적인 군국주의 체제에 순응시키려는 고등적인 식민지 정책의 실체를 파악하지 못한 것이다. 더 나아가서 선학원은 일제의 불교정책에 대한 대응으로서의 한국 전통불교 수호라는 면에는 일정한 역할을 하였지만 일제의 식민지 정책을 비판한다거나 혹은 식민지 체제를 극복하려는 면에서의 노력은 간과할 수밖에 없는 정신적인 취약함에서 비롯된 것이라 이해하고자 한다.

5. 결어

이상으로 일제하 선학원의 운영과 성격에 대하여 창설 · 침체 · 재건 변질 등의 문제를 중심으로 개괄적으로 살펴보았다. 이제 맺는말은 지금까지 살펴본 바를 정리하는 것으로 대하고자 한다.

선학원은 일제의 사찰령과 일본 불교의 침투로 인한 한국 전통불교의

---

124) 金映遂, 「曹溪宗과 傳燈通規」, 『佛教』 신43집(1942. 12).

몰락을 개탄한 항일의식을 소유한 승려들의 발로에 의해서 1921년 창설되었다. 그들은 포교 활동을 통한 불교의 천양의식이 투철하였고, 3·1운동 전후의 항일활동에 관여하고 있었던 인물들이었다. 또한 그들은 일제의 사찰령에 반대하기 위한 치열한 활동을 전개하였던 조선불교청년회에 관여하기도 하였다. 선학원 창설 주도 인물들의 이러한 성향은 곧 선학원의 창설의의가 전통불교 수호와 일제 불교정책에 대한 대항이라는 면을 극명하게 제시해 주는 것이다.

이러한 성격을 갖고 있던 선학원은 1921년 초의 창설 준비 작업을 거쳐 동년 10월의 상량식, 동년 11월 30일에 창건되었다. 창설 직후인 1922년 3월 30일과 4월 1일 사이에는 선풍의 진작과 전국 수좌들의 수행 활동을 보호하기 위한 선우공제회를 조직하였다. 선우공제회는 그 본부를 선학원에 두고, 조직으로는 중앙 조직에 서무부·수도부·재무부와 각 지방 선원을 예하 조직으로 두고 각종 활동을 전개하였다. 몇 차례의 총회와 임시 총회 등을 거치면서도 대략 이 조직의 근간은 유지되었다.

그러나 선우공제회는 그 창설 직후부터 조직의 유지 및 선풍 진작 등에 필요한 재정의 빈약으로 곤란을 겪었다. 이는 일제하라는 시대적 여건의 구조적인 문제와 직접 관련이 되는 것으로 한국 전통불교 근간이었던 선풍에 대한 인식이 일제불교 침투로 인하여 그 위상이 격하되었을 뿐만 아니라, 당시 중앙 종단 및 31본산주지들의 선원에 대한 인식이 결여된 배경 하에서 자연 선원 및 그 선원과 연결된 선우공제회에 대한 지원이 박약한 상황을 대변하는 것이었다. 그리하여 선학원은 대략 1924년부터 재정상의 어려움을 겪다가, 1926년 5월부터는 선학원에 연고권을 갖고 있던 범어사 포교당으로 그 기능이 용도 변경되면서 침체의 상태로 들어가게 되었다.

선학원의 침체는 1931년경 선학원을 중흥한 김적음에 의하여 회생될 때까지 지속되었다. 김적음의 주도로 선학원은 재건되어 그간의 위상과 활동을 회복할 수 있게 되었다. 재건된 선학원에서는 수좌들과 일반 신도들이 공동으로 선풍 진작을 위한 각종 활동을 전개하고, 대중적 기반인 남녀선우회를 조직하는 등 대중화 활동에 주력하였다. 더욱이 이러한 기반하에서 선학원은 전선수좌대회를 개최하고, 당시 교무원 종회에 중앙선원 설치 건의를 하였다.

그리고 그 당시에는 선풍의 대중화 기반을 구축하기 위한 사업의 일환으로 『선원』이라는 대중 잡지를 발간하였는데, 이는 선학원의 위상 강화에 일익을 더하였던 것이다. 당시 선학원은 범어사 보조와 선학원 제약부의 수입을 근간으로 유지하면서 선학원은 포교부의 설치, 부인선우회의 도량인 조선불교부인선원의 창건, 각 지방 선원과의 긴밀한 유대관계 등에서 나타나는 것처럼 선학원은 정상 기반하에서 선의 대중화 활동에 주력하였다.

이러한 배경 하에서 선학원은 재단법인 조선불교선리참구원으로 개편하기에 이른다. 1934년 12월에 인가된 이 개편은 선학원의 그간 운영의 문제점이었던 재정의 문제를 법적으로 확립하기 위한 고민의 발로로 이해된다. 선리참구원으로의 개편 직후 전국수좌대회를 개최하였는데, 여기에서는 선학원의 조직을 세부적으로 분담하게 된다. 그는 재단법인 선리참구원 산하에 사업 집행기관의 성격을 띤 종무원을 두고 선학원은 전국 선원의 모범 선원으로서의 중앙선원으로의 명칭 변경이었다.

이후 1935년 선학원에서는 수좌대회를 개최하여 교무원 종회에 청정비구 전용의 사찰을 할애해 달라고 건의를 하는 등 한국불교 전통을 수호하려는 노력을 지속하였다. 또한 1939년의 수좌대회 즉, 조선불교선종정기선회에서는 초학수좌들의 지도, 청정수좌 전용 5개 총림의 지정 신청, 수좌들 간의 상호 친목 등의 문제를 구체적으로 논의하였지만 그 결실은 미약한 것이었다. 그러나 이러한 문제 제기를 계기로 전국 선원과 수좌들의 소식 및 제반 활동 상황이 선학원을 중심으로 이루어진 것은 선학원이 이 시기에 선종의 중심 기관으로 그 위상이 격상되었음을 예증하는 것이다.

이러한 배경 하에서 선학원에서는 1941년 3월에는 일제의 불교정책으로 유린된 한국불교의 전통을 회복하기 위한 목적이 개재된 유교법회를 개최하였다. 이 법회는 당시 청정비구 40여 명이 참가하여 선학과 계율의 종지를 지키기 위한 활동을 하였는데, 이는 일제의 군국주의 체제하에서 한국불교 전통을 수호하려는 의미깊은 것이라 아니할 수 없다. 선학원의 전통 선맥을 계승하려는 노력은 1943년 한국 근대선의 중흥조인 경허의 문집(文集) 발간의 주관으로 지속되었다.

그러나 선학원은 중일전쟁 및 태평양전쟁을 전후한 일제의 강압적인 군국주의 체제로 인하여 굴절 혹은 변질할 수밖에 없는 현실에 처하게 되었다. 당시 불교계를 비롯한 모든 종교계에서도 결국은 일제에 협조를 하고 있었는데, 선학원도 그러한 대열에 포함되었던 것이다. 즉, 선학원 간부가 황군 출동의 위문, 사망자 가족의 위로, 나아가서는 황군위문금을 납부하였다. 일제가 한국인의 얼과 정신마저도 강탈하려는 현실하에서는 창씨개명에도 관여하였다. 이후에는 전국 선원에서 모집한 황군 위문금을 일제에 납부하고 전쟁물자 수집에도 진유기를 납부하는 등 일제의 가혹한 식민주의 체제에 순응하였다.

선학원의 이와 같은 변질은 종교 조직의 보호, 일제에 굴절된 조계종 간부에 선학원 관련 인사의 가담, 그리고 조계종의 지향하는 바가 선학원이 추구하였던 점이 일맥상통하였던 점 등으로 이해할 수 있다. 선학원은 일제불교에 대항적인 한국전통불교 수호에는 일정한 기여를 하였지만, 1930년대 중반 이후에는 일제의 식민지 정책의 본질에 대한 몰이해와 식민지 체제를 극복할 정신적인 체질의 취약함에서 일제에 굴절되었다.

선학원의 설립과 전개

1. 서언

1921년 11월 30일에 설립되어 현재까지 존립하고 있는 선학원은 한국 근 · 현대 불교사에서 있어서 독특한 역사와 위상을 갖고 있다. 그는 한국 전통불교의 수호, 수좌들의 항일의식의 근거처, 불교 정화운동 등을 말한다. 때문에 근현대 불교를 이해할 경우에는 이 같은 선학원의 역사를 배제할 수는 없다.

그러나 지금껏 선학원의 역사와 선학원이 갖고 있는 성격 및 위상에 대해서는 학문적으로 큰 주목을 받지 못하였다. 다만 선학원의 역사에 관심 있는 몇몇 관련 학자들에 의해서 그 개요 및 운영을 정리한 논고가[1] 있을 뿐이었다. 이러한 현상은 우선 근현대 불교에 대한 관련 학계의 무관심에서 비롯된 것이다. 그러나 그 저변에 자리잡고 있는 선학원과 조계종단의 역사의식의 빈곤, 성찰의식의 빈약 등을 지적하지 않을 수 없다. 이처럼 불교학계, 불교계에서 선학원을 학문과 성찰이라는 관점에

1) 정광호, 「선학원 반세기」, 『대한불교』 1972년 5~9월(11회).
______, 「한국 전통선맥의 계승운동」, 『근대한일불교관계사연구』 1994, 인하대출판부.
김광식, 「일제하 선학원의 운영과 성격」, 『한국독립운동사연구』 8, 1994(이 논문은 필자의 저서 『한국근대불교사연구』(민족사, 1996)에 재수록됨).
______, 「조선불교선종 종헌과 수좌의 현실인식」 『건대사학』 9, 1997(이 논문은 필자의 저서 『한국근대불교의 현실인식』(민족사, 1998)에 재수록됨).
김순석, 「일제하 선학원의 선맥계승운동과 성격」 『한국근현대사연구』 20, 2002.

서 접근하지 않았음은 결과적으로 선학원을 근현대 불교사 인식의 외곽지대로 방치하는 결과를 낳았다. 더욱 이해할 수 없는 것은 현 조계종단의 재건의 추동인 불교정화의 태동, 추진의 근거처가 바로 선학원이었다는 점을 고려하면 이 같은 몰역사적인 행태는 납득하기 어려운 것이다. 추후에는 선학원과 조계종단이 선학원의 역사를 바로 이해하고, 나아가서는 선학원의 역사와 위상이 객관적으로 인식되고, 평가되길 기대한다. 최근 조계종단에서 간화선에 대한 다양한 분석이 시도되고 있어 사상적인 면에서는 일정한 성과가 가시화되고 있다. 그러나 간화선의 역사적 전개라는 면에서는 조사 및 선사들의 고뇌 그리고 그들의 수행 이력을 제외한 분석은 적지 않은 한계가 노정될 것이다. 이렇듯이 현대 한국 선의 현상과 역사를 살필 경우에는 선학원과 선학원과 일정한 연계를 갖었던 수좌들의 흔적을 정리하지 않고서는 객관적인 이해에 도달하기는 쉽지 않을 것이다.

이에 본고찰에서는 선학원의 설립과 전개라는 주제를 갖고 선학원의 설립 배경, 설립 과정 및 의의, 좌절 및 재건 등에 관한 내용을 정리하고자 한다.[2)] 그리고 선학원의 역사가 갖고 있는 역사적 의의도 추출하고자 한다. 선학원이 갖고 있는 의의는 다양한 각도에서 접근할 수 있지만 필자는 이 글에서 한국불교의 정체성의 관점에서 그 의의를 시론적으로 제안하고자 한다. 이는 근현대 불교의 정체성을 설명하려는 하나의 관점, 잣대이다. 또한 이는 한국불교사 전체 구도를 유의하면서 근현대불교의 중심이었던 선학원을 재검토하려는 시도이기도 하다. 요컨대 필

2) 필자는 수년 전에 선학원 논문 2편을 발표하였다. 이에 본 고찰에서는 구체적인 내용, 자료 등은 과감한 생략을 하고 전체적인 흐름을 요약하는 방법을 취하겠다.

자는 본고찰을 통하여 선학원의 역사의 이해에 새로운 돌다리를 놓고자 하는 바, 미진한 점은 선학제현의 질정을 받아 보완하고자 한다.

2. 선학원의 설립 배경

서울 종로구 안국동 40번지에 위치한 선학원은 1921년 8월 10일에 공사를 시작하여 그해 11월 30일에 준공되었다. 그리고 전국의 선원에서 수행을 하였던 수좌들의 조직체인 선우공제회가 선학원에서 결성된 것은 1922년 3월 30일~4월 1일이었다. 이같이 1920년대 초기에 선학원이 설립된 전후사정을 그 시대의 불교사적인 배경을 통하여 보다 구조적으로 살펴볼 수 있다. 즉 선학원 설립에 대한 거시적인 이해는 선학원 설립 이전의 불교사 동향에서 찾을 수 있는 것이다. 지금부터는 이 시각에 의해 선학원 설립 배경을 대별하여 제시한다.

첫째, 일제의 사찰령 구도의 저항정신을 거론할 수 있다. 주지하는 바와 같이 일제의 사찰령은 1911년 일제가 한국불교를 행정적으로 장악하면서, 불교를 식민지 체제에서 관리하기 위해 제정한 법이었다. 사찰령, 사찰령 시행세칙으로 요약되었던 사찰령 체제에 의해 한국불교는 인사권, 재산권 등 운영의 일체가 일제에 의해 통치, 관리되었다. 사찰령 구도하에서 사찰의 이전, 폐쇄, 재산변동 등은 일제의 승인을 받아야만 되었다. 더욱이 사찰령 체제에서는 본말사 제도라는 기존 한국불교에 없던 제도가 접목되면서 자연 본산 중심의 운영이 자리를 잡게 되었다. 그리고 그 본사의 주지의 권한이 막강해지는 결과를 낳았다. 이렇게 본사 주지의 권한이 이전보다 막강해지고 그 본사주지를 일제 총독부가 임면함에 의거 자연 본사 주지는 일제에 의존, 기생하는 풍조가 생겼다. 따라서 사찰의 운영, 본사내의 제반 사찰행정, 사찰의 사업 등은 본사주지의 판단에 의거 좌우되었다. 이런한 제반 현상은 결과적으로 본사와 본사 주지의 권한을 팽창시켰던 것이다. 이처럼 1910년대 일제 사찰령 체제는 불교계 내의 불평등 구조를 야기하였다. 그런데 선학원은 사찰령 체제에서 정한 본말사 구도, 본사 주지의 범위, 일제가 정한 사찰 창설의 구도에서 벗어나면서 설립되었던 것이다. 그러므로 선학원의 설립 정신에는 사찰령 구도에 대한 저항정신을 거론치 않을 수 없는 것이다. 이는 1910년대 일제 식민지 불교정책에 대한 저항정신으로도 말할 수 있다.

둘째, 한국불교 전통수호 정신을 지적할수 있다. 위에서 지적한 사찰령 체제에 의해 10여 년이 지나면서 불교계가 사찰령 의존, 일본불교에 영향을 받게 되면서 점차 한국불교가 갖고 있었던 전통의 파괴가 등장하였다. 그 대표적인 것이 계율정신의 희박, 산중공의 제도의 퇴진 등이었다. 계율정신의 희박은 일본불교에서 영향받은 승려의 결혼 허용, 술과 끽연의 탐닉 등을 말한다. 산중공의 제도는 본말사 주지들의 권한 강화에 따른 당연한 현상이었다. 이렇듯 한국불교의 전통을 지켜야하겠다는 자생적인 움직임으로써 선학원이 등장한 것이다.

셋째, 한국의 전통 선수행의 정신을 회복하자는 강렬한 의식이 개입되었다. 이는 선학원이라는 건물의 준공 뿐만 아니라 선우공제회의 창립정신의 의의를 지적한 것이다. 전통 한국 선 수행에 있어서는 치열한 깨달음 성취, 청정수행, 계율수호를 통한 전통이 흐르고 있었다. 그러나 개항 직후 경허, 용성, 성월 등 각처 선지식들에 의해서 부흥되어 가던 선수행이 문명화, 신식교육, 일본불교, 도회지 포교, 개신교 포교 등의 영향으로 주춤거리는 현상이 노정되기 시작하였다. 이에 수좌들 스스로가 상부상조하며, 서로 탁마하면서 올곧은 선수행을 추동한 중심체의 기반이 바로 선학원이었다.

넷째, 1919년 3 · 1운동에 나타난 민족의 자각정신에게서 영향을 받았던 측면을 배제할수 없다. 3 · 1운동은 민족의 자유, 자존, 평등을 위한 거족적인 독립운동이었다. 이 운동에 불교계의 승려, 학인, 신도들도 참여하였음은 물론이었다. 특히 한용운, 백용성은 민족대표 33인으로서 그 운동의 일선에서 활약하였다. 3 · 1운동 이후 각계 각층에서는 3 · 1운동에 큰 영향을 받고 자기가 처한 공간에서 자주, 자존을 지키려는 노력을 치열하게 전개하였다. 이러한 3 · 1운동으로 불교계에서도 자각, 자주의 흐름이 거세게 일어난 것은 사실이었다. 그리하여 불교계의 현실을 직시하고, 그 내부의 모순을 고치려고 노력하였다. 일면으로는 일제의 문화정책이라는 구도하에서 선학원 설립을 바라볼 수도 있는 것이지만, 그보다는 불교계 구성원들의 자각을 우선적으로 지적해야 한다고 본다. 일제의 정책이 전환되었다 하여도 구성원들의 자각, 의식의 전환 및 원력이 없었으면 선학원은 등장하지 못하였을 것이다.

이상으로 선학원 설립에 나타난 배경을 대별하여 제시하였다. 이러한 요인은 주로 1911년 사찰령 체제의 모순에 대한 자각, 그리고 그를 개선하려는 노력이 어우러져 나온 것이다. 선학원 설립 과정에 나타난 직접적인 요인도 별도로 정리해야 하겠지만 그 요인도 위에서 제기한 배경과 무관할 수는 없는 것이다.

3. 선학원의 설립과 선우공제회의 조직

선학원은 1920년 경 수덕사의 선승 송만공, 범어사 포교당(서울, 사동) 포교사 김남전, 석왕사 포교당(서울, 사간동) 포교사 강도봉 등이 일제의 사찰령에 구속받지 않는 공간을 만들려는 구두 합의에서 비롯되었다. 이들은 1921년 5월 15일 서울의 사간동 석왕사 포교당에서 선학원 건립 자금을 모으기 위한 보살계 계단을 개최하였다. 이날 회의를 주관한 송만공의 발언은 선학원 태동에 직접적인 정보를 준다. 그를 우선 살펴 보겠다.

> 여러분이 아시다시피 지금 조선불교는 완전히 식민지 총독 관할 밑에 들어가 있지 않습니까? 그래서 우리는 지금 총독의 허가 없이는, 사찰의 이전 · 폐합으로부터 절간에 있는 온갖 재산, 기물에 이르기까지 조금도 손을 댈 수가 없게 돼 있는 것입니다. … (중략) …
> 이런 판국이라 지금 조선 중들은 자꾸만 일본 중처럼 변질이 돼 가고 있단 말입니다. 진실로 불조 정맥을 계승해 볼려는 납자들이 점점 줄어들고 있다 그런 말이죠. … 우리 사찰령과는 관계가 없는, 순전히 조선사람끼리만 운영을 하는 선방을 하난 따로 만들어 보자, 이런 생각을 가지고 오늘 회의를 부치게 된거 올시다.[3)]

이러한 송만공의 발언이 선학원을 태동케 하였다. 그 발언의 의미는 조선총독의 통치 범위를 벗어난 즉 사찰령 체제와는 무관한 조선승려들

---

3) 수덕사 혜공편『만공어록』1969, p.50 참조. 정광호,「한국 전통선맥의 계승운동」,『근대한일불교관계사연구』(인하대출판부, 1994), p.191에서 재인용.

이 독자적으로 움직이는 선방으로서의 사찰을 만들어 보자는 취지였다.

이 석왕사포교당 모임에 참석한 당시 그들은 개인 자금을 내놓기로 하였으며, 범어사 오성월은 인사동에 있었던 범어사 포교당을 처분하여 그를 건립 자금으로 지원하겠다는 의사를 피력하였다. 이러한 내용은 「선학원창설연기록」에서[4] 적출되고 있다. 이에 건립 자금에 동참한 대상자인 김남전(2천원), 강도봉(1500원), 김석두(2천원), 재가신도인 조판서(6천원) 등이었다. 그밖에도 경성신도들도 건립에 자원하여 15,500원을 희사하였던 것이다.

이렇게 승려, 신도들이 제공한 지원금은 당시 돈으로 27,000원이 선학원의 건립 공사에 투입되었다. 그리고 그 공사의 감독은 김석두, 공사 인부의 동원은 강도봉이 담당하였다. 범어사 포교당은 처분되어, 그 재목은 선학원 건축에 활용되었다. 이런 배경하에 선학원은 1921년 8월 10일에 공사를 시작하여 그해 11월 30일에 준공되었던 것이다. 준공후 명의는 김남전, 강도봉, 김석두 3인의 명의로 하였다가 세금 관계로 범어사 명의를 차용하였다. 준공 직후 선학원의 재정은 안성에 있는 토지 소작료 20석 40두 정도만이 납입되었던 형편이었다.

한편 선학원이 1921년 10월 4일에 올린 상량문에는 선학원을 건립한 이유가 전하며, 그 말미에는 선학원 건립에 동참한 대중의 명단이 전한다. 우선 건립의 이유로 여타 종교에 비해서 불교의 미약한 포교에 책임의식을 거론하였다. 즉 불교의 교리, 종지의 선전이 지난하지만 각종의 敎는 날로 번성, 천양하여 결과적으로 옳고 그름에 대한 혼란이 생기는 것에 대한 강한 개탄을 하였던 것이다. 상량문에 나온 그 대중명단을 제

4) 이 자료는 『한국근세불교백년사』 제2권에 수록되어 있다.

시하면 백용성, 오성월, 송만공, 강도봉, 김석두, 한설제, 김남전, 이경열, 박보선, 백준엽, 박돈법 등이다. 이들의 출신과 성향을 분석해 보면 불교의 천양의식이 투철하고, 일제의 사찰정책에 비판적이며, 항일불교 활동에 연관되었음을 찾을 수 있다.

이렇게 선학원은 1921년 12월에 준공이 완료되어 서울 중심부(서울, 안국동)에 자리를 잡게 되었다. 창설 이후 선학원에서는 본격적인 활동에 들어갈 채비를 하였으니 그 주체는 전국 수좌들이었다. 그 수좌들의 조직체가 가동되었으니 그는 선우공제회이었다. 그리하여 1922년 3월 30일~ 4월 1일, 선학원에서는 선학원의 창립 정신에 동의한 각처의 수좌들이 모여 회의를 갖고 자신들이 나아갈 방향을 수립하였다. 당시 그 창립 총회에 참여한 수좌는 송만공, 오성월, 백학명, 이설운, 임석두, 이고경, 박고봉, 기석호, 김남전 등 35명이었다. 이들은 회의를 갖고 아래와 같은 선우공제제회 취지서를 발표하였다.

> 去聖이 彌遠에 大法이 沈淪하매 敎徒가 曉星과 如한 中에 學者는 實노 麟角과 如하여 如來의 慧命이 殘縷를 保存키 難하도다. 多少의 學者가 有하다 할지라도 眞正한 發心衲子가 少할 뿐아니라 眞膺이 相雜하야 禪侶를 等視하는 故로 禪侶 到處에 窘迫이 常隨하야 一衣一鉢의 雲水 生涯를 支持키 難함은 實노 今日의 現狀이라. 그러나 人을 怨치 말고 己를 責하야 猛然反省할지어다. 元來로 生受를 人에게 依함은 自立自活의 道가 아닌즉 學者의 全生命을 人에게 托하여 他人의 鼻息을 矣함은 大道活命의 本意에 反할지라. 吾輩禪侶는 警醒鬪勵하야 命을 覩하여 道를 修하고 따라서 自立의 活路를 開拓하야 禪界를 勃興할 大道

> 를 闡明하야 衆生을 苦海에 구하고 迷倫을 彼岸에 度할지니 滿天下의 禪侶는 自立自愛할지어다.
>
> 발기인 오성월 이설운 백학명 외 79명

이처럼 수좌들은 철저한 수행을 하기 위하여, 선풍을 진작하기 위하여 자신들이 처한 상황을 타개하기 위하여 자립자애할 것을 강조하였다. 그리고 나아가서는 중생을 구제하겠다는 원력을 피력하였다. 이는 국권상실, 일본불교 침투, 식민지 불교정책에서 빚어진 불교의 현실을 자주, 자립의 정신으로 극복하겠다는 도전이 아닐 수 없다.

이러한 취지서를 발표한 수좌들은 창립총회에서 선우공제회 운영의 대강을 정하였다. 우선 선원의 기관 조직체로서 선우공제회 본부는 중앙인 선학원에 두고, 중앙조직은 서무부, 수도부, 재정부를 두었다. 그리고 지방의 지부는 선원이 있는 19처 사찰에 두기로 하였으며, 공제회의 제반 사항을 의결하는 의사부를 설치하기도 하였다. 다음으로는 임원 선거를 하여 집행부를 조직하였으며 공제회의 운영 방침도 정하였다. 즉 공제회의 경비는 수좌들의 의연금과 희사금으로 충당하고 각 지부 선량 중의 2할과 매년 예산액의 잉여금을 저축하여 공제회의 기본재산으로 설정하여 각 선원을 진흥하기로 정하였던 것이다. 그리고 공제회의 운영 방침, 공제회 규칙, 세칙을 정하기 위한 기초위원을 선정하고 지부 설립을 위한 지방위원을 파견하는 것도 결정하였다.

그리하여 선학원, 선우공제회는 창립정신 및 선 진작의 구현을 위한 본격적인 활동에 들어 갔다. 1924년 경에는 통상회원 203인, 특별회원 162인 합계 365인의 회원이 소속된 수좌 중심 단체로 성장하였다. 그런데 선우공제회는 그 설립 초창기부터 재정적인 어려움에 봉착하였다. 그 회의록을 보면 재정 확립에 대한 문제가 지속하여 제기되었음에서 그를 파악할 수 있다. 그런데 현재로서는 재정의 문제를 자료의 미비로 인해 세부적으로 파악하기는 힘들다. 1924년의 결산을 보면 수입이 563원, 지출이 300원이라는 것에서 재정의 미약을 알 수 있다. 그러나 불영사, 해인사, 정혜사, 표훈사 등의 수좌들이 상당액의 토지를 헌납하였다는 기록, 김남전이 사재 1만원을 기부하였다는 기록들도 있어 현재로서는 상세한 사정을 가늠키 어렵다. 일단은 재정적인 난관에 처하였음만을 알수 있다.

이런 재정적인 난관에서 비롯된 것인지는 단언할 수 없어도 1924년 4월에는 선우공제회의 본부를 직지사로 이전하였다. 그리고 선학원 운영의 중심 인물인 김남전이 1924년에 직지사에 있다가 통도사에 가서 주석하였다 함도 1924년 중반에는 선우공제회가 운영상으로 상당한 어려움에 처하여 있음을 단적으로 말해주는 것이다. 마침내 1926년 5월 1일에는 중앙의 선학원이 범어사 포교소로 전환되었다.[5] 이러한 선학원의 중도 퇴진은 곧 선우공제회 활동의 정지의 다름이 아니다.

4. 선학원의 재건, 선리참구원으로 전환

선학원은 1926년 5월에 범어사포교당으로 명칭을 변경하였지만 그 건물은 존속하였다. 그후 1931년 1월 21일 김적음에 의하여 인수, 재건

5) 『동아일보』, 1926.5.6.

되었다. 김적음은 본래 침술과 한의에 능통하여 서울 수송동에서 약방을 경영한 인물이었는데 늦깍이로 발심하여 직지사의 선승인 김제산에게서 출가한 승려이었다.[6] 이에 그는 적지 않은 재원을 갖고 있었는데, 그 재원을 활용하여 선학원 재건의 주역이 되었다. 재건된 선학원에서는 송만공, 이탄옹, 한용운, 유엽, 김남전, 도진호, 백용성 등이 나서서 일반 대중들에게 참선, 교학 등을 가르치면서 불교대중화에 주력하였다. 그리고 일반 대중들을 상대로 한 남녀선우회, 부인선우회를 조직하였고, 선의 대중화를 위해 『선원』을 발간하였다. 그리고 1931년 3월에는 선학원에서 전선수좌대회(全鮮首座大會)를 개최하면서 예전의 명성을 되찾기 위한 활동에 들어갔다. 그리고 이런 활동을 기반으로 교단인 종회에 중앙선원 설치를 위한 건의안을 제출하였다.

이처럼 재건한 선학원은 이전 역사를 계승하면서 점차 재정확립과 불교대중화를 통한 기반 확립에 나섰다. 재정 확립을 위해 범어사에 교섭을 하여 매년 200원의 지원을 받기로 하였으며, 선학원의 부대 사업체인 제약부도[7] 운영하였다. 이에 선학원에서 수행하는 수좌가 20여명에 달하고, 선의 대중화를 기하기 위한 포교부도 조직하였음은 선학원의 재건이 어느 정도의 궤도에 올라갔음을 알려 주는 것이다. 한편으로는 전국 선원의 중심체로서의 위상은 기관지인 『선원』을 통하여 그 역할을 수행하기도 하였다.

그러나 선학원의 견실한 운영은 1920년대 중반의 경험에서도 나온

6) 『불교시보』 4호(1935.11.1), p.3, 「如來의 사명을 다하야 世上에 模範을 보이는 숨은 人物들, 立志傳中의 인물 金寂音和尙」.
7) 이는 김적음이 한의사였던 전력을 활용한 사업체로 보인다.

것이지만 튼튼한 재정확립이 관건이었다. 이에 선학원에서 연고를 맺고 있었던 수좌들은 재정 확립의 문제를 고민하였던 것이다. 이 문제는 1933년 3월의 전조선수좌대회에서 논의되었다.

> 소화 8년 계유년 3월 20일 수좌대회를 열고 선우공제회를 조선불교 선리참구원으로 개칭 재단법인을 하기 위하여 발기인 송만공 김남전 김현경 황용음 기석호 윤서호 변유심 이탄옹 김적음
> 正租 170석 정혜사선원, 정조 100석 대승사선원, 정조 30석 직지사선원, 정조 200석 범어사선원, 정조 130석 선학원[8]

즉 송만공, 이탄옹, 김적음을 비롯한 9명의 수좌들은 수좌대회에서 선우공제회를 재단법인 선리참구원으로 전환시키기 위한 발기를 하였고, 정혜사선원을 비롯한 5개처 선원은 재원을 기부하였다. 이러한 문제의식은 당시 선학원을 운영하였던 실무진에서도 고민한 과제였다. 이는 당시 『선원』지에 기고된 아래의 내용을 보면 그 대강을 파악할 수 있다.

> 수좌들이 마음놋코 평안이 잘 공부를 하여 도를 깨치고 정각을 일우어 우로는 시방 여러 부처님과 조사의 혜명을 잇고 아래로는 악착한 이 고해에 헤매는 중생을 제도할 인격과 덕을 갓추신 삼계 대도사가 되게 할냐면 무엇보담도 수좌들이 먹고 입고 안저 정진할 보호기관을 맨드는 것이 우리

---

8) 『삼소굴일지, 경봉대선사일지』, 극락선원, 1992, p.297.

> 불자들의 급선무입니다.[9]

수좌들이 안심하고 수행할 수 있는 기관을 만들어 주는 것이 불자의 급선무로 인식하였던 것이다. 이에 선학원은 수좌 및 신도들이 재산을 출연하여 법적으로 그 재산을 보호받게 하고, 그로부터 나온 재원으로 수좌들의 수행을 후원할 조직체를 결성하였으니 그것이 바로 재단법인 선리참구원으로의 전환이었다. 재단법인으로의 전환은 일제가 종교단체의 포교 규칙을 1920년 4월에 기존의 허가주의에서 계출주의(屆出主義)로 개정하면서 그 후속조처로 종교단체의 법인격을 공익법인으로서 재산을 보호, 유지할수 있도록 하였기에 가능하였다. 이러한 배경에서 선학원은 1934년 12월 5일부로 재단법인 선리참구원으로 전환되었다.[10] 당시 재단으로 등록된 재산은 17명의 승려 및 신도들이 제공한 전답과 건물 등의 액수인 82,970원이었다. 그리하여 선학원에서 선리참구원으로의 전환은 창립 초기 역사에서의 교훈을 얻고, 나아가서는 수좌보호를 통한 전통불교를 지키려는 원력에서 나온 것이었다. 이러한 인식은 아래의 글에서도 찾을 수 있다.

> 우리 조선불교선리참구원을 두고 말하면 전일 선우공제회 및 기차 승려 신도들이 토지와 돈과 수좌들이 먹고 입고 공부하는 참선방을 맨드는 목적하에 토지와 현금을 기부한 것을 모은 후 총독부의 허가를 맡아 조선불교선리참구원이라는 법률상 사람을 맨드는 것입니다. … (중략) …

---

9) 『선원』 4호(1935.10), 「우리 각 기관의 활동상황」.
10) 『불교시보』 1호(1935.10), 〈휘보〉, 「재단법인 조선불교선리참구원 인가」.

> 적은 일까지 총독부의 허가를 맛게 됨으로 가장 기부된 토지가 완전하고 영원히 수좌보호에 쓰게될 것입니다.[11]

이렇듯이 선학원은 선리참구원으로 전환되자 그 즉시 이사회를 열고 조직의 책임자를 선정하였다. 이 사정은 아래에서 찾을 수 있다.

> 경성부 안국동 선학원 김적음 선사는 邇間 수년간 활동하야 당원을 재단법인 선리참구원으로써 당국에 신청한바 소화 9년 십이월 오일에 인가되야 즉시 이사회를 열고 역원을 배정하엿다는데 씨명은 下와 如하다.
>
> 이사장 송만공, 부이사장 방한암, 상무이사 오성월 김남전 김적음[12]

선리참구원의 초대 이사장은 수덕사의 송만공, 부이사장은 상원사의 방한암이 추대되었다. 이들은 당시 선지식으로 명망을 떨치던 인물로서 근대 선의 개척자인 송경허의 제자들이었다. 상무이사인 오성월과 김남전은 범어사 출신인데, 특히 오성월은 범어사를 선찰대본산으로 이끈 주역으로서 당시 경상도 지역 불교를 대표한 승려였다. 김남전과 김적음은 선학원의 창건, 재건을 이끈 당사자로서 이사에 선임된 것이다.

한편 선학원에서 선리참구원으로 전환은 일면, 총독부의 현실 정치를 수긍한 면이 인정된다. 그러나 이는 수좌보호, 전통 수호, 수행을 통한 중생교화를 이루기 위한 차선의 대책이었다. 일제, 총독부를 배척해야 할 대상이라 하여 일제 식민통치 전체를 부정한다면 식민지 한국에서의

---

11) 위의 「우리 각 기관의 활동상황」.
12) 『불교시보』 1호(1935.10), 〈휘보〉, 「재단법인 선리참구원 인가」.

존립은 불가능한 것이다. 때문에 필자는 일제의 실정법의 테두리에 들어간 선리참구원으로의 전환을 비판한다는 것은 불교에 대한 편향성이고 삶의 존재를 부인하는 근본주의적, 편협한 시각이라고 보지 않을 수 없다. 한편 당시 수좌들은 일제의 제도권의 테두리에 들어갔지만 앞으로 살필 조선불교선종을 내세움은 선학원의 설립 정신이 결코 퇴색되지 않다는 것을 분명하게 보여 준다.

지금부터 필자가 제시하는 조선불교선종은 학계에서 큰 주목을 받지 못하였을 뿐만 아니라 그 존재 자체도 알지 못하는 경우가 대부분이었다. 필자는 수년 전에 그 관련 자료를 발굴하고, 그를 저본으로 하여 논문까지 발표하였다.[13] 그러나 선학원, 조계종단 그리고 불교학자, 승려들도 그에 대한 적극적인 관심을 표한 경우도 거의 없었다. 일부 학자는 그 선종은 인정하면서도 그 선종이 발표하였다는 종헌은 부인하였다.[14] 그러나 필자가 보기에 선리참구원으로 전환시킨 수좌들이 조선불교선종을 내세운 것은 분명하다고 본다. 다만 그 선종의 종헌으로 전하고 있는 것은 일부 조항의 내용이 후대, 정화운동이 격화되던 당시에 손질되

---

13) 위의 졸고, 「조선불교선종 종헌과 수좌의 현실인식」.

14) 김순석은 필자의 이 자료의 성격에 대하여 1935년에 제정된 종헌이라고 보기 어렵다는 의견을 개진하였다. 그는 이 조선불교선종의 종헌 5조에 있는 단기 4288년, 불기 2982년을 근거로 그 주장을 하였다. 그는 그 연대를 1955년으로 보았다. 그리고 80조의 한국내에 있는 사찰은 총히 본종에 속한다, 81조의 본종은 사찰 및 포교소를 창설할 수 있다는 표현 등에서 자신의 입론을 강화하였다. 즉 그는 식민지 시대의 선학원이 교단의 형태를 갖고 있었던 교무원보다 미약한 현실에서 그런 자신감을 표출하기는 어렵다는 것, 그리고 사찰령과 그 시행세칙에서는 사찰 창립에 관한 규정이 없다는 점을 강조하면서 그는 1955년 이후에 작성된 위작이라고 하였다. 이상은 김순석, 『일제시대 조선총독부의 불교정책과 불교계의 대응』(경인문화사, 2003), pp.143~144의 각주 41의 내용 참조.

었을 가능성은 고려할 수 있지만,[15] 수좌들이 1935년에 선종을 내세운 것은 분명하다고 본다. 우선 수좌들이 조선불교선종을 내세울 때 발표한 종헌 선서문을 전체를 제시한다.[16]

선 서 문

大聖께서 示滅하신지 때가 오래며 邪魔는 强力하고 正法은 微弱하와 悲運에 헤매는 少福少智한 저의 正統修道僧徒들은 敎團의 傳統을 붓잡으며 末世正을 살리기 위하여 惶恐하옵게도 本師 釋迦牟尼 世尊님과 아울러 十方에 常主하시는 三寶님 前에 삼가 誓願을 올리오니 구벼 愛恤히 여기사 바다 匡明하옵소서

생각하옵건 朝鮮에 佛敎가 輸入된 邇來 일천육백년 이래 悠久한 歷史를 가졌습니다. 일찍이 三國을 統一하고 千餘年의 文治로 찬란한 新羅文化는 드디어 建全無比한 民族魂을 이루었던 것이다. 其後 오랜동안 槿域 三千里 福祉社會를 建設한 業績은 實로 釋迦世尊의 大慈悲 法力이 아니면 不可能한 일인 것임니다. 國師三의 高僧大德이 繼繼傳承하야 大小國難때마다 그를 퇴치하며 救國安民의 先鋒이 되매 四海에 佛日이 빛나드니 國運이 불행하든 李朝오백년간의 排佛壓政하에서도 우

15) 이 선서문과 종헌의 저본은 가리방(등사)인데, 그 원본은 동국대 불교학자료실에 보관되어 있다. 필자는 그 가리방본의 원본(인쇄본)은 아직 찾지 못하였다. 일제하에서도 대회를 개최하거나, 중요한 의결을 할 경우에는 활자 인쇄를 하는 경우가 많았던 것을 고려하면, 이 선서문과 종헌도 활자본의 자료로 전하였을 가능성이 높다. 그러나 현재 그 원본은 보지 못하였기에 필자도 필자의 주장을 전적으로 주장하는 데에는 약간의 약점은 있다. 한편으로는 선종의 선서문과 종헌의 1차 자료가 활자본이라는 것도 가정에 불과할 수도 있다.

16) 『근현대불교자료전집』 권 65의 「조선불교선종종헌」.

리들은 그 傳統을 死守하였으며 亦是나 救國安民에는 그 선봉이 되고 있었읍니다. 그러나 近者에 新文明 暴風에 쓰러져 가는 다수 僧徒들이 肉食飮酒하며 私淫娶妻를 恣行하면서 “중도 사람이다”라는 口號를 앞세우고 莫行莫食하며 破戒 雜行으로 大乘佛教 修道相이며 傳道行인양으로 宣傳함으로서 우리 教團의 嚴肅 淸淨하든 傳統은 드디어 무너지기 始作하였읍니다. 그리하여 還俗한 徒輩들이 僧侶인양 自處하매 神聖不可侵의 修道場인 寺院은 家庭化 料亭化 함으로 말미암아 寺刹 淨財는 날로 還俗者들의 生活에만 낭비되고 各處의 修道 機關은 廢止되여 가고 있습니다. 이에 우리 正統 僧徒들은 奮然히 蹶起하여 京城내에 禪學院을 創建하고 教團의 傳統을 死守하며 그 腐敗의 淨化를 謀議하는 根據處로 삼으며 이를 財團法人으로 만들었습니다. 그리고 傳統死守와 教團復興을 꾀하는 이 憲章을 制定 公布하옵고 滿天下의 四部大衆과 이에 다같이 同心 合力하여 末世正法을 復興하며 苦海 衆生을 濟度함으로서 크게 佛恩 갚고저 하는바 입니다. 우러러 뵈온건대 十方 三寶께옵서는 틈없이 護念하시오며 끝까지 거두어 주시옵서

檀紀 四二六七年 十二月 三十日

佛紀 二九六七年 一月 五日

全國首座大會

朝鮮正統修道僧 一同

선종종헌 공포에 관한 절차

一, 四二六七年 十二月 三十日 조선불교선종 종헌 제정 통과

二. 四二六七年 十二月 三十日 종정 재가

三, 四二六八年 一月 五日 선종 종헌 공포 시행

조선불교선종 대표 종정 송만공 인

副書

종무원장 정운봉 인

총무부장 김적음 인

교무부장 하동산 인

재무부장 김남전 인

선종	壇	副書	初代
조선불교	종정	종무원장	정운봉 인
수석종정	만공 대선사	총무부장	김적음 인
	수월 대선사	교무부장	하동산 인
	혜월 대선사	재무부장	김남전 인
	한암 대선사		

이러한 조선불교선종 종헌의 선서문에는[17] 위에서 필자가 개진한 선학원이 재단법인 선리참구원으로 전환된 사정의 이유가 논리적으로 전한다.

우선 일제하 불교의 정황이 신문명의 폭풍에 쓰러져 승려들이 육식음주하여, 사음취처를 자행한다고 지적함에서 일본불교 영향, 전통 계율

17) 이 선서문에 구체적인 일자와 그 임원의 법명 및 도장이 찍혔다는 '印'이라는 표기까지 있음에서 필자는 종헌이 제정, 반포된 것은 분명하다고 본다.

의 파괴라는 사실이 확인된다. 그리하여 막행막식, 파계잡행이 횡행하였다는 것이다. 이는 청정한 불교전통이 무너짐을 의미하는 것이다. 나아가서는 수도장인 사원이 가정화, 요정화되었으며 사찰 정재는 환속한 승려들의 생활비로 소비되면서 급기야는 수도기관이 폐지되는 지경으로 전락되었던 것이다.

이에 당시 선리참구원으로 전환시킨 수좌들이 경성에 선학원을 만들어 교단의 전통을 사수하며, 그 부패의 정화를 모의하는 근거처로 삼기 위한 움직임을 본격화하였다는 것이다. 이러한 현실인식하에서 조선불교선종의 종헌을 제정 공포하였음을 널리 알렸는 바, 이는 정법을 구현하고 중생을 구제하려는 원력에서 나왔음을 알 수 있었다.

이와 같이 조선불교선종을 만들고 그 근거로서의 종헌을[18] 제정한 수좌들은 자신들이 조선불교의 정통수도승이라는 자부심을 갖고 1934년 12월 30일에 종헌을 제정 통과시키고, 그날에 종정으로부터 재가를 받았던 것이다. 추측건대 송만공은 종헌이 제정, 통과될 때 선학원에 있으면서 그를 지켜보고 종정에 추대되었으며, 그 직후에는 종정으로서 종헌을 인가한 것으로 볼 수 있다. 이러한 배경하에서 1935년 1월 5일에는 종헌이 공포, 시행되었다. 이렇듯이 조선불교선종 및 종헌을 출범시킨 선학원 수좌들은 곧이어 수좌대회를 열어 그를 널리 알리고, 조선불교선종의 집행부도 선임하였다. 즉 1935년 3월 7~8일 선리참구원 강당에서 수좌대회를 개최하였다.

---

18) 선서문, 18장, 부칙으로 구성된 종헌은 위의 『근현대불교자료전집』 권 65, pp.500~514에 수록되어 있다.

> 조선불교 수좌대회(首座大會)는 七, 八 양일 간에 긍하야 시내 안국동 사십번지에 잇는 조선불교선리참구원(朝鮮佛教禪理參究院) 대법당에서 열리엇는데 의장 기석호씨 사회로 조선불교선종 종무원 원규(宗務院 院規)를 비롯하야 六종의 규약을 통과한 후 아래와 같이 임원선거를 하엿다고 한다.
> 종정 신혜월 · 송만공 · 방한암, 원장 오성월, 부원장 설석우, 이사 김적음 · 정운택 · 이올연, 선의원 기석호 · 하용택 · 황용음 외 十二人[19]

이렇게 수좌대회를 통하여 조선불교선종 종무원 원규를 비롯하여 6종의 규약을 통과시켰던 것이다. 1934년 12월에 선종의 종정을 비롯한 간부진을 선출하였는데 이처럼 수좌대회에서 재선임한 것은 그 신뢰성을 담보받기 위함에서 나온 것으로 보인다. 한편 여기에서는 분명히 조선불교선종의 실체가 있었음을 거듭 확인할 수 있다. 조선불교선종이 있었기에, 그 전제하의 종무원의 원규와 6종의 규약을 통과시키는 행정절차를 이행한 것이다. 우리는 위의 보도기사에서 조선불교선종과 그 종헌을 실체를 재확인할 수 있는 바, 그는 종무원(종헌 8장), 전국수좌대표자대회(종헌 7장)에 참가하는 의원인 선의원을 12명으로 선출하였음에서 그렇게 보았다.

요컨대 1935년부터는 선리참구원에서 선종을 표방하고, 전국 선원의 통일기관으로서의 종무원이 운영되었던 것이다. 이로써 선종이 확립되고 선원이 증가되는 등 외형적인 발전이 가시화되었다고 볼 수 있다. 이 내용은 아래의 글에서 확인된다.

---

19) 『동아일보』, (1935.3.13), 「불교수좌대회」.

> 지난 삼월의 전선수좌대회에서 선종의 자립과 전선 선원의 통일기관으로 중앙에 종무원을 설치키로 결의되여 동 사무소를 경성부 안국동 중앙선원에 두고 원장 오성월 화상이 취임하여 우로 세분의 종정을 모시고 아래로 삼 리사를 거느리여 선종의 확립과 선원수 증가와 각 선원의 내용 충실을 도모한 바 불과 반년에 선원 수가 십여개소이고 전문으로 공부하는 수좌 수효가 삼백명을 초과하게 되엿습니다. … (중략) …
> 아직은 창설기임으로 완전한 활동에 들지 못하였으나 현재 주로 하는 사업은 지방 각 선원의 연락과 통제, 본 기관지를 통하여 선리를 참구하는 건전한 신앙의 확립, 법의 포양 각 본산을 권면하야 선방 증설 및 수좌대우 개선, 행방 포교사를 각 지방에 보내여 설법포교를 하는 등 선종의 독립발전을 적극적으로 확장하고 잇습니다.[20]

즉 선종의 자립, 전국 선원의 통일을 기하기 위한 노력을 하고 있다는 것이다. 구체적으로는 선원간의 연락과 통제, 선리 참구, 선방 증설 권유, 수좌대우 개선, 설법 포교를 통한 선종의 독립발전이었다.

이렇게 선학원에서 재단법인 선리참구원으로 전환시킨 후, 교단의 전통을 사수하고 부패 정화를 기하기 위해 수좌들은 조선불교선종을 내세웠던 것이다. 이러한 변화는 기부재산의 증가, 선리참구원이 직접 경영하는 선원이 5개로 증대, 수행하는 비구승의 증가 등을 야기하였다. 이러한 변화, 성장하에 선리참구원에서는 증대된 위상을 갖고 1939년에도 수좌대회를 개최하였는데[21] 이때에는 조선불교선종 정기 선회로 명칭

20) 『선원』 4호, pp.20~30. 「중앙종무원」.
21) 정광호, 「한국전통선맥의 계승운동」의 논문, p.203의 각주 참조. 필자는 정광호가 제시

을 바꾸었다. 이는 1935년에 조선불교선종으로 종명을 내세운 산물이었다. 그 대회에서 결의한 것의 하나는 초참납자들을 지도하기 위하여 금강산 마하연 선원을 인수, 초참지도선원으로 운영하자는 건의이다. 다음으로는 청정사찰 할애로, 모범총림 건설 차원에서 지리산, 가야산, 오대산, 금강산, 묘향산 등 5대산을 구체적으로 지적하고 그 교섭위원으로 김경산, 김구하, 송종헌을 교섭위원으로 정하였음은 당시 수좌 및 선리참구원의 수행정신과 전통교단 수호의 정신이 간단치 않았음을 말해주는 것이다. 그리고 수행납자의 질병 구호의 대책을 강구하고, 지방 선원에서 수행하는 납자들과 유기적인 관계를 시도하였다. 그 결과 납자들의 상호 친목을 도모하면서 수행 기록인 방함록을 중앙에서 수합, 정리하여 배포하기도 하였다.[22] 그 당시 각처(27개) 선원에서 458명의 수좌들이 수행을 하였다는 것은 선리참구원의 성장에서 가능한 것이 아닌가 한다.

이런 배경, 자신감하에서 선리참구원은 1941년 3월 4일부터 10일간 유교법회를 개최하였다.[23] 이 법회는 한국불교의 청정승풍을 진작하고 전통계맥을 정비하려는 목적에서 추진되었다.

> 거 이월 이십육일부터 십일간 府內 안국정 선학원에서는 雲水衲僧 高德禪師의 遺教法會를 열고 박한영 송만공 채서응 김상월 하동산 제 선

한 선학원 소장 '조선불교선종정기대회 회의록'은 보지 못하였다.

22) 『불교시보』 54호(1940.1.1), 「선원소식」.

23) 그런데 기록에 따라서는 그 개최일자를 3월 4~12일로 제시한 경우도 있으며, 법회명칭도 고승수양법회, 고승법회라고 칭하였다. 『매일신보』(1941.3.5), 「불문 신체제 발족 고승수양법회」.

사의 범망경 유교경 조계종지에 대한 설법이 잇섯다고 한다.[24)]

일본과의 합방이란 것이 이루어진 뒤로 한국의 청정한 승풍은 자꾸 시들어만 가고 있지마는, 그래도 이 가운데 애써 한국적 전통을 유지하고 있는 고승들이 있으니 이들을 다시 한자리에 모아 보자.[25)]

박한영, 송만공, 채서응, 김상월, 하동산 등이 한국불교의 청정 승풍을 진작시키기 위하여 범망경, 유교경, 조계종지에 대한 설법을 하였던 것이다. 그리고 행사 후에는 수좌대회가 개최되었으며 범행단을 조직하여 선학과 계율의 종지를 선양하는 노력을 기울였다. 이 법회는 고승법회, 고승수양법회라고 칭하기도 하였으나[26)] 당시 총본산을 추진하는 교단 측의 이의가 거세 유교법회라고 대회 명칭을 전환하였다는 증언도 전한다.

선학원의 전통 선맥을 계승하려는 노력은 1943년 한국 근대선의 중흥조로 일컷는 경허선사의 문집인 『경허집』 발간으로 지속되었다. "우리 공로자의 표창은 우리 손으로"라는 표어를 내걸고 선학원에서 주관한 그 발간은 선학원 관련 수좌, 승려들의 주도로 진행되었다. 이렇게 선학원에서 유교법회의 개최, 『경허집』 발간을 주관한 것은 재단법인으로 전

24) 『불교시보』 69호(1941.4.15), 「선학원의 유교법회」.

25) 이 자료는 1970년대 초 조계종 총무원에 소장된, 『유교법회회의록』에서 정광호가 적출한 것임. 필자는 이 자료를 보지는 못하였다.

26) 『경북불교』 46호(1941.5.1), 「고승대덕을 초치, 불교최고수양법회」. 이 기록에는 2월 4~6일에는 범망경 설법, 7~9일에는 유교경, 10~12일에는 慈悲懺의 공개, 13일에는 황군무운장구 및 전몰장사의 위령대법회 거행 등이 진행되었다고 한다. 증명법사는 송만공, 방한암, 장석상이 초청되었으나 방한암은 하산치 않았다.

환된 이후 다양한 방면에서 성장한 위상에서 가능한 것이었다.

한편 이렇게 선학원이 변신, 성장을 하였을 그 당시는 일제의 군국주의 침략의 기세가 강화되면서 더욱 더 한국의 식민통치가 강화되던 시절이었다. 이러한 일제의 통치는 불교계 전반에도 미쳤기에 선학원이라 하여 그 구도에서 자유스러울수는 없었다. 즉 선학원도 일제의 식민통치에 일정한 협조를 하지 않을 수 없었다. 그 결과 선학원에서 창씨 개명을 주선해 주고, 선학원 간부도 북지황군의 위문을 하였으며, 각 선원에서 모금한 돈을 황군 위문금으로 전달하였던[27] 것이다.

그런데 1941년 4월에는 총본산건설운동의[28] 성과물로서 조선불교조계종이 새롭게 등장하고 있었다. 기존 조선불교선교양종의 문제점을 강력히 지적한 한국불교의 청원을 수용하여 일제는 조선불교조계종으로 그 종명을 전환시키고, 총본산태고사가 한국불교를 총괄하는 사찰로 나서게 되었다. 이러한 전환 구도는 조선불교 조계종의 설립, 총본사 태고사의 창건, 태고사에 종무원 및 종회의 등장, 종정에 방한암 및 종무총장에 이종욱 선임 등을 말해주는 것이다.[29] 이런 교단체제는 1920년대 이래의 숙원인 불교계 통일운동, 종단 건설운동의 일단락을 의미하지만 일면으로는 일제의 식민지체제에 더욱 긴박되었던 측면을 암시하는 것이다. 요컨대 1941년 4월 이후부터는 일제의 통치체제의 구도에 더욱 견인되었던 불교계의 내용이 속출하였던 것이다. 이런 구도하에서 선리참구원은 어떤 노선을 갔던가. 이에 대해서는 그 관련 자료 부족, 증언

27) 『매일신보』(1941.9.3), 「전선 사암, 선원의 赤誠」.
28) 총본산건설운동에 대한 전모와 성격은 졸고, 「일제하 불교계의 총본산 건설운동과 조계종」, 『한국근대불교사연구』(1996, 민족사)의 논고를 참고할 것.
29) 졸고, 「조선불교조계종의 성립과 역사적 의의」, 『새불교운동의 전개』, 도피안사, 2002.

의 부재 등으로 인해 그 전후사정, 성격을 단언키 매우 어렵다. 이에 대하여 필자는 아래의 보도기사를 제시하는 것으로 그 답을 대신하고자 한다. 우선 그 내용을 보자.

> 조선의 종교 통제문제는 다년간의 현안으로서 총독부 사회교육과에서는 이미 착착 실시하야 오는 중인데 우선 조선인 관계의 불교를 일원적으로 통제하야 불교의 내선제휴를 강화한 다음 국제본의투철을 중심으로 하는 황민화의 힘찬 심전개발운동을 일으킬 터이며 … (중략) …
> 여기서 가장 문제되는 것은 조선인측의 불교엿다. 전선 각처에 잇는 사찰 총수 실로 이천수백에 그 교도는 삼십만명이나 된다. 그러나 몇해 전만 해도 이가튼 사찰과 각 종파를 일원적으로 통제 지도할 기관이 업섯다. 즉 중앙불교무원과 중앙선리참구원의 두가지가 중앙에 잇서 가지고 제각기 지도적 역할을 해 왓든 것이다. 중앙교무원은 전선불교관계의 연락과 부내 혜화전문의 경영을 마터 보았고 중앙선리참구원에서는 『선』(禪)을 하는 사람과의 연락 연구기관으로 각기 존재했지만 두 기관이 다가치 전 사찰에 대하야 관계를 가지고 잇섯다. 그래서 총독부에서는 작년 4월 사찰령의 개정과 동시에 조선불교도의 총의에 따라 『선』과 『교』를 일원적으로 통제하고 태고사를 맨들고 전선 31본산의 총본산으로 하야 전선불교의 중앙지도기관으로 햇다. 그러나 여전히 중앙교무원과 선리참구원은 존재하야 만흔 폐해가 잇섯슴으로 금년 3월에 총독부에서는 이 두가지 단체를 통제하고자 결심하고 그 제일 착수로 금년 삼월에는 중앙교무원을 조계학원으로 개칭하는 동시에 총본산태고사의 통제하에 두게 되엿다. 이와 동시에 혜화전문학교를 경영하는 재

단의 역원도 태고사의 간부로 하야금 겸임케 하야 실질적 통제를 완성식힌 것이다. 여기사 남은 문제는 존립할 아모런 가치가 업는 중앙선리참구원을 어떠케 하는 것이냐 하는 것이다. 통제가 완성되여 가는 현재 과정에 잇서서 이것은 당연히 발전적 해소를 해야 할 것이다. 더구나 이 선리참구원이라는 것은 법령상 사찰도 아니요 포교상 아모런 존재 이유를 가지지 못하는 것이다. 솔직히 말하면 정당한 불교를 하는데 암(癌)으로서의 존재밧게 안되는 것이다. 그래서 총독부에서는 지금 그 내용과 구성 인원 등 자세한 상황을 조사하는 중이다. 조사가 끝나는대로 이것도 그 통제될 단계에 이른 것만으로 명확한 일이다. 여기서 조선의 종교통제 문제는 불교의 일원적 통제로부터 시작하야 기독교 등에도 미치게 될터이다.[30)]

1942년 후반 경, 일제의 불교계 통제의 단면을 알 수 있는 보도기사이다. 위의『매일신보』는 일제의 기관지였던 사정을 고려하면 여기에서 나온 저간의 사정은 대략 동의할 내용이다. 이 내용에서 주의할 것은 우선 선리참구원이 당시 선원의 지도, 통제를 하면서 선을 연구하는 기관으로 인식되었다는 것은 분명하다. 필자가 위에서 제시한 조선불교선종의 성격, 역할에 대해서는 필자 스스로도 미진한 것을 자인하지만 일단은 전국 선원의 중앙기관인 것은 확인된 셈이다. 그리고 일제 당국도 느낀 것이지만 선리참구원은 불교통제상에 있어서 골치아픈, 껄끄러운 존재였기에 암적인 대상으로 표현하였다. 이에 일제는 선리참구원에 대한 자세한 조사를 하여 통제, 장악을 시도하였던 것을 알 수 있다. 그러나

---

30)『매일신보』(1942.8.6),「佛教서도 內鮮一體로 宗教報國에 新機軸」.

이 기사에서는 그 추이에 대한 정보를 알수 없는바, 현재 필자도 그에 대한 추가의 정보는 갖고 있지 않다. 다만 선리참구원에 관여하였던 통도사의 선승인 김경봉의 1944년의 일기에 선리참구원의 이사회, 감사회가 나온 것을 보면 일제의 선리참구원 통제는 실효를 보지 못한 것이 아닌가 한다.

> (1944년) 2월 25일 금요일 맑음
>
> 侍者 金汶鈺이와 함께 경성 불교중앙 선리참구원 이사회에 참석하기 위하여 물금 교당에서 자다.
>
> (1944년) 3월 1일 수요일 맑음
>
> 중앙선리참구원 감사회의를 하다. 창경원엘 김문옥이와 다녀 오다.
>
> (1944년) 3월 3일 금요일 맑음
>
> 평의원회를 열어 理事長으로 代하여 議件을 집행하다.[31)]

이렇게 김경봉이 선리참구원의 이사회, 감사회, 평의회에 참가하였음은 일제가 패망하는 그날까지 선리참구원은 존립하였음을 말해주는 단서이다. 곧 선리참구원은 일제의 외압에 좌절하지 않고 8 · 15 해방까지 활동하였다.

---

31) 『삼소굴일지』(극락선원, 1992), p.226. 김경봉은 1945년 10월에 선학원 이사장으로 당선되었다. 1945년 10월 13일 일지 참조, p.237.

5. 한국불교의 정체성 인식과 선학원

지금껏 선학원의 설립, 폐쇄 및 재건, 선리참구원으로 전환, 조선불교 선종의 표출 등을 살펴보았다. 본장에서는 선학원의 개요에 유의하면서 선학원을 어떻게 인식할 것인가의 문제를 제시하고자 한다. 이는 추후 정밀한 분석을 통하여 재논의되어야 하겠지만 여기에서는 시론적으로 가능성을 제시하겠다. 요컨대 선학원의 성격을 관행적으로 이해된 것은 간략히 제시하고, 이번에 새롭게 필자가 제기하는 한국 불교 정체성과 연관한 내용을 강조하여 그를 서술하고자 한다.

필자는 근현대불교를 공부하면서 각처에서 승려, 신도, 불교기자, 관련 학자 등 불교계 구성원들을 다양하게 만났다. 이런 만남 과정에서 공통적으로 이야기 하였던 것은 선학원이 한국 근현대 불교사에서 최우선시 되었다는 점이다. 구체적으로는 일제하의 경우에서는 수좌들이 서울에 가면 으레 머무는 절이었다는 것과 선학원은 항일불교의 중심처였다는 것이다. 해방이후는 정화운동의 태동, 전개처였다는 것이다. 이런 전제는 불교인들의 상식화된 견해로 정착되었다고 하여도 무방할 것이다. 이 견해중 전자의 내용, 즉 선학원은 항일불교의 근거처였으며, 수좌들이 머물던 사찰이었다는 것은 필자가 살핀 선학원의 변천을 보면 쉽게 동의할수 있다. 그런데 선학원의 성격을 심화하기 위해서는 더욱 다양한 관점에서 연구가 되어야 할 것이다. 예컨대 선학원에 동참한 수좌의 분석, 선학원에 있었던 선우공제회의 내용 및 실체, 선학원의 재산 및 기반, 조선불교선종의 성격, 선학원과 기존 교단과의 연관, 당시 선방에서 수행의 내용 등이 소재이다.

그럼에도 불구하고 본고에서 살핀 제반 내용과 정황을 갖고서도 선학원에 대한 대강의 성격은 드러났다고 볼 수 있다. 즉 선학원은 한국불교 전통을 수호, 일본불교에 저항, 선종의 수호, 사찰령 체제에 저항, 불교 정화의 근거처, 수좌의 중심처 등이 바로 그것이다.

한편 이런 기존의 인식을 참고로 하고 필자가 새롭게 주장하는 인식의 대안은 한국 불교의 정체성 인식에 참고할 수 있는 대상이 바로 선학원이라는 것이다. 한국불교의 정체성이라 함은 한국불교가 갖는 특성, 성격을 의미한다. 한국불교에도 인도, 중국, 일본 등 각처의 불교가 갖고 있는 동질성으로서의 보편성이 내재한다. 그러나 여타 나라의 불교와는 다른 특성으로서의 개별성이 있을 것이다. 이 개별성, 특성을 한국불교의 정체성으로 지적할 수 있다. 지금껏 한국불교 정체성 검토에서는 원융사상, 회통, 통불교, 종합불교 등의 개념으로써 그를 한국불교의 특성으로 칭하여 왔다.[32)]

그런데 한국불교 정체성 검토, 한국불교의 특성을 논할 경우에 대부분 그 근거자료로 이용되고 있는 것은 최남선의 『조선불교』(1930)라는 저작이다. 물론 최남선이 그 저술에서 한국불교의 역사적 전개 및 특성을 통불교로 자리매김하였으며, 이후 학자들이 최남선의 이론을 수용하여 결과적으로는 통불교론이 한국불교 특성의 지배담론으로 자리잡게 되었기에 그를 수긍할 수 있다. 그리고 외국의 불교학자들이 한국불교의 특성을 검토할 때에도 늘상 최남선의 저술, 논리에 의거하였기에 최남선의 검토는 당연시되었다.

---

32) 심재룡, 「한국불교는 회통불교인가」, 『불교평론』 3, 2000.
　　이봉춘, 「회통불교는 허구의 맹종인가」, 『불교평론』 5, 2000.

그러나 우리가 간과한 것은 최남선의 불교관, 그의 민족의식과 국학의식, 혹은 그가 당시 그 저술을 어떠한 연유로 집필하였는가에 대한 그 저변의 내용을 바라보지 않았던 것이다. 최남선의 통불교론은 일본불교의 영향이었으며, 그 이론은 민족주의적 관점에서 서술되었다는 정도이었다. 실제 최남선의 그 저술은 1930년 6월 말 7월초, 불과 15일 사이에 쓴 것이다. 최남선은 일제하 불교청년운동의 대표적인 단체인 조선불교청년회가 1930년 7월 21~23일 미국 화와이에서 개최된 범태평양불교청년회의에 제출할 문건, 한국불교를 요약하여 소개할 저술 집필에 응한 것이다. 당시 대표로 참석한 도진호가 대회에 참석하여 활용할 한국불교를 요약, 소개할 팜플리트의 저본 원고이었다. 최남선이 집필한『조선불교 – 동방문화사상에 있는 그 지위』는 불교청년중 영어에 능통한 최봉수가 번역하여 대회에는 영역된 팜플리트가 배포되었던 것이다.[33)]

필자의 주장을 간단하게 요약하면, 지금껏 한국불교의 정체성인식의 주된 검토 대상이었던 최남선의 통불교론을 더욱 세밀하게 살펴 보아야 한다는 것이다. 그리고 최남선의 통불교 이외에서도 한국불교의 정체성을 인식할 수 있는 대상을 발굴해야 한다는 것이다. 이에 필자는 그 새로운 대안의 주제를 본고찰에서 살핀 선학원을 포함시키자는 제안을 하는 것이다. 물론 최남선의 통불교론과 선학원이 바로 등치될 성격은 아니다. 전자는 한국불교의 성격을 말하는 개념이고, 후자는 한국불교 성격을 말해줄 수 있는 대상의 하나인 것이다. 필자도 본고찰에서 필자가 생각하고 있는 입론과 내용을 세세히 검토할 여유는 없지만 문제를 환

33) 필자는 이에 대한 정황을 정리하여 「최남선의『조선불교』와 범태평양불교청년회의」라는 제목으로 졸저인『새불교운동의 전개』(도피안사, 2002)에 수록하였다.

기하는 것에 머무르고자 한다.

한편 최남선의 그 논리는 한국불교사 전체를 아우르는 구도에서 나온 것이고 인도, 중국, 일본불교와의 비교 고찰을 통한 논지를 전개한 글이기에 선학원과의 차별성은 분명하다. 그러나 일면 최남선은 당시 불교사를 정통으로 공부한 학자도 아니었고, 우연적으로 급히 작성한 글이 한국불교의 정체성을 설명하는 논리로 고착화 된 것은 납득하기 어렵다. 필자가 선학원을 그 대안의 하나로 제시하는 것은 한국불교의 정체성은 한국불교가 아닌 나라의 불교와의 차별성을 갖는 것이라는 점이다. 인도, 중국, 일본의 불교에서도 찾을 수 있는 공통성을 한국불교의 정체성이라고 말할 수는 없는 것이다. 그러나 정체성, 특성이 불교가 갖고 있는 보편적인 이념을 완전 배제하는 것은 아니라는 점을 유의해야 한다.

필자는 선학원의 출범 배경, 선학원이 지향한 불교적 가치 및 한국불교의 전통 수호 노력, 선학원이 창립된 1921년부터 현재까지 80년이 넘는 세월을 존속하였다면 한국불교에서는 존립의 가치를 갖는 것이다. 더욱 선학원은 근현대 한국불교를 움직인 승려, 선지식, 고승 대부분이 관여하였던 사찰이었으며 현재에도 500여 선원을 총괄하는 법인체이다. 특히 일본불교라는 타자와의 차별성을 자각하고, 그 차별적인 전통을 지키려고 노력하였으며, 선원 및 수좌를 기반으로 하였으며, 선종을 독립시키고 발전시키려는 행적은 한국불교가 갖고 있는 특성으로 바라볼 수 있는 조건을 갖추고 있다. 특히 한국불교의 특성은 한 시기, 일시적으로 나타난 것이 아닌, 치열한 내적인 변용과, 전환을 거치면서 생명력을 가졌던 지속성의 활동이었다는 점에서 선학원의 사례는 주목할 대상이다.

그리고 한국불교의 정체성, 특성을 발표하였던 구미 불교학자들이 한국불교의 민족주의적 시각을 비판하는 것에[34] 대해서도 첨언을 하고자 한다. 서구학자들은 근현대 한국불교에 나타난 현상의 대부분을 민족주의적 시각, 관점에서 나온 것으로 인식한다.[35] 그리고 나아가서는 그 정황을 불교의 보편성에서 미흡한 것으로 간주하는 경향이 농후하다.[36] 이런 논리를 전개하는 구미 학자는 최남선의 통불교론을 민족주의 불교적 관점의 사례로 지적한 경우도 기왕에 나왔다.

그러나 그렇게 인식하는 다수의 학자들은 제국주의 국가의 성향을 가졌던 국가의 출신임을 부정하지 못한다. 자신들은 나라의 침략, 국권상실을 경험하지 못한 당사자인 것이다. 물론 학문은 주관성을 배제하고 객관성을 유지하는 것이며, 국경이 없는 대상이지만 한국불교가 처한 식민지 상황을 이해하지 못하고 그 당시 산물과 역사를 보편성 부재, 민족주의 시각에 고착되었다는 단정은 납득하기 어려운 것이다. 불교의 보편성을 확대하고, 불교의 근본정신에 입각한 포교와 불교대중화도 중요하지만 나라의 국권을 회복하고, 나라를 강점한 외세를 물리치며, 한

---

34) 이에 대해서는 보다 구체적인 분석과 반론이 있어야 하겠지만 2004년 10월 23~24일, 금강대학교 불교문화연구소에서 개최한 '동아시아속의 한국불교'라는 주제의 국제학술회의는 그 단적인 예증이다. 그 대회에는 서양학자와 국내학자 간에 한국불교의 성격과 특질을 놓고 일대 격돌하는 정황을 노정하였다. 세부적인 내용은 학술대회 자료집과 『금강』 238호(2548.11)의 학술대회 지상중계 참조. 당시 불교계에서도 이 대회에서 발표된 구미학자의 이론을 대서특필하였다.

35) 그 대표적인 고찰로 필자는 존요르게센, 「한국불교의 역사쓰기」(『불교연구』, 한국불교연구원 14, 1997)를 거론한다. 이는 오리엔탈리즘에 입각한 한국불교의 자의적 해석이다.

36) 『불교신문』 2075호, p.3. 「금강대 국제불교학술세미나, '한국불교의 정체성' 싸고 동 · 서양 불교학자 견해차」.

국불교의 고유한 특성을 지키는 것도 매우 중요한 것이다. 한국이 처한 국가적 난관에 불교계, 승려들이 동참하는 것이 문제가 있다는 것은 납득하기 어렵다. 그렇다면 한용운과 백용성은 불교적 기준에서 문제있는 이단아인가. 이들은 민족운동에 참여하였지만 동시에 불교의 대중화에 헌신한 인물이었다. 그 반대로 철저한 수행을 하면서 계율을 지키며 깨달음을 얻기 위해 깊은 산속에서 두문불출한 승려들을 불교적 가치 구현에 전념하였다고 하여서 우리가 그 승려들만을 반드시 높게 평가해야만 하는가. 불교의 생명력은 그 시대, 현실, 처한 공간, 중생(민중), 공동체가 필요로 하는 과업 및 문제를 해결할 수 있는 가르침이었는가에서 찾아야 한다. 이런 흐름에서도 얼마든지 불교의 기본정신, 보편성을 찾을 수 있다. 보편성의 관철, 보편성과 특수성의 균형, 민족주의 시각 구현이라는 시각을 갖고 한국불교의 특성을 찾아볼 수 있다. 요컨대 그 관점을 갖고 한국불교사를 인식할 경우, 그것이 한국불교가 갖고 있는 현실이면서 나아가서는 한국불교의 특성이 될 수 있는 것이다.

필자는 외국 학자들이 한국불교의 특성을 찾을 때의 기준과 유의점이 무엇인가에 대한 강한 의문점이 있다. 더욱 기이한 것은 한국불교의 특성을 외국 학자들에게 분석해 달라고 요청하는 한국불교의 자기모순의 논리이다. 한국불교의 모습을 외부의 시각에서, 제3자의 입장에서 바로 볼 때에 그 성격, 특성이 보다 더 드러날 수는 있다. 그리고 지금껏 국내 불교학자들의 한국불교 특성을 점검하려는 연구가 부진한 것에서 기인하였다는 것은 이해된다. 그러나 그 연구의 주체와 중심은 한국불교임을 간과해서는 안될 것이다. 과거 한국불교를 살핌에 있어 부정적인 연구자세로 지적된 지나친 호교론, 자의적 해석, 과도한 민족주의적 해석은 지양되어야 하지만 한국불교의 특성을 점검하는 기본, 원칙마저 잊어서는 안 된다.

다만 지금껏 한국불교의 특성을 호국불교라는 이름으로 간단히 인식하였지만 이후에는 한국불교사의 각 시대의 흐름과 내용을 정리하여 그에 걸맞는 의미를 부여한 후에 한국불교 전체의 특성을 찾아야 한다. 한국불교 정체성 찾기의 일환으로 필자는 선학원의 역사를 그 탐구의 무대에 올려놓기를 제안한다. 작년도 금강대의 학술세미나에서 「'한국'불교 전통의 출현」을 발표한 로버트, 버스웰(미국)은 그 주제 말미에서 한국 민족의 불교전통이 궁극적으로 부상하기 시작한 것은 20세기 초반이었음을 주장하였다. 버스웰이 지적한 20세기 초반은 곧 일제시대를 지칭한다. 일제시대의 불교계 동향에서 선학원의 움직임은 활동, 지향, 성격, 일본불교와의 차별성 부각, 존속 기간 등을 종합할 경우 우선적인 검토의 대상이 될 것이다.

6. 결어

지금까지 선학원의 역사, 지향, 한계, 의의 등을 대별하여 살펴 보았다. 맺는말은 필자가 선학원을 연구하면서 미진한 점, 추후 연구할 방향 등을 정리하여 제시하는 것으로 대하겠다.

첫째, 선학원 관련 자료 수집이 절대 요청된다는 것이다. 필자는 근현대 불교를 연구하면서 선학원이 가장 중요한 연구 주제로 인식하고 최초의 논문을 선학원 관련 논문을 집필하였다. 그 이후에도 10여 년을 근현대 불교속에서의 선학원의 동향을 관심있게 주목하였지만 그 자료가 절대 부족하여 지속적인 선학원 연구를 수행하지 못하였다. 선학원에서는 선학원 자료를 집대성하여 선학원 연구 향상을 기할 수 있도록 주의를 기울여야 할 것으로 기대한다. 예컨대 관련 문서, 증언, 방함록, 사진 등 그는 다양한 관점에서 시도하면 적지 않은 자료가 나올 것이다.

둘째, 필자도 시도하지 못하였지만 선학원의 주역, 수좌 등 인간 연구가 미진한 것을 극복해야 한다. 필자가 정리한 것은 이를테면 제도, 변천, 재단법인, 건물, 재산 등에 경도된 내용이었다. 선학원을 움직인 주역들의 고민, 한계, 노력, 좌절 등을 그려내야 한다. 인간이 빠진 역사는 껍데기의 역사이다. 인간의 문제가 가미될 때 선학원의 역사는 생생하게 살아날 것이다.

셋째, 선학원의 예하 조직체인 전국의 선원에 대한 역사를 찾고, 그 선원의 자료도 함께 수집되어야 한다. 어찌보면 전국 각처에 산재한 선학원의 하부 조직인 선원의 제반 정황은 선학원 역사로 자리매김을 해야 한다. 요컨대 선학원과 선원과의 유기적인 관계를 정리해야 할 것이다.

넷째, 근현대 불교사에서의 선학원 위상을 정립해야 한다. 선학원 없는 한국 근현대 불교는 있을 수 없다. 이러한 위상 찾기는 역사 복원, 의미 부여를 통혀도 가능하지만 현재 선학원 구성원들의 역사인식, 정체성 정비 차원에서 시작되어야 한다.

다섯째, 선학원 역사를 통하여 현재 선학원, 소속 선원의 정체성 정비를 시급히 서둘러야 한다. 역사의 정체성은 역사에서 찾아지기도 하지만 현장, 현실에서 만들어 가는 측면도 있는 것이다. 이는 역사에서 교훈을 찾아, 그를 계승하려는 의지가 있을 때 선학원은 다시 살아날 것이라는 점을 말하는 것이다.

이 글에서 필자는 선학원 역사에서 한국불교의 특성을 찾을 것을 제안하였다. 이 점도 선학원의 정체성 찾기와 유관함은 물론이다.

조선불교 선종과 수좌대회

1. 서언

일제하 한국불교의 거시적인 흐름을 유의하여 살필 경우 선학원의 존재를 제외할 수 없다. 이렇게 선학원을 근대 한국불교의 중심에 설정하는 것은 식민지 불교에 대한 저항성, 근대 선풍의 중심처, 수좌들의 중심 기관, 전국 선원의 중앙 기관 등 다양한 측면에서 기인한다. 때문에 선학원의 위와 같은 성격을 비롯한 성립과 전개, 변천 등은 관련 연구자들의 연구에 의해 그 대강은 드러났다고 하겠다.[1] 그러나 선학원의 정체성 및 역사성에 대한 검토는 이제 초보 단계라고 할 정도로 연구할 대상이 적지 않다.

이러한 배경하에서 필자는 선학원의 설립, 전개과정, 성격에 관한 논문을 지상에 발표하였다. 그런데 당시에는 그 관련 자료가 부족하여 필자의 주장이 선명치 못한 경우도 있었다. 그 대표적인 실례가 1935년 초

1) 정광호, 「선학원 반세기」, 『대한불교』, 1972. 5~9월(11회).
 ______, 「한국 전통선맥의 계승운동」, 『근대한일불교관계사 연구』, 인하대출판부, 1994.
 김광식, 「일제하 선학원의 운영과 성격」, 『한국근대불교사연구』, 민족사, 1996.
 ______, 「조선불교선종 종헌과 수좌의 현실인식」, 『한국근대불교의 현실인식』, 민족사, 1998.
 김순석, 「일제하 선학원의 선맥 계승운동과 성격」, 『한국근현대사연구』 20, 2002.
 김광식, 「선학원의 설립과 전개」, 『선문화연구』 창간호, 2006.
 김순석, 「중일전쟁 이후 선학원의 성격 변화」, 『선문화연구』 창간호, 2006.
 김경집, 「근대 선학원 운동의 사적 의의」, 『불교학연구』 15, 2006.
 오경후, 「선학원 운동의 정신사적 기초」, 『선문화연구』 창간호, 2006.

반 선학원을 기반으로 등장하였다는 조선불교선종의 실체이다. 1934년 12월, 선학원이 재단법인 조선불교 선리참구원으로 전환한 직후 한국불교의 정통승려라는 인식을 갖었던 일단의 승려들이 조선불교 선종(朝鮮佛教 禪宗)을 표방한 것은 관련 기록을 종합하여 이해하면 분명한 역사적 사실이었다. 이에 조선불교 선종의 종정이 추대되고, 전국 선원의 중앙기관인 종무원이 성립되면서 종무원의 간부진도 선출되었다. 요컨대 선학원은 당시 선원, 수좌의 중앙 기관의 위상을 부여받고 본격적인 활동에 들어갔던 것이다.

그러나 그 조선불교 선종의 성립 과정에 대한 기록이 부재하여 필자는 그를 세부적으로 정리하지 못하였다. 요컨대 선종을 등장시킨 수좌대회(首座大會)가 열렸다는 보도기사가 있었지만, 그 수좌대회를 객관적으로 입증시킬 문건, 회의록이 부재하였다. 이에 필자는 그 관련 기록을 찾기 위해 다양한 검토, 탐구를 하였지만 소기의 목적을 달성치 못하였다. 그러던중 최근 필자는 당시 수좌대회의 전모를 알려주는 「조선불교선종수좌대회록(朝鮮佛教禪宗首座大會錄)」을[2] 입수하였다. 이 대회록에는 당시의 회의 진행의 상황, 회의에서 결정된 선서문, 종규, 규칙 등이 자세히 전하고 있다.

이 같은 전제와 배경하에서 본고찰에서는 조선불교 선종을 등장시킨 1935년 3월 7~8일, 선학원에서 개최된 수좌대회의 전모를 소개하고자 한다. 이로써 우리는 1935년 이후 선학원의 활동 및 역사, 성격에 대한 새로운 관점을 갖기에 이르렀다. 이 대회가 갖는 역사성, 필자가 이전

---

2) 수좌대회록은 58면의 활판 인쇄물로, 1935년 4월 13일 김적음의 저작 겸 발행자로, 선종 중앙종무원(경성부 안국동 40번지)을 발행소로 하여 출간되었다.

고찰에서 주장한 선종의 종헌과의 상관성 등은 별고로 다루고자 한다.

2. 수좌대회의 개최 배경

1921년 12월, 창건된 선학원에서는 수좌들의 자생적인 조직인 선우공제회가 등장하면서 자립자애를 통한 선풍 진작을 전개하였다. 그러나 경제적 기반의 미약, 조직상의 한계 등이 노정되면서 1925년 경에는 침체의 길로 나갔다. 그러다가 1930년 초반 수좌인 김적음의 헌신적인 노력에 의해 재건되었다. 재건된 선학원에서 김적음은 1931년 3월 14일 수좌대회 소집문을 발송하고, 3월 23일 선학원에서 수좌대회를 개최하였다. 이 대회에서 몇 명의 수좌가 모였는지는 알 수 없지만 수좌들의 의견을 집약한 건의안을 당시 불교 기관인 교무원 종회에 제출하였다. 그 건의 내용은 선학원에 중앙선원을 설립하자는 것이었는데, 교단에서는 그 기획은 찬동하였으나 예산 부족을 이유로 부결하였다.[3] 두 번째의 수좌대회는 1933년 3월 20일, 선학원에서 열렸다. 당시 송만공을 비롯한 9인의 수좌들은 모임을 갖고 선우공제회를 재단법인 선리참구원으로 전환하기 위한 발기인 대회를 갖었다.[4] 이렇게 수좌들이 선학원을 재단법인으로 전환시키려는 노력, 중앙선원을 설립하려는 것은 선풍의 진작, 수좌의 보호 및 우대를 기하려는 의도와 무관한 것은 아니었다.

이 같은 수좌들의 노력에 의거 1934년 12월 5일부로 선학원은 재단법

3) 그 구체적인 건의는 보조비 100원의 지원이었다.
4) 발기인 대회는 기록에 나오지만, 그 수좌대회의 전모는 관련 기록이 부재하여 알 수 없다.

인 선리참구원으로 전환되었던 것이다. 총독부로부터 인가를 받은 수좌들은 즉시 이사회를 열고 이사진을 구성하였으니 그는 이사장에 송만공, 부이사장에 방한암, 상무이사에 오성월, 김남천, 김적음 등이었다.[5)] 그런데 인가를 받은 즉시 이사진을 구성한 날자는 확인할 수 없다. 그런데 1935년 3월 12일에는 다음의 보도기사에 나오듯이 조선불교선종의 수좌대회를 열고, 각종 규약을 통과시켰다는 내용을 접할 수 있다. 우선 그 보도기사의 전모를 제시하겠다.

전조선 선종 수좌대회 열고 六種의 規約 通過

조선에 불교(佛教)가 드러온 이후 처음이라고 하야도 과언이 안인 전선의 선원(禪院)에서 수도(修道)하는 선승(禪僧)들의 수좌대회(首座大會)가 지난 七, 八 량일간에 긍하야 시내 안국동(安國洞) 四0번지에 잇는 조선불교선리참구원(朝鮮佛教禪理參究院) 대법당(大法堂)에서 열리엇섯다. 이 모임의 중요한 의의는 차츰 쇠퇴의 도정에 잇는 조선불교선종(朝鮮佛教禪宗)의 부흥운동과 다못 단결운동의 처거름으로서 수도승(修道僧)의 선량(禪糧)과 선의(禪衣)의 긔초를 흔들리지 안토록 하기 위하야 조직된 재단법인 조선불교선리참구원의 확장과 선종종규(禪宗宗規)의 제정, 기타 각종 규약을 제정키 위함이다고 한다. 당일은 전선 수도원으로부터 속속 상경 회집한 三百여 회중을 비롯하야 다수의 방청객으로 장내는 실로 립추의 여지가 업는 대성황을 이루엇섯다는바 정각이 되자 송만공(宋滿空)씨의 사회로 의사가 진행되니 의장(議長)으로서 긔석호(寄昔湖)씨가 피선되어 의안 작성위원(作成委員)의 제출한 모든 의안을 추조

5) 『불교시보』 1호(1935.8.3), 〈휘보〉, 「재단법인 인가」.

토의(追條討議)한 후 모든 금후의 진행 방침을 결정하고 조선불교선종 종무원 원규(宗務院院規)를 비롯하야 六종의 규약을 통과한 후 아래와 가티 임원(任員)을 선거하고 성황리에 무사 폐회하얏다고 한다.

宗正　申慧月 宋滿空 方漢岩

院長　吳寂月 副院長 薛石友

理事　金寂音 鄭重峰 李兀然

禪議員 寄昔湖 河龍峰 黃龍吟 외 十二人[6]

이렇게 1935년 3월 7~8일, 선학원에서 수좌대회를 열었는데 그 목적은 조선불교 선종의 부흥과 수좌들의 수행의 기초를 굳건히 하는 것이었다. 대회에서는 300여 대중이[7] 모였다고 하는데 선리참구원 확장을 기하면서 선종 종규, 종무원 원규 등 6종의 규약을 통과시키고 종정, 종무원장, 선의원 등을 선출하였다. 그런데 이 수좌대회의 전모를 알려주는 회의록이 부재하여 그간 그 구체적인 내용, 진행상황 등은 전혀 알 수 없었다. 특히 선종 종규가 가장 핵심적인 대상이었지만 종규의 내용을 전혀 알 수 없었기에 조선불교 선종의 성격 및 실체에는 접근하지 못하였다. 그리고 이와 같은 대회가 언제부터 준비되었으며, 누구에 의해 발의되었는가에 대한 대회 이전의 상황도 알 수 없었다. 그리고 선리참구원의 인가와 수좌대회와의 상관 관계도 역시 그러하다. 달리 말하자면 1934년 12월 5일부터 1935년 3월 7일까지의 기간에 선학원에서 어

6) 『매일신보』 1935.3.12, 「조선불교선종 부흥책 대회」. 이 내용은 『동아일보』 1935.3.13, 「불교수좌대회」에도 나오지만 『매일신보』의 보도 기사가 자세하다.
7) 그 대중은 수좌, 신도, 기타 참관자를 포괄하여 말한 것으로 보인다.

떤 일이 있었는가에 대한 궁긍증이 적지 않았다.

그러나 위와 같은 의문을 적지 않게 해소시킬 수 있는 관련 자료인 수좌대회록을 필자가 입수하였기에 이 자료에 근거하여 당시 상황을 재구성하겠다. 우선 수좌대회의 발단은 어디에서 있었는가? 이에 대해서 대회록에는 다음과 같이 전한다.

> 佛紀 二九六一年(昭和九年) 12월 23일 上午 十時에 제5회 이사회를 법인 사무소내에서 개최하고 法人 定款 施行細則 基礎委員 及 首座大會 準備委員會를 겸임으로 추천하야 법인 시행세칙을 기초케 하는 동시에 禪宗 復興의 機運濃熟에 鑑하야 수좌대회를 開하고 선종의 근본적 독립 발전과 宗規 기타 諸 規制를 企圖 제정케 하자고 超急 결의되야[8)]

즉 1934년 12월 23일의 제5회 이사회에서 법인정관 시행세칙 위원과 수좌대회 준비위원회를 겸임으로 할 대상자를 추천하였다는 것이다. 그런데 이렇게 시행세칙 위원과 수좌대회 준비위원회를 겸임으로 선출한 것은 법인(선리참구원)의 기초를 정비하고, 동시에 법인이 등장하면서 가시화된 선종 부흥의 기운을 이용하여 수좌대회를 열고, 그를 계기로 선종의 독자적인 발전을 도모하려는 의도에서 나온 것이다. 그리하여 그러한 의도를 제도적인 차원에서 구체화하는 선종의 규칙인 종규 등의 규칙을 제정하려는 차원까지 이르렀다고 보인다.

그러나 당초에는 법인 시행세칙과 선원의 법규를 제정하는 시행세칙 기초위원회만을 구성하려고 하였으나, 그 위원회에서 수좌대회의 발기

---

8) 대회록, p.13.

까지 하였던 것이다. 이 내용은 수좌대회의 준비위원으로 개회사를 하였던 송만공의 발언에서 찾을 수 있다.

> 작년에 재단법인 조선불교 중앙선리참구원을 완성하고 재단의 확장과 시행세칙 급 선원 법규를 제정하기 위하야 首座界의 중심 인물 十人을 초청하야 시행세칙 기초위원회를 조직하엿는 것임니다. 然中 該會 위원 諸氏가 모다 爲法忘軀하는 殉敎的 정신에 불타는 스님들인만큼 一步 전진하야 全鮮首座大會를 소집하고 선종의 근본적 자립 발전책을 의결하자는 발의로 준비위원회를 該會 席上에서 更히 조직하고 금번 수좌대회를 急作케 되어 만반 준비가 불완하게 되엿습니다만은[9]

즉 시행세칙 기초위원회를 조직하였는데 즉 기석호(奇昔湖), 정운봉(鄭雲峰), 황용음(黃龍吟), 박대야(朴大冶), 박고봉(朴古峯), 김적음(金寂音), 하용봉(河龍峯), 김일옹(金一翁), 이탄옹(李炭翁), 김익곤(金翊坤) 등 10인의 수좌가 시행세칙, 선원 법규만을 제정하려는 차원에서 벗어나 수좌대회의 개최를 통하여 선종의 근본적 자립 발전책을 강구하자는 발의를 하였다는 것이다. 이에 수좌 10인이 수좌대회 준비위원회를 시행세칙 기초위원회의 그 자리에서 조직하였다. 이에 자연적으로 시행세칙 기초위원회가 수좌대회 준비위원회를 겸임하였던 것이다. 이런 사정하에서 대회록에서는 제5회 이사회(1934.12.23)에서 시행세칙 위원회와 수좌대회 준비위원회를 겸임으로 추천하였다고 기록, 보고하였던 것이다.[10]

---

9) 대회록, p.6.

10) 이는 수좌대회에서 행한 준비위원회의 보고로, 김적음이 보고한 발언을 요약한 것이다.

그러면, 이러한 결정을 한 시행세칙 위원회, 수좌대회의 발기를 한 날자는 언제인가. 대회록에는 1935년 3월 24일, 선학원에서 기초위원회를 개최하고 시행세칙을 기초한 것으로 나온다.[11] 그러나 이 기록은 신뢰할 수 없다. 수좌대회가 3월 7~8일이었는데 어떻게 대회 이후에 열릴 수 있는가? 이는 오류이거나 인쇄상 실수로 보인다. 그렇다면 수좌대회를 발의한 일자를 언제로 보아야 하는가? 필자는 이에 대하여 1935년 1월 14일과 2월 24일중 하나를 선택해야 한다고 본다.[12] 즉 필자는 2월 24일로 보고자 한다. 1월 24일은 동안거 수행 기간이기에 수좌 10명을 초청하기에는 무리가 따를 것으로 보이기에, 안거 수행을 마친 2월 24일이 자연스럽게 택일이 되는 것이다. 2월 24일에서야 수좌대회를 발기하고, 그 이후 수좌대회 준비위원회를 갖고, 그 연후에야 대회를 개최하였다고 볼 수 있다. 이런 배경하에서 송만공의 발언에서 대회를 '급작하게' 되었다는 것도 이해가 되는 것이다.

요컨대, 법인 정관 시행세칙 기초위원회가 1935년 2월 24일에 개최되었다. 그러나 이 회의에서 수좌대회 개최를 통한 선종의 자립이라는 보다 근원적인 문제를 제기하면서 결과적으로 수좌대회 준비위원회가 조직되었다.[13] 그리하여 1935년 3월 3일 오후 1시, 중앙선원(선학원)에서 제1회 수좌대회 준비위원회가 개최되었다. 여기에서는 준비위원장 선거와

---

11) 대회록, p.13.

12) 인쇄상 실수라 하여도 연월일의 전체가 틀리기는 희소하다. 수좌대회 제1회 준비위원회가 3월 3일이기에 자연 月에서 오류가 나왔을 것으로 보고자 한다.

13) 그러하기에 대회록에서도 시행세칙을 기초하였다는 것만 기록, 보고되었다. 즉 여기에서 선원의 법규도 검토할 예정이었으나 수좌대회가 발기되자 선원 법규는 검토조차 하지 않았다고 보는 것이 순리일 것이다.

대회 준비에 대한 사무를 분장하였다.[14] 그 결과는 다음과 같다.

위원장 ; 기석호

서 기 ; 김준극

대회순서작성위원 ; 이올연 하용봉[15]

종규, 종정회 규칙, 종무원 규칙

선회 규칙, 선의원 규칙 기초위원 ; 하용봉 기석호 이올연

회원 심사위원 ; 황용음 이춘성

대회 장리위원 ; 현원오 송우전 노석준 김종협

이와 같이 역할 분담을 한 준비위원들은 3월 4일 오전 11시, 중앙선원에서 제2회 준비위원회를 개최하였다. 이에 각 준비위원들이 초안으로 마련한 대회 순서, 종규, 기타 규약 등을 보고하고, 그에 대하여 토의하였다.

이렇게 대회에 제출하여 결정할 제반 안건이 마련되었고, 대회 진행상의 제문제는 준비위원회에서 철저히 준비되었을 것이다. 그리고 그즈음에 대회에 참가할 전국 선원의 수좌들에게도 통보가 되었을 것이다. 그런데 현재로서는 각 선원에서 참가하는 수좌들의 선정, 대표성, 기준에 대한 것은 알 수 없다. 또한 통보한 방법도 전하지 않는다.

14) 대회록, pp.13~14.
15) 이올연은 이청담이고, 하용봉은 하동산이다.

3. 수좌대회의 개최 및 경과

수좌대회는 1935년 3월 7일 오전 10시, 중앙선원 법당에서 개최되었다. 우선 대회 준비위원을 대표하여 송만공이 등단하여 개회사를 하였다. 송만공은 적자가 얼자로 바뀌면서, 정법이 질식되는 차제에 선종 수좌대회를 개최함은 의의가 깊다고 발언하였다. 이어서 그는 신라, 고려시대와 같이 동양문화의 중심이었던 조선불교가 위미부진한 상태로 전락된 근본 원인은 불법의 진수인 선법이 극히 침체됨에서 기인하였다고 진단하고, 진실한 의미에서 불교의 부흥을 의도하려면 형해만 남은 선종을 흥성케 해야 한다고 소신을 피력하였다. 이에 노덕 스님 몇 사람이 수년간 노심초사 노력한 결과 재단법인으로서 조선불교 선리참구원을 완성하였기에 재단 확충과 시행세칙 및 선원 법규를 제정하기 위해 수좌계 중심인물을 초청하여 그 기초위원회를 조직하였으나, 그 위원회의 위원들이 전선수좌대회를 소집하여 선종의 근본적 자립 발전책을 토의, 의결하자는 발의를 수용한 결과로 대회가 열린 경과를 개진하였다. 그리고 대회에 참석한 수좌들에게 성실, 진실의 마음으로 허심탄회하게 대회에 임하여 종규를 비롯한 기타 법규를 충분히 토의하여 대회의 목적을 달성케 해 달라고 부탁하였던 것이다.

송만공의 개회사가 끝나자, 서기인 김만혜가 참가한 회원을 점고하였다. 그러면 당시에 참석한 수좌 명단을 제시하겠다.

宋滿空(수덕사) 黃龍吟(수덕사) 鞠是一(수덕사) 宋雨雹(수덕사) 吳性月(범어사)
金擎山(범어사) 金寂音(범어사) 金一翁(범어사) 奇昔湖(범어사) 金萬慧(범어사)

趙萬乎(범어사) 金一光(범어사) 文鏡潭(범어사) 薛石友(장안사) 朴可喜(장안사)
李愚鳳(장안사) 崔奇出(장안사) 申寶海(장안사) 河龍峰(해인사) 李仙坡(호국사)
金鏡峰(통도사) 金道洪(통도사) 鄭流水(통도사) 鄭雲峰(도리사) 朴大冶(용화사)
李春城(오세암) 洪華峯(직지사) 丁普性(직지사) 閔江月(월정사) 盧碩俊(월정사)
崔喜宗(월정사) 金玄牛(월정사) 崔慧庵(마하연) 李東元(마하연) 金 輪(마하연)
李兀然(옥천사) 崔圓虛(표훈사) 辛能人(표훈사) 李雛鳳(표훈사) 李圓惺(봉국사)
崔豊下(화엄사) 朴普安(화엄사) 宋吉煥(봉은사) 玄祥白(용주사) 趙樂遠(금산사)
申順權(법주사) 金悳山(법주사) 金宗協(파계사) 金悳潤(파계사) 具寒松(파계사)
洪映眞(유점사) 李白牛(유점사) 韓鍾秀(팔성암) 李東谷(태고사) 白寅榮(망월사)
金靑眼(대승사) 金是庵(대승사) 鄭道煥(대승사) 金正璘(약사암) 鄭大訶(천은사)
李石牛(심광사) 全雪山(석왕사) 鄭時鏡(석왕사) 禹鐵牛(석왕사) 金弘經(석왕사)
金鍾遠(개운사) 南性觀(동학사) 嚴碧波(안양암) 洪圓牛(봉선사)
洪祥根(청룡사, 尼) 薛妙禎(장안사, 尼) 鄭國典(유점사, 尼) 金荷葉(표훈사, 尼)
朴了然(원통사, 尼) 李慈雲(수덕사, 尼)

대회에 참가한 대상자는 수좌 69명, 비구니 수좌 6명 등 총 75명이었다.[16] 그 다음에는 전형위원을 선거하여 임시집행부를 정하였다. 이는 정운봉의 동의와 박대야의 재청으로 가결된 것인데 박대야, 정운봉, 기석호가 전형위원이 되어 임시 집행부를 다음과 같이 정하였다.

의장 ; 기석호　서기 ; 김만혜　사찰 ; 노석준, 김도홍

16) 그런데, 참가자가 어떤 기준과 대표성을 갖고 대회에 참석한 것은 알 수 없다.

임시 집행부 선거를 마친 다음에는 의장인 기석호가 대회의 선서문을 봉독하였다. 이 선서문은 당시 수좌들의 의식, 현실인식, 대회의 성격 등을 가늠하는 중요한 잣대이기에 그 전문을 제시하고자 한다.

宣誓文

'우러러 告하옵나이다.'

'本師 釋迦世尊 및 十方 三寶慈尊이시여'

世尊께옵서 靈山會上에서 拈花하시오니 迦葉존자 – 微笑하심으로 붙어 以心傳心하신 祖祖相承의 正法이 일로붙어 비롯하와 卌三祖師로 乃至 歷代傳燈이 서로서로 繼承하와 今日의 法會를 일우웟나이다. 竊念하오니 世尊이 아니시면 拈花가 拈花 아니시며 迦葉이 아니시면 微笑가 微笑아니심니다. 拈花와 微笑가 아니면 正法이 아니외다. 正法이 없는 世上은 末世라 일넛나이다. 世尊이시여 邪魔는 날이 熾盛하며 正法은 時時로 破壞하는 이 – 末世를 當하와 弟子 等이 어찌 悲憤의 血淚를 뿌리지 아니 하오며 어찌 勇猛의 本志를 反省치 아니 하오리까 오직 願하옵나이다. 大慈大悲의 三寶께옵서는 慈鑑을 曲照하시와 弟子 等의 微微한 精誠을 살피시옵소서 世尊의 弘願을 效則하와 稽首發願하오니 聖力의 加被를 나리시와 拈花와 微笑의 正法眼藏이 天下叢林에 다시 떨치게 하시오며 如來의 慧日이 四海禪天에 거듭 빛나게 하시옵소서 世尊이시여 獅子는 뭇 짐생에 王이외다. 그를 當適할 者 – 그 무엇이리까 그러나 제털 속에서 생긴 벌네가 비록 적으나 사자의 온몸을 다 먹어도 제 어찌 하지 못하나이다. 天下無適의 大力도 用處가 없나이다. 그와 같히 이제 如來 正法이 그 목숨이 실끝 같은 今日의 危機를 當한 것도 그 누에 허물이겟슴니까. 업디려 비나이다. 正法을 獅子라면 弟子 等이 벌네가 아니리까. 이제 天下 正法이 今日의 危機에 陷한 것이 오로지 弟子 等이 如來의 軌則을 奉行치 아니한 不肖의 罪狀은 뼈를 뿌시고 골수를 내여 밧쳐 올니여도 오히려 다 하지 못할줄 깊이 늣기와 이제 懺悔大會를 못삽고 弟子 等이 前愆을 懺悔하오며 後過를 다시 짓지 아니코저 깊이 맹세하오며 發願하오니 이로붙어 本誓願을 등지며 三寶를 欺瞞하야 上으로 四重大恩을 저바리며 下으로 三途極苦를 더하는 者 잇삽거든 金剛鐵 槌椎로 이 몸을 부시여 微塵을 作할지라도 敢히 엇지 怨망을 품싸오리까.

차라리 身命을 바리와도 맛침내 正法에 退轉치 아니하겠사오니 오직 원하옵나이다.

'大慈大悲의 本師 釋迦牟尼佛과 및 十方 三寶慈尊께옵서는 慈鑑證明하시옵소서'

갓이 업는 衆生을 맹세코 濟度하기를 願하옵나이다. 다함이 업는 煩惱를 맹세코 除斷하기를 願하옵나이다. 한량이 업는 法門을 맹세코 배우기를 願하옵나이다. 우가 업는 佛道를 맹세코 成就하기를 원하옵나이다. 이 因緣功德으로 널니 法界衆生과 더부러 한가지 아욕다라삼약삼보리를 일우워지이다.

昭和 十年 三月 七日

朝鮮佛教禪宗首座大會 告白

이 선서문에서는 정법과 전등이 계승되어야 함에도 불구하고, 사마(邪魔)가 극성하고 정법이 파괴되는 말세를 당하여 참회와 반성을 하겠다는 수좌들의 현실인식이 우선 개진되어 있다. 수좌들은 정법이 위기에 처한 현실에 처하여 정법과 여래의 궤칙을 받들어 그 위기를 타개하겠다는 원력을 세웠다. 나아가서는 참회하는 정신으로 삼보를 기만하는 삿된 무리들을 제거하겠다는 굳은 서원을 다짐하였다. 이에 수좌들은 정법을 받들지 못하였던 자신들의 허물을 자인하며서 신명을 바쳐 정법에서 물러서지 않겠다는 맹서를 하였다. 추후에는 중생제도, 번뇌 단절, 불법의 수행, 불도의 성취를 하겠다는 다짐을 하였다.

선서문을 봉독한 직후에는 축사가 있었고, 축전 및 축문의 낭독이 있었다.[17] 다음에는 준비위원회의 김적음이 등장하여 선리참구원이 등장하였던 과정,[18] 수좌대회 경과,[19] 지방선원 상황을[20] 내용별로 자세히 보

17) 우봉운, 정시경, 최풍하, 최원허, 송일제의 축사가 있었으며, 내장선원이 축전이 있었고, 외금강 여여선원 및 통도사 백련선원의 축문이 있었다.

18) 그 내용을 요약, 정리하면 다음과 같다.
- 선학원 창립 ; 1921년 송만공, 김남천, 백용성, 오성월, 강도봉의 발기로 창립
- 선우공제회 창립 ; 1922년 3월, 선원을 부흥시키기 위해 송만공, 김남천, 백용성, 오성월, 강도봉, 한용운 등의 발기로 창립. 1923년, 공제회를 사단법인으로 만들려고 추진하다가 중단, 이후 4~5년간 근근히 가람만 수호
- 수좌대회 ; 1928년 12월 3일, 김적음 선학원 인계하여 禪界 중흥 노력(시점은 재고, 필자주) 1929년 1월 20일, 전선수좌대회 개최하려다 좌절(새로운 사실, 필자 주)
- 중앙교무원에 건의 ; 1929년 2월, 중앙교무원에 선원 경영을 확장하자는 건의안 제출, 미승인 (시점은 재고, 필자 주)
- 재단법인 발기 ; 1933년 3월 20일 선우공제회를 조선불교 중앙선리참구원으로 개칭하고 재단법인으로 전환키 위해 임시 발기회 조직(참가 위원 ; 송만공, 김남천, 김현경, 黃龍釦, 기석호. 윤서호, 변유심)
- 재단법인 인가 ; 1934년 12월 5일, 총독부로터 재단법인 성립 인가됨, 그 신입재산 총액은 약 9만원이고, 실제 禪糧은 正租 600여 석(정혜사 선원 170석, 직지사 선원 30석, 범어사 선원 200석, 대승사 선원 100석, 선학원 130석)

19) 그 내용은 전술한 내용에 있는 것이다. 그는 법인 정관 시행세칙 기초위원 및 수좌대회 준비위원 추천, 시행세칙 기초위원회, 제1회 준비회(수좌대회), 제2회 준비회 등이다.

20) 지방선원 45개소, 수좌는 200여 명이다.

고하였다.

다음에는 의안 사정 위원의 선거가 있었다. 이는 정운봉이 대회 준비위원회에서 기초한 토의안을 심사, 제정하여 대회에서 통과시키자는 의견을 제출한 것에 대하여 현상백, 이우봉의 동의 및 재청으로 가결된 결과이다. 이에 의안 사정위원을 선출하였거니와 이올연, 정운봉, 박대야, 하용봉, 김적음이 선출되었다. 그 직후에는 오후 2시에 회의를 속개하기로 하고 의장인 기석호가 휴회를 선언하니 오후 1시였다.

속개된 오후 회의에서는 김적음이 준비위원회에서 기초한 종규, 여러 규약을 축조 토의하여 통과시키자는 동의를 내었다. 이에 대하여 황용음의 재청으로 가결되고, 그 낭독위원으로 하용봉이 선출되었다. 낭독위원 하용봉은 준비위원회에서 연구하여 준비한 선종 종규, 종정회 법칙, 종무원 회칙, 선의원회 법칙, 선회 법칙, 선원 규칙을 낭독하였고, 그를 수좌들이 토의하여 통과시켰다. 그리고 승려법규, 포교법규, 신도법규만은 중요한 실제법안이기에 선의원회에 위임하여 제정하기로 하였다. 이러한 결정을 하였더니 오후 5시가 되어 휴회를 하고, 오후 7시에 속회하였다.

속회된 회의에서는 낭독위원 하용봉이 선리참구원 정관 수정 및 시행세칙안을 낭독하여 통과시켰다. 그러나 이 안건은 일제 당국의 주무관청 인가를 받아야 함을 결의하고, 오후 8시 반에 의장 기석호가 휴회를 선언하여 수좌대회 제1일의 회의는 종료되었다.

3월 8일 오전 10시, 수좌대회 제2일의 회의가 속회되었다. 참석 회원을 점명하니, 3월 7일의 회의에 참석한 수좌중 1인의 결석도 없이 전원 출석하였다. 이에 바로 의안 토의에 들어 갔다. 우선 김경봉이 전형위원 6인을 구두로 호선하여 재단기성회 조직위원을 선거하자는 동의를 내었더니, 현원오의 재청으로 가결되었다. 그 결과로 정운봉, 김적음, 이올연, 오성월, 김경산, 이백우, 이춘성이 선출되었다. 이렇게 조직위원을 선출하였더니 시간이 오전 11시 30분이 되어 휴회를 하였다.

오후 1시 30분에 속회된 회의에서는 이올연이 경성은 조선문화의 중심지인만큼 중앙선원의 내용을 충실히 하기 위한 청규(淸規)를 특정하여 더욱 엄숙한 수행풍토를 조성하자는 의견을 제출하였다. 이 같은 이올연의 의견은 만장일치로 통과되었으며, 중앙선원의 청규를 정하였다.[21] 그리고 김경봉은 의제는 중앙간부회에 위임 제정하자는 의견을 내었는데, 이 안도 만장일치로 가결되었다. 그후 김시암은 의식은 선의원회에 위임하여 제정하자는 의견을 내었는데, 이 안에 대하여 박대야가 재청하여 역시 가결되었다. 이어서 김적음이 기관지 창간에 대한 의견을 제출하였다. 즉 조사선을 선포하고 수좌를 훈도함에는 기관지를 발행하는 것이 긴급하다는 의견에 대하여 이올연의 재청으로 가결되었는데, 그 재원 및 발간 시기는 중앙에 일임하되 가급적이면 조속히 발간하도록 하였다.

이상과 같이 종규, 규칙과 아울러 다양한 의견에 대한 토의, 가결을 한 이후 임원 선거에 들어 갔다. 그것은 선종의 종규를 통과시킨 것에 대한

21) 그 청규는 다음과 같다.
제1조 본원 衲子는 무상출입을 엄금하고 매월 3, 8일에 목욕하며 교외에 산보함을 득함 단 개인산보는 불허함
제2조 본 선원은 閑人 출입을 엄금함
제3조 본 선원 坐禪衲子는 7인으로 함
제4조 본 선원은 賓客의 숙식은 別處로 함
제5조 본 선원은 음주, 식육, 흡연, 가요 등 일체 雜亂을 금지함
제6조 본 선원은 佛殿 作法시에 남녀좌석을 구별하고 混雜함을 不得함
제7조 본 선원은 坐禪 及 供養 應供시에 法服을 일제히 被着함
제8조 본 선원은 做工上 필요없는 喧嘩와 戲談을 不得함

후속 조치인 것이었다. 이에 대해서는 황용음이 전형위원 7인을 구두로 호선하고, 그 위원들이 전 임원을 선거하여 통과시키자는 의견을 내었다. 이에 대하여 참가 수좌들은 만장일치로 가결을 하여 김적음, 황용음, 정운봉, 이올연, 박대야, 하용봉, 이백우가 전형위원으로 선출되었다. 이 7인의 전형위원이 전 임원을 선출하였으니 그 결과는 다음과 같았다.

종정 ; 신혜월 송만공 방한암

원장 ; 오성월 부원장 ; 설석우

서무부 이사 ; 이올연 재무부 이사 ; 정운봉 교화부 이사 ; 김적음

보결이사 ; 박대야 윤서호

심사위원 ; 김일옹 이백우 보결 심사위원 ; 현원오

선의원 ; 기석호 하용봉 황용음 이석우 김경봉 이춘성 김홍경
최원허 유종묵 김덕산 김대우 최송파 이선파 김시암
전설산

순회포교사 ; 기석호 하용봉 이운봉

이상과 같은 선종의 임원을 선출한 후에는 기타사항을 결정하였다. 그는 우선 김적음이 제안한 것으로, 비구니와 부인은 여선실이 별도로 설치된 선원에 한하여 방부를 허용하기로 하자는 긴급동의가 있었다. 이는 만장일치로 가결되었다. 다음은 김덕산의 의견 제출이 있었다. 그는 구참 노덕을 경시하는 경향이 있어 십수 년을 수선한 노덕 스님들을 특별대우 하기는 커녕 방부까지 불허하는 일이 발생하고 있으니 별도로 양로선원을 창설하여 법랍이 10년 이상이면서 속납이 60세 이상의 노

덕 스님을 별거케 하자는 안이었다. 이 안에 대하여 김홍경의 동의, 이올연의 재청으로 가결되었다.[22] 마지막으로 이올연은 예전의 영산회상과 같은 대총림 건설을 이상으로 하는 모범선원 신설에 노력하자는 제안을 하였는데 이 안도 만장일치로 가결되었다. 이러한 모든 토의를 마치고, 3월 8일 오후 4시에 의장인 기석호가 폐회를 선언하여 역사적인 수좌대회는 종료되었다.

4. 수좌대회에서 결정된 각종 규칙[23]

1) 조선불교 선종 종규

조선불교 선종 종규는 수좌대회에서 결정된 내용중 가장 중요한 의미를 담고 있다. 즉 이 종규에는 당시 수좌들의 현실의식, 수좌들의 활동의 근거, 수좌 조직체에 대한 근간이 나오기 때문이다. 이 종규(29조)는 선종의 개요, 수좌의 현실인식, 선학원 및 선리참구원의 역사에서 중요한 대상이기에 그 전문을 제시한다.[24]

---

22) 단, 양로선원이 설치될 때까지는 각 선원에서 반드시 방부를 받어 입선, 방선 시간에도 자유롭게 하여 특별 대우할 것을 정하였다.

23) 대회에서는 「재단법인 조선불교 선리참구원 기부행위 定款(26조)」과 「재단법인 조선불교 중앙선리참구원 기부행위 정관 시행세칙(30조)」도 제정, 통과되었다. 이 두 개의 정관과 시행세칙은 대회록 48~59면에 전한다. 그런데 이를 살펴 보면 기부행위 정관이라기 보다는 선리참구원의 정관과 그 시행세칙의 내용이 드러난다. 필자는 이에 대한 분석과 성격(선종, 종무원의 관계 등)은 별고에서 다루고자 한다.

24) 일부분에서는 현대어로 수정하여 제시한다.

제1장 宗名

제1조 本宗은 禪宗이라 칭함

제2장 宗旨

제2조 本宗은 佛祖正傳의 心法을 宗旨로 함

제3장 本尊

제3조 本宗은 釋迦牟尼佛을 本尊으로 하고 太古(普愚)國師를 宗祖로 함 但 各 寺院에 奉安하는 本尊佛은 從來의 慣例에 依함

제4장 儀式

제4조 本宗의 儀式은 佛祖의 示訓과 宗旨에 依함

제5장 禪院

제5조 本宗은 宗旨를 闡揚하며 上報下化의 任務를 達하기 爲하여 禪院을 設置함

제6조 本宗 禪院은 所定 法規에 依함

제7조 本宗의 각 禪院은 改宗함을 不得함

제6장 僧侶 및 信徒

제8조 本宗의 僧尼 及 信徒되는 要件은 寺法의 定한 바에 依함

제9조 本宗의 僧侶 及 信徒는 法規에 定한 바 資格에 應하여 分限에 相當한 職務나 其他의 法務에 就함을 得함

제10조 本宗의 僧尼 及 信徒는 損財弘法의 義務를 負함

제7장 禪會

제11조 本宗은 宗門의 萬機를 公決하기 爲하여 禪會를 設함

제12조 禪會의 組織은 所定 法規에 依함

제13조 禪會는 宗正이 每年 三月中 又는 必要로 認할 時 此를 召集함

제14조 禪會員은 五分之三 以上으로부터 宗正會에 대하여 禪會를 召集함을 要求함을 得함

제8장 宗務院

제15조 本宗은 宗務와 諸般 事業을 統理하기 爲하여 全鮮禪院의 單一機關으로 中央宗務院을 設置함

제16조 宗務院의 組織은 所定 法規에 依함

제9장 宗正

제17조 本宗은 正法을 宣揚 宗門 重要 事項을 裁正하며 宗務를 統管하기 爲하여 宗正을 推戴함

제18조 宗正은 本宗 僧侶로서 宗眼이 明徹하며 行解와 德望이 有하고 法臘 二十歲 以上 年令 五十歲 以上된 大禪師로 함

제19조 宗正은 人數와 任期를 定치 아니하고 宗務院 任員(理事 及 院長 副院長) 及 此와 同數의 禪會 銓衡員으로부터 此를 銓選하여 禪會의 協贊을 要함

제20조 宗正은 法規에 依하여 宗正會를 組織함

제21조 宗正會는 禪會로부터 本宗에 危害를 及할만한 議案을 議決할 處가 있다고 認할 時는 本宗을 代表하여 禪會를 停會 又는 解散케 함을 得함

제10장 禪議員會

제22조 本宗은 諸般 法規를 制定하며 禪會의 特別 權限에 屬하지 않는 宗門의 一切 事項을 議決하기 爲하여 禪議員會를 置함

제23조 諸般 法規는 宗正會에서 頒布하되 但 重要한 法規는 禪會의 協贊을 經함

제24조 前條의 重要로 認하는 法規는 別로 定한 바에 依함

제25조 禪議員會는 所定의 法規에 依함

제11장 財政

제26조 各 禪院의 所有인 一切 財産을 朝鮮佛教禪宗 所有財産이라 함

제12장 補則

제27조 本 宗規는 宗正會 及 禪議員會의 提案에 依하여 禪會에 通過를 經하여 此를 改正함을 得함

제28조 設立에 際하는 宗正 及 禪議員과 宗務院 任員은 朝鮮佛教禪宗 首座大會에서 此를 銓衡함

제29조 本 宗規는 頒布일로부터 此를 施行함

이렇게 종규는 제12장, 29조로 구성되어 있다. 그 근간은 제1장은 종명, 제2장은 종지, 제3장은 본존, 제4장은 의식, 제5장은 선원, 제6장은 승려 및 신도, 제7장은 선회, 제8장은 종무원, 제9장은 종정, 제10장은 선의원회, 제11장은 재정, 제12장은 보칙이었다. 이에 그 주요 내용을 제시한다. 종명은 '선종'이라 칭하였으며, 종지는 불조정전의 심법을 내세웠다. 본존은 석가모니불로 하면서[25] 태고국사를 종조로 하였다. 의식에서는 불조의 시훈과 종래의 관례에 의한다고 하였다. 선원에서는 종지를 천양하며 '상보하화'의[26] 임무를 달성키 위해 설치한다고 하였다. 승려 및 신도는 사법이 정한 바에 의하며, 법규에서 정한 자격에 따

25) 그러나 각 사원에 있는 본존불은 관례에 따른다고 하였다.

26) 이는 상구보리, 하화중생의 의미를 담고 있는 별칭이다. 근대불교에서 상구보리, 하화중생이라는 개념이 이렇게 명료하게 등장한 것은 중요한 단서이다.

라 분한에 상당한 직무를 맡는다고 하였다.[27] 선회는 종문의 만기를 공결하기 위하여 설치한다고 하였는데, 일종의 대의기구로 보인다. 종무원은 종무와 사무를 통리하기 위하여 전 조선 선원의 단일기관의 성격을 갖는다고 하였다. 그리고 정법을 선양, 종문의 중요 사항을 재정하며 종무를 총관하기 위해 종정을 둔다고 하였다. 종정은 종안이 명철하고 행해와 덕망이 있는 대선사를[28] 추대한다고 하였다. 또한 종정은 인수와 임기를 정하지 않고, 종무원 임원과[29] 선회 전형원들이 추대한다고 하였다. 선의원회는 종문내의 제반 법규를 제정하며, 선회의 특별권한에 속하지 않는 종문의 일체 사무를 의결하기 위하여 설치한다고 하였다. 재정에서는 각 선원의 소유인 일체 재산을 선종 소유재산이라고 규정하였다.[30] 보칙에서는 종규의 개정,[31] 그리고 설립(출범)에 즈음하여 종정, 선의원, 종무원 임원은 수좌대회에서 전형한다는 내용과 본 종규는 반포일로부터 시행한다는 내용이 담겨 있다.

2) 종정회 규칙

종정회 규칙은 총 9조로 구성되어 있다. 이 규칙은 종규 17조, 20조의 근거에 의하여 성립된 것이다. 종정회 규칙은 선종의 대표자로 피선된

---

27) 여기에 나온 사법은 각 본산별의 사법을 의미하는 것으로 보인다. 대회에서는 승려법은 중요하여 별도로 취급한다고 하였다. 요컨대 대처승 문제가 포함되어 있는 것이다.
28) 법랍은 20세 이상, 속납은 50세 이상으로 하였다.
29) 이사, 원장, 부원장을 말한다.
30) 재정, 재산은 기존 종단 및 사찰령과 대응되는 부분이었다. 이에 수좌들도 그를 고려하여 "단 법인에 편입된 재산을 云謂함"이라는 단서로 표현하였다.
31) 이는 종정회, 선의원회의 제안에 의하여 선회의 통과를 경유하여 개정할 수 있다는 것이다.

종정회의 종무 활동의 근거, 지원 등을 담고 있다. 우선 종정회에서는 문서를 취급하기 위한 비서 1인을 두도록 하였는데(2조), 그는 종무원의 서무부 이사로 한다고 하였다(3조). 종정회는 매년 3월의 정기회와 선계의 중요한 문제가 있어 종무원의 요구가 있거나 혹은 임시 선회 소집의 요구가 있을 시에 개최하는 임시회로 대별하였다(4조). 각 선원의 조실은 종정회에서 추천하도록 하였다(5조).[32] 그리고 종정회는 종정 과반수 이상의 출석이 아니면 의사의 결정을 얻지 못하게 하였다(6조). 종정회의 개회는 종정 과반수 이상의 연사로 소집하고, 선회 및 선의원회의 소집과 법규의 반포 등은 종정 전원의 연서로서 행한다고 정하였다. 마지막으로 부칙(8, 9조)에서는 종정회의 개정과 시행에 대하여 정하였다.[33]

3) 선의원회 규칙

선의원회 규칙은 5장, 12조로 구성되어 있다. 구체적으로 보면 1장은 조직, 2장은 선의원의 선거와 임기, 제3장은 회의, 제4장은 직무, 제5장은 보칙이다. 이 규칙은 종규 22조, 25조에 의거하여 나온 것인데, 선의원회는 종무원 내에 두도록 하였다(2조). 선의원의 수는 15인 이상으로 정하되, 조선불교 선교양종 재적 승려중 종안이 명철한 자나 행해가 구족하고 덕망이 있는 자 중에서 선거하되[34] 법납 10세 이상, 년령 35세 이상자로 한다고 하였다(3조). 선의원의 임기는 3년으로 하되, 재임도 가능하게 하였다(4조). 선의원회는 매년 3월의 정기회, 또는 필요가 인정될

32) 단, 추천인중에서 지명 請狀이 있는 선원에 대해서는 그 청에 응한다고 하였다.

33) 개정은 선의원회의 발의로 선회의 협찬을 거쳐 하도록 하였다. 그리고 이 규약은 반포일로부터 시행한다고 정하였다.

34) 7인은 종정회에서 선거하고, 8인은 선회에서 무기명 투표로 선거한다고 정하였다.

시는 임시회를 열 수 있다(5조). 그러나, 선의원의 과반수 이상이 출석치 아니하면 개회가 인정될 수 없다(6조). 선의원회의 소집은 집회기일 20일 전에 각 선의원에게 통지하되 종정회에서 발송하도록 정하였다(7조). 이러한 선의원회의 직무는 선종에 관한 제반 법규와 선회의 특별권한에 속하지 않는 일체의 사항을 제정, 의결하는 것이었다(8조). 그러나 그 세부 내용을 보면, 종규 24조에 의거한 중요 법안(종규, 종정회 규칙, 종무원 원칙, 선원 법규, 선의원회 규칙, 선회 법규, 승니 및 신도법규)은 선회의 협찬을 얻어 종정회로부터 반포하도록 하였다(9조). 위에서 제시한 중요 법안이 아닌 법규는 선의원회에서 제정하여 종정회에서 반포하도록 정하였다(10조). 따라서 선의원회의 주요 직무는 법규 제정이라고 볼 수 있다.[35]

4) 선회법

선회법은 종규 11조, 12조에 의거하여 조직되었는데 11장, 37조 구성되어 있다. 선회는 선종의 광의적인 대의원회로 보이는데 선회의 소집은 종정회에서 집회의 기일을 정하여 1개월 전에 발표하도록 하였으며(2조), 선회의 개회는 종정회에서 선언하게 정하였다(3조). 선회가 열렸을 시에는 임시의장 1인, 부의장 1인을 두되 선회 회원중에서 무기명투표로 선거한다고 하였다(4조).[36] 의장은 선회의 의사 진행을, 부의장은 의장을 보좌하고 의장이 유고시에 의장 직무를 대리한다(5, 6조). 선회에서는 서기 및 사찰을 두되,[37] 의장의 명령을 받아 종사하도록 하였다(7, 8조). 선

35) 규칙에서는 이를 각 법규의 제정 및 제안, 각 법규의 해석, 법규 운용상에서 일어난 일체 분쟁의 裁決, 예결산의 決議 등이다.

36) 단 투표가 동점일시에는 추첨으로 결정한다.

37) 그 약간인은 의장이 정하게 하였다.

회원의 수는 선종 승려의 1/10로 하였다(9조).[38] 선회원은 각 선원에서 그 선원에 안거하는 수좌중 자격이 있는 대상에서[39] 선거하여 원주로부터 중앙에 계출(屆出)한 자로 정하였다.

그리고 선회원을 선출하는 선거구는 전국 각 선원을 대상을 거의 망라하였으며,[40] 임기는 3년으로, 각 선원의 조실 및 선의원은 선회에 대하여 선회원과 동등한 권한을 갖고 있다고 정하였다.[41] 선회의 권한(14조)은 중요법규의 협찬, 중요 의안의 의결로 정하였다.[42] 그리고 선회는 중요 의안을 심의하기 위하여 분과위원회(16~19조)를 설치할 수 있도록 하였다.[43] 선회는 중앙종무원을 사무를 심사할수 있는 권한이 있어, 2인의 심사위원(21, 22조)을[44] 둘 수 있게 하였다. 심사위원은 무기명 투표로 선회에서 선

38) 단, 5인 이상의 人數는 1/10로 간주하였다. 그런데 필자는 이 내용의 뜻을 정확하게 파악치 못하였다.

39) 그 자격은 연령이 25세 이상, 3夏 이상의 안거자, 중등과 이상의 학력이었다. 그러나 종문에 督特한 발심이 유한 자는 이 기준(3항)에 해당치 않는다고 하였다.

40) 그 선원은 다음과 같다. 중앙선원, 망월사 선원, 승가사 선원, 경성 간동의 불교포교당, 복천선원(법주사), 정혜사 선원, 수덕사 선원, 견성암 선원, 백양사 선원, 내장사 선원, 월명암(내소사) 선원, 삼일암(송광사) 선원, 선암사 선원, 해인사 선원, 백련암 선원, 퇴설당 선원, 삼선암(해인사) 선원, 범어사 선원, 금어(범어사)선원, 내원(범어사)선원, 사자암(동래) 선원, 마하(동래)선원, 내원(통도사)선원, 보광전(통도사) 선원, 칠불선원(하동), 票殿선원(쌍계사), 표충사 선원, 금당(동화사) 선원, 은부암(은해사) 선원, 성전암(파계사) 선원, 대승사 선원, 도리사 선원, 천불선원(직지사), 서전(직지사) 선원, 상원사(월정사) 선원, 불영사 선원, 유점사 선원, 미륵암(신계사) 선원, 법기암(신계사) 선원, 보운암(신계사) 선원, 여여선원(신계사), 마하연 선원, 장안사 선원, 표훈사 선원, 내원(석왕사) 선원, 보현사 선원, 양화사(평북, 태천) 선원 등 47개 처이다.

41) 단, 수좌로서 개인으로 출석을 요청할 경우에는 발원권만 부여하였다.

42) 선회원은 선회에 대하여 일제 의안의 제출권과 의결권을 갖는다.

43) 그 위원은 선회원인데, 그 정원은 안건에 의해 임시로 정하고, 위원장은 위원중에서 선거로 정하고, 위원장은 심의 결과를 선회에 보고하도록 하였다.

44) 임기는 3년이다.

거를 하되, 그 대상자는 선종의 승려 중에서 뽑는다고 하였다.[45)]

선회의 운영 절차, 진행 등이 자세히 제시되었다. 우선 선회의 일체 의안은 선회 개최 10일 전에 중앙종무원에 제출하도록 하였으며, 회의 일정은 의장이 정하여 선회에서 동의를 받게 하였다. 제출 의안은 제안자의 축조설명을 1독회로, 위원회에서 심의하여 위원장이 선회에 보고하는 것을 2독회로, 본회에서 토의 의결하는 것을 3독회로 하였다. 위원회에서 부결된 의안은 위원장이 그 이유를 설명하고, 부결된 의안의 보류, 폐기에 대한 위원장의 의견을 본회에서 개진케 하였다. 본회에서의 의결은 다수결에 의하여 결정하도록 하였다. 본회의 휴회, 폐회, 정회, 해산 등(31~33조)에 관해서도 그 내용을 정하였다. 다음 선회원 중에서 근무를 태만히 할 경우에는 본회의 의결에 의해서 징계(34, 35조)를 하도록 하였다.[46)]

5) 종무원 원칙

종무원은 종규 15조, 16조의 근거에 의해 조직할 수 있게 하였다. 종무원의 전모를 담고 있는 원칙은 6장, 16조로 구성되어 있다. 직제(2~6조)에서는 종무원 내의 종무 별의 구분을 하였다. 즉 종무원을 대표하며 제반 사무를 통괄하는 원장 및 원장을 보좌하는 부원장으로 각 1인을 두게 하였으며, 그 내부조직으로는 서무부, 재무부, 교화부를 두어 종무를

45) 심사위원이 결원이 될 경우를 대비하여 보결 심사위원도 선출하도록 하였는데, 이 경우에는 전임자의 잔여 임기만 근무토록 하였다.

46) 그 사유는 정당한 이유없이 회장에 출석치 않는 자, 회장의 질서를 문란케 하여 의사를 방해하는 자, 본회 회법을 준수치 않는자 등이었다. 그리고 징계의 내용은 참회, 발언권 정지, 퇴장 명령이다.

통리하게 하였다. 이 각 부에는 이사 1인과 약간명의 부원을 두게 정하였다. 직무(7~9조)에서는 서무부, 교화부, 재무부의 직무를 자세히 제시하였다.[47]

---

47) 각 부서별 세부 업무 분장은 다음과 같다.
서무부 ; 일반 외교문에 관한 건
원내 부원의 임면, 기타 인사에 관한 건
종정, 선의원, 원장, 이사, 선회원의 선거 사무에 관한 건
선회 소집에 관한 건
승니 및 사찰, 선원에 관한 건
院議 개최에 관한 건 승적에 관한 건
의제에 관한 건
선의원회에 관한 건
문서 왕복에 관한 건
기밀에 관한 건
인장 보관에 관한 건
院報에 관한 건
사회 사업에 관한 건
교화부 ; 포교 및 교육에 관한 건
일체 의식에 관한 건
포교사의 양성 및 기타 임면에 관한 건
신도에 관한 건
도제양성에 관한 건
고시 및 법계에 관한 건
선전에 관한 건
징계 및 포상에 관한 건
편집에 관한 건
학회 및 도서관에 관한 건
고적 및 보물에 관한 건
위의 각호에 속한 통계의 조제 및 문서보관에 관한 건
재무부 ; 院費 및 각 선원의 예산, 결산 및 지출에 관한 건
회계 장부 및 재산, 물품 등의 보관에 관한 건
재단에 관한 건
선원 및 승니 재산에 관한 건
산림 및 토지에 관한 건

직원 선거 및 임기(10, 11조)에서는 원장, 부원장, 이사의 선거와 임기를 제시하였다. 우선 원장, 부원장, 이사는 선회에서 무기명 투표로 선출하되, 그 대상자는 참선 수좌에서 선정케 하였다. 원장 및 이사의 임기는 3년으로 하되 재임도 가능케 하였다.[48] 종무원의 사무를 통리하기 위하여 원장, 각 이사는 '원의(院議)'를 조직하고 종무원 내부의 중요한 일을[49] 처리케 정하였다(12, 13조). 보칙(14~16조)에서는 종무원의 성격, 종무원칙의 개정 및 시행의 문제를 규정하였다. 종무원은 "조선불교 선교양종 재적 승려로서 조선불교 선종 종규의 정신을 천양함에 족한 줄로 인증하는 회합은 차를 부조함"이라고 하였다. 이 단서는 선종과 기존 종단인 선교양종과의 공존을 의미하는 단서로 볼수 있는 대목이다. 단순히 보면, 선종 정신을 천양하는 회합은 종무원에서 지원하겠다는 뜻으로 볼 수 있다. 그리고 종무원칙은 선의원회의 제안으로써 선회의 협찬을 경유치 않으면 개정키 못하며, 반포일로부터 시행됨을 개진하였다.

6) 선원 규칙

선원 규칙은 종규 5, 6조에 의거하여 나왔다. 선종 차원에서 선원 규칙을 만든 것은 선종이 선원을 기반으로 자생되었음과 선원에서 정체성

營繕에 관한 건
신도의 의무금 및 特志 捐金에 관한 건
소작에 관한 건
이상의 각호에 속한 통계의 조제 및 문서 보관에 관한 건

48) 이사의 결원을 대비하기 위해 보결 이사를 2명을 선정하되, 그 임기는 전임자의 잔여로 하였다. 선정방법은 이사와 동일케 하였다.

49) 그 내용은 직원 및 선의원회에 제출할 일체의 의안, 직원의 진퇴, 임시로 발생한 일체 사항 등이었다.

을 찾으려 한 것을 엿볼 수 있는 것이다. 선원 규칙은 8장, 24조로 구성되어 있다. 선원의 목적(2조)에서는 교외별전의 정법안장을 오득코저 하는 참선납자를 교양함에 있다고 전제하였다.[50)]

각 선원의 임원(3조)으로는 조실 1인, 입승 1인, 원주 1인, 전좌(典座) 1인, 서기 1인을 두게 하였다. 그리고 기타의 임원은 수기증감(隨機增減)하되 종래의 용상방 규례(龍象榜 規例)에 따르게 하였다. 이상과 같은 임원의 직무(4~10조)에 대해서는 상세히 제시하였다. 우선 조실은 종지를 선양하여서 일반 납자를 훈도하며 선원내 일체 사무를 지휘 감독하는 것으로 정하였다.[51)] 입승은 조실을 보좌하여 선원 질서를 유지하며 상벌을 명백케 하여 중심(衆心)을 열가(悅可)케 한다고 하였다. 원주는 조실의 지휘를 받아 선원 일체의 외무(外務)를 장리하고, 그 상황을 원회(院會)에 보고케 하였다. 전좌는 원주를 보좌하며, 원주의 지휘를 받아 선원의 외부 일에 종사하고, 원주의 유고시는 그 직무를 대리하는 것으로 하였다. 서기는 선원의 일체 문서를 담당하는 것이다. 이와 같은 임원은 해당 선원의 원회에서 선거하여 중앙에 보고케 하였다. 선원의 방부, 즉 괘탑(掛塔)에 대해서는 승적이 있는 자 중에서 한하되, 정원 이외에는 불허케 하였다.[52)] 이러한 직무 외에도 선원에 들어온 납자의 지도에 관한 내용과 원칙을 제시하였다. 즉 초발심납자는 1~3개월 간 외호 및 분수작법(焚修作法)에 종사케 하여 그 발심의 진위를 확인한 후, 선실에서 좌선하는 것

50) 단, 신도로서 안거 수행에 참예코저 하는 경우는 당해 선원 대중의 결의에 의하여 허락을 받도록 하였다.

51) 단, 조실이 부재한 선원에서는 입승이 그를 대신케 하였다.

52) 단, 부득이한 사정으로 초과 할 경우에는 결제후 1주일 내에 초과 인원 수와 그 상세 사항을 중앙에 보고하도록 하였다.

을 허락하였다. 일반 납자도 조실의 지도를 받아 성실히 공안을 참구해야 함을 강조하였다. 납자 중 처분권이 있는 유산자는 의식 등을 자비로 한다고 정하였다.[53] 모든 선원은 1년 2회,[54] 그 경과를 중앙에 보고하되 입승과 원주 2인의 연서로써 보고케 하였다.

선원의 수행인 안거(11~18조)에 관해서도 세부적인 방침을 정하였다. 우선 안거 기간은 관행에 의거하여 정하고,[55] 납자는 안거중 괘탑과 행각함을 인정치 않았다. 수선의 기준으로 파정은 매일 10시간, 시행은[56] 6시간, 노동은 2시간, 수면은 6시간으로 정하였다. 그리고 매월 보름과 그믐에는 조실의 정기적인 상당 설법을 듣도록 정하고, 위생일도 정하였다.[57] 원내 보청(普請)은 방행(放行) 시간으로 하였으며, 납자는 제복(승려복) 이외에는 입지 못하게 하였다. 안거를 성취한 자는 당해 선원에서 안거증을 수여받는다고 정하였다.[58]

선원의 사무를 판결하기 위한 '원회'(19, 20조)를 두었다. 이는 당해 선원 괘탑 대중으로 조직하되, 중요 사항이 있을 경우에는 조실, 입승이 이를 수시로 소집하고, 그 원장이 되어 의사를 진행, 판결하도록 하였다. 그리고 납자로 선규를 준수치 않고 행동을 문란케 하는 대상자는 징계할(21, 22조) 수 있게 하였다. 이에 그 납자는 3차의 설유(說諭)를 하여도

---

53) 그런데 왜 이런 내용이 등장하였을까 하는 의아심이 든다. 선원의 경제적인 궁핍에서 나온 것으로 볼 수도 있다. 재가 신도가 선원에서 참선할 경우에는 이처럼 자비를 부담하게 하였다.

54) 그 보고의 제1기는 음력 정월 20일 이내, 제2기는 음력 7월 20일 이내로 하였다.

55) 하안거 ; 4월 15일부터 7월 14일까지(음력) 동안거 ; 10월 15일부터 정월 14일까지(음력)

56) 이 施行은 휴식, 방선 등을 지칭한 것으로 보인다.

57) 목욕일 ; 매월 3, 8일 세탁일 ; 매월 3, 6일 삭발일 ; 매월 14, 29일

58) 단, 안거증 용지는 중앙에서 배부하되, 당해 선원 조실 및 당사 주지의 인증을 받아야 한다고 하였다.

회개치 않으면 출원(黜院)케 하고, 그 상세한 이유를 중앙 및 각 선원에 보고하도록 정하였다. 출원 조치를 당한 수좌는 회원증을 체탈(遞奪)하고, 선원 괘탑은 인정할 수 없게 하였다.[59] 선원 원칙에 미비한 내용이 있으면 그는 종래 선원 관례에 따르게 하였다.

5. 조선불교 선종과 수좌대회의 성격

지금껏, 1935년 3월 7~8일 선학원에서 개최된 수좌대회의 배경, 경과, 결정된 내용 등을 정리하여 보았다. 본장에서는 수좌대회와 수좌대회를 통하여 등장한 조선불교 선종의 성격을 가늠하고자 한다. 이와 관련해서는 우선 대회가 끝난 6개월 후 선리참구원 및 조선불교선종 종무원의 기관지인 『선원』지에 기고된 선종 중앙종무원을 소개하는 글을 제시한다.

> 지난 삼월의 전선수좌대회에서 선종의 자립과 전선 선원의 통일기관으로 중앙에 종무원을 설치키로 결의되여 동 사무소를 경성부 안국동 중앙선원에 두고 원장 오성월(吳惺月)화상이 취임하야 우으로 세분의 종정을 모시고 아래로 삼리사를 거느리여 선종의 확립과 선원수 증가와 각 선원의 내용 충실을 도모한바 불과 반년에 선원수가 십여개소이고 전문으로 공부하는 수좌 수효가 삼백명을 초과하게 되었습니다. 창립 당시 사무실 건축비로 희사금을 재경 신도 여러분이 연출한바 불과 일일에

59) 단, 出院을 처분한 선원의 참회 승인장이 있을 경우에는 괘탑을 얻을 수 있게 하였다.

> 천여원을 초과하야 수년내에 사무실 건축을 보일 길한 전조를 보이다. 아직은 창설 기임으로 완전한 활동에 들지 못하였으나 현재 주로 하는 사업은 지방 각 선원의 연락과 통제 본 기관지를 통하여 선리를 참구하는 건전한 신앙의 확립, 법의 포양, 각 본산을 권면하여 선방증설 및 수좌 대우 개선, 행방 포교사를 각 지방에 보내어 설법과 포교를 하는 등 선종의 독립 발전을 적극적으로 확장하고 있습니다. 직원은 오성월화상, 부원장에 설석우화상, 서무리사에 이올연화상, 재무리사 정운봉화상, 교화부 리사에 김적음화상.[60]

이상과 같은 종무원의 활동 내용을 보면, 수좌대회를 통하여 출범한 선종과 종무원은 정상 가동되었음을 알 수 있다. 종정 및 종무원의 임원이 근무하고, 종무원에서는 선원과의 연락, 선 포교, 선원 증설 및 수좌 대우 개선 등을 통한 선종의 독립 발전을 추진하였다. 그러면 이렇게 등장한 선종, 종무원을 어떻게 바라보아야 하는가? 이에 대하여 필자는 다음과 같이 그 성격을 대별하여 이해하고자 한다.

첫째, 1935년 경 선학원 수좌들의 식민지하 불교의 현실을 극복하려는 치열한 현실의식을 찾을 수 있다. 당시 수좌들은 식민지 불교 현실에 대한 강한 불만과 비판의식에 머물지 않고 그를 극복할 대안을 제시하려고 노력하였다. 수좌들의 그 현실인식은 수좌대회 선서문에 단적으로 나오는데, 즉 당시 불교계는 사마가 극성하고 정법이 계승 · 구현되지 못하는 말세로 이해하였다. 그러면서 수좌들은 그 현상이 나온 것을 스스로 참회하고, 추후에는 그런 현상이 나오지 않게 노력하겠다는 굳은

---

60)『선원』4호(1935.10),「우리 각기관의 활동 상황」.

서원을 하면서 정법수호에 매진할 것을 맹세하였던 것이다.

둘째, 수좌대회 및 선종에서 수좌중심의 불교관을 분명하게 보여 주었다. 이는 당연한 이해이겠지만 수좌들이 검토하여 제정한 종규에는 그 성격이 명쾌하게 드러난다. 종정은 대선사이어야 한다는 것, 종무원 운영의 근간으로 설정한 선의원회의 의원을 종안이 투철한 대상자로 설정한 것, 선종의 대의기관으로 설정한 선회의 회원을 선원에서 안거중인 수좌로 제한한 것 등은 그 실례이다. 이러한 구도에서 교, 교학에 대한 고려나 배려는 찾을 수 없다.

셋째, 수좌대회의 개최 및 진행에서 공의 정신을 찾을 수 있다. 수좌대회 개최 배경으로 등장한 선리참구원 정관 시행 세칙위원회를 해당 분야 전문가를 초빙하여 자문을 받으려고 하였고, 그 자문위원이 전체 수좌대회를 통하여 검증을 받음과 동시에 차제에 선종의 자립까지 시도하려고 의견을 내고 그를 수용한 점, 수좌대회의 원만한 진행 등에서 공의 정신을 찾을 수 있다. 산중에서 수행만 하는 수좌들이었지만 서구적인 민주주의 제도와 흡사한 진행, 의사 결정 방식은 공의 정신의 다름이 아니었다고 보인다.

넷째, 수좌 및 선종의 정체성 구현 차원에서 선원의 중요성이 강조되었다. 선원은 불교의 정법을 수좌들에게 교양시키는 곳으로 정의하였다. 그리고 선원 내의 소임자의 임무 원칙을 수립한 것, 납자 지도에 대한 철저한 강조, 안거 수행의 기준 등을 구체적으로 제시하였는 바 이는 선원을 선종의 정신적인 기반으로 삼으려는 인식에서 나온 것으로 볼 수 있는 대목이다. 나아가서는 선종 종무원과 전국 각처 선원과의 유대성을 갖으려는 측면도 나온다. 요컨대 선종의 기반, 사상의 배태로서 선원을 유의하였음을 엿볼 수 있다.

다섯째, 수좌대회, 선종에서는 기존 교단(종단) 및 불교계의 행태, 정황에 대해서는 강렬한 비판을 하면서도 공존하려는 의식이 드러난다. 즉 사찰령 체제, 식민지 불교 체제를 완전 부정치는 않았다는 것이다. 예컨대 선의원의 대상자를 '선교양종 승려'에서 찾을 수 있다고 하였으며, 종무원을 설명하면서 '선교양종 재적 승려'로서 운운한 것, 승려 및 신도의 요건은 '사법'에서 정한 바에 따른다는 종규의 내용, 선원의 일체 재산을 선종의 소유재산으로 한다고 정하면서도 그 범위를 법인에 편입된 재산만으로 제한한 것 등은 당시 현실을[61] 완전 부정치 않았던 인식에서 나온 것이다.

여섯째, 수좌 및 선종의 정체성을 철저히 강조하려는 의식이 뚜렷이 나오고 있다. 수좌대회 개최 및 선종의 출범을 주도한 당사 수좌들은 불교정법을 구현하는 주체는 수좌임을 자임하였다. 요컨대 수좌, 선, 한국불교의 전통을 동일하게 인식하려는 정체성 확립의 결과로 조선불교 선종, 종무원이 출범하였던 것이다. 그런데 선종의 핵심으로 설정한 선원을 설명하는 대목에서 그 목적이 '상보하화(上普下化)'라고 천명함은 의미깊은 단서라 하겠다. 일반적으로 상구보리, 하화중생이라는 대승불교의 이념 및 실천 강령이 여기에서 분명하게 드러났던 것이었으니 이러한 표방을 수좌들의 이념적 확립으로 보려는 것이 필자의 판단이다. 그러므로 이러한 수좌들의 이념적 자기 정비를 통해 나타난 수좌의 수행 및 중생의 제도를 민족불교의 구도에서 볼 수 있는 단서로 보고자 한다.

61) 여기에서 말하는 현실은 조심스럽게 접근할 필요가 있다.

6. 결어

맺는말에서는 앞서 살핀 본고찰의 내용을 주요 대목 별로 정리하고, 추후 유의하여 살필 초점을 제시하는 것으로 대하고자 한다.

첫째, 1935년 3월의 수좌대회는 1934년 12월 선학원이 재단법인 선리참구원으로 전환된 직후 수좌들의 현실인식을 극명하게 보여준 대회였다. 주지하는 바와 같이 선학원은 1921년에 창건되고, 수좌들의 조직체인 선우공제회는 1922년에 창립하였지만 그 이후 10여 년간은 고뇌, 좌절의 연속이었다. 그러한 과정을 거쳐 1935년 경에 와서는 자기 정체성을 정비하고, 물적 토대를 구축하면서 수좌들이 나가야 할 노선, 방향을 구체화하였다는 지표로서 분명한 역사적 성과를 담보하였다고 볼 수 있는 증거인 것이다.

둘째, 수좌대회를 통하여 수좌, 선원, 선리참구원이 일체가 되어 조선불교선종을 설립하고, 선원 및 수좌들의 조직체인 종무원을 출범시킨 것에서 기존 교단과의 차별성을 분명하게 보여 주었다. 이로써 수좌들은 불교의 정법을 수호, 계승하면서 한국불교의 전통을 구현하려는 행보를 가게 되었다. 이는 식민지 불교에 대한 저항의 성격을 담보하는 것이다.

셋째, 이 같은 전제하에서 종규, 종정회칙, 종무원 회칙, 선의원회 법칙, 선회 법칙, 선원 규칙 등을 마련한 것은 종단 조직화에 있어서도 기념비적인 성과를 마련한 것이었다. 1929년 승려대회에서 나온 종헌체제에서도 종단의 조직화를 구현하였지만 다방면에서 미흡한 상황이었다. 그런데 수좌대회에서 나온 여러 규약 특히 선원 부문은 이전의 한계를 극복한 대안이었다. 이에 수좌들이 제정하여 실천에 옮긴 조직화의 경험, 대안은 근대불교에서의 일정한 평가를 받을 만한 것이었다.

넷째, 수좌대회에서 결정한 여러 방안이 대회 이후 어떻게 전개되었가는가를 살핌으로써 식민지 불교 후반의 역사를 새롭게 볼 수 있는 하나의 안목을 갖게 되었다. 현재 그 관련 자료가 대부분 산실되었던 정황으로 인해 전개 과정, 성격, 의의를 말하기는 어렵지만 추후 이에 대한 제반 상황을 정리해야할 과제를 갖게 되었다.

다섯째, 수좌대회에서 결정한 사항, 수좌들이 추구한 행보가 1941년 4월 조선불교 조계종 창종에 미친 영향과 상호관계에 대한 검토를 기해야 한다. 조계종 창종 직후의 간부진에는 수좌들도 일부 참여하였는 바 이에 대한 해석을 어떻게 할 것인가의 문제를 우리에게 던져주고 있는 것이다.

지금껏 1935년 3월의 수좌대회와 선종, 종무원, 선리참구원 등에 관련된 제반 문제를 조망하여 보았다. 추후에는 근대불교선상에서의 선학원, 선종, 수좌대회가 갖고 있는 성격, 사상적인 의의, 해방이후 정화운동과의 상관성 등에 대한 다각도의 접근이 필요하다고 본다.

조선불교 선종의 선회에 나타난 수좌의 동향

1. 서언

일제하 불교의 동향을 검토함에 있어 선방에서 수행하는 수좌의 동향은 주목할 내용이다. 이는 수좌들이 불교의 수행을 대변하는 상징성을 가졌을 뿐만 아니라, 그들의 수행은 일제 불교정책에 저항성을 띠면서, 전통불교 수호의 성격을 띠었기 때문이다. 이런 수좌들은 공동 활동의 공간을 만들고, 그를 기반으로 자생적인 조직체를 만들고, 그를 거점으로 자신들의 정체성을 정비하려고 부단히 노력하였다.

즉 1920년대의 수좌들은 자신들의 중앙 거점인 선학원을 설립하고, 나아가서는 자생적으로 수좌들의 자위적 수행 조직체인 선우공제회까지 만들었다. 선학원과 선우공제회를 만들었던 수좌들은 1930년대에 접어 들어서는 일시적으로 침체되었던 선학원의 재건과 대중화를 성취하였다. 그러한 구체적 성과가 1934년 12월의 재단법인 조선불교 선리참구원의 설립이었다. 선리참구원을 출범시킨 수좌들은 거기에서 한발 더 나아가 1935년 3월 7~8일, 선학원에서 조선불교 선종 수좌대회를 개최하였다. 대회에 참가한 수좌들은 제방의 선원, 선리참구원이라는 기반하에서 새로운 종단과 전국선원의 단일기관인 조선불교 선종과 중앙종무원을 창립하였다. 당시 그들은 선종의 종규를 비롯한 6종의 규약을 제정하여 독자성을 구체화 하였다. 이렇게 선리참구원, 조선불교 선종, 종무원 및 종규 등을 만들어 낸 수좌들은 일제가 패망하는 그날까지 자신들의 정체성을 지키면서 불법수호, 민족불교 수호를 위한 가시밭길을 걸어 갔다.[1]

이 같은 행보는 기존 종단과의 차별성을 분명히 보여 주면서, 불교의 정법을 수호하고, 한국불교의 전통을 계승하려는 불교정화의 성격을 갖고 있었다. 그래서 이러한 선학원의 설립과 지향에 대하여 적지 않은 연구가 축적되었고, 그 행보와 이념에 대해서도 긍정적, 역사적인 평가가 뒷따랐다. 그러나 선학원의 설립 배경과 1935년 이후의 행보에 대해서는 이견이 제기되면서[2] 선학원의 정체성과 개별 활동에 대한 후속 연구가 요청되기도 하였다.

---

1) 지금까지 연구된 성과는 다음과 같다.
정광호, 「선학원 반세기」, 『대한불교』, 1972. 5~9월(11회).
정광호, 「한국 전통선맥의 계승운동」, 『근대한일불교관계사 연구』, 인하대출판부, 1994.
김광식, 「일제하 선학원의 운영과 성격」, 『한국독립운동사연구』 8, 1994.
김광식, 「조선불교선종 종헌과 수좌의 현실인식」, 『한국근대불교의 현실인식』, 민족사, 1998.
김순석, 「일제하 선학원의 선맥 계승운동과 성격」, 『한국근현대사연구』 20, 2002.
김광식, 「선학원의 설립과 전개」, 『선문화연구』 창간호, 2006.
김순석, 「중일전쟁 이후 선학원의 성격 변화」, 『선문화연구』 창간호, 2006.
오경후, 「선학원 운동의 정신사적 기초」, 『선문화연구』 창간호, 2006.
김경집, 「근대 선학원 운동의 사적 의의」, 『불교학연구』 15, 2006.
오경후, 「선학원 운동의 정신사적 기초」, 『선문화연구』 창간호, 2006.
김광식, 「조선불교선종과 수좌대회」, 『불교근대화의 전개와 성격』, 조계종출판사, 2006.
법 진, 「선학원 중앙선원 방함록과 선종부흥」, 『선리연구원 총서 1』, 선리연구원, 2007.
김광식, 「유교법회의 전개과정과 그 성격」, 『불교평론』 35, 2008.

2) 위의 논문중 김순석의 견해가 그 예증이다. 김순석은 선학원의 설립에서는 일제의 문화정책을, 선리참구원 설립 이후에는 일제의 불교정책에 협조를 그 성격으로 거론하였다.

본고찰은 이 같은 배경하에서 1935년 3월, 선학원에서 개최된 조선불교 선종 수좌대회 이후의 선학원[3] 및 수좌의 동향을 살펴 보려는 글이다. 수좌대회에 대해서는 『동아일보』와 『매일신보』의 보도기사와[4] 『선원』지에 수록된 내용에[5] 의거, 대회가 열렸다는 내용은 파악되었지만 대회의 배경, 진행, 내용 등에 대해서는 알 수가 없었다. 필자는 수년 전, 수좌대회가 종료된 직후 대회 주최측이 대회의 전모를 정리하여 펴낸 「조선불교선종수좌대회회록(朝鮮佛教禪宗首座大會會錄)」을 입수하였다. 그후 필자는 그 회록을 불교계에 공개하고,[6] 수좌대회에 관련된 여러 내용을 분석한 논문인 「조선불교 선종과 수좌대회」를 발표하였다.[7] 이후 그 회록은 현재의 재단법인 선학원 산하 연구기관인 한국불교 선리연구원의 선리연구원 총서 1집인 『선불장(選佛場)』에 수록되었다.[8] 이 같이 대회 회록이 공개, 영인, 보급되면서 수좌대회 이후의 선학원과 수좌의 동향에 대한 연구 필요성이 더욱 요청되었다. 한편 필자가 대회회록을 공개한 이후 선학원에 보관되었던 1934년부터 1967년까지의 선학원 방함록(芳啣錄)도 선리연구원에서 공개, 영인하면서 그에 대한 개요와 성격을

3) 선학원이라 함은 선리참구원, 중앙선원을 통칭한 것이다.
4) 동아일보의 1935년 3월 13일자 보도기사, 「불교수좌대회」와 매일신보 1935년 3월 12일의 기사인 「조선불교선종 부흥책 대회」이다.
5) 1935년 10월에 발간된 『禪苑』4호의 「우리 각 기관의 활동 상황」이다.
6) 『법보신문』, 2006.9.12, 「김광식박사, 최초 수좌대회 회의록 공개」.
7) 본 논문은 조계종 교육원 불학연구소가 주관하였던 제1회 불교사 연구위원회의 워크숍에서 발표하였다. 필자는 발표 후 논문을 수정, 보완하여 『불교 근대화의 전개와 성격』(조계종출판사, 2006)에 수록하였다.
8) 2007년 11월에 발간되었는데, 그 책에는 선학원에 보관되었던 방함록도 공개, 영인되어 수록되었다. 선리연구원에서 수록한 회록은 필자가 공개한 사본을 이용한 것이다. 필자는 선리연구원의 오경후 선임연구원의 협조 요청(게재 영인)을 동의하였다.

정리한 글이[9] 나왔다. 이런 연구 환경의 변화로 인해 필자는 수좌대회 이후의 선학원과 수좌의 동향을 연구할 필요성을 절감하였다.

한편 필자는 2008년 봄에는 조계종 총무원이 주관한 유교법회를 소재로 한 연찬회에[10] 참가하여 1941년 3월 선학원에서 열흘간 개최된 유교법회의 전개 과정을 분석한 논문을[11] 발표하였다. 그런데 당시 그 글에서는 유교법회와 선학원과의 상호 관계에 대해서는 뚜렷한 설명을 하지 못하였다. 그는 그에 대한 관련 자료를 보지 못한 것이 주된 이유였다. 요컨대 필자는 유교법회의 개최 전후, 선리참구원 및 선종 종무원에서는 유교법회를 어떻게 인식하였는가에 대한 궁금증을 갖게 되었다. 달리 말하면 유교법회는 조선불교 선종, 조선불교 선종 종무원의 공식적인 활동이었는가, 혹은 별개의 법회이었는가이다. 그러나 그에 연관된 자료를 보지 못한 연유로 어떤 설명도 할 수 없었다.

본 고찰은 이런 전제하에서 1935년 3월, 수좌대회의 개최 이후부터 1941년 유교법회 개최 전후에 이르기까지의 선학원, 수좌, 조선불교 선종의 동향을 살펴 보려는 글이다. 구체적으로는 「조선불교 선종 제1회 정기 선회 회록」과 「조선불교 선종 제2회 정기 선회 총회 회록」에 나타난 선학원과 수좌들의 동향을 정리하고, 당시 수좌들의 현실인식을 분석하고자 한다. 조선불교 선종의 선회가 개최되었다는 사실은 1970년대 초에 선학원의 개요를 작성한 정광호의 글과[12] 선회에 참가한 당사자이

9) 위의 법진의 논문, 「선학원 중앙선원 방함록과 선종부흥」을 말한다.

10) 4월 22일, 조계종 총무원이 주최한 「조계종 중흥의 당간 41년 유교법회」이다.

11) 필자 논문은 위에서 소개된 「유교법회의 전개과정과 그 성격」이다. 필자는 세미나 종료 후, 글의 내용을 보완하여 『불교평론』 35호(2008.6)에 수록하였다.

12) 정광호, 『근대한일불교관계사연구』(인하대출판부, 1994), pp.202~204.

었던 통도사 선승 경봉의 일기(1941.3.16)에[13] 적출된 바가 있다. 그 회록을 열람하고 선학원에 대한 최초의 글을 썼던 정광호는 1960년대 후반 선학원에 소장중인 회록을 보았다고 서술하였다.[14] 그러나 다사다난 하였던 선학원의 내부 사정으로 선학원에 보관되었던 그 회록은 행방불명이 되었다.

선학원, 조선불교 선종, 수좌에 대한 연구를 진일보 하기 위해서는 선회의 회록을 입수하는 것이 긴요하다고 파악한 필자는 그 회록을 찾고, 구하기 위해 다각적인 노력을 기울였지만 수년 전까지는 일체의 정보를 얻을 수 없었다. 그러다가 최근 필자는 1회와 2회의 「회록」을 수집할 수 있었다.[15] 이에 그 회록을 분석, 정리한 글이 본 고찰이다. 필자는 회록의 분석을 통하여 1930년대 후반, 1940년대 초반 선학원의 동향의 일단을 파악할 수 있는 단서를 얻게 되었다. 그리고 이 분석을 통해 수좌대회 이후의 조선불교 선종의 흐름과 선회에 나타난 수좌들의 현실인식을 파악할 수 있다. 이러한 내용을 통해 1945년 해방 직전 선학원과 수좌의 동향을 전망할 수 있는 관점을 갖을 수 있다. 일제말기의 선학원 및

13) 그 일기에는 "오전 10시 조선불교 중앙禪會 제2회 정기총회를 마치고 내가 의장으로 추선되어서 회의진행을 하다. 오후 9시에 마치다."라고 나온다. 『삼소굴 일지』(극락선원, 1992), p.167.

14) 정광호, 『근대한일불교관계사연구』(인하대출판부, 1994), p.203의 각주 44의 내용 참조. 정광호가 열람한 것은 1939년도의 선회 즉 제1회 회의록이었다.

15) 1회, 2회 회록은 필자가 개별적으로 확보한 것이다. 1회 회록은 자료 상태가 정상적이지만. 2회 회록은 1,2면이 파손되었다. 1회 회록은 1939년 4월 23일에 8면으로 발행되었는데, 활판으로 인쇄되었다. 저작 겸 발행자는 최응산, 발행소는 조선불교선종 중앙종무원과 재단법인 조선불교 중앙선리참구원으로 나온다. 한편 2회 회록은 1941년 6월 30일에 발행되었는데, 28면의 가리방(등사)으로 발행되었다. 저작 겸 발행자는 오성월, 발행소는 조선불교 선종 중앙종무원과 재단법인 조선불교 중앙선리참구원으로 나온다.

수좌에 대한 제반 내용의 정리는 필자의 후속 연구로 남겨둔다. 필자는 이에 대한 정리를 지속적인 자료수집과 연구로 해결하고자 기획하고 있는 바, 선학제현의 질정을 바란다.

2. 조선불교선종 제1회 정기 선회

조선불교선종 제1회 정기 선회(이하 1회 선회라 약칭함)는 1939년 3월 23일, 서울 안국동 40번지에 자리한 중앙 선원의 법당에서 개최되었다. 조선불교선종의 선회는 선종 종규 제7장에서 규정한 선종의 공식기구로 광의의 대의원회이다. 그 종규에서는 종문의 만기를 공결하기 위하여 설치하며, 선회의 조직은 별도의 소정 법규에 의하며, 선회는 종정이 매년 3월중 또는 필요할 경우 소집하며, 5분의 3 이상의 선회원이 종정회에 대하여 선회를 소집할 것을 요구할 수 있다고 정하였다.[16] 이상과 같은 종규에 의거 선회법은 11장, 37조로 구성되어 있는데, 선회의 개요와 운영에 대하여 자세히 설명되어 있다.[17] 1935년의 수좌대회가 개최된 후로부터 4년 후에 선회가 개최된 배경, 준비 과정에 대해서는 전하는 자료가 없어 단언하기 어렵다.[18] 여기에서는 회록에 나온대로 회의

---

16) 졸고, 「조선불교 선종과 수좌대회」, p.181.

17) 위의 졸고, pp.186~188 참조. 수좌대회록 pp.30~37에 수록되어 있다. 그 내용은 1장 조직, 2장 소집 및 개회, 3장 의장 서기 및 사찰, 4장 선회원 선거 및 임기, 5장 선회의 권한, 6장 위원회, 7장 심사위원, 8장 회의, 9장 휴회 · 폐회 · 정회 · 해산, 10장 징계, 11장 보칙 등이다.

18) 1938년 후반 무렵, 선리참구원 내부에서 선회의 소집을 검토하였을 것으로 보인다. 그러나 왜 1939년 3월에 가서야 모임을 갖었는지에 대해서는 별도의 자료에 의거 설명을

진행 및 내용을 소개하고자 한다.

3월 23일 오전 10시 정각, 선리참구원의 서무이사인 기석호의 주관으로 삼귀의례를 거행함으로써 선회는 개회되었다. 그 직후에는 참가대중이 동방요배를 하였으며, 선종종무원 직원인 최응산의 선창으로 참가대중은 황국신민의 서사를 함께 낭송하였다. 개회사도 기석호가 하였는데, 그는 선회의 장래 발전에 대한 의미심장한 개회사를 하였다. 다음으로는 최응산이 나와서 참가 회원을 점명하였다.[19] 출석한 인원은 51명이었고, 결석한 인원은 7명이었다. 회의록에 나온 그 대상자들을 제시하면 다음과 같다.[20]

법인 참가 선원

중앙선원 ; 金寂音(대표), 康道峰, 宋秉璣, 崔豊下, 韓千手,
李一夫, 金愚錫

범어사 선원 ; 李東疆(대표)

범어사 금정선원; 尹金牛(대표)

대승사 선원 ; 趙慧明(대표), 鄭道煥

수덕사 선원 ; 黃龍吟(대표), 鄭道益

정혜사 선원 ; 鄭金烏(대표), 金靈雲, 金大圓, 洪無爲

울산, 鶴城선원 ; 缺

동래, 金山선원 ; 缺

해야 한다.

19) 1회 회록, p.2.

20) 1회 회록, pp.2~4.

직지사 선원 ; 缺

제주도, 제주선원 ; 缺

옥천, 大成庵 선원 ; 缺

예산, 實相庵 선원 ; 缺

금강산, 法起庵 선원 ; 缺

법인 불참가 선원

유점사 경성포교소 ; 趙普月(대표)

법주사 경성포교소 ; 崔元宗(대표)

경성 아현, 法性院 ; 洪華峰(대표)

범어사 경성포교소[21] ; 表檜庵(대표), 邊峰庵, 朴流水

망월사 선원 ; 洪圓午(대표), 金相根, 李慧華

봉선사 선원 ; 洪龍巖(대표)

양주, 圓通寺 선원 ; 盧碩俊(대표), 金龍淵

고양, 승가사 선원 ; 金海

해인사 ; 金鳳鳴

통도사 백련선원 ; 玄一愚(대표), 朴成學

백양사 운문암 선원 ; 朴昌洙(대표), 金知常

은해사 선원 ; 金圓空(대표)

보경사 선원 ; 金唯心(대표)

21) 이 포교소는 백용성이 창건, 주석하였던 대각사이다. 용성은 1937년에는 해인사에 전 재산을 제공하였으나 타협이 되지 않아 범어사와 교섭을 하여 재산을 제공하여 상호간에 협력관계를 맺었다.

청주, 용화사 선원 ; 金悳山(대표)

장안사 ; 洪琪昕

표훈사 ; 兪能一

마하연 ; 李愚鳳(대표), 李兀然,[22] 李法三, 金法蓮

유점사 ; 金圓鏡

월정사 ; 金精修

귀주사 ; 李奎鳳

평북 태천, 양화사 선원 ; 崔仁昊(대표)

영변, 보현사 上院선원 ; 崔慧菴

평북, 정선군 정암사 ; 許東一

이렇게 출석자, 결석자를 파악하였던 것이다. 그런데 선회에는 선원에서 참가한 대상자 이외에도 선종 중앙종무원의 간부진도 참가하였다. 일부 불참한 경우도 있는데, 그 전모를 제시하면 다음과 같다.[23]

원장 ; 吳惺月(缺)

부원장 ; 薛石友(缺)

서무부 이사 ; 奇昔湖

교화부 이사 ; 金一翁

재무부 이사 ; 姜正一[24]

22) 이청담이다. 당시 그의 법명은 순호이고, 올연은 만공에게 받은 법호이다.
23) 1회 회록, p.4.
24) 강석주이다. 정일은 그의 법명이다.

부원 ; 崔應山

감사 ; 金是庵, 盧碩俊

즉 원장과 부원장은 불참하였고,[25] 여타 간부진은 대부분 참가하였다. 그래서 선회에는 57명이 참가하였다. 참가 대상을 점검하고, 이어서 불참한 부산 동래의 금산선원의 기인벽(奇仁壁)이 보낸 축전과 송광사 삼일암(三日庵) 선원에서 보내온 축문을 최응산이 낭독하였다.

이상과 같이 모임의 기본적인 성립 조건을 확인한 후, 선회는 본격적으로 진행되었다. 우선 임시 집행부인 의장과 부의장을 구두로 호선하여 선출하자는 김일옹의 의견이 있어, 채택되었다. 그 결과 의장에 이우봉, 부의장에 기석호가 만장일치로 선출되었다.[26] 이에 이우봉이 의장의 자격으로 등단하여 서기와 사찰을 지정하였다.[27] 그후, 전 회록 즉 1935년 3월 7~8일에 열린 조선불교 선종 수좌대회록을 최응산이 낭독하였다. 이에 대해서 참가한 대중들은 이견없이 수용하였다. 이어서 최응산이 서무부, 재무부, 교화부의 경과보고를 하였다.[28] 그리고 이전 수좌대회에서 수정한 법인 정관을 속히 인가 수속에 착수하는 좋겠다는 김적음의 의견이 가결되었다.[29] 이어서, 신앙보국에 대한 문제를 토론, 결의하였다. 이는 당시 선회에 참석한 수좌들의 현실인식을 가늠함에

25) 불참 사유는 알 수 없다.

26) 1회 회록, p.4.

27) 서기에는 최응산과 이동강이 사찰에는 노석준과 정도환이 피선되었다.

28) 그런데 보고서는 회록에서의 첨부를 생략한다고 회록에 기재되어 있다.

29) 현일우의 동의, 최원종의 재청이 있었다. 그런데 1935년 3월 8일 회의에서 하용봉(동산)이 선리참구원 정관 수정을 낭독하여 통과시키면서, 일제 당국의 인가를 받아야 함을 결의하였다. 졸고, 「조선불교 선종과 수좌대회」, p.176.

있어 큰 시사를 제공하기에 회록에 나온 내용을 그대로 제시한다.

> 信仰報國에 대해서 精進方面으로써는 祈禱(護國英靈을 爲하야)와 物質方面으로써는 皇軍慰問金 等을 收合하야 戰地로 送付함이 可하다는 李東疆氏 意見에 奇昔湖氏 同議와 黃龍吟氏 再請으로 滿場一致로 가결되어 卽席에서 收金한바 如左하다.[30)]

이렇게 참석 대중들은 신앙보국(信仰報國)을 기함에 정진으로 호국영령에 대한 기도를, 물질방면으로는 황군위문금을 모아 전쟁일선으로 송부하는 것을 결정하고 즉시 수금을[31)] 하였다.

다음으로는 총본산에 대한 건의의 건을 토의하였다. 당시는 총본산 건설운동[32)]이 본격화되어 총본산인 각황사가 이전하여 건축되었고, 각황사를 한국불교를 대표하는 사찰로 인식하는 차원에서 사찰의 이름을 태고사로 전환하는 수속이 진행중이었다. 총본산은 곧 교단을 의미하는 것이었다. 그런데 선회에서는 총본산에 건의할 내용을 작성할 위원 5인을 구두로 호선하여 기타사항 논의 시에 보고케 하자는 이올연의 제안이 나와, 통과되었다.[33)] 이에 그 위원 5인을[34)] 호선하고, 정오 12시에 휴회가 선언되었다.

---

30) 1회 회록, p.5.

31) 그 내역은 다음과 같다. 선리참구원 10원, 선회에 참가한 대중 7원 60전, 중앙선원 5원, 수덕사 선원 2원 50전, 정혜사 선원 2원 50전, 대승사 선원 2원, 도리사 선원 1원 등 합계 32원 60전이다.

32) 졸고, 「일제하 불교계의 총본산건설운동과 조계종」, 『한국민족운동사연구』10, 1994.

33) 강정일의 동의, 김적음의 재청이 있었다.

34) 그는 김적음, 이올연, 기석호, 박창수, 현일우 등이다.

선회는 참가 대중들이 공양을 마친 후인 오후 1시에 속회되었다. 오후에 제일 우선하여 논의한 것은 선원 청규 실행에 관한 건이었다. 선원 청규라 함은 수좌대회에서 정한 선원 규칙을 말하는 것으로 여겨진다.[35] 이 건은 각처에서 청규를 더욱 힘써 실행키로 정하고, 금강산의 마하연 선원을 모범선원으로 지정하여, 초학자 지도까지 편의를 제공하자는 김적음의 의견이 가결되었다.[36] 그리고 노덕선원(老德禪院)에 대해서는 이전 수좌대회의 결의를[37] 이행하자는 황용음의 의견이 가결되었다.[38] 그 후 마하연을 모범선원으로 지정하여 초학자를 지도하자는 결의에 대한 세부적인 논의를 하여, 그에 대한 내용이 선회에서 만장일치로 가결되었다. 회록에 나오는 그 내용을 제시하면 다음과 같다.[39]

初參衲子 指導機關 設置

初學者 指導 禪院을 模範禪院에 附設하야 一個年 以上의 修鍊을 修了한 者가 아니면 諸方 禪院에 掛搭을 不許케 하자는 李兀然씨 動議에 滿場一致로 可決되다.

---

35) 졸고, 「조선불교 선종과 수좌대회」, pp.190~192. 그러나 각 선원의 독자적인 청규를 의미할 수도 있어, 필자의 단정적인 판단은 유보한다.

36) 김일옹의 동의가 있었다.

37) 수좌대회에서는 구참노덕을 경시하는 경향을 타파하기 위해, 별도의 양로선원을 창설하여 법납이 10년 이상이면서 속납이 60세 이상의 노덕스님을 별도로 안거케 하자고 정하였다. 졸고, 「조선불교 선종과 수좌대회」, p.179.

38) 이 건에 대해 김일옹의 동의와 이동강의 재청이 있었다.

39) 1회 회록, pp,5~6.

初參衲子 指導機關 規則 及 入參者 資格

初學者 指導 禪院 淸規를 制定하야 資格을 審査한 後에 入院을 許케 하자는 李東疆氏 意見에 滿場一致로 可決되니 左와 如하다.

△ 資格審査 規程

- 入參者는 年齡 十八歲 以上으로 滿五十歲까지
- 沙彌戒 及 具足戒를 受持한 者
- 四集科 卒業 以上 又는 尋常小學校 卒業 定度 以上의 學力이 有한 者(但 特別 發心者는 此限에 不在함)
- 品行이 方正하고 身體가 健全한 者
- 僧籍이 有한 者
- 獨身生活하는 者

이상과 같은 결의 내용에서 다양한 정보를 얻을 수 있다. 우선, 모범 선원으로 마하연이 지정되면, 마하연에 부설 선원으로 초학자를 지도하는 선원을 두기로 정하였다. 그리고 초학자 선원에서 1년 간의 수행을 하지 않으면 제방 선원에서 방부를 받아주지 않기로 정하였다. 또한 초학자 지도 선원의 청규를 별도로 정하고, 그 선원에 들어올 대상자의 자격을 심사하기로 하였다. 이 같은 전제하에서 입방자의 자격 규정을 정하였다. 그는 18~50세, 사미계와 구족계를 수지하고, 사집과 혹은 심상소학교 졸업 이상의 자격으로,[40] 품행이 방정하고 신체가 건강하며, 승적이 있는 독신생활자이었다.[41]

40) 그러나 특별 발심자는 예외로 하였다.
41) 이는 대처승을 배제하는 것으로 이해된다.

초참 납자 지도 및 선원의 기본 운영 방침의 대강을 정한 이후에는 선종 중앙종무원의 임원과 선의원을 선출하였다. 이는 전형위원 5인을 구두로 호선하여 전 임원을 선정하자는 이동강의 의견이 가결된[42] 결과이다. 전형위원(이올연, 황용음, 기석호, 김일옹, 정금오)이 선정한 임원의 내용은 다음과 같다.[43]

선종 중앙종무원 임원

원장 ; 吳惺月

부원장 ; 高石友

서무부 이사 ; 奇昔湖

재무부 이사 ; 姜正一

교화부 이사 ; 金一翁

보결 이사 ; 朴中山, 崔應山

심사 위원 ; 金是庵, 盧碩俊

보결심사위원 ; 丁道益

선의원

중앙 선원 ; 康道峰, 金寂音

경성, 동숭동 대원암 ; 崔元宗

경성, 아현 법성원 ; 洪華峰

평북, 태천 양화사 선원 ; 崔仁昊

42) 현일우의 재청이 있었다.
43) 1회 회록, p,6.

마하연 선원 ; 李愚鳳

수덕사 선원 ; 黃龍吟

정혜사 선원 ; 鄭金烏, 金靈雲, 馬鏡禪

범어사 선원 ; 李東疆

동래, 금정암 선원 ; 尹金牛

통도사 선원 ; 朴成學

도리사 선원 ; 河淨光

대승사 선원 ; 朴初雲

이렇게 선종 중앙종무원의 임원과 선의원을 선출하였다.[44] 그 후에는 기타사항에 대한 논의를 하였다. 우선적으로 오전의 선회에서 기타사항 논의시 보고하도록 하였던 총본산에 대한 건의의 건을 다루었다. 총본산에 건의할 내용을 조율한 전형위원을 대표하여 현일우가 그 내용을 보고하였다.

△ 模範叢林 建設에 對한 建議의 件

一, 智異山

一, 伽倻山

一, 五臺山

一, 金剛山

一, 妙香山

---

44) 중앙종무원 임원과 이사는 선회에서 선출하도록 규정되어 있다. 그러나 선의원은 7인은 종정회에서 8인은 선회에서 선출하도록 규정되어 있었지만 당시에는 종정회가 운용되지 않아, 선회에서 15명 전부를 선출한 것으로 보인다.

右 案件을 受納하야 中央幹部와 左記 諸氏에게 委託하야 具體案을 作成 하야 隨時 交涉하도록 하자는 崔元宗氏 意見에 滿場一致로 可決되다.

交涉委員

金擎山 金九河 宋宗憲[45]

선회에서 이처럼 모범총림 건설을 하겠다는 기획하에 5개의 명산을 구체적으로 정하여 기존 종단(朝鮮佛敎 禪敎兩宗)인 총본산에 교섭을 하겠다는 방침은 적지 않은 의미를 갖는다. 이는 재단법인 선리참구원, 선종, 선종 종무원이 정상적으로 운용되고 있다는 일정한 자신감이 구현된 것으로 보인다. 그리고 나아가서는 선종, 수좌가 기존 종단과는 독자성을 갖고 있음을 표방하면서, 기존 종단이 점하고 있는 물적, 사상적 권리를 당당하게 인수하려는 의도가 아닌가 한다. 이는 그 교섭위원으로 선종, 선리참구원의 참여자는 아니지만, 종단측 인사로 종단 핵심세력과 지근거리에 있었던 인물을 내세운 것이다. 즉 선리참구원의 고문이었던 김경산(범어사), 김구하(통도사), 송종헌(백양사)을[46] 내세운 것에서도 그 의도를 가늠할 수 있는 것이다.

선회의 막바지에 가서는 수좌 상호간의 친목과 수좌의 구호비에 대한 문제를 집중 논의하였다. 선회원(수좌)이 사망할 경우에는 당해 선원에서 즉시 중앙종무원에 부고하고, 중앙종무원에서는 각 지방 선원에 그 영가의 49재일을 통고하여 일제히 천도법요를 거행하기로 정하였다.[47]

---

45) 1회 회록, p.7.

46) 김구하와 송종헌은 선리참구원의 고문 및 찬성위원으로 1934년 12월 23일에 선임하였다.

47) 이는 하정광의 의견이었는데 만장일치로 가결되었다.

그리고 친목도모와 선원 소식을 민첩하게 알릴 수 있는 방안으로 방함록을 중앙종무원에서 취합하도록 정하였고, 안거 수행이 종료되는 해제 전에 종무원에서는 각 선원 소식을 지방 선원에 알려주기로 하였다.

> 禪院의 消息을 前보다 앞으로 더욱 敏活케 하며 又는 會員의 親睦을 圖謀하기 爲하야 地方 各 禪院의 芳啣錄을 中央宗務院에 登錄 報告하며 宗務院에서는 各 禪院의 消息을 解制 前으로 卽時 地方에 報道케 하자는 崔應山氏 意見에 李兀然氏 動議와 崔仁昊氏 再請으로 滿場一致로 可決되다.[48]

즉, 각 지방 선원의 수행의 산물인 방함록을 중앙종무원에 등록, 보고하는 것을 원칙으로 정하였다. 방함록을 중앙 종무원에 등록, 보고함은 선원역사에 최초로 볼 수 있는 것으로 중앙종무원의 위상을 고양케 할 수 있는 대목이다. 그밖에도 1939년도부터는 선원에서 수좌 구료비를 예산 편성에 반영케 하여, 수행 납자의 질병, 구료를 철저히 할 것도 정하였다.[49]

이상과 같은 내용을 모두 마치니, 오후 5시 30분이었다. 임시 의장인 이우봉이 폐회를 선언하면서 조선불교선종 제1회 선회는[50] 종료되었다.

---

48) 1회 회록, p.7.

49) 이는 이올연의 의견이었는데 만장일치로 가결되었다.

50) 당초 선회가 개최될 시에는 제1회라는 의식은 없었다. 그러나 선회 시에 참가한 대중들이 이전 1935년 3월의 수좌대회는 준비회에 불과하다는 인식에 의거하여 선회 종료 후에 제1회 정기 선회라고 정하였다. 이는 1회 회록 8면의 「備考」를 참고한 것이다. 그 비고는 다음과 같다. 昭和 10년 3월에 개최한 朝鮮佛教禪宗 首座大會는 準備會에 不過하였음으로 今般 會議를 爲始하야 朝鮮佛教禪宗 定期 禪會로 變更하자는 當時 禪會

3. 조선불교선종 선회 제2회 정기 선회

조선불교선종 선회 제2회 정기 총회는 1941년 3월 16일, 중앙선원에서 개최되었다. 제2회 정기 총회가 개최된 것은 1941년 3월 4일부터 13일까지 선학원에서 개최된 유교법회[51]에서 비롯되었다고 볼 수 있다. 전통선의 수호, 계율 수호를 내걸고 개최된 유교법회에는 각처에 올라온 수좌, 율사, 강백 등 40여 명이 참가하였다. 유교법회 참가 대중이 모두 선회원(수좌)은 아니었지만 다수가 선회원이었기에 유교법회의 개최를 계기로 선회가 열린 것으로 보인다.

제2회 선회는 1941년 3월 16일 오전 10시에 개회되었다. 통도사 선승 김경봉이 의장이 되어 회의를 진행하였다. 제2회 선회의 전모를 보여주는 제2회 회록이 있어, 그에 의거하여 진행 순서대로 회의의 진행, 토의 내용 등을 소개하고자 한다. 회록에는 출석원 38명, 결석원이 1명이라고 전한다. 그러면 여기에서 그 대상자들을 우선 제시한다.[52]

법인참가 선원 대표측

건봉사 ; 朴石頭

직지사 ; 洪華峰

통도사 ; 曺鯉煥, 李應祚

員의 輿論을 遵하야 本 會錄은 首題와 如히 第一回 定期 禪會錄으로 發行케 되엿압기 此旨를 添申함.

51) 졸고, 「유교법회의 전개과정과 그 성격」, 『불교평론』 35, 2008 참고.

52) 2회 회록, pp.3~5. 필자가 활용한 2회 회록의 p.1, p.2가 없어, p.2에 수록된(중앙선원, 봉익정 선원 등) 대상이 누락되었다.

석왕사 ; 金靈雲

대승사 ; 金靑眼

유점사 ; 朴重玄

월정사 ; 朴琪宗, 鄭金烏

범어사 ; 尹金牛, 道平先正, 金魚波, 河東山, 宋秉璣

해인사 ; 尹香堂

백양사 ; 鞠聲祐

직지사 ; 河淨光

유점사 ; 元寶山

통영, 용화사 ; 趙聖峯

법주사 ; 右江○月

지방선원 대표측

통도사 선원 ; 朴大治

양산, 내원선원 ; 金田靖錫[53)]

동래, 금정사 선원 ; 奇忍壁

직지사 선원 ; 李淳浩,[54)] 金石下, 鄭景燦

백양사 선원 ; 李藤運

정혜사 선원 ; 白雲耕

53) 통도사 선승 김경봉이다.
54) 이청담이다.

중앙종무원 간부측

원 장 ; 吳州惺月

부원장 ; 薛石友(결석)

서무부 이사 겸 서기 ; 應村諭成[55)]

교화부 이사 ; 金一翁

감사 ; 盧碩俊, 金道庵

여기에서 제시된 명단은 34명이다. 이중 결석자 설석우를 제외하면 5명이 누락되었는데 이는 필자가 수집한 자료(2회 회록)의 1, 2페이지가 파손되었기 때문이다.

선회는 임시 집행부를 선거하는 것으로부터 시작되었다. 하동산이 의장과 부의장을 구두로 호선하자는 의견을 제출하고, 이것이 만장일치로 수용되었다. 그 결과 의장에 김경봉,[56)] 부의장에 박대야(朴大冶)[57)]가 선출되었고, 서기와 사찰은 의장이 지정하였다.[58)]

선회의 첫 순서로 전 회록 낭독이 있었다. 서기가 1939년 3월 23일부터 1941년 3월 17일까지의 회록을[59)] 낭독하였다. 그러자 참가대중들의 질문이 있었는데, 그는 정관 수정 여부, 기본재산 정리, 총본산에 건의

55) 이 사람은 전임 서무부 이사였던 기석호가 입적하자, 그 후임으로 임용되었다. 제1회 선회 당시 보궐이사이었던 최응산으로 보인다.

56) 2회 회록에는 金田靖錫(창씨명?)으로 나오지만 김경봉으로 표기하였다.

57) 참가자 명단에는 朴大治로 나오지만 보통 大冶스님으로 칭하기에 대야가 맞는 법명이다,

58) 서기에는 東平月舟, 사찰에는 노석준과 法○一雄이 선정되었다. 2회 회록에는 서기 2명, 사찰 2명을 의장이 정하였다고 나오나 서기 1명만 기록되었다.

59) 1회 회록만 낭독하는 것이 원칙인데. 1회 선회 이후의 경과보고까지 포함한 것이 아닌가 한다.

안 제출, 납자들의 선원 규칙 준수 등이었다. 그에 대해서 총본산은 아직 인가되지 않아[60] 건의안을 제출하지 못하였고, 선원 규칙을 준수하지 않는 납자는 선원 규칙 21조에 의거하여 지방선원에서는 중앙으로 보고하고, 중앙에서는 접수 즉시 일반 지방의 선원에 통지하여 방부를 들이지 못하게 하자는 오성월의 의견이 만장일치로 가결되었다. 그리고 선회에 참가한 대중들부터 선원 규칙(청규)을 철저히, 통일적으로 실행하고, 지방선원이 청규를 이행치 않을 경우는 중앙종무원이 엄중 감독을 하기로 결의하였다.[61] 그후, 서기가 각부 경과보고를 하였는데, 이의가 없어 통과되었다.

그 다음으로는 신앙보국에 대한 결의를 하였다. 이 결의는 박대야가 건의한 것이 일치 가결된 것이다. 이 내용은 수좌들의 현실인식 판단에 있어 중요하기에 그 관련 회록을 제시한다.

> 朴大冶師 理로나 事로나 國家新體制에 同事하야 佛祖家風을 더욱 發揚하며 特히 勤勞奉公의 精神을 普及키 위하야 結制翌日(陰 四, 十月의 十六日) 半山林 翌日(陰 五, 十月의 三十日) 解制前日(陰 正, 七月 十三日) 三個日을 奉公日로 정하야 各 禪院에서 一齊히 勤勞作業키로 하자 意見에 一致 可決하다.[62]

이렇듯, 선회에 참가한 대중은 국가 신체제에 부응하여 불조가풍을

60) 총본산은 1941년 4월 23일에 정식 출범되었다.
61) 이상은 2회 회록, p.6. 참조.
62) 2회 회록, pp.6~7.

진작하기 위한 근로봉공의 작업을 간단하게 결정하였다. 비록 3일에 불과하였지만 이 결정은 여러 측면에서 음미할 대목이 적지 않은 것이다.

그후 선회에서는 기본재산 정리의 건과 지방 선원 등급의 조정 문제를 결정하였다. 우선 기본재산 정리의 건은 지방선원에서 재단법인 선리참구원으로 기부하기로 하였으나 아직 미해결 상태로 되었던 것을 정리하는 문제이었다. 이순호와 김적음이 그 내용을 자세히 설명해줄 것을 요청하였다. 이에 서무부 이사인 최응산과 중앙종무원 원장인 오성월이 그에 대한 답변을 하였다. 즉 그는 범어사가 기부한 토지와 건물, 직지사 천불선원의 기부 토지가 당시까지도 법인으로 이전되지 않았음을 설명하고, 각 본산 찬조금도[63] 미수된 것도 있다고 부연하였다. 오성월은 그 문제를 해결하기 위해 현지 출장까지 하였음을 보고하면서, 조속히 해결하겠다는 의지를 피력하였다.[64] 선원 등급 재조정은 이올연이 제안한 것인데, 그는 재산정도로써 갑 을의 양 구분으로 등급을 정하자고 주장하였다. 즉 납자 5인으로 안거할 수 있는 선원은 갑종으로, 그러하지 못한 선원은 을종으로 정하자는 제안이었는데 일치 가결되었다. 이 결정에 의거 나온 선원의 등급은 다음과 같다.[65]

甲種 禪院

定慧禪院 桃李禪院 大乘禪院

---

63) 이 내용에 대해 필자는 단언할 수 없다.

64) 범어사는 범어사 주지가 범어사 평의원회에서 결정하여 이전하겠다는 답신이 왔었다는 것이고, 직지사와는 계약을 체결하였으나 모호한 점이 있어 법인측에서 출장을 가서 완전한 결과를 보겠다는 계획의 피력이었다.

65) 2회 회록, p.8.

直指禪院 金井禪院 梵魚禪院

鳳翼禪院[66] 華果禪院[67] (界八個所)

乙種 禪院

心侊禪院 鶴城禪院 晉州禪院

濟州禪院 ○訶禪院[68] 法起庵禪院

金泉庵禪院[69]

그런데 회록에는 어떤 이유로 위의 갑종사원 8개소와 을종사원 7개소만을 대상으로 하였는지가 전하지 않는다. 추정하건대 법인에 참가한 선원만을 대상으로 한 것으로 보인다.

다음으로는 선원 규칙의 수정에 대한 논의를 하였다. 논의에 들어가자 당초에는 선원 규칙 제5조(선원 임원)만 수정할 예정이었는데 이순호가 선회 규정의 다수(1, 6, 7, 10등)를 수정할 필요성이 있다고 주장하였다. 이순호는 그 수정을 담당할 수정위원 5인을 호선하여, 그들로 하여금 수정할 내용을 보고케 하자는 의견을 내었다. 그러자 대중들은 일치가결하였다. 이에 수정위원 5인(淳浩, 魚波, 寂音, 東山, 一翁)은 작업을 하여 이순호가 대표로서 수정안을 보고하였더니, 참가 대중은 보고한 원안대

66) 봉익선원은 백용성이 창건, 주석한 대각사이다.

67) 화과선원은 백용성이 선농불교를 시행하던 경남 화과원을 말한다. 당시 그곳에는 수좌들이 수행을 하던 선방이 있었다.

68) 가리방 글씨의 상태가 모호하여 단정적으로 판독을 할 수 없다. 수좌대회 회록 p.33에 나오는 경남 동래의 摩訶禪院으로 보인다. 지금도 부산에는 마하사가 있다.

69) 이 선원은 부산 동래 소재인 사찰인데, 1940년 3월 19일에 선리참구원에 편입되었다.

로 채택을 하였다. 그러면 여기에서 선회에 보고하여 채택된 수정안의 내용을 제시한다.

가. 禪會法 제10조의 原則하에 『但 각 선원 원주는 禪會의 正會員으로 출석할 권리와 의무가 有함』을 첨가함

나. 선원 규칙 제1조 말미의 『此를 組織함』을 『此를 組織하되 甲乙 兩宗으로 구분함

一, 甲種 5인이상의 普通會員을 安居할 수 있는 선원

二, 乙種 甲種에 不及하는 禪院』으로 수정함

다. 선원 규칙 제5조 『선원의 임원은 該 禪院 院會에서 선거하야 중앙에 보고함』을 『甲種 선원의 院主는 중앙 종무원에서 任免하고 기타 임원 及 乙種 선원의 임원은 該 선원 院會에서 선거하고 중앙에 보고하야 承認을 得함』으로 수정함

라. 선원 규칙 제6조 『선원의 掛搭은 僧籍이 有한 者에 限하되 정원 이외는 不許함』을 『선원의 掛搭은 左記 자격이 具備한 者로 하되 정원 이외는 不許함

一, 僧籍이 有한 者

一, 年齡이 二十歲 以上 者

一, 比丘인 者』로 修正함

마. 선원 규칙 제7조 중 『初發心 衲子는 一個月 乃至 三個月 以內』를 『初發心 衲子는 三個月 以上』으로 『發心의 眞僞』를 『發心의 眞實』로 修正함[70]

70) 2회 회록, p.9.

그러면 이러한 결정, 변화에 대한 설명을 하겠다. 선회법 제10조는 선회원의 선거를 규정하고 있다. 즉 각 선거구 별 선원에 안거하는 수좌 중에서 일정한 자격 요건이 있는 대상자를 선거하여 원주가 중앙에 보고하도록 정하였다. 이런 기존 내용하에서 원주는 당연직 정회원의 권리와 의무가 있음을 규정함으로써 원주의 위상을 강화한 조치이다. 다음으로 선원 규칙의 제1조에 선원의 등급을 부기한 것이다. 이는 2회 정기 선회의 초반에서 선원을 재산정도에 의거 갑종, 을종으로 구분하도록 정한 것을 규칙에 반영시킨 것이다. 선원 규칙 제5조의 수정은 선원 임원의 선거에 대한 것을 보완한 것이다. 즉 갑종 선원의 원주는 해당 선원에서 선거하는 것에서 벗어나 중앙종무원에서 임면하도록 정하였는데, 이는 추정하건대 갑종 선원과 중앙 종무원과의 업무의 긴밀성을 강조한 결과로 보인다. 선원 6조는 괘탑, 즉 방부를 들일 수 있는 자격의 내용을 추가한 것이다. 그는 비구승을 강조한 것이거니와 이는 대처승의 배제, 계율의 수호라는 측면이 중요시 된 것을 반영한다. 선원 7조는 초발심 납자는 일정기간(1~3개월)을 내외호 및 분수작법(焚修作法)에 종사케 하여 그 발심의 진위를 확인한 연후 선실에서 좌선하도록 기존 규칙에서 정하였다. 그러나 수정에서는 일정기간을 3개월로 고정하고, 발심의 진위를 발심의 진실로 보다 객관적인 검증을 하도록 변경하였다.

이렇게 선회법, 선원 규칙을 수정, 보완한 참가대중은 이번에는 임원 선거를 하였다. 김일옹이 임원선거는 전형위원 10명을 구두로 선정하고, 그들로 하여금 전형 보고케 하자는 의견이 만장일치로 채택되었다.

이에 그 10명의 전형위원이[71] 다음과 같이 결정하였다고 보고하였더니, 대중들이 만장일치로 가결하였다. 임원 선거의 결과를 제시하면 다음과 같다.

중앙종무원 임원

원장 ; 吳州惺月

부원장 ; 金田靖錫

서무부 이사 ; 東平月舟

재무부 이사 ; 元田天一

교화부 이사 ; 東山金烏[72]

補欠 이사 ; 河淨光, 朴大冶

감사 ; 金一翁, 應村諭成

補欠 감사 ; 金是庵

선의원

圓伊三藏, 金靈雲, 康道峯, 鄭道煥, 金東秀, 崔元宗, 朴初雲, 尹金牛, 李東疆, 表檜巖, 盧碩俊, 朴本空, 鞠默潭, 姜正一, 金寂音[73]

이렇게 중앙종무원의 임원과 선의원을 선출하였다. 한편 회의가 막바

71) 그들은 김적음, 이순호, 하정광, 하동산, 김일옹, 정금오, 원보산, 강석주, 도평, 묵담 등이다. 도평은 회록에 道平先正으로 나오지만 필자는 그에 대한 기본 정보가 없다.

72) 오주성월은 오성월, 김전정석은 김경봉, 동평월주는 변봉암(변월주), 원전천일은 원보산, 동산금오는 정금오(?) 등으로 추정된다.

73) 2회 회록 pp.10~11.

지에 다달을 무렵, 이순호는 선리참구원, 조선불교 선종, 선종 종무원을 위해 헌신한 집행부에 대한 공로 표창을 제안하였다.

> 本 禪會가 第二會의 定期 總會를 맛게 된 今日에 있어 前日을 回顧하면 感慨無量한 말씀은 이로다 말할 수 없습니다. 十年 前을 回顧하면 無主空舍이엿던 本院을 今日 이와 같이 構成케 한 것은 院長 吳州惺月師 以外 各 幹部의 努力도 있겟지오마는 더욱 金寂音師의 十年 星霜의 惡戰苦鬪한 業績이라고 아니할 수 없습니다. 寂音師의 功績을 區區히 더 말하지 아니 하여도 그 事業 自體가 雄辯으로 證明하고 있습니다.
> 그러나 今般 遺憾이나마 寂音師가 一時나마 本 禪院을 辭退한다는데 있어서 우리 會員으로서는 功勞를 表彰한다는 것 보담 哀惜의 情을 表치 아니할 수 없습니다. 그리고 老景을 不顧하시고 努力하여 주시는 理事長과 十數 星霜을 한가지로 書務에 노력하여 주시는 書記 雄村師의 게도 亦是 表彰을 아니할 수 없습니다.[74)]

이러한 이순호(청담)의 제안에 참가 대중은 박수로써 호응하며, 만장일치로 가결하였다. 그 즉시 표창 계획위원 7인을[75)] 선정하고, 위촉된 계획위원은 계획안을 보고하니 가결되었다. 그 결과로 이사장 및 김적음은 선회에서 표창하되 기념품으로 염주 일괘를 증정하기로 정하였다. 그리고 서기인 응촌도 중앙간부회에서 표창하되 기념품으로 염주 1괘를 증

74) 2회 회록, p.11.
75) 그는 일옹, 순호, 도봉, 원종, 석주, 정광, 어파 등이었다.

정하기로 정하였다.[76] 그후, 의장인 김경봉은 표창식은 폐회 후 오후 8시 경, 따로 거행하자고 제안하여, 대중들의 동의로 가결되었다.

표창에 대한 제반 결의를 한 이후에는 기타사항을 논의하였다. 이순호는 중앙선원은 선리참구원이 직접 경영하는 사업을 일반에게 분명히 인식하도록 관계 내용을 설명할 것을 요구하였다. 그리고 중앙간부는 1년에 1회 이상 정례로 지방 선원을 순행감독하도록 하자는 건의를 하였다. 이 같은 발언에 김적음은 중앙선원 직접 경영의 내용을 설명하였고, 지방선원 감독의 건은 대중들로부터 만장일치의 가결을 받았다. 그 직후 종무원 서기인 응촌은 방함록은 규칙적으로 각 선원에서 결제 후 1주일 이내로 중앙에 보고할 것을 제안하였다. 그러자 대중은 이것도 일치 가결하였다. 박대야는『선원』잡지를 부활하여 년 2회로 발간하되, 경비는 500원 이내에서 충당할 것을 정하였다.[77] 이런 논의를 한 직후 방청석에서 선우부인회 진로에 대한 질문을 하였더니,[78] 별도의 간담회에서 토의하도록 정하였다. 선회의 마지막 논의는 선회원인 송병기의 불법 행동에[79] 대한 징계 문제이었다. 논의 결과, 선원 규칙 21조에 의거 6개월 간 회원 자격을 정지시키고 참회의 진위를 기다려서 후속 처분을 하자는 이순호의 제안을 가결시켰다.

---

76) 만일 퇴직할 시에는 퇴직금으로 100원을 감사의 표시로 주기로 하였다.

77) 그 예산 조달은 반액은 지방선원의 분담금으로 충당하고, 그 나머지는 特志의 찬조금으로 충당하기로 정하였다. 그리고 사장 1인을 두어 편집 사무를 담당케 하였다.

78) 지금껏 운영에 관여하였던 김적음은 자신이 경영하는 약방을 폐지할 뜻을 전하면서, 부인선우회 문제는 중앙간부와 상의하여 처리하라는 의견을 개진하였다.

79) 그는 법인의 체면을 汚損케 하였고, 법인의 존망까지 이르는 문제를 야기하였다고 한다. 구체적으로 諸位 老德을 능욕하고, 법인 사무용 탁자와 의자를 파괴하고, 선학원을 포교소로 만들고 자신이 포교사가 되려고 운동까지 하였으며, 법인의 존망 문제까지 이르게 한 것이었다. 2회 회록, p.13.

이렇게 제2회 선회 정기 총회를 모두 마쳤더니. 시간이 저녁 7시 30분이었다. 의장인 김경봉이 폐회를 선언하였다.

4. 제2회 선회에 보고된 선리참구원 경과보고

여기에서는 제2회 선회에 보고된 경과보고[80] 즉, 1935년 4월부터 1941년 2월까지의 서무부와 재무부의 경과보고를 요약, 정리하겠다. 이는 1930년대 후반의 선리참구원의 내부의 움직임을 정확하게 알 수 있어, 자료적 가치가 높다. 이 내용을 통하여 선리참구원의 변동, 활동 등을 파악할 수 있는 것이다.

우선 서무부의 경과보고를 살핀다. 서무부 경과보고는 인사, 출장, 사업상황, 지방선원 편입, 시국, 회원증 발부, 회원 입적 등으로 대별되어 있다. 이 기간의 인사 내용은 1940년 12월 23일부로 상임이사였던 기석호가 입적한 연고로 그를 대신하여, 결보(缺補) 이사로 최응산이 취임하였음만 전한다.

다음 출장에 대해서는 1939년, 1940년, 1941년으로 나뉘어 설명하고 있다. 이 내용을 년도별로 대별하여 요약하고자 한다.

1939년

- 김적음(선의원) ; 9. 14~17(대전)
  심광사 편입 문제

80) 제2회 회록, pp.14~27.

• 김적음 ; 10.21~11. 5(대전, 김천, 동래)
심광사의 기부 토지 및 건물 이전,
직지사 천불선원 정리,
금정사 부동산 이전

1940년

• 최응산(부원) ; 5.16~30(興復庵, 함남 함주군 동천면)
흥부암 박보문행 기부토지 이전

• 최응산 ; 10.9~11.13일(동래, 범어사)
법인의 동래토지 소작분쟁 정리, 소작료 수확
범어사 기부 토지 및 건물 이전

1941년

• 강정일(재무이사)[81] ; 1. 5~11(진주)
진주선원 창설, 부동산 편입

• 최응산(부원) ; 1. 12~16(함흥, 함주)
흥부암의 신도,[82] 기부토지 이전 및 박보문행 부동산 등 계약체결

이런 출장 내용을 볼 때에 선리참구원은 재산증식, 조직 확대를 위해 부단히 활동하였음을 알 수 있다. 이제는 사업 보고에 나온 활동을 살펴 보고자 한다. 사업은 선리 수행 및 연구에 대한 내용들이다. 우선 법인 관리 선원의 안거 대중이 1939년, 1940년의 통계로 제시되어 있다.

---

81) 강석주이다.
82) 자료에는 大山道率行으로 나온다.

선원 명칭	1939 하안거, 동안거		1940년 하안거, 동안거	
중앙선원	16	20	15	17
선종총림	–	15	11	10
범어사 금어선원	12	12	15	13
직지사 선원	16	24	17	22
도리사 선원	17	16	12	18
대승사 선원	11	–	–	6
정혜사	13	10	23	23
금정사 선원	8	11	10	9
학성 선원	3	7	10	10
심광사	12	12	14	14

이 같은 법인에 참가한 선원의 안거 수행의 대중을 통계로 제시된 것은 선리참구원 및 당시 선원 연구에 귀한 내용이다. 그리고 법인에 참가하지 않았지만 각 처의 선원의 안거 대중의 통계도 역시 제시되어 있다.

선원 명칭	1939 하안거, 동안거		1940년 하안거, 동안거	
복천암	8	–	–	–
장안사	20	17	12	14
통도사 백련암	24	27	27	15
원통암	14	14	–	–
삼일암	13	12	13	24
향산 선원[83]	13	10	24	16

83) 소속 사찰, 소재지에 대해 필자는 알지 못한다.

내원사	16	32	27	36
은해사	20	14	17	13
망월사	16	16	15	8
내장사	10	9	9	16
오대산 선원[84)	50	44	56	55
대승사	8	–	–	–
수덕사	15	9	10	9
불영사	9	11	9	9
마하연	32	25	43	23
해인사	16	16	24	18
화과원	9	9	9	11
칠불암	9	9	17	16
양화사	9	9	7	7
운문암	17	21	13	10
백양사 관음암	11	10	21	10
벽송사	–	–	7	6
청암사	25	–	25	–
석왕사	16	23	16	15
월정사(제주)	3	5	5	5
견성암	20	30	30	40

이렇게 선리참구원이 법인에 참가하지 않는 일반 선원의 안거자 수를 제시한 것은 선리참구원의 안정적인 운영과 수좌계를 대표한다는 자신감에서 나온 것으로 보인다. 이제는 지방의 선원이 선리참구원으로 편

84) 월정사 산내암자인 상원사의 선원이다.

입에 대한 정황을 소개한다.

- 대전, 심광사 선원 ; 1939년 10월 9일부
- 서울, 봉익정 선원 ; 1939년 11월 2일부
- 부산 동래, 金泉庵 ; 1940년 3월 19일부
- 진주, 진주선원 ; 1941년 1월 23일부

지방 선원, 사찰이 선리참구원으로 편입되고 있음은 선리참구원의 위상이 증대되고 있음을 단적으로 보여준다. 위의 편입 대상에서 심광사, 금천암, 진주선원은 부동산과 건물이 등기까지 완료되었다. 그러나 봉익정 선원은 명의만 등록되었지, 1941년 2월 말까지는 등기 등록이 완료되지 않았다. 봉익정 선원은 백용성이 창건하여 주석하였던 대각사이었다. 이곳은 그가 추진한 대각교 운동의 중앙본부이었다. 대각사가 선리참구원으로 편입된 내용은 여러 측면에서 고려할 내용이 적지 않다.[85] 다만 여기에서는 백용성이 입적하였던 1940년 2월 24일(음력) 이전에 대각사가 조선불교선종 총림이라고 표방되었으며,[86] 선리참구원에 합류하였다는 내용만을 지적한다.

85) 『불교시보』42호(1939.1)의 "근하신년란에는 경성부 봉익동 2 조선불교선종총림"이라는 광고가 나온다, 그리고 1939년 4월 18일에 발간된 『지장보살 본원경』의 판권 발행처가 경성부 봉익동 1번지 조선불교선종 총림 삼장역회라고 기재되었다. 이는 본 고찰의 이용 자료인 제2회 선회 회록에 나온 시점(1939.11.2)보다 더 이른 시점임을 말하는 것이다. 한편 백용성은 1936~37년에는 해인사와 교섭을 하다 여의치 않아 범어사에 그와 연고가 있는 전 재산을 기부하여 일부는 이행 단계까지 갔다. 김광식, 『용성』(민족사, 1999), pp.230~236.

86) 위의 내용 참조,

이제는 선리참구원의 시국문제를 살펴 본다. 회록에는 그에 대한 간략한 결과만 전하고 있다. 그를 제시하면 다음과 같다.

• 국위 무운장구 기원 법요 및 황군 영령위령 법요

1939년도, 24회중 6회 참가

1940년도, 28회중 8회 참가

• 개선부대 환영 周知[87)]

1939년도 5회

• 국방헌금, 황군 위문금품

1939년도 72원 60전

1940년도 30원

이러한 시국행사의 협조는 선리참구원 스스로가 제시하였다는 점에서 자료적인 신뢰가 높다. 이 자료에 의하면 전체 행사의 3분의 1정도만 참가하였기에 수동적인 참여로 볼 수 있다. 헌금액의 미약성에서는 마지 못해 내는 정도로 보인다.

다음으로는 보통회원 즉 선회원중 교부 내용을 제시하였다. 회록에는 1939년도(27명), 1940년도(7명), 1941년도(1명)의 교부자가 교부번호 157번부터 191번까지 34명의 인명이 전한다. 그런데 회록에는 당시까지 선회원은 188명이라고 한 것을 보면 3명은 입적한 것으로 보인다. 실제 2회 회록에 선회원으로 입적한 수좌 1인이[88)] 제시되었다. 현황조사 말미

87) 이는 부대가 귀환하는 환영행사를 알렸음을 의미하는 것으로 보인다.
88) 그는 마하연 출신인 현상백으로 중앙선원에서 1940년 6월 1일 입적했다.

에는 보통 선회원의 학력을 조사한 내역이 나온다. 그를 제시하면 다음과 같다.

소학 ; 19명

중학 ; 6명

전문 ; 1명

강원,[89] 초등과 ; 56명

강원, 증등과 ; 34명

강원, 대교과 ; 10명

기타(無學?)[90] ; 62명

이 조사는 1940년 6월 7일부로 조사한[91] 결과이다. 조사에 응한 수좌가 188명이면, 당시 선리참구원의 보통 선회원의 숫자와 같다. 이는 보통 선회원으로 등록된 전체 대상자를 뜻한다. 이는 매우 귀중한 자료적 가치를 말한다.

이제부터는 재무부의 경과보고를 요약, 제시한다. 재무부 경과보고는 주로 토지, 건물 등의 기본 재산 변동의 내역이다. 그는 주로 1935년 4월부터 1941년 2월 말 현재까지의 년도별 재산 증감 내용을 제시한 것이다. 그를 정리하여, 간략하게 제시하면 다음과 같다.

89) 자료에는 講堂으로 나오는데, 필자가 편의상 강원으로 표현했다.

90) 無學은 필자의 표현이다.

91) 그런데 왜 이 시점에서 그런 조사를 하였는지는 알 수 없다. 그리고 조사 방법도 전하지 않는다,

• 1934년 법인 설립 당시 ; 기본 재산

토지, 건물 총평수 = 153,883평(80,986원)

• 1935년 8월 13일, 水泰寺와의 소송에서 패소하여 금화군 소재 7,837평(2,692원)이 抹消

• 1935년 9월 ; 146,046평(78,294원 25전) = 실제 표준 면적, 총재산

• 1935년부터 1941년까지 토지 증가 ;

沓 ; 66,892평

田 ; 119,734평

대지 ; 2,445평

임야 ; 6,011평

@ 가격으로는 39,422원 36전

• 1935년부터 1941년까지의 건물 증가

총 6건,[92] 건평 71평, 가격, 7,345원

• 증가 총 면적 ; 195,158평

총 가격 ; 46,767원 36전

• 1941년 2월 현재 총면적 ; 341,104평

총재산 ; 125,061원 61전

이렇듯이 법인 설립직후인 1935년 9월을 기점으로 보면 토지 면적, 재산이 2배나 증가하였다. 이런 변동은 선리참구원의 견고한 재정기반 구축을 의미하는 것이다. 35년부터 41년까지 증가된 내역을 보면 매년 증가 추세에 있었다. 이는 선리참구원의 대외적인 위상이 파급되고, 선

92) 이는 대전, 경성, 동래, 진주에 있었다.

리참구원의 실무자들이 성실히 근무한 결과로 보인다.

5. 선회에 나타난 선학원과 수좌의 현실인식

지금부터는 위에서 살펴본 선리참구원의 흐름, 선회의 진행 및 내용, 수좌들의 발언 등을 종합하면서 그에 나타난 선학원과 수좌의 동향을 대별하여 제시하고자 한다.

첫째, 선리참구원과 선종, 그리고 중앙종무원의 활동이 출범한 1935년 3월 이래로 정상적으로 운용되었다. 이 같은 정상 가동하에서 선학원은 재산 증대, 편입 선원의 증가, 수좌들의 학력조사 등이 자연스럽게 이루어지고 있었다. 이는 당초 선리참구원을 재단법인으로 출범시킨 목적을 달성한 것으로 볼 수 있는 대목이다. 그러나 종규에서 정한 종정회가 정상 가동되지 않은 것은 일정한 한계로 남는 내용이다.

둘째, 1939년, 1941년에 접어 들면서 선학원은 전국 선원의 중심기관으로 확고하게 그 위상을 표방하였다. 이는 선회의 회록에 나타난 내용이지만 법인 참가 선원 뿐만이 아니라, 법인에 참가하지 않은 선원에서도 당초 종규, 선회법에서 정한 선회원이 선회에 참가하였음이 그 예증이다. 그리고 전국의 선원의 청규를 철저히 이행해야 함을 강조하고, 그 이행 여부를 선리참구원의 종무원에서 감독하는 것을 결정한 것도 같은 내용이다. 이런 성격을 극명하게 보여주는 것은 각 선원의 방함록을 중앙종무원으로 보내고, 중앙 종무원은 각 선원에게 제방 선원 소식을 전해주자는 것이다.

셋째, 1940년 전후, 선학원(선종, 선리참구원)은 정상 가동, 선원의 중심 기관의 위상의 바탕하에서 기존 종단과 대등한 종단 활동을 지향하였다. 이는 선회에서 기존 종단인 조선불교 선교양종인 총본산에게 5대 명산을 할애받아 모범총림을 건설하겠다는 것, 그리고 마하연 선원을 모범선원으로 건설함과 동시에 부설로 초참 납자들의 선원까지 세우겠다는 것에서 찾을 수 있다. 그리고 여기에서는 조선불교 선종이 기종 종단과 완전 별개, 독자적, 신생의 종단이 아님을 알 수 있다. 즉 기존 선교양종 내에서 선종만을 특화한, 선종을 정체성으로 내세운 종단이라는 것이다. 이는 기존 종단과 완전 대립적인 성격이 아님을 말한다. 이는 조선불교 선종의 양면성을 갖는 것이다. 이런 성격은 이미 1935년 3월 출범 시에도 나왔다. 종규 15조에서 중앙종무원을 "全鮮 禪院의 單一機關"으로 설치한다거나, 선종 종무원칙 6장인 보칙에서 "本院은 朝鮮佛敎 禪敎兩宗 在籍僧侶로서 朝鮮佛敎 禪宗 宗規의 精神을 闡揚함에 足한 줄로 認證하는 會合은 此를 扶助함"에서 극명하게 나온다. 이 같은 내용은 기존 종단, 기존 선원을 배치하지 않겠다는 것이다. 이는 선종, 선리참구원, 수좌들이 기존 종단의 모순, 문제를 철저하게 부인, 배격하지 않는 현실인식을 보여주는 것이다. 기존 종단의 노선을 비판하는 노선은 가되, 근원적인 배척까지는 할 수 없다는 한계성도 내포한 것이다. 이런 한계, 양면성을 가지면서도 기존 종단의 물적, 사상적인 토대를 흡수, 인계하려는 것은 바로 이런 성향에서 나온 것이다. 그러나 현재 기존 종단이 이런 제안을 수용하였다는 기록, 정황은 찾을 수 없다. 바로 이런 미수용, 거부가 역설적으로는 선종, 선리참구원의 한계이었다.

다섯째, 선학원의 지향, 노선은 거시적으로 보면 불교정화, 선전통 수호의 길을 가고 있었다. 1935년 3월 출범시 선서문에서 극명하게 개진하였던 정신이 쇠퇴하였다는 것을 찾을 수 없다. 청규의 철저한 이행, 초참 수좌들의 철저한 지도, 선원에 수좌들의 방부자의 자격에서 비구계 강조, 독신생활 강조를 내세운 것은 그런 측면을 말한다.

여섯째, 그런데 1940년부터는 서서히 일제 식민지 현실을 수긍하는 현실 인식으로 가고 있는 징후가 엿보인다. 선회 회록에 보이는 신앙보국에서 그러한 단서를 찾을 수 있다. 1회선회에서 참가대중은 호국영령에게 기도를 하고, 황군위문금을 모아서 전쟁터로 송부하자는 결정이 만장일치로 정하여졌다. 2회 선회에서는 국가 신체제에 부응하고, 비록 3일이지만 근로봉공의 정신으로 작업하자는 결의를 하였다. 이런 결정에서 일제 식민통치의 인정, 군국주의 체제를 단순히 수용하는 것으로 볼 수 있다. 물론, 이런 결정은 종교적 차원에서 보면 인간적으로 볼 수도 있다. 그리고 선학원의 식민지 현실에 협조적인 내용도 적극성, 과단성, 지나침으로 보기도 어려운 것은 사실이다. 다만 문제는 이런 변화가 서서히 선학원, 수좌들의 내부로 침투되기 시작하였다는 점이다. 당시 이런 문제에 대하여 선학원, 수좌가 어떤 입장을 갖고 있었는지를 말해주는 기록은 많지 않다. 본 고찰에서 나온 선회, 즉 공개적인 회합만을 갖고 여러 측면을 단선적으로 설명하는 것은 적절치 않다. 그럼에도 불구하고 1940년 경부터는 새로운 변화가 나온 것은 분명하다. 예컨대 종무원 원장, 이사, 수좌들의 이름이 창씨개명된 것으로 공적인 문서에 기재되었던 것이다. 이런 것도 자발적인 것이 아니고, 강제성이 개입된 것으로 볼 수도 있다. 그러나 창씨개명하지 않은 수좌가 더욱 많다는 것을 유의할 필요가 있다. 물론 이것도 공적 소임을 보고, 공적인 업무 처리를 위한 불가피성도 있을 것이다. 이를 갖고 선학원, 수좌가 종교 문제만 철저히 문제의식을 갖었고, 민족문제까지는 의식이 고양되지 못하였다고도 볼 수 있다. 그러나 이런 문제는 그렇게 간단하게 언급할 성질은 아니다. 본고찰에서는 그에 대한 문제를 환기시키는 선에서 머물고자 한다.

지금까지 1940년 전후의 선학원, 수좌들의 동향과 그에 나타난 현실의식의 문제를 대별하여 제시하였다. 문제는 이런 현실의식이 선학원의 정체성 혹은 수좌들의 수행에 있어서 어떻게 전개될 것인가이다. 구체적으로는 1920년대 초반의 의식, 1930년대 초반 재기할 때의 의식, 1935년 재단법인의 기반하에서 선종이라는 깃발을 올렸을 때와는 어떤 차별을 갖는가이다. 이런 문제는 추후 더욱 세밀하게 생각할 여지가 많다.

6. 결어

본고찰의 맺는말은 본고에서 다룬 선회의 내용과 의의를 정리하면서 추후 이 분야 연구에 있어 참고할 점을 제시하는 것으로 대신하고자 한다. 우선 본고찰에서 제시된 주요 내용을 요약한다.

첫째, 1939년 3월에 개최된 제1회 선회는 1935년 3월에 개최된 수좌대회와의 연결 고리를 갖고 있는 선학원으로서는 기념비적인 회합이었다.

둘째, 제1회 선회에서는 청규실행, 초참납자 지도 선원, 모범총림 건설 표방, 방함록 취합 등 선학원이 한단계 발전하려는 기획과 의식이 표출되었다.

셋째, 제2회 선회에서는 선회법과 선원 규칙의 보완, 지방 선원의 감독 등 선리참구원과 선종의 발전을 위한 지속적인 활동이 분명하게 나타났다.

넷째, 2회 선회에 보고된 경과보고는 선학원 역사에 중요한 자료적 가치를 갖고 있음이 확인되었다.

다섯째, 1, 2회 선회의 내용을 종합할 때에 1940년 무렵의 선학원은 전국 선원 및 수좌들의 중심 종단, 기관으로 분명하게 자리잡았음을 볼 수 있었다.

이제부터는 추후 선학원 연구에 참고할 내용을 제시하고자 한다. 이는 필자가 해결해야 할 과제이지만 후학들의 연구에도 유익할 것으로 예상한다.

첫째, 선종 종규에서 규정한 여타 기관(종무원, 평의원회, 종정회, 개별 선원)에 대한 세밀한 연구가 요청된다. 이런 주제에 대해서는 그에 연관된 자료가 없어 연구하기에는 주저되는 바가 많지만 선학원 역사에서는 간과할 수 없는 주제임은 분명하다.

둘째, 선종, 선리참구원과 기존 종단인 총본산, 선교양종, 조계종과의 관계를 조명할 필요성이 있다. 상부상조인가, 독자노선인가, 아니면 본고에서 환기시킨 동거체제인가이다. 이는 선학원의 정체성을 해명함에 있어 중요한 주제라고 강조한다.

셋째, 선학원 계열 수좌들의 일생, 고뇌, 지성에 대한 연구도 흥미로운 대상이다. 역사는 인간이 주역인 고로 인간을 배제한 연구는 핵심이 결여된 것과 같은 것이다. 그 수좌가 지향한 수행, 국가관, 민족관, 중생관, 종단관 등이 거론될 수 있다.

넷째, 일제하 선학원과 해방공간, 정화공간, 지금 현재의 공간에서의 선학원과의 차별성 등 비교 연구도 가능하다고 본다.

지금까지 선학원 및 수좌 연구에 참고할 측면을 제시하여 보았다. 이런 제안이 이 분야 연구에 도움이 되길 기대한다.

유교법회의 전개 과정과 그 성격

1. 서언

1941년 3월 4일부터 3월 13일까지 열흘간[1], 서울 종로의 안국동에 자리잡은 선학원(禪學院)에는 각처에서 올라온 40여 명의 승려들이 비장한 각오로 유교법회(遺敎法會)를 거행하였다. 그들은 전국 각처의 사찰, 선원, 토굴 등지에서 계율을 지키며 수행하였던 청정비구, 수좌, 율사들이었다. 법회는 그 열흘간 범망경(梵網經), 유교경(遺敎經), 조계종지(曹溪宗旨)를 대중들에게 강의하고 자비참(慈悲讖)도 공개하면서 진행되었다. 이같은 유교법회를 마친 승려들은 선학원에서 수좌대회를 갖고 현안사항을 토의하였으며, 법회의 기념사업으로 습정균혜(習定均慧)하는 비구승을 중심으로 하는 범행단(梵行壇)을 조직하여 선학과 계율의 종지를 선양하기로 정하였다.

이상과 같은 개요를 갖고 있는 유교대회는 일제하 불교사에서 기념비적인 역사적 의의를 갖고 있었다. 그러나 지금까지 이 분야 연구에서 연

---

1) 지금껏 유교법회는 『불교시보』의 근거로 1941년 2월 26일부터 열흘간 개최된 것으로 서술되어 왔다. 그러나 필자는 본 고찰을 집필하면서 『매일신보』, 『경북불교』의 보도 내용과 법회 참석자인 강석주와 김지복의 회고 등을 근거로 1941년 3월 4일부터 3월 13일까지 열흘간 개최된 것으로 정정하고자 한다. 그렇다면 2월 26일부터 개최되었다는 연유는 어떻게 된 것인가? 이는 그때부터 법회의 준비(보조장삼 제작 등) 기간으로 볼 수 있을 것이다. 법회의 기념촬영 사진이 1941년 3월 13일이라는 점에서도 3월 4일부터 열흘이 되는 일자가 3월 13일이라는 점도 이를 반영한다.

구자 및 종단차원에서의 큰 주목은 받지 못하였다. 필자는 근대 불교사를 연구하기 위한 자료수집을 하면서 각처의 사찰 및 승려들을 탐방하였는데, 원로 승려들에게서 유교법회의 역사성과 의의에 대한 다양한 의견을 접할 수 있었다. 그러나 필자는 유교법회를 연구하기 위해서는 우선적으로 선학원의 창건, 변화, 재건, 재단법인으로의 전환, 조선불교선종의 창종 등의 유교법회 이전의 선학원의 역사를 정리할 필요성을 절감하였다. 이에 지난 15년 간 관련 자료를 수집, 분석하여 그에 대한 대강의 역사를 정리하였다.[2)]

이제 시절 인연의 섭리를 새삼 재인식하면서[3)] 유교법회의 전모와 성격을 역사적인 측면에서 정리하려고 한다. 유교법회의 개최의 시대적 배경에 일제의 식민지 불교정책, 일본불교 유입으로 인한 대처식육의 보편화, 전통불교 관행(산중공의제 및 원융살림)의 상실 등이 자리하고 있다. 이에 이 같이 변모된 불교의 현실을 바로 잡고, 이전 선불교 전통을

---

2) 필자의 선학원 관련 연구 성과는 다음과 같다.
김광식, 「일제하 선학원의 운영과 성격」, 『한국근대불교사연구』, 민족사, 1996.
______, 「조선불교 선종 종헌과 수좌의 현실인식」, 『한국 근대불교의 현실인식』, 민족사, 1988.
______, 「선학원의 설립과 전개」, 『선문화연구』 창간호, 2006.
______, 「조선불교 선종과 수좌대회」, 『불교 근대화의 전개와 성격』, 조계종출판사, 2006.

3) 필자가 유교법회 전후의 선학원의 변동을 연구하려고 기획할 즈음에 조계종 총무원에서 주관하는 유교법회를 조명하는 학술세미나(조계종 중흥의 당간, 41년 유교법회; 2008년 4월 22일, 한국불교역사문화기념관 공연장)에 참여하여 본 고찰을 집필할 수 있었음에서 시절 인연의 흐름을 느끼고 있다. 본래 이 세미나는 조계종 총무원장인 지관스님의 기획, 필자의 자문 등으로 조계종단 차원으로 추진되었다. 지관스님은 2007년 10월 19일 봉암사 결사 60주년 대법회를 주관하면서 봉암사 결사 이전의 역사에서 조계종단 정체성을 모색하는 차원에서 『41년 유교법회』 세미나를 기획한 것으로 이해된다.

수호하면서, 청정과 수행의 불교를 지향한 일단의 승려들이 있었거니와 바로 그들인 선학원 계열의 수좌들이었다. 그 수좌들은 1921년에 선학원을 창건하였으며, 1922년에는 수좌 조직체인 선우공제회를 결성하고, 선원 및 수좌들을 보호하기 위한 자생적인 노력을 기울였다. 수좌들의 그러한 행보 자체가 지난한 길이었기에 선학원과 선우공제회는 적지 않은 난관을 겪었다.

그러나 수좌들은 1934년에 이르러서는 재단법인 조선불교선리참구원이라는 기반을 만들어 내고, 거기에서 한발 더 나아가 1935년 3월에는 수좌대회를 개최하여 조선불교 선종을 창종하고, 자생적인 규약을 제정하면서, 중앙에 종무원을 출범시켜 선을 불교의 중심에 놓으면서 지곤 교단과는 차별적, 독자적 활동을 전개하였다. 이렇게 선, 수좌, 선원을 일체화시켜 전통불교 수호, 계율수호를 통한 한국불교의 재건의 기반을 강구할 그즈음 일제는 황민화 정책, 황도불교 구현이라는 구도에서 한국불교를 더욱더 구속하고, 통제하였다. 특히 1941년에 접어들면서 불교계 내부의 통일운동을 일제의 교묘한 불교정책의 구도에서 견인하려는 목적에서 구현되었던 조선불교 조계종의 출범이 기정사실화 되었다.[4)]

바로 이 때, 선학원에서 한국불교의 전통을 재정비하고, 계율수호를 통하여 불교의 정체성을 기하려는 법회가 열렸으니, 그것이 바로 유교법회였다. 그러므로 유교법회는 저절로 민족불교, 계율수호, 비구승단 수호 등의 성격을 담보하였던 것이다. 그리고 유교법회에 참가한 승려

4) 김광식, 「조선불교조계종의 성립과 역사적 의의」, 『새불교운동의 전개』, 도피안사, 2002.
______, 「조선불교조계종과 이종욱」, 『민족불교의 이상과 현실』, 도피안사, 2007.

들은 법회 종료후 자기가 수행하고 있었던 터전으로 돌아가 매서운 수행을 지속하였다. 그들은 계율을 수호하면서, 수행을 지속하며, 미래의 불교를 꿈구며 비구승단 재건과 민족불교의 구현을 준비하였다. 이들이 8 · 15해방 이후 해인사의 가야총림, 봉암사 수행결사,[5] 불교정화운동 당시 비구승대표자 대회에[6] 참여하였음은 당연한 발걸음이었다. 그리하여 이들에 의하여 정화운동이 추동되고, 조계종단이 재건되었던 것이다.

이에, 필자는 본 고찰에서 유교법회의 배경, 전개과정, 성격 그리고 역사적인 의의를 정리하려고 한다. 관련 문헌자료가 부족한 관계로 논지 전개에 무리가 따를 것으로 추측되는 바, 이 점은 지속적인 자료수집과 연구로 보완하겠다. 선학제현의 질정을 바라마지 않는다.

2. 유교법회의 배경

1) 선학원의 창건과 그 변동

유교법회가 개최된 장소는 선학원이었다. 그리고 유교법회에 참가한 대부분의 승려들은 각처의 선방에서 참선수행을 하고 있었던 수좌들이었다. 이 수좌들은 선학원 초창기에 조직되었던 선우공제회(禪友共濟會)의 회원이었으며, 1930년대 중반 이후에도 선학원 변동의 구도에 직접, 간접적으로 관여되었다. 즉 일부 수좌들은 선학원에 있었던 전국 선원

5) 졸고, 「봉암사 결사의 전개와 성격」, 『한국 현대불교사 연구』, 불교시대사, 2006.
6) 졸고, 「전국비구승대표자대회의 시말」, 『근현대불교의 재조명』, 민족사, 2000.

및 수좌들의 조직체인 종무원, 재단법인 선리참구원에서 소임을 보았으며, 여타 수좌들은 선리참구원이 관할하는 선원에서 수행을 하였던 것이다. 이런 연결성이 희박하였던 수좌나 율사들도 선학원을 선원 및 수좌의 연락처, 중앙본부 등으로 인식하였다. 때문에 유교법회의 배경으로서는 선학원의 기반, 변동을 무시할 수는 없는 것이다. 요컨대 선학원의 기반과 정체성이라는 배경에서 유교법회는 개최되었다. 이러한 의미에서 여기에서는 유교법회 개최 이전의 선학원의 전개 과정을 요약하고자 한다.

선학원은 1921년 11월 30일, 3 · 1운동 영향을 받아 민족불교 지향, 선불교 옹호를 기하기 위한 목적에서 창건되었다.[7] 선학원을 창건한 정신을 구체적으로 정리하면 일제의 사찰령체제 구도의 저항정신, 한국불교의 수호정신, 전통적인 선 수행의 회복 정신, 민족적 자각정신 등을 거론할 수 있다.[8] 즉 거기에는 수좌들의 계율수호와 일본불교에 대한 저항, 식민지 불교체제를 거부하면서 수좌들만의 독자적인 수행공간 및 연락처를 두려는 자생성과 정체성을 견지하려는 의식이 자리하고 있다. 이러한 면을 그 전개과정을 통하여 더욱 구체적으로 살펴보자.

선학원은 1921년 초반 수덕사의 선승 송만공, 범어사 포교당(서울, 사동) 포교사 김남전, 석왕사 포교당(서울, 사간동) 포교사 강도봉 등이 사찰령에 구속받지 않는 공간을 만들려는 합의에서 창건되었다. 이들은 1921년 5월 15일 서울의 사간동 석왕사 포교당에서 선학원 건립 자금을

7) 이에 대해서는 위의 졸고, 「일제하 선학원의 운영과 성격」을 참고할 것, 선학원의 창건, 변동 등은 위의 졸고를 요약한 것임.

8) 졸고, 「선학원의 설립과 전개」, pp.280~282.

모으기 위한 보살계 계단을 개최하였다. 이날 회의를 주관한 송만공의 발언은[9] 조선총독부의 통치 범위를 벗어난 즉 사찰령 체제와는 무관한 조선승려들이 독자적으로 움직이는 선방으로서의 사찰을 만들어 보자고 제안했다.

이 석왕사포교당 모임에 참석한 범어사 오성월은 인사동에 있었던 범어사 포교당을 처분하여 그를 건립 자금으로 지원하겠다는 의사를 피력하였다.[10] 이때 건립에 동참한 대상자는 김남전(2,000원), 강도봉(1,500원), 김석두(2,000원), 재가신도인 조판서(6,000원)을 비롯한 서울의 신도(15,500원) 등이었다. 이렇게 승려, 신도들이 제공한 지원금으로 8월 10일에 공사를 시작하여 그해 11월 30일에 준공되었다.[11]

한편 선학원이 1921년 10월 4일에 올린 상량문에는 선학원을 건립한 이유와 선학원 건립에 동참한 대중 명단이 자세히 전한다. 건립의 이유로 여타 종교에 비해서 불교의 미약한 포교에 대한 책임의식을 거론하였다. 상량문에 나온 대중은 백용성, 오성월, 강도봉, 김석두, 한설제, 김남전, 이경열, 박보선, 백준엽, 박돈법 등이다. 이들의 성향은 불교 천양의식의 투철, 일제의 사찰정책에 비판, 항일불교에 연관 등이다.

이렇게 선학원은 1921년 12월에 준공이 완료되어 서울 안국동에 자리를 잡게 되었다. 창건 직후 선학원에서는 수좌들의 조직체가 가동되었으니 그는 선우공제회이었다. 그리하여 1922년 3월 30일~4월 1일, 선학원에서는 선학원의 창립 정신에 동의한 각처의 수좌들이 모여 회의를

9) 정광호, 『근대한일불교관계사연구』, 인하대 출판부, 1994, 191면

10) 『한국근세불교백년사』 제2권, 「선학원 창설연기록」.

11) 준공후 명의는 김남전, 강도봉, 김석두 3인의 명의로 하였다가 세금 관계로 범어사 명의를 차용하였다.

갖고 나아갈 방향을 수립하였다. 당시 그 총회에 참여한 수좌는 송만공, 오성월, 백학명, 이설운, 임석두, 이고경, 박고봉, 기석호, 김남천, 황용음, 윤고암 등 35명이었다. 이들은 회의를 갖고 다음과 같은 선우공제제회 취지서를 발표하였다.

> 去聖이 彌遠에 大法이 沈淪하매 敎徒가 曉星과 如한 中에 學者는 實노 麟角과 如하여 如來의 慧命이 殘縷를 保存키 難하도다. 多少의 學者가 有하다 할지라도 眞正한 發心衲子가 少할 뿐아니라 眞贋이 相雜하야 禪侶를 等視하는 故로 禪侶 到處에 窘迫이 常隨하야 一衣一鉢의 雲水 生涯를 支持키 難함은 實노 今日의 現狀이라. 그러나 人을 怨치 말고 己를 責하야 猛然反省할지어다. 元來로 生受를 人에게 依함은 自立自活의 道가 아닌즉 學者의 全生命을 人에게 托하여 他人의 鼻息을 矣함은 大道活命의 本意에 反할지라. 吾輩禪侶는 警醒鬪勵하야 命을 覩하여 道를 修하고 따라서 自立의 活路를 開拓하야 禪界를 勃興할 大道를 闡明하야 衆生을 苦海에 구하고 迷倫을 彼岸에 度할지니 滿天下의 禪侶는 自立自愛할지어다.
>
> 발기인 백용성, 송만공, 오성월, 백학명, 한용운 등 82명[12]

이렇듯이 수좌들은 철저한 수행을 위해, 선풍을 진작하기 위해, 자신들이 처한 상황을 타개하기 위해 자립자애할 것을 강조하였다. 그리고 중생을 구제하겠다는 원력을 피력하였다. 이는 일본불교 침투, 식민지 불교정책에서 빚어진 불교의 현실을 자주, 자립의 정신으로 극복하겠다

12) 『한국근현대불교 자료전집』(민족사) 권 65, 「선우공제회 창립총회록」.

는 발로이다.

이러한 취지서를 발표한 수좌들은 창립총회에서 선우공제회 운영의 틀을 정하였다. 우선 선우공제회 본부는 중앙인 선학원에 두고, 중앙조직으로 서무부, 수도부, 재정부를 두었다. 그리고 지방의 지부는 선원이 있는 19처 사찰에 두었고, 공제회의 진로를 의결하는 의사부를 설치하였다. 다음으로는 임원 선거를 하여 집행부를 조직하였으며 공제회의 운영 방침도 정하였다.[13)]

그리하여 선학원, 선우공제회는 창립정신 및 선 진작의 구현을 위한 본격적인 활동에 들어 갔다. 1924년 경에는 통상회원 203인, 특별회원 162인 합계 365인의 회원이 소속된 수좌 및 선원의 중심 기관으로 성장하였다. 그런데 선우공제회는 설립 초창기부터 재정적인 어려움에 봉착하였다. 이런 재정적인 어려움에서 비롯된 것인지는 단언할 수 없어도 1924년 4월에는 선우공제회의 본부가 직지사로 이전되었다. 1926년 5월 1일에는 중앙의 선학원이 범어사 포교소로 전환되었다.[14)] 이러한 선학원의 변질은 곧 선우공제회(선원, 수좌) 활동의 좌절이었다.

선학원은 1926년 5월에 범어사포교당으로 명칭을 변경하였지만 그 건물은 존속되었다. 그후 1931년 1월 21일 김적음에[15)] 의하여 인수, 재건되었다. 재건된 선학원에서는 백용성, 송만공, 이탄옹, 한용운, 유엽,

13) 공제회의 경비는 수좌들의 의연금과 희사금으로 충당하고 각 지부 禪量 중의 2할과 매년 예산액의 잉여금을 저축하여 공제회의 기본재산으로 설정하여 각 선원을 진흥하기로 정하였다. 그리고 공제회의 운영 방침, 공제회 규칙, 세칙을 정하기 위한 기초위원을 선정하고 지부 설립을 위한 지방위원의 파견도 결정하였다.

14) 『동아일보』 1926.5.6.

15) 『불교시보』 4호(1935.11.1), p.3. 「如來의 사명을 다하야 世上에 模範을 보이는 숨은 人物들, 立志傳中의 인물 金寂音和尙」.

김남전, 도진호 등이 나서서 대중들에게 참선, 교학을 가르치면서 불교 대중화에 주력하였다. 신도들을 상대로 한 선우회가 조직되었고, 선의 대중화를 위해 『선원(禪苑)』을 발간하였다. 그리고 1931년 3월 23일에는 선학원에서 전선수좌대회(全鮮首座大會)를 개최하여 위상을 되찾기 위한 노력을 하였다.

이렇게 재건한 선학원은 이전 역사를 계승하면서 재정확립과 불교대중화를 통한 기반 확립에 나섰다. 재정 확립을 위해 범어사와 교섭을 하여 매년 200원의 지원을 받기로 하였고, 선학원의 부대 사업체인 제약부도[16] 운영하였다. 선학원의 견실한 운영은 1920년대 중반의 경험에서 나온 것이지만 재정확립이 관건이었다. 이에 선학원 계열의 수좌들은 재정 확립의 문제를 고민하였다. 그래서 이 문제는 1933년 3월의 수좌대회에서 논의되었다. 즉 송만공, 이탄옹, 김적음을 비롯한 9명의 수좌들은 수좌대회에서 선우공제회를 재단법인 선리참구원(禪理參究院)으로 전환시키겠다는 발기를 하였고, 정혜사선원을 비롯한 5개처 선원은 재원을 기부하였다.[17] 이러한 문제의식은 당시 선학원을 운영하였던 실무진도 고민한 과제였다.[18] 즉 수좌들이 안심하고 수행할 수 있는 기관을 만드는 것을 급선무로 인식하였다. 이에 선학원은 수좌 및 신도들이 재산을 출연하고 그를 법적으로 보호하고, 그로부터 나온 재원으로 수좌들의 수행을 후원할 기관을 출범하였으니 그것이 바로 재단법인 선리참구원이었다.

---

16) 이는 김적음이 한의사였던 전력을 활용한 사업체로 보인다.
17) 『삼소굴일지, 경봉대선사일지』, 극락선원, 1992, p.297.
18) 『선원』 4호(1935.10), 「우리 각 기관의 활동상황」.

이러한 배경에서 선학원은 1934년 12월 5일부로 재단법인 선리참구원으로 전환되었다.[19] 당시 재단으로 등록된 재산은 17명의 승려 및 신도들이 제공한 전답과 건물 등의 액수인 82,970원이었다. 선학원에서 선리참구원으로의 전환은 창건 초기 역사에서의 교훈을 얻고, 나아가서는 수좌보호를 통한 전통불교를 지키려는 원력에서 나온 것이었다.

이렇듯이 선학원은 선리참구원으로 전환되자 그 즉시 이사회를 열고 이사진을 구성하였다. 이사장에 송만공, 부이사장에 방한암, 상무이사에 오성월, 김남전, 김적음 등이었다. 한편 이사진은 재단법인으로의 전환을 계기로 선풍진작, 선종의 독자적인 발전을 도모하려는 준비를 하였거니와, 그 결과로 나온 것이 1935년 3월 7~ 8일의 수좌대회였다.[20]

마침내, 수좌대회 준비위원회의[21] 철저한 준비를 거쳐 1935년 3월 7일 오전 10시, 선학원 법당에서 비구 69명, 비구니 6명 등 총 75명의 수좌가 참가하였다. 이 대회에 대한 수좌들의 의도는 당시 그 대회의 개회사를 하였던 송만공의 발언에서 찾을 수 있다. 즉 송만공은 적자가 얼자로 바뀌면서, 정법이 질식되는 시점에서 선종 수좌대회를 개최함은 의의가 깊다고 개진하였다. 이어서 그는 신라, 고려시대와 같이 동양문화의 중심이었던 조선불교가 위미부진한 상태로 전락된 근본 원인은 불법의 진수인 선법(禪法)이 침체됨에서 기인하였다고 진단하고, 진실한 의

19) 『불교시보』 1호(1935.10), 〈휘보〉, 「재단법인 조선불교선리참구원 인가」.
20) 이 대회의 전모 및 성격, 그리고 그 의미에 대해서는 졸고, 「조선불교 선종과 수좌대회」 『불교근대화의 전개와 성격』(조계종출판사, 2006)을 참고할 것. 이후 이 대회에 대한 내용은 졸고의 내용을 요약한 것임.
21) 위의 졸고, p.170 참조. 위원장은 기석호이었고 위원은 하동산, 이청담, 이춘성, 황용음 등이었다.

미에서 불교의 부흥을 의도하려면 형해만 남은 선종을 흥성케 해야 한다고 소신을 피력하였다. 이에 노덕 수좌 몇 사람이 수년간 노심초사하면서 노력한 결과 재단법인인 선리참구원을 완성하고, 재단 확충과 기부행위 시행세칙 및 선원 법규를 제정하기 위해 수좌계 중심인물을 초청하여 그 기초위원회를 조직하였는데, 위법망구하는 순교적 정신에 불타는 기초위원회의 위원들이 수좌대회를 소집하여 선종의 근본적 자립 발전책을 토의, 의결하자는 발의를 수용한 결과로 대회가 열린 경과를 개진하였다. 그리고 대회에 참석한 수좌들에게 성실, 진실의 마음으로 허심탄회하게 대회에 임하여 선종 종규를 비롯한 기타 법규를 충분히 토의하여 대회의 목적을 달성케 해 달라고 부탁하는 것으로 진행되었다.

대회는 임시 집행부를 정하고, 의장인 기석호가 대회의 선서문을 낭독하였다. 이 선서문은 수좌대회의 정신을 가늠하는 잣대이기에 그 전문을 제시한다.

宣誓文

'우러러 告하옵나이다.'

'本師 釋迦世尊 및 十方 三寶慈尊이시여'

世尊께옵서 靈山會上에서 拈花하시오니 迦葉존자 – 微笑하심으로 붙어 以心傳心하신 祖祖相承의 正法이 일로붙어 비롯하와 卌三祖師로 乃至 歷代傳燈이 서로서로 繼承하와 今日의 法會를 일우웟나이다. 竊念하오니 世尊이 아니시면 拈花가 拈花 아니시며 迦葉이 아니시면 微笑가 微笑아니십니다. 拈花와 微笑가 아니면 正法이 아니외다. 正法이 없는 世上은 末世라 일넛나이다. 世尊이시여 邪魔는 날이 熾盛하며 正法

은 時時로 破壞하는 이 - 末世를 當하와 弟子 等이 어찌 悲憤의 血淚를 뿌리지 아니 하오며 어찌 勇猛의 本志를 反省치 아니 하오리까 오직 願하옵나이다. 大慈大悲의 三寶께옵서는 慈鑑을 曲照하시와 弟子 等의 微微한 精誠을 살피시옵소서 世尊의 弘願을 效則하와 稽首發願하오니 聖力의 加被를 나리시와 拈花와 微笑의 正法眼藏이 天下叢林에 다시 떨치게 하시오며 如來의 慧日이 四海禪天에 거듭 빗나게 하시옵소서 世尊이시여 獅子는 뭇 짐생에 王이외다. 그를 當適할 者 - 그 무엇이리까 그러나 제털 속에서 생긴 벌네가 비록 적으나 사자의 온몸을 다 먹어도 제 어찌 하지 못하나이다. 天下無適의 大力도 用處가 없나이다. 그와 같히 이제 如來 正法이 그 목숨이 실끝 같은 今日의 危機를 當한 것도 그 누에 허물이겟습니까. 업디려 비나이다. 正法을 獅子라면 弟子等이 벌네가 아니리까. 이제 天下 正法이 今日의 危機에 陷한 것이 오로지 弟子 等이 如來의 軌則을 奉行치 아니한 不肖의 罪狀은 뼈를 뿌시고 골수를 내여 밧쳐 올니여도 오히려 다 하지 못할줄 깊이 늣기와 이제 懺悔大會를 못삽고 弟子 等이 前愆을 懺悔 하오며 後過를 다시 짓지 아니코저 깊이 맹세하오며 發願하오니 이로붙어 本誓願을 등지며 三寶를 欺瞞하야 上으로 四重大恩을 저바리며 下으로 三途極苦를 더하는 者 잇삽거든 金剛鐵 槌椎로 이 몸을 부시여 微塵을 作할지라도 敢히 엇지 怨망을 품싸오리까.

차라리 身命을 바리와도 맛침내 正法에 退轉치 아니하겠사오니 오직 원하옵나이다.

'大慈大悲의 本師 釋迦牟尼佛과 및 十方 三寶慈尊께옵서는 慈鑑證明하시옵소서'

갓이 업는 衆生을 맹세코 濟度하기를 願하옵나이다. 다함이 업는 煩惱를 맹세코 除斷 하기를 願하옵나이다. 한량이 업는 法門을 맹세코 배우기를 願하옵나이다. 우가 업는 佛道를 맹세코 成就하기를 원하옵나이다. 이 因緣功德으로 널니 法界衆生과 더부러 한가지 아욕다라삼약삼보리를 일우워지이다.

昭和 十年 三月 七日

朝鮮佛教禪宗首座大會 告白

이 선서문에서는 정법과 전등이 계승되어야 함에도 불구하고, 사마(邪魔)가 극성하고 정법이 파괴되는 말세를 당하여 참회와 반성을 하는 수좌들의 현실인식이 극명하게 개진되어 있다. 수좌들은 정법이 위기에 처한 현실에 처하여 정법과 여래의 궤칙을 받들어 그 위기를 타개하겠다는 원력을 세웠다. 나아가서는 참회하는 정신으로 삼보를 기만하는 삿된 무리들을 제거하겠다는 굳은 서원을 다짐하였다. 이에 수좌들은 정법을 받들지 못하였던 자신들의 허물을 자인하며서 신명을 바쳐 정법에서 물러서지 않겠다는 맹서를 하였다. 추후에는 중생제도, 번뇌 단절, 불법의 수행, 불도의 성취를 하겠다는 다짐을 하였다.

마침내 대회에서는 조선불교 선종 종규를 비롯하여 종정회 규칙, 선의원회 규칙, 선회 법, 종무원 원칙, 선원 규칙 등을 정하였다. 또한 선리참구원 기부행위 정관, 기부행위 정관 시행세칙도 제정하였다. 이상과 같은 종규, 규칙 등을 정한 연후에는 선종 및 종무원, 선의원 등의 임원 선거를 하였다. 그 결과는 다음과 같다.

종정 ; 신혜월 송만공 방한암

원장 ; 오성월 부원장 ; 설석우

서무부 이사 ; 이청담

재무부 이사 ; 정운봉

교화부 이사 ; 김적음

보결이사 ; 박대야 윤서호

심사위원 ; 김일옹 이백우

보결 심사위원 ; 현원오

선의원 ; 기석호 하동산 황용음 이석우 김경봉 이춘성 김홍경 최원허
유종묵 김덕산 김대우 최송파 이선파 김시암 전설산

순회포교사 ; 기석호 하동산 이운봉

이렇듯이 당시 전국 선원 45개소, 수좌 200여 명을 기반으로 한 조선불교 선종은 출범하였고, 그 중앙 기관인 종무원이 등장하였다. 이로써 종무원에서는 지방 선원과의 연락, 선포교, 선원보호 및 수좌의 대우 개선 등을 통한 선의 재흥, 선종의 독자적 발전을 위한 행보로 나갔던 것이다.

2) 유교법회의 개최 계기

1935년 3월에 출범한 선리참구원, 조선불교 선종 종무원은 정상적인 행보를 나갔다. 그런데 현재는 그 행보에 대한 세부적인 내용은 관련 자료가 부재하여 구체적으로는 알 수 없지만, 그 이전보다는 수좌의 증가,[22] 선리참구원의 재산 증대 등이 이루어져 진일보한 단계로 나

22) 『불교시보』 54호(1940.1), 「불교소식」에는 27개처 선원에서 458명의 수좌가 수행을 한

간[23] 것으로 보고자 한다. 이러한 여건하에서 1939년에도 수좌대회, 즉 조선불교선종 정기 선회를 개최하였다. 이 대회에서는 초참납자의 지도를 위해 금강산 마하연 선방을 모범 선원으로 지정하겠다는 논의를 하였다. 다음으로는 모범총림을 위해 지리산, 가야산, 오대산, 금강산, 묘향산 등 5대산을 지정하여 당시 교단 측과 교섭을 벌이기도 하였다. 나아가서는 전국 선원의 수좌들의 소식을 민활하기 위해[24] 수행 결과인 방함록을 수합하여, 그를 집합하여 배포하기도 하였다. 이 선회 이후에는 더욱 더 선학원을 중심으로 전국의 수좌와 선원이 유기적인 관계를 갖게 되었다고 보인다.[25]

그러면 이러한 선학원의 변동과 발전이라는 배경하에서 어떤 연유, 계기로 인하여 1941년 3월, 선학원에서 유교법회가 열렸던가? 이를 설명해주고 그 전후사정을 알려주는 관현 문헌자료가 없는 형편이다.[26] 다만 1966년 경 『한국불교 최근 백년사』 편찬[27] 실무를 보았던 정광호가

다고 전한다.

23) 『선원』 4호, 「중앙종무원」. 여기에서는 출범 6개월 만에 선리참구원 직영 선원이 10여 개소로 늘고, 수좌도 300여 명을 초과하였으며, 재경신도들의 후원금도 증가하고 있다고 서술하면서 발전의 단서가 많다고 하였다.

24) 이는 수행자들의 질병 보호 차원과 친목도모를 위해 시도된 것이다.

25) 이상의 내용은 정광호, 「한국 전통 선맥의 계승운동」, 『일본침략시기의 한일 불교 관계사』(아름다운 세상, 2001), pp.292~294 참조.

26) 1960년대 후반, 삼보학회의 주관으로 진행된 『한국불교최근백년사』의 편찬 작업을 추진할 때까지는 조계종 총무원에 「유교법회 회의록」이 있었다. 당시 그 회의록은 열람한 당사자는 근대불교의 개척자인 정광호였는데, 그는 당시 삼보학회의 백년사 편찬의 실무를 보던 당사자이었다. 그는 그 회의록을 근간으로 하고, 당시 그 법회 참가자인 이운허의 증언을 청취하여 「한국 전통선맥의 계승운동」(『일본침략 시기 한일 불교관계사』, 아름다운 세상, 2001)의 「유교법회」 분야를 서술하였다.

27) 졸고, 「삼보학회의 한국불교최근백년사 편찬 시말」, 『근현대불교의 재조명』, 민족사, 2000, pp.548~558 참조.

그 당시까지 현존하였던 「유교법회 회의록」을 보고, 그 일부를 자료로 활용한 것이 주목된다. 그 내용에 의하면 다음과 같다.

> 일본과의 합방이란 것이 이루어진 뒤로 한국의 청정한 승풍은 시들어만 가고 있지마는, 그래도 이 가운데 애써 한국적 전통을 유지하고 있는 고승들이 있으니 이들을 다시 한자리에 모아 보자.[28)]

한국적 전통을 유지하고 있는 고승을 한자리에 초청하자는 것이었다. 그런데 왜 하필이면 1941년 3월이었던가? 그리고 그런 기획, 아이디어를 낸 것은 선학원 내부의 승려였는가 등등에 대한 의문점이 적지 않다.

이와 관련해서 유교법회에 참석하였던 강석주를 만나, 그를 기초로 하여 유교법회의 개최에 일제 측의 개입이 그 초기 단계에 있었음을 설명하는 박경훈의 해석을 잠시 보자.

> 이 법회는 전국의 훌륭한 禪匠들이 모여서 10일간 계속했는데 모이게 된 동기가 좀 엉뚱한 데 있었다. 春園 李光洙가 우연한 기회에 총독부 학무국장 도미니가(富永)를 만난 일이 있다.
> 이때 도미니가는 춘원에게 "한국불교가 이 같이 무질서 하고 지리멸렬해서는 안되겠다. 교단을 맡아서 잘 해나갈 사람이 없겠는가. 지금까지는 교종에 교단을 맡겨 왔는데 선종에 그런 인물이 없겠는가. 선종의 고승들을 만나 볼 기회가 있었으면 좋겠다"는 뜻을 비쳤다.
> 춘원은 곧 사촌형인 李耘虛스님을 찾아가 도미니가 학무국장의 뜻을

28) 이 자료는 구어체이기에 신뢰에는 약간의 의문점이 있다.

전하고 "적당한 기회에 고승들이 한 자리에 모이는 법회를 여는 것이 좋겠다"고 권하였다.
이운허스님은 元寶山스님과 이 일을 상의하였다. 두 스님은 춘원의 말과 같이 고승법회를 여는 것도 좋으나 우선 총독부 학무국장을 만나 그의 黑心이 무엇인지 직접 들어 본 연후에 결정하기로 하였다. 박문사가 총본산을 하겠다는 흉계를 가지고 있고, 우리 쪽에서 총본산을 짓고 있는 이 때에 학무국장이 그런 말을 했으므로 총독부의 저의를 헤아라기가 어려웠던 것이다.
두 스님은 춘원의 소개로 총독부의 학무국장을 만났다. 그런데 도미나가는 고승법회에 대하여 일언반구도 하지 않았다. 춘원의 말에 의하면 고승법회의 경비까지도 대주겠다고 했다는데 전혀 말이 없자, 두 스님은 총독부의 의사와는 무관한 법회를 열기로 하였다. 그리하여 두 스님은 춘원에게서 들은 이야기는 없었던 것으로 하고 두 사람만 알기로 하였다. 耘虛스님은 直旨寺로 靑潭스님을 찾아가서 이 일을 상의하였다. 靑潭스님은 곧 쾌락을 했고 이어 滿空스님을 찾아가서 고승법회 개최를 상의하였다. 또한 운허스님은 朴漢永스님과도 상의하였으며 송광사까지 가서 曉峰스님과도 상의하여[29]

이와 같은 박경훈의 서술은 대략 다음과 같은 초점을 갖는 것이다. 우선 일제는 춘원을 통하여 선종 계열, 선학원 승려들에 대한 호기심을 개

---

29) 강석주, 박경훈, 『불교근세백년』(중앙일보, 동양방송, 1980), pp.166~168. 그런데 박경훈은 유교법회가 1937년 8월 3일부터 13일까지 열흘간 열렸다고 기술하여 그 근거에 많은 의아심을 야기한다. 이는 강석주의 구술 증언을 문헌 자료와 대조하지 못한 결과로 보인다.

진하였는데,[30] 그는 단순히 사상, 인품 차원이 아닌 교단 통제와 연관된 것이었다. 춘원을 통해 그 사정을 전해들은 이운허와 원보산은 순수한 차원에서 고승법회를 개최한다는 마음으로 일제 당국자를 만났으나 상호간에 의중을 노출하지 않은 해프닝으로 마감되었다. 이어 이 같은 전후사정을 전해들은 직지사에서[31] 전해들은 이청담은 송만공을 만나 고승법회를 개최하는 문제를 상의하였으며, 이운허도 박한영과 이효봉을 만나서 고승법회 개최를 상의하였다는 것이다.[32] 즉 송만공, 박한영, 이효봉과의 상의 단계에서는 일제의 교단통제에[33] 대한 대응의 의미를 갖게 되었다. 이와 연관하여 유교법회가 열린 1년 후 일제의 선학원에 대한 다음과 같은 보도는 그 정황을 파악하는 단서로 삼을 수 있다.

> 조선의 종교 통제문제는 다년간의 현안으로서 총독부 사회교육과에서는 이미 착착 실시하야 오는 중인데 우선 조선인 관계의 불교를 일원적으로 통제하야 불교의 내선제휴를 강화한 다음 국제본의 투철을 중심으로 하는 황민화의 힘찬 심전개발운동을 일으킬 터이며… (중략) … 여기서 가장 문제되는 것은 조선인측의 불교엿다. 전선 각처에 잇는 사찰 총수 실로 이천수백에 그 교도는 삼십만명이나 된다. 그러나 몇해

---

30) 그 시점, 기일은 언제인지 알 수 없다.
31) 당시(1940년 동안거) 이청담은 직지사 천불선원에서 禪德 소임을 보고 있었다.
32) 그런데 이효봉은 법회의 기록, 사진에는 나오지 않는다. 법회에 참석은 하였지만 사진촬영에 응하지 않은 것일 수도 있다. 그러나 사진촬영에 응하지 않을 가능성은 희박하고, 문도회에서 발간한 효봉 법어집의 행장에도 참석하였다는 내용은 없다.
33) 여기서 말하는 교단통제에 대한 내용은 단언하기 어렵다. 이와 관련하여 정광호는 한국의 전통적인 승단인 비구승의 영향력을 그들의 목적 수행(전쟁준비 등)상 한번 이용해 볼까 하는 저의가 있었던 것으로 생각해 볼수도 있다고 개진하였다. 정광호, 위의 책, p.295.

전만 해도 이가튼 사찰과 각 종파를 일원적으로 통제 지도할 기관이 업섯다. 죽 중앙불교무원과 중앙선리참구원의 두가지가 중앙에 잇서 가지고 제각기 지도적 역할을 해 왓든 것이다. 중앙교무원은 전선불교관계의 연락과 부내 혜화전문의 경영을 마터 보았고 중앙선리참구원에서는『선』(禪)을 하는 사람과의 연락 연구기관으로 각기 존재했지만 두 기관이 다 가치 전 사찰에 대하야 관계를 가지고 잇섯다. 그래서 총독부에서는 작년 4월 사찰령의 개정과 동시에 조선불교도의 총의에 따라『선』과『교』를 일원적으로 통제하고 태고사를 맨들고 전선 31본산의 총본산으로 하야 전선불교의 중앙지도기관으로 햇다. 그러나 여전히 중앙교무원과 선리참구원은 존재하야 만흔 폐해가 잇섯슴으로 금년 3월에 총독부에서는 이 두가지 단체를 통제하고자 결심하고 그 제일 착수로 금년 삼월에는 중앙교무원을 조계학원으로 개칭하는 동시에 총본산 태고사의 통제하에 두게 되엿다. 이와 동시에 혜화전문학교를 경영하는 재단의 역원도 태고사의 간부로 하야금 겸임케 하야 실질적 통제를 완성식힌 것이다. 여기서 남은 문제는 존립할 아모런 가치가 업는 중앙선리참구원을 어떠케 하는 것이냐 하는 것이다. 통제가 완성되여 가는 현재 과정에 잇서서 이것은 당연히 발전적 해소를 해야 할 것이다. 더구나 이 선리참구원이라는 것은 법령상 사찰도 아니요 포교상 아모런 존재 이유를 가지지 못하는 것이다. 솔직히 말하면 정당한 불교를 포교하는데 암(癌)으로서의 존재밧게 안되는 것이다. 그래서 총독부에서는 지금 그 내용과 구성 인원 등 자세한 상황을 조사하는 중이다. 조사가 끝나는대로 이것도 그 통제될 단게에 이른 것만으로 명확한 일이다. 여기서 조선의 종교통제 문제는 불교의 일원적 통제로부터 시작하야 기

독교 등에도 미치게 될 터이다.[34)]

1942년 후반 경, 일제의 선학원 통제의 원칙을 알 수 있는 보도기사이다. 이 『매일신보』는 일제의 기관지였던 사정을 고려하면 여기에서 나온 저간의 사정은 신뢰할 수 있다. 이 내용에서도 선리참구원이 당시 선원의 지도, 통제를 하면서 선을 연구하는 기관으로 인식되었음을 알 수 있다. 그리고 일제 당국은 선리참구원을 불교통제상에 있어서 골치아픈, 껄끄러운 존재였기에 암적인 대상으로 표현하였다.

그러므로 여기에서 일제 당국이 1941년 2월, 그 당시는 총본산 건설운동, 불교계 통일운동으로 시작되었던 조선불교 조계종, 총본사로서의 태고사가 일제의 승인을 받아 출범하기 직전이었던 것을 고려하면 교종계열에게[35)] 한국불교의 교단을 맡기기 직전에 우연적으로 나온 발언에서 유교법회가 촉발되었다고 이해된다. 혹은 교종계열이 교단 운영을 맡는다 해도, 그 수뇌부(종정)는 선종 승려가 해야 된다는 평소의 단상이 노출된 것으로 볼 수 있는 대목이다.

아무튼, 춘원과 학무국장과의 사이에서 나온 선종 고승에 대한 대화가 법회의 단초는 되었지만, 그 기회를 오히려 고승의 수행 가풍이 살아있음과 정법 수호, 계율 수호, 선학원의 정체성 천명 등의 기회로 활용하려는 선학원 계열 승려들의 탄력적인 현실인식이 법회의 과감한 추진을 추동하였다고 보고자 한다.

---

34) 『매일신보』 1942.8.6, 「佛教서도 內鮮一體로 宗教報國에 新機軸」.
35) 보통 대처승 계열로 보수적이며 현실에 안주하였던 승려들을 그 당시는 교종이라 칭하였다.

이에 이청담과 이운허는 고승법회의 개최를 위한 여러 준비를 신속하면서도 과감하게 추진하였다. 당시는 준전시체제이었기에 행사, 법회를 할 경우에는 일제 당국에 집회계를 내고, 집회 개최의 허락을 받아야만 되었다. 그래서 이청담 등 법회 주최진은 화계사, 봉선사 등의 장소에서의 법회신청을 냈으나 거절당하고, 종로경찰서와 상의하여 선학원에서 법회를 할 수 있다는 장소 사용허가를 가까스로 얻어냈다. 그런데 이번에는 조선불교 조계종 출범을 목전에 두었던 교종계열에서[36] 은근한 반대가 대두되었다. 반대의 명분은 고승법회라는 법회의 명칭을 내세웠지만, 그 이면에는 총본사, 조계종 출범에 자칫 악재로 작용하지 않을까 하는 우려에서 기인한 것이다. 기존 교단에서의 법회 반대의 사정은 법회에 참가한 김지복의 회고가 참고된다.

> 준비위원에 이종욱씨, 이종욱스님이 방한암스님, 종정스님을 모셔오려고 초청을 했었죠. 근데 방한암스님이 참석을 안해셨는데… (중략) … 근데 처음에는 박대륜스님이나 이종욱스님이나 다 같이 하기로 합의를 했다는 거예요. 그런데 금방 말씀드린 대로 이종욱스님은 그런데 참석하는 것이 총독부의 심기를 건드릴 수 있다고 해서 후퇴를 하고, 그러니까 박대륜스님도 참석을 안했지요.[37]

---

36) 박경훈은 이들은 교무원에 관계하는 인사와 31본산 주지들이라고 하였다. 교무원은 재단법인 조선불교 교무원으로서 1941년 4월 조계종단이 등장하기 이전에는 준 교단의 역할을 하였던 법인체를 말한다. 특히 교무원 대표였던 월정사 주지인 이종욱이 반대를 하였다고 하는데, 이는 그가 총본산 건설의 주역이었기에 조계종 출범을 1937년부터 준비한 제반 노력이 물거품이 되지 않을까 하는 우려에서 나온 것으로 필자는 본다.

37) 『조계종 강맥 전등사 관련 인터뷰 녹취록』(2004, 조계종교육원 불학연구소, 미출간 자료집), pp.234~235. 2004년 12월 22일 필자와 김지복의 인터뷰 증언.

위의 회고와 같이 교단 측에서 같이 추진하기로 하였지만, 교단 측에서 신뢰하였던 방한암이 참석하지 않는 것이 결정되자, 자연 법회의 공동 주관에서 후퇴하였다고 한다. 그는 조선불교 조계종과 총본산 태고사를 일제당국이 공인(1941.4.23)하기 직전이기에 총독부와의 불편한 관계를 자제하려는 고육지책이었을 것이다. 방한암의 불참은 법회 참석을 부탁하던 그 무렵, 방한암의 지근거리에 있었던 범룡의[38] 증언도 참고된다.

> 김광식 ; 1941년 서울에서 개최된 고승 유교법회에 한암스님이 초청을 받았지만 가시지는 않으셨지요?
>
> 범　룡 ; 처음에는 고승법회로 하려고 한 것인데, 한암스님께서 "중이 자칭하여 고승법회라고 하면 말인 안된다"고 지적하여 유교법회(遺敎法會)로 바뀐 거야. 그때 내가 한암스님 옆에 있었어요. 한 명은 청담스님이고, 또 한 사람은 원보산스님인것 같았습니다.
>
> 김광식 ; 혹시 시봉하는 상좌들이 대회에 참가하라고 권유하지는 않았나요?
>
> 범　룡 ; 탄허스님인지는 기억이 잘 나지 않지만 상좌들이 선학원의 유교법회에 참가하라고 권유하였지요. 그러나 스님은 "내가 한 번 나가면 두 번 나가게 되고, 두 번 가면 세 번 가게 되고, 그러면 자주 나가게 된다"면서 거절했지요.[39]

---

38) 그는 1940년대 그 무렵 오대산 상원사(삼본산승려 수련소)에서 참선 수행을 하였다.
39) 김광식, 『그리운 스승 한암스님』(민족사, 2006), pp.40~41.

그래서 채서응이 고승법회라 해도 무방하지만, 굳이 비난을 받아가면서까지 고승법회라 하여 말썽을 일으키는 것보다는 부처님의 유지를 받들어 행하는 무리이므로 그 점을 따서 유교법회라 하는 것이 좋겠다고 해서 법회 명칭을 유교법회로 전환시켰다.[40)]

3. 유교법회의 전개

한국 전통 선의 수호, 계율 수호를 종지를 내걸었던 선학원에서 1941년 3월에 개최된 유교법회는 일제 당국의 선종 승려에 대한 호기심 노출에서 촉발되었다. 그러나 그 출발은 우연이었으로되, 법회 준비가 본격화되면서 법회의 성격은 정법수호, 계율수호라는 대의명분이 깔려진 채로 진행되었다. 이러한 사정을 유추할 수 있는 자료를 음미해 보자. 그는 법회에 참석한 강석주가 법회의 주관자인 이청담을 회고하는 내용이다.

> 스스로 결단을 내려 선택한 일이면 누가 뭐래도 눈 하나 깜작하지 않는 그 대범성 앞에서는 도전의 깃발을 들고 설치던 상대방도 제 풀에 꺾이지 않을 수 없는 일이었다. 그 한 실예로 대동아전쟁 직전인 41년으로 기억되는 고승 초대 법회인 유교법회(遺教法會)에서의 일이다.

---

40) 위의 박경훈 책, p.169. 한편 법회에 참석한 강석주는 그때 총무원측에서 비난이 많았다면서, 원래는 고승법회라 했는데 높을 高자가 아닌 마를 고(枯)자를 써서 고승(枯僧)이라고 해라, 혹은 외로울 고(孤)자를 써서 고승(孤僧)이는 말이 있어 유교법회로 변경하였다는 증언을 하였다. 『선우도량』 11호, p.231.

그때 선학원에서는 만공큰스님을 모시고 그때까지 10년간 말없이 수도 정진한 고승들을 초대하여 불교정화의 기조이념을 다짐하는 법회를 봉행하는 중이었는데, 뜻밖의 행패자들이 출현한 것이었다. 몇몇의 알만한 승려들이 자신의 스승을 그 고승법회에 초대하지 않았다는 이유로 난동을 부린 것이었다. 행패자들의 난동이 워낙 기세 등등하여 어진간한 심장이면 주저 앉고도 남을 판인데 눈 하나 깜짝하지 않는 대범성에 도리어 난동자들이 혀를 내두르고 말 지경이었다.

이러한 대범성과 끈질긴 추진력이 결국 그분으로 하여금 불교정화 이념을 현실화시켜 성취를 한 것이라고 할 수 있을 것이다.

물론 그 유교법회가 정화불사의 시초는 아니었다.[41] 오랜 역사와 전통의 뿌리깊은 한국불교를 말살하려는 일제 식민정책의 잔꾀로 부처님 도량에 대처승의 활약이 허용되고, 그것으로 인하여 부처님 도량과 부처님의 가르침이 부식되어 가는 안타까운 처지에 봉착한 그 시절, 만공큰스님의 격려 속에서 불교정화를 위한 의기상통하는 동지를 규합하기 위해 그 분은 전국의 심산유곡을 찾아 헤매곤 하신다는 풍문을 나 역시 들은 바였다.… (중략) …

어떠한 외부의 압력이나 방해공작에도 결코 굴함이 없이 전진을 거듭한 그 추진력은 결과를 향해 한발 두발 전근을 하기 시작한 것이다.

바로 1941년 3월 13일로 기억되는 선학원에서의, 부처님의 유교를 호지하고, 승풍의 정화를 재차 다짐하는 기틀이 된 고승법회도 그러한 난

41) 강석주는 불교정화의 시초를 1931년 3월 23일에 개최된 제1회 全鮮首座大會로 보고 있다. 『선원』 창간호(1931.10.6), p.29. 그러나 1931년에 수좌들이 모임을 가진 것은 사실이나, 실질성, 파급성에서는 문제가 있어, 필자는 그런 이해는 신중을 기해야 한다고 본다.

관에 굴함이 없이 전진을 거듭한 결과라고 할 수 있을 것이다.[42)]

위의 회고에 나오듯이 유교법회는 “만공스님을 모시고 그때까지 10여년간 말없이 수도 정진한 고승들을 초청하여 불교정화의 기조 이념을 다짐하는”, 혹은 “부처님의 유교를 호지하고 승풍의 정화를 재차 다짐하는 기틀이 된 고승법회”였던 것이다. 이렇게 유교법회는 우연한 계기에서 출발하였으나, 법회가 본격화되면서는 불교정화와 승풍의 정화를 다짐하는 법회로 전이되어 전개되었던 것이다. 강석주는 유교법회를 1981년에 위와 같이 회고하고, 그로부터 8년이 지난 1989년의 『법륜』지에서도 다음과 같이 자신이 지켜본 그를 정리하였다.

> 그리고 불교정화운동에 대한 부분은 해방 이전에도 활발치는 못하였지만 서서히 진행되어 왔는데 『전국 고승법회』라 하여 청담, 운허, 운경스님 등이 주축이 되어 준비를 했다. 당시 총무원측에서는 굉장히 반대가 심했고 방해를 많이 했었다. 그럴 수 밖에 없는 것이 고승법회에서는 불교는 범행단(梵行團)이라 하여 청정하게 계율을 잘 지키고 종단을 이끌어 가야 한다고 했으니 처자권속을 거느린 총무원의 당사자들은 당연히 반대한 것이다. 그래서 『고승』부분에 대한 반대가 너무 심하여 유교(遺教)법회라 하여 대회를 진행하곤 했다.[43)]

그러면 이런 배경, 계기에서 나온 정화운동의 성격을 갖고 있었던 유교법회의 내용의 일부를 전하는 관련 자료, 『불교시보』를 제시한다.

---

42) 강석주, 「그때 그 기억」, 『여성불교』 1981년 11월호(30호), pp.19~21.
43) 석주, 「교단의 혁신을 위한 조선불교총본원의 활동」, 『법륜』 246호(1989.8), pp.30~31.

十日間 府內 安國町 禪學院에서는 雲水衲僧 高德禪師의 遺敎法會를 열고 朴漢永 宋滿空 金霜月 河東山 諸 禪師의 梵網經 遺敎經 曹溪宗旨에 대한 說法이 잇섯다고 한다.[44]

즉, 1941년 3월 4일부터 10일간 선학원에서 법회가 개최되었다. 그러면 어떤 대상자를 초청하고, 몇 명의 승려가 참여하였는가? 위의 기록에서는 그 대상자를 운수납승 고덕선사라 하였는 바, 즉 수좌이면서 덕이 높은 선사라 하였다. 강석주가 회고한 10년간 말없이 수도정진한 고승들과 그 맥락이 통하고 있다. 그 대상자는 10년 이상을 수행정진한 수좌, 선사들이었음을 알 수 있다. 그러면 초청한 대상자는 몇 명이었고, 초청을 받아 참여한 선사는 몇 명이었는가. 이에 대해서는 공식적, 문헌기록에 분명하게 전하지 않는다. 법회에 대해서 이미 서술한 바가 있는 박경훈은 "노 · 장층 선장(老 · 壯層 禪匠) 40여 명"이라고 하였고,[45] 정광호는 "전국의 청정비구 중 34명을 초청했던"이라고 표현하였다.[46]

---

44) 『불교시보』 69호(1941.4.15), 「禪學院의 遺敎法會」.

45) 위의 박경훈 책, p.169. 박경훈은 그 40여 명 대상자에 송광사 효봉스님도 포함된다고 하였지만 그 사진에는 효봉스님이 나오지 않는다. 이 책은 1980년 5월 25일 발행되었는데, 본래 이 책의 원고는 『중앙일보』에 연재된 석주스님의 「남기고 싶은 이야기들」에 연재되었다. 당시 박경훈이 석주스님을 찾아, 증언을 받아서 정리한 것인데, 석주스님의 개인적인 회고가 아닌 일제하 불교 교단사 차원의 역사 연재이었다. 그래서 본래 글이 집필, 연재된 시점은 1979년 후반 경이었다. 당시 박경훈은 10.27사태(박정희 대통령 시해사건)가 나자 동국대 역경원에 근무중 특별히 할 일도 마땅치 않고, 학교에 군인이 들어와 있는 어수선한 분위기 타개차 작업을 하였다고 필자에게 회고하였다. 중앙일보에는 석주스님의 이름으로 연재되었으나, 실제 집필자는 박경훈이었다. 그래서 중앙신서로 그 연재의 결과물이 책으로 묶일 때에 강석주와 박경훈의 공저로 표기되었다.

46) 정광호, 「한국 전통 선맥의 계승운동」, 『근대한일불교관계사연구』(인하대출판부, 1994), p.204. 그러나 정광호는 34명이라는 근거를 제시하지 않았다. 이 글은 본래 정광호가

한편 강석주는 생존 당시인 1991년 1월『운허선사 어문집』의 재판[47] 편집 과정시 유교법회의 기념 사진에 나오는 해당 승려들을 확인하였다. 이에『운허선사 어문집』화보에는 그 승려들을 40명으로[48] 보고 그 인물들을 판독한 내용을 게재하였다. 그런데 선우도량, 한국불교근현대사연구회와의 증언 인터뷰(1997.1.7)에서도 유교법회 사진(1941년 3월 13일 촬영)을[49] 보고, 그 해당 인물들을 다시 판독하였다. 그 사진에 나오는 인물 전체 40명 중에서 판독한 대상자는 29명이었다.[50] 강석주가 선우도량 관계자와 판독을 하고 3년이 지난 후인 2000년 민족사에서는 김광식을 편자로 발간한 사진 화보집『한국불교 100년, 1900~1999』의[51] 1940년대 부분에서 유교법회 사진을 게재하였다. 여기에서는 그 사진에 나오는 인물 40명에게 번호를 부여하고, 그중에서 판독이 가능한 인물 37명을 제시하였다.[52] 이는『운허선사 어문집』에 게재된 것을 그대로 활용한

대한불교 신문사의 기획조사실장으로 근무하던 1972년에『대한불교』에 10회로 연재한 글이었다. 요컨대 1972년에 작성되었는데, 그는 이 글을 쓰기 이전 삼보학회의 간사로 근무하면서「유교법회 회의록」을 열람하였고, 이운허를 찾아 많은 자문을 받았는데 34명이라는 근거도 거기에서 나온 것일 수도 있다.

47) 초판은 1989년 11월 7일에 나왔는데, 발행처는 동국대학교의 동국역경원이었다.

48) 그런데 참여 인물을 40명으로 보고, 그 인물들의 사진 번호 별로 법명을 게재하였다. 그러나 41명이었지만 1명은 번호에도 누락되었다.

49) 보통, 이 사진이 유교법회를 생생하게 알려주는 기록이다. 널리 알려지고, 각종 책자에 수록되었다,

50)『선우도량』11호(1997), p.250. 그런데 이 사진 도해에서는 판독한 인물 29명을 번호를 붙여 제시하였지만, 판독치 못한 인물은 번호를 부여하지 않았다. 이렇게 1991년보다 판독치 못한 것은 년로하여 기억력이 쇠퇴한 것으로 보인다.

51)『한국불교 100년』, p.187. 2000년 5월에 발간하였다.

52) 그러나 번호는 40까지만 부여하고, 잔여 한명은 번호(41?)를 부여하지 않았다. 판독치 못한 것과 애매한 경우는 곽?스님, 조?, ?, ?수좌, ?(적음스님 시자) 등으로 추측을 하였다.

것이다. 그런데 행사에는 법회에 초청받아 온 고승들의 시좌도 있었으며[53] 법명은 모르지만 직지사 수좌가 있었다.[54] 그러면 여기에서 박한영의 시자로 당시 법회에 참석했던 김지복의 회고를 제시한다.

> 해방전인 1941년 유교법회가 선학원에 있었는데 그때 한국불교의 유수한 스님들이 모두 한자리에 모이셨습니다. 내가 대원암에 있을 때인데 3명이 차출되어 시자로 참석했었습니다. 우리는 시자로서 차도 따라드리고 심부름을 했었지요. 석주스님이 그때 선학원 원주를 했었고 운허스님, 적음스님, 청담스님이 준비위원이었어요. 그때 유명한 스님들을 많이 뵈었습니다.[55]

> 영호(필자주, 박한영)스님이 가자고 한 것이 아니라 그때가 2월 말이니까 개학을 하기 전이여. 그런데 대원암 강원에 있던 사람중에서 좀 나이가 적은 사람들 그때 나는 나이(필자주, 22세)가[56] 비교적 적은 셈이었어. 그리고 백준기라는 사람은 영호스님 직계 시봉이여. 또 박영돈이라는 사람은 백양사에서 와서 대교는 마쳤는데 수의과로 염송을 공부하거든요. 염송을 공부하느라 못 내려가고 있었어. 그러니까 나하고 나이

53) 강석주는 그들중에서 적음스님 시자와 화응스님 시자는 기억하였다. 그러나 당시 개운사 대원암에 있었던 김지복은 자신과 박영돈, 백준기(박한영 직계 시봉) 등 3명이 시자로 박한영을 따라와서 선학원에서 다각을 하였다고 필자에게 회고하였다. 2004년 12월 22일, 불학연구소에서 증언.

54) 이것도 석주스님의 판독의 산물이다.

55) 선우도량 한국불교근현대사연구회, 『22인의 증언을 통해서 본 근현대 불교사』(2002, 선우도량), p.190. 「김지복, 한 열혈 불교청년의 일생」.

56) 그는 1920년생이다.

가 다 비슷해요. 나이가 많은 사람은 가서 다각을 못하거든.[57]

위의 김지복의 증언을 고려하면 당시 법회에는 고승들의 시자가 10명 이상은 참가하였을 것으로 보인다. 그 중에서 기념사진의 촬영시에 동참한 경우도 있었을 것이고, 사진 촬영에 응하지 않은 경우도 있었을 것으로 보고자 한다.

이러한 분석을 종합하면, 법회에는 40명 이상의 승려가 참여하였다. 그런데 그중에서 정식 초청을 받은 대상자도 있고, 초청받은 대상자의 시자로서 온 경우도 있었다. 그래서 일단은 법회에 초청을 받아 참석하였던 대상자(34명)로 추정되는[58] 승려를 제시한다.

송만공, 박한영, 채서응, 장석상, 강영명, 김상월,
하동산, 김석하, 원보산, 국묵담, 하정광, 김경권
이운허, 이청담, 김적음, 변월주, 강석주, 박석두
남부불, 박종현, 조성담, 김자운, 윤고암, 정금오
도 명, 이화응, 김지복, 박봉화, 귀 암, 민청호
청 안, 박재운, 박본공, 곽 ?

57) 조계종 교육원 불학연구소, 『조계종 강맥 전등사 관련 인터뷰 녹취록』(2004), p.229. 이 자료는 불학연구소가 종단사 관련 대상자를 인터뷰하고 그 결과를 녹취하여 제본한 것으로 출판하지 않은 참고 자료이다. 당시 필자는 그 사업의 촉탁을 맡았는데 2004년 12월 22일 김지복을 불학연구소에서 만나 증언 청취를 하였다.

58) 요컨대 정광호의 설인 34명을 인정한다. 이는 그가 지금은 사라진 유교법회 회의록을 열람한 당사자이기에 신뢰할 수 있는 것이다. 『매일신보』에서도 30여 고승이라고 보도하였다. 그런데 필자가 제시한 대상자 중에서 김지복은 초청자가 아니고, 박한영 시자로 따라왔기에 이 점에서는 문제가 있다.

이러한 고승 납자들이 선학원에 모여 법회를 하였던 것이다.[59] 그러면 당시 법회는 어떤 순서로 진행되었으며, 법문은 어떤 고승이 하였는가 등등 법회의 전체적인 개요를『경북불교』에 나온 기사를 통해 살펴보자.

> 半島佛教의 新體制로서는 未久에 總本寺의 實現을 앞두고 잇는 此際에 오렛동안 보지 못하든 佛教의 眞正한 修養法要會가 去般 中央教界에서 會集되엿는데
> 卽이 修養法要會란 것은 我 半島의 全教界를 通하야 高僧大德을 총동원한 所謂 '高僧修養法會'란 名目으로 去 二月[60] 四日부터 京城府 安國町 四十番地 中央 禪學院에서 위엄스럽고 嚴肅한 가운데서 開幕되엿는데 當 法會에는 忠南 禮山 定慧寺 宋萬議師, 江原道 五臺山 月精寺 方漢巖師, 忠南 俗離山 法主寺 張石霜師 等 三大禪師를 招致하야 證明으로 모시고 會主에는 朴映湖師, 金霜月師, 姜永明師, 蔡瑞應師로 하야 會第一日인 四日부터 仝 六日까지 遺教經, 十二日까지 慈悲讖의 公開를 한 후 十三日 要 特히 我 皇軍武運長久, 戰歿將士의 慰靈大法要가 이 僧大德의 執法으로 如法 且 嚴重히 擧行되고 法會는 圓滿히 回向되엿는데 一般은 時局下 民衆 心身修養上 가장 意義잇들 法會엿음에 無限한 法悅을 感하게 되엿든 바라 한다.[61]

59)『불교시보』69호(1941.4.15),「인사소식」에는 송만공, 장석상, 김상월, 강영명 등 諸 和尙이 유교법회 출석차 入城하였다고 보도하였다.

60) 2월은 3월의 오기로 보인다.

61)『경북불교』46호(1941.5),「高僧大德을 招致, 佛教 修養法會, 中央禪學院서 精進」.

이렇듯이 대회는 경전에 대한 법문, 자비참 공개, 위령법회[62] 순으로 진행되었다. 그런데 이 기사에는 법회의 참가자 중에서 증명, 회주라는 직책이 있었다고 전해 우리의 주목을 받는다. 증명에는 송만공, 방한암, 장석상이 회주에는 박한영, 김상월, 강영명, 채서응으로 나온다. 추정하건대 증명은 법회의 상징적인 고승으로 내세운 인물이고, 회주는 법회의 실질적인 주관자가 아닌가 한다. 이 『경북불교』의 보도는 본사가 대구에 있었던 연고에서[63] 나온 것으로 추정되는 바, 약간은 미진한 내용이 있었다. 우선 방한암은 오대산에서 나오지 않았음에도[64] 불구하고 증명으로 모셨다고 하였다. 그리고 『불교시보』 및 여타 증언에서 나오는 범망경과 조계종지 법문에 대해서는 일체 언급이 없는 것이 바로 그것이다.[65] 그러면 여기에서 당시 일제 기관지였던 『매일신보』에 나오는 법회의 전문을 살펴 보자. 자료 제공 차원에서 그 전문을 제시하거니와, 보도에는 일제의 불교통제, 식민통치에 활용하려는 의도가 나오기도 한다.

> 이번 법회의 목적은 전혀 고래(古來) 승려들의 수양생활을 일반에게 보히고 금후 교계에 수범이 되게 하려는 것으로 일순은 四일부터 六일까지 범망경(梵網經)의 설교가 잇고 九일까지 유교경(遺敎經) 十二일까지

62) 위령법회를 하였음은 집회허가를 얻어 내기 위한 고육지책이었던 것으로 보인다.

63) 본사는 대구부 덕산정 261번지인 경북불교협회이었다. 그러나 인쇄소는 경성 견지정 32번지인 한성도서주식회사였다.

64) 한암스님은 법회 참가를 요청하기 위해 찾아온 청담, 보산스님에게 "중이 자칭하여 고승법회라고 하면 말이 안 된다"고 하면서, "내가 한 번 나가면 두 번 가게 되고, 두 번 가면 세 번 가게 되고, 그러면 자주 나가게 된다"면서 거절하였다고 한다. 『그리운 스승 한암스님』(민족사, 2006), pp.40~41의 범룡스님 증언.

65) 그리고 3월 4일을 2월 4일로, 송만공을 송만의로 보도하였다.

자비참(慈悲懺)의 공개가 잇고 또한 전몰장병을 위하야 十三일에는 위령제(慰靈祭)를 지낼 터이란다. 이 법회가 행하여지는 동안 회주(會主)에는 박영호(朴映湖), 김상월(金霜月師) 강영명(姜永明) 채서응(蔡瑞應) 승려가 맞고 증명에는 송만공(宋滿空) 방한암(方漢巖) 장석상(張石霜) 세 승려가 담당하기로 되엇다.[66]

위의『매일신보』에는 유교법회를 고승수양법회로 표현한 점과 승려들의 수양생활을 일반에게 공개한다는 점을 강조한 것이 이채롭다. 그리고 법회의 일정을 세부적으로 일반에게 알리기도 하였다.

한편 법회의 가장 중요한 법문은 범망경, 유교경을 대상으로 하였다. 이에 대한 실제적인 내용은 일부 자료에 산견된다. 그를 제시하면 다음과 같다.

전일에 박한영(朴漢永)스님이 부처님께서 설하신 범망경(梵網經)을 설하고, 아까 동산(東山)스님이 또 범망경을 설하였습니다. 이 범망경은 한번 들어서 귀에만 지날지라도 그 공덕으로서 능히 백천만겁의 죄를 해탈하고 곧 성불함을 얻는다고 하시었으나, 금일 산승이 비록 법문을 설한다 할지라도 부처님께서 친히 설하신 법문에는 미칠 수가 없는 것이니 무슨 법문을 설하리오.

그러나, 사부대중이 이미 운집하여 나에게 굳이 설법하기를 청하니 만약 설하지 않는다면 도리어 분주를 떠는 것 같아서 부득이 이 자리에 오르게 된 것입니다. 그러나 듣는 분들이 듣고 실행하면 일언일구가 다 좋은 법문이 될 것이요, 듣는 분들이 듣고는 실행하지 아니하면 비록 좋은 법문이라

66)『매일신보』1941. 3. 5.「佛門 新體制 發足 高僧修養法會」.

도 헛되게 돌아가고 말 것이니, 오직 원컨댄 대중께서는 듣고 실행하여 주시기를 바라는 바입니다.[67)]

법성스님 ; 그때 하동산스님이 법문하셨다면서요?

석주스님 ; 하동산스님도 하시고 유교법회니까 범망경(梵網經) 법회도 했지요, 큰스님들도 하셨어요.[68)]

위의 기록에 의하면 범망경 법문을 한 대상자로 송만공, 박한영, 하동산은[69)] 적출된다. 그렇지만 여타 승려가 어떤 경전을 하였는지는 구체적으로 전하지 않는다. 다만『불교시보』기사에 나오듯이 김상월은 법문을 하였으며, 박경훈은 박한영이 유교경을 강설하였다고[70)] 기술했다. 강석주의 회고에 나오는 '큰스님들'에 포함되는 승려가 누구인지는 단언하기 어렵다. 조계종지가 강의되었다고 하나, 누구에 의해서 강설되었는지는 알 수 없다. 다만 유교법회에 나온 승려나, 법문을 한 당사자들은 그 당시에는 선, 교의 분야에서 나름의 지견을 얻었던 대상자들이라는 점은 이 법회의 위상을 높여준다. 이에 대해서는 강석주의 회고가 참고된다.

유교법회는 청담스님과 운허스님이 주도했지요. 스님들도 호응이 좋았

---

67)『만공어록』(1982, 덕숭산 능인선원), pp.72~73.「서울 선학원 고승대회 법어」.

68)『선우도량』11호(1997), p.231.「한국불교 정화관련 인사 증언채록, 1941년 유교법회」.

69) 이운허는「동산스님 行狀」에서 "1941년 서울의 선학원에서 열리는 유교법회에 참석하여 禪旨를 擧揚하다"고 기술하였다. 위의『운허선사 어문집』, p.324.

70) 위의『불교근세백년』, p.169. 그런데 김지복은 법회에 참석한 장석상은 말이 전연 없으셨다고 증언하였다. 위의『인터뷰 녹취록』, p.277.

고, 범행단(梵行壇)이라는 것을 만들었어요. 그때 내가 재무를 보았어요. 장삼도 그때 생겼지요. 큰스님들은 다 나오셨지만 한암스님은 나오시지 않았어요. 선교(禪敎)의 대종장들이 다 나왔지요.[71]

지금까지 나온 제반 내용을 활용하여 법회의 주요 인물, 개요 등을 재구성해 보고자 한다.

- 기획 ; 이청담, 이운허, 김적음[72]
- 증명 ; 송만공, 방한암(불참), 장석상
- 회주 ; 박한영, 김상월, 강영명, 채서응
- 법문 ; 송만공, 박한영, 하동산, 김상월 등
- 법회 개요 ; 3월 4~6일, 梵網經 법문
  7~9일, 遺敎經 법문
  10~12일, 慈悲讖 공개
  13일, 위령제, 기념 촬영

71) 위의 『선우도량』, p.230.

72) 법회 참가자인 김지복의 증언, 김지복은 그렇게 정하여졌다고 필자에게 증언하였다. 초창기의 준비위원으로 원보산이 가담했지만, 방한암이 불참하면서 그도 준비위원에서 퇴진한 것으로 보인다. 원보산은 방한암이 주석하였던 오대산 상원사의 화주를 보는 등 한암과는 지근한 사이였다. 원보산은 1941년 6월, 이종욱(월정사 주지), 안향덕(마곡사 주지)과 함께 상원사를 가서 방한암에게 조선불교조계종의 종정 선출을 알리고, 종정 취임의 동의를 받아낸 인물이었다. 『불교시보』 72호(1941.7), 「조선불교조계종과 초대종정 방한암선사」 참조. 원보산은 유점사, 마하연에서 수행을 하였으며, 방한암에게 입실한 수좌였다. 『대한불교』 1965. 7. 11, 「원보산선사 입적」 내용 참조.

이와 같은 인물들의 헌신, 주도에 의하여 법문과[73] 자비참 공개 등의 유교법회는 정상적으로 진행되었다. 그래서 1941년 3월 13일 행사를 기념하는 사진 촬영을 끝으로 법회는 종료되었다. 법회가 종료된 이후에는 수좌대회를 갖고, 법회를 기념하는 범행단을 조직하였다.

> 禪學院서는 去 三月 中에 遺敎法會를 마치고 首座大會를 열고 諸般 事項을 討議하엿다고 한다.[74]

> 府內 禪學院에서는 今般 遺敎法會를 마친 뒤에 習定均慧 比丘僧만을 中心으로 하는 梵行壇을 組織하야 禪學과 戒律의 宗旨를 宣揚케 되얏다.[75]

법회를 종료하고, 바로 수좌대회를 가졌다 함은 참석자 대부분이 선학원과 연결되어 있는 수좌였음을 말해 준다. 수좌대회에서 토의된 내용은 알 수 없다. 다만 김경봉의 일기에 그 내용이 나온다.

> 3월 16일 일요일 맑음
> 오전 10시 조선불교중앙禪會 제2회 정기총회를 열고 내가 의장으로 추

73) 그런데 김지복은 법문의 성격을 많은 청중들을 대상으로 한 것이 아니고, 수행을 주로 하는 정진으로 보면서 일반신도를 대상으로 한 적은 없다고 증언하였다. 위의 『녹취록』, p.230.

74) 『불교시보』 69호(1941.4.15), 「禪學院의 首座大會」.

75) 위의 자료, 「梵行團組織」.

선되어서 회의 진행을 하다. 오후 9시에 마치다.[76)]

그리고 범행단의 내용, 인원, 조직 등의 구체적 활동 내용 또한 알기 어렵다. 다만 송만공을 정신적 은사로 수행하였던 비구니 김일엽의 1955년의 회고에 그 편린이 전한다. 이 내용도 자료 소개 차원에서 그 전문을 소개한다.

때 마침(十八年 前) 그 제자들인 하동산 이효봉 이청담 스님 등이 梵行團을 조직하라고 발기하게 되었는데 스님도 크게 찬동하여 운영해 나갈 구체안까지 세우게 되었다. 불교내에는 본래 敎徒와 僧侶 二重制로 되어 교도들은 가족 친지보다 승려를 정으로 법으로 더 생각해야 하고 자기 생활을 불법을 위하여 모든 생산을 하게 되어야 하고 승려는 신도에게 應供하기 위하여 정진에 힘을 쓸 뿐만 아니라 儀表가 되기 위하여도 戒行을 잘 지켜가지 않을 수 없어 파계되면 곧 자격을 잃게 되었던 것이라는 말씀이었다. … (중략) …
大自由人이 되어 독립적 생활을 하는 것이 인생의 최고 목적이오 종교의 구경처인 바에 누구나 다 같이 이르게 되어야 하기 까닭에 만공스님도 佛敎淨化를 본위로 삼는 梵行團을 만들어 널리 사람을 기르려시던 것이다. 그러나 전국적 호응을 얻기 전에 그러저럭 때는 그 이듬해로 흘러졌던 것이다.[77)]
小我的 나는 남음이 없이 소멸돼야 大我가 이루어지기 때문이다. 그때

76)『삼소굴 일지』(극락선원, 1992), p.167.
77)『동아일보』1955. 8. 2.「만공선사와 불교정화 / 김일엽」.

는 그런 스님이 계셨으니 大東亞 전쟁만 아니었드면 지금쯤은 범행단 단원의 活步를 보게 되었는지도 모르는 것이다. 그러나 대동아전쟁으로 전인류가 生死線에서 헤매이게 되니 佛敎團도 또한 現狀維持도 어렵게 된 때 "善知識이 쓸데없는 때"라고 하시고 스님은 그만 자리를 바꾸신 것이다.

그러나 지금 다시 스님의 유지를 이어 스님이 지어두신 중앙 선학원에서 스님의 제자들과 스님 門下에서 修鍊받은 비구 비구니의 솔선으로 범행단의 후신인 승단 재건조직 운동과 불교정화운동을 치열하게 해가면서 새삼스러이 스님을 간절히 추모하여 마지 못하게 되는 바이다.[78)]

김일엽의 회고에는 범행단 일부의 내용이 나온다. 그리고 유교법회, 범행단의 정신적 지도자로 이해되는 송만공의 범행단에 대한 인식의 편린도 찾을 수 있다. 즉 범행단의 구체안까지는 수립되었고, 하동산 · 이효봉 · 이청담 · 이운허[79)] 등에 의해서 발기되었으며, 송만공도 찬동하였으며, 신도가 청정한 계행을 지키는 승려를 외호하는 조직체로 이해된다.[80)] 송만공은 범행단을 불교정화를 추진하기 위한 것으로 고려하였으며, 부수적으로는 인재 양성을 의도하였다는 것이다. 1941년 3월, 유

78) 『동아일보』 1955. 8. 3. 「만공선사와 불교정화 / 김일엽」.

79) 이운허가 범행단과 연관되는 내용은 『용성선사어록』(1941, 삼장역회) p.38. 「禪農觀」의 "前日에 梵行團 일로 東山上人을 鳳翼洞 敎堂에 訪한즉 때(필자주, 1941년 4월 경)는 正히 師의 小祥을 지낸지 未幾요"라는 귀절에 나온다. 그런데 이효봉이 범행단에 관련되었음은 김일엽의 회고 이외에는 관련 기록이 없다. 요컨대 이효봉의 경우는 신중한 검토를 요청한다.

80) 정광호는 선학원에서 유마경 법회를 열었다고 하면서, 이 단체를 신행단체라고 보았다. 정광호, 「근대 한일불교관계사연구」, p.206, p.268.

교법회 종료 직후에[81] 출범된 범행단은 1942년까지는 어느 정도는 활동하였으나 태평양전쟁의 발발로 야기된 전시체제, 사회 및 불교계의 궁핍 등의 요인으로 자진 해산하였다고[82] 보인다.

한편 법회의 결과로 나온 것의 하나는 현재 조계종단 승려들이 입는 장삼, 보조장삼이 보편화 되는 단초이다. 즉 송광사에 보관된 보조국사 지눌의 장삼을 모방하여 만든 장삼을 지어서, 참가 승려들에게 제공하였던 것이다.[83] 이에 대해서는 그를 지켜본 법회 참석자인 김지복과 필자와의 대화가[84] 참고된다.

김광식 ; 이상한 것은 행사 도중에 자운스님이 송광사까지 가서 치수를 재 오고 했다는 것 아닙니까?

김지복 ; 행사 전에 다 해서 만들어서 행사 때 다 입고 왔지요.

김광식 ; 기존의 것은 버리고 저걸 다 입었습니까?

김지복 ; 그렇지 모인 수좌스님들이 전부 다 저걸 다 입었죠.

김광식 ; 그게 약간 애매했는데, 미리 사전에 사이즈 색깔(을 한다는 것이)

김지복 ; 하다 말고 가서 한 것이 아니라 미리 다 했어.

---

81) 그러나 구체적인 출범일자는 아직 알 수 없는 형편이다.

82) 이청담도 1954년의 일지에서 "高僧法會 ; 梵行團 해산"이란 표현을 하였다. 『청담필영』(봉녕사 승가대학, 2004), p.183.

83) 이것은 정광호가 이운허의 구술(1968년 8월 봉선사)에 근거한 기술임. 그런데 법회 당시, 다솔사 주지였던 최범술이 각종 문헌을 참작하여 직접 가위를 들고 무명으로 마름질을 하는 특이한 재주를 보여 화제를 모았다고 운허스님이 구술하였다고 한다. 그런데 대처승인 최범술이 어떤 연유로 그렇게 하였는가에 대해서는 납득하기 어렵다.

84) 김지복은 1920년생인데, 2005년에 입적하였다.

김광식 ; 자운스님도 유교법회 할 때 운허스님이나 청담스님하고 상의를 많이 한거네요?

김지복 ; 그렇죠. 근데 그때 자운스님의 비중이 여기에 같이 할 정도까지 못되었던 가 봐요. 그러니까 자운스님이 거기 오시기는 했어도 준비위원까지는 못되었지.

김광식 ; 저는 그게 송광사의 보조국사의 그것을 했다 그래서 행사 도중에 어떻게 된 것인가 제가 여쭤 본거죠.[85]

위의 대화에 나오는 김지복의 증언에 의하면 보조장삼을 법회 이전에 만들어 놓았다는 것이다. 송광사까지 김자운이 다녀왔으며,[86] 법회에 참석한 고승들이 보조장삼을 입고 행사에 임하였다고 한다. 이를 신뢰한다면 법회 주도자들의 철저한 준비, 자생적인 수행정신, 계율수호

---

85) 위의『인터뷰 녹취록』, pp.237~238.

86) 김자운은 봉암사 결사 시절에도 보조장삼을 만들기 위하여 송광사까지 직접 가서 보조장삼의 치수를 재어 왔다고 묘엄은 회고하였다.『고경』2541년 여름호, p.35.「묘엄스님을 찾아서」. 필자는 이점을 고려하여 유교법회시의 보조장삼의 제작을 김자운이 하였는가를 김지복에게 질문하였다. 그런데 김지복은 김자운이 하였는지, 다른 승려가 하였는지는 정확히 답변치 않았지만, 필자는 이를 김자운이 하였다는 것으로 해석하였다. 그런데 인터넷 Daum 카페, 峰德寺(카페지기, 계수 선효)에는 계수가 글을 쓴「가사와 장삼은 언제 입는 법복이나」가 있는데 여기에는 보조장삼과 연관된 귀한 내용이 나온다. 즉 그 내용은 "현재 조계종 스님들이 입는 장삼은 일명 '보조장삼'이라고 합니다. 이 장삼은 1941년 8월 선학원에서 열린 조선 고승유교법회를 앞두고 자운스님께서 최범술스님의 고증을 참고하여 송광사에 보관된 지눌의 장삼을 실측하여 만들었다고 합니다. 현재 조계종 스님들이 입는 보조장삼의 현대적 기원을 잘 말해주는 일화입니다. 자운스님의 회고에 의하면 "처음에는 치맛주름 폭은 12개로 하여 12인연을 상징했고 소매폭은 십자로 하여 시방세계를 표했다"라고 합니다. 그러나 "1940년대에 복원된 장삼은 8정도를 상징하는 8개의 주름폭으로 줄어들기도 했습니다."라는 것이다. 즉 자운이 보조장삼을 행사 전에 만들었음을 분명히 알 수 있다.

의 정신 등이 간단치 않았음은 분명하다. 법회 이전인 1941년 2월 26일부터 3월 3일까지 김자운은 최범술의 도움을 받아 송광사까지 가서 보조 지눌의 장삼의 치수를 재고, 그를 바탕으로 참석한 수행자들에게 보조장삼을 입도록 그 일을 주관했다.[87] 한편 이러한 보조장삼의 사전 제작은 법회의 준비기간과 본 행사인 유교법회로 이원적으로 진행되었음을 알려준다. 즉 2월 26일부터 3월 3일까지는 보조장삼을 만드는 등 법회 준비의 기간이었으며, 정식 법회는 3월 4일부터 13일까지 열흘간 열렸다고 보는 것이 순리이다.

한편 법회가 종료되자, 법회를 지켜 본 신도들이 공양 요청이 쇄도하였고, 비단 장삼을 지어 주겠다고도 하였다. 그러나 법회에 참여한 승려들은 무명장삼으로 받겠다면서 근검절약의 정신을 실천하였다.

4. 유교법회의 성격 및 의의

본장에서는 지금까지 살펴본 유교법회의 배경, 개요, 진행 과정에 나타난 여러 배용을 음미하여 그에 나타난 성격 및 의의를 제시하려고 한다. 이는 유교법회에 담긴 역사성, 교훈 등을 추출하기 위한 기초 작업이라 하겠다.

첫째, 유교법회의 전개에는 비구승들의 투철한 현실인식이 두드러지게 나타나고 있다. 이는 일제의 비구승에 대한 통제정책의 일단을 파악하고, 사전에 그를 차단하려는 저항성을 찾아 볼 수 있음에서 나온 것이

87) 박경훈의 위의 책, p.170. 그러나 그는 그 시점, 장소 등에 대해서는 언급치 않았다.

다. 그런데 이는 법회의 개최 공간이 선학원이었고, 법회를 주도하고 참여하였던 승려 대부분이 선학원과 직접, 간접적으로 연결되었던 수좌들이었음을 고려하면 당연한 이해이다. 즉 선학원 및 선우공제회, 선리참구원, 조선불교 선종, 수좌대회 등에 일관적으로 나타나고 있었던 것은 전통 선불교 수호, 비구승단 수호, 일제 불교정책에 저항[88] 등이었거니와 이는 유교법회의 투철한 현실의식, 정체성 정비정신의 다름이 아니었던 것이다.

둘째, 법회에는 계율수호 정신, 참회 정신이 분명하게 드러났다고 이해된다.[89] 그는 중국, 한국불교의 대승불교권에서 보편적인 대승불교의 계율, 대승보살계의 소의경전으로 수용되었던 범망경이[90] 강설되었음에서 확인된다. 그리고 부처님 말씀을 따르고 지키겠다는 차원에서 유교경을[91] 강설한 것도 동질한 구도에서 바라볼 수 있는 대목이다. 나아가서 법회에서는 자비참법의 실시가 공개된 것도 예사로운 것은 아니다. 이는 계율이 파괴되고, 원융살림인 승가 공동체가 이완되었으며, 전통의 의사결정 구조인 대중공사도 사라진 것에 대한 참회를 하는 정신에서 나온 것이다.[92] 자비도량 참법은 참회하고, 원한을 풀고 나아가서

88) 대회에는 일본경찰의 형사가 감시하는 일은 두드러지게 나타나지 않았다고 한다. 김지복 증언.

89) 예컨대 오성월은 바로 그 즈음에 계율 수지(독신이 아닌 흠)에 문제가 있다고 하여 법회 중간에 참석하겠다고 선학원에 왔지만 법회에 참가하지는 못하였다고 한다. 박경훈, 위의 책 p.169. 그러나 이 점을 법회 참석자인 김지복에게 필자가 질문하였으나, 그는 그런 소리를 못 들었다고 하였다.

90) 범망경에 대한 기본 이해는 『불교경전의 이해』(불교시대사, 1997)에 수록된 이호근의 「범망경」을 참고하였음.

91) 성열, 「유교경」, 『불교경전의 이해』, 불교시대사, 1997.

92) 참회정신은 1935년 3월에 개최된 수좌대회 선서문의 계승으로도 볼 수 있다.

는 부처님께 예배하고, 그 덕을 회향하려는 구조라는[93] 점을 유의할 때에 법회는 계율 및 청정 승풍의 회복에 대한 다짐이 간단치 않았음을 알 수 있는 것이다.[94]

셋째, 유교법회에는 선학원 계열의 수좌만 참여한 것이 아니고 강백, 율사도 참여하였음에서 즉 선교분야의 대종장이 동참한 것에서 승가의 화합, 원융정신을 찾아볼 수 있다. 예컨대 선사라기 보다는 강백, 교학의 대가라고 칭할 수 있는 인물인 박한영은 대표적인 경우이다. 박한영과 유사한 인물은 채서응이거니와, 그는 강원의 강주로 활동하였다.[95] 그러나 당시에는 선사와 강사를 확연하게 경계를 지을 수 없는 대가의 면모도 있었으니 이 경우는 장석상이었다.[96] 그리고 선사이면서도 계율

---

93) 종진, 「한국불교의 참법 수행과 자운율사」, 『근대 한국불교 율풍진작과 자운대율사』 (2005, 가산불교문화연구원), p.117.

94) 『자비도량참법』의 유포가 유교법회에 참가한 자운스님의 원력, 그리고 유교법회에 참가한 운허스님이 편역하여 1978년에 동국역경원에서 발간한 것도 역사적 맥락에서 예사로운 것이 아니다. 요컨대 역사의 필연이 아닐까 한다. 한편 『자비도량참법』의 발문을 쓴 녹원은 "그 참법은 나의 잘못을 참회하는 것이 아니고, 남의 잘못을 내 허물로 삼아 참회하고, 모든 중생들의 모든 죄장을 내 허물로 삼아 참회한다. 뿐만 아니라 나아가서는 시방의 다함 없는 모든 중생의 과거, 현재, 미래에 이르기까지 온 법계에 번뇌가 있고, 무명이 있고, 탐진치 삼독이 있고 사생육도로 헤매는 중생이 있는 한, 그들이 짓고 지을 죄와 업장까지를 참회하는 간절한 법문이 자비도량참법이다"라 하였다. 그런데 녹원스님은 그의 은사인 이탄옹이 주관하는 자비 도량참법 법회를 보고 큰 감명을 받았다고 한다. 이탄옹은 오대산 상원사 선원에서 입승, 천불선원(직지사) 조실 소임을 보며 수행하던 수좌였다. 탄옹스님은 선학원 계열 수좌로 많은 활동을 하였는데, 1931년 9월 12일부터 일정기간을 선학원에서 대중들에게 자비참법을 해설하였는바, 이는 이채로운 역사의 여울목이다. 『선원』 창간호, 「선학원 日記抄要」.

95) 채서응(1876~1950)에 대해서는 행적, 수행 등에 대한 내용이 거의 알려지지 않았으나, 최근 『불교신문』 2008년 5월 28일의 「근현대 선지식의 天眞面目 서응동호」 기사에 채서응의 정보가 집약적으로 보도되었다. 그리고 채서응은 1930년대 후반 경 심원사 강원의 강주로 있었다. 『불교시보』 56호(1940.3.1), 「보개산 심원사 해제식 거행」 참조.

96) 장석상의 수행이력서(1937년)에는 대선사로 칭하지만, 그의 이력을 보면 강학의 대가

에 대하여 해박하고, 율맥을 전수받은 경우도 있었으니 그는 김상월, 강영명,[97] 하동산, 김자운은 그 실례이다.[98]

넷째, 유교법회에 흐르고 있었던 정신은 불교정화 정신이다. 이는 선학원의 창건 정신, 조선불교 선종 창종 정신, 수좌들의 계율 수호정신, 그리고 송만공의 발언 등에서 확인이 된다. 나아가서는 1955년 불교정화가 본격화 되던 즈음에 김일엽의 범행단을 회고하는 대목에서도 거듭 나온다. 그리하여 이 법회에 참가한 하동산, 이청담이 1950~60년대에 불교정화운동의 최일선에 서고, 조계종단을 재건하여, 종단의 책임자(종정, 총무원장 등)로 있었음은 당연한 행보일 것이다.[99]

다섯째, 유교법회에 참가한 승려들은 법회 참가 이전에도 철저한 수행을 하였지만, 법회가 종료된 이후에는 각처의 주석처로 복귀하여 지속적인 수행을 하였다. 그리고 유교법회의 정신을 계승하기 위한 노력

로 명성이 적지 않았다. 그는 신계사에서 서진하를 은사로 하여 출가 득도를 하고, 건봉사에서 수선안거를 한 이래 20안거를 하였고, 강학 분야에서도 수학을 많이 하였다. 그는 동학사에서 김만우 문하에서 초등과를, 구암사 박한영 문하에서 중등과와 능엄경과 기신론을, 송광사의 김금명 문하에서 반야경과 원각경을 수학하고, 대원사의 박한영 문하에 다시 가서는 고등과를 수료하였다. 그리하여 그는 건봉사 강원 강사를 거쳐 법주사 판사, 강사, 법무의 소임을 맡았다. 그리고 1929년부터는 법주사 주지로 재임하였다. 그는 건봉사, 법주사 강사 소임을 장시간 하였으나 참선 수행도 병행하여 대선사로 불리웠던 것이다, 장석상 이력서는 그가 주지 취임시 일제 당국에 제출한 것으로 신뢰할 수 있다.

97) 강영명은 수좌로서 선학원 초기, 선우공제회 평의원으로 나오는 인물이지만, 그는 범어사의 계단의 법주를 역임한 율사이기도 하였다. 그는 그가 갖고 있었던 범어사 계단의 책임을 하동산에게 넘긴 당사자이다.

98) 이들은 율사로도 많이 불리웠다.

99) 그러나 이 행보와는 이질적인 길을 간 경우도 있다. 예컨대 국묵담, 변월주 등은 대표적인 경우이다. 다른 행보는 차별적 현실인식과 계율 수지에 대한 문제를 말하거니와 일부 승려는 태고종으로 갔다.

을 하였음이 주목된다. 대부분은 선원으로 복귀하여 수행을 하면서 불조혜명을 잇기 위한 고투를 하였다. 1942년에 '우리 공로자의 표창은 우리 손으로'라는 슬로건 아래 『경허집』을 선학원에서 주관하여 1942년에 발간한 것도 단순히 지나칠 것은 아니다.[100] 일제말기에는 대부분 선원 및 토굴 등지에서 수행을 하였다. 그러나 해방이후에는 해인사 가야총림, 봉암사 결사 수행, 불교정화 운동에 동참하였다.

여섯째, 이상과 같은 유교법회에 나타난 성격 및 의미를 종합해 보면 유교법회는 일제 식민통치가 가열화 되던 일제 말기, 선학원 및 수좌들의 자기 정체성을 적극 구현한 법회이었다. 여기서 말하는 자기 정체성은 비구승단 수호, 계율 수호, 현실과 사회에 적극 대응하려는 대승선이었다. 작금의 불교계에서 수좌들이 비판받는 은둔적, 비현실적, 성찰의식의 상실 등의 체질은 찾기 어렵다.

5. 결어

맺는말은 유교법회의 지속적인 연구, 선학원 및 수좌 등 선분야 연구에서 필자, 여타 연구자들이 유의할 점을 제시하는 것으로 대신하고자 한다.

첫째, 유교법회에 대한 자료수집을 강구해야 한다. 40년 전에는 존재하였던 「유교법회 회의록」을 찾아내고 법회의 배경, 진행 등에 대한 세

100) 『경허집』에는 40여 명의 승려가 간행 발기인으로 나온다. 그중에는 유교법회 참가자(만공, 청안, 적음, 석주, 동산, 묵담, 보산 등)도 나온다.

부적인 검토가 이루어져야 할 것이다. 유교법회가 선학원의 공식적인 결정에 의해서 진행된 것인지, 나아가서는 유교법회 전후의 선학원 동향을 파악하기 위한 관련 자료도 수집하고 그를 선학원 역사 복원에 활용하는 것이다. 이것은 근대불교사, 조계종단사 복원에 일익을 제공하는 것은 분명하다.

둘째, 유교법회에 나타난 정신, 사상, 성격 등을 선학원 역사, 근대불교사에서의 자리 매김을 해야 할 것이다. 지금껏 선학원 역사는 재단법인 선학원 안의 테두리에 갇힌 면이 적지 않았다. 추후에는 선학원 역사를 비구승단사, 조계종단사 속에서 그 위상을 재정립해야 할 것으로 본다.

셋째, 유교법회에 참가한 승려들의 행적을 이전과 이후로 대별하여 정리해야 한다. 무릇 역사는 인간이 활동을 하면서 남기는 기록, 그리고 그를 재인식하는 서술이기에 법회에 참가한 승려들의 고뇌, 지향, 수행 등에 대한 종합적인 연구에 임해야 한다.

넷째, 유교법회가 한국 현대불교사에 끼친 영향을 검토해야 한다. 다시 말하자면 유교법회의 계승의식에 대한 점검이 있어야 할 것이다. 예컨대 해방공간의 가야총림, 봉암사 수행결사, 50년대 정화운동 등은 그 단적인 예증이다.

다섯째, 유교법회와 같은 유사 사례를 발굴, 분석, 재평가하여 역사의 숨결을 불어 넣어 주어야 할 것이다. 유교법회는 법회가 있은 지 무려 67년이 지나서야 처음으로 역사적 평가, 재인식을 받게 되었다. 이처럼 파란만장한 근현대 불교의 격랑속에 방치된 역사, 사건, 승려, 고뇌가 없는가를 성찰해야 한다.

여섯째, 유교법회를 근현대 불교사라는 관점에서만 바라보지 말고 한국 불교사, 혹은 한국 근대사 차원이라는 거시적 관점에서 재인식되어야 한다. 이럴 경우 유교법회, 선학원, 조계종단의 역사가 보다 큰 보편성, 탄력성을 갖게 될 것으로 본다. 예컨대 유교법회와 선학원을 비구승단 수호, 계율 수호 차원에서 뿐만 아니라 불교근대화, 불교 사회화의 관점에서는 어떻게 인식할 것인지의 문제도 흥미를 유발할 수 있을 것이다.

지금까지 유교법회, 유교법회와 관련된 후속연구에 참고할 측면을 대별하여 제시하였다. 이같은 지적, 제언이 이 분야 연구에 하나의 돌다리가 되기를 바라마지 않는다.

정화운동의 전개 과정과 성격

1. 서언

한국 현대불교사 및 20세기 불교사의 중요한 대상인 불교 정화운동은 그 중요성에도 불구하고 이제껏 학문적인 연구의 주제로 심화되지 못하였다. 이 원인은 여러 방면에서 찾을 수 있지만 그 본질은 불교계의 역사의식과 성찰의식의 척박함에서 기인하고 있다. 이에 그간 정화운동에 관련된 자료 수집 및 분석, 평가, 연구에 관련된 일련의 작업은 그 양과 질을 평할 수 없을 정도의 빈약한 현실 혹은 황무지였다고 수긍하는 것이 솔직한 고백이다.

이러한 배경 하에서 본 고찰은 근 · 현대 불교사라는 거대한 흐름을 유의하면서 정화운동의 개요와 성격을 본격적으로 점검키 위한 시론으로 삼고자 서술되었다. 다시 말하자면 정화운동의 개요와 성격을 더욱 연구하기 위한 예비 검토이다. 주지하는 바와 같이 정화운동에 관한 일반적인 이해의 틀, 역사적 성격, 평가, 후유증 및 유산 등의 일반화 및 공감대의 정립은 충분한 자료수집 및 분석, 개별적인 사실들에 대한 치밀한 정리 및 분석, 당시 정치 · 사회적 상황의 검토 등 다양한 방면에서의 분석이 있어야 가능하다. 그러나 지금까지 이 분야의 연구[1] 수준은

1) 정화운동에 관련된 고찰은 다음과 같다.
서경수, 「정화의 소용돌이 25년」, 『법륜』 25호, 1970.

일반화 및 보편적인 이해 자체를 어렵게 하고 있다.

또한 불교정화운동의 연구에 장애로 작용하는 현실적인 암초는 현재 조계종과 태고종 간의 일정한 대응의식,[2] 당시 정화운동에 참여한 당사자 및 그 후예의 이해관계, 정화운동의 유산과 직 · 간접적으로 연관된 불교계 구성원의 입장, 최근까지 지속되었던 종단 분규 등을 거론할 수 있다. 바로 이러한 요인이 미래지향적인 역사의식과 성찰의식으로 전환될 때 정화운동의 진실, 본질, 성격은 제자리를 잡을 수 있을 것이다.

불교정화운동은 미시적으로는 현재 조계종단의 재정립과 직접적으로 연결되어 있음은[3] 상식화된 견해이지만, 거시적으로는 근대불교사의

현　담, 「불교정화운동의 민족사적 과제」, 『법회』 21호, 1986.
배재민, 「불교정화운동의 현재적 조명」, 『불교와 한국사회』 3, 1989.
청　화, 「한국현대사속의 불교정화운동」, 『한국불교정화이념의 재조명』, 1989.
송월주, 「불교정화운동의 재조명」, 『한국불교정화이념의 재조명』, 1989.
지　명, 「해방후의 불교계와 정화운동」, 『한국불교사의 재조명』, 1994.
김남수, 「50년대 분규 발생의 정치적 의미 분석」, 『대승정론』 15호, 1997.
박희승, 「불교정화운동 연구」, 『불교평론』 3호, 2000.
강인철, 「해방후 불교와 국가 : 1945~1960」, 『사회와 역사』 57, 2000.
김광식, 「조지훈 · 이청담의 불교계 '분규' 논쟁」, 『한국민족운동사연구』 22, 1999.
______, 「불교 '정화'의 성찰과 재인식」, 『근현대불교의 재조명』, 민족사, 2000.
______, 「전국비구승대표자대회의 시말」, 『근현대 불교의 재조명』, 2000.
______, 「사찰정화대책위원회의 개요와 성격」, 『근현대 불교의 재조명』, 2000.
______, 「불교재건위원회의 개요와 성격, 『근현대 불교의 재조명』, 2000.
______, 「한국 현대불교와 정화운동」, 『한국 현대불교사연구』, 불교시대사, 2006.

2) 예컨대, 태고종 총무원이 1992년 5월 1일에 개최할 예정이었던 「불교의 전통 계승과 개혁에 관한 세미나가 태고종측의 주제 발표 내용에 불만을 품은 조계종측 인사(세미나의 발표자, 토론자)의 참여 거부로 인하여, 무산된 것은 그 단적인 예증이다. 『불교신문』 1992.5.6, 「정화, 법난으로 왜곡주장」 참조. 한편 태고종 총무원은 이 세미나 무산으로 인하여 종단 내부로부터 거센 도전을 받기도 하였다.

3) 예컨대 현재 조계종의 종헌 선서문에 단적으로 나와 있다. 그는 "8 · 15 光復後 宗團의 淸淨과 僧風을 振作하려는 宗徒들의 願力에 의해 佛紀 2498(1954)年 淨化運動이 일어

유산이자 현대불교사의 진원지라는 전제도 무리없이 받아들일 수 있다. 필자는 최근 근 · 현대 불교사 연구에 관심을 갖고 다양한 작업을 해 오면서, 정화운동의 연구는 한국불교사의 재정립 및 근 · 현대 불교사 연구의 심화에 기여를 하는 것으로 이해하게 되었다.

이러한 입장에서 본 고찰은 필자가 그간 정화운동과 직 · 간접적으로 유관한 연구를 해오면서 인식한 불교정화운동의 개요와 역사적 의의를 정리한 것이다. 그러나 논지의 전개는 정화운동을 본격적으로 연구하기 위한 담론 및 시각을 개진하는 것으로 제한하고자 한다. 또한 불교 정화운동을 대하는 필자의 입장은 우선 정화운동[4] 자체를 역사적 사실로 인정한 연후에 구체적인 사실 및 사건의 파악, 전체적인 개요 이해, 본질 및 성격의 탐구 등이 진행되어야 한다는 것이다. 때문에 정화운동에 대한 가치 평가, 현재성(이해관계, 필요성)과의 무리한 연계는 유의해야 한다고 개진한다. 미진한 측면은 지속적인 연구뿐만 아니라 선학의 비판을 받아 보완하고자 한다.

나 自淨과 刷新으로 마침내 宗團의 和合이 이룩되어 佛紀 2506(1962)年 3월 22일 宗憲을 制定하고 統合宗團이 出帆하게 되었다."라고 표출되어 있다. 그리고 1962년에 출범한 통합종단의 선서문에도 그와 유사한 내용이 있다. 그는 "그러나 유감히도 종단운영에 대한 견해차로써 8년 간에 걸쳐 분규가 계속하였으니 이 어찌 통탄지사가 아니리요. 이제 조국은 복지국가 건설을 위하여 총단결 전진하고 있는 이 순간, 우리 종도들도 전국민의 翹望 앞에서 자율적으로 六和의 정신에 입각하여 종단의 전통을 바로잡고 현실 타개를 위하여 이 종헌을 제정함에 이르렀다."고 서술하였던 것이다.

4) 본 고찰에서 필자는 일단 '정화운동'이라는 개념을 사용하지만, 이 개념이 필자의 최종적인 학문적인 입장은 아님을 밝힌다. 현재 이에 대해서는 정화, 분규, 법난, 정화불사 등 다양한 용어가 활용되고 있다. 다만, '정화'라는 표현이 보편화 되었기에 일단은 수용하였다.

2. 정화운동의 배경

한국 현대불교사에 있어서 '정화운동'은 이제껏 1954~1962년의 남한 불교계에서 일어났던 교단(승단)정화로 지칭되었다. 그 교단 정화의 구체적인 내용은 주지하는 바와 같이 대처승의 배제 · 단절 즉, 출가 · 비구승 중심의 교단(승단)의 수립이라는 의미를 말하는 것이다.

그런데 정화운동은 기본적으로는 일제하 식민지 불교의 유산 즉, 식민지 불교의 잔재(대처승)를 척결하려는 수좌들의 의식에서 출발하였기에 정화운동의 1차 배경은 자연적으로 승려의 도성출입금지 해제령(1895) 전후 일본불교의 침투와 식민지불교(1910~1945)라 하겠다. 그리고 2차 배경은 일제의 패망으로 등장한 8 · 15해방 이후 대두된 교단 개혁과 불교혁신운동이라고 볼 수 있다. 이에 정화운동의 시대적 배경은 1895~1947년으로 볼 수 있다.

한편 정화운동의 정신적인 배경은 정화운동의 이념 및 성격을 말한다. 이는 위에서 언급한 시대적 배경에서 정화운동과 직 · 간접적으로 연결시킬 수 있는 내용을 말하는 것이다. 그는 쉽게 접근을 하여도 대처승 배제, 수좌 · 비구승의 배려, 비구승 중심의 교단 수립, 한국불교의 전통 수립, 계율 수호 등으로 이해된다. 그런데 이러한 의미를 확대 해석하면 친일승려의 배제 및 축출, 민족불교 수호로도 나아갈 수 있다. 그러나 이 확대 해석은 명분으로만 흘렀던 측면을 배제할 수 없고, 시기에 따라서도 그 내용은 유동적이었던 것을 고려하면 매우 유의할 측면이다. 그러므로 본 고찰에서는 정화운동의 이념과 본질 등에 대한 세부적인 검토까지는 하지 않는다. 다만 1954년 5월 이후 불교 정화의 대의 명분으로 내세워진 '대처승 배제와 수좌(비구)의 종단(사찰) 주도'라는 연원의 흔적, 그리고 식민지 불교정책을 통하여 나타난 대처승 위주의 불교계 현실 · 모순에 반발한 즉 협의적인 의미로서의 '식민지 불교에 저항'과 관련된 움직임만을 제시하는 것에 머무르고자 한다. 따라서 이를 근본불교 지향 및 한국불교에 대한 '전통주의'로 요약할 수 있을 것이다.

물론 여기에는 정화운동을 주도하였던 당사자들의 현실 · 역사의 인식에 기초하면서도 근현대 불교사의 맥락에 나타난 것을 고려해야 한다. 우선 일제하에 있어서 나타난 흐름 중 유의할 내용을 제시하면 다음과 같다.

첫째, 1919년 11월 15일 상해에서 제작 · 배포된 승려독립선언서의 내용에서 식민지 불교체제에 대항하려는 의식을 찾아볼 수 있다. 즉 그 선언서에는 '대한불교의 일본화와 절멸'에서 구하기 위해 일제와의 '혈전'을 선언하였던 내용이 있다.[5] 이는 일제의 불교정책으로 인하여 불교가 절멸하였다는 인식에서 나온 것인데, 불교의 절멸을 야기한 내용에는 승려의 대처도 포함되었다고 이해된다. 그런데 현재 이 선언서에 관련된 서명자 12명의 승려는 가명으로만 그 인명이 전하기에, 바로 이를 수좌들의 현실인식이었다고 단정하기에는 어려움이 따른다. 추정하건대 당시에는 수좌였지만 그 후에는 대처자도 있었을 것이다.[6]

둘째, 1921년에 창건한 선학원의 설립 정신과 그를 기하여 등장한 수좌들의 선우공제회의 자립 자애의 정신을 유의할 수 있다. 일제의 불교정책의 그물에서 이탈하려는 의도에서 창건된 선학원은 은연중 식민지

5) 『독립신문』(상해판), 1920.3.1, 「불교선언서」.
6) 예컨대 현재 인명 파악이 가능한 오성월, 김구하가 바로 그 대상이다.

불교에 저항하였던 성향을 갖고 있었다.[7] 이에 선학원은 일제하 수좌들에게 있어서는 "교단의 전통을 사수하며, 그 부패의 정화를 모의하는 근거처"로 인식되었던 것이다. 특히 1921년 4월 1일에 창립된 선우공제회를 주도한 수좌들은 불법이 침체되는 현실에서 선풍 진작, 자립자활을 통한 중생 구제를 시도하였다. 물론 그들의 활동은 가시밭길이었는 바, 그 요인중 대부분은 빈약한 재정의 문제였다. 여기에서 그 재정의 빈약을 야기한 것은 크게는 식민지 불교이지만 구체적으로는 불교의 대중화, 근대화를 추동한 승려들의 배척에서 비롯된 것이었다. 따라서 재정 문제로 1926년에 해체를 겪은 이후 재기하였던 선학원이 1931년에는 당시 종단에 중앙선원 설치 및 예산 지원을 요구하였던 것도 바로 여기에서 비롯하였다. 이러한 움직임은 1935년에 가서도 수좌대회를 거쳐 금강산 마하연을 초학수좌의 모범선원으로 지정 요청, 지리산 · 가야산 · 오대산 · 금강산 · 묘향산 등 5대산을 청정 사찰의 근거지로 요청으로도 나타났다. 이는 그 산의 사찰을 모범 총림으로 지정하여 선전통 수립과 동시에 수좌들의 수행 공간의 확보를 기하려는 의도로 이해된다. 그러나 이 같은 요청은 당시 교단 집행부에서 수용되지 못하였다.

셋째, 1926년 백용성을 중심으로 일단의 승려 127명이 승려의 대처식육(帶妻食肉)을 금지해야 한다는 건백서(建白書)에서도 대처승 배척과 비구승 배려라는 의도가 나온다. 이 건백서 제출은 당시 주지 취임 자격의 제한에서 대처자를 제외하려는 의도에서 촉발된 것이었지만, 당시 백용성은 그 건백서에서 대처식육이 당시 불교계 모순의 근원임을 지적하고, 차선으로는 무처 · 유처 승려의 구분과 함께 무처승려의 전용 사찰

7) 김광식, 「일제하 선학원의 운영과 성격」, 『한국독립운동사연구』 8, 1994.

(몇개의 본산) 할애도 요구하였다.[8] 즉 여기에서도 대처자의 배격과 함께 무처승려 즉 전통을 수호하는 비구승 전용의 사찰의 양도가 제기되었다.

넷째, 1928년 3월 각황사에서 개최되었던 조선불교학인대회(朝鮮佛教學人大會)의 정신을 정화운동의 주도자들은 불교 정화의 '싹'으로 인식하였음을[9] 유의할 수 있다. 이 학인대회는 1925년부터 증대된 구학불교(舊學佛教 ; 강원)의 중요성에서 태동되었던 것인데,[10] 구학불교의 중요성은 자연 전통옹호로 이어짐은 당연하였다. 이에 당시 그 대회를 주도한 학인들은 당시 불교를 '자멸의 길을 취해가는 현장', '배교역법(背教逆法)'으로 단정하고, 조선불교의 중흥을 위해서는 계 · 정 · 혜의 강조를 통한 학인들의 일심과 초심의 중요성으로 불교계의 개혁을[11] 추구하였던 것이다.

다섯째, 1934년 12월 선학원은 재단법인 선리참구원으로 전환되면서, 당시 수좌들이 주도한 조선불교선종의 창종과 관련하여 개재된 '전통사수'와 '교단 부흥'의 정신을 거론할 수 있다. 당시 그 창종을 주도하였던 수좌들 자신은 '조선정통의 수도승'이라는 자부심을 갖고 있었다. 그들은 당시 승려들의 대처식육, 막행막식, 파계잡행을 하는 흐름을 비판

8) 김광식, 「1926년 불교계의 대처식육론과 백용성의 건백서」, 『한국독립운동사연구』 11, 1997.

9) 대회 주도자였던 이청담은 후일 그에 대하여, "내가 지금의 우리 불교는 너무 세속화되어 있으므로 우리 젊은 학인스님들이 불교의 정통성 회복에 앞장서야 한다"고 역설하였다고 한다. 『다시 태어나도 이 길을 청담큰스님 평전』, 불교영상, 1996, p.184.

10) 김광식, 「조선불교학인대회연구」, 『한국독립운동사연구』 10, 1996.

11) 당시 대회를 주도한 학인들은 우선 불교 교육제도 개선에 유의하여 그를 종단에 지속적으로 건의하는 등 교육을 통한 불교 개혁에 적극적인 노력을 하였다. 이 사정은 졸고, 「1930년대 강원제도 개선문제」, 『승가교육』 2, 1998 참조.

하면서 '정법에서 퇴진치 아니 하겠다'는 결연한 의식을 다짐했다.[12] 수좌들의 그 정신은 1941년 2월의 고승 유교법회로 이어졌다.[13] 유교법회에서는 청정승풍의 진작과 전통계율의 수호를 기하기 위한 설법이 있었는데, 법회 종료 후에는 비구승만의 범행단을 조직한 것도 특기할 사실이었다.

지금껏 일제하 불교사에서 정화운동의 연원으로 검토할 수 있는 대상을 제시하여 보았다. 이 같은 대상은 더욱 발굴하고 그 성격도 천착하여야 하겠지만, 이 대상과 연결되어 있었던 수좌들이 정화운동을 주도하고 참여하였음은 물론이었다.[14] 이제부터는 해방공간에 있었던 정화운동의 연원을 점검하고자 한다. 8 · 15해방 직후 중앙 불교계에서 전개된 교단개혁 및 불교혁신운동의 내용에서[15] 정화운동의 연원을 요약하겠다.

첫째, 불교혁신운동의 연맹체인 불교혁신총연맹(佛敎革新總聯盟)의 근거처가 선학원이었다는 점을 우선 주목할 수 있다. 일제하 교단 집행부가 퇴진한 가운데 새롭게 등장한 교단 집행부(교정 박한영, 총무원장 김법린)는 시대적 사명의 해결과 불교계에서 강력하게 제기되고 있는 불교개혁

---

12) 김광식, 「조선불교선종과 수좌대회」, 『한국 현대선의 지성사 탐구』, 도피안사, 2010, pp.169~170.

13) 김광식, 「유교법회의 전개과정과 그 성격」, 『한국 현대선의 지성사 탐구』, 도피안사, 2010,

14) 그러나 그 대상를 비구승 전체로 분류할 수는 없다. 왜냐하면 그 수좌중에는 대처승 측에서 활동하거나 가담한 승려도 있었다.

15) 8 · 15해방공간에서의 교단개혁과 유관한 논고는 다음과 같다.
김광식, 「8 · 15해방과 불교계의 동향」, 『불교사연구』 창간호, 1996.
______, 「불교혁신총연맹의 결성과 이념」, 『정덕기박사화갑기념논총』, 1996.
______, 「전국불교도총연맹의 결성과 불교계 동향」, 『목정배박사화갑기념논총』, 1997.
______, 「해방직후 제주 불교계의 동향」, 『한국독립운동사연구』 12, 1998.

에 나섰다. 그러나 그 이행은 점진적, 보수적이었기에 그에 대한 비판과 반발이 재야 불교단체에서 광범위하게 대두되었으니 그 연합체가 불교혁신총연맹이었다. 그런데 총연맹의 근거처가 선학원이었음은 그 실제상으로나 상징적인 측면에서 의미하는 바가 적지 않다. 요컨대 선학원과 연결되어 있었던 수좌들도 교단이 주도한 개혁에는 비판적인 입장이었다는 것을 말하는 것이다.

둘째, 불교혁신총연맹 및 수좌들이 추구한 교단 개혁의 초점은 비구승단 중심의 교단 개혁 및 운영이었다. 교단개혁의 방향은 식민지 불교의 극복, 전통불교 수호, 불교 대중화를 지향하는 것이었지만 당시 교단 및 사찰의 기득권적인 대처승들로서는 수용키 어려운 사정이었다. 총연맹이 내세운 비구승 중심의 대안은 교도제(教徒制)로 요약되었는 바, 그 명분은 승려(行徒), 신자(신도) 즉 사부대중은 모두 부처님의 제자인 교도로 전제하면서도 수도와 수계에 의거 적절한 권한과 역할을 구분해야 한다는 것이었다. 요컨대 수도와 수계를 이행치 않는 대처승은 신도로 신분을 전환시켜야 한다고 주장했다. 협의의 의미로는 진정한 수도자를 승니로, 일반 신도(대처승)를 교도로도 표현하였다.[16] 바로 이 점으로 인하여 당시 교단 집행부 및 보수적인 승려(대처승)들이 교단 · 불교 개혁에 대한 입장이 판이하였던 것이다.

셋째, 재야적인 불교혁신운동을 주도한 구성원은 청년승려, 불교 청년, 진보적인 대처승, 진보적인 수좌 등 출신이 다양하였다. 이는 혁신

16) 예컨대, 전국불교도총연맹 선언문에서는 그 사정을 "우리는 眞實한 修道僧尼를 中心으로 하고 廣範圍한 淸新 男女教徒를 土臺로 하여 萬人이 共鳴하고 大衆이 支持하며 民族이 要求하는 大衆佛教를 建設하려 한다."라고 개진하였다.

운동체 내부에 보수, 진보, 중도라는 정치성향이 망라되었음을 의미하는 것이다. 이는 일면으로는 다양한 출신 및 거점에서 동일하게 비구중심의 교단을 동의하였다는 점을 말해주는 것이다. 즉 비구중심의 교단 재건은 호응 및 공감대를 얻었기에 그 자체가 역사적인 가치를 지니고 있었다고 이해할 수 있는 것이다.

넷째, 불교혁신을 추진한 총연맹 및 총본원(교단)의 인사들의 진보성은 1947년 중반부터 가시화된 미군정의 우익중심 정책으로 타격을 입으면서, 점차 비구승 증심의 교단 재건은 침체 · 소멸로 귀결되었다. 이 같은 귀결은 당시 교단 집행부의 우익중심적인 편향에서도 기인하였으며, 그 결과 총연맹 및 선학원의 움직임은 이북불교의 모방이니, 일시의 과도기적 유행병으로도 매도당하였다. 즉 매카시즘적인 구도에서 '좌익분자', '빨갱이'로 지칭 · 모함되었다. 이를 더욱 단정케 한 요인은 혁신연맹 인사가 김구의 북행에 동행한 후 북한에 잔류한 사실과 토지개혁에 대하여 무상몰수 무상분배를 주장한 것이었다. 이 요인은 미군정의 탄압을 초래하면서 자체의 결속의 이완과 해체를 초래케 한 원인으로도 작용하였다.

그리하여 해방공간에서의 '정화'의 움직임은 강렬하게 제기, 추진되었지만 그에 관련된 다양한 논란만 남기고 현실적으로 이행된 것은 거의 부재하였다. 오히려 이후 정화운동을 추진함에 운신의 폭을 제약하는 유산을 남겼던 것이다. 이는 정상적인 교단 개혁을 통한 정화운동의 퇴진을 의미하였다. 따라서 이후 정화운동의 추진이 파행적이고 기형적인 형태로 나타날 수밖에 없는 단초를 제공한 것으로 이해하고자 한다.

3. 정화운동의 전개

1) 정화운동의 태동(1947. 2~1954. 5) ; 1단계

해방공간에서의 정화운동은 재야 혁신단체와 수좌(선학원)들의 결합으로부터 가시화되어 교단 개혁으로 비화되었지만 결실을 맺지 못하였다. 그런데 그 움직임이 침체, 소멸되었던 그 즈음부터 불교계 일각에서는 수좌들의 자생적인 정화 움직임이 구현되기 시작하였다. 대략 이 같은 움직임은 이승만의 불교 정화 '담화'(유시)에 의해 촉발되어 본격적인 정화운동이 불붙기 이전까지 지속되었다는 것과 함께 교단과는 거리를 둔 상태에서 시작되었다고 이해하고자 한다. 이러한 문제의식을 제시하는 것은 정화운동의 자생적 측면을 강조키 위함에서 나온 것이다. 지금껏 이승만의 담화를 정화운동의 가장 중요한 기점 및 원인으로 이해되어 온 기존의 시각은 불교계 외부의 요인을 지나치게 강조한 측면이 적지 않았다. 물론 그 유시로 상징되는 국가권력의 개입 및 지원이라는 사실, 나아가서는 국가권력에 예속되었던 구도를 부정할 수는 없다. 이제부터는 그 담화 발표 이전 불교계 내부에서 정화운동이 움트고 있었던 정황을 대별하여 제시하겠다.

첫째, 정화운동을 주도하였으며 정화운동의 산물로 등장한 조계종단의 상층부를 점하였던[17] 수좌들이 근본불교 지향을 통하여 전통불교의 회복을 강조한 봉암사 결사가 있었다. 봉암사 결사는 1947년 가을에 시작되어 1950년 봄에 중단되었지만 그 3년간 시행하였던 결사 내용 자

17) 봉암사 결사와 유관한 승려들이 조계종단의 종정과 총무원장을 상당수 역임하였다.

체가 이후 정화운동의 이념적 기초로 활용되었을 뿐만 아니라, 정화운동이 마무리 된 이후 종단이 지향할 방향을 제공하여 주었다는 측면에서 의미가 깊다. 당시 그 결사에 참여한 수좌들이 제정하고 실천에 옮긴 '공주규약(共住規約)'은 그들의 의식과 지향을 단적으로 보여주고 있다.[18] 즉 부처와 조사의 사상의 실천, 자급자족, 계율과 포살 강조, 의례 및 의식의 개선, 청규와 율법 준수 등이었다. 당시 그 결사를 주도한 이성철은 그를 '부처님 법대로만 살아보자'는 것이었다고 요약하였다.

둘째, 송만암(宋蔓庵)이 백양사를 중심으로 전개한 고불총림(古佛叢林)의 정신도 정화운동의 범주로 이해할 수 있다. 그간 고불총림의 정신은 송만암이 정화운동 추진시의 행적으로 인하여 무관심의 대상으로 전락되었음을 부인키 어렵다. 그러나 고불총림 사상의 내용을 전하는 기록을[19] 분석해 보면 교단차원의 불교 · 교단의 개혁이 불투명하였던 1947년 2월부터 가시화되어 6 · 25 이전까지는 지속되었다고 보인다. 고불(古佛)이라 함은 "朝鮮古土 回復한 此時에 佛敎도 回生된 事"에서 보이듯 불교의 회생을 기도한 것이었다. 그리고 여기에서 고불은 해방공간 당시의 불교가 아니라 옛, 이전의 불교로의 회복 · 회생을 말하는 것이다. 구체적으로 말하자면 석존과 고사석덕(高師碩德)의 정신을 계승하겠다는 의지의 발로였다. 이에 송만암은 이 같은 정신을 구현하겠다는 사찰, 회중에 총림이라는 명사를 칭하였던 것이다.

그런데 고불총림에서는 당시 보편화되어 있었던 대처승의 문제를 현실(現 敎門의 事情)로 인식하는 가운데 차선의 대안을 갖고 그를 해결하고

18) 『수다라』 10호(1995), 「1947년 봉암사결사」.
19) 『만암문집』(백양사, 1997)에는 고불총림의 내용을 전하는 자료가 다수 있다.

자 하였다. 그 요체는 승려중에 계체(戒體)가 완전한 대상은 정법중(正法衆)으로, 계체가 불완전한 대상은 호법중(護法衆)으로 칭하자고 하였다. 그는 이를 과거의 이 · 사판제(理 · 事判制)에서 기인하였음을 밝히며, 사찰의 관리도 우선 삼보사찰부터 계덕이 완전한 승려가 담당한 이후 차차로 여타 사찰도 기회를 따라서 예전의 면목을 회복하자고 제안하였다. 그리하여 과도적으로는 사찰내의 동거하는 정법중과 호법중은 그 신분의 분별을 분명히 하고 그에 따른 업무분장도 구분하자고 하였다. 이 같은 조치에 나타난 그의 지향점은 "마음이 淨化하여야 國土가 淨化한다는 佛祖의 銘訓"을 유의할 것을 강조하였던 바에서 단적으로 알 수 있다. 송만암이 추구한 이 같은 정신은 당시 교단과의 결별을 분명히 개진하면서 나온 것이었으며, 계율과 비구 중심의 운영을 '철칙'으로 천명하였다는 바에서 그 의미가 더욱 살아나는 것이다.

셋째, 농지개혁의 이행 구도에서 위축된 사찰 경제로 인하여 수좌들의 존립 자체가 위험시되면서, 이에 대한 수좌들의 불만 · 해소의식이 강렬하게 제기된 것을 유의해야 한다. 해방공간시의 주요한 정치 · 사회적 과제였던 토지개혁은 1949년 6월 21일 공포된 농지개혁법으로 구체화되었다. 그런데 이 법의 시행은 1950년 6월 경에 이르러 가능하였지만, 6 · 25발발로 인하여 1951~2년경에 가서야 시행에 들어갔던 것이다. 이 농지개혁으로 인하여 사찰 경제는 큰 타격을 받았는데, 그는 자경(自耕) 이외의 토지는 농민들에게 분배되었던 원칙에서 나온 것이다. 따라서 사찰 경제의 위축은 사찰의 보호 · 유지 뿐만 아니라, 승려의 식량 확보의 측면에서도 문제점을 야기하였던 것이다. 이러한 상황하에서 그 이전부터 불교계 내부에서 배척 · 소외되었던 수좌들은 더욱 더 생존 · 수행 자체에 큰 위협을 겪고 있었다.[20] 그리하여 수좌들은 수행공간 확보라는 절대절명의 명분과 실리를 추구하였다.[21]

그런데 당시 불교계 지도자들은[22] 이 같은 사찰 경제 위축의 문제점을 해소키 위해 당시 대통령이었던 이승만에게 그 해결을 수시로 요구하였다. 이 문제는 농민들에게 이미 분배된 사찰농지의 반환이라는 방법을 통하여 해소될 수 있는 방향으로 가게 되었다. 그는 이승만의 국무회의에서의 유시[23] 및 촉구로[24] 이어졌으며, 마침내 1953년 7월 6일에는 농림 · 내무 · 문교부 장관 연명으로 각도지사에게 지시가 내리기도 하였다.[25] 그 내용은 사찰 자경농지의 재사정을 통하여 사찰농지의 반환 조치가 이루어질 수 있는 방안의[26] 실천이었다. 이러한 전후사정에서 이

---

20) 예컨대 6 · 25 당시 부산으로 피난간 수좌들이 범어사에 배척받았으며, 하동산도 범어사를 떠날(1953.5) 수밖에 없었다는 정황은 바로 그를 단적으로 말해주는 것이다.

21) 이러한 사정에 대하여 黃晟起는 「한국불교의 나아갈 길」, 『불교사상의 본질과 한국불교의 제문제』, 보림사, 1989, p.306에서 다음과 같이 개진하였다. 즉 "지금까지 수행에만 전심하던 이판승들에게 생활은 극도로 위태로운 지경에 이르렀고, 드디어 그들은 사판승들에게 생활 적선의 보장을 기대할 수 없게 되니 그들도 이제는 자기생존을 위하여 자신들이 직접 경제주권을 장악해야 하겠다고 생각하게 되었다. 그래서 처음에는 몇몇 절들의 운영권만을 넘겨 자치 자활하게 해달라고 요구했으니, 이것이 거부되자, 마침내는 한국불교 전체의 주권을 장악해야 하겠다는 결심을 하고 전면 투쟁으로 발전하게 되니, 이것이 불교분규의 근인이다."라 하였다.

22) 그 대표적인 인물은 당시 총무원장이었던 이종욱이었다.

23) 1952년 4월 1일, 제 25차 국무회의. 1952년 12월 15일 제109차 국무회의.

24) 1953년 5월 4일, 이승만은 그 자신이 직접 서술한 "사찰을 보호 유지하자"는 담화문을 발표하였다.

25) 농촌경제연구원, 『농지개혁사 관계사료집』 제2집(1984), p.142의 「사찰자경농지조사보고에 관한 건」(자료번호, 3-6-21).

26) 농촌경제연구원, 『농지개혁사 관계사료집』 제1집(1984), pp.177~178의 「사찰자경농지사정요령」(자료번호, 2-8 ; 1953년 7월 6일 農地제1764호). 재사정의 근거는 사찰내의 승려 숫자, 국보 및 천연기념물 대상과 숫자, 대웅전과 부속건물이었는데, 그에 따라 사찰이 자경 농지 보유면적은 증대되었다.

승만은 사찰경제, 불교계 정황 등을 소상히 파악할 수 있는 계기가 되었을 것이다. 요컨대 빈번한 승려와의 접촉과 사찰 방문은 그를 단적으로 말하는 것이며, 예컨대 하동산 · 이청담 등이 불교 정화의 당위성을 역설하였다는[27] 구전은 바로 그를 말하여 주는 것으로 보인다. 또한 이승만이 사찰농지 반환을 강행한[28] 명분은 사찰이 문화재라는 것에서 찾았던 것이다. 그런데 그가 대처승의 만연과 그로 인하여 사찰의 관리가 문제시되었음을 파악하였다면 추후에 구체화되었지만 불교 정화의 담화가 등장할 수 있는 소지로 변질되었을 것이라는 점이다.[29] 실제 이승만이 행한 초기의 담화 내용에는 사찰정화, 문화재 보호, 토지 반환의 내용이 상당수 포함되었다.

넷째, 고불총림을 주도하였던 송만암이 교정으로 등장한(1951.6.20) 이후 교단 중심부에서 구체화된 수좌 전용 사찰 할애의 문제를 정화운동의 하나의 계기로 인식할 수 있다. 이 수좌 전용 사찰의 문제를 제기한 승려는 선학원의 이대의(李大義)였다. 이대의는 해방공간 혁신단체에 관여한 이력이 있었다. 요컨대 그는 1952년 봄 교정인 송만암에게 수좌 전용 사찰 할애를 요구하는 진정서를 제출하고, 송만암은 독신승려 전용 수행 사찰을 제공하라는 유시를 내렸다는 것이다.[30] 이 진정서 제출과

27) 『東山大宗師文集』, 동산문도회, 1998, pp.293~295에는 그 내용이 전하고 있다. 1953년 1월 10일 하동산과 이승만의 대화 내용인데, 그는 수행승들의 거주 사찰문제로 삼보사찰만이라도 수행승에게 거주케해야 한다는 요청이었다. 그리고 하동산은 1953년 5월 경에는 제방의 선원에 격문을 보내 사판승들의 횡포에 공동으로 대항할 것을 호소하였다고 한다. 이는 당시 수좌승들의 위기 의식을 잘 보여주는 것이다.

28) 당시 내각과 언론계에서는 그 반발이 적지 않았다.

29) 이승만의 정화 담화가 나온 배경으로 고려되어온 기독교 우선정책, 정치적 목적(비판 세력 제거, 정략적인 활용), 장기 집권 등에 대한 고려는 본고찰에서 제외하였다.

30) 『대의대종사전집』, 대한불교 대승회, 1978, pp.88~89.

유시로 인하여 1952년 11월의 통도사 정기 교무회의(종회)에서 그 원칙을 정하고, 1953년 4월의 불국사 법규위원회에서 18개[31] 사찰을 수좌 측에게 제공하는 방침을 확정하였다. 그러나 당시 그 사찰 할애는 즉시 이행되지 않아,[32] 수좌들은 큰 불만을 갖기에 이르렀다. 이에 수좌들은 수도승단 재건을 기하겠다는 의식을 갖고 1953년 가을 선학원에서 '불교혁신운동'을 재발기하려고[33] 일정한 노력을 하였지만 큰 성과는 기하지 못하였다.[34] 이러한 측면은 교단에 대한 부정, 대처승에 대한 배타성을 야기할 요인으로 작용하였을 것이다.

지금까지 정화운동 1단계의 기간중 정화운동의 태동과 유관한 사례를 제시하여 보았다. 따라서 위에서 제시한 요인들이 중첩되면서 본격적인 정화운동이 일어날 수 있는 정황이었음을 파악할 수 있다. 나아가서 정화운동의 계기가 이승만의 유시라는 기존의 인식을 수정 · 재고할 수 있는 단서를 찾을 수 있다.

---

31) 어느 기록에는 48사찰이라는 설도 있다.

32) 당시 교정이었던 송만암은 정화운동이 발발한 이후(1954.11.20) 기존 총무원 측의 제14회 중앙교무회의 訓辭에서, "革新淨化도 꾀하지 아니한 바 아니었으나 年久함 積弊를 一朝에 頓祛치 못하여 年復年 可謂 卓上空論으로 돌아가게된 것은 사실입니다." 라 하였다. 송만암의 이같은 발언은 기존 총무원(대처) 내부에서의 정화 및 비구 전용 사찰 할애가 실패하였음을 인정한 것이었다. 『만암문집』 p.227, 「宗正訓辭」.

33) 그 수좌는 채동일, 강석주, 김대월, 김형준 등이었다고 한다. 위의 책, pp.90~91.

34) 이와 관련하여 강석주는 그 사정을 다음과 같이 회고 하였다. "만암 스님이 불국사에서 회의를 할때 나도 갔었는데, 그때 독신승에게 수행사찰 몇 개만이라도 달라했지요, 그것이 잘되었으면 일이 커지지 않았어요, 통도사에에서도 회의를 했고 만암스님이 그런 말을 해서 선학원에서 수좌대회를 한번 했지요, 그래 가지고 정화운동이 시작되었어요, 그런 와중에 이박사가 유시를 했지요, 유시가 도움이 되었는가는 모르지만 그 전부터 정화운동은 태동한 것이지요". 『선우도량』 11호(1997.6), p.245.

2) 정화운동의 준비(1954. 5~1954. 11) ; 2단계

정화운동의 2단계는 1954년 5월 20일에 있었던 이른바 이승만 대통령의 '담화(유시)'를 기점으로 시작되는 것으로 보고자 한다. 지금까지는 이 2단계를 정화운동의 출발로 보았으나 필자는 정화운동의 자생성을 강조하는 취지에서 인식의 전환을 시도하고자 한다. 요컨대 이승만의 담화와 그로써 비롯된 공권력의 개입으로 정화운동의 추진이 본격화되었음은 인정하지만, 정화운동의 틀을 제공한 역사적 사건으로 이해되는 1955년 8월의 전국승려대회까지 불과 1년 여라는 것을 유의하고자 한다. 요컨대 그 짧은 기간에 정화운동의 틀이 정비되었음은 공권력의 개입과 후원만으로는 설명되어지지는 않는다는 입장이다. 지금부터 정화운동의 2단계에서 유의할 측면을 다음과 같이 요약하고자 한다.

우선 이승만의 담화는 기존 종단(대처 측)과 비구 측의 즉각적인 대응의식을 노출시켰다. 이에 기존 집행부는 1954년 6월 20일에 중앙교무회를 개최하여 종헌 개정을 통한 체제정비를 기하였다. 요컨대 승단을 수행단과 교화단으로 구분하였다. 이는 비구승과 대처승의 공존을 종헌에서 근거를 마련하였음을 말한다.[35] 그리고 비구 측 수좌들에게 48사찰을 양도할 것을 결의하였다. 이처럼 종권을 장악하였던 대처측이 이승만의 유시에 대응하여 기민하게 대응하면서 이전 논란이 있었던 사찰할애를 단행한 것은 이대의의 진정과 송만암의 유시에 노출된 문제가 '공권력'으로 가시화될 수 있는 더 큰 파장을 조기에 차단하려는 의도로 이해된다.

---

35) 당시 교정이었던 송만암은 그 교무회에 宣示로서, 그의 입장을 개진하였다. 그는 理事判 同調竝行, 教風淨化, 사부대중의 단결, 재정확립 등이었다.

한편 비구측은 선학원에서 정화운동을 추진 · 준비할 체제 정비에 나섰거니와 그는 6월 24~5일에 결성된 불교정화추진발기회와 교단정화운동추진준비위원회가 바로 그것이었다. 비구측도 기민하게 정화운동 조직체 결성에 나설 수 있었던 것에서 공권력을 비구측에 유리하게 활용하려는 기회 포착이라는 면도 제기할 수 있지만, 그는 담화 이전 즉 필자가 제시한 정화 1단계에서 교단의 처사에 대한 논란과 의식이 파급되었던 흐름에서 가능하였을 것이다.[36)]

이처럼 양측이 그 담화가 발표된 직후 위와 같이 기민하게 대응한 것의 이면에는 담화가 가져올 파장을 충분히 예견한 것도 있었지만, 거기에는 수좌 전용 사찰 할애의 논란으로 상징되었던 문제점 역설적으로는 '정화'에 대한 공감대가 형성되었을 것으로 이해된다.

비구측은 본격적인 정화운동을 추진하기 위한 방향, 노선, 대책, 조직체 출범 등을 준비하였다. 8월 24~25일의 전국비구승대표자대회에서는 교단정리(승적), 승려교양, 종헌제정을 결의하면서 정화 추진위원 및 대책위원을 선정하였다. 그런데 이 대회에서는 정화 추진의 온건론과[37)] 강경론이 노출 · 대립되었으나 대처승 배제라는 강령론이 지배적인 분위기였다.[38)] 이 같은 결정은 일면 강경노선을 의미하는 것이었지만 운

36) 당시 이승만의 담화에 대하여 일부 비구승들은 이승만의 행적과 기독교신자 등의 이유로 의심을 하였다는 기록도 있다. 이에 8월 24~5일 비구승대표자대회 도중 이승만을 면담하여 그 진의를 확인하고, "우리가 뜻하는 불교정화"를 지지하는 것으로 알고 유시 담화에 대한 의심을 풀고 불교정화운동을 계속하였다는 내용이다. 『한국근현대불교자료전집』(민족사, 1996), pp.63~64의 「한국불교정화의 투쟁경위서」.

37) 온건론은 대처측에서 할애 사찰(48처)을 양도받아 점진적으로 수행을 하자는 입장이었다.

38) 그는 대처측 승려들에게 또 한번 속을 수 없다는 배신감과 주객을 분명히 하여 비구승 중심의 승단을 구축하겠다는 의식에서 나온 것이었다.

동의 선명성과 대외의 홍보면에서는 유리하였다. 즉 대의명분상 유리하였고, 실제 그 논리가 사회 및 언론계에서 일면 호응을 받았다. 이어서 9월 28~29일의 전국비구승대회에서는 비구측의 종헌제정위원들이 마련한 종헌의 선포를 하였는데,[39] 여기에서는 대처승을 호법중 즉 신도로 전환시키겠다는 의지를 확고히 하였다.

이처럼 비구측은 정화운동을 가동시키기 위한 원칙과 명분을 종헌에서 모색하였다. 그러나 그 종헌의 내용 중 이른바 환부역조(換父易祖)[40] 문제가 불거져 나와 운동 추진에 장애로 등장하였다. 이로 인하여 당시 교정인 송만암의 반발과 태고문손으로 자칭하였던 일부 비구승들의 비협조 및 이탈을 가져왔던 것이다.

지금까지 살펴본 바와 같이 정화를 추진한 비구측은 운동의 이론적인 근거인 종헌 제정, 새로운 집행부 선출(9.30, 11.3)을 기하면서 본격적인 자기정비를 통한 정화운동의 준비를 완료하였다. 그후 당시 교단 집행부와 대화와 타협을 시도하였지만,[41] 그 시도는 여의치 않았다. 이제 정화운동은 또 다른 변화를 가져올 수밖에 없었다고 보여진다. 이 같은 2단계는 선학원을 근거로 정화운동을 추진하기 위한 준비단계로 이해할 수 있다.

---

39) 이 대회에는 당시 교단책임자인 교정 송만암도 참석하여 긍정적인 동의를 하였다.

40) 환부역조라 함은 종단의 법통과 종조에 직결되었던 문제로, 기존 태고보우국사에서 보조지눌국사로의 전환을 의미한다.

41) 기존 집행부는 1954년 10월 9일 종정, 총무원장, 각도기관장이 참여한 종단기관장 회의를 개최하여 비구측의 종헌 제정 등에 관련된 문제를 결정하였다. 그 초점은 종헌에서 대처승을 호법중(신도)로 규정한 점과 종조변경(태고국사에서 보조국사로)으로 인하여 종조 및 종정을 별도로 할 것이었다. 당시 그 회의에서는 비구측의 의도를 거부 · 수용에 대한 찬반을 시행하여 13 ; 8로 거부키로 하였다.

3) 정화운동의 추진(1954. 11.~1955. 8) ; 3단계

지금껏 선학원에서 정화운동을 추진하기 위한 제반 준비를 하였던 비구측은 보다 본격적인 정화를 시행하기 위한 새로운 행보를 시작하였다. 그는 한국불교와 조계종단의 상징 사찰이자 종단 사무실이 있었던 사찰인 태고사의 진입(11.5)이었다.[42] 그런데 이를 촉진케 한 것은 11월 4일에 행하여진 이승만의 제2차 담화이었다. 그 내용은 '왜식 종교관을 버리라'는 제목에서[43] 파악되듯이 비구측을 더욱 후원하는 것이었다. 이승만의 담화를 확인한 비구측은 11월 5일 태고사에 진입하여, 당시 종권을 장악하였던 대처승측에게 종권 및 사무 양도를 요구하였다. 그러나 태고사 진입은 정화운동의 문제가 사회문제로 비화시키고, 국회로 문제가 확대되는 기점을 제공하였다.

한편 대처측은 공권력의 압박, 사회 여론의 불리 등으로 인하여 종권 집행부의 퇴진을 결의(1954.11.20~24)하였다. 그러나 그 종권을 이른바 태고문손 계열인 대처측 비구들에게 인계하였다. 이는 대처측도 정화운동의 대세를 수용할 수밖에 없었던 정황을 말하여 준다. 당시 임석진 총무원장은 전국 사찰에 공문을 보내, 승풍 정화운동을 전개하라고 지시하였다. 이러한 가운데 이승만의 담화는 지속되었고, 비구측은 1954년 12월 전국비구 · 비구니대회를 개최하여 경무대까지 시가행진도 하였다.

42) 비구측에서는 이를 '불교정화 제1보의 실천'으로, 대처측에서는 정화운동의 이의 제기를 할 경우에는 조계사를 진입하기 이전으로의 '환원' 및 '원상복귀'를 강조함에서 그 의미를 단적으로 알 수 있다.

43) 이 유시 제목은 왜식습관을 버리라, 불교의 전통을 살려 일본풍속의 승니생활을 버리라, 왜식관습 버리라, 왜식 종교관을 일척 등 다양하게 표현되었다.

그러나 비구 · 대처 양측의 대립은 타협되지 않는 가운데 문교부가 개입한 가운데 사찰정화수습대책위원회가 구성되고, 1955년 2월 4일에 이르러서는 승려자격 8대원칙이[44] 결정되었다. 이처럼 승려자격이 양측의 합의로 결정되었음은 정화운동 추진이 진일보한 것으로 이해된다. 이는 비구측의 그간 주장이 반영되었음과 대처측도 이전의 문제점을 시인한 것이었기 때문이다. 그리고 공권력(내무부 주관)이 개입하여 8대원칙에 해당한 승려들을 파악하여 그 대상이 1,189명으로 발표되었다.

한편 공권력은 문교 · 내무부장관의 연명으로 8대원칙에 해당되는 승려들로 주지 교체, 대처승의 사찰로부터 퇴각 등을 골자로 하는 사찰정화대책실시 요령을 1955년 5월 9일자로 비구, 대처 양측에게 요구하였다. 그러나 이 제안은 비구측에 의하여 거부되었다. 대처측도 이전 승려자격 합의 사항에 대하여 이의를 제기하여, 대처승을 교화승으로 인정해야 한다는 주장을 제기하였다. 그 당시 또 하나의 풍조가 된 것은 대처승의 이혼이었다. 이는 이혼을 통하여 법적으로 독신임을 확보하고 기존 사찰에서 지속적인 기득권을 확보키 위함이었다.

비구측은 공권력이 제시한 그 같은 제한적인 정화보다는 보다 근원적인 정화를 기하기 위하여 전국승려대회의 개최를 통한 해결을 기하고자 하였다. 그러나 이 전국승려대회개최 안은 대처측이 반대하였기에 비구측은 독자적으로 그를 추진하기에 이르자, 공권력은 그를 허용치 않는 가운데 비구측은 단식 농성으로 그에 항의하였다.

이러한 가운데 1955년 7월 11일, 문교부가 개입하는 가운데 그 대립을

44) 그는 1. 獨身, 2. 削髮染衣, 3. 修道, 4. 20歲 以上, 5. 不酒草育, 6. 不犯四婆羅夷(不殺生, 不偷盜, 不邪淫, 不妄語), 7. 非不具者, 8. 3년이상 僧團生活 해 온자 등이다.

해소키 위한 사찰정화대책위원회가 구성되었다. 그는 비구 · 대처 양측의 전권 대표 각 5인이 위원으로 참가하였다. 7월 13~16일 제4차의 위원회까지 개최된 그 회의의 주 논점은 비구측 주장인 전국승려대회 개최안의 처리 여부였다. 당시 대처측은 사찰 내부의 정화에만 유의하였다.[45] 마침내 대처측이 반발, 이탈하는 가운데 그 안건은 표결에 붙여져 비구측은 5:3으로 가결 처리된 것으로 선언하였다. 그러나 당시 공권력은 그 표결을 인정치 않았다. 그럼에도 불구하고 비구측은 8월 1일부터 승려대회 강행을 준비하였다. 공권력이 그 대회를 부인, 반대한 것은 대처측과의 합의에 문제가 있다고 여겼기 때문이다.

이에 문교부는 그 표결을 정상화, 순리적으로 도출시키기 위한 대책을 강구하였거니와 그는 그 사찰정화대책위원회의 재개최, 재표결을 시도하는 것이었다. 그리하여 8월 11일 체신청 3층 회의실에서 그 위원회는 재개최되었으며, 일부 무리가 있었지만 7:1이라는 전국승려대회 개최의 가결을 확보케 되었던 것이다.

이러한 배경 하에서 8월 12일 비구측이 주도한 전국승려대회가 태고사(조계사)에서 개최되었다. 1천여 명의 승려가 참가한 그 대회에서는 기존 총무원 및 종단 간부들의 해임, 신 종회 구성, 종헌 제정 · 통과, 신 집행부 구성 등이 이루어졌다. 그리고 동시에 전국 주요 사찰의 주지가 새로이 임명되는 가운데 조계사, 봉은사, 개운사 등의 주지 교체가 단행되었다. 이 같은 결정은 당시 공권력이 인정하였음은 물론이었다.

---

45) 그는 정부가 제시한 방안에만 유의한 것으로 비구승의 주지 취임, 대처승의 사찰밖으로의 퇴각이었다. 이러한 진행은 대처승측이 장악하였던 종권에는 큰 변동이 없을 것으로 판단하였을 것으로 보인다. 그러나 대처측은 대처승(교화승)의 존속과 주지 선출시에도 비구승이 부족하면 당분간 교화승에서 적임자를 선정하는 대안을 갖고 있었다.

이로써 승려자격 8대원칙 합의 및 파악, 전국승려대회 개최를 통하여 정화운동의 추진은 일단락되었다. 이 정화운동 3단계에서는 2단계에서 수립한 정화의 원칙을 중앙 불교계 차원에서 구체적으로 이행하였다는 특징을 갖게 되었다. 또한 그는 명분과 실제, 사회 여론, 공권력에서도 동의를 받았다는 것에 더욱 큰 의미가 있었다. 그러나 이는 외형적인 마무리였고 그 내부 및 불교계 전체의 정화는 이제 시작일 뿐이었다.

4) 정화운동의 전국화(1955. 8~1962. 4) ; 4단계

전국승려대회를 통하여 가시화된 정화운동의 전국화는 곧 전불교계로의 파급을 의미하였다. 즉, 승려대회에서 제정한 종헌의 틀에 의거하여 우선 전 사찰의 정화를 시작함을 말하는 것이었다. 구체적으로는 대처승 주지의 퇴진과 비구승측 승려로의 관리였다. 그러나 그 이행은 간단치 않았다. 순조롭게 이행된 곳도 있었지만 반발, 거부, 대응, 폭력 사태가 뒤따르기도 하였다. 요컨대 '사찰쟁탈전'이 치열하였던 것이다. 특히 종단에서 관리하였던 기업체, 학교 등의 인수인계는 더욱 난감한 일이었다.

이 같은 정황은 곧 대처측의 비협조 및 저항을 의미하는 것이었다. 이제 문제는 사법부의 무대로 이전되었다. 대처측은 승려대회의 원천 부정과 사찰 관리권 유지를 위한 문제를 법원에 제소하였다. 그리하여 이 4단계에서의 특징은 정화운동의 무대가 재판, 사법부로 이전된 것이다. 대처측은 전국 승려대회 개최의 타당성을 제공한 사찰정화대책위원회의 표결(7:1) 자체를 부인함에서 실마리를 풀어가려고 하였다.

그리하여 제1심(1955.6.15)에서는 대처측의 승리, 제2심(1957.9.17)에서는 비구측의 승리로 나왔다. 이러한 송사가 진행되면서 불거진 논리는 이른바 정교분리의 문제였다. 또한 문제시된 것은 수많은 송사가 진행되면서 불교계 재산이 송사비용으로 탕진되었다는 것이었다. 그러한 가운데에서도 공권력이 비구측의 논리와 이행을 지원하였기에 점차로 전국에 산재한 상당수의 사찰이 비구측 관리하에 놓이게 되었다. 또한 비구측은 자체 정비 및 정화운동의 논리를 위하여 불교정화 30년계획을[46] 수립하기도 하였다.

그런데 이 단계에서 돌출된 문제는 4 · 19혁명으로 인한 이승만의 퇴진이었다. 이에 대처측은 이승만정권은 독재정권이라는 사회적인 분위기하에 이승만정권하에 나타난 정화운동과 그 부산물은 무효이기에 배척되어야 한다는 논리를 갖고[47] 그를 실행에 옮겼다. 이에 대처측은 당시 불교계 상황에 대한 논리적인 정비를 기하면서[48] 비구측을 '관제불교단체'로 인식하였다. 4 · 19 이후의 변화를 종권 수복의 절호의 기회로

46) 그 개요는 교단정화, 승단정화, 사찰정화, 국가정화, 세계평화를 기본구도로 하였다.
47) 대처측의 그 입장은 당시 대처측의 종정이었던 鞠聲祐(默潭)의 諭告文(1960.9.1)에 잘 나와 있다. 그 일부를 보면 다음과 같다. 즉, "4월 혁명이 성공을 거두어서 …… 이 때에 우리 대한불교 조계종은 이(李) 정권의 비호하에 이루어진 일부 승려(세칭 비구승)들의 불법집단인 관제 불교단체를 해체하고 따라서 종단은 단기 4287년(1954) 11월 5일 분규 사태 이전으로 환원하여 일부 침체되었던 종권을 완전히 수복할 것을 엄숙히 선포하고"라는 유고문이다. 『默潭大宗師文集』(1999, 묵담대종사문집간행회) p.466 참조. 그리고 대처측은 1961년 6월 9일 청련사에서 개최된 제19회 정기중앙종회에서 비구측을 '관제불교단체'로 규정하고 그 해체와 함께 태고사를 비롯한 전국 사찰의 '수복'을 결의하였다. 그리고 대처측은 이승만이 비구측을 옹호하고 불교를 간섭한 유일의 근거를 사찰령에 찾고, 그 폐지운동을 전개하였다. 『현대불교』 5호(1960.7), pp.26~27. 「中央宗會 參觀記」.
48) 이에 대한 개요와 내용은 『현대불교』 7호(1961.4)에 기고한 권상로의 글, 「佛教界의 紛爭 – 年頭에 부치는 그 是非의 白書」에 잘 나와 있다.

여기었음은 물론이었다. 그리하여 일시적으로 비구 · 대처승 간의 갈등 및 폭력사태가 발생하였다.

이러한 사태에 즈음하여 나온 사건이 비구측의 대법원 난입 및 할복 사건이었다. 대처측의 정당성 확보를 위한 1, 2심의 재판 소송이 대법원으로 이관된 판결과 유관한 것이다. 당시 비구측은 전국승려대회를 개최하여(1960.11.19) 대법원에서의 판결을 주목하는 가운데 정화의 논리를 홍보하였다. 그러나 대법원에서는 비구측이 승소한 2심 판결이 문제가 있다고 하여,[49] 2심인 고등법원으로 환송하였다. 당시 비구측은 대법원 판결시 비구측 승소의 확정을 기대하다. 판결이 예상을 뒤엎은 결과가 나오면서 대법원의 진입 및 6명 비구의 할복사태(1960.11.24)가 나타냈다.

그후 비구 · 대처측의 대응은 5 · 16군사쿠데타에 의해 또 다른 변화를 맞이하였다. 정권을 장악한 군부세력은 불교정화운동으로 나타난 불교계 사태를 분규로 단정하고 사회 안정 차원에서 그를 해소하고자 하였다.[50] 당초 군사정부는 종교단체등록법을 활용하여 그 문제를 해결하고자 하였으나 양측이 동일한 단체명으로 등록 · 신청하여 그 실마리는 풀리지 않았다. 1961년 8월 경 종교단체심의위원회의 구성을 통한 조정을 시도하였으나 비구측의 반대로 역시 좌절되었다.[51] 이러한 배경에서 나온 것이 이른바 불교재건위원회였다. 비구 · 대처 양측의 대표 각 5인이

49) 『불교판례집』(대한불교조계종총무원, 1996), p.711, 「대책위원으로 선임된 대처승과 비구승이 결의한 전국승려대회 결의 무효확인 소송의 정당한 당사자」. 그 요지는 고등법원에서 피고의 당사자 적격에 관한 법리를 오해하였다 하여 2심 판결의 파기를 선언한 것이다.

50) 『한국일보』 1962.1.13, 「분쟁 계속 안될 말 – 박의장 불교재건을 종용」.

51) 『현대불교』 9호(1962.2), pp.40~41, 「佛教再建白書」.

참여한 가운데 개최된 그 위원회는 당시 공권력을 담당한 군부세력의 적극적인 개입하에 진행되었다.

이에 불교재건위원회는 1962년 1월에 4차례의 회의를 거치면서 재건비상종회 개원을 담보케 하였다. 재건비상종회는 비구 · 대처 대표 각 15인으로 구성되었는데, 여기에서는 종헌 제정을 성사시켰다. 그러나 여기에서도 승려의 자격 문제(대처승의 기득권)로 논란이 있었으나 그 판단은 문교부 해석에 맡긴다는 타협점이 등장하였다.

그런데 당시 대처측은 그 종헌의 내용중 위에서 언급한 승려 자격과 대처승의 기득권 문제에 대하여 이견을 개진하고, 그 제정 · 통과된 종헌의 이행에 가담치 않았다. 즉 종헌을 부정하였다. 이에 문교부는 기존 재건 비상종회의 재구성(비구 5, 대처 5, 사회인사 5)을 통하여 돌파구를 찾고 종헌 일부 수정을 거쳐 종헌을 선포(1962.3.25)하였다.

정화운동의 4단계에서의 가장 중요한 것은 4 · 19, 5 · 16을 거치면서 일단은 비구측 중심의 종권 장악과 종헌 제정이 지속되었다는 것이다. 이는 1955년 8월 전국승려대회의 결정이 일관되었음을 말해주는 것이다. 이 단계의 또 하나의 특성은 정화운동의 논란이 불교계 내부에 머무른 것이 아니고 사법부와 정치권 내부의 문제로 깊숙이 자리잡았다는 것이다. 요컨대 공권력의 개입 정도가 2단계에서는 유시 차원에서, 3단계에서는 정화운동의 틀 및 구도 설정에 개입하였다면, 4단계에서는 정화운동의 적법 여부 판정 뿐만 아니라 종회 구성, 종헌 제정, 승려 자격 문제로 상징되는 미세한 분야까지 개입하였다고 이해된다.

5) 통합종단의 성립(1962. 4~1970. 5)

비구 · 대처 양측이 우여곡절을 거쳐 합의 · 제정한 종헌은 일시적으로 대처측의 반발로 즉각 이행되지는 못하였다. 그러나 당시 공권력이 자율적 해결의 부재시 강제성의 법으로 해결하겠다는 최후통첩을 발동하자 대처측은 그에 협조하였다. 이에 1962년 3월 25일 수정된 종헌의 재확정 · 공포 절차를 갖고, 4월 1일에는 불교재건비상종회 의원이 참가하여 종정(이효봉)과 총무원장(임석진)을 선출하였다. 그 후 4월 11일에 이르서는 통합종단은 역사적인 출발을 하였다.

그 후, 종단의 인수 · 인계와 종단 실무진의 간부가 선출되었기에 통합종단의 출범은 정상적이었다. 그러나 이 통합종단은 출범 4개월 후 돌연 큰 위험에 직면하였다. 그는 기존 재건 비상종회의 해체를 거친 이후에 등장한 새로운 종회 구성에서 비구 · 대처측의 의원 비율문제였다. 당시 그 비율은 32 : 18로 비구측의 우세였다. 이는 당시 문교부의 구상이었는데, 이는 종단은 정상화되었지만 실질 운영에 있어서는 비구측의 입장이 옹호되었음을 반영하는 것이다.

대처측은 이에 반발하면서 종회 불참, 종단 간부의 사퇴, 통합 이전으로의 환원을 주장하는 성명서 발표 등을 하였다. 마침내 대처측은 서대문에 별도의 총무원을 설립하였으니, 그는 '대한불교조계종 총무원'이었다. 이로써 비구 · 대처의 갈등은 재연되었다. 이럴 즈음 조지훈은 비구 · 대처 양측의 대화와 타협을 요구하였는데, 그 요지는 '정화'와 '통합'이라는 대안을 갖고 한국불교도 살리고 분교계 '분규'도 해소하자는 것이었다.[52] 조지훈의 그 제안은 대처측의 이탈로 정화운동 당위성의 상

52) 김광식, 「조지훈 · 이청담의 불교계 '분규' 논쟁」, 『한국민족운동사연구』 22, 1999.

실과 통합종단의 좌초를 염려한 것에서 나온 것이다.

그러나 당시 문교부는 통합종단의 정당성을 옹호하였다. 그 옹호의 명분으로 활용된 것은 이른바 불교재산관리법(1962.8.22 제정)이었다. 대처측은 또 다시 문제를 사법부로 이전시켰다. 그 결과 1심에서는 대처측 승소(1965.6.11), 2심에서는 비구측 승소(1965.9.7)로 이어졌다. 이 소송은 대법원으로 지속되어 1969년 10월 23일 비구측의 승소로[53] 귀결되었다.

그런데 이 단계에서 유의할 점은 대처측이 소송을 지속하는 가운데에도 통합종단 내에서는 이른바 '화동(和同)'으로 요약되는 대처측의 포섭의 노력이 가시화되었다는(1965.3) 점이다.[54] 문호개방으로도 지칭되었던 그 노력은 일정 수의 종회 의원을 화동파(대처측 유입)에게 제공하는 문제까지 구체화되었다.[55] 불교화동근대화추진위원회(손경산, 신종원)의 활동은 그 대표적인 것이었다. 그와 유사한 움직임은 1969년 12월 비구와 대처측의 상징 인물인 이청담과 박대륜의 회담으로도 구체화되었다. 이 회담은 양측의 대동단합을 기하려는 차원에서 시도된 것이었다.

한편 통합종단 출범 이후에는 비록 대처측이 반발 · 이탈하였지만 당시 공권력과 사회 여론의 지원 하에 통합 종단에 대한 우위 및 타당성은 고착화되어 갔다고 보여진다. 그런데 문제시 되었던 것은 그 고착화에 비례하여 종단 내부의 문제가 새로운 차원에서 등장하기 시작하였다는 것이다. 그 문제는 우선 종단의 주요 구성대상인 승려들에서부터 가

---

53) 『동아일보』 1969.10.24, 「"현 조계종헌 유효" 대법 대처측의 개정무효소 기각」.

54) 『제1대중앙종회회의록』(1999, 조계종 중앙종회), p.319, 「화동추진위원회 인준요청의 건」.

55) 『경향신문』 1967.2.8, 「10년만의 和解, 比丘僧 · 帶妻僧 派閥意識 버리고 불교계 統合 문턱에」. 당시 타협의 내용은 중앙종회 의원 비율은 29:21로, 교구본사의 지분은 15:8이었다.

시화되었다. 즉 종단이 외견상 안정을 취하면서 대처측과의 대응도 어느 정도 약화되자 서서히 그에 안주하는 상황이 노정되었다는 측면이다. 이를 달리 표현하자면 정화운동의 추진을 교단 · 승단 · 사찰정화 등 단계를 설정하였으면서도 교단정화(대처승 배제)에 머물렀다는 것을 의미하였다. 이에 서서히 종단 내부에는 주어진 현실에 안주하거나 타협하려는 성향이 노골화되었다. 이는 정화운동이 전개되면서 승단에 유입된 대상들의 현실인식의 산물과 무관할 수는 없는 것이다. 당초 정화운동을 추진한 주류는 수좌들이었지만 정화가 10여 년 경과하면서 급격히 유입된 대상들은 수좌일 수도 없었고, 수행할 여건 및 여유도 없었다. 이들은 각처 사찰의 관리 책임자가 되면서 대처측으로부터의 야기된 도전에 대한 사찰 수호에 유의하였다. 그러나 또 한편으로는 사찰 관리에 뒤따를 수 있는 부산물에만 전념하는 즉 기득권 유지에만 급급하는 현상을[56] 초래케 하였다. 이 같은 정황은 종권 갈등을 잉태케 하였거니와 그 예증이 종정인 이청담과 총무원장 손경산의 갈등이었다. 문제는 이 같은 성향이 서서히 종단 내부의 보편적인 분위기 및 정서로 고착화되는 흐름이었다.[57]

이러한 제반 정황은 곧 정화운동의 변질이라고 말할 수 있는 단면이었

56) 정화운동의 이론을 제공하였던 李鍾益은 그를, "그 뒤, 뜻 아닌 比丘 · 帶妻의 對立과 相剋으로 風風 · 雨雨 十餘星霜에 寺刹財產 大部分과 宗權이 比丘僧에 歸屬되었으나 事後 收拾과 現狀維持에만 급급하여"로 서술하였다. 『曹溪宗中興論』(1976, 보련각)의 序文 참조.

57) 『대한불교』 330호(1969.12.14)의 「60년대 한국불교의 움직임 ① 정화불사」에서는 그를 다음과 같이 요약하였다. 즉, "그리하여 불교내의 비본질적 요소를 제거 순수한 전통불교를 찾아보려는 정화운동은 엉뚱하게도 불교분쟁내지는 재산싸움으로 변했고 그것은 한국불교의 발전을 극도로 제한하는 암적 요소가 되고 만 것이다."라는 내용이다.

다. 정화운동 이념의 변질과 퇴색에 즈음하여 나타난 현상은 종단내부의 폭력적인 요소였다.[58] 이 같은 요인과 함께 고려할 측면은 대처측으로부터 유입된 화동파의 성향이었다. 그 화동파 전체라고 말할 수는 없었지만 유입된 화동파로 대변되는 성향은 당초 정화운동이 지향하였던 불교상과 조화될 수 없는 측면도 적지 않았다. 유입된 화동파는 정화운동에서 배척하려 하였던 바로 그 당사자인 대처승 혹은 대처승 출신이었다.[59] 후일 바로 이점이 이청담의 종단 탈퇴의 명분으로 작용하였다.

또 하나의 문제점으로 등장한 것은 종단의 구성 대상인 신도들의 불만이었다. 실제 정화운동이 가시적으로 성사된 것은 공권력의 지원과 함께 사회 여론이었다. 그 여론에는 우선 광범위한 신도들의 유 · 무형의 지원도 상당하였던 것이다. 그런데 정화가 일단락되어 가면서 종단내부에 싹트기 시작한 안주 및 타협을 확인한 신도들은 서서히 그에 만족치 않고, 이탈하는 현상이 나타났다고 이해된다. 그 같은 현상이 종단적인 차원에서 최초로 구체화된 것은 1963년 11월에 구체화된 전국신도회의 종헌 개정 요구 시위였다.[60] 당시 전국신도회는 종헌 개정 요구에서 진정한 사부대중 공동체, 수도승단의 건립, 신도의 종정 참여 등을 제기하였다. 대한불교조계종 혁신재건안으로 표방된 그 요구는 일부 종회의원의 동의하에 일시적으로는 종단 내부에서 호응을 얻었다. 이 요

58) 당시 종단내 폭력사태를 단적으로 예증하고, 불교계에 큰 파장을 야기한 사건은 1968년 11월 7일에 일어난 불국사 사태였다. 『제2대중앙종회회의록』(조계종종회, 2000), pp.193~198, 제19회 중앙종회 회의록 중 불국사 사태 관련 내용. 『대한불교』 274호(1968. 11.17), 「敎法守護 信徒團體協議會 구성 -法亂收拾策강구」 참조.

59) 그러나 이들은 호적상 혹은 실정법 상으로는 단신 수도자였을 것으로 이해된다.

60) 『대한불교』 45호(1963.12.1), 「全國信徒會 重要都市代表者大會」.

구는 기획위원회 설치(1964.1, 종법에 의거, 승속의 위원 21명)의 단초로 변질되었지만,[61] 이는 당시 그 정황을 말해주는 상징적인 사례로 볼 수 있다.

지금껏 살펴본 종단 내부의 문제점은 정화운동이 지향한 근본정신과는 큰 이질성을 갖는 것이었다. 그 문제점의 노출은 정화운동을 실질적으로 주도한 이청담의 종단 탈퇴로[62] 극명하게 확인되었다.[63] 이청담은 그 탈퇴의 명분을 정화의 순수한 이념 퇴색에서 찾았다. 당시 종단의 정황을 단면적으로 알려주는 것은 당시 『대한불교』의 사설(1969.8.17)의 내용인데 그는 무사안일주의, 문중파벌주의, 화동의 미명아래 고개를 쳐드는 정화역행의 경향, 현대사회 무관심을 종단이 경계해야할 '적'으로 지적한 것이다.

위와 같은 성향을 내재한 정화운동의 5단계는 통합종단의 출범부터 대처측의 독자노선을 표방한 태고종 창종(1970.5)까지로 본다. 그 이후 조계종단에서는 정화운동이라는 말 자체가 급격히 사라져 갔거니와, 이는 정화정신의 실종을 의미하는 것이다. 정화운동을 주도한 이청담이 탈종과 복귀를 거치면서 총무원장을 맡아 종단을 책임지겠다는 행보를 간 것도 정화운동의 지속을 고려한 행보이다. 그러나 그의 입적(1971.11) 이후 정화운동의 정신은 퇴색되었다고 보는 것이 타당하다.

---

61) 『대한불교』 46호(1964.1.1), 「四部衆의 宗政參與 위한 企劃委員會 構成」.

62) 『대한불교』 313호(1969.8.17), 「佛敎界 代表 靑潭大宗師 宗團脫退 -淨化理念 찾을 길 없어」.

63) 이 같은 정화 지도자들 자신이 정화의 결과에 대하여 '아쉬움을' 자인한 것은 정화운동의 이해에 중요한 단서를 제공하는 것이다. 鄭金烏, 「韓國佛敎淨化의 正眼」(『대한불교』 51호, 1964.7.19). 崔月山, 「比丘는 다시 再검토할 때가 왔다 -宗團은 四部衆의 것」(『대한불교』 312 · 313호, 1969.8.10, 8.17). 李大義, 「靑潭스님은 왜 曹溪宗을 脫退했나」(『대한불교』 315호, 1969.8.31).

4. 정화운동의 유산

정화운동은 근대불교의 부산물이자, 현대불교의 진원지이기에 정화운동이 남긴 유산은 실로 다양한 측면에서 접근할 수 있다. 그리고 정화운동의 긍정 · 부정적인 측면은 70~90년대 불교계뿐만 아니라 현재까지도 지속되었다고 보아야 할 것이다. 이제부터는 정화운동의 유산을 긍정 · 부정적인 측면으로 대별하여 제시하고자 한다.

긍정적인 측면을 요약하여 말하면 식민지 불교의 극복, 교단 정체성의 회복을 통한 불교의 발전을 추구하였다는 것이다. 이 내용을 구분하여 살펴보면 다음과 같다.

첫째, 한국불교의 전통의식을 환기시켜 주었다. 이 측면에서 전통이라 함은 주로 계율적인 면에서 접근하여 승려의 대처는 한국 불교 전통과는 이질적이라는 면을 확고히 하여 주었다. 또한 전통불교의 회복을 통하여 근본불교의 강조라는 점도 찾게 되었음은 당연한 행보였던 것이다.

둘째, 교단, 승단, 승가, 승려의 청정의식을 일깨워 주었다. 이 같은 청정의식은 그 이후에도 지속되었을 뿐만 아니라 현재 한국불교의 지향점임을 분명히 제시하였다. 이는 '정화'라는 어원에서 나온 것이었지만 정화운동을 발의, 주도, 추진한 주체(수좌)들의 청정한 의식과 행동이 사회 여론 및 신도들에게 일정한 지지를 받았음을 의미한다.

셋째, 불교의 전통 및 지향이 민족불교임을 표방케 하였다. 이는 정화운동의 추진이 식민지 불교의 청산 즉 식민지불교의 부산물인 대처승을 배척하는 명분에서 배태된 것이었다. 이는 다분히 운동의 당위성과 여론 홍보용으로 활용된 측면을 배제할 수는 없지만, 당시 사회에서 일정한 호응을 받은 것으로 보인다. 그리하여 정화운동 이후 호국불교라는 개념이 등장한 것도 이 같은 시각에서 보아야 할 것이다.

넷째, 교단(종단)의 정체성에 대한 의식을 환기시켜 주었다. 요컨대 한국불교, 교단, 조계종단이 나아가야 할 이념 및 방향에 대한 의식을 일으켜 주면서, 그 구체적인 방향에 대한 고민을 제시하였다. 교육, 포교, 역경 등 불교의 현대화를 표방한 것은 그 단적인 실례이다.

다섯째, 정화운동은 결과적으로 사찰내부의 정비 및 문화재 보호라는 긍정적인 효과를 가져다주었다. 사찰 내 속가의 퇴거가 단행되었으며, 정부의 일정한 후원을 받으면서 사찰정비와 문화재의 보수 및 정비가 고양되었다.

지금부터는 정화운동의 부정적인 측면을 개별적으로 제시하겠다. 이 부정적인 측면은 지금껏 다양한 입장에서 접근하고 논의되었다고 이해되지만 냉철한, 성찰적인, 미래지향적인, 교단 차원에서의 이해는 미진하였다는 것이 일반적인 견해이다.

첫째, 정화운동의 방법에서 불교적인 방법보다는 공권력 의존과 폭력이 수반되었다. 이는 일면 불가피한 것이었다고 하지만, 정화운동의 선명성을 크게 퇴색시키는 것이었다. 공권력 의존은 이승만의 유시 및 공권력(1, 3공화국) 개입을 말한다. 이승만의 유시가 나온 배경에 대해서 지금껏 그 원인이 분분하지만 아직은 구체적이며 객관적인 이해는 갖지 못한 실정이다. 그러나 그러한 공권력의 의존은 정화운동이 추진된 기간 내내 지속되어 왔다는 것을 부인할 수 없다. 승려대회 개최, 종권 확보 및 유지, 사찰 접수 및 유지 · 보호, 사법부 판결에 종속 등에서 그 실례는 다양하게 나타났다. 1980년대의 불교계에서 개정 · 폐지의 논란이 드셌던 불교재산관리법도 정화시에는 비구측에서 크게 환영받았음은 물론이었다. 이 같은 구도에서 수많은 내분이 사법부에 의뢰되었던 것이다. 요컨대 불교 자주화에 역행한 결과를 가져왔다고 보인다. 또한 폭력의 수반도 그 후유증이라는 면에서는 공권력 의존과 대동소이한 것이었다. 불교계 구성원의 폭력구사뿐만 아니라 외부의 세력을 불교계 내부로 흡수시켰고, 그 일부는 정화운동 이후 불교계에 잔존하였다는 증언은 여러 곳에서 확인할 수 있다. 문제는 이러한 두 측면의 정화운동의 방법은 현재까지도 지속되었다고 보는 불교계 내외의 평가인 것이다. 이 산물과 뒤엉켜 나온 것은 불교의 사회적 명예 추락과 불교 재산 손실임은 쉽게 수긍할 수 있다.

둘째, 정화운동 실행의 요체로 나타난 대처승 배제는 결과적으로 한국불교의 전통을 협소케 하고 그 본질을 위축케 하였다. 정화운동의 이념으로 상징되었던 '청정불교'의 역기능으로 구체화된 '대처승 배제'는 한국불교의 전통으로는 적절치 않다는 것이다. 대처승의 존재는 한국불교의 전통에서 설 자리가 비좁은 것은 사실이지만, 대처승 배제가 전통의 전부라고 말하기는 어렵다. 승려의 청정성과 계율 수호는 성직자로서의 기본이자 당위라는 것이다. 달리 말하자면 대처승 배제만을 강조한 정화운동의 현실은 한국불교 이념의 정체성 수립에 장애를 초래하였다. 대처승 배제, 계율 수호 등은 근본불교 및 한국불교의 사상과 정체성 확립에 최소한의 기초이지 그것이 이념이나 노선 혹은 대안이 될 수 없다는 것이다. 요컨대 대처승 배제만을 강조하여 저절로 정체성의 기반 축소, 한국불교 이념의 협소를 가져왔던 것이다. 다만 정화운동을 추진한 주체가 수좌 · 선사였기에 정화운동 당시부터 현재까지 선에 대한 우위성과 강조는 지속되었다. 그러나 이 경우에도 한국불교의 이념에서 선이 큰 영향을 갖고 있었지만, 그것이 한국 불교사상의 전체가 아님은 자명하였다. 또한 통합종단이 등장한 이후에도 선 강조, 선원의 활성화 등이 있었다고는 보기 어렵다.

셋째, 정화운동의 추진 주체인 승려의 자질 문제를 지적할 수 있다. 결국 정화운동을 추진하는 주체, 불교계 주요 구성원은 승려이었다. 그러나 정화운동 초창기에는 승려의 자질 문제가 등장하지 않았지만 시간이 흐를수록 운동의 단계가 증대될수록 이 문제는 노골화되었던 것이다. 이는 운동 초창기의 수좌는 200여 명 내외, 비구와 비구니를 합하여 800여 명이었지만 통합종단이 등장한 1963년과 1964년 경우의 승려 숫자를 『대한불교』에서는 5,427명과[64] 11,899명으로[65] 보도하였다. 이는 승려의 급격한 증가를 말하는 것이다. 또한 당시는 운동이 치열하였기에 행자교육, 기초 · 기본교육 자체가 성립되지 않았다. 이에 정화운동을 주도한 상층부에서는 이 문제를 통감하고 그 대책을 강구하였으며, 1962년 이후 종단의 진로를 우려하였던 승려 대부분이 승려의 교육 · 재교육을 강조하고 나섰던 것이다. 물론 불교계의 유입된 인물들이 불교 정신에 투철하였다면 문제가 복잡하지 않았지만 그들의 사찰과 불교계의 운영은 적지 않은 파행을 야기하였다는 것이 일반적인 평가였음을 유의해야 할 것이다. 은처승, 문중 · 문도의 이익 추구, 사부대중 공동체의 이념 상실 등은 바로 여기에서 나온 것이었다. 특히 계율 파괴와

64) 『대한불교』 45호(1963.12.1), 「1963년 教界青書」.

65) 『대한불교』 72호(1964.12.27), 「1964년 教界青書」. 이 내용에는 승려 숫자가 지난해보다 상당히 증가하였다고 서술한 대목이 우리의 시선을 끌고 있다.

은처승 문제는 정화운동의 근본을 망실케 장본인이었다. 더욱이 이러한 측면은 불교계의 재원이 사유화되고, 나아가서 종권의 유지 및 재생산의 구조와 결합될 수 있는 '불씨'를 잉태할 소지가 다분함을 말하는 것이다. 그는 정화운동의 명분과 당위성을 저버린 처사였으며 반정화운동 그 자체였다.

넷째, 정화운동 추진계획의 상실을 지적할 수 있다. 일반적으로는 운동에는 주체, 이념, 운동의 단계별 목표, 목적 등을 수반하는 것이 상식이지만 정화운동에서는 이 같은 운동의 계획 혹은 프로그램이 부재하였다고 보인다. 물론 대처승과의 갈등이 노골화되거나, 사법부의 판단으로 송사에 일시적으로 패배하였을 경우, 정화운동의 미진을 염려하면서 그 계획을 수립한 실례는 있었다. 그리하여 불교정화 30년 계획, 사부대중 공동체 지향, 종회의 이원화(상원은 승려, 하원은 재가신도), 종단 3대사업(도제양성, 역경, 포교), 불교 현대화 등이 거론 · 토의되었지만 그 이행이 정상화되었다고 볼 수는 없다. 그 계획은 늘상 반복되었으며, 중단되기 일쑤였으며, 실행보다는 현실에 안주하였으며, 정상적인 합의가 도출되었다고 볼 수는 없었다. 그리하여 이 같은 제반 실상은 운동의 노선과 방향감각의 상실을 의미하는 것이었다. 때문에 이 같은 저변에서 남는 것은 대처승과의 갈등, 종권 쟁탈전 및 분규, 사찰 접수 및 수호 등이었다고 말하는 것을 몰이해라고 부정할 수는 없다. 물론 통합종단 이후 승려의 교육 강조, 불교의 현대화가 제시되어 종단의 방침으로도 제시되었지만 그것이 일관적인 방향, 철학 · 불교사상, 근 · 현대 불교사의 성찰 등에서 자생되었으며 가시적인 결실을 맺었다고 보기는 어렵다.

5. 결어

이상으로 한국 현대불교사에 한 획을 그었으며, 큰 영향을 끼친 불교정화운동의 전개과정과 그에 나타난 성격을 조망하여 보았다. 이제 맺는말은 그 개요와 의미를 요약하는 것으로 대하고자 한다.

일제의 식민지 불교를 극복하고 불교의 정체성을 재정비하려는 일단의 수좌들에 의하여 시작된 정화운동은 그 자체가 불교현대사의 분수령이었다. 그러나 그 운동은 식민지 불교의 유산에서 배태되었으며, 정화운동 이후 불교사의 노선과 성격을 잉태하였다. 따라서 정화운동은 정화운동이 전개되었던 시기의 문제에 머물러서 바라볼 수 없는 성격을 갖고 있다.

이러한 전제하에서 정화운동의 배경을 요약하면 다음과 같다. 우선 시기적인 배경은 일본불교의 침투가 가시화되었으며 한국불교 변화의 기점을 제공한 도성출입금지 해제령(1895) 이후부터 8 · 15해방될 때까지, 8 · 15해방부터 해방공간에서의 교단 차원의 개혁이 변질된 1947년까지로 볼 수 있다. 그리고 정화운동의 이념의 연원은 대처승 배제와 협의적인 식민지 불교에 저항의 의미가 담겨진 사례에서 찾을 수 있다. 그 대상은 1919년의 승려독립선언서에 나타난 일본불교화의 차단, 1921년에 창건된 선학원 및 선우공제회의 정신과 선학원 수좌들의 수좌전용 사찰 할애 요구, 1926년 백용성의 대처식육 금지를 요청한 건백서에 나타난 무처 · 유처승려 구분과 수좌전용 사찰 할애 요구, 1928년 강원의 학인들이 주도한 조선불교학인대회의 전통수호 정신, 1935년 선리참구원의 등장에 즈음하여 나타난 조선불교선종의 창종 정신, 고승유교법회의 전통수호 정신 등이다. 8 · 15해방공간에서의 연원은 다음과 같이 정리할 수 있다. 선학원이 교단개혁을 지향한 혁신단체의 근거처였다는 점, 교단개혁의 초점은 비구승단 중심의 불교계 운영, 다양한 혁신운동 구성원 전체가 비구승단 운영을 동의하였다는 점, 미군정 · 교단의 우익 중심 정책으로 혁신단체 및 선학원의 혁신은 사회주의 색채로 매도당하였는 점 등이다.

이 같은 배경에서 전개된 정화운동은 대략 5단계로 구분하여 이해할 수 있다. 1단계는 정화운동의 태동으로서, 1947년 2월부터 1954년 5월까지로 보고자 한다. 1단계에서는 이승만의 담화가 등장하기 이전에 정화운동이 자생적으로 등장한 사례를 찾아볼 수 있다. 그는 봉암사결사 정신, 고불총림의 지향, 농지개혁으로 나타난 수좌들의 생존 · 수행차원의 공간 확보, 이대의와 송만암이 제시한 수좌전용 사찰 할애의 논란 등이다.

2단계에서는 이승만의 담화가 등장한 직후부터 1954년 비구측이 11월 5일 태고사(조계사)에 진입하기 이전의 제반 정황을 말한다. 여기에서는 대처측의 중앙교무회에서 수행승단과 교화승단을 공존케 한 종헌개정, 비구측에서 주도한 불교정화추진발기회와 교단정화운동추진준비위원회가 우선 지목된다. 그 후 비구측은 전국비구승대표자대회와 전국비구승니대회를 거쳐 비구승 중심의 종헌을 제정하였다. 이 같은 행보는 본격적인 정화를 추진키 위한 준비 단계로 이해된다.

3단계는 비구측이 태고사에 진입하여 1955년 8월 12일 전국승려대회를 통하여 정화운동을 일단락한 시기를 말한다. 태고사에 진입한 비구측은 종권인수를 위해 다양한 노력을 기하면서 1954년 12월에는 전국비구 · 비구니대회를 추진하였다. 그후 문교부가 개입한 가운데 비구 · 대처 양측이 합의한 승려자격 8대원칙이 결정되었다. 문교부는 이러한 전제에서 사찰정화를 추진하였다. 그러나 비구측은 전국승려대회를 개최하여 보다 근본적인 정화를 시도하였으며, 대처측은 기존 승려 자격의 이의를 제기하였다. 이 같은 이질적인 대응은 문교부가 주도한 사찰정화대책위원회의 개최로 나아갔다. 그러나 그 위원회에서의 주논란은 전국승려대회의 개최 여부에 대한 타당성 문제였는 바, 그 결과(5:3)에 대하여 비구측은 일방적인 대회개최를 선언하였지만 공권력과 대처측은 그에 동의하지 않았다. 마침내 사찰정화대책위원회의 재개최, 재표결(7:1)을 통한 전국승려대회는 8월 12일에 개최되어 비구측 주도의 종헌이 제정되면서 중앙불교계 차원의 정화운동은 일단락되었다.

4단계는 전국승려대회에서 제정된 종헌에 기초한 내용이 전불교계에서 구체화되었기에 정화운동의 전국화로 볼 수 있다. 그러나 그 이행은 구체적으로 사찰의 접수와 대처승 퇴각으로 요약되었기에 간단치 않았다. 이에 그 과정에서 적지 않은 반발과 폭력이 뒤따랐다. 그리고 이 단계에서는 대처측이 승려대회의 결정을 부인하고 그 해결을 사법부에 의뢰하였기에 정화운동의 타당성이 재판에 의해 좌우되었다. 또한 4 · 19, 5 · 16을 거치면서 정화운동은 적지 않은 혼란을 겪었지만 대체로는 비구측 주도의 종헌과 종단 장악이 지속되었다. 그 단적인 예가 1962년 1월에 등장한 불교재건위원회의 등장이었다. 재건위원회는 비구 · 대처 양측이 참여한 가운데 재건비상종회를 구성하였고, 재건비상종회에서는 새로운 종헌을 탄생시켰다. 일시적으로는 대처측이 반대하였지만 그 종헌은 비구 · 대처 양측에 의해 동의를 받았다. 여기에서는 공권력의 개입이 이전보다 더욱 심화된 특징을 찾을 수 있다.

5단계는 새롭게 등장한 종헌에 의해서 비구 · 대처 양측이 동참하고 공권력이 동의한 종단 집행부가 등장한 이른바 통합종단의 시기였다. 그리고 5단계는 대처측이 독자 노선을 선언한 1970년 5월의 태고종 창종까지로 보고자 한다. 이 단계에서는 종회의원의 비율에 이의를 제기한 대처측의 이탈과 반발이 우선 주목된다. 그러나 이후에는 조계종단 주도의 양측의 화해와 단합을 추구한 화동 노력이 지속되었다. 그런데 5단계에서도 대처측이 지속적으로 비구측 종헌 및 집행부의 무효를 주장하는 소송이 지속되었으나 1969년 10월에는 비구측 종헌의 타당성이 대법원에서 최종적으로 인정받게 되었다.

한편 이 단계에서는 비구측 종단 즉 조계종단 내부에 서서히 정화운동의 이념을 저해하는 이질성이 등장하였다. 그는 현실 안주, 반정화운동의 행태, 수행 풍토 퇴락 등을 의미하는 것이다. 이로써 5단계의 특징은 정화운동의 쇠진, 소멸의 분위기가 급격히 자리잡았음에서 찾을 수 있다. 이는 정화를 주도한 수좌들 자신이 정화의 문제점을 지적한 내용에 단적으로 나온다.

이 같이 5단계로 구분할 수 있었던 정화운동은 불교 현대사에 여러 측면의 긍정과 부정의 유산을 남기었다. 긍정적인 유산은 한국불교의 전통의식 환기, 승가 · 승려의 청정의식 강조, 민족불교 지향이라는 노선 도출, 종단 정체성에 대한 의식 환기, 사찰정비 및 문화재 보수 등이었다. 부정적인 유산은 공권력 의존과 폭력 수반, 대처승 배제를 강조하여 결과적으로 한국불교 전통의 범위를 위축케 함, 승려 자질 문제 노출 즉 급격한 승려의 증가로 불교계 전체 모순으로 작용, 정화운동 추진계획 부재 및 일관성 미흡 등을 지적할 수 있다.

불교 정화운동은 식민지 불교의 유산이자, 현대불교의 진원지이라 볼 수 있기에 정화운동을 바라보는 시각은 매우 다양할 수 있다. 그는 식민지 불교와 현대불교를 어떻게 바라볼 것인가에 따라서 정화운동에 대한 이해와 평가도 상반될 수 있기 때문이다. 또한 정화운동 이해의 심화 조건은 충분한 자료 수집, 치밀한 사건 및 개요 정리, 냉정한 평가 등이다. 따라서 우리는 정화운동의 연구를 통하여 근현대불교사 재정립에 나설 시대적 과제에 직면하고 있다.

제2부

선학원의 주역, 만공

만공의 정신사와 총독부에서의 '선기 발로' 사건

만공의 민족운동과 유교법회 · 간월암 기도

만공 · 만해 · 김구의 독립운동 루트

만공의 정신사와 총독부에서의 '선기 발로'(1937) 사건

1. 서언

근대 불교사를 빛낸 걸출한 선사에서 결코 간과할 수 없는 고승이 있었으니 그는 만공(滿空, 1871~1946)이었다. 그렇지만 만공의 행적, 사상, 영향, 위상 등에 비추어 보건대 그에 대한 학술적인 분석, 연구는 심화되지 않았다. 지금껏 발표된 연구 성과를 성찰적으로 살피면 주로 선사상, 선학원 등에 경도되었다.

본 고찰은 이와 같은 전제하에서 만공의 행적을 '정신사'라는 관점으로 조명하면서, 만공이 1937년 총독부에서 행한 '선기 발로(禪機 發露)'[1] 사건의 성격과 위상을 조명하려는 글이다. 그래서 만공 정신사의 전개는 독립운동의 범주에 포함되었음을 강조하려고 한다. 필자는 이와 같은 취지에서 만공의 생애와 사상, 행적을 불교라는 관점 및 테두리에서만 보지 말자는 것을 제언한다. 물론 만공은 큰스님이었고, 근대불교사에서 지울 수 없는 업적을 갖고 있다. 그러나 만공을 큰스님, 불교, 조계종단, 대선사, 간화선 대종장 등의 개념에서만 인식을 하면 만공의 고유성, 지성, 독립정신, 민족운동 등의 이해에 제한을 주지 않을까 우려된다.

1) 이 사건을 최초로 의미 부여를 한 만해 한용운이 작명한 명칭이다.

필자는 위와 같은 측면을 고려하여, 만공을 새롭게 인식하기 위해 만공의 정신사라는 관점을 도입한다. 만공의 정신사를 객관적으로, 철저하게 인식하게 될 경우, 만공의 행적과 지성은 저절로 독립운동의 범주에서도 바라볼 수 있다. 그렇다면 만공 정신사의 본질은 무엇일까? 만공은 정신을 물질의 창조자, 만유의 근본, 절대능력자라고 보면서 누구나 다 갖고 있는 정신만 도로 찾으면 만능의 사람이 된다고 하였다.[2] 근대 공간에서 인류가 지향한 자유, 평등의 이념은 자주와 자립정신의 발로이다. 이 같은 정신은 곧 한국 독립운동의 이념이었다.[3] 때문에 만공의 정신과 독립운동의 이념은 동질적이다.

하여튼 필자는 불교와 독립운동에 대한 그간의 연구를 정리하면서 만공의 1937년 '선기 발로' 사건을 정신사와 독립운동이라는 초점으로 조명하려고 한다. 그래서 그 사건 전후의 만공의 주요 행적을 적출하면서, 사건에 담긴 뜻을 들추어내고자 한다. 필자는 근현대 불교를 연구하여 선학원과 연관된 서술을 하면서[4] 만공의 이 같은 행적을 주목하였다. 그러나 연구의 기회를 갖지 못하여, 본격적인 연구는 수행하지 못하

---

2) 『滿空法語』, 능인선원, 1982, pp.262~263.

3) 신용하, 「한국민족 독립운동의 사상과 이념」, 『한국독립운동의 이해와 평가』, 독립기념관 한국독립운동사연구소, 1995.
조동걸, 『독립운동의 이념과 방법론』, 독립기념관 한국독립운동사연구소, 2007, pp.3~11.

4) 김광식, 「일제하 선학원의 운영과 성격」, 『한국 근대불교사 연구』, 민족사, 1996.
_____, 「조선불교선종과 수좌대회」, 『한국 현대선의 지성사 탐구』, 도피안사, 2010.
_____, 「유교법회의 전개과정과 그 성격」, 『한국 현대선의 지성사 탐구』, 도피안사, 2010.
_____, 「한암과 만공의 同異, 그 행적에 나타난 불교관」, 『한암선사 연구』, 민족사, 2015.

였다. 필자는 만공의 정신사의 궤적을 '기승전결'의 구도로 보려고 하거니와 기의 단계는 선학원 창건(1921), 승의 단계는 조선불교 선종의 창종 및 수좌대회 선서문(1935), 전의 단계는 총독부에서의 '선기 발로' 사건(1937)으로 보고, 결의 단계는 유교법회에서의 범행단(1941) 출범으로 보고자 한다. 즉 '선기발로' 사건은 우연한 것이 아니고, 만공 정신사의 발전 단계에서 나왔다는 것이다. 필자의 논지 전개에 제기되는 문제점은 지속적인 연구로 보완을 하겠다. 제방 선학의 비판을 기다린다.

2. 불교와 독립운동

한국의 독립운동은 일제 침략과 식민통치를 극복하기 위한 민족적인 지향, 행동, 운동을 말한다. 구체적으로는 일제에게 빼앗긴 국토와 주권을 회복하고, 일제의 식민통치 체제를 부인, 추방, 파괴하여 한국 민족의 자주적이고, 독립적인 민족국가를 건설하는 것이 독립운동의 최종 목표이었다. 이런 독립운동의 이념은 근대 민족운동의 이념인 반제국주의, 반봉건주의이었다.

때문에 독립운동의 1차적인 목적은 반제국주의 연결되었다. 그래서 독립운동은 일제 침략과 식민통치를 벗어나려는 적극적인 의식, 노력, 행동 등을 총칭한다. 따라서 자연적으로 이런 행보에는 식민통치에 강력한 저항, 무력항쟁이 수반된다. 그런데 일제는 식민통치를 자행하면서 한국의 민족 자체를 부정, 말살하여 식민통치의 영속성을 기했다. 그를 위해서 일제는 한국의 사상, 국학, 문화, 종교 등의 정신적인 방면에서도 정책적인 탄압을 교묘하게, 지속적으로 추진하였다. 이와 같은 일제의 방향은 동화정책이라고 지칭되었지만 그는 본질적으로 식민통치의 원활성을 의도하면서 종국에는 한국 민족을 배제, 제거하는 것이었다. 즉 정신적, 문화적인 측면에서 식민통지 정책을 강력하게 구사하였다.

때문에 한국 민족은 1차적으로는 직접적인 저항, 무장항쟁을 하면서도 2차적으로는 정신적, 문화적인 독립운동을 하지 않으면 안 되었다. 2차적인 독립운동의 내용은 민족성의 유지, 회복, 보존 등을 의미하였다. 이런 간접적인 운동의 범주에 불교도 포함되었음은 당연하였다. 불교는 한국 1600년의 역사 및 문화의 중심적인 주체이었음을 고려할 때에 더욱 그러하였다. 그래서 일제는 사찰령, 사법을 제정하여 한국불교를 철저하게 장악, 관리하는 식민지 불교정책을 구사하였다.

그러면 이런 전제하에서 불교 독립운동[5]의 내용 및 성격을 가늠하고자 한다. 한국 불교(승려, 사찰 등)도 위에서 살핀 1차적 운동과 2차적 운동에 참여하였다. 물론 일부 승려들의 행적을 고려하면 일제, 총독부, 일본 불교 등에 기생, 타협, 좌절한 경우도 있었다. 그러나 거시적, 사상적, 문화적 즉 정신사 측면을 고려하면 기본적인 흐름은 그렇지 않았다고 본다. 우선 1차적인 내용을 보면 의병, 국채보상운동, 법정사 항일투쟁(1918),[6] 3 · 1운동, 임시정부,[7] 만주 군관학교, 비밀결사적인 항쟁[8] 등

5) 김광식, 「일제하 불교계 독립운동의 전개와 성격」, 『새불교운동의 전개』, 도피안사, 2002, pp.185~190.

6) 김광식, 「법정사 항일운동의 재인식」, 『민족불교의 이상과 현실』, 도피안사, 2007.

7) 김광식, 「대한민국 임시정부와 불교」, 『호국불교의 재조명』, 조계종출판사, 2012.

8) 그 대표적인 인물은 백초월이다. 백초월은 一心教라는 비밀 결사조직체를 가동하여 저항하였다. 김광식, 『백초월』, 민족사, 2014.

에 참여했고 수많은 독립 자금을 지원하였다. 1919년 11월, 승려 독립선언서를 상해에서 제작 배포하면서 의용승군제를 추진한 것은 그 단적인 예증이다.[9] 그리고 2차적인 내용을 보면 사찰령 철폐운동(1922, 당시 승려 2284명 서명), 종헌제정(1929) 운동, 총본산 건설운동, 전통선의 부흥 및 수호를 위한 선학원 창건(1921) 및 운영, 만일참선결사회(1925) 및 대각교 창설(1927), 비밀결사 만당(卍黨)(1930), 조선불교 선종의 창종(1935), 유교법회(1941)의 개최, 일본불교화의 거부, 계율 수호(대처식육 건백서 제출, 1926) 등 다양한 측면에서 노정되었다. 지금껏 한국 독립운동사의 이해, 독립운동가 선정에서는 주로 전자(1차적)의 경우만을 독립운동의 범주에 포함시켰다. 그러나 이제부터는 후자(2차적)의 경우도 당연히 독립운동의 범주에 포함해야 한다.

이제부터는 이런 전제하에 2차적인 내용의 성격을 더욱 살피고자 한다. 지금껏 2차적인 활동도 민족의식의 발로로 보았다. 물론 당연한 이해이다. 그러나 민족의식의 흐름하에서 그 주역, 핵심 인물들의 행적은 독립운동으로 보아야 한다. 만당[10] 당원이었던 정맹일(통도사, 안정사),[11] 이고경(해인사)이 해인사 강원에서 민족의식 고취 활동으로 인해 독립운동의 포상을 받은 것을[12] 보면 2차적인 활동도 독립운동의 범주로 인식하는 과도기가 아닌가 한다. 필자는 예전의 연구에서 1차적인 흐름을 항

---

9) 김광식, 「대한승려연합회 선언서와 민족불교론」, 『민족불교의 이상과 현실』, 도피안사, 2007.

10) 김광식, 「조선불교청년총동맹과 만당」, 『한국 근대불교사 연구』, 민족사, 1996, 「만당과 효당 최범술」, 『민족불교의 이상과 현실』, 도피안사, 2007.

11) 정맹일은 불교 자주화에서 노정된 鳴鼓逐出 사건, 만당 당원으로 포상을 받았다.

12) 『불교신문』 2011. 8. 13, 「고경스님 '독립유공자' 선정」, 「사설;불교계 독립운동사 적극 발굴해야」, 『불교신문』 2011. 3. 2, 「3.1절 발굴 ; 일제강점기 옥사한 고경스님 자료」.

일투쟁의 구도로, 2차적인 흐름을 저항과 극복의 구도로 보았다.[13] 그러면서 일제하 불교가 일제 불교정책에 대응(저항, 극복)한 한국 불교계 구도의 본질의 요체는 주체성, 자주성, 자생성이라고 설명하였다.[14] 여기에서 나온 주체성, 자주성, 자생성의 흔적, 지양, 고투가 정신사의 궤적이다. 이런 흐름은 우연적, 외부적인 것이 결코 아니었다.

한편 필자는 위에서 개진한 근대기 불교인들의 주체성, 자주성, 자생성의 흔적, 지양, 고투에 대한 불교 개념을 '민족불교'로 위치지웠다. 즉 불교인들의 불교계에서의 활동은 불교만을 위한 것이 결코 아니었다. 그는 당시 민족이 처하였던 역사적 과제를 동시에 해결하고자 하는 것이었음을 피력하였다. 그래서 '민족불교론'을 다음과 같이 기술하였다.

> 이에 불교대중화론과 불교사회화론의 이념적 결합에서 나온 민족불교론은 한국 근대불교의 주요한 흐름의 하나로 자리를 잡게 되었다.
> 때문에 민족불교론은 불교의 보편성(교리, 사상)을 띠고, 근대불교에 부여된 역사적 사명(민족운동, 독립운동)을 구현하며, 한국불교의 전통을 계승하려는 논리, 고뇌인 것이다. 그래서 민족불교론은 불교의 교리 및 사상에서 결코 이탈하지 않고, 대승불교의 근대적 변용을 실천하며, 한국불교의 역사와 전통을 이으려는 근대불교도의 정체성 재정비의 산물이라 하겠다.[15]

---

13) 김광식, 앞의 책, 2002, p.188.
14) 김광식, 앞의 책, 2002, p.190.
15) 김광식, 앞의 책, 2007, p.83.

그래서 근대불교, 일제하의 불교의 흐름의 본질을 민족불교론이라고 개진하였다. 필자의 이 같은 입론에 대해서 일부 학자의 이견도[16] 개진되었지만, 이제는 보편적인 입론으로 수용되어 갔다.[17]

지금까지 개진한 것을 정리하면 불교 독립운동에는 직접적인 항쟁, 투쟁의 내용도 있었고 동시에 간접적인 저항, 극복의 투쟁 활동도 있었다. 그런데 이런 활동의 저변에는 주체성, 자주성, 자생성이라는 정신사의 흐름이 관통하고 있었다. 때문에 불교 정신사의 궤적은 민족불교론이었다. 민족불교론은 근대기 불교인들의 자기 정체성, 역사적 과제를 고민한 정신사의 산물이자 이념이었다.

3. 만공 정신사의 전개(기승전결의 구도)

1) 3 · 1운동(1919)과 선학원 창건(1921)

만공은 14세 때인 1884년 계룡산 동학사에 입산하였다. 그런데 그곳에서 은사인 경허를 만나, 서산 천장사로 옮겨오게 되었다. 천장암에서 경허의 현인 태허를 시봉하면서 행자 생활을 하던 그는 마침내 태허를 은사로, 경허를 계사로 하여 사미계를 받고 득도하였으니, 이때 받은 법명이 월면이었다.

16) 조성택, 『근대한국불교사 기술의 문제 : 민족주의적 역사기술에 관한 비판』, 『불교평론』 49호, 2011.

17) 김순석, 「민족불교 논쟁」, 『불교평론』 62호, 2015.

만공은 경허의 지도를 받으면서 치열한 선수행을 하였다. 그 결과 그는 1895년 온양 봉곡사에서 깨달았다. 그러나 그는 그 경지에 만족하지 않고, 지속적인 수행을 하였다. 마침내 그는 1904년(34세) 경허가 북행을 하기 이전 천장사에 들렀을 때에 경허로부터 전법을 받았다. 이때 받은 법명이 만공이었다. 만공은 1905년 덕숭산에 금선대라는 모옥을 짓고 개당설법을 시작하였다. 그리고 만공은 경허의 입적(1912) 소식을 듣고, 그 뒤처리를 수행하기도(1913.7) 하였다. 이제 그는 경허의 법 계승, 선풍 진작, 수행납자의 지도 등을 담당해야 하는 과제를 안게 되었다.

그런데 바로 그런 역사적 과제를 안을 때에 한국은 일제에게 국권을 강탈당하였다. 이제 그는 불교적인 과제와 동시에 민족적인 과제를 인식하지 않으면 안되었다. 비록 그가 도인, 큰스님, 근대선의 중흥조인 경허 법맥을 잇고 있는 대선사이었지만 그가 소속된 공동체가 제국주의 이념으로 무장한 일본의 식민지 국가로 전락되었음을 부인할 수 없는 현실이었다. 공동체 파괴, 민족의 해체, 인권 유린, 한국불교의 전통적인 가치의 퇴진 등을 그는 어떻게 파악하였을까? 더욱이 거족적인 3 · 1운동 당시의 만공의 행적은 어떠 하였던가. 당시 3 · 1운동 최일선에서 불교의 대표로 활동하였던 만해 한용운은 만공을 민족대표에 포함시키려고 하였다고 한다. 즉 만해는 불교측 3~4인을 민족대표에 포함시키려고 하였다는 발언,[18] 그리고 만해와 만공은 밀약을 하였다는 회고 기록이 있다.[19] 당시 만해는 불교인을 다수로 하여 임진란 당시와 같이 투

18) 고재석, 『한용운과 그의 시대』, 역락, 2010, p.361.

19) 김광식, 「만해와 만공」, 『우리가 만난 한용운』, 참글세상, 2010, p.36. 김관호, 「심우장 견문기」, 『한용운사상연구』 2집, 한용운사상연구회, 1981.

쟁하려고 의도하였다는 것인데, 여기에서 만해의 거처인 심우장[20]을 드나들었던 불교청년이었던 김관호[21]의 기록을 보자.

> 3 · 1독립 선언 인원 구성에 선생의 희망은 불교인을 다수로 하려고 白初月, 宋滿空 두 스님과 密約이 있었으나 너무나 허무하였으니 壬辰 歷史를 회고하고 他教 奮起를 비교하면 불교의 존재는 文子그대로 無明이었다. 당시 선생의 야심은 불교인을 다수로 하여 壬辰歷史와 같은 제2의 구국운동으로써 불교사회주의를 포부하고 宋滿空 스님과 활동하였으나 소위 高僧大德이 다수이면서도 모두 무관심하여 겨우 白龍城 1인만의 합의를 얻었을 뿐이니[22]

위와 같은 전언을 참고하면, 만해와 만공은 민족대표 가담, 3 · 1운동 참여 등을 함께 논의를 하였던 것으로 추측된다. 그러나 이와 같은 이원적(불교, 민족)인 고민에 대한 만공의 고민, 응답을 전하는 구체적인 기록, 증언이 없어 단언하여 말하기는 어렵다. 만공과 만해가 어떻게 3 · 1운동 당시 그런 밀약, 활동이 있었는가에 대한 배경, 전후 사정은 필자의 후일 연구로 남기고자 한다.

그러나 만공의 지성적인 응답은 3 · 1운동 직후에 나왔다. 그는 1921년 선학원 창건으로 구현되었다. 선학원(서울 종로구 안국동 40번지)은 1921년 8월 10일에 공사를 시작하여 그해 11월 30일에 준공되었다. 전국의

20) 김광식, 「만해와 심우장의 정신사」, 『만해축전 자료집』, 만해축전 추진위원회, 2014.
21) 김광식, 「한용운과 김관호」, 『우리가 만난 한용운』, 참글세상, 2010.
22) 김관호, 앞의 책, 1981, p.283.

선원에서 수행을 하였던 수좌들의 조직체인 선우공제회는 선학원에서 1922년 3월 30일~4월 1일에 출범했다. 선학원의 창건 정신은[23] 첫째, 일제의 사찰령 체제에 저항정신 둘째, 한국불교의 전통수호 정신(일본불교 유입에 반발) 셋째, 한국의 전통 선수행의 정신(중생구제, 대승불교)을 회복하려는 의식 넷째, 3·1운동에 나타난 민족의 자각정신 등이었다.[24] 이런 정신은 만공이 선학원 창건의 주역이기에 만공의 정신사와 무관할 수 없는 것이다.

선학원은 1920년 경 수덕사의 선승 만공, 범어사 포교당(서울, 인사동)의 포교사 남전, 석왕사 포교당(서울, 사간동)의 포교사 도봉, 범어사 주지 오성월, 3·1운동으로 피체되었다가 출옥한 백용성 등이 일제의 사찰령에 구속받지 않는 공간을 만들려는 합의에서 시작되었다. 이들은 1921년 5월 15일 석왕사 포교당(서울)에서 선학원 건립 자금을 모으기 위한 보살계 계단을 개최하였다. 회의를 주관한 만공의 발언에서 선학원 창건의 사정을 가늠할 수 있다.

> 여러분이 아시다시피 지금 조선불교는 완전히 식민지 총독 관할 밑에 들어가 있지 않습니까? 그래서 우리는 지금 총독의 허가 없이는, 사찰의 이전·폐합으로부터 절간에 있는 온갖 재산, 기물에 이르기까지 조금도 손을 댈 수가 없게 돼 있는 것입니다. … (중략) …
> 이런 판국이라 지금 조선 중들은 자꾸만 일본 중처럼 변질이 돼 가고

23) 김광식, 「선학원의 설립과 전개」, 『한국 현대선의 지성사 탐구』, 도피안사, 2010, pp.124~126.
24) 김광식, 「일제하 선학원의 운영과 성격」, 『한국 근대불교사 연구』, 민족사, 1996.

> 있단 말입니다. 진실로 불조 정맥을 계승해 볼려는 납자들이 점점 줄어들고 있다 그런 말이죠. …(중략)… 우리 사찰령과는 관계가 없는, 순전히 조선사람끼리만 운영을 하는 선방을 하난 따로 만들어 보자, 이런 생각을 가지고 오늘 회의를 부치게 된거 올시다.[25]

이러한 만공의 발언이 선학원을 태동케 하였다. 그 발언의 의미는 일제통치의 범위를 벗어난 즉 사찰령 체제와는 무관한 조선승려들이 독자적으로 운영하는 선방을 만들어 보자는 취지이었다.

석왕사 포교당 모임에 참석한 그들은 개인 자금을 내놓기로 하였으며, 범어사 오성월은 인사동에 있었던 범어사 포교당을 처분하여 그를 건립 자금으로 지원하겠다는 의사를 피력하였다. 범어사 포교당의 해소를 통한 창건 동참은 임제종 정신이 선학원에 계승되었음을 시사하는 것이다. 그리고 선학원 건립 자금의 동참은 승려, 신도 등이 다수 참가하였는데 이러한 내용은 「선학원창설연기록(禪學院創設緣起錄)」에서[26] 찾을 수 있다.

한편 1921년 10월 4일에 올려진 선학원의 상량문에서 선학원을 건립한 연유와 정신을 찾을 수 있다. 그는 우선적으로 불교의 정법이 세도와 인심의 복잡함으로 인해 쇠퇴하는 현실을 직시한 의식이 나온다. 즉 정사가 혼재되는 현실의 개탄을 하면서, 이를 극복하겠다는 것이다. 이와 같은 자생적, 자주적인 정신은 상량문에 나온 대중(白龍城, 吳惺月, 宋滿空,

25) 정광호, 「한국 전통선맥의 계승운동」『근대한일불교관계사연구』, 인하대출판부, 1994, p.191.

26) 『한국근세불교백년사』 제2권, 민족사, 1987.

姜道峰, 金石頭, 韓雪濟, 金南泉, 李景悅, 朴普善, 白俊燁, 朴敦法)들이 불교의 천양 의식이 투철하고, 일제의 사찰정책에 비판적이며, 항일불교(임제종운동, 3·1운동) 활동에서 나왔음을 알 수 있다.

이렇게 선학원은 1921년 12월에 준공이 완료되어 서울 중심부에서 출범하였다. 창건된 선학원은 본격적인 활동에 들어갈 채비를 하였으니 그 주체는 전국 수좌들이었다. 그 수좌들의 조직체가 가동되었으니 그는 선우공제회이었다. 1922년 3월 30일~4월 1일, 선학원에서는 선학원의 창립 정신에 동의한 각처의 수좌들이 모여 회의를 갖고 자신들이 나아갈 방향을 수립하였다. 발기인이었던 만공, 오성월, 백용성, 백학명, 한용운, 윤상언(고암) 등 82명의 승려들은 아래와 같은 선우공제회 취지서를 발표하였다.

> 去聖이 彌遠에 大法이 沈淪하매 敎徒가 曉星과 如한 中에 學者는 實노 麟角과 如하여 如來의 慧命이 殘縷를 保存키 難하도다. 多少의 學者가 有하다 할지라도 眞正한 發心衲子가 少할 뿐아니라 眞贋이 相雜하야 禪侶를 等視하는 故로 禪侶 到處에 窘迫이 常隨하야 一衣一鉢의 雲水 生涯를 支持키 難함은 實노 今日의 現狀이라. 그러나 人을 怨치 말고 己를 責하야 猛然反省할지어다. 元來로 生受를 人에게 依함은 自立自活의 道가 아닌즉 學者의 全生命을 人에게 托하여 他人의 鼻息을 俟함은 大道活命의 本意에 反할지라. 吾輩禪侶는 警醒鬪勵하야 命을 覩하여 道를 修하고 따라서 自立의 活路를 開拓하야 禪界를 勃興할 大道를 闡明하야 衆生을 苦海에 구하고 迷倫을 彼岸에 度할지니 滿天下의

禪侶는 自立自愛할지어다.[27]

위의 취지서에 동참한 발기인에는 선학원 상량문의 발기인이 아니었던, 전국적인 수좌들이 대거 참여하였다. 이처럼 수좌들은 철저한 수행을 하기 위하여, 선풍을 진작하기 위하여 자신들이 처한 상황을 타개하기 위하여 자립자애할 것을 강조하였다. 그리고 나아가서는 중생을 구제하겠다는 원력을 피력하였다. 이는 국권상실, 일본불교 침투, 식민지 불교정책에서 빚어진 불교의 현실을 자주, 자립의 정신으로 극복하겠다는 도전이었다.

당시, 창립 총회에 참여한 수좌는 송만공, 오성월, 백학명, 이설운, 임석두, 이고경, 박고봉, 기석호, 김남전 등 35명이었다. 출범 직후, 만공은 선학원 창건의 주역으로서 수도부 이사를 담당하고, 재정이 어려울 때에는 많은 기부(답 6173평)를 하였다.[28] 만공과 함께 3 · 1운동을 상의한 만해도 출옥한(1921.12.12) 직후이었지만 동참하였다.[29]

하여간에 만공은 선학원 창건의 핵심 주역이었다. 선학원 창건의 역사에는 만공의 정신사의 궤적이 분명하게 각인되어 있다. 취지서에 나온 맹열반성, 자립자활을 통해서 대도활명의 본의로 나가되, 자립자애하겠다는 것은 불교적인 가치로만 볼 수 없는 인류 보편적인 정신의 본질이다. 그간 선학원 창건에서 불교적, 선풍진작, 항일불교적인 것은 지적되었지만 정신사, 인류 보편적인 가치라는 관점에서는 주목하지 않았

27)「선우공제회 창립총회록」,『근현대불교자료전집』 권65, 민족사, pp.3~5.
28) 선학원 3층 법당에 있는 불상은 만공이 직접 흙으로 빚었다고 한다.
29) 만해는 1924년에 수도부 이사도 담당하고, 선학원에서 주거하였다.

다. 필자는 바로 여기에서 만공 정신사의 흔적을 분명히 인식한다. 때문에 선학원 창건은 만공 정신사의 첫 출발인 기의 단계라 하겠다.

2) 조선불교 선종의 창종(1935), 수좌대회의 선서문

만공이 헌신적으로 설립한 선학원은 1920년대 중반부터 재정 난관 등의 요인으로 침체되었다. 그래서 선우공제회 본부는 직지사로 이전되고, 선학원 건물은 범어사 경성 포교당으로 전환되었다. 그러나 만공은 선학원 침체기에 그의 근거처인 수덕사에서 냉철한 현실 직시, 대안제시를 하면서 미래를 준비하였다. 그의 정신사는 「선림계서 – 현양매구」(1927), 「견성암 방함록 서」(1928)에서 보이는데,[30] 이는 불교적인 활동으로만 볼 수 없는 대목이다.

이런 만공의 자주, 자립의 준비가 성숙이 되면서 선학원이 1930년 경 적음에 의하여 재건되었다. 이때부터 선학원은 이전의 경험을 고려하여 선풍의 대중화, 재정기반 강화에 유의하였다. 이런 구도에서 만공은 선학원에서 법문을 하면서 대중들의 선풍 진작, 재정 구축에 직접 나섰다. 1933년 3월, 선학원에서 전조선수좌대회가 개최되었음이 경봉(통도사)의 일지에 다음과 같이 나온다.

> 소화 8년 계유년 3월 20일 수좌대회를 열고 선우공제회를 조선불교 선리참구원으로 개칭 재단법인을 하기 위하여 발기인 송만공 김남전 김현경 황용음 기석호 윤서호 변유심 이탄옹 김적음
> 正租 170석 정혜사선원, 정조 100석 대승사선원, 정조 30석 직지사선

30) 『만공법어』, pp.206~213.

원, 정조 200석 범어사선원, 정조 130석 선학원[31)]

즉 송만공, 이탄옹, 기석호, 김남전, 김적음을 비롯한 9명의 수좌들은 수좌대회에서 활동이 미약한 선우공제회를 재단법인 선리참구원으로 전환시키기 위한 발기를 하였고, 정혜사 선원을 비롯한 5개 처의 선원은 재원을 기부하였다. 여기에서도 만공의 활동이 나온다.

마침내 1934년 12월 5일, 재단법인 선리참구원으로 인가를 받았다. 설립 당시의 재산 기부자는 만공, 오성월을 비롯한 다수의 승려 및 신도들이었는데,[32)] 출범 당시 만공은 이사장으로[33)] 취임하였다. 만공을 비롯한 주체들은 이사회를 열고 운영, 노선 등에 대한 논의를 하였다. 그래서 전국 각처의 수좌들이 모임을 갖고 선풍 진작, 선종의 진로에 대한 문제를 토의하는 수좌대회를 기획하여 1934년 12월 23일, 이사회에서 수좌대회 개최를 준비하였다.[34)] 즉 1934년 12월 23일의 제5회 이사회에서 법인(선리참구원)의 기초를 정비하고, 동시에 법인이 등장하면서 가시화된 선종 부흥의 기운을 이용하여 수좌대회를 열고, 그를 계기로 선종의 독자적인 발전을 도모하려는 의도이었다. 그러한 의도는 선종의 규칙인 종규를 제정하려는 차원으로 전개되었다.

---

31) 『삼소굴일지, 경봉대선사일지』, 극락선원, 1992, p.297.

32) 『선원』 4호(1935.10), pp.44~45. 당시 시가로는 82,970원이었는데 기부자는 수덕사(송만공, 전서경), 김용사(김현경, 엄태영, 박초운), 정혜사(황법천, 방법인, 마경선), 직지사(윤퇴운, 서대암), 범어사(오성월, 김경산, 오리산, 김석두, 김남전) 사찰의 승려들이다.

33) 『불교시보』 1호(1935.8.3), 「휘보 ; 재단법인 선리참구원 인가」. 부이사장 ; 방한암, 상무이사 ; 오성월 · 김남전 · 김적음, 감사 ; 윤서호 · 이탄옹이었다.

34) 법진 편, 「수좌대회 대회록」, 『選佛場』, 선리연구원, 2007, p.13.

이렇게 만공은 수좌계의 중심 인물, 위법망구하는 순교적 정신에 불타는 수좌들을 이끌면서 수좌대회 준비를 추동하였다. 1935년 3월 3일, 중앙선원(구. 선학원)에서 제1회 수좌대회 준비위원회가 개최되었다. 여기에서 준비위원장을 선출하고 대회 준비에 대한 사무를 분장하고 실무 책임자를 선정하였다.[35] 이렇듯 선종의 자립, 선풍의 진작을 통한 민족불교로 나가기 위한 행보는 단행되어 수좌대회가 개최되었다.

수좌대회는 1935년 3월 7일 오전, 중앙선원 법당에서 개최되었다. 대회 준비위원을 대표하여 만공이 등단하여 개회사를 하였다.

> 嫡子가 孼子로 易位되여 正法이 窒息되고 誤喧되는 此際 禪宗 首座大會를 開催하게 됨은 意義深遠 且大합니다. 回顧컨대 昔日 羅,麗時代와 갓치 東洋文化의 中心이든 朝鮮佛教가 現況과 갓치 萎靡不振의 狀態에 彷徨케 된 根本 原因이 佛法의 眞髓를 直示한 禪法이 極則沈滯됨에 잇으니 眞實한 意味에서 佛教의 復興을 圖하고 □曇의 大道를 宣揚할나면 形骸만 存在한 禪宗을 盛興케 함에 잇다고 看破하고 老德스님 몇 분이 數年間 焦心勞力하야 昨年에 財團法人 朝鮮佛教 中央禪理參究院을 完城하고 財團의 擴張과 施行細則 及 禪院 法規를 制定하기 爲하야 首座界의 中心 人物 數十人을 招請하야 施行細則 基礎委員會를 組織하엿는 것임니다. 然中 該會 委員 諸氏가 모다 爲法忘軀하는 殉教的 精神에 불타는 스님들인만큼 一步 前進하야 全鮮首座大會를 召集하고 禪宗의 根本的 自立 發展策을 議決하자는 發意로 準備委員會를 該會 席上에서 更히 組織하고 今番 首座大會를 急作케 되어 萬般 準備가 不完하게

35) 「대회록」, pp.13~14.

되엿습니다만은 諸位는 誠實한 마음으로 披瀝하고 虛心坦懷히 本 大會에 臨하여 宗規 其他 重要 法規를 充分 討議하야 本 大會의 目的 達成을 圖키를 切願하나이다.[36]

만공은 적자가 얼자로 바뀌면서, 정법이 질식되는 차제에 선종 수좌대회를 개최함은 의의가 깊다고 발언하였다. 이어서 신라, 고려시대와 같이 동양문화의 중심이었던 조선불교가 위미부진한 상태로 전락된 근본 원인은 불법의 진수인 선법이 극히 침체됨에서 기인하였다고 진단하고, 불교의 부흥을 의도하려면 선종을 흥성케 해야 한다는 소신을 피력하였다. 만공은 노덕의 스님들이 수년간 노심초사 노력한 결과 재단법인으로서 조선불교 선리참구원을 완성하였고, 수좌계 중심인물들이 수좌대회를 소집하여 선종의 근본적 자립 발전책을 토의하자는 헌신으로 수좌대회가 열린 경과를 개진하였다. 그러면서 대회에 참석한 수좌들에게 허심탄회하게 대회의 목적을 달성케 해 달라고 당부하였다.

대회에 참가한 대상자는 75명(비구 69명, 비구니 6명 등)이었다. 임시 집행부를 정한 직후, 의장인 기석호가 대회의 선서문을 봉독하였다. 이 선서문은 당시 수좌들의 현실인식, 대회의 성격 등을 극명하게 전한다.

宣誓文

'우러러 告하옵나이다.'

'本師 釋迦世尊 및 十方 三寶慈尊이시여'

世尊께옵서 靈山會上에서 拈花하시오니 迦葉존자 – 微笑하심으로 붙

36) 「대회록」, p.6.

어 以心傳心하신 祖祖相承의 正法이 일로붙어 비롯하와 卅三祖師로 乃至 歷代傳燈이 서로서로 繼承하와 今日의 法會를 일우웟나이다. 竊念하오니 世尊이 아니시면 拈花가 拈花 아니시며 迦葉이 아니시면 微笑가 微笑아니심니다. 拈花와 微笑가 아니면 正法이 아니외다. 正法이 없는 世上은 末世라 일넛나이다. 世尊이시여 邪魔는 날이 熾盛하며 正法은 時時로 破壞하는 이 – 末世를 當하와 弟子 等이 어찌 悲憤의 血淚를 뿌리지 아니 하오며 어찌 勇猛의 本志를 反省치 아니 하오리까 오직 願하옵나이다. 大慈大悲의 三寶께옵서는 慈鑑을 曲照하시와 弟子 等의 微微한 精誠을 살피시옵소서 世尊의 弘願을 效則하와 稽首發願하오니 聖力의 加被를 나리시와 拈花와 微笑의 正法眼藏이 天下叢林에 다시 떨치게 하시오며 如來의 慧日이 四海禪天에 거듭 빗나게 하시옵소서 世尊이시여 獅子는 뭇 짐생에 王이외다. 그를 當適할 者 – 그 무엇이리까 그러나 제털 속에서 생긴 벌네가 비록 적으나 사자의 온몸을 다 먹어도 제 어찌 하지 못하나이다. 天下無適의 大力도 用處가 없나이다. 그와 같히 이제 如來 正法이 그 목숨이 실끝 같은 今日의 危機를 當한 것도 그 누에 허물이겟습니까. 업디려 비나이다. 正法을 獅子라면 弟子 等이 벌네가 아니리까. 이제 天下 正法이 今日의 危機에 陷한 것이 오로지 弟子 等이 如來의 軌則을 奉行치 아니한 不肖의 罪狀은 뼈를 뿌시고 골수를 내여 밧쳐 올니여도 오히려 다 하지 못할줄 깊이 늣기와 이제 懺悔大會를 못삽고 弟子 等이 前愆을 懺悔 하오며 後過를 다시 짓지 아니코저 깊이 맹세하오며 發願하오니 이로붙어 本誓願을 등지며 三寶를 欺瞞하야 上으로 四重大恩을 저바리며 下으로 三途極苦를 더하는 者 잇삽거든 金剛鐵 槌椎로 이 몸을 부시여 微塵을 作할지라도 敢히 엇지 怨망을 품싸오리까. 차라리 身命을 바리와도 맛침내 正法에 退轉치 아니하겠사오니 오직 원하옵나이다.

'大慈大悲의 本師 釋迦牟尼佛과 및 十方 三寶慈尊께옵서는 慈鑑證明하시옵소서'

갓이 업는 衆生을 맹세코 濟度하기를 願하옵나이다. 다함이 업는 煩惱를 맹세코 除斷하기를 願하옵나이다. 한량이 업는 法門을 맹세코 배우기를 願하옵나이다. 우가 업는 佛道를 맹세코 成就하기를 원하옵나이다. 이 因緣功德으로 널니 法界衆生과 더부러 한가지 아욕다라삼약삼보리를 일우워지이다.

昭和 十年 三月 七日

朝鮮佛教禪宗首座大會 告白

이 선서문에서는 정법과 전등이 계승되어야 함에도 불구하고, 사마가 극성하고 정법이 파괴되는 현실에 대한 참회와 반성을 하겠다는 수좌들의 현실인식이 개진되어 있다. 수좌들은 정법을 받들겠다는 원력을 세웠다. 그래서 참회하는 정신으로 삼보를 기만하는 삿된 무리들을 제거하겠다는 굳은 서원으로 신명을 바쳐 정법에서 물러서지 않겠다는 맹서를 하였다. 추후에는 중생제도, 번뇌 단절, 불법의 수행, 불도의 성취를 하겠다는 다짐을 하였다. 이 대회에서 만공은 종정으로 추대되었다.

바로 이와 같은 반성, 참회를 통해 진리의 길로 나가겠다는 다짐은 근대 불교의 정신사에서 찾을 수 없는 명문, 선언서이다. 이런 선언이 나오도록 추동한 주역은 단연코 만공이었다. 지금껏 1935년의 수좌대회와 선언문은 불교계에서도 적극적으로 인식하지 않았다. 만공이 조선불교

선종의 종정이었던 측면의 재인식은 만공정신, 만공사상의 바로보기임을 강조하고자 한다. 그러므로 1935년 선종의 출범은 만공 정신사의 승의 단계이다. 요컨대 자신감을 가지면서, 본격적인 일본 식민지 불교체제에 저항, 반발, 극복의 방향으로 나갈 수 있는 기반을 구축하였던 것이다.

3) 총독부에서의 '선기발로' 사건(1937), 식민지 불교체제에 강력 저항

일제의 불교정책은 1937년부터 질적인 변화를 가져왔다. 그 주된 동인은 1937년부터 일제의 본격적인 중일전쟁의 도발이었다. 전쟁의 발발에 즈음하여 일제는 다각적인 대책을 강구하였다. 예컨대 총동원 체제, 전쟁에 필요한 물자 확보, 전쟁에 우호적인 분위기 조성 등이었다. 이런 구도에서 불교계를 포함한 종교에게는 효율적인 통제를 시도하였다. 그래서 불교계에게는 연락기관(종단) 설립을 유도하였다. 이런 지침은 1935년부터 관철시키려고 하였지만, 불교 내부의 사정으로 정상적인 가동은 되지 못하였다. 불교계는 1929년 승려대회를 통하여 종헌체제를 가동하고 종단을 설립하여 운영을 하였지만 1934년 경에는 종단은 말소되었다. 그러자 재한 일본 승려는 한국불교를 일본불교가 통제, 장악하고자 하였다. 이런 분위기를 감지한 한국불교의 일부 승려들은 이번 기회에 종단건설운동 즉 총본산 건설을 성사시키려고 하였다. 요컨대 1937년은 일제의 불교 장악과 자주적인 종단 건설운동이 교차되고, 대응되던 시점이었다.[37]

---

37) 김광식, 「일제하 불교계의 총본산 건설운동과 조계종」, 『한국 근대불교사연구』, 민족사, 1996.

이런 배경에서 1937년 2월 말, 31본산 주지회의가 총독부 주관하에서 최초로 소집되었다. 그런데 당시 만공은 마곡사 주지이었다. 대선사, 도인이며 자신이 주도하여 만든 조선불교 선종의 종정으로서 본산 주지를 맡는다는 것은 어불성설이었지만, 만공은 마곡사 내분을 해소를 요청하는 마곡사 승려들의 간곡한 호소에 의해[38] 1935년 5월에 마곡사 주지로 선출되었다. 그러나 만공의 강력 거부로 지연되다가 그해 8월 경에 수속이 진행되어[39] 취임식은 1935년 11월 22일에 거행하였다.[40] 그래서 만공도 31본산주지회의에 참가할 수 있었다. 첫 번째 주지회의는 1937년 2월 25일 교무원 청사에서 열렸다. 여기에서 총본산 건설을 가결하는 동시에 기초위원을 선정하였다.[41] 그리고 2월 26일, 총독부 제1회의실에서 주지 회동이 있었는데, 이때 총본산 건설 기초위원회도 열렸다. 그리고 2월 27일 총독부 제1회의실에서 주지회의가 속개되었다. 조선총독은 26일, 27일 회의에 참가하였다.

일제가 의도하는 종단을 만들어 일제의 입맛에 맞는 종단으로 운용될 것인가, 아니면 자주적인 종단으로 운영될 것인가의 문제가 기로에 놓여 있었다. 자율과 타율, 자립과 어용이 대응되는 시점에서 31본산 주지회의가 열렸던 것이다. 이런 회의에 총독이 참석함은 일제 불교정책의 관철의 여부, 이행 등에 있어서 매우 중요한 의미를 갖는다. 즉 일제 학

38) 『매일신보』 1935. 5. 10, 『충남 마곡사 주지선거』. 『동아일보』 1935. 5. 10, 「麻谷寺住持宋滿空氏 決定(公州)」.

39) 『불교시보』 1호(1937. 8), 「〈휘보〉 ; 마곡사 주지 선거」.

40) 김광식, 앞의 책, 2010, pp.41~43. 만공은 주지 선거에 나가지 않았는데에도 대중이 선출하였다. 그러나 만공은 응하지 않다가 3개월 후에 마음을 내서 10월 9일에 총독부로부터 인가되었다.

41) 『불교』 신2집(1937. 4), p.58, 「교계소식 ; 교무원 소식」.

무국이 주최하고, 총독이 참여하는 최초의 회의이었다. 당시 일제 기관지인『매일신보』의 기사를 보면 그 정황을 파악할 수 있다.

> 긔보한 바와 가티 본부 학무국에서 二十六 · 七 량일 간 본부 제일회의실에서 전선 三十一 본산의 주지(住持)를 회동하야 불교의 복흥 발전에 관한 중요한 회의를 열게 되엇다.
> 二十六일 오전 十시반에 부영(富永) 학무국장의 통제하에 개회 벽두에 남(南)총독부로부터 불교복흥갱생의 길에 대하야 간곡한 훈시(訓示)와 학무국장의 연설(演說) 등이 잇은 후 지시(指示) 사항 주의사항 자문사항의 답신(答申)이 잇섯다. 당일 회의에는 전긔와 가티 남총독이 총독부 내의 관계 각국 과장 불교중앙교무원 리사 중앙전문학교 교수도 참석하야 시정(始政) 二十六 주년 이래 처음 회합인 불교복흥 발전의 비책을 협의하는 중대회의로 전귀와 가티 막은 열니엇다.[42]

기사에 보이듯, 1937년 2월 26일 총독부 회의실에서 총독부 학무국장의 통제하에 총독의 훈시, 연설, 지시사항, 주의사항, 자문사항 등이 이어진 것에서 당시의 분위기를 짐작할 수 있다. 26일에 있었던 총독의 훈시와 학무국장의 연설의 내용은 동화정책에 의해 통치가 안정되었으니, 민중(국민)들을 잘 지도하고, 시국과 정국을 긍정적으로 인식하여 국가(일제) 통치에 협조해 달라는 뜻이었다.[43]

---

42)『매일신보』1937. 2. 27,「精神作興展開策으로 佛教復興 重大會議」.
43)『매일신보』1937. 2. 27,「朝鮮佛教의 再起之秋」,「精神作興展開策으로 佛教復興 重大會議」에 발언 전문이 나온다.

26일 그날, 총독과 학무국장의 훈시를 들은 주지들은 매우 '긴장'하였다고 한다. 정오에 휴회하고, 총독과 함께 총독부의 정문 현관에서 기념 촬영을 하고, 점심 식사를 하고 오후 1시부터 회의는 속개되었다. 불교 진흥책에 대한 논의에서 중앙집권적인 중앙 본산(총본산)을 설립하기로 만장일치로 결의하고 오후 4시에 휴회하였다.[44)]

27일, 두 번째 회의는 총독부 회의실에서 오전에 개회되었다. 회의에서는 26일 회의에서 총본산 건설을 결정하였기에, 그 전제하에 교무원과 중앙불전의 개선책을 중심으로 논의가 이어졌다. 그리고 오후 회의는 일본 학자의「교단의 의의」라는 강연을 듣고, 경성호텔에서 있었던 중앙교무원의 초대에 참가하였고, 경성호텔에서는 일본 불교 관계자와 간친회를 갖고 밤 10시에 폐회하였다고 전한다.[45)] 그러나 당시 회의에서 발언한 만공을 비롯한 주지들의 의견 등은『매일신보』에 일체 보도되지 않았다. 이는 일제 당국으로서는 당연한 조치일 것이다.[46)]

그러면 이런 배경하에서 만공이 '선기발로'의 발언을 한 회의 상황을 정리하겠다. 당시 그날 회의 주제는 조선불교 진흥책 중에서 재단법인 교무원 및 중앙불전의 개선에 대한 문제이었다. 그러나 이 문제를 언급하면서 나온 대부분의 발언은 통제기관 설립은 당연하고, 통제기관의 인정, 당국의 많은 지원을 요청하는 내용이 주류이었다. 한국불교 입장에서의 자주, 자립의 종단 노선을 피력한 주지는 없었다. 바로 이런 발언이 주류가 되었을 때에 만공은 의연하게 다음과 같이 발언하였다. 이

44)『매일신보』1937. 2. 27,「佛教運動 參謀本部인 中央執權的 總本山」.
45)『매일신보』1937. 3. 1,「分權主義는 完全 解消 强力 中央集權 實現」.
46) 그리고 한국불교의 기관지인『불교』지는 26일, 회의에 총독과 학무국장이 참석한 사실뿐만 아니라 발언의 내용을 전혀 소개하지도 않았다.

발언은 당시 회의에 참석한 최범술(금봉, 해인사, 제헌국회의원, 독립운동가)이 기고한 것이기에, 사료적 가치가 높고 만공의 정신사, 불교 독립운동사 등에 매우 중요하기에 그 전문을 소개한다.

日韓併合 以前에 잇어서는 우리 朝鮮 寺院 內에서 淫行을 犯하는 者가 생기거나 或은 飮酒를 하는 者가 잇을 경우에 그 같은 破戒者의게는 꼭 뒤에다 대고 囉叭을 불어 笑하거나 북을 울리어서 山門밖으로 出送시켜 버리는 것이 그들 破戒者에 대한 懲習을 하여온 關係로서 우리 朝鮮 寺院과 僧侶들은 規模 잇는 敎團生活을 繼承하야 佛祖의 慧命을 이어 왓삽더니 合併 以來로 붙어서는 寺刹令 等의 法令이 頒布되고 또한 三十一本末寺의 寺法이 認可된 後로 所謂 住持들 專壇이 敢行되자 僧風이 紊亂이 되엿쓰니 곳 娶妻하는 僧侶며 飮酒食肉을 公公然히 하는 것을 公認하게 되여 於時乎 朝鮮僧侶들 全部가 破戒僧이 되고 말엇습이다.

天皇陛下께서 欽定하신 法令이 一般 國民에 잇서 遵守할 것이옵거니와 우리 佛弟子의게는 무엇보다도 부처님의 法令인 戒律이 至嚴하니 이 律法에 依準하여 三千年이라는 長久한 동안에 敎法을 繼承하여 왓는대 日本 內地佛敎徒의 公公然하게 破戒하는 影響을 바다 朝鮮佛敎 僧侶들은 全部가 破戒僧이 되어 바렸으니 나는 이 責任이 全部 當局에서 이 같은 不徹底한 法令으로써 朝鮮佛敎를 干涉한대서 因由한 바라고 생각합니다. 經에 말삼하시기를 一 比丘로 하여곰 破戒케 한 罪惡은 三阿僧祇劫동안 阿鼻地獄을 간다 하엿사오니 이 같은 七千名 僧侶로 하여금 一時에 破戒케 한 功 以外에는 局에 當한 者의게 무슨 그리 大端한 業

績이 잇습잇가.

다른 분들은 朝鮮佛教의 現今의 狀態와 같은 發展을 보게 된 것이 모다 寺內 總督 以來로 歷代의 當局者의 善導하신 功勞라고 藉藉히 말삼하오나 當局에서 이왕 監督을 잘하신다면 엇지 僧侶들의 行爲와 같은 것은 監督을 못하엿섯든가요. 그러니 저 – 같은 作罪한 여러분들을 저 – 苦趣에서 벳겨내여 오는 대에는 우리 三十一 本山 住持 以下 一般 僧侶들이 持戒를 嚴히 하야 修行하는 수 밧게 업스며 이와 같이 하는 것이 朝鮮佛教의 大振興策이라고 信합니다.

그러고 最後로 드릴 말삼은 當局에서 朝鮮佛教를 直接 干涉하시와 日本 內地 各 宗教 以上으로 向上 發展케 하실 自信이 계시거든 잘 監督하시와 주실 것이 可할 것이요. 그럿치 못하시고 徹底히 못하실 댄 우리들에게 一任하여 주시오. 우리들에게 全任하시와 주신다면 우리가 併合 以前에 當하여 오든 壓制와 더한 奴隷가 될지라도 우리들이 自制하여 갈 것이올시다. 만약 우리들이 自制自立하는대 對하여 반다시 期待하신 바 잇스리라고 생각합니다.[47)]

이상과 같은 만공의 발언은 한국불교의 모순(승풍문란, 계율파괴, 대처식육 풍조, 주지 전횡 등)은 일제 식민지 불교정책에서 기인하였음을 단언한 것이었다. 이런 전제에서 만공은 불교 운용의 자주, 자립을 하겠다는 기개를 보여 주었다. 이런 배짱, 기개를 피력할 수 있는 고승, 종교인, 지성

47) 최금봉, 「三十一本山 住持會同 見聞記」, 『불교』 신3집(1937. 5), pp.27~28. 최금봉은 최범술인데, 그는 해인사 주지 대리로 참석하여, 보고 들은 그 정황을 『나라사랑』 2집(1971)에 기고한 「철창철학 – 만해선생으로부터 보고 들은 이야기」의 '만해선생과 송만공스님' 부분에서도 소개하였다.

인이 누구이었는가? 한국불교를 장악하려는 찰나, 출발선상에서 만공은 불교통치책 및 시대의 본질을 꿰뚫고 '할(喝)'과 같은 선언을 한 것이다. 26일의 총독과 학무국장의 훈시, 지시사항의 내용을 고려하면 만공의 발언은 27일에 나온 우연적인 것이라기보다는 26일의 회의 분위기를 보고, 27일 회의에서는 기필코 자신의 소신, 일제 불교정책에 대한 비판, 반발, 대응을 분명히 개진하겠다는 결심에서 나온 것이다. 이에 대한 만공의 심정, 준비 등에 대한 일화, 증언이 전하지 않는 것이 참으로 안타깝다.[48)]

구전 기록에 의하면 만공은 이 말을 하기 전에 "淸淨本然커니 云河忽生山河大地리오"라고 하면서 '할'을 하였다. 또한 총독이 무간지옥에 떨어진다는 말이 나올 때에는 회의장에 팽팽한 긴장이 흘렀다고 한다. 회의를 마치고 총독부 관헌들이 만공을 체포하려고 하였으나, 총독이 만류하였다고 한다.[49)] 27일의 주지회의는 전술한 바와 같이 오후 10시에 폐회되었다. 만공도 밤 10시까지 동행하였는지는 알 수 없다.[50)] 만공이 선학원으로 돌아오자, 총독부에서의 사건 · 소식을 들은 만해를 비롯한 대중들은 선학원에서 만공 행적에 환희하였다. 특히 만공의 소식을 들은 만해 한용운은 거처인 심우장(성북동)을 떠나 선학원(종로, 안국동)에서 기다리고 있었다.[51)] 이 사정은 그 무렵 서울에서 중앙불전을 다녔던 김

48) 이에 대한 구술 증언을 채록해야 할 것이다.

49) 일본에서 이와 연관된 자료, 증언 등을 수집해야 할 것이다.

50) 『경향신문』 1976. 9. 6, 「古今淸談 ;만해 한용운의 면모」(下)에서는 일본 헌병이 만공을 제지하려고 했으나, 총독이 제지를 하였고, 만공은 총독 관저로 가지 않고, 선학원으로 귀가했다고 서술했다.

51) 『조선일보』, 1984. 12. 2., p.7. 「고승이야기 : 불교합방 술책에 일총독 꾸짖은 만공」에서는 "이튿날 이 소문을 들은 만해 한용운이 찾아와 치하했다."고 나온다.

어수(범어사)의 회고에서 확인할 수 있다.

> 범어사 주지 차상명(車相明) 스님이 선학원에 오셨다기에 찾아뵙고 싶어서 갔던바 만공(滿空)스님이 회의장에서 막 돌아오시는 것을 한용운 선생은 벌써 소문을 듣고 기다리다가 만공스님의 등을 두드리며 "우리 만공이 정말 만공이야" 하면서 기뻐서 덩실 덩실 춤까지 추는 것을 보았다.
> 그러자 설석우(薛石右) 스님 김적음(金寂音) 스님 김남전(金南泉) 스님 등이 맨발로 뜨락에 뛰어내려 만공스님을 둘러싸고 조선은 죽었어도 불교는 살아 있다고 고함을 질렀다.
> 그리고 생사를 초월한 출세 대장부가 아니고서는 감히 엄두도 낼 수 없는 노릇이었다.[52]

그날 밤, 선학원에서 마주한 만공과 만해는 다음과 같은 대화를 하였다.

만해 ; 호령만 하지 말고 스님이 가지신 주장(拄杖)으로 한 대 갈길 것이지.

만공 ; 곰은 박대기 싸움을 하지만 사자는 호령만 하는 법이지.

만해 ; 새끼 사자는 호령을 하지만 큰 사자는 그림자만 보이는 법이지.[53]

---

52) 김어수, 『獨立資金 모아 臨時政府에 送金』, 『불교신문』 178호, p.4. 최범술은 이에 대해서 "만공의 거구를 쓰다 듬으며, 그래도 만공이 제법이야! 불알이 생겼어 하며 농조이지만 참된 동지로서 의허(意許)하는 환희를 보았던 것이다. 이처럼 두분 사이에는 그 무엇인가를 짐작할 수 있었다"고 서술했다. 최범술, 앞의 책, 1971, p.85.

53) 안병직 편, 『한용운』, 한길사, 1979, p.276, 「만해가 남긴 일화 ; 곰과 사자」.

하여간에 만공의 '선기발로' 사건은 근대불교사상에서 대단한 쾌거, 선정신사에서 기념적인 사건이었다. 참선 수행을 철저히 한 승려로서의 소신과 기개를 마음껏 떨친 '할' 그 자체이었다. 지금껏 이 사건에 대한 역사성을 부여하지 않고 혹은 주목도 하지 않았음은 납득할 수 없다. 그를 이해할 수 없는 정신적인 나약성, 안목에서 나온 것이다. 그런데 그 사건을 전해 들은 만해 한용운은 그 사건을 한국불교사를 빛낸 역사적인 사건으로 기록하였다. 역시 만해의 안목이 남다른 것임을 알게 해준다. 만해는 그 사건을 '선기의 발로'라고 하면서 다음과 같이 정리하였다.

> 작년 二月 二十六日에 朝鮮 總督府內에 三十一本山 住持를 會同하고 總督 以下 關係 官憲이 列席한 中에 各 本山 住持에 對하야 個別的으로 朝鮮佛敎 振興策에 對한 要旨를 무럿다. 公州 麻谷寺 住持 宋滿空 和尙이 至하매 和尙이 起立하야 「淸淨本然커니 云河忽生山河大地오」 하고 大聲으로 「喝」을 하얏다. 이것은 禪機法鋒의 快漢이 아니면 到底 不可能이다. 「義理」로 解釋할지라도 그 座席 그 時期에 가장 適當한 對答이다. 그러나 나는 그 後에 滿空을 만나서 「鋒」을 써야 마땅할 데에 「喝」을 쓴 것이 法을 誤用한 것이라고 責하얏다. 그러나 臨濟의 喝은 喝中有棒이오 德山의 棒은 棒中有喝인즉 棒喝互用도 無妨하거니와 棒을 쓸데에는 喝을 誤用하얏다는 말은 凡夫俗子의 容喙할 수 없는 것은 勿論 三世諸佛의 干涉도 斷然不許하는 것이다. 朝鮮佛敎史의 한페지가 여기에서 빛나는 것을 아는가?[54)]

54) 「불교」 신9집(1937. 12), 불교사, p.6, 「朝鮮佛敎에 對한 過去 一年의 回顧와 新年의 展望」. 당시 만해는 「불교」지의 고문으로 이 글을 썼다.

만해는 이처럼 이 사건에 담겨진 뜻을 설명하면서, 그 주역 인물에 대해 "禪機法鋒의 快漢이 아니면 到底 不可能하다"면서 만공의 선기를 극찬하였다. 그는 이 사건을 한국불교사의 한 페이지가 여기에서 빛이 난다는 말로 단언하였다. 그러면서 그는 이 사건을 1937년 불교의 3대 사건의[55] 하나로 자리매김을 하였다.

한편 만공의 이 사건은 단순한 기개, 불교 역사에서 머무는 것은 결코 아니다. 일제는 사찰, 불교계가 독립운동의 거점이 되지 못하게 근본적으로 차단하고, 심지어는 시정득실에 대해 논하는 것 자체를 엄금하였다. 이런 식민지 불교정책을 정면으로, 일제 심장부에서 비판, 저항한 정신적 독립운동이었다. 만공의 그 정신은 독립운동으로 볼 수 있는 결정적 단서이거니와, 여기에서 만공이 만해에게 비밀리에 독립자금을 주었다는 증언이 참고된다. 만공에게 배운 비구니인 수연(수덕사 견성암 ; 현재, 91세)은 다음과 같은 증언을 남겼다.

> 만공스님을 시봉했던 원담스님으로부터 '우리 노스님(만공스님)이 실제 숨어있는 독립운동가'라는 말을 들었다. 원담스님은 그 말을 할 때, 행여 누가 들을세라 주저하며 목소리를 낮추어 은밀하게 했던 기억이 생생하다. 만공스님이 한양에 갈 때마다 따라갔던 원담스님은 (만공스님이)'총독부회의에 참석했던 그날도 그랬고, 선학원 고승대회에 참석했을 때도 그랬는데, 밤에는 삼청공원에 있던 은밀한 장소에 가서 한용운스님을 만나 독립자금이 든 돈 봉투를 건네는 것을 두 눈으로 똑똑히 봤다'고 말했다. … (중략) … 만공스님이 '우리 고장의 자랑인 유관순

55) 다른 사건은 총본산 건설운동, 『불교』지 속간을 거론했다.

열사나 윤봉길 의사 같은 사람이 돼야 한다'고 법문할 때 숨소리도 제대로 내지 못하고 경청했다.[56]

여기에서 만공의 총독부 사건이 치열한 민족의식에서 나온 정신적인 독립운동임이 확연해지는 것이다. 만공은 서울에 오면 만해의 거처인 심우장에서 밤을 새워 곡차를 즐겼고, 만해가 입적한 이후에는 만해 없는 서울은 쓸쓸하다면서, 상경치 않았던 저간의 사정을 가늠할 수 있는 것이다.

때문에 만공의 선기 발로 사건은 그 이전 만공 정신사의 기승 단계가 여기에 와서 활짝 펼쳐진 것이었다. 즉 '전'의 단계로 구현되었다. 그럼에도 불구하고 지금껏 이 사건에 대한 만공문도의 계승의식[57] 이외에는 정당한, 객관적인 평가가 거의 없었음은 이해할 수 없는 대목이 아닐 수 없다. 이와 같은 쾌거는 불교 차원을 뛰어 넘는 것이었다. 정신적인 불교 독립운동의 정점이었다고 보아야 할 것이다.[58]

---

56) 『동아일보』 2015. 9. 15, 「만공스님은 독립운동가 … 한용운에 독립자금 전달했다」.

57) 만공문도들은 이를 중요하게 인식하여 『滿空語錄』, 1968, pp.66~70에서 「丁丑年 三月 十一日 對日人總督南次郎喝一喝」이라는 제목으로 소개하였다. 그후 『滿空法語』, 1982, pp.84~88에서는 「일본인 총독 남 차랑(南次郎)에게 일할(一喝) - 一九三七년 三월 十一일 총독부 제일 회의실에서」라는 제목으로 다루었다. 한편, 만공의 제자인 덕산은 『월간 중앙』 6권 10호(1973. 10)에 기고한 「滿空禪師의 無涯行」에서 '남차랑 總督에 대한 一喝'이라는 소주제로 다루었다. 그리고 조영암은 『불교사상』 16호(1985.3)에 기고한 「스님들의 항일운동」에서 '滿空一喝'을 다루었다. 그는 만공의 무서운 항일의식이 평생을 응집하였다가 일순에 견적필살(見敵必殺)의 대봉망(大棒芒)이 발휘된 것으로, 그래서 조선민족이 살아 있음을 만방에 과시한 통쾌한 청산리 전쟁을 방불케 하였다고 보았다.

58) 이를 정리하여 교과서에 수록해야 한다.

4) 유교법회(1941), 범행단 출범, 간월암 기도

만공은 전술한 바와 같이 선학원 창건 및 운영, 조선불교 선종의 창종, 총독부 선기발로 사건을 전개하면서 자주, 자립, 자생의 기조를 유지하였다. 이 같은 전개의 연장선상에서 그는 1941년 3월 4~13일, 선학원에서 개최된 유교법회[59]의 증명 법사로 참여하였다.

이 법회는 일제가 선학원 계열 수좌들을 통제, 장악하려는 것에 대응, 반발하면서 계율 수호, 불교정화를 기하려는 목적에서 개최되었다. 청담, 운허 등에 의하여 주도된 그 법회에는 장석상, 박한영, 감상월, 강영명, 채서응, 하동산, 이청담, 윤고암, 정금오, 김자운, 강석주 등 40여 명의 수좌, 율사, 강백 등이 동참하였다. 만공과 박한영, 하동산, 김상월은 법회에서 범망경, 유교경, 조계종지 등의 주제로 법문을 하였다. 만공은 법회에서 다음과 같이 발언을 하였다.

> 전일에 박한영(朴漢永)스님이 부처님께서 설하신『범망경(梵網經)』을 설하고, 아까 동산(東山)스님이 또『범망경』을 설하였습니다. 이『범망경』은 한번 들어서 귀에만 지날지라도 그 공덕으로써 능히 백천 만겁의 죄를 해탈하고 곧 성불함을 얻는다고 하시었으나, 금일 산승이 비록 법문을 설한다 할지라도 부처님께서 친히 설하신 법문에는 미칠 수가 없는 것이니, 무슨 법문을 설하리오.
>
> 그러나, 四부대중이 이미 운집하여 나에게 굳이 설법하기를 청하니 만약 설하지 않는다면 도리어 분주를 떠는 것 같아서 부득이 이 자리에 오르게 된 것입니다.

---

59) 김광식, 앞의 논문, 2010.

그러나, 듣는 분들이 듣고 실행하면 일언 일구가 다 좋은 법문이 될것이요, 듣는 분들이 듣고는 실행하지 아니하면 비록 좋은 법문이라도 헛되게 돌아가고 말 것이니, 오직 원컨대 대중께서는 듣고 실행하여 주시기를 바라는 바입니다.[60]

그런데 유교법회에서 필자가 주목하는 바는 법회가 종료된 후에 법회에서 제기된 정신, 과제를 실천하기 위한 조직체인 범행단이 출범되었다는 점이다. 즉 계율수호를 지향하는 실천적인 행보를 갔다. 이에 대해서는 당시 법회의 재무로 참여한 강석주의 회고와 보도기사의 내용이 참고된다.

유교법회는 청담스님과 운허스님이 주도했지요. 스님들도 호응이 좋았고, 범행단(梵行壇)이라는 것을 만들었어요. 그때 내가 재무를 보았어요. 장삼도 그때 생겼지요. 큰스님들은 다 나오셨지만 한암스님은 나오시지 않았어요. 선교(禪敎)의 대종장들이 다 나왔지요.[61]

府內 禪學院에서는 今般 遺敎法會를 마친 뒤에 習定均慧 比丘僧만을 中心으로 하는 梵行壇을 組織하야 禪學과 戒律의 宗旨를 宣揚케 되얏다.[62]

60) 「서울 선학원 고승대회 법어 - 1941년 3월 10일 선학원에서」, 『만공어록』, 덕숭산 능인선원, 1982, pp.72~73.
61) 『선우도량』 11호(1997), p.230, 「한국불교 정화관련 인사 증언채록, 1941년 유교법회」.
62) 『불교시보』 69호(1941. 4.15), 「梵行團組織」.

청정 비구승단의 수행 좌표인 '습정균혜(習定均慧)'를 실천하기 위한 행보를 갔다는 것이다. 하동산, 이청담 등에[63] 의해서 발기되어 청정한 계행을 지키는 승려를 신도들이 외호하는 조직체인[64] 범행단의 구체안이 수립되었다. 만공은 이런 기획을 찬동하면서, 범행단을 불교정화를 추진하기 위한 차원까지 고려하였고, 나아가서는 인재 양성도[65] 의도하였다. 그러나 1941년 3월, 유교법회 종료 직후에 출범된 범행단은 1942년까지는 활동하였으나 태평양전쟁의 발발로 야기된 전시체제로 자진 해산하였다.[66] 이런 사정은 만공을 법사로 모시고 수행하였던 비구니 김일엽의 회고(1955)에서도 찾을 수 있다.[67]

유교법회의 산물인 범행단에서 유의할 것은 만공은 실천적인 행보를 갔다는 점이다. 그 행보에 담긴 이념은 식민지 불교체제의 극복, 정화불교 지향, 인재 양성 등이었다. 비록 범행단은 1년 밖에 활동을 하지 못하고 중도하차하였지만 그 의의는 간단하지 않았다. 즉, 범행단의 뜻은 8 · 15 해방 이후 불교정화운동으로 계승되었다.

한편 만공 정신사의 마침표는 그가 1942년 간월암에서 조선 광복을

---

63) 이운허는 『용성선사어록』(1941, 삼장역회) p.38의 「禪農觀」에서 "前日에 梵行壇 일로 東山上人을 鳳翼洞 敎堂에 訪한즉 때(필자 주, 1941년 4월 경)는 正히 師의 小祥을 지낸지 未幾요"라고 언급했다.

64) 정광호는 신행단체라고 보았는데 선학원에서 유마경 법회를 열었다고 기술했다. 정광호, 『근대 한일불교관계사연구』, 인하대출판부, 1994, p.268.

65) 만공은 1930년대 초에도 참선 수행을 거친 승려 중에서 존경받을만 하고, 포교사가 될 만한 자격자를 양성하기 위해 10년간 인재를 키우겠다는 포부를 밝혔다. 『禪苑』 2호(1932.1), pp.87~88, 「지방선원 소식」.

66) 청담도 1954년의 일지에서 "高僧法會 ; 梵行壇 해산"이라고 하였다. 『청담필영』, 봉녕사 승가대학, 2004, p.183.

67) 『동아일보』 1955. 8. pp.2~3, 「만공선사와 불교정화 / 김일엽」.

발원하는 천일기도를 행한 것에서 구현되었다. 마침내 천일기도가 회향된 3일[68] 후에 해방, 광복을 맞이 하였다. 그 기념으로 만공이 1945년 8월 16일에 쓴 '세계일화(世界一花)'의 유묵의[69] 정신을 다시금 새겨 보아야 한다.

요컨대 만공의 정신사는 실천적 행보, 후대 역사에 계승이라는 역사적 의의를 갖게 되었다. 비록 만공의 정신사 단계가 여기에서 結의 단계로 마무리 되었지만 그는 지속성, 영원성을 갖는 것이다. 다시 말하면 만공 정신사의 궤적은 역사성을 담보하였다.

4. 결어

맺는말은 전장에서 살피고, 제기하였고, 강조되었던 내용 및 의의를 요약하는 것으로 대신하겠다. 이와 같은 내용은 만공 정신사, 독립운동의 인식 등에서 중요한 이해라 하겠다.

첫째, 불교 독립운동의 범주를 이원화할 것을 제언하였다. 그런데 지금껏 1차적인 직접적 항쟁만을 독립운동으로 인식, 포상한 것을 비판하고 2차적인 간접적 저항, 대항의 활동도 독립운동의 범주에 넣어야 함을 강조하였다.

둘째, 만공의 행적 및 사상을 불교적인 관점에서 벗어나 정신사 관점

68) 그런데 김교식은『한용운』, 계성출판사, 1984, p.351에서 천일기도를 마치던 그날이 8월 15일이라고 서술했다. 이 사실이 전해지자 변영만은 즉시 만공에게 가서 제자가 되고 삼청이라는 법호를 얻었다고 했다.

69) 2011년에 개관한 만공선사 기념관에 전시되어 있다.

으로 볼 것을 제언하였다. 정신사의 본질은 자유와 평등을 지향하는 자주, 자립, 자생이라고 보면서 만공의 정신사에는 인류 보편적인 사상, 관점이 분명함을 인식하였다. 정신사의 지향이 민족불교론이었고, 독립운동의 이념이었다.

셋째, 만공 정신사는 기승전결의 단계적 발전을 거쳤다고 보았다. 이런 전제하에 만해와 3 · 1운동 밀약, 선학원 창건은 정신사 첫 출발점인 기의 단계이었다. 여기에서부터 만공의 정신사가 시작되었다.

넷째, 만공 정신사의 두 번째 단계인 승의 단계는 1935년 수좌대회를 통한 조선불교 선종의 창종에서 나타났다. 특히 대회에서 행한 만공의 개회사, 선서문에 나타난 참회, 반성, 정법 구현을 다짐하는 정신은 냉철한 현실인식의 발로이었다.

다섯째, 1937년 총독부에서의 '선기발로' 사건은 만공 정신사 표출의 정점이었다. 만해가 지적한 바와 같이 그 사건은 한국불교사 차원에서도 빛나는 사건이었다. 여기에 담긴 역사성은 독립운동의 범주에 확연히 포함됨을 말해주는 것이었다. 이 사건은 만공 정신사 전의 단계로서 만공 정신사의 최고점이었다. 만공이 만해에게 독립자금의 전달은 그 방증이었다.

여섯째, 1941년 유교법회의 산물인 범행단의 출범은 만공의 정신사가 이념에 머물지 않고 행동하는 실천적 지성이었음을 말해준다. 그리고 범행단이 좌절을 겪자, 뒤이어 나온 간월암에서의 광복 기도의 단행도 우연적인 것으로만 볼 수 없다. 계율 수호, 불교정화, 인재양성을 의도한 범행단의 역사는 해방 이후 불교정화운동에서 계승되었다. 이는 만공 정신사의 결의 단계이었지만 그 정신, 사상이 해방 이후까지 계승되었다는 점에서 의미가 깊다.

지금껏 본 고찰에서 필자가 개진하고, 강조한 만공 정신사의 궤적, 단계를 조망하였다. 그러면서 그런 정신사 단계에서 1937년 '선기발로' 사건이 대두된 것으로 이해하였다. 요컨대 선기발로 사건은 우연적인 것이 아닌, 필연적인 것이었다. 이런 이해, 인식하에서 1937년 사건은 독립운동이었으며, 만공은 독립운동가이었음을 확인할 수 있었다. 만공의 정신사 분석, 이해에 동학, 후학들의 동참을 기다린다.

만공의 민족운동과 유교법회 · 간월암 기도

1. 서언

근대불교기의 승려중에는 치열한 수행을 하고, 불교가 추구하는 목적인 중생구제의 일환으로 독립운동에 참여한 인물이 적지 않다. 그 대표적인 인물이 만해 한용운이지만, 수덕사 출신인 만공(1871~1946, 宋道岩)도[1] 특별한 행적으로 인하여 불교계에서는 적지 않은 주목을 받았다. 즉 그는 근대선의 중흥조 경허의 법제자로, 그리고 대선사로, 덕숭산문(수덕사)을 이끈 고승으로, 항일불교의 거점인 선학원을 창건한 주역으로, 일제말기까지 민족불교 노선을 걸어간 지성인으로, 한용운과 친근한 행보 등에서 뚜렷한 족적을 남겼다. 그래서 만공에 대한 연구는 불교학계에서 적지 않게 축적되었다.

그런데 만공의 역사, 사상은 불교사에 머물지 않는다. 그의 지성과 행적은 민족불교 및 민족운동의 성격을 갖고 있었기 때문이다. 때문에 만공의 민족의식 및 민족불교는 한국 근대사에서의 독립운동으로 평가될 수 있다. 그럼에도 불구하고 지금껏 만공을 독립운동가로 인식하지는

1) 만공의 속명은 송도암이다. 지금껏 나온 그에 대한 법어집(수덕사), 책자, 논문 등에서 '滿空'으로 기재되었기에 필자도 그 관행을 따랐다.

않았다. 이에 대한 근본적인 요인은 독립운동가의 선정을 일제에 저항, 항쟁을 하여 수감, 구형 등을 당한 인신 구속의 결과만을 중요하게 여기는 관행에서 비롯되었다. 그러나 독립운동은 그와 같은 외형적인 측면으로만 재단할 수 없는 것이다. 구속을 당하지 않았어도 그에 비견되는 민족의식의 발로와 행보가 있었다면 그는 당연히 독립운동의 범주에 포함시켜야 할 것이다. 즉 정신적, 사상적인 독립운동도 고려되어야 한다.

그러나 이와 같은 만공의 민족정신, 민족운동에 대한 학계에서의 연구는 미약하였다. 특히 사학, 민족운동사 방면에서는 거의 주목하지 않았다.[2] 필자는 만공이 설립의 주역으로 1921년에 창건한 선학원의 역사를 연구하면서[3] 만공의 민족의식과 민족운동을 주목하였다. 이런 입론에서 최근 필자는 만공이 1937년 2월 27일, 일제의 불교정책을 진두지휘하는 총독을 조선총독부 회의실에서 '할'로써 경책한 이른바 '선기발로' 사건을 민족운동 관점에서 연구를 하였다.[4] 필자는 그 글에서 그 사건을 만공의 민족 독립운동임을 상징하는 것으로 주장하였다. 선학은 만공의 그 행보를 불교적 측면에서 평가를 하였으나,[5]

---

2) 이병희, 「일제강점기 수덕사의 선풍과 만공」, 『호서사학』 41, 2005.
3) 선학원의 개요, 변천, 성격 등에 대해서는 다음 글이 참고된다.
김광식, 「일제하 선학원의 운영과 성격」, 『한국독립운동사연구』 8, 1994.
_____, 「유교법회의 전개과정과 그 성격」, 『불교평론』 35, 2008.
_____, 「조선불교선종 선회에 나타난 수좌의 동향」, 『마음사상』 7, 2009.
_____, 「조선불교선종과 수좌대회」, 『한국 현대선의 지성사 탐구』, 도피안사, 2010.
_____, 「한국 근대불교 '帶妻食肉'의 이원적 노선」, 『일본불교문화연구』 13, 2015.
_____, 「조계종과 선학원, '同根'의 역사 및 이념」, 『문학사학철학』 45, 2016.
김순석, 「일제하 선학원의 선맥계승운동과 성격」, 『근현대사연구』 35, 2002.
_____, 「중일전쟁 이후 선학원의 성격 변화」, 『선문화연구』 1, 2006.
4) 김광식, 「만공의 정신사와 총독부에서의 '禪氣發露'(1937) 사건」, 『향토서울』 91호, 2015.
5) 서경수, 「현대불교와 저항정신」, 『세대』 1966년 1월호 ; 『서경수 저작집 Ⅱ ; 기상의 질문

필자는 그를 민족운동의 관점에서 논지를 전개하였다. 이는 만공 정신사의 지향이 민족불교 뿐만 아니라 민족운동 이념과도 동질적이었다는 인식에서의 논리이었다. 필자는 그 글에서 만공의 정신사는 기승전결의 단계적 발전을 거쳤다고 인식하였다. 즉 선학원 창건(1921)을 기의 단계(현실인식 구현), 조선불교선종의 창종(1935) 및 수좌대회를 승의 단계(자립, 대중화), '선기발로' 사건(1937)을 전의 단계(민족의식 표출), 유교법회(1941)와 간월암 기도(1942~1945)를 결의 단계(독립의식 귀결)로 주장하였다. 그러면서 만공의 행동은 실천적 · 민족적 지성이라고 주장했다.

그런데 이런 주장을 개진하였던 필자는 만공 정신사, 민족운동사의 기승전결에서 '결의 단계'의 내용과 성격을 보다 중점적으로 다룰 필요성을 인식하였다. 필자는 그 고찰에서 만공의 정신사 '전'을 민족정신의 상징으로 보면서, '결'을 민족정신의 마무리를 의미하는 것으로 서술하였다. 이는 민족의식의 변화 및 계기적인 이해이었다. 그런데 '전'의 단계에서 '결'의 넘어가는 과정 및 '결'의 단계에서 행해진 만공의 행적에 대한 설명이 미흡하였다. 이에 '결'의 단계의 내용을 더욱 보충하는 의도에서 본고를 서술하고자 한다. 구체적으로 만공의 정신사의 변천, 민족의식의 지속성, 독립운동의 성격 등을 밀도있게 이해함을 의미한다. 즉, 만공의 '선기발로' 사건 이후 그의 민족의식이 구체적으로 어떻게 전개되었는가를 볼 수 있는가에 대한 의문을 풀려는 것이다. 즉, '선기발로' 사건으로부터 8 · 15해방까지 만공의 독립정신은 일관되게 지속, 구현되었는가의 문제는 중요하기 때문이다. 또한 '선기발로' 사건의 논고를

과 천외의 답변』, 活불교문화단, 2010, pp.284~293.

지면에 발표한 이후, 본산 주지회의(1937)와 유교법회(1941)가 열렸을 때에 만공은 만해에게 '독립자금'을 전달하였으며, 간월암 기도는 '독립을 기원하는 기도'였다는 새로운 증언(견성암, 비구니)이 나왔다. 이런 자료 발굴은 일제말기 만공의 행적을 치밀하게 정리할 필요성을 뜻하는 것이다. 이에 필자는 본 고찰을 통해 일제 말기의 만공의 독립운동, 민족정신을 집중적으로 살펴 보고자 한다.

본 고찰은 이와 같은 배경에서 집필되었다. 필자는 이상과 같이 만공의 민족의식의 일관성, 지속성이라는 것을 주목한다. 그래서 1937년 이후의 행적 중에서 1941년 3월의 유교법회와 8 · 15해방 직전 간월암에서 3년간 행한 천일기도에 민족 · 독립의식이 발현되었음을 들추어내고자 한다. 그리고 만공은 만해에게 '독립자금'을 전달하였을 개연성을 조명하고자 한다. 필자의 이 글이 만공의 민족운동, 불교 독립운동의 재인식에 참고가 되기를 바란다.

2. 유교법회에서 만공의 독립의식

1) 유교법회의 개최 계기

만공은 1884년, 14세 때에 동학사에서 출가하였다. 이후 천장암, 봉곡사 등지에서 근대선의 중흥조인 경허를 시봉하면서 배우다가 오도하였다. 경허에게 법을 인정받은 그는 1905년부터 수덕사에 토굴을 짓고 수행을 하다, 제방의 수행자들이 찾아들자 선법을 지도하였다. 그러다가 3 · 1운동 이후부터는 중앙으로 진출하여 불교의 민족의식, 자주의식, 전통불교 수호 활동에 나섰다.[6]

선학원(서울, 안국동)은 1921년의 창건과 1922년 선우공제회의 출범으로 근대불교사에 등장하였다. 전통불교 수호, 일본불교에 저항 노선 등을 견지한 선학원은 불교사적인 의의가 지대하였다. 그러나 1920년대 중반에 접어들면서 재정의 어려움으로 본부의 이동, 범어사 포교당으로 전환을 겪으면서 중도하차하였다. 그러나 1930년에 재기한 선학원은 불교대중화의 노선을 견지하면서 본래의 정체성을 구현하였다. 이런 구도에서 선학원의 재기를 추동한 승려들은 재정기반 강화가 정체성 구현의 핵심임을 자각하여, 1934년 12월 5일에는 재단법인 선리참구원으로 전환시켰다. 동시에 1935년 3월 7~8일, 수좌대회를 개최하여 정체성과 노선을 분명하게 제시하였다. 즉 조선불교선종을 창종하고, 종무원을 출범시키면서 선종의 독자적인 법규까지 제정하였다.[7]

이런 배경하에서 출범한 선리참구원과 조선불교 선종 종무원은 정상적인 행보를 나갔다. 그래서 1935년 이후는 그 이전보다 수좌의 증가,[8] 선리참구원의 재산 증대 등이 이루어져 진일보한 단계로 나갔다.[9] 예컨대 1939년의 수좌대회, 즉 조선불교선종 정기 선회의 개최는 그 예증이다. 이 대회에서는 초참납자의 지도를 위해 금강산 마하연 선방을 모범선원으로 지정하겠다는 논의를 하였다. 다음으로는 모범총림을 지리산,

---

6) 『滿空法語』, 능인선원, 1982, 연보.

7) 위의 졸고, 「조선불교선종과 수좌대회」 참고.

8) 『불교시보』 54호(1940.1), 「불교소식」에는 27개처 선원에서 458명의 수좌가 수행한다고 전한다.

9) 『선원』 4호, 「중앙종무원」.

가야산, 오대산, 금강산, 묘향산에 세우기 위해 교단측과 교섭을 벌이기도 하였다. 나아가서는 전국 선원의 수좌들의 소식을 민활하게 전달하기 위해 수행 결과인 방함록(芳啣錄)을 수합하여 배포하였다. 이 선회 이후에는 더욱 더 선학원을 중심으로 전국의 수좌와 선원이 유기적인 관계를 가졌다.[10)]

위와 같은 선학원의 변동과 발전이라는 배경을 고려하면서 1941년 3월 4~13일, 선학원에서 열린 유교법회의 개요 및 성격을 살피고자 한다. 필자는 예전에 이 법회의 개요에 대한 논고를 발표하였으나, 여기에서는 민족의식 관점에서 재정리하겠다. 우선 그 법회는[11)] 어떤 연유로 열렸던가? 그러나 그 전후사정을 알려주는 직접적인 문헌자료는 희박하다.[12)] 여기에서 유교법회의 개최를 전하는 관련 자료인『불교시보』를 우선 제시하겠다.

> 十日間 府內 安國町 禪學院에서는 雲水衲僧 高德禪師의 遺敎法會를 열고 朴漢永 宋滿空 金霜月 河東山 諸 禪師의 梵網經 遺敎經 曹溪宗旨에 대한 說法이 잇섯다고 한다.[13)]

---

10) 정광호,「한국 전통선맥의계승운동」,『근대한일불교관계사연구』, 인하대출판부, 1994, pp.204~207.

11) 유교법회의 개요, 전개는 졸고,「유교법회의 전개과정과 그 성격」,『한국 현대선의 지성사 탐구』, 도피안사, 2010의 내용을 참고.

12) 삼보학회가 1960년대 후반,『한국불교최근백년사』의 편찬 작업을 추진할 때 조계종 총무원에「유교법회 회의록」이 있었다. 삼보학회의 백년사 편찬의 실무자인 정광호는 그를 열람하였다. 그는 그 회의록과 법회 참가자인 운허의 증언을 고려하여 위의 책, 유교법회 분야를 서술하였다.

13)『불교시보』69호(1941.4.15),「禪學院의 遺敎法會」.

즉, 1941년 3월 4일부터 10일간 선학원에서 법회가 개최되었다. 그러면 법회는 어떤 계기로 열렸고, 누가 참여하였가 등등에 대해서 접근해 보겠다. 이에 대해서는 1966년 경 『한국불교 최근 백년사』의 편찬 실무를 보았던 정광호가 그 당시까지 현존하였던 「유교법회 회의록」(1941)을 보고, 정리한 글이 주목된다.

> 일본과의 합방이란 것이 이루어진 뒤로 한국의 청정한 승풍은 시들어만 가고 있지마는, 그래도 이 가운데 애써 한국적 전통을 유지하고 있는 고승들이 있으니 이들을 다시 한자리에 모아 보자.

그 회의록에는 한국적 전통을 유지하고 있는 고승을 한자리에 초청하자는 것이 계기이었다고 나온다. 그런데 왜 하필이면 1941년 3월이었던가? 그 기획을 한 것은 선학원 내부의 승려였는가에 대한 의문점이 나온다. 이와 관련해서는 유교법회에 참석하였던 강석주가 회고한 글이 주목된다.

> 이 법회는 전국의 훌륭한 禪匠들이 모여서 10일간 계속했는데 모이게 된 동기가 좀 엉뚱한 데 있었다.
> 春園 李光洙가 우연한 기회에 총독부 학무국장 도미니가(富永)를 만난 일이 있다.
> 이때 도미니가는 춘원에게 "한국불교가 이 같이 무질서 하고 지리멸렬해서는 안되겠다. 교단을 맡아서 잘 해나갈 사람이 없겠는가. 지금까지는 교종에 교단을 맡겨 왔는데 선종에 그런 인물이 없겠는가. 선종의

고승들을 만나 볼 기회가 있었으면 좋겠다"는 뜻을 비쳤다.
춘원은 곧 사촌형인 李耘虛스님을 찾아가 도미니가 학무국장의 뜻을 전하고 "적당한 기회에 고승들이 한 자리에 모이는 법회를 여는 것이 좋겠다"고 권하였다.
이운허스님은 元寶山스님과 이 일을 상의하였다. 두 스님은 춘원의 말과 같이 고승법회를 여는 것도 좋으나 우선 총독부 학무국장을 만나 그의 黑心이 무엇인지 직접 들어 본 연후에 결정하기로 하였다. 박문사가 총본산을 하겠다는 흉계를 가지고 있고, 우리 쪽에서 총본산을 짓고 있는 이 때에 학무국장이 그런 말을 했으므로 총독부의 저의를 헤아리기가 어려웠던 것이다.
두 스님은 춘원의 소개로 총독부의 학무국장을 만났다. 그런데 도미나가는 고승법회에 대하여 일언반구도 하지 않았다. 춘원의 말에 의하면 고승법회의 경비까지도 대주겠다고 했다는데 전혀 말이 없자, 두 스님은 총독부의 의사와는 무관한 법회를 열기로 하였다. 그리하여 두 스님은 춘원에게서 들은 이야기는 없었던 것으로 하고 두 사람만 알기로 하였다. 耘虛스님은 直旨寺로 靑潭스님을 찾아가서 이 일을 상의하였다. 靑潭스님은 곧 쾌락을 했고 이어 滿空스님을 찾아가서 고승법회 개최를 상의하였다. 또한 운허스님은 朴漢永스님과도 상의하였으며[14)]

이와 같은 서술은 다음과 같은 초점을 갖는다. 우선 일제는 이광수를 통하여 선종 계열에 대한 호기심으로 '고승법회'의 개최를 타진하였는데, 그는 교단 통제와 연관된 것이라고 이해된다. 춘원을 통해 사정

14) 강석주 · 박경훈, 『불교근세백년』(중앙일보사, 1980), pp.166~168.

을 들은 이운허와 원보산은 일제의 의도를 파악하기 위해 일제 당국자를 만나고, 한국불교의 독자적인 법회를 추진하였다. 이 같은 사정을 직지사에서[15] 들은 청담은 수덕사로 만공을 찾아가서 '고승법회'의 개최를 상의하였다. 그리고 운허도 박한영을 만나서 고승법회 개최를 상의하였다. 즉 만공, 박한영과의 상의 단계부터는 일제의 교단통제에[16] 대한 대응의 의미를 가졌다. 이와 연관하여 유교법회가 열린 1년 후 일제의 선학원에 대한 아래의 보도는 그 정황을 파악하는 단서이다.

> 조선의 종교 통제문제는 다년간의 현안으로서 총독부 사회교육과에서는 이미 착착 실시하야 오는 중인데 우선 조선인 관계의 불교를 일원적으로 통제하야 불교의 내선제휴를 강화한 다음 국제본의 투철을 중심으로 하는 황민화의 힘찬 심전개발운동을 일으킬 터이며 … (중략) …
> 여기서 가장 문제되는 것은 조선인측의 불교엿다. 전선 각처에 잇는 사찰 총수 실로 이천수백에 그 교도는 삼십만명이나 된다. 그러나 몇해전만 해도 이가튼 사찰과 각 종파를 일원적으로 통제 지도할 기관이 업섯다. 죽 중앙불교무원과 중앙선리참구원의 두가지가 중앙에 잇서 가지고 제각기 지도적 역할을 해 왓든 것이다. 중앙교무원은 전선불교관계의 연락과 부내 혜화전문의 경영을 마터 보앗고 중앙선리참구원에서는『선』(禪)을 하는 사람과의 연락 연구기관으로 각기 존재햇지만 두 기관이 다 가치 전 사찰에 대하야 관계를 가지고 잇섯다. 그래서 총독부

15) 청담은 그때(1940년 동안거) 직지사 천불선원의 禪德이었다.
16) 정광호는 전통적인 승단인 비구승의 영향력을 일제의 전쟁준비에 활용할 저의를 고려하였다. 정광호, 위의 책, p.205.

에서는 작년 4월 사찰령의 개정과 동시에 조선불교도의 총의에 따라 『선』과 『교』를 일원적으로 통제하고 태고사를 맨들고 전선 31본산의 총본산으로 하야 전선불교의 중앙지도기관으로 햇다. 그러나 여전히 중앙교무원과 선리참구원은 존재하야 만흔 폐해가 잇섯슴으로 금년 3월에 총독부에서는 이 두가지 단체를 통제하고자 결심하고 그 제일 착수로 금년 삼월에는 중앙교무원을 조계학원으로 개칭하는 동시에 총본산 태고사의 통제하에 두게 되엿다. 이와 동시에 혜화전문학교를 경영하는 재단의 역원도 태고사의 간부로 하야금 겸임케 하야 실질적 통제를 완성식힌 것이다. 여기서 남은 문제는 존립할 아모런 가치가 업는 중앙선리참구원을 어떠케 하는 것이냐 하는 것이다. 통제가 완성되여 가는 현재 과정에 잇서서 이것은 당연히 발전적 해소를 해야 할 것이다. 더구나 이 선리참구원이라는 것은 법령상 사찰도 아니요 포교상 아모런 존재 이유를 가지지 못하는 것이다. 솔직히 말하면 정당한 불교를 포교하는데 암(癌)으로서의 존재밧게 안되는 것이다. 그래서 총독부에서는 지금 그 내용과 구성 인원 등 자세한 상황을 조사하는 중이다. 조사가 끝나는대로 이것도 그 통제될 단계에 이른 것만으로 명확한 일이다. 여기서 조선의 종교통제 문제는 불교의 일원적 통제로부터 시작하야 기독교 등에도 미치게 될 터이다.[17)]

1942년 중반, 일제가 선학원을 통제하겠다는 기본 정책을 전하는 기사이다. 이 『매일신보』는 일제의 기관지였던 사정을 고려하면 여기에서 나온 통제의 원칙은 분명하다. 이 내용에서도 선리참구원이 선원의 지

17) 『매일신보』 1942. 8. 6, 「佛教서도 內鮮一體로 宗教報國에 新機軸」.

도, 통제를 하면서 선을 연구하는 기관으로 인식되었음을 알 수 있다. 일제 당국은 선리참구원을 불교통제상에 있어서 골치아픈, 껄끄러운 존재였기에 암적인 대상으로 표현하였다.

그런데, 1940년 후반이나 1941년 초반은 조선불교 조계종이 일제의 승인을 받아 출범하기 직전이었던 것을 고려하면 교종계열은[18] 통제가 일단락되었다고 보았을 것이다. 그래서 그때까지 통제되지 않았던 선종계열을 장악하려는 의도가 있었음이 짐작된다. 필자는 춘원과 학무국장과의 사이에서 나온 선종 고승에 대한 대화가 법회의 단초는 되었다고 본다. 그러나 수좌들은 그 기회를 오히려 고승의 수행 가풍이 살아 있음과 정법 수호, 계율 수호, 선학원의 정체성 천명 등의 기회로 활용하려는 현실인식이 추동하였다고 본다.

그래서 청담과 운허는 고승법회의 개최를 위한 여러 준비를 과감하게 추진하였다. 당시는 준전시체제이었기에 행사를 할 경우에는 일제 당국에 집회계를 내고, 집회 개최의 허락을 받아야만 되었다. 그래서 청담과 운허 등의 법회 주최진은 화계사, 봉선사 등의 장소에서의 법회신청을 냈으나 거절당하자, 종로경찰서와 상의하여 선학원에서 법회를 할 수 있다는 장소 사용허가를 가까스로 얻어냈다. 그러자 이번에는 조선불교조계종 출범을 주도한 교종계열에서[19] 은근한 반대가 있었다. 반대의 이면에는 그 법회가 조계종 출범에 악재로 작용하지 않을까 하는 우

18) 대처승 계열의 승려들을 '교종'이라 칭하였다.

19) 박경훈은 교무원 인사와 31본산 주지들이라고 하였다. 교무원은 1941년 4월 조계종단이 등장하기 이전에는 준 교단의 역할을 하였던 법인체이다. 교무원 대표였던 월정사 주지인 이종욱이 반대를 하였다. 필자는 총본산 건설의 주역이었기에 조계종 출범을 1937년부터 준비한 종단출범에 대한 우려로 본다.

려가 있었다. 이 같이 기존 교단에서 반대한 사정은 법회에 참가한 김지복의 회고가 참고된다.[20] 그에 의하면 교단측에서 같이 추진하기로 하였지만, 교단측에서 종정으로 내정한 한암이 참석하지 않자, 법회의 공동 주관에서 후퇴하였다. 그는 일제당국이 조선불교 조계종을 인정하여 출범(1941.4.23)하기 직전이기에 총독부와의 불편한 관계를 자제하려는 고육지책이었을 것이다. 한암은 고승법회 보다는 유교법회라고 하는 것이 좋겠다고 피력은 하면서도 자신은 '불출산(不出山)'을 견지하기에 나가지 않겠다고 결정하였다.[21] 그래서 대회에 참석한 율사인 채서응도 고승법회라 해도 무방하지만, 굳이 비난을 받아가면서까지 고승법회라 하는 것보다는 부처님의 유지를 받드는 승가이기에 유교법회가 타당하다고 피력하였다. 이런 전후 과정을 거쳐 법회 명칭을 유교법회로 전환하고, 법회는 추진되었다.[22]

2) 유교법회의 전개

한국 전통 선의 수호, 계율 수호의 종지를 내걸었던 선학원에서 1941년 3월 열흘 간(3.4~3.13)에 걸쳐 유교법회는 개최되었다. 법회의 출발은 일제의 선종 계열의 통제를 위한 선종 고승에 대한 관심에서 촉발되었지만 법회가 추진되면서 정법수호, 계율수호라는 대의명분이 개입되면

20) 『조계종 강맥 전등사 관련 인터뷰 녹취록』(2004, 조계종교육원 불학연구소, 미출간), pp.234~235.

21) 김광식, 『그리운 스승 한암스님』, 민족사, 2006, pp.40~41.

22) 위의 박경훈 책, p.169. 법회에 참석한 강석주는 그때 총무원측에서 비난이 많았다면서, 원래는 고승법회라 했는데 높을 高자가 아닌 마를 고(枯)자를 써서 고승(枯僧)이라고 해라, 혹은 외로울 고(孤)자를 써서 고승(孤僧)이는 말이 있어 유교법회로 변경하였다는 증언을 하였다. 『선우도량』 11호, p.231.

서 진행되었다. 이러한 사정은 법회에 참석한 석주가 법회의 실무주관자인 청담을 회고하는 내용에 나온다.

> 그때 선학원에서는 만공큰스님을 모시고 그때까지 10년간 말없이 수도 정진한 고승들을 초대하여 불교정화의 기조이념을 다짐하는 법회를 봉행하는 중이었는데, 뜻밖의 행패자들이 출현한 것이었다. 몇몇의 알만한 승려들이 자신의 스승을 그 고승법회에 초대하지 않았다는 이유로 난동을 부린 것이었다. 행패자들의 난동이 워낙 기세 등등하여 어진간한 심장이면 주저 앉고도 남을 판인데 눈 하나 깜짝하지 않는 대범성에 도리어 난동자들이 혀를 내두르고 말 지경이었다.
> 이러한 대범성과 끈질긴 추진력이 결국 그분으로 하여금 불교정화 이념을 현실화시켜 성취를 한 것이라고 할 수 있을 것이다. …(중략)…
> 바로 1941년 3월 13일로 기억되는 선학원에서의, 부처님의 유교를 호지하고, 승풍의 정화를 재차 다짐하는 기틀이 된 고승법회도 그러한 난관에 굴함이 없이 전진을 거듭한 결과라고 할 수 있을 것이다.[23]

이처럼 유교법회는 "만공스님을 모시고 그때까지 10여 년간 말없이 수도 정진한 고승들을 초청하여 불교정화의 기조 이념을 다짐하는", 혹은 "부처님의 유교를 호지하고 승풍의 정화를 재차 다짐하는 기틀이 된 고승법회"이었다. 이렇게 유교법회는 불교정화를 다짐하는 법회로 전개되었다. 법회의 정체성은 강석주가 다음과 같이 피력한 내용에서 찾을 수 있다.

23) 강석주, 「그때 그 기억」, 『여성불교』 30호(1981.11), pp.19~21.

> 그리고 불교정화운동에 대한 부분은 해방 이전에도 활발치는 못하였지만 서서히 진행되어 왔는데 [전국 고승법회]라 하여 청담, 운허, 운경스님 등이 주축이 되어 준비를 했다. 당시 총무원측에서는 굉장히 반대가 심했고 방해를 많이 했었다. 그럴 수 밖에 없는 것이 고승법회에서는 불교는 범행단(梵行團)이라 하여 청정하게 계율을 잘 지키고 종단을 이끌어 가야 한다고 했으니 처자권속을 거느린 총무원의 당사자들은 당연히 반대한 것이다. 그래서 [고승]부분에 대한 반대가 너무 심하여 유교(遺敎)법회라 하여 대회를 진행하곤 했다.[24]

즉, 법회를 불교정화운동이라고 한 표현에서 단적으로 드러난다. 그런데 『불교시보』에서는 법회 참가자를 '운수납승 고덕선사(雲水衲僧 高德禪師)'라 하였다. 강석주가 회고한 10년간 말없이 수도정진한 고승들과 같은 내용이다. 즉 대상자는 10년 이상을 정진한 수행자(선사, 율사 등)이었다. 그러면 초청한 대상자는 몇 명이었고, 참여한 승려는 몇 명인가를 분명하게 전하는 문헌 기록은 부재하다. 법회를 서술한 박경훈은 "노·장층 선장(老·壯層 禪匠) 40여 명"으로,[25] 정광호는 "전국의 청정비구 중 34명을 초청했던"것이라고[26] 표현하였다.

한편 『운허선사 어문집』(1991)의[27] 화보(유교법회 사진)에는 승려 40명으

24) 석주, 「교단의 혁신을 위한 조선불교총본원의 활동」, 『법륜』 246호(1989.8), pp.30~31.
25) 위의 박경훈 책, p.169.
26) 정광호, 「한국 전통 선맥의 계승운동」, 『근대한일불교관계사연구』(인하대출판부, 1994), p.204. 그러나 정광호는 34명이라는 근거를 제시하지 않았다.
27) 초판은 1989년인데, 동국역경원이 펴냈다.

로[28] 나온다. 그리고 『한국불교 100년, 1900~1999』의[29] 1940년대 부분의 유교법회 사진에는 해당 인물 40명에게 번호를 부여하면서, 판독이 가능한 인물 37명을 제시하였다.[30] 그런데 행사에는 법회에 초청받아 온 고승, 수좌, 율사 그리고 함께 온 시좌도 있었다.[31] 박한영의 시자로 당시 법회에 참석했던 김지복의 회고는 그를 말해준다.[32] 이런 상황을 종합하면, 법회에는 40명 이상의 승려가 참여하였다. 그래서 일단은 법회에 초청을 받아 참석하였던 대상자(34명)로 추정되는[33] 승려를 제시한다.

송만공, 박한영, 채서응, 장석상, 강영명, 김상월, 하동산, 김석하
원보산, 국묵담, 하정광, 김경권, 이운허, 이청담, 김적음, 변월주
강석주, 박석두, 남부불, 박종현, 조성담, 김자운, 윤고암, 정금오
도명, 이화응, 김지복, 박봉화, 귀암, 민청호, 청안, 박재운, 박본공, 곽?

위의 승려들이 선학원에 모여 법회를 하였다.[34] 그러면 법회는 어떤

---

28) 참여 인물을 40명으로 보고, 그 인물들의 사진 번호 별로 법명을 게재하였다.
29) 『한국불교 100년』(민족사, 2000), p.187.
30) 번호는 40까지만 부여하고, 잔여 한 명은 번호(41?)를 부여하지 않았다. 판독치 못한 것과 애매한 경우는 곽?스님, 조?, ?, ?수좌, ?(적음스님 시자) 등으로 추측하였다.
31) 강석주는 적음과 화응의 시자는 기억하였다. 당시 개운사 대원암에 있었던 김지복은 자신과 박영돈, 백준기(박한영 직계 시봉) 등 3명이 시자로 박한영을 따라와서 선학원에서 茶角을 하였다고 필자에게 회고하였다. 2004년 12월 22일, 불학연구소에서 증언.
32) 선우도량 한국불교근현대사연구회, 『22인의 증언을 통해서 본 근현대 불교사』, 선우도량, 2002, p.190.
33) 정광호는 「유교법회 회의록」을 열람한 당사자이기에 그의 설(34명)을 신뢰할 수 있다. 『매일신보』도 30여 고승이라고 보도하였다.
34) 『불교시보』 69호(1941.4.15), 「인사소식」. 송만공, 장석상, 김상월, 강영명 등 諸 和尙이 유교법회 출석차 入城하였다고 나온다.

순서로 진행되었으며, 법문은 누가 하였는가. 이에 대한 내용을『매일신보』의 기사를 통해 살펴 보겠다.

> 불교의 부흥기를 당하야 수 십년 동안 오로지 깁고 깁흔 산속의 사찰 속에서 부처님의 계율을 그대로 직히고 온갖 고행(苦行)을 참고 견듸며 수도(修道)를 해 오든 三十여 고승(高僧)이 은연이 속세의 가두에 나타나 불교 신체제 확립에 힘찬 부조를 맞추고 잇다.
> 이 승려들의 첫 발자욱은 고승수양법회(高僧修養法會)란 명목으로 四일 새벽부터 안국정 四十번지 선학원(禪學院)에서 종래 일즉히 보지 못한 위엄스럽고 엄숙한 법회가 전개되엇는대 여기에는 멀리 충남 예산 정혜사(定慧寺)의 송만공(宋滿空)(七一) 로사를 비롯하야 강원도 오대산(五臺山) 월정사(月精寺) 방한암(方漢巖) 승려 충남 속리산(俗離山) 법주사(法主寺) 장석상(張石霜) 승려 등 좀처럼 맛나기 어려운 고승들의 법회를 일반이 볼 수 잇게 된 것이다.
> 이번 법회의 목적은 전혀 고래(古來) 승려들의 수양생활을 일반에게 보히고 금후 교계에 수범이 되게 하려는 것으로 일순은 四일부터 六일까지 범망경(梵網經)의 설교가 잇고 九일까지 유교경(遺敎經) 十二일까지 자비참(慈悲讖)의 공개가 잇고 또한 전몰장병을 위하야 十三일에는 위령제(慰靈祭)를 지낼터이란다. 이 법회가 행하여지는 동안 회주(會主)에는 박영호(朴永湖) 김상월(金霜月) 강영명(姜永明) 채서응(蔡瑞應) 승려가 맡고 증명(證明)에는 송만공(宋滿空) 방한암(方漢巖) 장석상(張石霜) 세 승려가 담당하기로 되엇다.[35]

35)『매일신보』1941.3.5,「佛門 新體制 發足 高僧修養法會」.

이렇듯이 대회는『유교경』에 대한 법문, 자비참 공개 등의[36] 순으로 진행되었다. 그런데 위의 기사를 통해 증명은 송만공, 방한암, 장석상이었고 회주는 박한영, 김상월, 강영명, 채서응이었다. 증명은 법회의 상징적인 고승으로 내세운 인물이고, 회주는 법회의 실질적인 주관자로 보인다. 위의 기사를 통해 법회의 일정은 3월 4~6일『범망경』법문, 7~9일『유교경』법문, 10~12일 자비참 공개, 13일 기념 촬영 등이었다.

법회의 가장 중요한 행사는『범망경』,『유교경』을 대상으로 하는 법문이었다. 이에 대한 내용은 만공 자료에서 찾을 수 있다.

> 전일에 박한영(朴漢永)스님이 부처님께서 설하신 범망경(梵網經)을 설하고, 아까 동산(東山)스님이 또 범망경을 설하였습니다. 이 범망경은 한번 들어서 귀에만 지날지라도 그 공덕으로서 능히 백천만겁의 죄를 해탈하고 곧 성불함을 얻는다고 하시었으나, 금일 산승이 비록 법문을 설한다 할지라도 부처님께서 친히 설하신 법문에는 미칠 수가 없는 것이니 무슨 법문을 설하리오.
>
> 그러나, 사부대중이 이미 운집하여 나에게 굳이 설법하기를 청하니 만약 설하지 않는다면 도리어 분주를 떠는 것 같아서 부득이 이 자리에 오르게 된 것입니다. 그러나 듣는 분들이 듣고 실행하면 일언일구가 다 좋은 법문이 될것이요, 듣는 분들이 듣고는 실행하지 아니하면 비록 좋은 법문이라도 헛되게 돌아가고 말 것이니, 오직 원컨댄 대중께서는 듣

36) 기사에는 위령법회를 할 예정이라고 나온다. 위령법회를 예정하였음은 집회허가를 얻어 내기 위한 고육지책이었다. 불교는 죽은 자를 위한 영혼을 달래는 것도 전래적인 고유의 행사이었음과 일제의 강요에 위한 측면이 고려되어야 한다.

고 실행하여 주기를 바라는 바입니다. … (중략) …
부처의 혜명을 계승하지 못한 자라면 천상천하에 용납할 수 없는 큰 죄인이 될 것이니, 마땅히 불자라면 항상 부처님의 혜명을 이을 생각을 가져야 하겠소.[37]

위의 기록에 의하면 한국불교 계율 수호의 정신이 담겨 있는『범망경』의 법문을 한 대상자는 송만공, 박한영, 하동산이었다.[38] 박한영은 부처의 유훈이 담겨진『유교경』을 강설하였다.[39] 그 외 인물이 법문을 하였는가는 알 수 없다.[40] 자비도량 참법은 참회를 목적으로 하는 불교 의식이기에 동참 대중들이 청정계율 수호에 대한 의지를 보여주는 것이다. 그리고 조계종지가 강의되었다는 것은『범망경』과『유교경』을 법문한 것을 지칭하는 것으로 보인다. 유교법회에 참가한 승려나 법문을 한 당사자들은 선, 교의 분야에서 저명한 대상자들이라는 점은 이 법회의 위상을 높여준다. 이에 대해서는 강석주의 회고가 참고된다.

유교법회는 청담스님과 운허스님이 주도했지요. 스님들도 호응이 좋았고, 범행단(梵行壇)이라는 것을 만들었어요. 그때 내가 재무를 보았어요. 장삼도 그때 생겼지요. 큰스님들은 다 나오셨지만 한암스님은 나오

37)『滿空法語』(1982, 덕숭산 능인선원), pp.72~75,「서울 선학원 고승대회 법어」.
38) 이운허는「동산스님 行狀」에서 "1941년 서울의 선학원에서 열리는 유교법회에 참석하여 禪旨를 擧揚하다"고 기술하였다. 위의『운허선사 어문집』, p.324.
39) 박경훈,『불교근세백년』, p.169.
40) 위의『불교근세백년』, p.169.『불교시보』기사에서 김상월은 법문을 하였다고 나오지만 알 수 없다. 김지복은 법회에 참석한 장석상은 말이 전연 없었다고 증언하였다. 위의『인터뷰 녹취록』, p.277.

시지 않았어요. 선교(禪敎)의 대종장들이 다 나왔지요.[41)]

지금까지 나온 살핀 내용을 통해 법회를 주도한 승려들의 역할을 정리하면 다음과 같다. 기획은 이청담, 이운허, 김적음이었고[42)] 법회의 증명은 송만공, 장석상이었으며 법회의 회주는 박한영, 김상월, 강영명, 채서응이었다. 법회에서 법문을 한 대상자는 송만공, 박한영, 하동산 등이었다.

이와 같이 법회는 법문과[43)] 자비참 공개 등을 위주로 하여 진행되었다. 1941년 3월 13일 행사를 기념하는 사진 촬영을 끝으로 법회는 종료되었다. 법회가 종료된 이후 법회 주관자들은 수좌대회를 갖고, 법회를 기념하는 범행단을 조직하였다.

禪學院서는 去 三月 中에 遺敎法會를 마치고 首座大會를 열고 諸般 事項을 討議하엿다고 한다.[44)]

府內 禪學院에서는 今般 遺敎法會를 마친 뒤에 習定均慧 比丘僧만을 中心으로 하는 梵行壇을 組織하야 禪學과 戒律의 宗旨를 宣揚케 되였다.[45)]

41) 위의 『선우도량』, p.230.
42) 법회 참관자인 김지복이 필자에게 증언하였다. 초기 준비위원으로 원보산이 있었지만, 한암이 불참하면서 퇴진했다. 원보산은 한암이 머물던 오대산 상원사의 화주를 보는 등 한암과 친근했다.
43) 김지복은 많은 청중들을 대상으로 하지 않고, 정진 위주의 성격으로 증언하였다. 위의 『녹취록』, p.230.
44) 『불교시보』 69호(1941.4.15), 「禪學院의 首座大會」.
45) 위의 자료, 「梵行團組織」.

법회를 마치고 수좌대회를 가졌다 함은 참석자들이 선학원과 연결되어 있는 수좌였음을 말해 준다. 경봉(통도사)의 일기에도 나오는[46] 그 수좌대회는 조선불교선종 선회(제2회 정기총회)이었다.[47]

그러나 선학과 계율의 종지를 선양한다는 범행단의 조직과 활동 내용은 알기 어렵다. 다만 만공을 정신적 은사로 수행하였던 수덕사 출신의 비구니인 김일엽의 회고(1955년)에서 그 실마리를 찾을 수 있다.

> 때 마침(十八年 前) 그 제자들인 하동산 이효봉 이청담 스님 등이 梵行團을 조직하려고 발기하게 되었는데 스님도 크게 찬동하여 운영해 나갈 구체안까지 세우게 되었다. 불교내에는 본래 敎徒와 僧侶 二重制로 되어 교도들은 가족 친지보다 승려를 정으로 법으로 더 생각해야 하고 자기 생활을 불법을 위하여 모든 생산을 하게 되어야 하고 승려는 신도에게 應供하기 위하여 정진에 힘을 쓸 뿐만 아니라 儀表가 되기 위하여도 戒行을 잘 지켜가지 않을 수 없어 파계되면 곧 자격을 잃게 되었던 것이라는 말씀이었다. … (중략) …
> 大自由人이 되어 독립적 생활을 하는 것이 인생의 최고 목적이오 종교의 구경처인 바에 누구나 다 같이 이르게 되어야 하기 까닭에 만공스님도 佛敎淨化를 본위로 삼는 梵行團을 만들어 널리 사람을 기르려시던 것이었다. 그러나 전국적 호응을 얻기 전에 그러저럭 때는 그 이듬해로 흘러졌던 것이다.[48]

46) 『삼소굴 일지』(극락선원, 1992), p.167.
47) 김광식, 「조선불교선종의 선회에 나타난 수좌의 동향」, 『한국 현대선의 지성사 탐구』, 도피안사, 2010, p.210.
48) 『동아일보』 1955. 8. 2, 「만공선사와 불교정화 / 김일엽」.

> 小我的 나는 남음이 없이 소멸돼야 大我가 이루어지기 때문이다. 그때는 그런 스님이 계셨으니 大東亞 전쟁만 아니었드면 지금쯤은 범행단 단원의 活步를 보게 되었는지도 모르는 것이다. 그러나 대동아전쟁으로 전인류가 生死線에서 헤매이게 되니 佛敎壇도 또한 現狀維持도 어렵게 된 때 "善知識이 쓸데없는 때"라고 하시고 스님은 그만 자리를 바꾸신 것이다.
>
> 그러나 지금 다시 스님의 유지를 이어 스님이 지어두신 중앙 선학원에서 스님의 제자들과 스님 門下에서 修鍊받은 비구 비구니의 솔선으로 범행단의 후신인 僧團 재조직 운동과 불교정화운동을 치열하게 해가면서 새삼스러이 스님을 간절히 추모하여 마지 못하게 되는 바이다.[49]

위의 김일엽의 범행단 회고 내용에서 만공의 적극적인 참여의식을 찾을 수 있다. 즉 불교정화를 본위로 하는 범행단의 구체안까지는 수립되었고, 하동산 · 이효봉 · 이청담 · 이운허[50] 등에 의해서 발기되었으며, 만공도 적극 찬동하였으며, 청정한 계행을 지키는 승려를 외호하는 신도들도 가담한 것으로 이해된다.[51] 만공은 범행단을 불교정화를 추진하기 위한 목적으로 운용하면서 인재 양성까지 의도하였다. 1941년 3월,

---

49) 『동아일보』 1955. 8. 3, 「만공선사와 불교정화 / 김일엽」.

50) 이운허와 범행단과 연관은 『용성선사어록』(1941, 삼장역회) p.38, 「禪農觀」의 "前日에 梵行壇 일로 東山上人을 鳳翼洞 敎堂에 訪한즉 때(필자주, 1941년 4월 경)는 正히 師의 小祥을 지낸지 未幾요"라는 귀절에 나온다. 그런데 이효봉이 범행단에 관련되었음은 김일엽의 회고 이외에는 관련 기록이 없어 재검토가 요청된다.

51) 정광호는 선학원에서 『유마경』 법회가 열렸다고 하면서, 이 단체를 신행단체라고 보았다. 정광호, 『근대 한일불교관계사연구』, p.206.

유교법회 종료 직후에[52] 출범된 범행단은 1941년 말까지는 활동하였으나 태평양전쟁의 발발(1941.12)로 야기된 전시체제, 불교계의 후원 미흡 등의 요인으로 자진 해산하였다고[53] 보인다.

이상과 같은 유교법회에는 불조혜명의 계승과 계율과 선의 일치 사상이 배어있었는데[54] 이는 곧 불교정화 정신이었다. 때문에 식민지 불교에 저항하는 불교정화 정신을 구현한 법회는 저절로 민족운동, 불교 독립운동의 범주로 볼 수 있다.

3) 만공의 독립정신

필자는 위에서 상세하게 살핀 유교법회 전개에 만공이 깊숙이 개입되었음을 파악할 수 있었다. 이제는 만공이 그렇게 관여된 것의 내용과 의의를 대별하여 피력하고자 한다.

첫째, 만공은 자신이 세우고 운영하였던 선학원, 선리참구원의 활동에 1941년까지 적극적으로 참여하였다. 이와 같은 행보는 선학원의 정신인 저항불교, 전통불교 수호, 청정계율 수호를 자신의 정체성으로 구현하였음을 보여준다.

둘째, 만공이 유교법회의 증명법사로서 법회에서 법문을 하였음은 유교법회의 지향, 노선에 적극 찬동하였음을 말해주는 것이다. 유교법회의 이념은 청정계율 수호를 핵심으로 내세웠던 불교정화 정신의 구현이었다. 그러면서도 은근히 일제 식민지 불교체제를 비판하는 성격이 개

52) 구체적인 출범일자는 알 수 없다.
53) 청담도 1954년의 일지에서 "高僧法會 ; 梵行壇 해산"이란 표현을 하였다. 『청담필영』, 봉녕사 승가대학, 2004, p.183.
54) 월 암, 「유교법회(遺敎法會)와 조계종의 오늘」, 『대각사상』 14집, 2010, pp.298~308.

재되었다.

셋째, 만공은 유교법회의 정신을 실천, 계승하기 위해 만든 범행단을 적극적으로 수용하였다. 이는 청정계율을 수호, 실천하는 승려들과 동질적인 현실인식을 가졌음을 말해준다. 그러면서 만공은 범행단의 운영을 통해 불교정화와 인재양성을 의도하였음을 알 수 있었다.

넷째, 유교법회의 개최, 범행단의 출범이 전개되었던 1941~42년 무렵의 만공은 민족정신, 독립정신을 분명하게 구현하였다. 이 측면에 대한 이해를 돕는 결정적인 문건 기록을 제시하는 것은 어렵다. 그러나 그 정황을 엿볼 수 있는 구술증언 자료가 있어, 그를 통해 논지를 전개하고자 한다.[55] 이와 같은 정황을 이해함에 있어 도움이 되는 수덕사 견성암의 비구니인 수범(견성암 선원장, 현 73세)의[56] 증언을 여기에서 제시한다.

원담(진성) 나이 15, 16세때 만공큰스님을 모시고 상경했던 당시의 말씀을 원담 방장스님으로부터 들은지 20년이 넘은 것 같다. 원담 방장스

55) 유교법회의 법회 식순에 위령제가 포함되어 있어 유교법회의 성격에 일제에 우호성이 개재되었음을 제기할 여지가 있다. 그러나 이는 단선적인 견해이다. 불교는 죽은 자의 영혼까지도 달래는 것을 본연의 과업으로 하고 있다. 유정, 무정의 중생들의 구제를 담당하겠다는 보살행을 이상적인 행보로 인식하는 불교에서 전쟁에서 죽은 장병의 위령제를 거행한 것은 불교의 사상적인 측면에서는 당연하다. 다만 전몰장병이 참가한 전쟁의 성격, 동원된 연유 등을 고려할 수도 있지만, 그런 해석은 몰역사적인 해석이다. 그리고 유교법회의 식순 및 진행은 법회를 기획한 승려들의 판단에 의해서 추진되었다고 보아야 한다. 실무자들의 판단으로 주관한 것까지 증명으로 법문을 한 만공에게 책임을 묻는 것은 과도한 역사적 판단이다. 즉 위령제를 강요한 일제의 식민지 통치책이라는 측면도 고려되어야 한다. 때문에 위령제의 포함의 문제를 갖고 만공의 민족의식을 홀대하는 것은 균형적 역사의식이 결코 아니다.

56) 수범의 법납은 58세이다. 즉 그는 15세인 1958년에 출가하였는데, 만공의 시자인 원담스님과 친근했다.

님은 수현(90세) 사형님과 세속 나이가 같다. 원담 방장스님은 2008년에 입적하셨다.

방장스님으로부터 들은 말을 더듬어 희미하게나마 기억나는 것을 적어보면 대강 이러했다. 1940년대 초반 어느날이었던 것으로 기억한다. 만공큰스님을 모시고 다녀왔던 원담(진성)스님이 이런 말을 했다.

"알고 보니께 노스님(만공)이 숨은 독립지사더라고 수덕사를 떠날 때 노스님이 나한테 보따리를 하나 주시면서 잘 들고 따라오라고 하셨거든."

청년이라기엔 아직 어렸던 소년승 원담은 경성역에서 기차를 내려 선학원까지 가는 동안 그 보따리를 들고 가다가 머리에 이기도 하고 휘적휘적 저만치 앞서 가는 노스님을 따라가느라 땀을 뻘뻘 흘렸다고 한다.

서울을 갈 때 선복(만공스님 시자) 비구니(궁중 나인 출신)스님이 이런 말을 했었다.

"큰스님 잘 모시고 다녀와요" 후일 나는 선복노스님께서 원담스님에게 '잘 모시고 다녀오라'고 하신 말 속에는 반듯이 무사히 다녀와야 하는 나들이를 하는 것이라는 사실을 암시하는 의미가 함축되어 있다는 것을 생각해 보았다. 그렇게 경성(京城)으로 갔던 원담스님은 선학원에서 짐을 풀고 잠시 휴식을 취하다가 큰방 쪽으로 갔는데, 문 밖으로 스님들이 나누는 말씀이 흘러 나와 듣게 되었다고 한다.

"자세한 것은 저녁에 삼청공원 그 집에서 만나 나눕시다"라는 것이었다. 저녁식사를 하고 나자 원담스님은 피곤하여 잠에 골아 떨어져 달게 한숨 자고 눈을 떠보니 만공큰스님이 보이지 않았다. 대뜸 낮에 들었던 말이 떠올랐다. 스님들이 삼청공원 그 집에 모여 있을 것 같았다. 삼청동 그 집은 기와가 아니라 초가집이었고, 언젠가 만공큰스님을 모시고

> 한번 가 본 집이기도 하였다. 원담스님은 기억을 더듬어 삼청공원을 걸어가며 문제의 초가집을 어렵지 않게 찾을 수 있었다.
>
> 그리고 원담스님의 예상은 맞았다. 그 집에 만해스님과 만공스님을 비롯한 스님들이 여러분 동석해 있었다. 그리고 이 날도 만해스님은 만공스님께서 걸어 온 것에 대한 치하를 하셨다고 한다. 문밖에 서서 그것을 들었던 원담스님은 후일 나에게 이런 말을 했었다.
>
> "만공스님이 만해스님에게 전해 준 독립자금이 든 보따리를 수덕사에서 경성까지 가지고 간 사람은 나여. 나도 알고 보면 독립자금을 운반하는 큰일을 한 사람이랑께"
>
> 원담스님의 이 말을 들으면서 우리는 몰랐지만 선복노스님은 만공큰스님께서 경성 나들이를 하는 이유를 알고 있었다는 생각이 들었다. 돈을 가져가는 중이니까 특별히 "잘 모시고 다녀오라"는 말을 했던 것이라는 심증이 들었기 때문이다.
>
> 이때 원담스님이 나에게 털어 놓으므로써 공유한 비밀은 나에게도 평생 동안 벗어 놓지 못하고 안고 다닌 짐이 되었다. 이제 그것을 내려 놓는다.[57)]

위의 증언은 만공이 1940년대 초반에도 독립정신을 가지고 있었음을 단적으로 전한다. 만공이 입적하기 직전까지 시봉한 원담(1926~2008)으로부터 들은 정황을 고백한 내용이다. 당시 1940년대 초반은 유교법회가 열리던 시점이었는데, 그 무렵 만공은 만해에게 독립자금을 제공하였음을 알 수 있다. 그런데 여기에서 나온 만공, 만해를 비롯한 일단의

---

57) 『만공의 항일정신』(자료집), 수덕사, 2015, pp.20~21, 「새로운 증언 ②」.

승려 그룹의 전모는 알 수 없다. 이 증언에서 함축하는 것은 만공과 만해가 독립운동을 위한 공동 노선을 갔다는 점이다. 그러나 더 이상의 추정은 어렵다.

그럼에도 불구하고 필자는 유교법회 무렵의 만공은 독립정신을 가지고 있었고, 만해에게 독립자금을 전달하였음을 확신하고자 한다. 요컨대 만공은 유교법회 당시에 분명히 민족의식, 독립의식을 갖고 있었다.

3. 간월암 기도에 나타난 독립정신

만공은 1941년 유교법회를 마치고 나서 등장한 범행단을 통하여 정화정신, 민족정신, 독립정신 구현에 나섰다. 그러나 1942년 경에 접어들면서는 암울한 식민통치, 군국주의가 기승을 부리는 현실 등에 의하여 범행단 활동은 중단되었다. 그러면 범행단 중단 이후에 만공은 어떤 노선을 걸어 갔는가? 본장에서는 이에 대한 문제를 설명하고자 한다. 그 행보는 바로 간월암에서 독립을 기원하였던 천일간의 기도이었다.

만공이 행한 간월암에서의 독립 기도에 대한 문건 기록도 현재로서는 올곧게 전하는 것은 없다. 그러나 비밀스럽게 행한 종교적인 행사를 기록할 수 없는 사정을 우선은 인정해야 한다. 또한 기도가 마치고 난 3일 후에 해방이 되었다는 신비로움에 대한 내용도 당시의 1차기록으로 전하는 것도 부재하다. 다만 구전, 2차 자료에서 산견되는 자료만이 있을 뿐이다. 그러나 다양한 자료를 재구성하여 그 진실 속으로 들어가고자 한다.

간월암은 충남 서산시 부석면에 위치한 간월도에 있는 암자이다. 육지로부터 약 10리 밖에 있는 섬에 있는 암자로서 조선 태조 이성계의 왕사인 무학이 수행도중에 밝은 달을 보고 오도하였다는 암자이었다. 간월암은 조선시대 억불정책에 의해 헐리었으나, 만공이 옛 모습으로 1914년에 복원시켰다.[58] 만공은 여기에서 조국 해방을 기원하는 천일기도를 올렸는데 기도 회향 3일만에 8 · 15 해방이 되었다고 한다.

간월암에서 만공이 기도를 행하였다는 사실은 만공의 일화에 전하고 있다. 이 일화는 전승되는 과정에서 변용되었을 것이다. 필자는 그 일화가 함축하는 내용을 통하여 만공과의 관련 내용을 재구성하고자 한다. 간월암 기도가 만공 민족의식과 연관되었음을 가늠하는 증언은 안병직의『한용운』에 수록된 만해 일화의 내용을 통해 짐작할 수 있다.

> 그 뒤 만공선사는 서산(瑞山) 간월도(看月島)에서 조선이 독립하게 해 달라는 천일기도를 시작하였다. 그런데 우연이라기에는 너무나 감동적인 기적이 일어났다. 만공이 천일 기도를 마치고 나온 날이 바로 1945년 8월 15일이었으니 말이다.
> 이 사실을 알고 당시의 고사(高士)였던 산강재(山康齋) 변영만(卞榮晩) 선생이 만공 선사에게 달려가 스스로 제자계(弟子戒)를 받고 삼청(三淸)이라는 법호를 얻었다 한다.[59]

이 기록은 만해 한용운을 시봉한 재가불자 김관호의 기술이다. 여기

58)『만공법어』, 1982, 만공문도회, pp.166~167에「간월암에서」,「간월암 重創 게송」이 나온다.

59) 안병직 편,『한용운』, 한길사, 1979, p.291.

에서 간월암을 간월도로, 기도 회향 후 3일만에 해방이 되었다는 것이 기도를 마치고 나온 날이 8월 15일로 약간의 오차가 보이지만 그 전하는 개요는 유사하다. 여기에서 흥미로운 것은 기도와 해방 간의 상관성을 갖고 있었다는 사실을 알게 된 변영만이 만공을 찾아와서 제자되기를 자청하고 삼청이라는 법호를 받았다는 것이다. 그런데 이를 기술한 당사자는 만해를 재가자로서 10년간 시봉한 김관호이었다.[60] 이런 김관호의 증언은 신뢰성이 높다.

여기에서 나온 변영만(1899~1954)은 국권상실(1910) 이전에는 한학을 배우고 판사로 근무하다가 나라가 망하자 1913년 후반 중국으로 망명하였다. 1919년 무렵 귀국하여 경성에서 변호사를 개업하였고, 한학과 영문학 연구에 매진하였다. 보성전문학교 · 연희전문학교 · 불교전문학교 등에서 한학을 강의하였고, 1920~30년대에는『동명』·『동아일보』에 글을 발표하였다. 일제말기에는 지방의 사찰과 친척집을 전전하다가 동생인 변영태와 고향인 부천에서 은둔 생활을 하였다. 그와 홍명희 · 최남선[혹은 정인보] 세 사람을 일컬어 '경성삼재(京城三才)'라고도 불렀는데, 최남선이 변절하자 외면해 버릴 정도로 지조가 강하였다. 1950년 반민족행위 특별재판위원장으로 근무하였고, 단재 신채호와도 교류하였다고 전한다.

이와 같이 민족정신, 지조가 강렬하였던 변영만이 만공을 찾아와서 제자가 되었다 함은 만공의 간월암 기도가 종교적인 기도에 머물지 않았음을 증명한다. 그러면 이와 같은 전제하에서 간월암의 천일 기도에 시봉으로 참여한 수덕사 노비구니(현재 91세)인 수연(수덕사, 견성암)의 증언

60) 김광식,『우리가 만난 한용운』, 참글세상, 2010, pp.193~209.

을 제시한다.

만공큰스님께서 천일 기도를 시작한 것은 1942년 8월 초순께였다. 장소는 간월도에 위치해 있는 간월암이었다. 나는 그때 견성암에 있다가 주로 만공큰스님을 비롯해 천일 기도 동참 스님들의 차 시중을 들어줄 시봉으로 차출이 되었다. 원담스님은 만공큰스님의 곁에 수족처럼 붙어서 시봉을 했었다. 비구니와 비구라는 차이는 있었지만 시봉이라는 공통점이 있었던 원담스님과 나는 눈만 뜨면 마주쳤기에 얼마 지나지 않아 친한 사이가 되었다. 어느날 원담스님이 나한테 이런 말을 했다.

"우리 노스님이 실제 숨어있는 독립운동가야'

"어째서요"

"노스님이 한양에 가실 때 내가 모시고 다녔잖아"

"그런데요?"

"총독부 회의에 참석했던 그날도 그랬고, 선학원 고승대회에 참석했을 때도 그랬는데, 밤에는 삼청공원에 있던 은밀한 장소로 가서 한용운스님을 만났어요. 두 분이 나눈 말을 자세히 들을 수는 없었지만 우리 스님이 한용운 스님에게 독립자금이 든 돈 봉투를 건네는 것을 내가 두 눈으로 똑똑히 봤다니께. 이런 말을 누구한테 하면 절대 안돼!"

나는 그 말을 듣고 가슴이 벌렁거려 한 동안 진정할 수 없었다. 만공큰스님과 한용운 스님은 아주 친한 도반이었고, 그런 터에 만공 큰스님이 독립자금을 은밀히 모으고 있던 한용운 스님을 외면할 리 없다는 것은 삼척동자도 다 짐작할 수 있는 일이었다.

나는 만공 큰스님이 독립운동가라는데 동감한다. 원담스님의 말이 아니드래도 나 또한 그럴 것이라 짐작가는 부분이 있기 때문이다. 당시 대한 독립은 목마르게 원해도 언제 될는지 아무도 장담할 수가 없었다. 솔직히 나는 그런 날이 오리라고는 기대조차 할 수 없었다. 그러나 만공 큰스님께서는 독립의 날이 반드시 와야만 하고, 오게 해야 한다는 신념을 가지고 계셨다. 그런 큰스님의 서원 때문에 간월암 천일 기도가 이루어진 것이었다.

스님께서는 일본 순사들의 접근이 용이하지 않은 바다 가운데 있는 섬을 골라 천일 기도를 입재하셨고, 그것이 대외적으로는 평화 기원을 표방한 것이지만, 실제로는 독립을 기원하는 기도이었음으로 동참했던 나로서는 자연스럽게 알 수 있었다. 천일이면 말이 쉽지 3년이다. 3년을 하루 같이 간절하게 독립을 위해 목숨을 바친 사람들이 우리 절 근처에 많다는 것을 상기시키며, 우리도 우리 고장의 자랑인 유관순 열사나 윤봉길 의사 같은 사람이 되어야 한다고 법문을 하실 때, 나는 숨소리도 제대로 내지 못하고 경청했었다

큰스님이 발끝에서 머리끝까지 간절한 마음으로 부처님께 예배를 올리며 기도를 드리니 동참재자 누구도 건성으로 임할 수가 없었다. 목탁과 요령소리, 염불과 축원과 법문이 혼연일체가 되어 법당 안을 가득 채웠다가 법당 밖으로 새어나와 우주공간으로 널리 퍼져 나가고 있었다. 돌이켜보니 내 평생에 이때가 신심이 제일 장했었다는 생각이 든다. 만공 큰스님 덕분이다. 모든 동참재자들이 그랬는데 어찌 시방삼세 제불님들의 은총이 답지하지 않겠는가.

우리나라가 꿈에도 그리던 해방이 된 것은 천일 기도를 회향한 3일 후였다. 해방의 그날, 동참재자들은 절 마당에 태극기를 들고 모여 대한

독립만세를 목청껏 외쳤다. 나는 이때 우리 스님의 원력이 대단하시어 독립된 것이라는 생각을 했었다. 지금도 그날, 환하게 웃으시던 만공 큰스님과 시봉이었던 원담 스님의 모습이 눈을 감은 망막 안에 선하게 어린다.

눈을 뜨자 두 분 다 아득한 저승으로 멀어져 가니, 뒤 따라가서 뵈올 날이 멀지 않았지만, 그립고 그리운 마음 금할 길이 없다.

2015. 9. 1

수연스님(修蓮, 견성암) 黃수연[61]

이상과 같은 수연의 증언은 위의 수범의 증언을 더욱 보강해 준다. 즉 만공이 1940년대 초반 독립자금을 준비하여 서울의 선학원에 간 것, 그리고 삼청동의 초가에서 만공이 만해에게 자금을 전달하는 것을 분명히 보았다는 사실을 더욱 보강하는 사실이다. 요컨대 수연은 만공이 총독부 회의에 참석했던 그날(1937. 2. 26~27)과 선학원 고승대회에 참석했을 때(1941. 3. 4~13)에 자금을 만해에게 전달하였음을, 그 현장을 목격한 원담으로부터 들었음음을 증언하였다. 이렇듯이 목격자인 원담으로 들은 비구니가 두 명이었는데, 그들이 청취한 증언의 개요는 거의 흡사하다. 때문에 이 증언은 신뢰할 수 있고, 만공이 만해에게 자금을 전달한 것은 분명하다고 본다.

---

61) 위의 『만공의 항일정신』(자료집), pp.18~19, 「새로운 증언 ①」. 만공과 수연이 함께 찍은 사진이 『滿空法語』(능인선원, 1982) 화보에 나온다.
이 관련 내용은 『동아일보』 2015. 9. 15, p.A20, 「만공스님은 독립운동가 … 한용운에 독립자금 전달했다」, 『중앙일보』 2015. 9. 18, 「만공, 밤중에 만해에게 독립자금 전달」에도 보도되었다.

그런데 만해에게 전달된 '자금'의 성격과 용처에 대해서는 지속적인 자료수집, 분석이 요청된다. 만공에게서 전달된 자금을 수덕사 측의 승려들은 '독립자금'으로 말하고 있다. 그런데 그 자금이 상해 임정 등의 독립운동 진영에 전달되었는지에 대한 문제가 남아 있다. 만해 자신이 독립운동을 수행하였기에 만해가 개인적인 차원에서 쓴 것도 독립자금으로 볼 수 있다.[62] 그러나 현재로서는 단정하기 어렵다. 이에 대하여 상해 임시정부와 만해와 연결되었을 개연성을 전한 이른바 '항일첩보 36호'의 일원인 김형극 증언이 주목된다. 즉 그는 생전에 만해와의 만남을 공개적으로 증언했다.[63] 요컨대 임정의 비밀요원이었던 김형극은 1938년부터 다솔사, 심우장에서 만해와 접촉하였다는 것이다. 김형극의 신분, 행적이 임정 측 자료에서 확인되어야 이 증언은 신뢰를 얻을 수 있을 수 있다. 그의 증언에 대한 신뢰성을 수긍한다면, 만해에게 온 자금이 임정으로 흘러들어갔을 개연성은 있다. 이와 관련하여 8 · 15해방 후 귀국한 임정의 주석인 김구가 1946년 6월 7일, 조계사에서 열린 만해의 기제사 법요식에 참석하였음은[64] 유의할 내용이다.

필자는 여기에서 만공이 만해에게 자금은 전달되었음은 분명하지만, 그 자금이 임시정부로 유입되었을 가능성을 추론하는 선에서 그친다.

---

62) 당시 승려인 김구하(통도사), 최범술(다솔사)은 일제 말기에 만해에게 자금을 지원하였다는 증언, 회고가 있다.

63) 『동아일보』 1975. 6. 25, 「스케치 ; 음양역학으로 일제 패망을 예언한 한용운 선생, 김형극씨가 항일첩조 36호 비화 처음 공개」. 『동아일보』 1975. 8. 16, 「인터뷰 ; 임정 36호의 유일한 생존자 김형극씨」. 이동언, 『안희제』, 역사공간, 2010, p.166.

64) 『동아일보』 1946. 6. 9, 「고 한용운씨 법요(法要), 태고사에서 집행」. 김광식, 『한용운』, 역사공간, 2015, p.220. 김구는 만해에게 국내에서 고생하지 말고 중국(중경 등)으로 나오라는 권유를 하였다는 증언도 참고할 수 있다.

그러나 필자는 만공과 만해가 교류하였던 폭과 깊이는 상당하였기에 만공이 전달한 자금은 인정되어야 한다고 강조한다. 즉 1921년에 창건된 선학원에서 그들은 같이 활동을 하였고,[65] 1936년 한국불교의 운영권이 일본불교에 넘어가는 것을 저지하기 위한 활동에도 함께 관여되었으며,[66] 1937년 만공이 총독을 경책한 '할'을 하였다는 소식을 듣고 즉각 선학원에서 만남을 가졌던 만해의 행보[67] 등을 조합적으로 고려하면 만공과 만해의 인연, 동지적 관계는 신뢰할 수 있다.

한편, 위의 수연의 증언에는 간월암에서 천일간 행한 기도의 개요가 나온다.[68] 그를 정리하면 다음과 같다. 기도는 1942년 8월에 시작하였고, 3년간 천일 동안 '평화 기도'를 행하였고, 그 기도는 만공 혼자서 한 것이 아니고 동참그룹(수덕사, 견성암)이 있었으며,[69] 기도를 회향한지 3일 후에 8 · 15해방이 되었다는 것이다. 또한 그 기도 기간에 만공은 유관순, 윤봉길 같은 사람이 되어야 한다는 민족적 발언을 피력했다는 것도 예사로운 것이 아니다. 그는 분명코 독립정신의 발로이었다. 위의 증언에서 더욱 흥미로운 것은 "천일 기도를 회향한 3일 후였다. 해방의 그날, 동참자들은 절 마당에 태극기를 들고 모여 대한 독립만세를 목청껏 외쳤다."는 대목이다. 해방이 되자, 기도에 동참한 대중들은 만공과 함

---

65) 만공은 선학원 창건자이고, 만공과 만해는 선학원에서 출범한 선우공제회의 발기인이었다. 그리고 만해는 1925년에는 선우공제회의 수도부 이사도 역임하였다. 김광식, 「일제하 선학원의 운영과 성격」, 『한국 근대불교사연구』, 민족사, 1996. pp.99~113.

66) 김법린, 「한국불교의 독립을 위한 항일투쟁기」, 『대한불교』 41호(1963.8.1).

67) 졸고, 「만공의 정신사와 총독부에서의 '禪氣發露'(1937) 사건」, 『향토서울』 91호, 2015.

68) 『만공법어』 화보에 나오는 간월암 전경을 설명하는 내용에 "滿空스님이 옛 모습대로 復元하고 卽後 祖國 解放 千日祈禱를 올렸는데 廻向 三日만에 8 · 15 光復을 맞이했다."로 나온다. 너무 간략하고, 민족의식이 희박한 서술이어서 아쉽다.

69) 기도 동참자를 찾아내야 한다.

께 수덕사 마당에서 태극기를 들고 대한 독립만세를 외쳤다는[70] 사실이다. 이는 간월암 기도가 민족정신 및 독립정신의 발로에서 나온 정신적, 종교적인 독립운동이었음을 극명하게 대변해 준다.

여기에서 유의할 것은 간월암 기도가 만공이 선도하였지만 개인 차원에서 추진된 것이 아니라는 점이다. 기획, 추진은 만공이 이끌었지만 일단의 대중들이 동참한 단체성을 갖고 있었다. 이에 대해서는 송만공의 기도 회상에 동참한 진오(1904~1994, 비구니)의 행장에서[71] 유추할 수 있다. 선학 연구에 의하면 진오는 1940년대 초 만공회상에서 공부하던(3년 결사) 시절, 용맹정진하던 어느날 만공스님이 이르기를, "아무래도 이러다간 우리나라를 영영 잃어버릴 것 같으니 산중공사에 부쳐 기도에 들어가자고"고 제안했는데 전 대중이 "일본인들을 이 땅에서 몰아내자"며 백일 기도에 들어갔다는 것이다. 그는 기도를 행할 때에 비구니 만성과 함께 후원 일을 자원한 외호대중이었다. 마침내 백일기도를 마치자, 광복이 되었다고 한다. 이를 주의깊게 보면 '산중공사'라는 수덕사 차원에서 결정하였으며, 기도대중과 외호대중으로 그 역할이 구분되었음을 알 수 있다. 또한 천일 기도중에 해방 직전에 집중적인 100일 기도를 하였음이 적출되는 바, 이에 대해서는 추후 다각적인 접근이 요청된다. 하여간 진오의 행장을 통해서 필자는 기도의 대중성, 수덕사 및 견성암의 외호성 등을[72] 거론한다. 요컨대 간월암 기도의 대중성, 공공성, 역사성을 강조한다.

---

70) 이 날짜는 정확치 않다.
71) 하춘생, 『깨달음의 꽃 2』, 여래, 2001, pp.99~100.
72) 적연, 「진오스님」, 『한국 비구니의 수행과 삶, 2』, 예문서원, 2009, p.296.

한편, 만공은 간월암 기도를 행하던 무렵 만해의 자택인 심우장(서울, 성북동)에 간혹 들렸다. 이 사실을 공개한 만해의 딸(한영숙)의 기록에서 만공의 민족의식을 확인할 수 있다.

> 그렇게 엄한 감시 속에서도 일경의 눈을 피해 간간히 찾아오는 손님도 계셨습니다. 지금은 이미 고인이 되신 송만공(宋滿空) 스님이나 또는 지난 해에 작고하신 박광(朴洸) 선생님 같은 분들께서 오시면 약주상을 가운데 놓고 허심탄회, 시간 가는줄 모르고 밤을 지새우며 환담을 나누시던 일들이 환히 떠오릅니다.[73)]

심우장에서도 만공의 민족의식을 찾을 수 있었다. 그러나 만공의 민족의식은 간월암에 더욱 오롯하게 배어 있기에, 간월암은 만공 독립운동의 정신이 배어있는 역사적인 공간이다.[74)] 만공은 8 · 15 해방의 소식을 홍성에 거주하면서 수덕사 인근 가야산에서 독립운동 모의를 하였던 만해의 아들(한보국)을[75)] 통해 전해 듣고, 수덕사 견성암에서 무궁화 꽃송이로 '세계일화(世界一花)'라는 기념 휘호를 썼다.

> 그땐 라디오도 없었고 해서 아무도 몰랐는데, 韓龍雲 스님 아들이 와

73) 한영숙, 「아버지 만해의 추억」, 『나라사랑』 2집, 1971, p.91.
74) 『만공어록』, pp.166~168과 p.189에는 만공의 간월암 중창게송 등 간월암과 관련된 게송 4수가 전한다. 성철도 1942년도 1년간 간월암에서 수행하였다. 『이 길의 끝에서 자유에 이르기길』, 조계종출판사, pp.106~111.
75) 김광식, 「한용운의 아들, 한보국의 삶」, 『한용운연구』, 동국대출판부, 2011, pp.358~362. 한보국은 일제말기 홍성에서 가야동지회라는 항일적인 비밀결사체를 만들었는데, 그 모임을 가야산에서 가졌다. 때문에 그는 만공과 인연을 가졌을 것이다.

> 서 그 이야기를 해주드라고. 땅바닥도 뵈지 않았을 적에 기별이 와서 그 애기를 듣고서는, 이 양반이 그렇게 좋아하는 기분도 아니고 덤덤하신 거동으로 큰절로 내려가자고 하셔. 큰절로 내려가서 大衆들에게 알려주고자 따라 내려오는데, 정혜사 후원 모래밭 위에 하얀 무궁화 꽃이 떨어져 있어. 무궁화가 질 때에는 또로로 오므려져서 떨어져. 꽃이 불털처럼 생겨서 동그랗게 떨어져 있어. 노스님이 그것을 몇 개 주워 가지고는 견성암 누각으로 갔어.
>
> 거기가 널찍하니 좋아. 거기서 먹을 갈라고 하셔서 먹을 갈았지. 종이를 한 장 가져오너라 하여 종이를 한 장 갖다 드렸더니. 거기다 무슨 글씨를 쓰시느냐 하면, '世界一花'라고 써 놓으셔. 세계가 한 떨기, 한 송이 꽃이라 이 말이야. … (중략) … 노스님은 이것을 세계 인류가 영원히 평화로워야 되겠다는 뜻으로 써 놨고[76]

이렇게 만공은 자기가 3년간 절절히 염원한 해방을 맞이하여 세계 인류의 평화를 갈망하는 '세계일화'라는 휘호를 남겼던 것이다. 그 유묵은 만공의 열반(1946) 직후, 만공탑(1947)에 새겨졌다.[77]

지금껏 서술한 간월암 기도의 정체성을 정리하면, 외형적인 성격은 종교적인 평화기도이었지만 그 내면은 독립을 발원하는 행보이었다. 그러므로 필자는 그를 종교적인 민족운동, 독립운동의 범주에 포함할 수 있는 역사적인 사건으로 보고자 한다.

---

76) 『德崇山 法香』, 수덕사, 2003, p.478.
77) 2011년에 등록문화재가 되었다.

4. 결어

본 고찰의 맺는말은 필자가 위에서 서술한 내용을 음미하면서 강조하려는 핵심을 제시하는 것으로 대신하고자 한다. 필자는 이 글에서 다음의 측면을 강조하여 서술하였다.

첫째, 만공의 정체성은 선학원의 정체성과 일치한다는 점을 재확인하였다. 즉 만공은 자신이 창건한 선학원, 선리참구원의 활동에 적극적으로 참여하였다. 이는 선학원의 정신인 저항불교, 전통불교 수호, 청정계율 수호를 자신의 정체성으로 구현하였음을 말해준다.

둘째, 만공은 유교법회(1941)의 증명법사로서 법회에서 법문을 하였기에 유교법회의 지향, 노선에 적극 찬동하였음을 알 수 있다는 점이다. 유교법회의 이념은 청정계율 및 불교정화 수호 뿐만 아니라 일제 불교체제를 비판 극복하는 성격이 개재되었다. 일제불교에 대한 비판은 유교법회의 정신을 실천하기 위해 만든 범행단에서 찾을 수 있다. 여기에서 만공은 청정계율의 수호를 사상 및 실천에서 동시에 구현하였음을 알 수 있다.

넷째, 유교법회의 개최, 범행단의 출범 등이 전개되었던 1940년대 초반에서도 만공은 민족정신, 독립정신을 구현하였다. 이는 유교법회 정신 뿐만 아니라 그 무렵 만해에게 독립자금을 전달하였던 결정적인 증언에서 입증되는 것이다. 그러면서 만해에게 전달된 자금의 일부가 상해 임시정부에 전달되었을 개연성을 제기하였다.

다섯째, 1942년 8월부터 해방되던 무렵까지 전개된 천일간의 기도는 단순한 평화기도가 아닌 독립을 갈망하는 민족적인 거사이었다. 때문에 이 기도 사건은 단순히 만공이라는 개인적인 차원이 아닌 수덕사 차원에서 행해진 민족적 행사이었다. 즉 간월암 차원에서 머물 수 없는 불교 내부의 종교적 행사가 아니었다. 그는 곧 독립운동이었다.

이제부터는 만공의 독립정신, 독립운동의 연구에 있어서 필자가 유의할 측면을 피력하고자 한다. 이런 내용은 이 분야 연구자와 후학들도 참고할 점이다.

첫째, 만공과 연관된 자료수집을 보다 강화하고, 그를 객관적인 자료집으로 만들어야 할 것이다. 이는 만공 및 수덕사의 역사적 해석을 풍부하게 해줄 수 있다. 이런 바탕하에서 만공 및 수덕사의 역사와 문화에 대한 재해석이 가능하다.

둘째, 만공의 해석 및 접근이 교육적, 사회학, 인문학 측면에서도 고려되어야 할 것이다. 지금껏 만공 연구는 불교, 종교, 민족운동의 관점에서 추구되었다. 추후에는 다방면에서의 접근, 해석이 자유스럽게 추구될 때 만공의 연구는 심화될 것이다.

셋째, 만공의 제자, 계승자, 영향을 받은 자 등에 대한 보다 폭넓은 문화적인 측면을 유의해야 할 것이다. 특히 비구니에게 영향을 미친 것은 양성평등 사회에 즈음하여 특별히 고려할 측면으로 인식하고자 한다.

넷째, 정신적, 사상적 측면의 민족운동을 재인식해야 한다. 지금껏 인신 구속, 일제 자료, 제한된 자료에 의거한 민족운동, 독립운동의 서술이 위주이었다. 그러나 향후에는 정신, 지성 측면의 민족운동도 적극적으로 검토되어야 할 것이다.

이상과 같이 본 고찰에서 강조한 내용과 추후 연구에 참고할 측면을 제시하였거니와 이런 내용이 이 분야 연구에 도움이 되길 기대하면서 이만 필을 놓는다.

만공 · 만해 · 김구의 독립운동 루트

1. 서언

근대기 수덕사에 머물면서 선불교의 중흥, 생활화, 대중화에 기여한 고승이 있었으니 그는 만공(滿空; 1871~1946)이었다. 그는 근대 선불교의 중흥조인 경허(鏡虛)의 법제자로 경허의 행적과 자료를 수집하여 경허 사상의 기반을 정비하였고, 수덕사를 기반으로 수많은 수행자들을 지도하였다. 그리고 일본불교의 영향으로 피폐된 수행 전통을 비판하면서 선불교의 자각 및 청정승풍을 진작시킨 선학원(禪學院)의 창건과 운영에도 헌신하였다. 이와 같은 그의 행보는 근대기 불교에서 주목받을 역사이었다. 선학원은 3 · 1운동의 영향으로 설립되었기에 선학원에 연고가 있는 승려들의 행보는 3 · 1정신 계승, 실천이라는 측면에서 주목할 내용이다.

그런데 최근 덕숭총림 수덕사와 만공의 법손인 경허 · 만공선양회는 만공의 이와 같은 행적 및 성격의 조명에 그치지 않고 만공의 자주정신, 독립운동에 대한 행적을 밝히려는 행보를 가고 있다. 이는 2015년부터 만공을 독립유공자로 만들기 위해 국가보훈처에 그를 강력하게 요청하였던 구도에서 나온 것이다. 그래서 관련 학술 세미나가 개최되었고,[1)]

1) 2015년 9월 20일에는 '일제 강점기 만공선사의 위상'이라는 주제로, 2016년 9월 8일에는 '일제하 만공선사 항일 사자후'라는 주제로 수덕사 황하정루에서 열렸다.

일부 성과물은 학술지에 게재되었다.[2] 필자도 수덕사의 그 행보에 적극 참여하였다.

그럼에도 불구하고 만공은 현재까지도 독립운동가로 선정되지 못하였다. 국가보훈처와 수덕사가 주고받은 공문에 의하면 만공의 독립운동을 바라보는 입장, 견해, 판단은 매우 이질적이다. 수덕사는 만공의 1937년 총독부에서의 '할(喝)'사건, 1941년 유교법회, 1943~1945년 간월암에서의 독립발원 기도, 만해에게 전달한 독립자금 등은 정신적인 독립운동의 범주에 포함되는 것으로 주장한다. 그러나 국가보훈처는 활동 당시의 객관적인 자료에 의거한 판단, 옥고 3개월 이상의 공적이 확인되는 대상에 의거한 심사 원칙을 고수하고 있다. 이런 입장에 근거하여 만공의 활동은 종교의 영역, 적극적인 독립운동으로 볼 수 없음, 객관적인 입증 자료에서 미확인(독립자금 전달, 간월암 기도 등), 조계종의 일제 협력(조계종 종무고문, 마곡사 주지) 등의 편협한 논리를 내세우면서 독립운동가 포상을 미루고 있다.

이런 배경 하에서 필자는 본 고찰에서 만공(滿空)–만해(萬海)–김구(金九)로 이어지는 독립자금의 전달, 독립운동 연결의 루트, 민족불교와 대중을 기반으로 한 정신적인 독립운동에 대한 내용을 시론적으로 살펴보고자 한다. 필자의 글에는 관련 자료가 매우 부족하여 논지 입증에 한계가 많음을 인정한다. 그러나 국권을 상실하고, 가혹한 일제의 식민통치가 구현되던 그 시절에 독립자금의 전달 사실은 객관적인 자료로 남아 있기는 어렵다는 것을 수긍해야 한다. 그렇지 않고 객관성, 근거성이라

2) 김광식, 「만공의 정신사와 총독부에서의 '禪機發露'(1937) 사건」, 『향토서울』 91호, 서울역사편찬원, 2015.

는 입장에서 나온 비판적인 관점에서만 역사를 이해한다면 역사의 내면에 있는 진실에 접근하는 것의 자체를 배제할 가능성이 농후하다. 그런 관련 자료는 지속적으로 수집해야 하겠지만, 진실에 대한 개연성을 역사적 맥락하에서의 상상력으로 보충하면서 역사를 만들고, 보충하는 것도 의미가 있다고 보고 이 논고를 집필하였다.

만공의 독립운동에 대한 정립, 그리고 일제하 불교계가 독립운동에 제공한 수많은 자금에 대한 사실을 조명하는 연구에 더욱 나서겠다는 다짐을 하면서 이 글을 집필하였음을 밝힌다. 부족한 점은 지속적인 탐구로 보완하겠거니와 제방의 눈 밝은 분들의 고언과 비판을 기다린다.

2. 만공이 만해에게 독립자금 전달

만공(속명, 송도암)과 만해 한용운은 매우 친근하였다. 만공(1871년생)이 만해(1879년생)보다 8살의 연상이었지만 전하고 있는 여러 자료를 보면 두 고승은 많은 인연을 갖고 있었다. 그런 배경 속에서 만공은 독립자금을 만해에게 전달하였다고 볼 수 있다. 요컨대 필자는 만공이 만해에게 전달한 독립자금은 우연적, 일시적이지는 않았다고 본다.

만공이 만해에게 독립자금을 전달하였다는 것은 최근 수덕사 비구니 2인이 그를 증언하였다. 그 첫 번째 증언은 수덕사의 비구니인 수범(견성암 선원장, 2017년 75세)의[3] 증언이다. 1940년대 초반 상황을 전하는 증언

3) 수범의 법납은 60세이다. 즉 그는 15세인 1958년에 출가하였는데, 만공의 시자인 원담스님과 친근했다.

전체를 제시하면 다음과 같다.

원담(진성) 나이 15, 16세 때 만공큰스님을 모시고 상경했던 당시의 말씀을 원담 방장스님으로부터 들은지 20년이 넘은 것 같다. 원담 방장스님은 수현(90세) 사형님과 세속 나이가 같다. 원담 방장스님은 2008년에 입적하셨다.

방장스님으로부터 들은 말을 더듬어 희미하게나마 기억나는 것을 적어보면 대강 이러했다. 1940년대 초반 어느날이었던 것으로 기억한다. 만공큰스님을 모시고 다녀왔던 원담(진성)스님이 이런 말을 했다.

"알고 보니께 노스님(만공)이 숨은 독립지사더라고 수덕사를 떠날 때 노스님이 나한테 보따리를 하나 주시면서 잘 들고 따라오라고 하셨거든."

청년이라기엔 아직 어렸던 소년승 원담은 경성역에서 기차를 내려 선학원까지 가는 동안 그 보따리를 들고 가다가 머리에 이기도 하고 휘적휘적 저만치 앞서 가는 노스님을 따라가느라 땀을 뻘뻘 흘렸다고 한다.

서울을 갈 때 선복(만공스님 시자) 비구니(궁중 나인 출신)스님이 이런 말을 했었다.

"큰스님 잘 모시고 다녀와요." 후일 나는 선복노스님께서 원담스님에게 '잘 모시고 다녀오라'고 하신 말 속에는 반듯이 무사히 다녀와야 하는 나들이를 하는 것이라는 사실을 암시하는 의미가 함축되어 있다는 것을 생각해 보았다.

그렇게 경성(京城)으로 갔던 원담스님은 선학원에서 짐을 풀고 잠시 휴식을 취하다가 큰방 쪽으로 갔는데, 문 밖으로 스님들이 나누는 말씀이 흘러 나와 듣게 되었다고 한다.

"자세한 것은 저녁에 삼청공원 그 집에서 만나 나눕시다"라는 것이었다. 저녁식사를 하고 나자 원담스님은 피곤하여 잠에 골아 떨어져 달게 한숨 자고 눈을 떠보니 만공큰스님이 보이지 않았다. 대뜸 낮에 들었던 말이 떠올랐다. 스님들이 삼청공원 그 집에 모여 있을 것 같았다. 삼청동 그 집은 기와가 아니라 초가집이었고, 언젠가 만공큰스님을 모시고 한번 가 본 집이기도 하였다. 원담스님은 기억을 더듬어 삼청공원을 걸어가며 문제의 초가집을 어렵지 않게 찾을 수 있었다.

그리고 원담스님의 예상은 맞았다. 그 집에 만해스님과 만공스님을 비롯한 스님들이 여러분 동석해 있었다. 그리고 이 날도 만해스님은 만공스님께서 걷어 온 것에 대한 치하를 하셨다고 한다. 문밖에 서서 그것을 들었던 원담스님은 후일 나에게 이런 말을 했었다.

"만공스님이 만해스님에게 전해 준 독립자금이 든 보따리를 수덕사에서 경성까지 가지고 간 사람은 나여. 나도 알고 보면 독립자금을 운반하는 큰일을 한 사람이랑께"

원담스님의 이 말을 들으면서 우리는 몰랐지만 선복노스님은 만공큰스님께서 경성 나들이를 하는 이유를 알고 있었다는 생각이 들었다. 돈을 가져가는 중이니까 특별히 "잘 모시고 다녀오라"는 말을 했던 것이라는 심증이 들었기 때문이다.

이때 원담스님이 나에게 털어 놓으므로써 공유한 비밀은 나에게도 평생 동안 벗어 놓지 못하고 안고 다닌 짐이 되었다. 이제 그것을 내려놓는다.[4)]

---

4) 『만공의 항일정신』(자료집), 수덕사, 2015, pp.20~21, 「새로운 증언 ②」.

위의 증언은 만공이 1940년대 초반 만해를 서울에서 만나 독립자금을 비밀리에 전달하였음을 단적으로 전한다.

두 번째 증언은 만공을 입적하기 직전까지 시봉한 원담(1926~2008)으로부터 들은 정황을 고백한 수연(수덕사 견성암, 2017년 90세)의 내용이 있다. 그 전문을 제시한다.

만공큰스님께서 천일 기도를 시작한 것은 1942년 8월 초순께였다. 장소는 간월도에 위치해 있는 간월암이었다. 나는 그때 견성암에 있다가 주로 만공큰스님을 비롯해 천일 기도 동참 스님들의 차 시중을 들어줄 시봉으로 차출이 되었다. 원담스님은 만공큰스님의 곁에 수족처럼 붙어서 시봉을 했었다. 비구니와 비구라는 차이는 있었지만 시봉이라는 공통점이 있었던 원담스님과 나는 눈만 뜨면 마주쳤기에 얼마 지나지 않아 친한 사이가 되었다. 어느 날 원담스님이 나한테 이런 말을 했다.

"우리 노스님이 실제 숨어있는 독립운동가야"

그 말을 할 때, 행여 누가 들을세라 주저하며 목소리를 낮추어 은밀하게 했던 기억이 새롭다. 나는 침을 꼴깍 삼킨 다음 물었다.

"어째서요?"

"노스님이 한양에 가실 때 내가 모시고 다녔잖아."

"그런데요?"

"총독부 회의에 참석했던 그 날도 그랬고, 선학원 고승대회에 참석했을 때도 그랬는데, 밤에는 삼청공원에 있던 은밀한 장소로 가서 한용운스님을 만났어요. 두 분이 나눈 말을 자세히 들을 수는 없었지만 우리 스님이 한용운 스님에게 독립자금이 든 돈 봉투를 건네는 것을 내가 두 눈으로 똑똑히 봤다니께. 이런 말을 누구한테 하면 절대 안돼!"

나는 그 말을 듣고 가슴이 벌렁거려 한 동안 진정할 수 없었다. 만공 큰스님과 한용운 스님은 아주 친한 도반이었고, 그런 터에 만공 큰스님이 독립자금을 은밀히 모으고 있던 한용운 스님을 외면할 리 없다는 것은 삼척동자도 다 짐작할 수 있는 일이었다.

나는 만공 큰스님이 독립운동가라는데 동감한다. 원담스님의 말이 아니드래도 나 또한 그럴 것이라 짐작가는 부분이 있기 때문이다. 당시 대한 독립은 목마르게 원해도 언제 될는지 아무도 장담할 수가 없었다. 솔직히 나는 그런 날이 오리라고는 기대조차 할 수 없었다. 그러나 만공 큰스님께서는 독립의 날이 반드시 와야만 하고, 오게 해야 한다는 신념을 가지고 계셨다. 그런 큰스님의 서원 때문에 간월암 천일기도가 이루어진 것이었다.

스님께서는 일본 순사들의 접근이 용이하지 않은 바다 가운데 있는 섬을 골라 천일기도를 입재하셨고, 그것이 대외적으로는 평화 기원을 표방한 것이지만, 실제로는 독립을 기원하는 기도이었음으로 동참했던 나로서는 자연스럽게 알 수 있었다. 천일이면 말이 쉽지 3년이다. 3년을 하루 같이 간절하게 독립을 위해 목숨을 바친 사람들이 우리 절 근처에 많다는 것을 상기시키며, 우리도 우리 고장의 자랑인 유관순 열사나 윤봉길 의사 같은 사람이 되어야 한다고 법문을 하실 때, 나는 숨소리도 제대로 내지 못하고 경청했었다

큰스님이 발끝에서 머리끝까지 간절한 마음으로 부처님께 예배를 올리며 기도를 드리니 동참재자 누구도 건성으로 임할 수가 없었다. 목탁과 요령소리, 염불과 축원과 법문이 혼연일체가 되어 법당 안을 가득 채웠

다가 법당 밖으로 새어나와 우주공간으로 널리 퍼져 나가고 있었다. 돌이켜보니 내 평생에 이때가 신심이 제일 장했었다는 생각이 든다. 만공 큰스님 덕분이다. 모든 동참재자들이 그랬는데 어찌 시방삼세 제불님들의 은총이 답지하지 않겠는가.

우리나라가 꿈에도 그리던 해방이 된 것은 천일기도를 회향한 3일 후였다. 해방의 그날, 동참재자들은 절 마당에 태극기를 들고 모여 대한독립만세를 목청껏 외쳤다. 나는 이때 우리 스님의 원력이 대단하시어 독립된 것이라는 생각을 했었다. 지금도 그날, 환하게 웃으시던 만공 큰스님과 시봉이었던 원담 스님의 모습이 눈을 감은 망막 안에 선하게 어린다.

눈을 뜨자 두 분 다 아득한 저승으로 멀어져 가니, 뒤 따라가서 뵈올 날이 멀지 않았지만, 그립고 그리운 마음 금할 길이 없다.

2015. 9. 1

수연스님(修蓮, 견성암) 黃수연[5)]

이상과 같은 수연의 증언은 위에서 먼저 제시한 수범의 증언을 더욱 보강한다. 즉 만공이 1940년대 초반 독립자금을 준비하여 서울의 선학원에 간 것, 삼청동의 초가에서 만공이 만해에게 자금을 전달하는 것을 분명히 보았다는 사실을 설명한다. 요컨대 만공은 총독부 본사 주지회의(1937. 2. 26~27) 때, 선학원에서 열린 고승대회에 참석했을 때

5) 위의 『만공의 항일정신』(자료집), pp.18~19, 「새로운 증언 ①」. 만공과, 원담, 수연이 함께 찍은 사진이 『滿空法語』(능인선원, 1982) 화보에 나온다. 이 관련 내용은 『동아일보』 2015. 9. 15, p.A20, 「만공스님은 독립운동가 … 한용운에 독립자금 전달했다」, 『중앙일보』 2015. 9. 18, 「만공, 밤중에 만해에게 독립자금 전달」에도 보도되었다.

(1941.3.4~13)에 독립자금을 만해에게 전달하였다는 것이다. 당시 그 현장을 목격한 원담(1926~2008)으로부터 들은 내용을 아주 구체적으로 증언하였던 것이다.

이렇듯이 목격자인 원담으로부터 들은 비구니가 두 명이었다. 그들이 청취한 증언의 초점은 만공이 만해에게 '독립자금'을 전달하였다는 것이다. 독립자금을 전달한 시점, 장소, 정황 등이 아주 구체성을 띠고 있기에 이는 사실로 인정해야 한다. 이런 증언이 나오자 덕숭총림의 방장으로 재직하고 있는 설정(1941~)도[6] 춘성에게서 들은 자금 전달의 내용을 공개적으로 발언하였다. 춘성은 만해의 상좌이었지만 만공을 존경하여, 수덕사 정혜사 선원에 잦은 출입을 하면서 수행을 하였다.[7] 그러면 여기에서 설정의 증언을 제시한다.

> 1959년도 춘성스님께서 만공스님 탄신 추모일(음. 3. 07)에 "만공스님의 숨은 밀행이 아니였으면 우리 스님(만해스님)은 한 발자국도 움직일 수 없었을 뿐만 아니라 어떻게 내가 옥바라지를 했겠어. 1937년 일갈(一喝)로 남차랑 총독을 호통친 후 전국에서 승속을 막론하고 스님(만공)을 더욱 흠모하게 되었었지. 나는 옥바라지를 하루도 거르지 않고 스님(만해) 면회를 다니면서 법사(法師)이신 큰스님(만공)의 그 은혜를 잊을 수가 없지. …(중략)…"
>
> 나는 이와 같은 말을 1959년 음 3월 초에 만공대선사 탄신 추모 다례일에 그 당시 수덕사 주지 벽초스님(1985년 입적) 춘성스님(만해 한용운스님

6) 설정스님 · 박원자, 『어떻게 살 것인가』, 나무를 심는 사람들, 2016.
7) 김광식, 『춘성-무애도인 · 만해제자』, 중도, 2010. 춘성은 만공의 懺悔弟子이었다.

상좌 1977년 입적) 금봉스님(수덕사 조실) 금오스님(구례 화엄사 주지 1967년 입적) 강고봉스님(정혜사 입승 1960년대 입적) 원담스님(정혜사 선원장 2008년 입적) 보산스님(수덕사 도감 1969년 입적) 수일스님(수덕사 원주 1980년 입적) 등 대중 스님들이 모인 자리에서 춘성(만해 한용운스님 상좌) 스님께서 말씀하시기를 "만공선사께서 일제 때 돈이 좀 생기면 은밀히 선학원으로 가서 만해 스님을 오시라고 해서 주시곤 하였는데 그것은 항일 독립자금이었다. 대단하셨다."고 하시면서 "우리 스님(만해 스님)께서 항일 운동을 적극적으로 일선에 나선 것은 만공대선사 같은 분의 숨은 밀행이 아니었으면 어림도 없는 일이지."

이와 같은 취지로 하시던 말씀이 어렴풋이 생각나서 지난 2015년 9월 20일 일제 강점기의 만공선사 위상 학술세미나 법어 중에 한 말이었는데 수덕사 사무실과 선양회측에서 녹취를 하지 않아 그날 한 말을 다시 서술한 것이며 아울러 만공대선사께서 총독에게 불교진흥책의 부당함을 말하고 총독에게 호통친 것 이외에도 음으로 양으로 조선인의 자존심을 잃지 않고 초지일관 창씨개명을 못하게 하여 덕숭산 스님들은 어느 누구도 창씨개명에 갖은 압력에도 불구하고 한 명도 하지 않은 것으로 전해오고 있다.[8)]

이와 같은 설정의 증언은 만해의 상좌인 춘성이 지켜본 내용을 전하고 있다. 여기에서도 만공은 돈이 생기기만 하면 밀행으로 만해에게 '항일독립자금'을 전달하였다는 내용이 나온다. 그런 만공의 후원, 자금 전

8) 『제8회 만공대선사 학술대회(주제 ; 日帝下만공선사 抗日사자후), 자료집』, 2016, p.9, 「새로운 증언 ①」.

달이 있었기에 만해가 항일 활동을 할 수 있었다는 내용이다. 필자는 이전 논고에서 만공의 민족정신, 독립정신에 입각한 간월암 기도의 개요, 성격을 살핀 바가 있다.[9] 그 이후에도 필자는 만공의 독립정신 자료를 찾던 중에 그 당시 기도의 내용을 파악하였다. 그는 다음과 같다.

만공은 일제가 태평양전쟁을 발발하고, 식민통치가 가혹해지자 한국의 독립이 조속히 이루어지길 발원하는 천일 기도를 단행하였다. 그는 우선 관촉사(논산)을 찾아, 은진미륵석상에게 발원하였다. 그 직후 독립 발원을 하는 관음기도를 서해 바다의 간월도에 위치한 간월암에서 은밀하게 시작하였다. 이때 만공은 일제의 죄목 7개조를 제시하였다. 그는 다음과 같다.

- 한민족 고유의 미풍양속과 문화의식을 말살한 죄
- 우리말 사용을 금지시킨 죄
- 한글 사용을 폐쇄시킨 죄
- 왜식이름, 창씨개명을 자행한 죄
- 강제로 징용, 징병을 자행한 죄
- 종교와 신앙생활을 탄압한 죄
- 겨레의 재산을 강탈한 죄[10]

9) 김광식, 「滿空의 민족운동과 遺敎法會 · 간월암 기도」, 『한국민족운동사연구』 89집, 한국민족운동사학회, 2016.

10) 김대은, 『觀音信仰』, 삼장원, 1978, pp.267~269.

이런 성격을 갖고 있었던 기도에는 만공 제자(고봉, 적음, 진오, 수연)도 동참하였다. 대중들은 기도를 수행하면서 "일본이 하루 속히 패망하고 조선의 독립을 이루게 하여 주소서"라고 발원하였다.[11] 만공은 이와 같은 독립정신을 구현하였기에 만해에게 독립자금을 제공하였음을 확신할 수 있는 것이다.

지금껏 수범, 수연, 설정 등 수덕사 승려들의 증언 그리고 만해의 상좌인 춘성의 증언을 통해서 만공이 만해 한용운에게 독립자금을 주었음을 알 수 있었다. 한편 그 무렵 김일엽의 아들 김태신은 최범술, 박광, 김봉율 등의 독립운동가들이 만해에게 제공하는 자금을 전달하였다는 회고가 있다.[12] 또한 통도사의 김구하는 생전에 그가 상해 임정에 독립자금을 전달한 영수증을 남겼다.[13] 그런데 그는 만해에게도 자금을 제공하였다.

그 자금의 성격은 단정적으로 말할 수는 없지만, 일부에서는 구하는 상해 임정의 자금 출연 문제로 만해에게 자문을 하였다고 한다.[14] 이를 볼 때에 만해에게는 불교계의 다양한 채널에서 독립자금이 전달되었음을 추론할 수 있는 것이다.[15] 다만 이런 구술 증언을 그 당시의 객관적인 자료에는 나올 수 없음이 아쉽다. 한밤중에, 비밀리에 전달하는 일이 어떻게 기록이 되겠는가? 그를 기대하는 것 자체가 어불성설이라 하겠다.

---

11) 위와 같음.
12) 김태신, 『라훌라 사모곡』 상권, 한길사, 1991, pp.178~179, pp.193~194.
13) 한동민, 「일제강점기 통도사 주지 김구하와 독립운동 자금 지원」, 『대각사상』 15집, 대각사상연구원, 2011.
14) 『만해 한용운과 심우장 사람들』, 남한산성 만해기념관, 2016, p.73.
15) 통도사의 구하도 만해에게 자금을 제공하였다. 졸고, 「만해 한용운과 통도사」, 『정인스님 정년기념논총』, 2017, pp.900~902.

만공 – 만해는 상호 신뢰 속에서, 항일 정신을 갖고 있었던 공통적인 의식이 있었기에 그런 독립자금 전달이 있었다고 본다.

3. 만해와 만공의 인연

본장에서는 만공이 만해에게 왜? 어떤 인연으로 그렇게 독립자금을 주었는가에 대해서 살핀다. 거기에는 그럴만한 인연이 있었을 것이다. 그래서 지금부터는 만공과 만해 사이에 있었던 인연의 매듭을 풀어 보고자 한다.

필자는 예전부터 만공과 만해는 왜 가까웠는가를 탐구하여 그의 개요를 가늠해 보았다.[16] 이제는 그 글에 의지하면서 독립자금을 수수하게 된 인연의 배경을 들추어 보고자 한다. 만공과 만해와의 인연의 첫 시작은 1918년 무렵으로 볼 수 있다. 만해 한용운은 1911년부터 임제종운동, 불교 대중화운동, 대중 계몽운동을 하다가 1917년 겨울에는 그의 출신 사찰인 백담사로 복귀하여 오세암에서 동안거 수행을 하였다. 이때 만해는 참선 도중에 깨달았고, 그 경지를 오도송으로 남겼다. 그런데 만해의 오도송은 만공에게 전달되었고, 만공은 그를 회상의 대중들에게 보였다고 한다. 『만공법어』에 전하는 그 내용을 제시한다.

16) 김광식, 「만해와 만공」, 『우리가 만난 한용운』, 참글세상, 2010, pp.35~50.

눈속에 도화(雪裏桃花)

– 용운 법사(龍雲法士)

서울에 있는 만해(萬海) 한용운(韓龍雲) 스님이 오도송(悟道頌)을 지어 와서(作悟道頌而送來) 이르되,

남아가 이르는 곳마다 다 내 고향인데　　男兒到處是故鄕
몇 사람이나 객의 수심 가운데 지냈던고!　　幾人長在客愁中
한 소리 큰 할에 三천 세계를 타파하니　　一聲喝破三千界
설한에 도화가 조각조각 날으네.　　雪裡桃花片片飛

스님이 반문하여 이르되, "나르는 조각은 어느 곳에 떨어졌는고?(飛者落材什麽處)" 하였다. 용운스님이 답하여 이르되, "거북털과 토끼 뿔이로다(龜毛兎角)" 하였다.

스님이 크게 웃으며 다시 대중에게 이르되, "각기 한마디씩 일러라" 하니, 법희 비구니가 나와서 이르되, "눈이 녹으니 한 조각 땅입니다." 하거늘, 스님이 이르되, "다만 한 조각 땅을 얻었느니라." 하였다.

評; 도는 재주와 지혜로는 얻을 수 없다.[17]

위의 기록에 의하면 만해는 오도송을 갖고 만공을 만나러 왔다는 것이다. 위에 나온 "지어와서(作悟道頌而送來)"의 내용만으로는 만해가 직접 왔는지, 혹은 만해 제자가 심부름을 왔는지는 단언할 수 없다. 즉 시점과 장소가 구체적으로 나오지 않는다. 추측하건대 장소는 수덕사이었겠지만, 시점은 알 수 없다. 1919년 3월, 3 · 1운동 이후에는 그럴 여건이 없었을 것이었기에 우선적으로는 1918년으로 이해하였다. 그러나 일부

17) 『滿空法語』, 수덕사 능인선원, 1982, pp.134~135.

기록에서는 3 · 1운동으로 일제에 피체되어 수감 생활을 마친 1920년대 초반에 만해 수제자인 김용담이 오도송을 갖고 와서 만공에게 보였다는 구전도 있다.[18]

어쨌든 만해는 자신의 오도송에서 애초에 지었던 '편편비(片片飛)'라는 문구를 위와 같은 만공의 지적을 받아들여 '편편홍(片片紅)'이라고 수정하였다고 한다.[19] 만해가 왜 오도송을 갖고 와서 만공에게 보여주었는가에 대해서는 전하는 내용이 없다. 추정하건대 만해는 1910년부터 수덕사에 능인선원을 세워 후학을 지도하였던 만공의 명성이 고양되자 자신의 오도의 경지를 보여주고 싶은 충동이 있었을 것으로 보인다.

이상과 같은 내용을 20년 전부터 파악하였던 필자는 약간의 의아심을 가졌으나, 현재까지 그에 대한 응답을 할 수 있는 보다 분명한 자료(문건, 증언)를 얻지 못하였다. 다만 궁금증으로 남아 있었다. 그러다가 최근 몇 년 전에 만공의 독립운동에 대한 글을 쓰기 위하여 관련 자료를 찾던 중에 만공의 가르침을 받은 수행자인 덕산(德山; ?~1981)[20]의 글에서 다음과 같은 단서를 만나게 되었다.

> 鏡虛, 그는 韓民族의 얼이 오랫동안 얼음장 밑으로만 흐르다가 돌연 우뢧소리와 함께 솟구친 民族精神의 극치이다. 鏡虛는 많은 哀話를 남기

18) 『법보신문』 21호(1988. 10. 18.) p.4, 「근세 한국선사 재조명 ; 송만공 ④ 일화」.

19) 김광식, 『만해 한용운 평전』, 장승, 2007, p.100. 편편비로 쓴, 만해의 친필 오도송의 사진을 수록했다.

20) 위의 『滿空法語』, p.310에는 만공의 受法弟子명단이 나온다. 德山宗晛도 수법제자로 나오는데, 그는 말년에 화계사 조실로 있었다. 법주사 출신인 그는 1928년 정혜사 선원에서 悅衆소임을 봤다.

> 고 그의 제자 滿空에게 法을 傳한 후 방랑길에 올랐다. 뒷날 滿空은 鏡虛가 개척한 개척지에 禪의 불씨를 심는 일에 一生을 버린 禪師였다. 우리가 너무나 잘 아는 詩人이며 또한 革命家이기도 한 萬海韓龍雲은 실은 鏡虛를 밑받침으로 하여 滿空이라는 거대한 바닷물의 한 파도 침에 불과하다는 것임을 똑똑히 알아야 한다. 언제나 찬란한 이름 뒤에는 그 이름을 있게 한 泰山이 말 없이 서 있음을 우리는 잊어서는 안되겠다. 鏡虛와 滿空의 禪의 뿌리가 韓龍雲의 잎으로 삐져나와 소란을 피운 것에 지나지 않음을 우리는 분명히 알아야 된다. 名相의 세계는 無形의 한 호흡에 불과하다.[21]

이렇듯이 덕산은 한용운의 행동은 경허를 밑받침으로, 만공이라는 바닷물의 하나의 파도에 불과하다는 파격적인 발언을 하였다. 요컨대 만해는 경허 – 만공의 선맥에 큰 영향을 받았다는 것이다. 이런 지적을 접한 필자는 만공이 제공한 독립자금의 본질, 성격을 단순한 자금 전달이라는 것으로만 볼 수 없다. 그렇다면 그 성격을 어떻게 보아야 할 것인가의 문제가 남는다. 이런 전제에서 만공과 만해는 어떤 사이이었다고 보아야 하는가?

우선 두 인물을 지근거리에서 지켜 본 고송(古松; 1906~2011, 파계사)의 증언이 참고 된다. 고송은 1937년 동안거 수행을 능인선원의 입승(立繩)으로, 1946년 하안거 · 동안거 수행을 능인선원에서 하면서 병법(秉法)

21) 덕산, 「滿空禪師의 無碍行」, 『월간 중앙』 6권 10호(1973.10), p.101. 이 글은 덕산이 직접 쓴 글은 아니다. 그 당시 화계사에 머물던 학승인 釋智賢이 받아쓰고 간추린 것이다.

등의 소임을 보았다.[22] 그런데 그는 1930년대 초반 선학원에 거주하면서 『불교』 잡지 발간 시에 심부름을 하면서 만해를 지근거리에서 살펴보았기에[23] 그의 회고는 신뢰가 간다. 고송은 다음과 같이 증언하였다.

> 여연스님 ; 당시 만공스님과 만해스님은 굉장히 친했다면서요?
>
> 고송스님 ; 서로들 호형호제 하였지. 만공스님이 나이가 좀 많아. 만해스님이 형이라고 불렀지. 만해 한용운 스님, 그 이는 참으로 무서운 사람이고 괴짜였어.[24]

호형호제 하였던 두 인물의 내면으로 들어가 보자. 1918년부터 시작된 인연, 경허 – 만공의 선맥에서 만해가 영향을 받았다는 정보를 갖고 이제는 만공과 만해의 인연을 역사 속에서 찾아보자. 만해는 주지하는 바와 같이 1919년 3 · 1운동을 최일선에서 주도하였다. 그래서 그는 불교를 대표하는 역할을 하였다. 그런데 여러 기록, 논문 등을 고려하면 만해 그가 3 · 1운동의 중심부 진영에 들어가서 본격적인 일을 하게 된 것은 1919년 2월 초부터이었다. 만해는 1908년 일본 유학중에 알게 된 천도교측 실무자인 최린을 만나 민족운동을 하자고 대화하여 합의를 하게 된 것은 1919년 1월 말이었다. 그러나 3 · 1운동을 준비, 추진하였던 천도교와 기독교는 그들의 연합을 통한 운동의 추진이 관건이었다. 어쨌든 만해는 1919년 2월 중순 무렵에 민족대표 선정을 고민, 착수하였

22) 『근대선원 방함록』, 조계종 교육원, 2006, p.408, p.438.
23) 불교신문사, 『한바탕 멋진 꿈이로구나』, 삼양, 1999, p.125.
24) 『선우도량』 6호, 1994, p.421, 「선지식을 찾아서, 팔공산의 늘푸른 소나무 고송스님」.

던 것이다. 비밀리에, 통신과 교통이 열악한 상황하에서 진행된 거족적인 민족운동인 3·1운동을 추진한 만해가 불교의 대표까지 인선하는 것은 간단히 않았다. 더욱이 만해는 그런 일을 혼자서 추진하였다. 여기에서 그런 정황을 전하는 기록의 속살을 엿보겠다.

이에 대해서 만해는 불교 측 3~4인을 민족대표에 포함시키려고 하였다는 발언을 하였다고 전한다.[25] 여기에서 만해의 말년 거처인 심우장(尋牛莊; 서울 성북동)[26]을 드나들었던 불교청년이었던 김관호[27]의 증언 기록을 보자.

> 3·1독립 선언 인원 구성에 선생의 희망은 불교인을 다수로 하려고 白初月, 宋滿空 두 스님과 密約이 있었으나 너무나 허무하였으니 壬辰歷史를 회고하고 他教奮起를 비교하면 불교의 존재는 文子그대로 無明이었다. 당시 선생의 야심은 불교인을 다수로 하여 壬辰歷史와 같은 제2의 구국운동으로써 불교사회주의를 포부하고 宋滿空스님과 활동하였으나 소위 高僧大德이 다수이면서도 모두 무관심하여 겨우 白龍城 1인만의 합의를 얻었을 뿐이니[28]

위와 같은 전언을 참고하면, 만해와 만공은 민족대표 가담, 3·1운동 참여 등을 함께 논의를 하였던 것으로 추측된다. 여기에서 나온 "백초월, 송만공 두 스님과의 密約"이란 무엇인가? 이에 대한 만공의 고민,

---

25) 고재석, 『한용운과 그의 시대』, 역락, 2010, p.361.
26) 김광식, 「만해와 심우장의 정신사」, 『만해축전 자료집』, 만해축전 추진위원회, 2014.
27) 김광식, 「한용운과 김관호」, 『우리가 만난 한용운』, 참글세상, 2010.
28) 김관호, 「심우장 견문기」, 『한용운사상연구』 2집, 한용운사상연구회, 1981, p.283.

응답을 전하는 구체적인 기록, 증언이 없어 단언하여 말하기는 어렵다. 만해는 1918년 10월 중순에 해인사를 방문하여 특강을 하였다고 하는데,[29] 그때 해인사 지방학림의 강사로 백초월이 있었다.[30] 필자가 보건대 아마 그때에 두 사람은 추후의 민족운동에 대한 언질(약속)을 하지 않았을까 한다. 백초월은 1919년 4월에 상경하여 불교 독립운동을 진두지휘하였다.[31] 그리고 만공과는 1918년 어느 시점에 만해가 수덕사에 와서 오도송을 갖고 대화를 할 때에 장래의 민족운동에 대한 대화를 하면서 추후에 민족운동이 전개될 시에는 함께 하자는 약속을 하지 않았을까 한다. 그런 정황을 만해에게 전해들은 김관호는 밀약이라고 표현한 것이라고 본다.

그런데 밀약까지 있었는데 왜? 민족대표에 만공을 포함시키지 못하였는가. 이에 대해서는 만해와 3 · 1운동을 같이 추진한 최린의 재판정에서의 신문 발언이 참고 된다.

> 문 : 韓龍雲에게는 피고인이 운동의 방법 등을 말하여 2월 20일경에 찬동하게 했고, 白相奎에게는 韓龍雲이 같은 말을 하여 찬동하도록 했다고 전회에 진술했는데 그것은 틀림이 없는가.
>
> 답 : 그 무렵에 韓龍雲이 가끔 내 집에 놀러 왔다가 어떤 말 끝에 독립운동을 일으키자고 나에게 동의를 구했으나, 그때까지는 아직 예수교

29) 최범술, 「만해 한용운 선생」, 『신동아』 75호(1970.11) ; 『효당 최범술 문집』 1권, 민족사, 2013, p.404.
30) 최범술, 「三 · 一運動과 海印寺②」, 『대한불교』 1969.2.23 ; 『효당 최범술 문집』 1권, 민족사, p.393.
31) 김광식, 『백초월』, 민족사, 2014.

> 측과 합동하는 것이 확정되지 않았으므로 나는 아무 말도 하지 않았었다. 도리어 세상의 여론이 어떠하냐고 묻는 정도로 진의는 말하지 않고 지냈었다. 드디어 예수교측과의 합동이 확정된 후에 비로소 우리들 운동의 주지를 말했더니 韓龍雲은 조금도 이의없이 그것에 찬동하고 그 사람이 불교도를 규합한다는 것이었다. 그런데 일이 진척되어 기명할 단계에 이르러 불교도는 너무 진용이 갖추어지지 못하였으므로 韓龍雲에게 그것을 추구하였더니 그 사람은 하여튼 자기와 白相奎만이라도 기명하게 해 달라는 것이었다. 이렇게 韓龍藝에게는 합동이 확정된 뒤에야 제반의 말을 했었다. 그리고 그 말을 한 시기는 확정된 날, 곧 24일에서 27일까지의 사이였으므로 지방법원 예심에서 그것을 2월 20일이라고 진술한 것은 명백히 잘못이었다.[32]

최린의 발언에서 주목할 것은 천도교와 기독교의 3·1운동의 합동이 확정된 후에 불교측의 만해에게 불교측 대표를 기명(記名)할 것을 요청하였는데, 그 시점이 2월 24~27일이었다는 것이다. 이렇듯이 긴박하고, 엄중한 상황 하에서 3일 만에 만해는 만공의 동의를 받을 수가 없었던 것이다. 더욱이 만해는 민족적 거사에 유교측이 가담해야 한다는 판단으로 거창까지 내려가서 유림의 대표격인 곽종석을 만나고 24일에는 서울에 도착하였다. 그 이후 만해는 3·1운동 중앙 지휘부를 한시도 떠날 수도 없었다. 그래서 만공을 만날 수도 없었을 것이다.

위의 김관호의 증언처럼 생각은 있었지만 그렇게 할 제반 여건이 절

32) 『韓民族獨立運動史資料集』 12권(三一運動II), 「三·一獨立宣言關聯者訊問調書(高等法院)(國漢文) ; 崔麟신문조서(제3회)」.

대 부재하였음을 알 수 있다. 다행이 백용성은 만해의 거처(유심사, 종로 계동)에서 10여 분 거리에 위치한 포교당(대각사, 종로구 봉익동)에 머물렀다. 그래서 만해는 2월 26일 백용성을 만나 민족대표로 동의를 받고 그의 도장을 인수하여,[33] 2월 27일 최린의 집에 가서 독립선언서에 자신의 도장을 찍고 백용성의 것도 그가 날인을 하였다.[34] 이와 같은 긴박한 상황이었기에 만해는 만공의 동의를 받지 못하였다.

이제부터는 만해가 3 · 1운동으로 3년간의 수감 생활을 마치고 나온 이후의 만공과 만해의 인연을 더듬어 가보자. 만해는 1921년 12월에 출옥 후, 선학원(종로구, 안국동)에 머물렀다. 그런데 선학원은 만공의 주선으로 선풍진작, 민족불교 지향을 위해 1921년 11월에 창건된 사찰이었다. 만공은 선학원의 창건 정신을 극대화 하기 위해, 전국 수좌들의 자주, 자립을 지향하는 조직체인 선우공제회(禪友共濟會)를 1922년 4월에 발족시켰다. 그 취지서에 보면 만공과 만해가 발기인으로 나온다. 출범 직후 만공은 공제회의 수도부 이사(修道部理事)를 맡았고 운영 자금으로 상당한 토지를 기부하였다. 흥미로운 것은 만해가 1924년에는 선우공제회의 수도부 이사를 맡았다는 사실이다.[35] 즉 만공의 후임을 담당하였다. 어찌 되었든 만해는 만공이 만든 선학원에 머물면서 민족운동을 지속하였다. 선학원이 재기를 한 1930년대 초반 만공과 만해는 선학원을 무대로 법문, 특강을 하면서 인연을 지속하였다.

한편 만해는 1930년대 초반에는 그 당시 불교계의 유일한 잡지이었던

33) 『백용성대종사 총서』, 7권(신발굴자료), 대각회, 2016, pp.586~587.

34) 위의 『한민족독립운동사자료집』, 「白相奎신문조서」.

35) 김광식, 「일제하 선학원의 운영과 성격」, 『한국 근대불교사연구』, 민족사, 1996, pp.108~113.

『불교』의 편집 책임을 맡았다. 그런데 바로 그 때에 만공은 만해에게 『경허집』의 편집을 의뢰하였다.

> 내가 7년 전 佛敎社에 있을 때에 畏友滿空이 초고 하나를 가지고 와서 내게 보여주며 말하기를 "이것은 나의 스승 鏡虛스님의 遺稿인데 장차 간행하려 하오. 그런데 이 유고는 본래 각처에 흩어져 있던 것을 수집했고 보면 誤脫이 없을 수 없으니, 교열해 주기 바라오." 하고 서문을 부탁하였다. 나는 감히 사양할 수 없어 그 초고를 재삼 읽어 보았더니, 그 저술이 시문에 공교할 뿐만 아니라 대체로 禪文이요 法語이며, 玄談이며 妙句였다. …(중략)…
> 나도 이 책이 속히 세상에 간행되기를 간절히 바랐다. 그런데 그 후 그 문도와 뜻이 있는 이들이 "경허가 지은 글이 이 정도에 그치지 않고, 아직도 만년에 자취를 감추고 살던 지역에 남아 있는 것이 적지 않을 것이다."하여 기어코 완벽하게 유문을 수습하고자 하였다. 그래서 이 책을 간행하자던 논의가 일시 중지되었다. 올(필자 주, 1942년) 봄부터 후학 김영운, 윤등암 등이 이 일을 위해 발분하고 나서서 갑산, 강계 및 만주 등지로 직접 가서 샅샅이 조사하여 거의 빠짐 없이 수습하였다. 내가 다시 원고를 수정하였으나 연대의 선후는 알 길이 없었기 때문에 수집한 대로 편찬하였다.[36)]

1933년 무렵, 만해는 만공의 부탁으로 만공의 법사인 경허의 자료를 분류 편집을 시작하여 1942년 봄까지 그 작업을 하였다. 그러니깐 만공

---

36) 『경허집』, 동국대출판부, 2016, p.351.

과 만해는 1933년부터는 『경허집』(1943, 중앙선원)이라는 매개체로 더욱 더 친근한 만남을 이어 갔다.

만해 그는 1930년대 초반에는 조계사 인근에서 방을 얻어 홀로 지내다가, 1933년에는 결혼을 하여 서울 외곽인 성북동의 초가집에 세를 들어 살았다. 그러다가 성북동 골짜기에 자기 집을 지어 1935년에 입주하였으니 그것이 심우장이었다.[37] 만공은 상경을 하게 되어 시간이 날 때에는 심우장을 찾아갔다. 그래서 만해와 밤새 곡차를 먹으면서 불교, 시국 등의 주제를 놓고 대화를 하였다.[38]

그런데 이런 인연을 지어가던 때인 1937년 2월 26일 총독부에서 열린 31본산 주지회의 석상에서 '할' 사건이[39] 일어났다. 그 사건의 내용, 성격에 대해서는 필자의 논고에서 세부적으로 밝혀 놓았다. 만공은 총독부 청사에서, 총독이 있는 자리에서 '할'을 하면서 식민지 불교통치책 및 당시 한국 불교의 부조리를 꿰뚫은 불교의 자주 독립선언의 발언을 하였다. 만공은 평소의 소신으로 일제 불교정책에 대한 비판을 분명히 개진하겠다는 결심에서 할을 하고 입장을 표명했다. 그날 오후, 만공의 소식을 들은 만해는 심우장(성북동)을 떠나 선학원(종로, 안국동)에서 기다리

37) 김광식, 「만해와 심우장의 정신사」, 『만해축전 자료집』, 만해축전 추진위원회, 2014, pp.615~626.

38) 한영숙, 『아버지 만해의 추억』, 『나라사랑』 2집, 1971, p.91. 「딸이 기억하는 만해와 심우장」, 『선문화 연구』 32, 2022, pp.60~62. 만공, 박광 등이 오면 밤새도록 환담을 나누었다고 한다. 朴洸(1882~1970)은 대동청년단 출신으로 임정에 독립자금을 모금하여 보낸 공로로 독립운동가 포상(애족장, 관리번호 2964)을 받았는데, 만해와 생전에 친근한 동지이었다.

39) 이에 대해서는 필자의 논고를 참고 바란다. 김광식, 「만공의 정신사와 총독부에서의 '禪機發露'(1937) 사건」, 『향토서울』 91호, 2015.

고 있었다. 만공이 선학원으로 돌아오자,[40] 총독부에서의 소식을 들은 만해를 비롯한 대중들은 선학원에서 만공을 지극한 마음으로 환대하였다.[41] 특히 당시 그 정황은 그때 서울에서 중앙불전을 다녔던 김어수(범어사)의 회고에서 확인할 수 있다.

> 범어사 주지 차상명(車相明)스님이 선학원에 오셨다기에 찾아뵙고 싶어서 갔던바 만공(滿空)스님이 회의장에서 막 돌아오시는 것을 한용운 선생은 벌써 소문을 듣고 기다리다가 만공스님의 등을 두드리며 "우리 만공이 정말 만공이야." 하면서 기뻐서 덩실 덩실 춤까지 추는 것을 보았다.
>
> 그러자 설석우(薛石友)스님 김적음(金寂音 스님 김남전(金南泉)스님 등이 맨발로 뜨락에 뛰어내려 만공스님을 둘러싸고 조선은 죽었어도 불교는 살아 있다고 고함을 질렀다.
>
> 그리고 생사를 초월한 출세 대장부가 아니고서는 감히 엄두도 낼 수 없는 노릇이었다.[42]

---

40) 그 시간은 정확하지 않다. 만공은 총독이 주관하는 만찬 자리에 가지 않고 귀가하였다는 증언을 유의하면 저녁 무렵이 아닐까 한다.

41) 그런데 조지훈은 만해와 만공의 만남에 대하여, 만공이 심우장으로 찾아와서 만났다고 했다. 조지훈, 「放牛閑話 2」, 『신동아』 1966년 4월호, p.258.

42) 김어수, 「獨立資金모아 臨時政府에 送金」, 『불교신문』 178호, p.4. 당시 그 주지회의에 해인사 주지의 대리로 참석한 최범술은 이에 대해서 만해가 "만공의 거구를 쓰다듬으며, 그래도 만공이 제법이야! 불알이 생겼어 하며 농조이지만 참된 동지로서 의허(意許)하는 환희를 보았던 것이다. 이처럼 두 분 사이에는 그 무엇인가를 짐작할 수 있었다"고 서술했다. 최범술, 「철창철학 – 만해선생으로부터 보고 들은 이야기」, 『나라사랑』 2집, 1971, p.85. 이 글의 '만해선생과 송만공 스님' 부분에서 소개하였다.

이렇듯이 만해는 만공의 할 사건에 대한 높은 평가를 하였다. 만해는 그 사건을 한국불교사를 빛낸 역사적인 사건, '선기의 발로'라고 명명하면서 1937년 12월호인『불교』에서 다음과 같이 서술하였다.

> 작년 二月二十六日에 朝鮮總督府內에 三十一本山住持를 會同하고 總督以下關係官憲이 列席한 中에 各本山住持에 對하야 個別的으로 朝鮮佛教振興策에 對한 要旨를 무럿다. 公州麻谷寺住持宋滿空和尙이 至하매 和尙이 起立하야 "淸淨本然커니 云何忽生山河大地오" 하고 大聲으로 "喝"을 하얏다. 이것은 禪機法鋒의 快漢이 아니면 到底不可能이다. '義理'로 解釋할지라도 그 座席그 時期에 가장 適當한 對答이다. 그러나 나는 그 後에 滿空을 만나서 '鋒'을 써야 마땅할 데에 '喝'을 쓴 것이 法을 誤用한 것이라고 責하얏다. 그러나 臨濟의 喝은 喝中有棒이오 德山의 棒은 棒中有喝인즉 棒喝互用도 無妨하거니와 棒을 쓸 데에는 喝을 誤用하얏다는 말은 凡夫俗子의 容喙할 수 없는 것은 勿論 三世諸佛의 干涉도 斷然不許하는 것이다. 朝鮮佛教史의 한페지가 여기에서 빛나는 것을 아는가?[43]

만해는 사건에 담겨진 뜻을 설명하면서 '선기법봉(禪機法鋒)의 쾌한(快漢)이 아니면 도저불가능(到底不可能)하다'면서 만공의 선기를 극찬하였다. 그는 한국불교사의 한 페이지가 여기에서 빛이 난다는 말로 단언하

43)『불교』 신9집(1937.12), 불교사, p.6, 「朝鮮佛教에 對한 過去一年의 回顧와 新年의 展望」. 당시 만해는『불교』지의 고문으로 이 글을 썼다.

면서 '할' 사건을 1937년 불교의 3대 사건의[44] 하나로 자리매김을 하였다. 만해의 이와 같은 평가에 대해 만공은 더욱 더 만해의 가치를 인정하였을 것이다. 20년간 이어져 온 인연의 바탕 하에서 자신을 알아주는 '지음자(知音者)'로 대하였을 것이다.

그래서 필자는 만공이 만해에게 독립자금을 준 것은 결코 우연이 아니라는 것이다. 그는 자신을 알아주는, 자신의 자주 · 독립정신을 이해할 수 있는 지성인이 만해라고 판단한 것에서 나온 것이다. 만공 그는 정신적인 독립운동을 하고 있었지만, 만해는 정신적인 독립운동에서 한 발 더 나간 일반 대중들과 교섭하면서 독립운동을 전개하였다. 바로 이 점을 만공은 파악하고, 만해의 활동을 후원하고 격려하는 차원에서 자금을 제공하였을 것이다. 독립자금의 제공은 절대적인 신뢰가 없으면 행할 수 없는 것이다. 요컨대 만공이 만해에게 전한 독립자금은 만공과 만해의 끈끈한 인연, 지음자라는 인식, 만해 독립운동에 대한 신뢰에서 나온 것이다.[45] 만해가 입적하자, 만공은 만해가 없는 서울은 가고 싶지 않다고 하면서 그 이후에는 상경치 않았다.[46]

---

44) 만해는 추가 2건의 사건으로 總本山건설운동과 『불교』 속간을 뽑았다.

45) 고은은 『한용운평전』, 고려원, 2000, p.329에서 "만해만한 중 없다. 방한암은 빼라면 만해는 심장이다. 박한영이 할아버지라면 만해는 아버지다."라고 만공이 한용운을 예찬했다고 썼다.

46) 만해 입적 이후, 만해 아들인 한보국이 수덕사로 만공을 찾아와 인사를 하였다고 한다. 그때 만공은 조금만 지나면 희소식(해방?)이 올 터인데, 만해는 그것을 못 보고 입적한 것에 아쉬움을 표하면서 자신과 만해는 '同心一體'라고 발언하였다고 전한다. 『법보신문』 23호(1988. 11. 1), p.4, 「근세 한국선사 재조명 ; 송만공 完」.

4. 만해와 김구, 비밀 연락

만해는 심우장에서 말년 10여 년을 보내면서 일제 식민통치에 저항하였다. 그리고 청년, 대중들에게 민족 독립에 대한 희망을 고취시키고 있었다. 그래서 그런지 그의 거처인 심우장은 수많은 대중들이 찾아오는 국내, 서울의 민족운동 성지(聖地)이었다. 국외에서 민족운동의 성지가 임시정부라면 국내의 성지는 심우장이었다.[47]

그런데 그 무렵 만해는 중경 임시정부의 책임자인 김구(金九)와 연락을 통하고 있었다. 요컨대 만해와 김구의 독립운동에 대한 비밀 채널이 있었다. 그에 대한 객관적인 자료는 아직 찾지 못하였다. 그러나 그를 방증하는 김구의 증언을 전하는 기록이 있다. 김구는 청년 시절, 일본군 장교를 '국모보수(國母報讐)'라는 명분으로 처단하고 살인형을 구형받았다. 그는 고종의 특사로 감형되었으나 수감 도중 탈옥을 하여 방랑을 하다가 갑사를 거쳐 마곡사에 들렀다. 그는 22세(1898) 때인, 그곳 마곡사에서 원종이라는 법명을 받고 2년간 승려 생활을 하였다.[48] 그리고 해방 후, 그는 자신이 출가하였던 마곡사를 찾아 기념식수도 하였다. 요컨대 김구는 불교에 대한 인연이 많았다.[49]

이처럼 김구는 승려 출신의 독립운동가여서 그런지, 만해와도 인연 내용이 전하고 있다. 지금껏 이에 대해서는 적극적인 탐구와 해석이 부재하였다. 우선 여기에서 김구의 발언을 전하는 기록을 제시한다. 김구 자

---

47) 이에 대해서는 졸고, 「만해와 심우장의 정신사」를 참고하길 바란다.
48) 한시준, 『김구』, 독립기념관, 2015, pp.35~36. 윤병석 직해, 『백범일지-직해 김구 자서전』, 집문당, 1995, pp.112~116.
49) 한상길, 「백범 김구와 불교」, 『대각사상』 29집, 2018.

신이 만해와의 인연을 회고한 시점은 1945년 8 · 15 해방이후이다. 8 · 15 해방 이후에 귀국한(1945.11.23) 임정요인을 불교 교단 책임자인 김법린 총무원장 일행이 1946년 1월 경 경교장에서 만났을 당시이다. 불교 교단 간부들이 김구를 만나 대담을 하였는데, 다행히도 그 내용이 불교 기관지인 『신생』 창간호(1946)에 기고되었던 것이다. 그 관련 내용을 전재한다.

> 드러가는 順序로 앉었기에 맘서로 對話를 責任진 金法麟氏가 主席의 右側에 바루 接近히 안게 되었다. 좀 正面으로 對하게 되었으면 어떨가 하였다.
>
> 宣傳部長이 佛敎側에서 왔다는 紹介를 하자 一同이 차례로 幄手를 하고 着席하여서 座談으로 드러가게 되었다.
>
> 金九主席 談 佛敎여러분을 한번 만나려고 하였던 次 잘 오셨습니다.
>
> 金法麟 氏 예 迅速히 와서 뵈려구 하였습니다만 일로 만연해 오셨고 하루 바삐 政界에서 기다리던 다음이라 必然말 할 수 없이 奔走하고 忽忽하실듯 하야 바쁜 政事를 보신 뒤에 間機를 타서 뵈이려구 기달렸던 터입니다. 그런데 敎正朴漢永先生은 年老하시고 在鄕하서서 不肖하나마 代身佛敎를 代表해 왔습니다.
>
> 問 : 佛敎會期가 近間없으십니까.
>
> 答 : 예 있습니다.
>
> 問 : 年中行事로 모이는 會合인가요
>
> 答 : 예 그렀습니다. (이어서) 그리고 우리 佛敎側저들은 今番臨時政府여러 諸位가 오심에 對하야 다시 己未를 回想하지 않을 수 없습니다. 이 己未를 생각할 때 己未後二十七年間을 우리 政府라 하고 依然그 命

> 脈을 이어 계승해 왔고 피로써 싸워 피로써 지켜왔다는 것이 臨時政府 여러분 제위를 대하는 感謝의 하나이고 둘째는 海外에서 光復의 曙光에 이르기까지 聯合諸國과 손을 잡어 이 光復의 날을 얻기에까지 피로써 貢獻하여 왔다는 것이 앉은 저들도 잊지 못하는 感謝입니다. 그러므로 해서 健康한 몸으로 國內모든 문제와 일에 힘있는 指導를 해주시고 우리는 힘껏 建國에 힘쓰겠습니다. 그리고 제일 未安한 것은 國內 事는 잘 모르시겠지만 光復후에 너무 위대한 指導者를 접하지 못해 統一되지 못한 감은 있습니다만 그것은 지도자 및 高所를 求하는 의미로 보아 政治的刺戟에서 온 求心의 旅露이라면 求하던바 諸位가 還國하였으니 無言中다 – 灰地로 도라가 다시 좋은 機運이 떠리라고 생각합니다만 이번에 韓龍雲先生이 계셨던들 얼마나 여러 선생을 마지 하는데 반겨하시겠습니까. 光復의 날에 또 이 還都하신 우리 政府를 마지하는 날에 얼마나 반가워 하시겠습니까. 感慨亦然禁할 수 없읍니다.[50)]

이렇게 김법린은 김구를 만나 임시정부의 공로를 높이 평가하고, 3 · 1운동의 의의를 되새기면서 한용운의 부재가 안타깝다고 고백하였다. 이런 김법린의 말에 김구는 다음과 같이 응답하였다.

> 主席 談 金先生이 上海왔을 때 우리가 만난 것을 잘 記憶하실 터이지요. 그리고 弱小民族大會에 간 이야기도 上海있으면서 다 – 듣고 있었소이다. 그리고 洪原事件에 國內에서는 대단히 騷亂하였던 모양인데 3년이나 애를 많이 썼소. 국내 여러분이 그 壓政앞에 큰 苦生을 많이 하

---

50) 유엽, 「臨時政府要路諸公의 會見記」, 『신생』 창간호, 1946, pp.24~25.

셨소. 그리고 韓先生말슴을 하니 말이지 墓所를 무러 보라고 傳囑하고 있는 中입니다. 그런데 韓先生前에 年前密使를 보낸 일이 있었는데 內容은 무르신 말에 答도 하길 겸 進言할 말이 있어서 보냈습니다. 아무 기별이 없었습니다. 그 內容이라 하면 罪 日月을 멀리하고 辱의 政率下에서 骸骨을 더럽히지 마시고 自由天地인 重慶으로 와주시라고 進言하였더니 密使는 반드시 傳했을 터인데 終始消息이 없기로 事情이 계신 줄 알았더니 究竟別世를 하시게 되었습니다. 그려 韓先生은 우리 海外의 同胞의게 하늘이 놀란만한 말슴을 전하고 가신 어른이신데 우리는 只今도 새럽게 記憶하고 있습니다.

그 말을 옮기면 ○○무관학교에 오셨다가 우리 武官學校 守衛들에게 彈丸五發을 마즈시고 넘어저서는 이 彈丸이 나를 日本密偵으로 알고 쏜 朝鮮軍人의 彈丸이라니 나는 이러한 獨立勇士의 굳굳한 守衛에 五個의 彈丸보다 더 큰 선물을 받을 수가 없다. 죽어도 遺恨이 없다고 피투성이로 병원에 가시였다는 말입니다. 얼마나 알들한 아니 거룩한 愛國者의 말입니까. 墓所를 다음날 참배할 때 案內 좀 해주십시오.

金院長 예 日程을 알려 주십시오.

金九主席 談 나의 私談이나 합시다.

내가 佛家 여러분들을 보면 日常 回顧 憧憧함을 禁하지 못합니다. 나도 얼마間 佛敎에서 중노릇을 했습니다. … (중략) … 깊은 敎義中에서도 禪思想의 一面은 日常 잊지 않고 있습니다. 중국을 가니 불교가 都市化 民衆化 大衆化하야 있음을 보앗습니다. … (중략) … 朝鮮佛敎도 民衆化할 수 있나요?

金院長 예 있습니다.

全佛敎運動이 古風을 지키는 叢林道場이 있는 一方 大衆化 都市化에

힘쓰고 着着 進行됩니다.[51]

위의 내용에서 중요한 측면을 피력하겠다. 우선 첫 번째 김구는 김법린의 독립운동 행적(상해 망명, 벨기에 피압박민족대회,[52] 조선어학회 사건 등)에 대해서[53] 파악하고 있었다. 두 번째는 김구와 만해는 접촉, 연락을 하였다는 점이다. 김구는 이에 대하여 만해가 자신에게 질문을 하였고, 당신은 그에 대한 답변을 밀사(密使)를 통하여 만해에게 전달하였다는 것이다. 요컨대 만해와 김구 사이에는 비밀 채널이 있었던 것이다. 세 번째는 김구는 만해에게 일제의 압정을 받는 국내에서의 고생을 하지 말고 임정이 있는 자유의 무대인 중국 중경으로의 망명을 요청하였으나 거절하였다는 것이다. 임정이 중경으로 간 시점이 1940년 9월이었으니, 그 직후의 일이라 하겠다. 그러면 만해는 왜? 중경으로 가지 않았는가. 이 점이 본 장의 초점이거니와 만해의 노령, 병환 등의 이유도 있었을 것이다. 그러나 만해는 자신의 독립운동론을 소신껏 지키려하였기에 국내를 떠나지 않은 것으로 필자는 본다. 그는 국내에서, 대중들과 함께 고락을 같이 하면서 일제에 항쟁하는 정신적인 독립운동을 30년간 관철하였다.[54] 이에 연관된 내용을 하나씩 풀어 놓겠다.

이상과 같은 내용은 그간 연구자들도 주목하지 않았다. 여기에서 우

---

51) 위의 자료, p.25.
52) 김광식, 「김법린과 피압박민족대회」, 『민족불교운동의 이상과 현실』, 도피안사, 2002.
53) 강미자, 「김법린의 민족운동과 대중불교운동」, 『대각사상』 14집, 대각사상연구원, 2010.
54) 김광식, 「한용운의 만주행과 정신적인 독립운동론」, 『한국민족운동사연구』 93집, 한국민족운동사학회, 2017.

리는 김구가 만해의 언행으로 높이 평가한 신흥무관학교에서의 저격 사건을 파악해야 한다. 이는 만해가 1912년 가을 만주일대를 시찰하고 귀국 도중에 밀정이라는 오인을 받아 무관학교 학생들에게 저격을 받았지만 구사일생으로 살아남은 이야기이다. 만해는 이 사건을 일제하 잡지에서도 회고하였다.[55] 그래서 만해는 평생을 체두증에 시달렸다. 그런데 왜 만해는 김구의 망명 초청을 거절하였는가. 이런 궁금증을 풀어줄 증언 기록을 제시한다.

그 전후 사정을 전한 당사자는 만해에게 감화를 받았던 불교청년들이 1930년에 만든 항일적인 비밀결사 단체인 만당(卍黨)의 당원이었던[56] 이용조이다. 그 기고문은 해방공간의 『불교』지에 게재된 글, 「만해대선사 묘소를 참배하고」이다. 이 글을 저술한 이용조는 만해를 존경하였으며, 1930년대 중반부터 해방 당시까지 중국 길림에서 의사로 활동하였기에[57] 그의 설명은 신뢰성이 높다.

> 只今부터 三十여년전 三一運動以前에 先生은 독립운동 상황을 시찰하기 위하여 간도를 거쳐서 길림성 유하현 고산자에 있는 獨立軍養成所인 新興武官學校를 가셨다. 각지에서 독립운동 영수를 만나 독립운동 기본 방침에 대하여 선생의 포부를 설교하신 것과 마찬가지로 신흥학교에서도 하룻밤을 쉬시며 그곳 선생들과 밤늦도록 토론이 있었다. 만

55) 한용운, 「죽었다가 다시 살아난 이야기」, 『별건곤』 8호, 1927.
56) 김광식, 「조선불교청년총동맹과 만당」, 『한국 근대불교사 연구』, 민족사, 1996, p.268.
57) 夢庭生, 「北國行」(2회), 『불교』 103~104호, 1933. 『불교시보』 63호(1940.10), p.4, 「滿洲國 吉林醫院長 이용조씨 환영회」. 이용조, 「卍海先生의 回憶」, 『불교』 4호(1970.9), pp.26~29.

해 선생의 주장은 大要는 다음과 같다. 日淸戰爭, 日露戰爭에 이기고 名實 공히 동양의 패자가 된 일본을 상대로 滿洲에서 이 같이 소수 청년들을 훈련하여 무력으로 왜적과 싸워 독립을 戰取하겠다는 것은 그 기개만은 壯快하나 此所謂螳螂拒轍格으로 實效는 기대하기가 어렵다. 죽으나 사나 우리는 大多數인 국내 동포의 群衆속에 들어가서 그네들과 苦樂을 같이 하면서 精神的으로 獨立思想을 고취하여 全民族的反日戰爭을 전개하는 것이 보다 실효적이라는 것이다. 이 같은 선생의 주장에 대하여 在滿지도층의 주장은 혹독한 일제 압박하에 국내운동을 불가능한 것이니 한 사람이라도 더 많이 국외로 나와서 실력을 양성하여 成不問 武力鬪爭으로 원수를 갚아야 된다는 것이다.

지도층은 선생이 국내의 유명한 사상가인 것도 알았고 선생의 주장이 일리가 있다는 것도 알았지만은 이 같은 論戰을 밖에서 들은 血氣方壯한 학생들은 선생을 왜놈의 밀정으로 誤認하게 되었다. 그래서 학생自治會에서 선생을 淸算하기로 결의하고 翌日선생이 학교를 떠나 통화현성으로 가는 뒤를 쫓게 되었다. 집행대원은 만일을 염려하여 삼소대로 나눠서 가게 되었는데 학교서 통화가는 데는 중간에 '굴나스'嶺이라고 상당히 높은 산재가 있다. 선생이 그 재를 넘어서 내려가는 도중에 김동석, 김영윤 두 사람이 선발대원으로 무심코 가는 선생의 뒤를 향하여 권총을 쏘았다. 선생은 명중되어 깊은 골짜기로 떨어져 굴러가는데 다시 쏘려고 굴러 떨어지는 선생을 향하여 見樣을 하고 막 쏘려는데 때 마침 이상하게도 산 위에서 벌목하는 도끼소리가 쿵쿵 들려왔다. 학생들은 뒤에 문제가 될가 두려워하여 다시 쏘지 못하고 시

체검증도 처치도 않고 의례히 죽었거니 하고 돌아서 왔던 것이다.[58)]

위의 글에 만해의 피격 사건에 대한 전후사정이 잘 나온다. 당시 신흥무관학교 학생들이 만해를 제거하기로 한 연유가 구체적으로 나온다. 즉 만해는 무관학교를 운영하는 지도자들에게 만주에서 준비하는 무력항쟁에 담긴 기개는 장하나, 동양의 패자가 된 강대국 일본을 상대로 무력투쟁을 한 것은 부적절하다고 보았다. 그 대신 만해는 그런 무력투쟁보다는 "죽으나 사나 우리는 대다수인 국내 동포의 군중(群衆) 속에 들어가서 그네들과 고락(苦樂)을 같이 하면서 정신적(精神的)으로 독립사상을 고취하여 전민족적 반일(反日) 전쟁을 전개하는 것이 보다 실효적"이라는 입장을 갖고 있었다. 이러한 만해의 주장은 국내의 군중과 함께 고락을 같이 하면서, 군중들의 정신에 독립사상을 고취시켜, 전민족적 반일전쟁을 전개하자는 것이다. 만해의 이런 발언을 들은 무관학교 학생들은 만해가 그렇게 당당히 논리를 피력하는 것에서 밀정으로 단정하고 처단을 실행하였다. 그렇지만 만해는 구사일생으로 살아나면서 학생들의 그 행동을 애국으로 높이 평가하였거니와, 이런 만해의 어록이 국외에 알려졌다.

어쨌든, 만해는 국내의 군중과 함께 고락을 같이 하면서 정신적인 독립운동의 노선을 꿋꿋이 전개하였다. 3 · 1운동 당시 만해가 민족대표로서 지도부에서 활약한 것도 이런 입론에서 바라볼 수 있는 것이다. 만해는 일제에 피체되어 고등법원의 신문(1919. 8. 27)에서 독립선언서를 인쇄하여 배포한 이유를 답할 때에 "독립선언과 동시에 정신적으로는 독립

58) 『불교』 신년호, 1947, pp.25~26.

국이 된 것"이라는 발언을 하였다.[59] 대중이 활동하고 있는 삶의 현장에서, 대승불교 및 민족불교를 실천하는 것이 만해의 지론이었다.[60] 때문에 만공이 제공한 독립자금은 바로 이와 같은 만해의 노선에 대한 열렬한 지원, 후원, 동의라 하겠다.

그러면 여기에서 임시정부(김구)와 만해 사이에 오고간 밀사, 비밀 연락책에 대하여 생각을 해보자. 임정 주석인 김구가 고백하였으니, 그는 당연한 사실이라고 믿어야 할 것이다. 그래서 필자는 그런 사실을 입증한 문건 기록을 찾다가 임정 36호라는 김형극의 증언 보도기사를 접하게 되었다. 1970년대에 그가 증언한 내용 중에서 만해와의 연관 내용을 간추리겠다.

> 항일첩보 36호의 유일한 생존자인 金瀅極선생은 이 강연에서 항일첩보 36호의 비화와 관련, …(중략)… 일제의 발악이 극에 달한 1938년 8월 상해 임시정부의 밀명을 받고 국내에 잠입한 김형극은 경남 사천군 곤명면에 있는 다솔사에서 만해의 회갑연을 맞아 白山(필자주, 안희제)과 자리를 함께 했었다. …(중략)… 그후 김형극이 1944년 2월 서울 성북동 심우장에 와병중인 만해를 찾아 갔을 때 만해는 年下의 백산이 먼저 간 것을 비통해 하면서 陽36 陰36에 근거한 일제 36년 敗亡의 적중을 다시 강조했다.[61]

59) 국사편찬위원회, 『韓民族獨立運動史資料集』 12권(三一運動 II), 「三·一獨立宣言 關聯者 訊問調書(高等法院)(國漢文) ; 韓龍雲신문조서」.
60) 김광식, 「한용운의 대중불교·생활선과 구세주의·입니입수」, 『한용운연구』, 동국대출판부, 2011.
61) 『동아일보』 1975.6.25, 「스케치 ; 음양역학으로 일제 패망을 예언한 한용운선생, 김형

> 많은 死線을 넘으면서 많은 독립운동가를 접해 본 김투사는 33인중의 한 사람인 萬海 韓龍雲을 단연 최고로 꼽는다.[62]

> 김씨는 항일 운동에 관련된 일들을 돌이켜 볼 때마다 萬海韓龍雲先生의 철저한 處身과 함께 豫言이 되새겨지곤 한다고 했다. 만해는 해방되기 전 해인 44년 양 36년, 음 36년설을 내세워 이 기간 동안 우리 민족의 고통은 宿命이나 그 뒤에 큰 轉機가 온다고 하였다.[63]

임시정부의 비밀첩보원이었던 김형극의 증언, 비사에서 주목할 것은 임시정부의 밀명을 받고 그가 만해와 접촉을 하였다는 것이다. 그는 만해를 심우장(서울), 다솔사(경남 사천)에서 만나 일제의 패망에 대한 예언, 임시정부에 상당한 군자금을 제공한 백산 안희제 등을 소재로 대화를 하였다. 김구가 말한 밀사가 김형극인지는 단언할 수는 없다. 그러나 김구와 만해 사이에는 비밀 연락선(채널)이 가동되었다. 그러나 지금껏 학계에서는 김형극의 구술 증언을 신뢰하지 않았다. 그러나 다음의 증언을 보면 김형극의 회고를 무작정 배척만은 할 수 없다.

> 萬海先生을 처음 뵌 것은 1939년 9월 1일, 경남 사천에 있는 多率寺에서였다. 그 당시 부산서 백산상회라는 상호로써 무역상을 경영하면서

극씨가 항일 첩조 36호비화 처음 공개」.

62) 『동아일보』 1975.8.16, 「인터뷰 ; 임정 첩보 36호의 유일한 생존자 김형극씨, 독립투사 후손의 가난은 가슴아파」.

63) 『동아일보』 1977.8.1, 「인터뷰 ; 상해임정 항일첩보원 김형극씨, 독립유공자를 재정리 해야」.

독립운동을 하던 애국지사들에게 자금을 지원해 주고 있던 백산 안희제 선생의 소개로 필자는 처음 선생의 溫容에 접한 이래로 기회만 있으면 이를 놓치지 않고 그의 가르침을 받고자 그를 찾았다. …(중략)… 이른바 '임정 36호'조의 여러 동지들에게도 그들의 좌절과 절망을 비밀리에 달래주고 고무해 주고자 애쓰던 모습이 지금도 눈 앞에 선한 것을 느낀다.

솔직히 말하면 만해선생과의 연락은 필자가 맡았는데 선생이 나의 조부(金鐸)와 절친했던 경허선사의 수제자였었고, 홍범도장군도 나의 조부와 동지 간이었다는 인연 때문이었을 것 같다. 왜정말기 아마도 43년 9월로 기억되는데 필자가 성북동 尋牛莊으로 선생을 拜訪하여 홍장군과 백산 두 거성의 부음을 전했더니 선생은 한창동안 放聲痛哭을 하시다가 '今年永別奇男子 何處更逢大丈夫'라고 한 詩 一數를 지어준 것을 지금까지 간직하고 있다.[64)]

위와 같이 김형극의 회고는 아주 구체적이다. 이런 회고에 거짓이 개입할 여지는 없다고 필자는 본다. 요컨대 필자는 상해 임정과 만해의 비밀연락은 김형극이 담당하였을 것으로 본다.

한편 만해는 1923년 2월에 이상재, 오세창 등과 함께 임정의 계승, 옹호를 지지한 문건을 만들어 임정과 연관이 많은 상해 교민단에 성명서(敬告海外各團體)를 발송하였다.[65)] 이는 만해도 임정을 의식하였음을 짐작케 한다.

---

64) 김형극, 「만해 한용운선생의 추억-3.1절이면 새로와지는 경세의 편모」, 『동아일보』 1976. 3. 1.

65) 국사편찬위원회 한국사데이터베이스, 『국외 항일운동 자료, 일본외무성』, 「不逞團關係雜件-朝鮮人의 部-上海假政府4(上海情報)」(1923. 2. 15).

필자는 김형극이 전한 내용 즉 만해는 해방은 곧 온다, 한국의 미래에 대한 걱정을 하였다는 것 등에 대한 내용을 신뢰한다. 왜냐하면 만해의 상좌인 춘성이 전한 것과 유사하기 때문이다. 춘성의 발언을 전한 설정(덕숭총림 방장)에 의하면[66] 만해는 항상 광복은 필연적으로 온다, 광복 후를 대비해야 한다, 그렇지 않으면 민족의 수난 · 환란이 온다고 발언하였다고 한다. 그런데 만공이 제공한 독립자금이 임시정부에까지 전달되었는가에 대해서는 단언할 수 없다.[67] 그럴 가능성을 적극 고려해야 함을 강조한다. 그런데 최근 만공의 문손인 옹산은 만공이 제공한 재원이 임정으로 보내졌다고 주장하였다.[68] 여러 정황상 만해와 김구 사이에는 독립운동의 루트가 있었을 것이다.

한편, 김구는 김법린을 비롯한 불교 교단 간부들과 대담을 할 때에 만해 묘소의 위치에 대하여 물은 바가 있었다. 그래서 그는 그 대담으로부터 약 2개월 후인 1946년 3월 10일에 망우리에 있는 만해 묘소를 참배했다.[69] 이런 역사가 있었기에 김구는 해방된 다음 해인 조계사에서 열린(1946.6.7)

---

66) 설정은 2015년 9월 20일 수덕사에서 열린 만공세미나 행사장에서 법어를 하면서 춘성의 발언을 대중들에게 전달하였다.

67) 백산상회 계열의 안희제, 최준은 독립 자금을 임정 김구에게 전달했다. 이동언, 『안희제』, 독립기념관, 2010, p.166. 해방직후 최준을 김구에게 안내한 인물이 김형극이었다.

68) 옹산, 『만공』, 충남 역사문화연구원, 2017, p.305. 여기에서 옹산(전 수덕사 주지, 경허 · 만공선양회 회장)은 만해가 만공에게 "이 돈은 상해로 보내져서 독립자금으로 쓰이도록 할 것입니다. 수고 많으셨습니다."라 하였다고 기술하였다. 이 증언은 수연스님(수덕사 견성암)의 구술에는 없었는데, 추가된 것이다. 이 사정을 필자가 옹산스님에게 질문을 하였다. 이에 대해 옹산스님은 그 내용은 김일엽의 아들인 일당스님에게 들은 것이라고 하였다. 1990년대에 옹산과 일당은 함께 일본을 갔는데, 그때에 들은 것이라고 하였다. 일당의 그 발언은 원담(만공의 손상좌, 만공 상경시 시봉)에게서 들은 것으로 옹산은 판단하였다.[2019년 6월 8일, 덕산(충남 예산) 음식점(맛동산)에서].

69) 『자유신문』 1946. 3. 18, 「嚴恒燮, 李東寧先生을 追慕하며(下) – 六週忌를 맞고서」.

만해 기제사에 참석하여,[70] 만해의 민족정신을 추모하였던 것이다.

불교와 인연이 많은 김구는 1946년 4월 23일, 그가 출가했던 마곡사를 찾아 감회에 젖고 기념 촬영을 하고,[71] 하룻밤을 지냈다. 그리고 4월 26일 백범은 윤봉길의사의 생가(예산군, 덕산면)를 들렸다. 윤봉길 고택에서 하룻밤을 지낸 그는 윤봉길 가족들과 대화를 하고, 4월 27일 고택 인근에서 의거 14주년 기념식을 가졌다. 군중 2천여 명이 참가했는데 수덕사 승려도 동참하였다. 김구는 그날 오후 상경하였는데, 급한 정치적 사정으로 인근에 있는 수덕사의 만공은 친견치 못하였다.[72] 그래서 백범은 그를 죄송스럽게 여겼으며, 이를 파악한 수덕사 승려들이 만공에게 그 사정을 전달했다는 구전이 있다.[73] 그러나 만공은 1946년 10월 20일 입적하였다. 그 후 1948년 5월 김구는 휴식을 위해 마곡사행을 기획하였으나, 긴박한 정치적 사정으로 이행하지는 못하였다.[74] 1949년 6월 26

---

70) 『동아일보』 1946. 6. 9, 「故韓龍雲氏 法要 太古寺에서 執行」.
71) 마곡사와 김구에 대한 내용은 아래의 기록에서 찾을 수 있다.
『동아일보』 1946. 4. 23, 「金九氏 공주시찰」.
『불교공보』 2호(1949. 7. 30)에서는 김구의 서거 특집을 다양하게 다루었다.
「사설 ; 哭 白凡先生」,
「嗚呼! 民族의 巨星 白凡金九先生 萬古恨 품은채 兇彈에 急逝」, 「先生의 四九齋」, 「麻谷寺 圓宗大師로 佛緣 깊은 金九先生」 등이다.
김구는 『백범일지』에서 마곡사를 다시 찾은 감회를 "해방 후 마곡사를 찾았을 때, 마곡사 승려대표가 공주까지 마중 나왔고, 정당 · 사회단체 대표로 마곡사까지 나를 따르는 이가 350여 명에 이르렀다. …(중략)… 마곡사 동구에는 남녀 승려가 도열하여 지성으로 나를 환영하니, 옛날에 이 절에 있던 한 중이 일국의 주석이 되어서 온다고 생각함이었다."고 썼다.
72) 『백범의 길』, 아르테, 2018, pp.72~73.
73) 『법보신문』 23호(1988.11.1) p.4, 「근세 한국선사 재조명 ; 송만공 完」. 그때 만공은 백범이 나라의 주인 노릇을 할 수 없을 것이라는 탄식을 하였다고 한다.
74) 『백범의 길』, 아르테, 2018, p.50.

일 김구는 서거하였다. 그러자 전국주지회의에서는 김구의 49재 거행을 결의하였고, 마곡사에서는 49재를 올리고 김구 명복을 빌었다. 마곡사에는 백범당이 건립되었고, 김구가 심은 향나무를 그 옆에 이식하였다.

Ⅴ. 결어

본 고찰에서 살핀 만공 · 만해 · 김구의 독립운동 루트에 대한 개요와 성격을 정리하는 것으로 맺는말에 대하고자 한다.

첫째, 만공은 만해에게 항일 독립자금을 전달하였다. 그 시점은 1930년대 중반부터 만해가 입적하였던 1944년까지 지속되었다고 이해된다. 1930년대 중반부터라고 파악한 것은 그럴 가능성에서 추론하였다. 1940년부터는 자금 전달을 지켜본 당사자인 만공의 손상자인 원담은 1926년생인데 그는 12세 때인 1937년에 수덕사로 출가하여 만공을 시봉하였기 때문이다.[75] 즉 원담은 1930년대 중반부터 자금 전달을 지켜보았던 것에서 이렇게 보았다.

둘째, 만공이 만해에게 자금을 전달한 것은 우연적인 것이 결코 아니었다. 그는 만공과 만해간의 오랫동안의 절친성, 인연성, 신뢰성, 민족의식 공유 등의 역사에서 나왔다. 그 역사는 1918년에 지은 만해의 오도송에 대한 자문, 1919년 3 · 1운동의 민족대표 추천의 고민, 1922년부터 1930년 무렵까지 선학원에서의 인연(공동 활동 등), 『경허집』 편집 부탁(1933), 총독부의 선기발로 사건(1937)에 대한 평가 등에서 나온 지음자(知

75) 『덕숭산 법향 원당 법어』, 덕숭총림 수덕사, 2003, p.310.

音者)로 말할 수 있는 상호성에서 나왔다.

셋째, 만해와 김구 간에도 신뢰성을 바탕으로 비밀 채널이 가동되었다. 그런 신뢰는 만해가 1912년 만주 신흥무관학교의 탐방 과정에서 나온 무관학교 학생들의 만해 저격 사건에서 비롯되었다. 당시 만해는 구사일생으로 목숨은 건졌고, 자신을 저격한 학생들의 행동을 애국적이라는 평가를 하였다. 이때 행한 어록은 국외에 널리 퍼져 나가 만해와 김구의 연결 촉매제가 되었다. 그리고 만해와 김구 사이에는 1930년대 중반 무렵부터 밀사(김형극)가 왕래하는 연락 라인이 구현되었다.

넷째, 이와 같은 만공-만해-김구에 구현된 독립자금 전달, 루트에는 정신적인 독립운동, 대중을 배경으로 하였던 대승불교 · 민족불교, 3 · 1 정신의 계승이라는 이념이 흐르고 있었다.

지금껏 만공, 만해, 김구에서 구현되었던 독립운동의 비사, 독립자금의 전달, 대승불교와 민족불교, 대중을 기반으로 한 정신적인 독립운동에 대한 소묘를 하였다.

제3부

선학원과 조계종

조계종과 선학원, '동근'의 역사 및 이념

1. 서언

조계종과 선학원의 관련을 지칭하는 내용에는 같은 뿌리[同根]라는 성격이 있다. 그럼에도 불구하고 이런 성격 및 내용을 정리한 고찰은 부재하다. 지금껏 선학원에 대한 연구에서는 선학원의 태동, 전개 과정 및 변천, 주역, 이념을 다루면서도 정작 선학원과 깊은 연관을 갖고 있는 조계종단과의 관련성은 주목하여 다루지 않았다. 조계종은 조계종의 입장에서, 선학원은 선학원의 입장에서 각각의 우위성, 주체성을 당위적으로 이해하고, 설명하였던 것이다. 이런 역사인식은 역사성, 객관성, 보편성이라는 측면에서 많은 문제점을 노정하였다.

본 고찰은 바로 이와 같은 전제에서 출발하였거니와, 그 이해와 서술에서 있어서는 다음과 같은 초점에서 접근하고자 한다. 첫째, 1700년 한국불교사라는 역사적 맥락에서 접근, 이해되어야 한다는 점이다. 조계종과 선학원은 1700년 한국불교사라는 흐름에서 등장, 성립하였다. 이런 점을 간과한다면 신흥 불교종단, 신흥종교, 독자 교단이라는 성격에 빠질 염려가 있다. 따라서 양측의 연관성을 설명하는 내용은 이와 같은 역사성을 고려한 가운데 접근되어야 한다. 즉 1700년 불교사를 전승, 계승, 인식하는 교단이 어디인가에 의해서 역사해석이 구현된다고 본다. 그리고 이런 측면이 국가 및 불교계에서 어떻게 인식되는가도 참고할 점이다. 둘째, 대한불교 조계종과 선학원은 우연히 등장한 것이 아니라는 점이다. 대한불교 조계종과 선학원은 근현대 불교사의 역사적 맥락, 전개 과정에서 등장하였다는 점이다. 즉 근현대의 국권상실, 일제의 식민통치, 일제의 불교정책에 저항 및 성찰, 민족불교 및 정화불교라는 그 당시 불교적인 흐름이 조계종과 선학원을 출범케 하였다. 이런 점을 배제하고 양 측의 역사인식, 운영, 지향을 검토한다는 것은 어불성설이다. 즉 동질적인 역사인식을 공유해야 한다는 측면이다. 셋째, 대한불교 조계종의 경우에 있어서 1962년의 통합종단을 지나치게 강조하는 것은 많은 문제점을 야기한다. 이른바 1962년 통합종단은 정화불교라는 내적 성찰 운동에 의해서 재출발, 재정비된 종단의 역사를 설명하는 개념이다. 조계종단은 정화불사라는 내적인 자기 성찰, 정비에 의해서 비구승단이라는 정체성을 정비하였는데, 그런 과정을 거쳐서 정비한 종단의 성격이 통합종단, 통일종단이었다. 더욱 말하자면 그 이전 종단(조선불교 조계종, 대한불교, 불교 조계종) 내부에 있었던 비구승과 대처승 간의 갈등을 봉합하고, 이념(비구승단)을 재정비하고, 대처승의 일부 기득권을 인정하면서 새롭게 출발하였다.[1] 그런데 예전에는 조계종단이 1962년에 출범, 창종한 것으로 이해, 서술, 인식하였다. 이런 인식은 적지 않게 수정되었지만 그에 매몰될 경우 많은 문제점을 노정시킨다.[2] 이는 1962년 이전의 불교사를 배척, 소홀, 간과시킬 가능성을 유발한다. 즉 1700년 불교사의 계승과 전근대 불교의 토대(사찰, 역사 및 문화 등)의 관리라는

1) 졸고, 「대한불교 조계종의 성립과 성격 ; 1941~1962년의 조계종」, 『한국선학』 34, 2013.
2) 이런 인식이 확장되면 선학원에서, 1934년에 나온 선학원에 의해 조계종이 1962년에 만들어졌다고 이해하게 된다.

측면에서 문제점이 노정된다.[3] 넷째, 선학원의 경우에 있어서 선학원의 역사 및 이념이 언제, 어디에서, 누구에 의해서 배태되었는가를 유의해야 한다. 즉 선학원의 역사와 이념이 고귀하고, 가치가 있다면 그는 누구에 의해서 성립, 운영, 유지되었는가를 결코 간과할 수 없다. 요컨대 선학원을 만들고, 현재까지 유지해 온 주역, 주체인 승려들의 출신, 연고 사찰, 성격을 깊게 고민해야 한다. 선학원의 역사와 이념, 연고 승려 등이 어떠 하다는 것은 보편적으로 널리 알려진 내용이다. 이를 부인, 배척한다면 그 행보는 역사적 사실과의 단절로 나갈 가능성이 적지 않다.

지금껏 필자가 생각한 조계종단과 선학원의 역사 및 이념을 검토할 경우 반드시 고려되어야 할 측면을 대별하여 제시하였다. 이런 측면이 신중하게 고려되는 가운데 조계종과 선학원의 역사 이해, 관련성, 관리, 상호 이해, 상생 등이 구현되어야 할 것이다.

이에 본 고찰에서는 위에서 살핀 제반 내용을 유의하고, 선학원 역사를 조계종단과의 상관성에 초점을 맞추어 개괄적으로 정리하고자 한다.

2. 선학원의 창설 배경

선학원은 1921년 12월에 창건되었다. 그런데 선학원의 창건에는 1910년대의 임제종 설립운동의 정신이 개재되었다. 왜냐하면 임제종운동 차원에서 서울 인사동에 세워진 임제종 중앙포교당(범어사 포교당)을 헐고,

---

3) 간혹 사찰, 불교의 문화재 발굴의 소유권을 두고 논란이 벌어지는 것은 바로 여기에서 나온다.

그 자재 및 재원이 선학원에 투입되었기 때문이다. 또한, 임제종 운동에 관여되었던 승려가 선학원 창건에 관여되고 임제종운동의 정신인 민족불교가 선학원에 계승되었던 것이다.

그러면 임제종 운동은 어떤 배경에 나온 것일까? 1910년 8월, 일제는 한국을 강탈하였다. 일제는 한국을 식민지로 관리하면서 불교를 식민지 불교정책으로 긴박하였다. 이런 배경에서 나온 것이 寺刹令과 寺法이었다. 그런데 당시 구 한국불교는 종단이 부재하였기에 전 불교계의 여론을 수합하여 원종이라는 종단을 1908년에 만들고, 종무기관의 사찰을 건축하였으니 그 시점은 1910년 5월이었다. 즉 원종은 종무기관이 입주하고 포교의 전진기지 역할을 하는 사찰을 새롭게 만들었는데 그것이 지금 조계사의 전신인 각황사(覺皇寺)이었다. 그래서 당시 불교계를 대표하는 승려들은 구한국 정부 및 통감부에 13도 사찰의 불교를 통할할 수 있는 기관인 원종 종무원의 인가를 요청하는 신고서를 제출하였다. 그러나 일제는 이를 승인하지 않았다.

당시 일제는 한국을 강탈할 준비가 다 되어 있기에 굳이 불교 종단을 인가할 필요가 없었다. 그러자 원종의 종정인 이회광(해인사)은 1910년 10월, 종단 인가를 위해 일본에 건너가 일본불교 도움을 받아 이를 해결하고자 했다. 즉 한국불교 원종과 일본불교의 일개 종파인 조동종 간에 밀약이 체결되었다. 즉 조동종 맹약이었다. 그런데 이 맹약은 비굴하고, 굴욕적인 조약이었기에, 이회광은 처음에는 이 내용을 불교계에 자세히 전하지 않았다. 그러다가 우연한 기회에 조약의 내용이 알려지면서 남방 지역 불교계를 중심으로 그 저항, 반대운동이 거세게 일어났다.[4)]

---

4) 졸고, 「1910년대 불교계의 조동종 맹약과 임제종운동」, 『한국 근대불교사 연구』, 민족사,

1911년 2월 경, 송광사에서 열린 그 반대집회에서 원종의 반민족적인 처사에 대항하는 종단인 임제종을 출범시켰다. 임제종을 표방한 것은 한국불교는 선종이었지만, 특히 임제종의 종지와 법통을 계승하였다는 계승의식이 작용한 결과이었다. 이 운동을 주도한 인물들은 한용운, 박한영, 진진응, 송종헌, 김경산, 김종래, 김학산 등이었다. 핵심 주역은 만해 한용운이었다.

임제종운동은 처음에는 지리산권 불교, 전라도 지역 사찰을 중심으로 전개되었으나 1911년 10월 경 범어사, 해인사, 통도사와 교섭하여 송광사, 해인사, 통도사를 임제종 3본산으로 정하고 임제종의 임시 종무원은 범어사에 두었다. 이 정황은 아래의 기록에서 찾을 수 있다.

> 호남승려 김학산 장기림 한용운 제씨 등이 臨濟宗을 확장하기 위ᄒᆞ야 嶺南 通度 梵魚 등 諸刹에 前往ᄒᆞ야 통도사 해인사 송광사로 三本山을 정ᄒᆞ고 범어사 임시종무원을 정ᄒᆞ고 寺法과 僧規를 총독부에 신청ᄒᆞ랴 ᄒᆞᆫ다더라[5)]

이렇게 새롭게 정비된 임제종은 각처에 포교당을 설립하면서 임제종지의 확장을 기하였다. 그런 가운데 1912년 초에는 중앙에 임제종 중앙포교당을 건설하기에 이르렀다. 이 운동은 임제종 차원으로 추진되었는데 설립에 관여한 사찰은 범어사, 통도사, 백양사, 구암사, 화엄사, 대흥사, 천은사, 용흥사 등이었는데 이들의 대표가 '설립자 기관'으로 전한

1996.

5) 『매일신보』 1911. 10. 3, 「조선불교 임제종확장」.

다.[6] 그런데 건립의 실무 주체는 범어사이었다. 이는 다음의 기록에서 가늠할 수 있다.

教堂運動

경상남도 부산부 범어사에셔는 포교당 일소를 경성에 又爲 건축코자 ᄒᆞ야 該寺 추일담씨가 其 사무 斡旋人으로 上來 ᄒᆞ얏다더니 寺洞 등지에 48간의 가옥 一座를 2200圜에 매수ᄒᆞ얏다더라[7]

中東引繼

경상남도 부산부 범어사에셔 경성에 포교당을 건축홈은 전호에 己報ᄒᆞᆫ 바언니와 기 매입ᄒᆞᆫ 가옥은 즉 寺洞 前日 仙陀館이라 其 기지의 底陷홈과 협소홈을 嫌疑ᄒᆞ야 更히 典洞 중동학교를 인계ᄒᆞ야 亥학교내 가옥 一座을 포교당으로 사용ᄒᆞ고 매수ᄒᆞᆫ 가옥 즉 선타관은 사무소로만 사용ᄒᆞᆯ 계획중이라더라[8]

당시 범어사는 수개 처의 산내 암자의 선방 운영, 선찰대본산 표방 등을 통해 임제종지를 구현하는 사찰로 자리매김되었다.[9] 이렇게 범어사가 주체가 되어 서울 인사동에 포교당을 세우기 위해 노력한 것은 상당한 의미를 갖는다. 그 포교당의 개설은 범어사가 주체가 되어 추진되었

6) 『조선불교월보』 19호, 「포교구 현상 일람표」.
7) 『조선불교월보』 2호, p.64.
8) 『조선불교월보』 3호, p.64.
9) 졸고, 「범어사 사격과 선찰대본산」, 『한국 현대선의 지성사 탐구』, 도피안사, 2010. 졸고, 「오성월의 삶에 투영된 삶과 민족의식」, 『불교와 국가』, 국학자료원, 2013.

지만 범어사가 임제종운동 본부 사찰(임시 종무원)이었기에 항일적인 흐름이 서울의 중심부로 들어왔다는 뜻을 갖는다. 이런 의미를 갖는 포교당이 마침내 1912년 5월 26일에 창건되었다.

> 경상남도 부산부 범어사 주최로 경성 사동 28동 6호에 포교당 건축홈은 전보에 累揭훈바어니와 工役이 就畢홈으로 門牌는 朝鮮臨濟宗 中央布教堂이라 ᄒᆞ고 5월 26일(음 사월 십일)에 개교식을 거행ᄒᆞ얏다는대 其 式順은 如左ᄒᆞ더라[10)]

조선임제종 중앙포교당의 이름을 걸고 등장한 포교당의 개교식에서 취지 설명은 한용운이, 설교는 백용성이 담당하였다. 개교식에는 1300여 명의 관객이 참가하였으며, 그날 불교에 입교한 숫자가 800여 명에 달할 정도로 성황리에 진행되었다.[11)]

한편 범어사 주지인 오성월은 이 같은 포교당의 개설을 한 직후인 1912년 6월 17일 30본사 주지회의에 참가하였다. 그는 회의에서 임제종지로 사법을 30본사가 균일하게 반영하여 추진하자는 의견을 제출하였으나 성사시키지는 못 했다. 당시 다수 주지들은 총독부의 눈치, 원종측과의 갈등 등을 우려하여 일제가 정한 선교양종이라는 기형적인 종명을 수용하는, 즉 현실에 안주하는 타협적인 노선을 갔다.[12)] 범어사 주지

---

10) 『조선불교월보』 6호, p.69, 「개교식장」.
11) 『매일신보』 1912. 5. 26, 「中央布教堂 開教式」.
　＿＿＿＿, 1912. 5. 28, 「布教堂의 盛況」.
12) 『조선불교월보』 6호, 「잡보, 회의원 전말」.

이면서 임제종중앙포교당 책임자인[13] 오성월은 당시 원종의 대표로 친일 노선을 가던 이회광과 대립하였지만 끝내 자신의 소신을 관철시키지는 못하였다. 더욱이 1912년 6월 21일, 일제는 임제종 간부인 한용운을 불러 임제종 간판을 즉시 철거하도록 명령하였다.[14] 임제종 측은 그를 거부할 수 없어 문패를 철거하였다. 그러나 임제종 측은 임제종이라는 간판을 떼었지만 조선선종중앙포교당으로 명칭 변경을 하여, 선 포교 활동을 지속하였다.[15]

당시 일제는 그 포교당 개설, 운영의 실무를 맡은 한용운을 일제의 동의를 얻지 않고 임제종중앙포교당의 기부금을 모집하였다고 하여 경성지방법원 검사국, 경찰서 등으로 불러 그 전후사정을 취조하였다.[16] 이는 일제가 임제종포교당의 활동을 억압하려는 사전 조치로 이해된다. 그렇지만 한용운은 조선불교회(朝鮮佛教會), 불교동맹회(佛教同盟會)를 조직하여 독자적으로 일제의 외압을 벗어나려고 노력하였다. 그러나 일제는 한용운의 이 활동도 제지했다.[17] 한편 일제는 1912년 6월 26일자로 경남장관에게 공문, 「사찰의 종지 칭호를 妄設치 못ᄒᆞ게 ᄒᆞᆯ 건」이라는 내용의 공문을 보냈다.[18] 이는 범어사가 공문 서류에 임제종이라는 표현을 쓰는 것을 차단하려는 의도이었다. 이 조치는 일제 불교정책에 대한 도전을 좌시하지 않겠다는 의도이다. 오성월은 범어사 사법의 인가 신

13) 어느 기록에는 당주로도 나오고, 다른 기록에는 주무로도 나온다.
14) 『조선불교월보』 6호, 「잡보, 문패철거」.
15) 『조선불교월보』 17호, 「잡화포, 교당확장」.
16) 『매일신보』 1912. 6. 4, 「검ᄉᆞ국으로 압송」.
17) 『매일신보』 1914. 8. 15, 「불교회의 歸寂」, 1914.8.22, 「불교회의 재연」.
18) 『조선불교통사』 하, pp.945~946.

청에서도 임제종을 종지로 내세웠으나, 성사시키지는 못하였다.[19]

이와 같은 포교당의 건설에는 범어사의 주도적인 활동이 있었기에 범어사는 1912년부터 김남전을 포교당의 포교사로 나가 관리케 하였다.[20] 그런데 포교당의 개교사(조실)인 백용성은 1914년까지는 이곳을 기반으로 하여 선 포교 활동을 하였지만, 1915년부터는 독자적인 활동을 하였다. 즉 종묘 근처(장사동, 봉익동)에 임제종 강구소,[21] 대각교당을 세워 포교에 나섰다. 한용운은 포교당의 설립, 운영의 주역이었지만 1913년 무렵에는 통도사 강사의 역임, 지방 활동, 백담사 왕래 등을 기하다가 1918년부터는 인근(계동)에 독자 거처(『유심』 발간처)를 마련하였다. 그래서 1917~1919년에는 범어사 포교당으로 널리 알려지면서 김남전이 포교사로 주무 관리하였다. 그리고 3 · 1운동 직전, 한용운으로부터 만세운동 동참을 당부받은 중앙학림의 학인(김법린, 백성욱 등)들은 범어사 포교당에서 대책을 강구하였다.

이처럼 임제종 포교당은 1910년대 민족불교, 선불교, 민족운동의 책원지이었다. 이런 성격을 갖고 있는 포교당은 범어사를 비롯한 당시 전라도, 경상도 지역의 유수한 사찰의 후원과 동참 하에서 건립, 운영되었음을 간과할 수 없다. 때문에 이런 역사적 의의를 지닌 임제종 포교당이 자진 해소를 통해 선학원으로 합류되어 계승되었음은 선학원 창건 역사에서 결코 배제할 수 없는 것이다. 더욱이 임제종 포교당에서 활동하였던 승려 대부분이 선학원 창건, 운영의 주역으로 전환되었음에서 임제

19) 『조선불교통사』 하, p.947.
20) 『南泉禪師文集』, 인물연구소, 1978, p.211, 「연보」.
21) 『매일신보』 1915. 5, 14, 1915. 7. 7, 「조선임제파 강구소」.

종운동의 정신과 선학원 창건 정신은 동질적으로 이해되어야 한다.

2. 선학원의 창건, 선우공제회의 출범

선학원(서울 종로구 안국동 40번지)은 1921년 8월 10일에 공사를 시작하여 그해 11월 30일에 준공되었다. 그리고 전국의 선원에서 수행을 하였던 수좌들의 조직체인 선우공제회는 선학원에서 1922년 3월 30일~4월 1일에 출범했다.

선학원의 창건 정신은 다음과 같은 성격을 거론할 수 있다.[22] 첫째, 일제의 사찰령 구도의 저항정신을 거론할 수 있다. 둘째, 한국불교의 전통 수호 정신(일본불교 유입에 반발)을 지적할 수 있다. 셋째, 한국의 전통 선 수행의 정신(중생구제, 대승불교)을 회복하자는 강렬한 의식이 개입되었다. 넷째, 1919년 3 · 1운동에 나타난 민족운동과 민족의 자각정신에게서 영향을 받았던 측면을 배제할 수 없다. 그러면 이와 같은 정신이 나온 전후사정을 정리하고자 한다.[23]

선학원은 1920년 경 수덕사의 선승 송만공, 범어사 포교당의 포교사 김남전, 석왕사 포교당(서울, 사간동)의 포교사 강도봉 등이 일제의 사찰령에 구속받지 않는 공간을 만들려는 합의에서 시작되었다. 이들은 1921년 5월 15일 서울의 석왕사 포교당에서 선학원 건립 자금을 모으기

22) 졸고, 「선학원의 설립과 전개」, 『한국 현대선의 지성사 탐구』, 도피안사, 2010, pp.124~126.
23) 졸고, 「일제하 선학원의 운영과 성격」, 『한국 근대불교사 연구』, 민족사, 1996.

위한 보살계 계단을 개최하였다. 이날 회의를 주관한 송만공의 발언에서 선학원 창건의 사정을 가늠할 수 있다.

> 여러분이 아시다시피 지금 조선불교는 완전히 식민지 총독 관할 밑에 들어가 있지 않습니까? 그래서 우리는 지금 총독의 허가 없이는, 사찰의 이전 · 폐합으로부터 절간에 있는 온갖 재산, 기물에 이르기까지 조금도 손을 댈 수가 없게 돼 있는 것입니다.
>
> 이런 판국이라 지금 조선 중들은 자꾸만 일본 중처럼 변질이 돼 가고 있단 말입니다. 진실로 불조 정맥을 계승해 볼려는 납자들이 점점 줄어들고 있다 그런 말이죠. 우리 사찰령과는 관계가 없는, 순전히 조선사람끼리만 운영을 하는 선방을 하난 따로 만들어 보자, 이런 생각을 가지고 오늘 회의를 부치게 된거 올시다.[24)]

이러한 송만공의 발언이 선학원을 태동케 하였다. 그 발언의 의미는 일제 총독부의 통치 범위를 벗어난 즉 사찰령 체제와는 무관한 조선승려들이 독자적으로 운영하는 선방을 만들어 보자는 취지였다.

이 석왕사 포교당 모임에 참석한 당시 그들은[25)] 개인 자금을 내놓기로 하였으며, 범어사 오성월은 인사동에 있었던 범어사 포교당을 처분하여 그를 건립 자금으로 지원하겠다는 의사를 피력하였다. 범어사 포교당의 해소를 통한 창건 동참은 임제종 정신이 선학원에 계승되었음을 시사하

---

24) 정광호,「한국 전통선맥의 계승운동」,『근대한일불교관계사연구』(인하대출판부, 1994), p.191.

25) 그 모임에는 오성월, 백용성, 김남전 등이 참가했다.

는 것이다. 이러한 내용은 「선학원창설연기록」에서[26] 찾을 수 있다. 선학원건립 자금에 동참한 대상자인 김남전(2천원), 강도봉(1500원), 김석두(2천원), 재가신도인 조판서(6천원) 등이었다. 그밖에도 서울 신도들도 건립에 자원하여 15,500원을 희사하였다.

이렇게 승려, 신도들이 제공한 지원금은 당시 돈 27,000원이었는데 선학원의 건립 공사에 투입되었다. 그리고 그 공사의 감독은 김석두(범어사), 공사 인부의 동원은 강도봉이 담당하였다. 범어사 포교당은 처분되어, 그 재목은 선학원 건축에 재활용되었다. 이런 배경하에 선학원은 1921년 8월 10일에 공사를 시작하여 그해 11월 30일에 준공되었다. 준공 후 명의는 김남전, 강도봉, 김석두 3인의 명의로 하였다가 세금 관계로 범어사 명의를 차용하였다.

한편 선학원이 1921년 10월 4일에 올린 상량문에는 선학원을 건립한 이유가 나온다. 그리고 그 말미에는 선학원 건립에 동참한 대중의 명단이 전한다. 건립의 이유로는 여타 종교에 비해서 불교의 미약한 포교에 책임의식을 거론하였다. 즉 불교의 교리, 종지의 선전은 부진하지만 각종의 教는 날로 번성하여 결과적으로 옳고 그름에 대한 혼란이 생기는 것에 대한 강한 개탄을 하였다. 상량문에 나온 대중은 백용성, 오성월, 강도봉, 김석두, 한설제, 김남전, 이경열, 박보선, 백준엽, 박돈법 등이다. 이들의 출신과 성향에서 불교의 천양의식이 투철하고, 일제의 사찰정책에 비판적이며, 항일불교 활동에 연관되었음을 찾을 수 있다.

이렇게 선학원은 1921년 12월에 준공이 완료되어 서울 중심부(서울, 안

26) 이 자료는『한국근세불교백년사』제2권에 수록되어 있는데, 해방공간에 생존한 강도봉의 증언을 참고로 해서 작성되었다.

국동)에서 출범하였다. 창건된 선학원은 본격적인 활동에 들어갈 채비를 하였으니 그 주체는 전국 수좌들이었다. 그 수좌들의 조직체가 가동되었으니 그는 선우공제회이었다. 그리하여 1922년 3월 30일~ 4월 1일, 선학원에서는 선학원의 창립 정신에 동의한 각처의 수좌들이 모여 회의를 갖고 자신들이 나아갈 방향을 수립하였다. 발기인이었던 오성월, 송만공, 백용성, 백학명, 한용운, 윤상언(고암) 등 82명의 수좌들은 아래와 같은 선우공제제회 취지서를 발표하였다.

> 去聖이 彌遠에 大法이 沈淪하매 教徒가 曉星과 如한 中에 學者는 實노 麟角과 如하여 如來의 慧命이 殘縷를 保存키 難하도다. 多少의 學者가 有하다 할지라도 眞正한 發心衲子가 少할 뿐아니라 眞贗이 相雜하야 禪侶를 等視하는 故로 禪侶 到處에 窘迫이 常隨하야 一衣一鉢의 雲水 生涯를 支持키 難함은 實노 今日의 現狀이라. 그러나 人을 怨치 말고 己를 責하야 猛然反省할지어다. 元來로 生受를 人에게 依함은 自立自活의 道가 아닌즉 學者의 全生命을 人에게 托하여 他人의 鼻息을 矣함은 大道活命의 本意에 反할지라. 吾輩禪侶는 警醒鬪勵하야 命을 覩하여 道를 修하고 따라서 自立의 活路를 開拓하야 禪界를 勃興할 大道를 闡明하야 衆生을 苦海에 구하고 迷倫을 彼岸에 度할지니 滿天下의 禪侶는 自立自愛할지어다.
>
> 佛 應化 二千九百四十九年 三月 三十日 發起人 無順
>
> 吳惺月, 李雪雲, 白鶴鳴, 金南泉, 李大蓮, 金法界, 金南翁, 韓龍雲, 鄭石菴, 權南鏡, 朴慧明, 奇石虎, 金性玟, 申幻翁, 具松溪, 黃龍吟, 尹鐵空, 尹祥彦, 姜懶龍, 李海山, 金載奎, 李戒峰, 金松月, 李一虛, 金性敬, 宋滿空,

> 林石頭, 金涵圓, 崔道玄, 曺東湖, 姜道峰, 李○月, 朴寶光, 趙禮雲, 鄭雲巖, 白龍城, 鄭草菴, 韓雪濟, 朴昌洙, 申隱峰, 沈圓田, 權一圓, 全西耕, 金○超, 李○晻, 余齊峰, 朴金山, 鄭玄坡, 朴周演, 尹退雲, 千普菴, 朴湖山, 金寶月, 朴漢九, 朴古峰, 金石頭, 鄭雲門, 申隱峰, 洪秀菴, 安月松, 李無含, 李石雲, 李音草, 金蓮渾, 秋天圓, 崔日前, 梁泰熙, 吉浩然, 李初月, 金斗劤, 金○翁, 金修○, 鄭永信, 李春城, 李啓煥, 李杲山, 馬○燈, 金慶奭, 朴耆暗, 金初眼, 金翠松, 尹○雲[27)]

위의 발기인에는 선학원 상량문의 발기인뿐만 아니라 중요 수좌들이 대거 참여하였다. 이처럼 수좌들은 철저한 수행을 하기 위하여, 선풍을 진작하기 위하여 자신들이 처한 상황을 타개하기 위하여 자립자애할 것을 강조하였다. 그리고 나아가서는 중생을 구제하겠다는 원력을 피력하였다. 이는 국권상실, 일본불교 침투, 식민지 불교정책에서 빚어진 불교의 현실을 자주, 자립의 정신으로 극복하겠다는 도전이었다.

당시, 창립 총회에 참여한 수좌는 송만공, 오성월, 백학명, 이설운, 임석두, 이고경, 박고봉, 기석호, 김남전 등 35명이었다. 발기 총회에 참여한 수좌들은 창립총회에서 선우공제회 운영의 대강을 정하였다. 우선 선원의 기관 조직체로서 선우공제회 본부(사무소)는 중앙인 선학원에 두고, 중앙조직으로 서무부, 수도부, 재정부를 두었다. 그리고 지방의 지부는 선원이 있는 19처 사찰에[28)] 두기로 하였으며, 공제회의 제반 사항

---

27) 「선우공제회 창립총회록」, 『근현대불교자료전집』 권65, pp.3~5.

28) 망월사, 정혜사, 직지사, 백양사, 범어사, 불영사, 건봉사, 마하연, 장안사, 월정사(구월산), 개심사, 통도사, 신계사, 남장사, 석왕사, 천은사, 용화사(통영), 해인사 등이다. 그러나 지부는 19개 처 이외에서도 가입했다.

을 의결하는 의사부(평의원 20인)를 설치하였다. 다음으로는 임원 선거를 하여 집행부를 조직하였으며 공제회의 운영 방침도 정하였다. 즉 공제회의 경비는 수좌들의 의연금과 희사금으로 충당하고 각 지부 선량 중의 2할과 매년 예산액의 잉여금을 저축하여 공제회의 기본재산으로 설정하여 각 선원을 진흥하기로 정하였던 것이다. 그리고 공제회의 운영 방침을 정하고, 공제회 규칙을 공포하였다. 또한 지부 설립을 위한 지방위원을 파견하는 것도 결정하였다.

그리하여 선학원, 선우공제회는 창립정신 및 선 진작의 구현을 위한 본격적인 활동에 들어 갔다. 지방위원을 선발하여 각 선원을 순방하여 선학원에 가입케 하고, 선우공제회의 규칙 4천여부를 인쇄하여 각처의 사찰 및 선원에 발송하여 회원 모집에 나섰다. 1923년 경에는 사단법인을 추진하였다. 또한 혜월(慧月)을 법주로 위촉하고, 통상회원 203인과 특별회원 162인 합계 365인의 회원이 소속된 수좌의 중심 단체로 성장하였다. 그런데 선우공제회는 그 설립 초창기부터 재정적인 어려움에 봉착하였다. 그 회의록을 보면 재정 확립에 대한 문제가 지속하여 제기되었음에서 그를 파악할 수 있다. 그런데 현재로서는 그 재정의 문제를 자료의 미비로 인해 세부적으로 파악하기는 힘들다. 1924년의 결산을 보면 수입이 563원, 지출이 300원이라는 것에서는 재정의 미약을 여실히 알 수 있다. 그러나 불영사, 해인사, 정혜사, 표훈사 등의 수좌들이 상당액의 토지를 헌납하였다는 기록,[29] 김남전이 사재 1만원을 기부하

29) 불영사 이설운 답 年收 80석 상당, 해인사 김영해 답 1만평, 표훈사 이성혜 답 3255평 이성윤 답 4228평 김도권 답 21두락, 정혜사 송만공 답 6173평 등이다. 졸고, 「일제하 선학원의 운영과 성격」, p.112.

였다는 기록들도 있어 현재로서는 그 세세한 사정을 가늠키 어렵다. 일단은 재정적인 난관에 처하였음만을 알 수 있다.

이런 재정적인 난관에서 비롯된 것인지는 단언할 수 없어도 1924년 4월에는 선우공제회의 본부는 직지사로 이전하였다.[30] 선학원 운영의 중심 인물인 김남전이 1924년에는 선학원을 떠나 직지사의 조실로 있다가 통도사에 머물렀다 함에서 1920년대 중반에는 선우공제회가 운영의 어려움에 처하여 있음을 간접적으로 알 수 있다. 마침내 1926년 5월 1일에는 선학원이 범어사 포교소로 전환되었다.[31] 이러한 선학원 기능의 전환, 선우공제회의 중앙에서 이탈은 선학원 창건정신의 구현이 난관에 처했음을 말한다..

그러나 선학원이 창건되고, 그를 바탕으로 수좌들의 수행공동체인 선우공제회가 가동되어 전국 선원 및 수좌들의 자생적인 기관이 존립되었음은 상당한 의미를 갖는다. 1910년대 임제종운동에서 나타난 민족불교정신을 계승한 선학원은 3 · 1 민족운동, 사찰령체제의 저항운동, 종단건설운동, 불교청년운동 등의 거점이 되었다. 그리고 일본불교의 유입, 계율파행 행태에 분명한 대립각을 세우고 정체성이 분명한 전통 선의 수호를 실천하려는, 수좌들의 중앙기관을 자생적으로 설립 운영하였다는 점이다. 특기할 점은 일부 수좌들에 위해서 전개된 것이 아니라 당시

30) 『근현대 불교자료전집』 65, p.35, 「본부 이전에 관한 건」. 이 문건에 의하면 1924년 3월 15일, 직지사에서 김제산, 윤퇴운, 황용음(정혜사), 심원전(범어사)이 소집한 모임에 참가한 20여 명이 회의를 하여 재정 어려움으로 인하여 선학원에서 직지사 사무소로의 이전을 결정했다. 사무원으로는 서무 윤퇴운, 재무 황용음, 서기 심원전을 근무케 하였다.

31) 『동아일보』 1926. 5. 6.

전국적인 수좌 및 선원을 기반으로 활동하였다는 것이다. 즉 민족불교(저항, 1910년대)와 전통불교(선, 1920년대)가 결합되어야 한다는 당위적 노선을 표출시킨 점이 여타의 사례에서 찾기 어려운 내용이다.

3. 선학원 재건;선리참구원과 조선불교 선종의 출범

선학원은 1926년 5월, 범어사포교당으로 명칭 및 기능이 전환되었다. 그러다가 1931년 1월 21일, 범어사 승려인 김상호의 주선으로 김적음이 인수, 재건하였다. 김적음은 본래 침술과 한의에 능통하여 서울 수송동에서 약방을 경영한 인물이었는데 늦깍이로 발심하여 직지사의 선승인 제산을 은사로 하여[32] 출가한 승려(당시 30대 중반)이었다.[33] 이에 그는 상당한 재원을 갖고 있었는데, 그 재원을 활용하여 선학원 재건의 주역이 되었다. 재건된 선학원에서는 송만공, 이탄옹, 유엽, 김남전, 도진호, 한용운, 백용성, 조금포 등이 나서서 일반 대중들에게 참선과 교학을 가르치면서 불교대중화에 주력하였다. 그리고 일반 대중들을 상대로 선 포교에 주력하여 부인선우회를 조직하였고,[34] 선의 대중화를 위해『선원』을 발간하였다. 그리고 1931년 3월에는 선학원에서 전선수좌대회(全

32) 그런데 중앙선원 방함록에는 범어사가 본사로 나온다.

33)『불교시보』4호(1935. 11. 1) p.3,「如來의 사명을 다하야 世上에 模範을 보이는 숨은 人物들, 立志傳中의 인물 金寂音和尙」.

34)『삼천리』7월 1호(1935. 1. 1),「削髮爲僧한 童貞女尼數十人이 參禪, 修道하는 서울 安國洞의 男性禁制, 安洞女僧房」.『조선중앙일보』1934. 11. 8,「한때는 유일한 여류작가 고행의 여승 김일엽 여사 방문기」.

鮮首座大會)를 개최하면서 예전의 명성과 권위를 되찾기 위한 활동에 들어갔다. 그리고 이런 활동을 기반으로 교단인 종회에 중앙선원 설치를 위한 건의안을 제출하였다.

이처럼 재건한 선학원은 이전 역사를 계승하면서 점차 재정확립과 불교대중화를 통한 기반 확립에 나섰다. 재정 확립을 위해 범어사에 교섭을 하여 매년 200원의 지원을 받기로 하였으며, 선학원의 부대 사업체인 제약부도[35] 운영하였다. 이에 선학원에서 수행하는 수좌가 20여 명에 달하고, 선의 대중화를 기하기 위한 포교부도 조직하였다. 한편 전국 선원의 중심체로서의 위상은 기관지인 『선원』을 통하여 그 역할을 수행하였다.

그러나 선학원의 견실한 운영은 1920년대 중반 운영의 경험에서도 나온 것이지만 튼튼한 재정확립이 관건이었다. 그래서 선학원에 연고를 맺고 있었던 수좌들은 재정 확립의 문제를 고민하였다. 1932년 초반까지 선우공제회가 직지사에 있었지만[36] 존재 자체가 희미한 상황도 재정의 문제점을 예증하는 것이다. 이 문제는 1933년 3월, 선학원에서 열린 전조선수좌대회에서 논의되었다. 경봉의 일지에 다음과 같은 내용이 나온다.

> 소화 8년 계유년 3월 20일 수좌대회를 열고 선우공제회를 조선불교 선리참구원으로 개칭 재단법인을 하기 위하여 발기인 송만공 김남전 김현경 황용음 기석호 윤서호 변유심 이탄옹 김적음

35) 이는 김적음이 한의사였던 전력을 활용한 사업체이다.

36) 『回光』 2호(1932. 3), p.116에는 학인연맹 기관지인 『회광』지 발간 의연자 명단이 나오는데, 직지사에 소재한 선우공제회와 이탄옹이 나온다. 이를 보면 1932년 초반까지 공제회가 직지사에 존재하였던 것으로 볼 수 있다.

> 正租 170석 정혜사선원, 정조 100석 대승사선원, 정조 30석 직지사선원, 정조 200석 범어사선원, 정조 130석 선학원[37)]

즉 송만공, 이탄옹, 기석호, 김남전, 김적음을 비롯한 9명의 수좌들은 수좌대회에서 존재 자체가 미약한 선우공제회를 재단법인 선리참구원으로 전환시키기 위한 발기를 하였고, 정혜사 선원을 비롯한 5개 처의 선원은 재원을 기부하였다. 재단법인으로 정식 출범함에 있어서 이처럼 선원은 적지 않은 후원을 하였다. 그런데 출범 당시 재산 기부자 일람표(『선원』 4호)에는 정혜사(송만공, 전서경, 김현경, 엄태영), 대승사(김현경, 엄태영, 박초운), 직지사(윤퇴운, 서대암), 범어사(오성월, 김경산, 오리산) 등의 주소가 나오면서, 기증자의 승려 이름이 나온다. 그런데 이들이 기부하였다는 지목(地目), 지적(地籍), 지가(地價)는 나오지만 그 기부 대상의 소유권은 구체적으로 전하지 않는다. 그러나 이를 놓고, 기부자가 속한 사찰과 전연 무관하다고 볼 수는 없다. 현재로서는 그 기부 재산의 소유가 사찰인지 아니면 승려 개인인지는 단언할 수 없다. 그렇지만 승려 개인의 재산이라도 그를 축적한 배경, 활동 등은 그가 속한 사찰과 무관할 수는 없다.[38)]

그런데 1934년 12월, 재단법인 출범시의 기부 재산을 『선원』지에서는 그렇게 표현하였지만, 1935년 3월 7~8일, 선학원(중앙선원)에서 개최된

---

37) 『삼소굴일지, 경봉대선사일지』, 극락선원, 1992, p.297.

38) 과거 사찰에서는 승려 개인이 소유한 재산은 그가 입적(사망)을 하게 되면 그의 상좌가 물려 받거나, 상좌가 없을 경우에는 사찰에 귀속되는 것이 관행이었다. 때문에 승려 개인으로 표현된 재산(소유권)이라도 삼보정재의 개념에서 광의의 불교(사찰) 재산으로 보아야 할 것이다.

수좌대회를 총정리한 기록인 「조선불교수좌대회록(朝鮮佛教首座大會錄)」에는 달리 나오고 있다. 즉, 회의록에는 대회 이전의 상황, 즉 재단법인 출범의 내용도 요약, 정리되어 나오거니와 대회록 12쪽에는 「재단법인 허가」라는 주제가 있다. 그 내용을 요약하여 적시하면 다음과 같다. 즉 1934년 12월 5일, 총독부로부터 재단법인이 허가된 바 신입 재산 총액은 약 9만여 원이고, 실선량(實禪糧)은 정조(正租) 6백여 석으로 나온다. 그러면서 그 선량을 정혜사 선원 170석, 직지사 선원 30석, 범어사 선원 200석, 대승사 선원 100석, 선학원 130석으로 표현한 것이 나온다. 요컨대 이와 같은 대회록의 기술은 『선원』지와는 다르다. 이는 승려 개인의 이름으로 기부되었다 하여도, 당시 선학원은 승려가 소속된 사찰의 선원으로 이해하고 있었다.[39)]

이와 같이 선원 및 수좌의 후원에 힘입어 마침내 1934년 12월 5일자로 재단법인 선리참구원으로 전환, 인가를 받았다. 선리참구원은 "조선불교 선리의 수행 및 연구에 의하여 승려 및 일반 교도에게 정신수양을 하기 위한 시설을 하는 것"이 목적이라고 표방하였다. 설립 당시의 재산 기부자는 송만공, 오성월을 비롯한 다수의 승려 및 신도들이었는데,[40)]

---

39) 1941년 4월에 개최된 「朝鮮佛教 禪宗 禪會 제2회 定期 總會錄」에도 참고할 내용이 나온다. 즉, 그 회록의 재무부 경과보고(pp.22~23)에는 재단 출범 이후 토지의 증가분을 제시한 통계표가 있다. 그 내용에는 도리사(선산군) 선원이 1936년에 기부한 토지 대상이 9건으로 나온다. 그런데 기부자는 도리사 선원의 수좌로 이해되는 이성원으로 나오지만, 취급 선원은 도리사 선원으로 나온다. 즉 도리사 선원의 재산이 이성원의 이름으로 기부되어, 선리참구원의 재산으로 소유권이 이전되었지만 도리사 선원은 어떤 형태로 관련을 맺고 있다는 것이다. 이와 같은 사실은 개인으로 기부되었다고 하여도, 그를 개인으로만 볼 수 없다

40) 그 내용은 『선원』 4호, pp.44~45에 상세하게 나온다. 당시 시가로는 82,970원이었는데 그 기부자에는 수덕사(송만공, 전서경), 김용사(김현경, 엄태영, 박초운), 정혜사(황

출범 당시의 임원진은 다음과 같다.

이사장 ; 송만공

부이사장 ; 방한암

상무이사 ; 오성월, 김남전, 김적음[41]

위의 법인 설립을 추진한 주체들은 이사회를 열고 운영, 노선 등에 대한 다각적인 논의를 하였다. 그 논의에는 전국 각처의 수좌들이 모임을 갖고 선풍 진작, 선종의 진로에 대한 문제를 토의하는 수좌대회가 포함되었다. 그래서 1934년 12월 23일, 이사회에서 수좌대회 개최를 준비하였다.

> 佛紀 二九六一年(昭和九年) 12월 23일 上午 十時에 제5회 이사회를 법인 사무소내에서 개최하고 法人 定款 施行細則 基礎委員 及 首座大會 準備委員會를 겸임으로 추천하야 법인 시행세칙을 기초케 하는 동시에 禪宗 復興의 機運濃熟에 鑑하야 수좌대회를 開하고 선종의 근본적 독립 발전과 宗規 기타 諸 規制를 企圖 제정케 하자고 超急 결의되야[42]

법천, 방법인, 마경선), 직지사(윤퇴운, 서대암), 범어사(오성월, 김경산, 오리산, 김석두, 김남전) 사찰의 승려들이 포함되어 있다.

41) 『불교시보』 1호(1935. 8. 3), 「〈휘보〉 ; 재단법인 선리참구원 인가」. 감사는 윤서호, 이탄옹이었다.

42) 수좌대회 대회록, p.13. 대회록은 필자가 발굴하였는데, 선리연구원 총서 1, 『選佛場』(2007)에 수록되었다.

즉 1934년 12월 23일의 제5회 이사회에서 법인정관 시행세칙 위원과 수좌대회 준비위원회를 겸임으로 할 대상자를 추천하였다. 그런데 이렇게 시행세칙 위원과 수좌대회 준비위원회를 겸임으로 선출한 것은 법인(선리참구원)의 기초를 정비하고, 동시에 법인이 등장하면서 가시화된 선종 부흥의 기운을 이용하여 수좌대회를 열고, 그를 계기로 선종의 독자적인 발전을 도모하려는 의도이다. 그리하여 그러한 의도를 제도적인 차원에서 구체화하는 선종의 규칙인 종규 등의 규칙을 제정하려는 차원까지 이르렀다.

그러나 당초에는 법인 시행세칙과 선원의 법규를 제정하는 시행세칙 기초위원회만을 구성하려고 하였으나, 그 위원회에서 수좌대회의 발기까지 하였다. 이 내용은 수좌대회의 준비위원으로 1935년 3월 7일의 수좌대회 개회사를 하였던 송만공의 발언에서 찾을 수 있다.

> 작년에 재단법인 조선불교 중앙선리참구원을 완성하고 재단의 확장과 시행세칙 급 선원 법규를 제정하기 위하야 首座界의 중심 인물 十人을 초청하야 시행세칙 기초위원회를 조직하엿는 것입니다. 然中 該會 위원 諸氏가 모다 爲法忘軀하는 殉敎的 정신에 불타는 스님들인만큼 一步 전진하야 全鮮首座大會를 소집하고 선종의 근본적 자립 발전책을 의결하자는 발의로 준비위원회를 該會 席上에서 更히 조직하고 금번 수좌대회를 急作케 되어 만반 준비가 불완하게 되엿습니다만은[43]

즉 시행세칙 기초위원회를 조직하였는데 즉 기석호, 정운봉, 황용음,

43) 대회록, p.6.

박대야, 박고봉, 김적음, 하용봉(동산), 김일옹, 이탄옹, 김익곤 등 10인의 수좌가 시행세칙, 선원 법규만을 제정하려는 차원에서 벗어나 수좌대회의 개최를 통하여 선종의 근본적 자립 발전책을 강구하자는 발의를 하였다. 이에 수좌 10인이 수좌대회 준비위원회를 시행세칙 기초위원회를 하던 그 자리에서 조직하였다. 이에 자연적으로 시행세칙 기초위원회가 수좌대회 준비위원회를 겸임하였던 것이다. 이런 사정하에서 대회록에 제5회 이사회(1934.12.23)에서 시행세칙 위원회와 수좌대회 준비위원회를 겸임으로 추천하였다고 기록되었다.[44]

이러한 결정 즉 시행세칙 위원회를 열고 수좌대회의 발기를 한 날자는 전후 사정을 검토하면 1934년 2월 24일이었다. 요컨대, 법인 정관 시행세칙 기초위원회가 1935년 2월 24일에 개최되었다. 이 회의에서 수좌대회 개최를 통한 선종의 자립이라는 보다 근원적인 문제를 제기하면서 결과적으로 수좌대회 준비위원회가 조직되었다. 그리하여 1935년 3월 3일, 중앙선원(구, 선학원)에서 제1회 수좌대회 준비위원회가 개최되었다. 여기에서 준비위원장을 선출하고 대회 준비에 대한 사무를 분장하였다.[45] 그 결과는 다음과 같다.

위원장 ; 기석호

서기 ; 김준극

대회순서 작성위원 ; 이올연(청담) 하용봉(동산)[46]

44) 이는 수좌대회에서 행한 준비위원회의 보고를 김적음이 정리한 발언에서 나왔다.
45) 대회록, pp.13~14.
46) 이올연은 이청담이고, 하용봉은 하동산이다.

종규, 종정회 규칙, 종무원 규칙

선회 규칙, 선의원 규칙 기초위원 ; 하용봉 기석호 이올연

회원 심사위원 ; 황용음 이춘성

대회 장리위원 ; 현원오 송우전 노석준 김종협(고송)

이와 같이 역할 분담을 한 준비위원들은 3월 4일, 중앙선원에서 제2회 준비위원회를 개최하였다. 이에 각 준비위원들이 초안으로 마련한 대회 순서, 종규, 기타 규약 등을 보고하고, 그에 대하여 토의하였다. 이렇듯 선종의 자립, 선풍의 진작을 통한 민족불교, 정화불교로 나가기 위한 행보는 단행되었거니와, 이런 배경에서 수좌대회가 개최되었다.

수좌대회는 1935년 3월 7일 오전, 중앙선원 법당에서 개최되었다. 우선 대회 준비위원을 대표하여 송만공이 등단하여 개회사를 하였다. 송만공은 적자가 얼자로 바뀌면서, 정법이 질식되는 차제에 선종 수좌대회를 개최함은 의의가 깊다고 발언하였다. 이어서 그는 신라, 고려시대와 같이 동양문화의 중심이었던 조선불교가 위미부진한 상태로 전락된 근본 원인은 불법의 진수인 선법이 극히 침체됨에서 기인하였다고 진단하고, 불교의 부흥을 의도하려면 형해만 남은 선종을 흥성케 해야 한다는 소신을 피력하였다. 송만공은 노덕의 스님들이 수년간 노심초사 노력한 결과 재단법인으로서 조선불교 선리참구원을 완성하였기에 재단 확충과 시행세칙 및 선원 법규를 제정하기 위해 수좌계 중심인물을 초청하여 그 기초위원회를 조직하였으나, 그 위원회의 위원들이 전선수좌대회를 소집하여 선종의 근본적 자립 발전책을 토의, 의결하자는 발의를 수용한 결과로 대회가 열린 경과를 개진하였다. 그러면서 대회에 참

석한 수좌들에게 허심탄회하게 대회에 임하여 대회의 목적을 달성케 해달라고 부탁하였다.

송만공의 개회사를 마친 후, 서기인 김만혜가 참가한 회원을 점고하였다. 그러면 당시에 참석한 수좌 명단을 제시한다.

宋滿空(수덕사) 黃龍吟(수덕사) 鞠是一(수덕사) 宋雨電(수덕사) 吳性月(범어사)
金擎山(범어사) 金寂音(범어사) 金一翁(범어사) 奇昔湖(범어사) 金萬慧(범어사)
趙萬乎(범어사) 金一光(범어사) 文鏡潭(범어사) 薛石友(장안사) 朴可喜(장안사)
李愚鳳(장안사) 崔奇出(장안사) 申寶海(장안사) 河龍峰(해인사) 李仙坡(호국사)
金鏡峰(통도사) 金道洪(통도사) 鄭流水(통도사) 鄭雲峰(도리사) 朴大冶(용화사)
李春城(오세암) 洪華峯(직지사) 丁普性(직지사) 閔江月(월정사) 盧碩俊(월정사)
崔喜宗(월정사) 金玄牛(월정사) 崔慧庵(마하연) 李東元(마하연) 金　輪(마하연)
李兀然(옥천사) 崔圓虛(표훈사) 辛能人(표훈사) 李雛鳳(표훈사) 李圓惺(봉국사)
崔豊下(화엄사) 朴普安(화엄사) 宋吉煥(봉은사) 玄祥白(용주사) 趙樂遠(금산사)
申順權(법주사) 金悳山(법주사) 金宗協(파계사) 金悳潤(파계사) 具寒松(파계사)
洪映眞(유점사) 李白牛(유점사) 韓鍾秀(팔성암) 李東谷(태고사) 白寅榮(망월사)
金靑眼(대승사) 金是庵(대승사) 鄭道煥(대승사) 金正璘(약사암) 鄭大訶(천은사)
李石牛(심광사) 全雪山(석왕사) 鄭時鏡(석왕사) 禹鐵牛(석왕사) 金弘經(석왕사)
金鍾遠(개운사) 南性觀(동학사) 嚴碧波(안양암) 洪圓牛(봉선사)
洪祥根(청룡사, 尼) 薛妙禎(장안사, 尼) 鄭國典(유점사, 尼) 金荷葉(표훈사, 尼)
朴了然(원통사, 尼) 李慈雲(수덕사, 尼)

대회에 참가한 대상자는 수좌 69명, 비구니 수좌 6명 등 총 75명이었다.[47] 개회 후, 임시 집행부(의장 ; 기석호, 서기 ; 김만혜, 사찰 ; 노석준, 김도홍)를 정하였다. 임시 집행부 를 정한 직후, 의장인 기석호가 대회의 선서문을 봉독하였다. 이 선서문은 당시 수좌들의 의식, 현실인식, 대회의 성격 등을 극명하게 전한다.

宣誓文

'우러러 告하옵나이다.'

'本師 釋迦世尊 및 十方 三寶慈尊이시여'

世尊께옵서 靈山會上에서 拈花하시오니 迦葉존자 – 微笑하심으로 붙어 以心傳心하신 祖祖相承의 正法이 일로붙어 비롯하와 卅三祖師로 乃至 歷代傳燈이 서로서로 繼承하와 今日의 法會를 일우웟나이다. 窃念하오니 世尊이 아니시면 拈花가 拈花 아니시며 迦葉이 아니시면 微笑가 微笑아니십니다. 拈花와 微笑가 아니면 正法이 아니외다. 正法이 없는 世上은 末世라 일넛나이다. 世尊이시여 邪魔는 날이 熾盛하며 正法은 時時로 破壞하는 이 – 末世를 當하와 弟子 等이 어찌 悲憤의 血涙를 뿌리지 아니 하오며 어찌 勇猛의 本志를 反省치 아니 하오리까 오직 願하옵나이다. 大慈大悲의 三寶께옵서는 慈鑑을 曲照하시와 弟子 等의 微微한 精誠을 살피시옵소서 世尊의 弘願을 效則하와 稽首發願하오니 聖力의 加被를 나리시와 拈花와 微笑의 正法眼藏이 天下叢林에 다시 떨치게 하시오며 如來의 慧日이 四海禪天에 거듭 빗나게 하시옵소서 世尊이시여 獅子는 뭇 짐생에 王이외다. 그를 當適할 者 – 그 무엇이리까 그러나 제털 속에서 생긴 벌네가 비록 적으나 사자의 온몸을 다

47) 참가자가 어떤 기준과 대표성을 갖고 대회에 참석한 것은 알 수 없다.

먹어도 제 어찌 하지 못하나이다. 天下無適의 大力도 用處가 없나이다. 그와 같히 이제 如來 正法이 그 목숨이 실끝 같은 今日의 危機를 當한 것도 그 누에 허물이겟습니까. 업디려 비나이다. 正法을 獅子라면 弟子等이 벌네가 아니리까. 이제 天下 正法이 今日의 危機에 陷한 것이 오로지 弟子 等이 如來의 軌則을 奉行치 아니한 不肖의 罪狀은 뼈를 뿌시고 골수를 내여 밧쳐 올니여도 오히려 다 하지 못할줄 깊이 늣기와 이제 懺悔大會를 못삽고 弟子 等이 前愆을 懺悔 하오며 後過를 다시 짓지 아니코저 깊이 맹세하오며 發願하오니 이로붙어 本誓願을 등지며 三寶를 欺瞞하야 上으로 四重大恩을 저바리며 下으로 三途極苦를 더하는 者 잇삽거든 金剛鐵 槌椎로 이 몸을 부시여 微塵을 作할지라도 敢히 엇지 怨망을 품싸오리까. 차라리 身命을 바리와도 맛침내 正法에 退轉치 아니하겠사오니 오직 원하옵나이다.

'大慈大悲의 本師 釋迦牟尼佛과 및 十方 三寶慈尊께옵서는 慈鑑證明하시옵소서'

갓이 업는 衆生을 맹세코 濟度하기를 願하옵나이다. 다함이 업는 煩惱를 맹세코 除斷 하기를 願하옵나이다. 한량이 업는 法門을 맹세코 배우기를 願하옵나이다. 우가 업는 佛道를 맹세코 成就하기를 원하옵나이다. 이 因緣功德으로 널니 法界衆生과 더부러 한가지 아욕다라삼약삼보리를 일우워지이다.

昭和 十年 三月 七日

朝鮮佛教禪宗首座大會 告白

이 선서문에서는 정법과 전등이 계승되어야 함에도 불구하고, 사마가 극성하고 정법이 파괴되는 말세를 당하여 참회와 반성을 하겠다는 수좌들의 현실인식이 우선 개진되어 있다. 수좌들은 정법이 위기에 처한 현실에 처하여 정법과 여래의 궤칙을 받들어 그 위기를 타개하겠다는 원력을 세웠다. 나아가서는 참회하는 정신으로 삼보를 기만하는 삿된 무리들을 제거하겠다는 굳은 서원을 다짐하였다. 이에 수좌들은 정법을 받들지 못하였던 자신들의 허물을 자인하며서 신명을 바쳐 정법에서 물러서지 않겠다는 맹서를 하였다. 추후에는 중생제도, 번뇌 단절, 불법의 수행, 불도의 성취를 하겠다는 다짐을 하였다.

선서문을 봉독한 직후에는 축사, 축전 및 축문의 낭독이 있었다.[48] 다음에는 준비위원회의 김적음이 등장하여 선리참구원이 등장하였던 과정,[49]

48) 우봉운, 정시경, 최풍하, 최원허, 송일제의 축사가 있었으며, 내장선원이 축전이 있었고, 외금강 여여선원 및 통도사 백련선원의 축문이 있었다.

49) 그 내용을 요약, 정리하면 다음과 같다.
- 선학원 창립 ; 1921년 송만공, 김남전, 백용성, 오성월, 강도봉의 발기로 창립
- 선우공제회 창립 ; 1922년 3월, 선원을 부흥시키기 위해 송만공, 김남전, 백용성, 오성월, 강도봉, 한용운 등의 발기로 창립. 1923년, 공제회를 사단법인으로 만들려고 추진하다가 중단, 이후 4~5년간 근근히 가람만 수호
- 수좌대회 ; 1928년 12월 3일, 김적음 선학원 인계하여 禪界 중흥 노력(시점은 재고, 필자 주) 1929년 1월 20일, 전선수좌대회 개최하려다 좌절(새로운 사실, 필자 주)
- 중앙교무원에 건의 ; 1929년 2월, 중앙교무원에 선원 경영을 확장하자는 건의안 제출, 미승인 (시점은 재고, 필자 주)
- 재단법인 발기 ; 1933년 3월 20일 선우공제회를 조선불교 중앙선리참구원으로 개칭하고 재단법인으로 전환키 위해 임시 발기회 조직(참가 위원 ; 송만공, 김남전, 김현경, 黃龍釗, 기석호, 윤서호, 변유심)
- 재단법인 인가 ; 1934년 12월 5일, 총독부로터 재단법인 성립 인가됨, 그 신입재산 총액은 약 9만원이고, 실제 禪糧은 正租 600여석(정혜사 선원 170석, 직지사 선원 30석, 범어사 선원 200석, 대승사 선원 100석, 선학원 130석)

수좌대회 경과,[50] 지방선원 상황을[51] 내용별로 자세히 보고하였다. 종규, 규칙과 아울러 다양한 의견에 대한 토의를 한 이후 임원 선거에 들어 갔다. 수좌들은 전형위원을[52] 뽑고, 전형위원이 임원진을 선출하였는데, 결과는 다음과 같다.

종정 ; 신혜월, 송만공, 방한암
원장 ; 오성월
부원장 ; 설석우
서무부 이사 ; 이올연
재무부 이사 ; 정운봉
교화부 이사 ; 김적음
보결이사 ; 박대야, 윤서호
심사위원 ; 김일옹, 이백우
보결 심사위원 ; 현원오
선의원 ; 기석호, 하용봉, 황용음, 이석우, 김경봉, 이춘성, 김홍경
최원허, 유종묵, 김덕산, 김대우, 최송파, 이선파, 김시암
전설산
순회포교사 ; 기석호, 하용봉, 이운봉

위와 같이 선종의 임원을 선출한 후에는 기타사항을 결정하였다. 그

50) 그 내용은 전술한 내용에 있는 것이다. 그는 법인 정관 시행세칙 기초위원 및 수좌대회 준비위원 추천, 시행세칙 기초위원회, 제1회 준비회(수좌대회), 제2회 준비회 등이다.
51) 지방선원 45개소, 수좌는 200여 명이다.
52) 김적음, 황용음, 정운봉, 이올연, 박대야, 하용봉, 이백우 등이다.

는 김적음이 제안안 것으로, 비구니와 부인은 여선실이 별도로 설치된 선원에 한하여 방부를 허용하기로 하자는 긴급동의인데 가결되었다. 다음은 김덕산의 의견 제출이 있었다. 그는 구참 노덕을 경시하는 경향이 있어 십수년을 수선한 노덕 스님들을 특별대우 하기는 커녕 방부까지 불허하는 일이 발생하고 있으니 별도로 양로선원을 창설하여 법납이 10년 이상이면서 속납이 60세 이상의 노덕 스님을 별거케 하자는 안이었는데 가결되었다.[53] 마지막으로 이올연은 예전의 영산회상과 같은 대총림 건설을 이상으로 하는 모범선원 신설에 노력하자는 제안을 하였는데 이 안도 만장일치로 가결되었다. 이러한 모든 토의를 마치고, 3월 8일 역사적인 수좌대회는 종료되었다.

조선불교 선종 종규는 수좌대회에서 결정된 내용 중 가장 중요하다. 즉 이 종규에는 당시 수좌들의 현실의식, 수좌들의 활동의 근거, 수좌 조직체에 대한 근간이 나오기 때문이다. 이 종규(29조)는 선종의 개요, 수좌의 현실인식, 선학원 및 선리참구원의 역사에서 중요한 대상이다. 종규는 제12장, 29조로 구성되어 있다. 그 근간은 제1장은 종명, 제2장은 종지, 제3장은 본존, 제4장은 의식, 제5장은 선원, 제6장은 승려 및 신도, 제7장은 선회, 제8장은 종무원, 제9장은 종정, 제10장은 선의원회, 제11장은 재정, 제12장은 보칙이었다. 이에 그 주요 내용을 제시한다. 종명은 '선종(禪宗)'이라 칭하였으며, 종지는 불조정전(佛祖正傳)의 심법(心法)을 내세웠다. 본존은 석가모니불로 하면서[54] 태고국사를 종조로

53) 단, 양로선원이 설치될 때까지는 각 선원에서 반드시 방부를 받어 입선, 방선 시간에도 자유롭게 하여 특별 대우할 것을 정하였다.
54) 그러나 각 사원에 있는 본존불은 관례에 따른다고 하였다.

하였다. 의식은 불조의 시훈과 종래의 관례에 의한다고 하였다. 선원은 종지를 천양하며 '상보하화(上報下化)'의[55] 임무를 달성키 위해 설치한다고 하였다. 승려 및 신도는 사법이 정한 바에 의하며, 법규에서 정한 자격에 따라 분한에 상당한 직무를 맡는다고 하였다.[56] 선회는 종문의 만기를 공결하기 위하여 설치한다고 하였는데, 일종의 대의기구로 보인다. 종무원은 종무와 사무를 통리하기 위하여 전 조선 선원의 단일기관의 성격을 갖는다고 하였다. 그리고 정법을 선양, 종문의 중요 사항을 결정하며 종무를 총관하기 위해 종정을 둔다고 하였다. 종정은 종안이 명철하고 행해와 덕망이 있는 대선사를[57] 추대한다고 하였다. 또한 종정은 인수와 임기를 정하지 않고, 종무원 임원과[58] 선회 전형원들이 추대한다고 하였다. 선의원회는 종문내의 제반 법규를 제정하며, 선회의 특별권한에 속하지 않는 종문의 일체 사무를 의결하기 위하여 설치한다고 하였다. 재정에서는 각 선원의 소유인 일체 재산을 선종 소유재산이라고 규정하였다.[59] 보칙에서는 종규의 개정, 그리고 설립(출범)에 즈음하여 종정, 선의원, 종무원 임원은 수좌대회에서 전형한다는 내용과 본 종규는 반포일로부터 시행한다는 내용이 담겨 있다.

이와 같이 조선불교 선종을 창립시킨 선리참구원 및 조선불교선종 종

55) 이는 상구보리, 하화중생의 의미를 담고 있는 별칭이다. 근대불교에서 상구보리, 하화중생이라는 개념이 이렇게 명료하게 등장한 것은 중요한 단서이다.

56) 여기에 나온 사법은 각 본산별의 사법을 의미하는 것으로 보인다. 대회에서는 승려법은 중요하여 별도로 취급한다고 하였다. 요컨대 대처승 문제가 포함되어 있다.

57) 법랍은 20세 이상, 속납은 50세 이상으로 하였다.

58) 이사, 원장, 부원장을 말한다.

59) 재정, 재산은 기존 종단 및 사찰령과 대응되는 부분이었다. 이에 수좌들도 그를 고려하여 "단 법인에 편입된 재산을 云謂함"이라는 단서로 표현하였다.

무원은 정상 가동되었다. 이는 기관지인 『선원』지에 기고된 선종 중앙종무원을 소개하는 글에서 찾을 수 있다.

> 지난 삼월의 전선수좌대회에서 선종의 자립과 전선 선원의 통일기관으로 중앙에 종무원을 설치키로 결의되여 동 사무소를 경성부 안국동 중앙선원에 두고 원장 오성월(吳惺月)화상이 취임하야 우으로 세분의 종정을 모시고 아래로 삼리사를 거느리여 선종의 확립과 선원수 증가와 각 선원의 내용 충실을 도모한바 불과 반년에 선원수가 십여개소이고 전문으로 공부하는 수좌 수효가 삼백명을 초과하게 되었습니다. 창립당시 사무실 건축비로 희사금을 재경 신도 여러분이 연출한바 불과 일일에 천여원을 초과하야 수년내에 사무실 건축을 보일 길한 전조를 보이다. 아직은 창설 기임으로 완전한 활동에 들지 못하였으나 현재 주로 하는 사업은 지방 각 선원의 연락과 통제 본 기관지를 통하여 선리를 참구하는 건전한 신앙의 확립, 법의 포양, 각 본산을 권면하여 선방증설 및 수좌 대우 개선, 행방 포교사를 각 지방에 보내어 설법과 포교를 하는 등 선종의 독립 발전을 적극적으로 확장하고 있습니다. 직원은 오성월화상, 부원장에 설석우화상, 서무리사에 이올연화상, 재무리사 정운봉화상, 교화부 리사에 김적음화상 以上[60]

이상과 같은 내용을 보면, 수좌대회를 통하여 출범한 선종과 종무원은 정상 가동되었음을 알 수 있다. 종정 및 종무원의 임원이 근무하고, 종무원에서는 선원과의 연락, 선 포교, 선원 증설 및 수좌 대우 개선 등

60)『선원』 4호(1935.10),「우리 각기관의 활동 상황」.

을 통한 선종의 독립 발전을 추진하였다. 1935년 선종과 재단법인 선리참구원의 출범은 선학원의 정체성이 민족불교, 정화불교, 선불교로 정립되었음을 의미하는 것이다.

4. 조선불교 선종의 선회 개최

1930년대 후반, 1940년대 초반 조선불교 선종과 선리참구원의 활동은 조선불교 선종의 선회의 내용에 극명하게 나온다. 현전하는 1회와 2회의 선회 회록을 보면 선학원 활동과 수좌의 성격을 찾을 수 있다. 그래서 여기에서는 선회의 대강을 정리하면서 그에 나온 성격을 정리하겠다.

조선불교선종 제1회 정기 선회(이하 1회 선회라 약칭함)는 1939년 3월 23일, 중앙 선원의 법당에서 개최되었다. 조선불교선종의 선회는 선종 종규(제7장)에서 '종문의 만기를 공결'하는 선종의 공식기구로 대의원회의 성격을 갖고 있다. 이때, 출석한 인원은 51명이었고, 결석한 인원은 7명이었다. 회의록에 나온 대상자들을 제시하면 다음과 같다.[61]

법인 참가 선원

중앙선원 ; 金寂音(대표), 康道峰, 宋秉璣, 崔豊下, 韓千手
李一夫, 金愚錫

범어사 선원 ; 李東疆(대표)

범어사 금정선원 ; 尹金牛(대표)

61) 1회 회록, pp.2~4.

대승사 선원 ; 趙慧明(대표), 鄭道煥

수덕사 선원 ; 黃龍吟(대표), 鄭道益

정혜사 선원 ; 鄭金烏(대표), 金靈雲, 金大圓, 洪無爲

울산, 鶴城선원 ; 缺

동래, 金山선원 ; 缺

직지사 선원 ; 缺

제주도, 제주선원 ; 缺

옥천, 大成庵 선원 ; 缺

예산, 實相庵 선원 ; 缺

금강산, 法起庵 선원 ; 缺

법인 불참가 선원

유점사 경성포교소 ; 趙普月(대표)

법주사 경성포교소 ; 崔元宗(대표)

경성 아현, 法性院 ; 洪華峰(대표)

범어사 경성포교소[62] ; 表檜庵(대표), 邊峰庵, 朴流水

망월사 선원 ; 洪圓午(대표), 金相根, 李慧華

봉선사 선원 ; 洪龍巖(대표)

양주, 圓通寺 선원 ; 盧碩俊(대표), 金龍淵

고양, 승가사 선원 ; 金海

62) 이 포교소는 백용성이 창건, 주석하였던 대각사이다. 용성은 1937년에는 해인사에 전 재산을 제공하였으나 타협이 되지 않아 범어사와 교섭을 하여 재산을 제공하여 상호간에 협력관계만 맺었다.

해인사 ; 金鳳鳴

통도사 백련선원 ; 玄一愚(대표), 朴成學

백양사 운문암 선원 ; 朴昌洙(대표), 金知常

은해사 선원 ; 金圓空(대표)

보경사 선원 ; 金唯心(대표)

청주, 용화사 선원 ; 金悳山(대표)

장안사 ; 洪瑾昕

표훈사 ; 俞能一

마하연 ; 李愚鳳(대표), 李兀然,[63] 李法三, 金法蓮

유점사 ; 金圓鏡

월정사 ; 金精修

귀주사 ; 李奎鳳

평북 태천, 양화사 선원 ; 崔仁昊(대표)

영변, 보현사 上院선원 ; 崔慧菴

평북, 정선군 정암사 ; 許東一

이렇듯이 법인 참가선원과 법인 불참가 선원에서도 참석하였다. 선회에는 선종 중앙종무원의 간부진도 참가하였다.[64]

선회에서는 선원 청규 실행에 관한 건을 논의했다. 선원 청규는 수좌대회에서 정한 선원 규칙을 말한다. 회의에서는 각처에서 청규를 더욱

---

63) 이청담의 당시 법명은 순호이고, 올연은 만공에게 받은 법호이다.

64) 원장 吳惺月(缺), 부원장 薛石友(缺), 서무부 이사 奇昔湖, 교화부 이사 金一翁, 재무부 이사 姜正一, 부원 崔應山, 감사 金是庵, 盧碩俊 등이다.

실행키로 정하고, 금강산의 마하연 선원을 모범선원으로 지정하여, 초학자 지도까지 편의를 제공하자고 결정했다. 회록의 내용을 제시하면 다음과 같다.[65]

> 初參衲子 指導機關 設置
>
> 初學者 指導 禪院을 模範禪院에 附設하야 一個年 以上의 修鍊을 修了한 者가 아니면 諸方 禪院에 掛搭을 不許케 하자는 李兀然씨 動議에 滿場一致로 可決되다.
>
> 初參衲子 指導機關 規則 及 入參者 資格
>
> 初學者 指導 禪院 淸規를 制定하야 資格을 審査한 後에 入院을 許케 하자는 李東疆氏 意見에 滿場一致로 可決되니 左와 如하다.
>
> △ 資格審査 規程
>
> - 入參者는 年齡 十八歲 以上으로 滿五十歲까지
> - 沙彌戒 及 具足戒를 受持한 者
> - 四集科 卒業 以上 又는 尋常小學校 卒業 定度 以上의 學力이 有한 者(但 特別 發心者는 此限에 不在함)
> - 品行이 方正하고 身體가 健全한 者
> - 僧籍이 有한 者
> - 獨身生活하는 者

이상과 같은 내용에서 모범선원으로 마하연이 지정되면, 마하연에 부

---

65) 1회 회록, pp.5~6.

설 선원으로 초학자를 지도하는 선원을 두기로 정하였다. 그리고 초학자 선원에서 1년 간의 수행을 하지 않으면 제방 선원에서 방부를 받아주지 않기로 정하였다. 또한 초학자 지도 선원의 청규를 별도로 정하고, 그 선원에 들어올 대상자의 자격을 심사하기로 하였다.

초참 납자 지도 및 선원의 운영 방침의 대강을 정하고 선종 중앙종무원의 임원과 선의원을 선출하였다. 전형위원(이올연, 황용음, 기석호, 김일옹, 정금오)이 선정한 임원은 다음과 같다.[66]

선종 중앙종무원 임원

원장 ; 吳惺月

부원장 ; 扃石友

서무부 이사 ; 奇昔湖

재무부 이사 ; 姜正一

교화부 이사 ; 金一翁

보결 이사 ; 朴中山, 崔應山

심사위원 ; 金是庵, 盧碩俊

보결심사위원 ; 丁道益

선의원

중앙 선원 ; 康道峰, 金寂音

경성, 동숭동 대원암 ; 崔元宗

경성, 아현 법성원 ; 洪華峰

66) 1회 회록, p.6.

평북, 태천 양화사 선원 ; 崔仁昊

마하연 선원 ; 李愚鳳

수덕사 선원 ; 黃龍吟

정혜사 선원 ; 鄭金烏, 金靈雲, 馬鏡禪

범어사 선원 ; 李東疆

동래, 금정암 선원 ; 尹金牛

통도사 선원 ; 朴成學

도리사 선원 ; 河淨光

대승사 선원 ; 朴初雲

이렇게 선종 중앙종무원의 임원과 선의원을 선출하였다. 그후에는 기존(朝鮮佛教 禪教兩宗) 종단에 모범총림 건설을 요청하는 결의를 하였다.

△ 模範叢林 建設에 對한 建議의 件

一, 智異山

一, 伽倻山

一, 五臺山

一, 金剛山

一, 妙香山

右 案件을 受納하야 中央幹部와 左記 諸氏에게 委託하야 具體案을 作成하야 隨時 交涉하도록 하자는 崔元宗氏 意見에 滿場一致로 可決되다.

交涉委員

金擎山 金九河 宋宗憲[67]

67) 1회 회록, p.7.

즉 선회에서는 모범총림을 건설하겠다는 기획 하에 5개의 명산을 구체적으로 정하여 기존 종단(朝鮮佛教 禪敎兩宗)과 교섭하겠다는 방침은 의미가 있다. 이는 재단법인 선리참구원, 선종, 선종 종무원이 정상적으로 운용되고 있다는 자신감에서 나온 것이다. 그리고 선종, 수좌가 기존 종단과는 독자성을 갖고 있음을 표방하면서, 기존 종단이 점하고 있는 물적, 사상적 권리를 인수하려는 의도이다. 그 교섭위원으로 선리참구원의 고문이었던 김경산(범어사), 김구하(통도사), 송종헌(백양사)을[68] 내세웠다.

선회의 막바지에는 수좌 상호간의 친목과 수좌의 구호비에 대한 문제를 논의하였다. 선회원(수좌)이 사망할 경우에는 당해 선원에서 즉시 중앙종무원에 부고하고, 중앙종무원에서는 각 지방 선원에 그 영가의 49재일을 통고하여 일제히 천도법요를 거행하기로 정하였다. 그리고 친목도모와 선원 소식을 민첩하게 알릴 수 있는 방안으로 방함록을 중앙종무원에서 취합하도록 정하였고, 안거 수행이 종료되는 해제 전에 종무원에서는 각 선원 소식을 지방 선원에 보도해주기로 하였다.

> 禪院의 消息을 前보다 앞으로 더욱 敏活케 하며 又는 會員의 親睦을 圖謀하기 爲하야 地方 各 禪院의 芳啣錄을 中央宗務院에 登錄 報告하며 宗務院에서는 各 禪院의 消息을 解制 前으로 卽時 地方에 報道케 하자는 崔應山氏 意見에 李兀然氏 動議와 崔仁昊氏 再請으로 滿場一致로 可決되다.[69]

68) 김구하와 송종헌은 선리참구원의 고문 및 찬성위원으로 1934년 12월 23일에 선임하였다.
69) 1회 회록, p.7.

즉, 각 지방 선원의 수행의 산물인 방함록을 중앙종무원에 등록, 보고하는 것을 원칙으로 정하였다. 방함록을 중앙 종무원에 등록, 보고함은 선원역사에 최초로 나오는데 중앙종무원의 위상을 파악하는 대목이다.

한편, 조선불교선종 선회 제2회 정기 총회는 1941년 3월 16일, 중앙선원에서 개최되었다. 제2회 정기 총회가 개최된 것은 1941년 3월 4일부터 13일까지 선학원에서 개최된 유교법회[70]에서 비롯되었다. 전통선의 수호, 계율 수호를 내걸고 개최된 유교법회에는 각처에 올라온 수좌, 율사, 강백 등 40여 명이 참가하였다. 유교법회 참가 대중이 모두 선회원(수좌)은 아니었지만 다수가 선회원이었기에 유교법회의 개최를 계기로 선회가 열렸다.

선회 회록에는 출석원 38명, 결석원이 1명이라고 전한다. 여기에서 참가자들을 제시한다.[71]

법인참가 선원 대표

건봉사 ; 朴石頭

직지사 ; 洪華峰

통도사 ; 曺鯉煥, 李應祚

석왕사 ; 金靈雲

대승사 ; 金靑眼

유점사 ; 朴重玄

월정사 ; 朴琪宗, 鄭金烏

70) 졸고, 「유교법회의 전개과정과 그 성격」, 『불교평론』 35, 2008 참고.

71) 2회 회록, pp.3~5. 필자가 활용한 2회 회록의 pp.1~2가 없어, p.2에 수록된(중앙선원, 봉익정 선원 등) 대상이 누락되었다.

범어사 ; 尹金牛, 道平先正, 金魚波, 河東山, 宋秉璣

해인사 ; 尹香堂

백양사 ; 鞠聲祐

직지사 ; 河淨光

유점사 ; 元寶山

통영, 용화사 ; 趙聖峯

법주사 ; 右江 月

지방선원 대표

통도사 선원 ; 朴大治

양산, 내원선원 ; 金田靖錫[72]

동래, 금정사 선원 ; 奇忍壁

직지사 선원 ; 李淳浩, 金石下, 鄭景燦

백양사 선원 ; 李藤運

정혜사 선원 ; 白雲耕

중앙종무원 간부측

원 장 ; 吳州惺月

부원장 ; 薛石友(결석)

서무부 이사 겸 서기 ; 應村諭成[73]

---

72) 통도사 선승 김경봉이다.

73) 전임 서무부 이사였던 기석호가 입적하자, 그 후임으로 임용되었다. 제1회 선회 당시 보궐이사이었던 최응산으로 보인다.

교화부 이사 ; 金一翁

감사 ; 盧碩俊, 金道庵

여기에서 제시된 명단은 34명이다.[74] 법인참가 선원 대표가 그 이전보다 증가한 것이 특이하다. 참가 대중들은 우선적으로 선회법과 선원규칙을 수정, 보완하고 임원 선거를 하였다. 임원 선거의 결과를 제시하면 다음과 같다.

중앙종무원 임원

원장 ; 吳州惺月

부원장 ; 金田靖錫

서무부 이사 ; 東平月舟

재무부 이사 ; 元田天一

교화부 이사 ; 東山金烏[75]

補欠 이사 ; 河淨光, 朴大治

감사 ; 金一翁, 應村諭成

補欠 감사 ; 金是庵

선의원

圓伊三藏, 金靈雲, 康道峯, 鄭道煥, 金東秀, 崔元宗, 朴初雲, 尹金牛

74) 결석자 설석우를 제외하면 5명이 누락되었는데 이는 필자가 수집한 자료(2회 회록)의 1, 2페이지가 파손되었기 때문이다.

75) 오주성월은 오성월, 김전정석은 김경봉, 동평월주는 변봉암(변월주), 원전천일은 원보산, 동산금오는 정금오(?) 등으로 추정된다.

李東疆, 表檜巖, 盧碩俊, 朴本空, 鞠默潭, 姜正一, 金寂音[76]

이렇게 중앙종무원의 임원과 선의원을 선출하였다. 이런 선정은 선리참구원, 선종이 정상적으로 운용되었음을 말해준다. 그러면 여기에서 제2회 선회에 보고된 경과보고에서 중요 내용을 제시한다.[77] 즉, 1935년 4월부터 1941년 2월까지의 서무부와 재무부의 경과보고를 요약하겠다. 이는 1930년대 후반의 선리참구원 내부의 움직임을 정확하게 알 수 있어, 자료적 가치가 높다. 이 내용을 통하여 선리참구원의 변동, 활동 등을 파악할 수 있다. 우선 법인 관리 선원의 안거 대중이 1939년, 1940년의 통계로 제시되어 있다.

선원 명칭	1939 하안거, 동안거		1940년 하안거, 동안거	
중앙선원	16	20	15	17
선종총림	–	15	11	10
범어사 금어선원	12	12	15	13
직지사 선원	16	24	17	22
도리사 선원	17	16	12	18
대승사 선원	11	–	–	6
정혜사	13	10	23	23
금정사 선원	8	11	10	9
학성 선원	3	7	10	10
심광사	12	12	14	14

이 같은 법인에 참가한 선원의 안거 수행의 대중을 통계로 제시된 것

76) 제2회 회록, pp.10~11.
77) 제2회 회록, pp.14~27.

은 선리참구원 및 당시 선원 연구에 귀한 내용이다. 그리고 법인에 참가하지 않았지만 각 처의 선원의 안거 대중의 통계도 제시되어 있다.

선원 명칭	1939 하안거, 동안거		1940년 하안거, 동안거	
복천암	8	–	–	–
장안사	20	17	12	14
통도사 백련암	24	27	27	15
원통암	14	14	–	–
삼일암	13	12	13	24
향산 선원[78]	13	10	24	16
내원사	16	32	27	36
은해사	20	14	17	13
망월사	16	16	15	8
내장사	10	9	9	16
오대산 선원	50	44	56	55
대승사	8	–	–	–
수덕사	15	9	10	9
불영사	9	11	9	9
마하연	32	25	43	23
해인사	16	16	24	18
화과원	9	9	9	11
칠불암	9	9	17	16
양화사	9	9	7	7
운문암	17	21	13	10
백양사 관음암	11	10	21	10
벽송사	–	–	7	6
청암사	25	–	25	–
석왕사	16	23	16	15
월정사(제주)	3	5	5	5
견성암	20	30	30	40

78) 소속 사찰, 소재지에 대해 필자는 알지 못한다.

이렇게 선리참구원이 법인에 참가하지 않았던 일반 선원의 안거자 수를 제시한 것은 선리참구원의 안정적인 운영과 수좌계를 대표한다는 자신감에서 나온 것이다. 이제는 지방의 선원이 선리참구원으로 편입에 대한 정황을 소개한다.

- 대전, 심광사 선원 ; 1939년 10월 9일부
- 서울, 봉익정 선원 ; 1939년 11월 2일부
- 부산 동래, 金泉庵 ; 1940년 3월 19일부
- 진주, 진주선원 ; 1941년 1월 23일부

지방 선원, 사찰이 선리참구원으로 편입되고 있음은 선리참구원의 위상이 증대되고 있음을 보여준다. 위의 편입 대상에서 심광사, 금천암, 진주선원은 부동산과 건물의 등기까지 완료되었다. 그러나 봉익정 선원(대각사)은 명의만 등록되었지, 1941년 2월 말까지는 등기 등록이 완료되지 않았다. 봉익정 선원은 백용성의 대각교 운동의 중앙본부이었던 대각교당을 지칭한다. 백용성이 입적하였던 1940년 2월 24일(음력) 이전 대각사는 조선불교선종 총림이라고 표방하면서 선리참구원에 합류하였지만 재산 등기는 완료되지[79] 않았다.

재무부 경과보고는 주로 토지, 건물 등의 기본 재산 변동의 내역이다. 그는 주로 1935년 4월부터 1941년 2월 말 현재까지의 년도별 재산 증감 내용을 제시한 것이다. 그를 정리하여, 제시하면 다음과 같다.

---

79) 졸고, 「대각교의 조선불교 선종총림으로의 전환과정 고찰」, 『대각사상』 20, 2013.

• 1934년 법인 설립 당시 ; 기본 재산

토지, 건물 총평수 = 153,883평(80,986원)

• 1935년 8월 13일, 水泰寺와의 소송에서 패소하여 금화군 소재 7,837평(2,692원)이 抹消

• 1935년 9월 ; 146,046평(78,294원 25전) = 실제 표준 면적, 총재산

• 1935년부터 1941년까지 토지 증가 ;

沓 ; 66,892평

田 ; 119,734평

대지 ; 2,445평

임야 ; 6,011평

@ 가격으로는 39,422원 36전

• 1935년부터 1941년까지의 건물 증가

총 6건,[80] 건평 71평, 가격, 7,345원

• 증가 총 면적 ; 195,158평

총 가격 ; 46,767원 36전

• 1941년 2월 현재 총면적 ; 341,104평

총재산 ; 125,061원 61전

이렇듯이 법인 설립직후인 1935년 9월을 기점으로 보면 토지 면적, 재산이 2배나 증가하였다. 이런 변동은 선리참구원의 견고한 재정기반 구축을 의미한다. 1935년부터 1941년까지 변동 내역을 보면 매년 증가 추세에 있었다. 이는 선리참구원의 대외적인 위상이 파급된 결과이었다.

80) 이는 대전, 경성, 동래, 진주에 있었다.

지금까지 선회의 개요, 내용 등을 살펴보았다. 그 의미를 살피면, 선원 및 수좌의 후원 및 외호를 위해 출범한 재단법인 선리참구원은 정상 운영되고, 기반이 확충되었다. 이런 기반하에서 조선불교 선종의 활동은 선회 개최, 선원 청규 보완, 모범총림 건설 시도, 초학 수좌 지도, 수좌 간의 친목도모 및 방함록 작성 등을 실천했다. 이는 선종, 선원, 수좌가 한국 불교전통을 수호하겠다는 행보이었다. 유의할 것은 이런 활동에 당시 대부분의 선원 및 수좌가 동참, 후원하고 있었다는 점이다. 이는 엄혹한 식민지 불교정책이 관철되는 그 시기에 자주적, 자생적으로 정체성을 정비하였다는 점에서 근대불교사상에서 의의가 상당하다.

5. 유교법회에 나타난 정화불교

1941년 3월 4일부터 3월 13일까지 열흘간,[81] 선학원(중앙선원)에는 각처에서 올라온 40여 명의 승려들이 비장한 각오로 유교법회를 거행하였다. 그들은 전국 각처의 선원, 토굴 등지에서 계율을 지키며 수행하였던 청정비구, 수좌, 율사들이었다. 법회는 열흘간 범망경, 유교경, 조계종지를 대중들에게 강의하고 자비참도 공개하면서 진행되었다. 이 같

81) 지금껏 유교법회는 『불교시보』의 근거로 1941년 2월 26일부터 열흘간 개최된 것으로 서술되어 왔다. 그러나 필자는 『매일신보』, 『경북불교』의 보도 내용과 법회 참석자인 강석주와 김지복의 회고 등을 근거로 1941년 3월 4일부터 3월 13일까지 열흘간 개최된 것으로 정정한다. 그렇다면 2월 26일부터 개최되었다는 연유는 어떻게 된 것인가? 이는 그때부터 법회의 준비(보조장삼 제작 등) 기간으로 볼 수 있다. 법회의 기념촬영 사진이 1941년 3월 13일이라는 점에서도 3월 4일부터 열흘이 되는 일자가 3월 13일이라는 점도 이를 반영한다.

은 유교법회를 마친 승려들은 선학원에서 수좌대회(2회 정기 선회)를 갖고 현안사항을 토의하였으며, 법회의 기념사업으로 습정균혜(習定均慧)하는 비구승을 중심으로 하는 범행단을 조직하여 선학과 계율의 종지를 선양하기로 정하였다.

유교법회는 일제 당국의 선종 승려에 대한 통제 의식에서 촉발되었다. 그 출발은 일제 정책에서 비롯되었지만, 수좌들은 법회의 성격을 정법수호, 계율수호라는 대의명분을 표방하면서 기획하였다. 당시 기존 종단은 종단설립운동을 전개하여 1941년 4월 조선불교 조계종을 출범시켰다.[82] 이 조계종의 태동, 출범도 적지 않은 불교사적 의의를 가는 것이지만 일제의 도움, 협조를 받았다는 측면에서는 한계가 있었다. 그 무렵 일제는 교종, 대처승 계열은 조계종의 설립 및 운영을 통해 통제, 장악이 가능하다고 보았다. 그러나 선학원 계열, 수좌들은 1935년 무렵부터 더욱 독자노선을 가고 있었기에 수좌 및 선학원 통제에 부심하였다. 당시 일제는 선학원 계열을 암적인 존재로 인식하고 있었다. 그래서 수좌계열의 대회를 가동케 하여 통제에 나서려는 기획을 세웠다. 선종의 교단을 통제하겠다는 의도이었다.

이운허와 원보산은 일제의 의도를 이광수에게서 전해 듣고, 그를 직지사에서[83] 수행하였던 이청담에게 전달했다. 그러자 청담은 송만공을 만나 고승법회를 통해 일제의도를 차단하고 청정불교, 계율불교라는 전통을 구현하는 문제를 상의하였다. 그리고, 이운허도 박한영과 이효봉

82) 졸고, 「조선불교조계종의 성립과 의의」, 『새불교운동의 전개』, 도피안사, 2002.
83) 당시(1940년 동안거) 이청담은 직지사 천불선원에서 禪德 소임을 보고 있었다.

을 만나서 고승법회 개최를 상의하였다.[84] 즉 송만공, 박한영, 이효봉 등은 일제의 선종 수좌통제에[85] 대한 대응을 강구하였다. 즉 그 기회를 오히려 수좌의 수행 가풍이 살아 있음과 정법 수호, 계율 수호, 선리참구원의 정체성 천명 등의 기회로 활용하려는 기획을 했다. 즉 선학원 계열 승려들의 탄력적인 현실인식이 법회의 과감한 추진을 추동하였다.

이청담과 이운허는 고승법회의 개최를 위한 여러 준비를 신속하면서도 과감하게 추진하였다. 당시는 준전시체제이었기에 행사, 법회를 할 경우에는 일제 당국에 집회계를 내고, 집회 개최의 허락을 받아야만 되었다. 그래서 법회의 주최측은 화계사, 봉선사 등의 장소에 법회신청을 냈으나 거절당하자, 종로경찰서와 상의하여 중앙선원에서 법회를 할 수 있다는 장소 사용허가를 가까스로 얻어냈다. 그런데 이번에는 조선불교 조계종 출범을 목전에 두었던 교종계열에서[86] 은근한 반대가 나타났다. 반대의 명분은 고승법회라는 법회의 명칭을 내세웠지만, 그 이면에는 총본사(태고사, 현재 조계사)와 조계종 출범에 자칫 악재로 작용하지 않을까 하는 우려에서 기인했다. 법회는 많은 우여곡절 속에서 1941년 3

84) 그런데 이효봉은 법회의 기록, 사진에는 나오지 않는다. 법회에 참석은 하였지만 사진촬영에 응하지 않은 것일 수도 있다. 그러나 사진촬영에 응하지 않을 가능성은 희박하고, 문도회에서 발간한 효봉 법어집의 행장에도 참석하였다는 내용은 없다.

85) 여기서 말하는 교단통제에 대한 내용은 단언하기 어렵다. 이와 관련하여 정광호는 한국의 전통적인 승단인 비구승의 영향력을 그들의 목적 수행(전쟁준비 등)상 한 번 이용해 볼까 하는 저의가 있었던 것으로 생각해 볼 수도 있다.

86) 박경훈은 『불교 근세백년』(중앙신서, 1980), pp.166~170에서 이들은 교무원에 관계하는 인사와 31본산 주지들이라고 하였다. 교무원은 재단법인 조선불교 교무원으로서 1941년 4월 조계종단이 등장하기 이전에는 준 교단의 역할을 하였던 법인체를 말한다. 특히 교무원 대표였던 월정사 주지인 이종욱이 반대를 하였다고 하는데, 이는 그가 총본산 건설의 주역이었기에 조계종 출범을 1937년부터 준비한 제반 노력이 물거품이 되지 않을까 하는 우려이었다.

월 초, 중앙선원(선학원)에서 열렸다. 당시 보도기사와 대회에 참가한 석주의 회고를 제시한다.

> 十日間 府內 安國町 禪學院에서는 雲水衲僧 高德禪師의 遺敎法會를 열고 朴漢永 宋滿空 金霜月 河東山 諸 禪師의 梵網經 遺敎經 曹溪宗旨에 대한 說法이 잇섯다고 한다.[87]

> 그리고 불교정화운동에 대한 부분은 해방 이전에도 활발치는 못하였지만 서서히 진행되어 왔는데 전국 고승법회라 하여 청담, 운허, 운경스님 등이 주축이 되어 준비를 했다. 당시 총무원측에서는 굉장히 반대가 심했고 방해를 많이 했었다. 그럴 수밖에 없는 것이 고승법회에서는 불교는 범행단(梵行團)이라 하여 청정하게 계율을 잘 지키고 종단을 이끌어 가야 한다고 했으니 처자권속을 거느린 총무원의 당사자들은 당연히 반대한 것이다. 그래서 [고승]부분에 대한 반대가 너무 심하여 유교(遺敎)법회라 하여 대회를 진행하곤 했다.[88]

법회에는 40명 이상의 승려가 참여하였다. 참석자는 정식 초청을 받은 대상자도 있고, 초청받은 대상자의 시자로서 온 경우도 있었다. 그래서 일단은 법회에 초청을 받아 참석하였던 대상자(34명)로 추정되는[89] 승려를 제시한다.

---

87) 『불교시보』 69호(1941. 4. 15), 「禪學院의 遺敎法會」.
88) 석주, 「교단의 혁신을 위한 조선불교총본원의 활동」, 『법륜』 246호(1989.8), pp.30~31.
89) 정광호는 34명으로 주장했다. 정광호는 지금은 유실된 유교법회 회의록을 열람한 당사자이기에 신뢰할 수 있다. 『매일신보』에서는 30여 고승이라고 보도하였다.

송만공, 박한영, 채서응, 장석상, 강영명, 김상월, 하동산, 김석하
원보산, 국묵담, 하정광, 김경권, 이운허, 이청담, 김적음, 변월주
강석주, 박석두, 남부불, 박종현, 조성담, 김자운, 윤고암, 정금오
도명, 이화응, 김지복, 박봉화, 귀암, 민청호, 청안, 박재운, 박본공, 곽?

위와 같은 고승, 수행자들이 선학원에 모여 법회를 하였다.[90] 그러면 당시 법회는 어떤 순서로 진행되었으며, 법문은 어떤 고승이 하였는가 등등 법회의 전체적인 개요를『경북불교』에 나온 기사를 통해 살펴 보자.

半島佛敎의 新體制로서는 未久에 總本寺의 實現을 앞두고 잇는 此際에 오렛동안 보지 못하든 佛敎의 眞正한 修養法要會가 去般 中央敎界에서 會集되엿는데
卽이 修養法要會란 것은 我 半島의 全敎界를 通하야 高僧大德을 총동원한 所謂 '高僧修養法會'란 名目으로 去 二月[91] 四日부터 京城府 安國町 四十番地 中央 禪學院에서 위엄스럽고 嚴肅한 가운데서 開幕되엿는데 當 法會에는 忠南 禮山 定慧寺 宋萬議師, 江原道 五臺山 月精寺 方漢巖師, 忠南 俗離山 法主寺 張石霜師 等 三大禪師를 招致하야 證明으로 모시고 會主에는 朴永湖師, 金霜月師, 姜永明師, 蔡瑞應師로 하야 會第一日인 四日부터 仝 六日까지 遺敎經, 十二日까지 慈悲讖의 公開

90)『불교시보』69호(1941. 4. 15),「인사소식」에는 송만공, 장석상, 김상월, 강영명 등 諸和尙이 유교법회 출석차 入城하였다고 보도하였다.
91) 2월은 3월의 오기로 보인다.

> 를 한 후 十三日 要 特히 我 皇軍武運長久, 戰歿將士의 慰靈大法要가 이 僧大德의 執法으로 如法 且 嚴重히 擧行되고 法會는 圓滿히 回向되엿는데 一般은 時局下 民衆 心身修養上 가장 意義잇듯 法會엿음에 無限한 法悅을 感하게 되엿든 바라 한다.[92)]

이렇듯이 대회는 경전에 대한 법문, 자비참 공개, 위령법회[93)] 순으로 진행되었다. 그런데 이 기사에 법회의 참가자 중에서 증명, 회주라는 직책이 나온다. 증명에는 송만공과 장석상,[94)] 회주로 박한영, 김상월, 강영명, 채서응이 나온다. 추정하건대 증명은 법회의 상징적인 고승으로 내세운 인물이고, 회주는 법회의 실질적인 주관자가 아닌가 한다. 법회에서 가장 가장 중요한 법문은 범망경, 유교경을 대상으로 하였다. 그 당시 만공이 행한 법회 어록을 제시하면 다음과 같다.

> 전일에 박한영(朴漢永)스님이 부처님께서 설하신 범망경(梵網經)을 설하고, 아까 동산(東山)스님이 또 범망경을 설하였습니다. 이 범망경은 한 번 들어서 귀에만 지닐지라도 그 공덕으로서 능히 백천만겁의 죄를 해탈하고 곧 성불함을 얻는다고 하시었으나, 금일 산승이 비록 법문을 설한다 할지라도 부처님께서 친히 설하신 법문에는 미칠 수가 없는 것이니 무슨 법문을 설하리오.
>
> 그러나, 사부대중이 이미 운집하여 나에게 굳이 설법하기를 청하니 만

92) 『경북불교』 46호(1941. 5), 「高僧大德을 招致, 佛敎 修養法會, 中央禪學院서 精進」.
93) 위령법회를 하였음은 집회허가를 얻어 내기 위한 고육지책이었던 것으로 보인다.
94) 한암은 대회에 불참했다.

> 약 설하지 않는다면 도리어 분주를 떠는 것 같아서 부득이 이 자리에 오르게 된 것입니다. 그러나 듣는 분들이 듣고 실행하면 일언일구가 다 좋은 법문이 될 것이요, 듣는 분들이 듣고는 실행하지 아니하면 비록 좋은 법문이라도 헛되게 돌아가고 말 것이니, 오직 원컨댄 대중께서는 듣고 실행하여 주시기를 바라는 바입니다.[95]

박한영, 송만공, 하동산이 법문을 하고 참가자들은 환희심으로 범행단까지 출범시킴은 엄혹한 식민지 불교정책에 저항하면서도 자주적인 불교정화, 계율 수호를 은근히 강조한 행보이다. 지금까지 내용에 나온 주동인물과 법회 개요는 다음과 같다.

- 기획 ; 이청담, 이운허, 김적음[96]
- 증명 ; 송만공, 방한암(불참), 장석상
- 회주 ; 박한영, 김상월, 강영명, 채서응
- 법문 ; 송만공, 박한영, 하동산, 김상월 등
- 법회 개요 ; 1941년 3월 4~6일, 梵網經 법문
  7~9일, 遺敎經 법문
  10~12일, 慈悲讖 공개
  13일, 위령제, 기념 촬영

---

95) 『만공어록』, 덕숭산 능인선원, 1982, pp.72~73, 「서울 선학원 고승대회 법어」.

96) 법회 참가자인 김지복의 증언. 초창기의 준비위원으로 원보산이 가담했지만, 방한암이 불참하면서 원보산도 준비위원에서 퇴진했다. 원보산은 방한암이 주석하였던 오대산 상원사의 화주를 보는 등 한암과는 지근한 사이였다.

이와 같은 승려들의 헌신, 주도에 의하여 법문과 자비참 공개 등을 중심으로 행한 유교법회는 정상적으로 진행되었다. 그래서 1941년 3월 13일 행사를 기념하는 사진 촬영을 끝으로 법회는 종료되었다. 법회가 종료된 이후에는 수좌대회를 가졌고, 법회를 기념하는 범행단을 조직하였다.

> 禪學院서는 去 三月 中에 遺敎法會를 마치고 首座大會를 열고 諸般 事項을 討議하엿다고 한다.[97)]

> 府內 禪學院에서는 今般 遺敎法會를 마친 뒤에 習定均慧 比丘僧만을 中心으로 하는 梵行壇을 組織하야 禪學과 戒律의 宗旨를 宣揚케 되얏다.[98)]

법회를 종료하고, 바로 수좌대회를 가졌다 함은 참석자의 대부분이 선학원과 연결되어 있는 수좌였음을 말해 준다. 범행단의 내용, 인원, 조직 등의 구체적 활동 내용은 송만공을 정신적 은사로 수행한 비구니인 김일엽의 1955년의 회고에 그 편린이 전한다. 이 내용을 자료 소개 차원에서 그 전문을 소개한다.

> 때 마침(十八年 前) 그 제자들인 하동산 이효봉 이청담 스님 등이 梵行壇을 조직하려고 발기하게 되었는데 스님도 크게 찬동하여 운영해 나갈 구체안까지 세우게 되었다. 불교 내에는 본래 교도와 승려 二重制로

97) 『불교시보』 69호(1941.4.15), 「禪學院의 首座大會」.
98) 위의 자료, 「梵行團組織」.

되어 교도들은 가족 친지보다 승려를 정으로 법으로 더 생각해야 하고 자기 생활을 불법을 위하여 모든 생산을 하게 되어야 하고 승려는 신도에게 應供하기 위하여 정진에 힘을 쓸 뿐만 아니라 儀表가 되기 위하여도 戒行을 잘 지켜가지 않을 수 없어 파계되면 곧 자격을 잃게 되었던 것이라는 말씀이었다. … (중략) …
大自由人이 되어 독립적 생활을 하는 것이 인생의 최고 목적이오 종교의 구경처인 바에 누구나 다 같이 이르게 되어야 하기 까닭에 만공스님도 佛敎淨化를 본위로 삼는 梵行壇을 만들어 널리 사람을 기르려시던 것이었다. 그러나 전국적 호응을 얻기 전에 그러저럭 때는 그 이듬해로 흘러졌던 것이다.[99]

小我的 나는 남음이 없이 소멸돼야 大我가 이루어지기 때문이다. 그때는 그런 스님이 계셨으니 大東亞 전쟁만 아니었드면 지금쯤은 범행단 단원의 活步를 보게 되었는지도 모르는 것이다. 그러나 대동아전쟁으로 전인류가 生死線에서 헤매이게 되니 佛敎壇도 또한 現狀維持도 어렵게 된 때 "善知識이 쓸데없는 때"라고 하시고 스님은 그만 자리를 바꾸신 것이다.
그러나 지금 다시 스님의 유지를 이어 스님이 지어두신 중앙 선학원에서 스님이 제자들과 스님 門下에서 修鍊받은 비구 비구니의 솔선으로 범행단의 후신인 僧團 재조직 운동과 불교정화운동을 치열하게 해가면서 새삼스러이 스님을 간절히 추모하여 마지 못하게 되는 바이다.[100]

---

99)『동아일보』, 1955. 8. 2,「만공선사와 불교정화 / 김일엽」.
100)『동아일보』, 1955. 8. 3,「만공선사와 불교정화 / 김일엽」.

김일엽의 회고에는 범행단 일부의 내용이 나온다. 그리고 유교법회, 범행단의 주체인 송만공의 범행단에 대한 인식도 찾을 수 있다. 즉 범행단의 구체안까지는 수립되었고, 하동산 · 이효봉 · 이청담 · 이운허[101] 등에 의해서 발기되었으며, 송만공도 찬동하였다. 범행단은 청정한 계행을 지키는 승려를 외호하는 조직체로 이해된다.[102] 송만공은 범행단을 불교정화를 추진하기 위한 것으로 고려하였으며, 부수적으로는 인재 양성도 의도하였다. 1941년 3월, 유교법회가 종료된 직후에[103] 출범된 범행단은 1942년까지는 그 이후에는 활동하였으나 태평양전쟁의 발발로 야기된 전시체제, 사회 및 불교계의 궁핍 등의 요인으로 자진 해산하였다.[104]

한편 법회의 산물로 유의할 것은 현재 조계종단 승려들이 입는 보조장삼이 보편화된 단초가 나왔다는 것이다. 즉 송광사에 보관된 보조국사 지눌의 장삼을 모방하여 만든 장삼을 지어서, 참가 승려들에게 제공했다.[105] 그리고 법회가 종료되자, 법회를 지켜 본 신도들이 공양 요청이

---

101) 이운허가 범행단과 연관되는 내용은 『용성선사어록』(1941, 삼장역회) p.38, 「禪農觀」의 "前日에 梵行壇 일로 東山上人을 鳳翼洞 敎堂에 訪한즉 때(필자주, 1941년 4월 경)는 正히 師의 小祥을 지낸지 未幾요"라는 귀절에 나온다. 그런데 이효봉이 범행단에 관련되었음은 김일엽의 회고 이외에는 관련 기록이 없다. 요컨대 이효봉의 경우는 신중한 검토를 요청한다.

102) 정광호는 선학원에서 유마경 법회를 열었다고 하면서, 이 단체를 신행단체라고 보았다. 정광호, 『근대 한일불교관계사연구』, 아름다운 세상, 2006, p.268.

103) 그러나 구체적인 출범일자는 알 수 없다.

104) 이청담도 1954년의 일지에서 "高僧法會 ; 梵行壇 해산"이란 표현을 하였다. 『청담필영』(봉녕사 승가대학, 2004), p.183.

105) 이것은 정광호가 이운허의 구술(1968년 8월, 봉선사)에 근거한 기술임. 그런데 법회 당시, 다솔사 주지였던 최범술이 각종 문헌을 참작하여 직접 가위를 들고 무명으로 마름질을 하는 특이한 재주를 보여 화제를 모았다고 운허스님이 구술하였다고 한다. 그

쇄도하였고, 비단 장삼을 지어 주겠다고도 하였다. 그러나 법회에 참여한 승려들은 무명장삼으로 받겠다면서 근검절약의 정신을 실천하였다. 이런 부산물은 선종, 수좌정신이 착근, 대중화 될 수 있음을 말해주는 것이다. 즉 유교법회는 청정불교, 계율불교를 상징하는 것인데, 그 이념이 보편화 될 수 있음을 보여준 귀한 역사이다.

또한 유교법회는 선원, 선종계열의 수행자들이 주도했지만 율사, 강백도 동참하였다는 점에서 의미가 깊다. 비록 소수 인원의 법회이었지만 전통 계승, 정화정신이라는 측면에서 동질감을 표출한 법회이었다. 때문에 법회 주체들이 해방 이후 정화운동의 주체, 조계종단의 주역이 되었음은 당연한 행보이었다.

6. 정화공간의 선학원

1945년 8월 15일, 한국은 일제로부터 해방되었다. 이로써 식민지 불교체제는 해소되고 불교 운용의 노선이 새롭게 검토되었다. 그러나 결과적으로 그 노선 및 교단의 정체성을 둘러싸고 보수, 진보의 양 진용으로 갈리면서 치열한 내적 갈등을 노정하였다. 그 갈등의 초점은 교도제(진정한 수도승 우대, 대처승 배제)와 사찰토지 개혁 문제이었다.

이런 구도하에서 선학원은 근본적인 불교개혁을 추구하는 불교혁신단체에 합류하고, 나아가서는 그 단체의 거점 역할을 하였다. 혁신단체는 수행하는 비구승만을 승려로 인정하고, 수행하는 불교 풍토하에서의

런데 대처승인 최범술이 어떤 연유로 그렇게 하였는가에 대해서는 납득하기 어렵다.

대중불교를 강조했다. 마침내 1946년 11월 28일 선학원에서 불교혁신총연맹의 결성 준비회가 열렸다.

> 去 11월 28일 하오 5시 시내 안국동 40번지에 있는 禪學院에서 佛敎革新總聯盟結成準備會를 개최하였는데 참가 단체는 조선불교 중앙 선리참구원, 불교청년당, 혁명불교도동맹, 불교여성총동맹, 조선불교혁신회, 선우부인회, 재남이북승려회 등 7개 단체이었고 대표자는 15명이었다.[106]

위의 내용에 나오듯 선리참구원을 비롯한 7개 단체는 근본적인 불교혁신을 기하려는 취지하에서 단체의 결성을 추진하였다. 그 결과 12월 3일 선학원에서 불교혁신총연맹은 출범하였다.[107] 결성 대회에서 김경봉은 의장에 추대되었다. 진보적인 혁신 계열에 선리참구원이 가담하고, 그 연맹의 의장에 통도사 수좌이면서 선리참구원의 이사장을 역임한 경봉이 추대된 것은 적지 않은 의미가 있다. 이런 파격성은 당시에도 지적되었다.

> 여기에서 특히 주목할 것은 종래 事務僧派를 부단히 배척하여 오든 修道僧派가 혁신파를 적극 성원하였으니 마침내 전국 20여개소의 禪院을 擁有한 中央禪理參究院이 혁신총연맹에 가담 합류하게 되었다.[108]

---

106) 『대중불교』 1호(1947.1.1), 「佛敎革總結成大會」.
107) 졸고, 「불교혁신총연맹의 결성과 이념」, 『한국 근대불교의 현실인식』, 민족사, 1998.
108) 『불교신보』 15호(1947.7.1), 「佛敎革新運動小史」.

선리참구원은 변화된 현실을 직시하면서, 보다 근원적인 교단개혁(비구승 중심, 수행풍토 조성)으로 나갔던 것이다. 당시 선리참구원에서는 1946년 11월에 개최된 제2회 중앙교무회(종회)에 수행풍토 진작을 위한 목적으로 다음과 같은 내용을 제출하였다.

> 선학원으로부터 다음과 같이 건의서를 제출하다.
>
> • 대의원 3인 청구건
>
> • 모범총림을 佛祖淸規에 의하여 건설하는 건(財本 500만원 基本立)
>
> • 중앙선원 확장건
>
> • 지방선원 자치제 건
>
> • 지금으로부터 도제를 양성하여 禪院에 3년 안거한 뒤 出身하도록 할 것[109]

위와 같은 건의 중, 모범총림 건은 당시 교단이 수용해 해인사에 모범총림을 가동시켰다.[110] 모범총림은 가야총림으로 지칭되었고, 이효봉은 방장에 추대되었다. 그러나 교단은 수좌들의 건의를 일부만 받아들였다. 우선 모범총림에 대하여 수좌들은 500만원의 독자 재단법인체로 운영하자고 주장였지만 교단은 200만원의 재단 설립을 의도했고, 중앙선원 확장은 적절한 방안을 강구하고, 지방 선원 자치제는 경리에 한해서만 자치제로 하도록 하였다. 즉 일부 의견만 수용했다. 해인사에서의 모범총림은 1946년 가을부터 출범하였지만, 그 초창기부터 부실한 재정

109) 『삼소굴일지 · 경봉대선사 일기』, 극락선원, 1992, p.249.

110) 졸고, 「가야총림의 설립과 운영」, 『한국 현대선의 지성사 탐구』, 도피안사, 2010.

지원으로 논란이 있었다. 그래서 성철은 그에 불만을 품고 동참하지 않으면서, 봉암사 결사로[111] 나아갔다. 또한 전라도 지역에서 자생적인 정화활동을 하였던 송만암은 고불총림을 결성하여,[112] 독자 노선을 갔다.

그러나 교단과 불교혁신총연맹 간의 이질적인 대응은 접점을 찾지 못하였다. 그래서 이질적인 대응은 교단 분열로 나아갔다. 총연맹은 교단을 부인하고 독자적으로 혁신을 추진하는 단체인 전국불교도총연맹을 결성하였다.[113] 나아가서는 독자적인 종무 기관인 총본원을 두고, 그 책임자로 장석상(법주사)을 임명하고, 지방조직도 두는 등 기반을 구축하였다. 그러나 혁신계열의 교단개혁은 미군정이라는 우익 중심의 정치, 분단의 구도, 김구의 북행에 혁신단체의 참여, 토지개혁을 위요한 혁신계열의 분열 등이 복합적으로 노정되면서 점차 퇴진하였다.[114]

하여간에, 해방공간의 불교혁신이라는 흐름하에서 선리참구원은 근원적인 불교혁신을 추구하였다. 그는 "眞正한 修道者만이 僧尼의 權限을 享有케 하고, 授戒 修道를 不肯하는 者는 敎徒로 編入케 하여 修道者를 擁護하자"는 혁신파의 당면주장이 선리참구원, 수좌들의 핵심적인 지향이었다. 이를 위해 선리참구원은 불교혁신 대열에 합류하였던 것이다. 그러나 미군정, 6 · 25전쟁이라는 대격변으로 인해 선리참구원에서 의도한 불교개혁은 이루어지지 않았다.

111) 졸고, 「봉암사 결사의 전개와 성격」, 『한국 현대불교사 연구』, 불교시대사, 2007.
112) 졸고, 「고불총림과 불교정화」, 『한국 현대불교사 연구』, 불교시대사, 2007.
졸고, 「만암의 불교정화관」, 『선문화연구』 14, 2013.
113) 졸고, 「전국불교도총연맹의 결성과 불교계 동향」, 『한국 근대불교의 현실인식』, 민족사, 1998.
114) 졸고, 「한국전쟁과 불교계 – 북으로 간 승려들과 불교혁신운동」, 『불교평론』 43, 2010.

그러다가 본격적인 불교정화는 1954년 5월, 이른바 이승만대통령의 정화 '유시'에서 비롯되었다. 이승만 유시가 나오기 이전, 수좌인 이대의는 1952년 봄, 당시 교정인 송만암에게 수좌 전용의 수행사찰이 할양되어야 한다는 건의서를 제출했다. 그래서 1952년 11월, 통도사에서 열린 회의에서는 수행자에게 사찰을 제공하는 문제를 토의하여, 종단 차원에서 이를 결정했다. 1953년 4월, 불국사에서 열린 법규위원회의에서는 비구승에게 사찰 18개를 제공키로 결정했다. 그러나 18개 사찰의 주지인 대처승들은 그를 이행하지 않았다. 만암은 유시를 재차 내려 그 이행을 독촉하였으나, 일체의 성과는 없었다. 당시 수좌들은 선학원에 모여 대책을 강구하였지만 분노만 삼키고 동안거 수행에 들어가야 했기에 각처로 흩어졌다.

바로 이럴 즈음 불교정화를 강조하는 이승만의 '유시(담화)'가 내려졌다. 그러자 기존 교단 집행부는 위기 의식을 느끼고 1954년 6월, 종헌수정(사판승과 이판승과 병존, 조계종 칭명)을 단행하면서 비구측에 48개 사찰을 제공하기로 정했다. 이런 가운데, 비구승들은 이번 기회에 기필코 정화를 하자는 결의를 하기에 이르렀다. 바로 이때, 불교정화를 발기한 장소가 선학원이었다. 이를 전하는 기록을 제시한다.

> 6월 20일 태고사에서 대처승 교무원 의원회에서 종헌이 통과됨을 보고 한국불교 정화 필요성을 感하야 동년 6월 21일 안국동 선학원에서 불교정화운동을 발기할 발기위원장 정금오 부위원장 김적음 외 위원 십수명.[115]

---

115) 『한국 근현대불교자료전집』 68, p.421, 「비구승단 발족 약사」.

전국 비구승은 대처승로부터 언필칭 빨갱이 모략으로 무참한 희생을 당해 오는 터이므로 서리를 맞고 재기할 기회만 기다리던 중에 4187년 5월 20일 이대통령의 유시로서 대처승은 사찰로부터 퇴거하고 한국 고유의 승풍을 독신승이 맡아 보라는 요지를 발표하자 차에 흐응해서 4287년 6월 24일 서울 안국동 선학원에서 원로 비구승 다수 참석하여 불교교단정화대책위원회를 구성하다.[116)]

이렇듯, 불교정화의 발기가 선학원에서 시작되었다. 그로부터 각처의 선원, 토굴 등지에서 수행하고 있던 수좌들에게 통지를 하면서 선학원에서 불교정화를 위한 대회를 하기로 결정하였다.

> 이로부터 우리 首座들은 전국 比丘僧尼 大會를 소집하여 그 席上에서 공결하고 상대방 중앙 총무원과 대화하여 종단을 바로 잡고 전통 불교를 세워 佛祖의 慧命을 이어 나아가자는데 이구동성으로 협력합심하여, 전국 비구승니들에게 急遽 通文을 돌리고 수좌들이 직접 往訪도 하여 이 뜻을 전한 바, 전국 僧尼들이 속속 禪學院으로 운집되어 그 수가 近於백명이었다.[117)]

위와 같은 배경하에서 마침내 1954년 8월 24~25일, 선학원에서 전국비구승대표대회가 개최되었다. 60여 명이 참가한 대회에서는 하동산은 교단은 사부중으로 건립되었는데 빈주(대처승)가 주인이 되어 있는 것을 바로 잡고, 이번 기회에 교단이 전도된 현실을 바르게 정립시키자고 발

116) 위의 책, p.269, 「한국불교정화투쟁 대강」.
117) 민도광, 『한국불교승단정화사』, p.40,

언했다. 문정영은 대처측의 과거 행태를 거론하면서 절대 신뢰할 수 없다고 했다. 대회에서는 몇 가지의 자숙조건이[118] 개진되었고, 비구승들의 정화에 대한 현실인식을 공표한 선서문이 발표되었다.

> 世界는 이제 昏亂의 極에 이르러 바야흐로 그 歸結處를 지향하고 擧世的 轉身을 시도하고 있다. 群像이 參差하고 往還이 無常한 顯界의 幻戱는 忽然 有生한 太初부터 이미 宿命을 內包하였던 것이다.
>
> 원래 寂靜無爲한 大道의 實妙는 古今을 貫하여 任移가 없으매 混亂이 混亂이 아니며 無常이 無常이 아니라 圓融한 大調和에 增減이 있을가 보냐. 그러나 일단 나타나면 幻實은 고사하고 차별이 整然하여 整然은 整然이요 혼란은 혼란이라. 혼란에 시달린 자가 整頓을 希願함은 法華輪轉하는 理法의 常軌이다. 그러므로 理法은 不變이나 現象은 流轉하여 暫留을 不許하고 榮枯興替가 無常하나니 여기가 人生의 功績이 隱現하는 道場이다.
>
> 往昔에 世尊께서 이 法을 깨치시고 如實히 修行했고 法侶가 이 法을 遵守하여 敎勢가 隆盛터니 曠劫彌來形端 없는 곳에 形端을 幻出시켜 거기에 迷執하는 習性에 끄달리는 人生은 不知不識間에 이 法을 妄覺하고 見賊爲子의 妄認을 犯하였던 것이다.
>
> 그러나 理法은 不滅하고 聖訓은 歷歷하여 如實修行 等의 慧命이 繼承되고 設使 風馳雲捲에 隱現은 그 度가 있었을지언정 嚴然히 法脈은 그 存在가 뚜렷하여 法界海藏을 장엄하고 있었다. 우리 민족도 聖人을 여

118) 비구와 비구니는 동거치 말고 일절 거래를 말 것, 위반시는 제적, 승적을 새로이 할 것, 사승 퇴속시는 다시 정할 것, 가정 정리가 안 된 분은 속히 정리할 것 등이다.

윈지 時代가 遙隔하고 文化는 迷執에 눌린지 오래되어 밖으로는 外敵의 鐵蹄에 蹂躪되고 안으로는 美風良俗이 그 傳統을 잃게 되매 人生本願에 움직기어 眞理를 탐구하려는 자가 있다해도 或者는 迷信에 방황하고 虛假에 沈惑하여 烝沙作飯의 愚蒙을 깨지 못하고 있으니 엇지 慟嘆할 바가 아니리요. 이제 우리 민족은 邦家光復의 십년을 맞이했고 세계인류는 역대 思潮의 총결산을 마감하는 기운이 漲溢하는 現今을 맞이한 우리 法侶는 시절 인연이 바야흐로 佛日再輝하고 法海가 更淸되도록 圓熟함을 각오하고 深山幽谷에서 三學에 把定하던 境界에 선 廣度中生의 二利의 本願을 실천할 方行의 경계로 下山을 기도하여 안으로는 우리 敎團 淨化運動으로 民族의 燈台가 됨과 동시에 밖으로는 혼란의 極에서 방황하는 세계 인류에 警鐸이 될 것을 中外에 聲明한다.

우리는 先聖의 遺訓을 如實奉行하여 인류의 疑心을 타파하고 實證을 보일 것이며 虛威妄執한 大衆의 標月指가 되어 誓願을 實現시킬 것을 宣言하는 바이다.

단기 4287년 8월 25일

전국비구승대표자대회 일동

이렇게 비구승대회에 참가한 승려들은 불교정화에 임하는 각오를 강력하게 피력하였다. 비구승 대표자들은 "시절 인연이 바야흐로 佛日再輝하고 法海가 更淸되도록 圓熟함을 각오하고 深山幽谷에서 三學에 把定하던 境界에 선 廣度中生의 二利의 本願을 실천할 方行의 경계로 下山을 기도하여 안으로는 우리 敎團 淨化運動으로 民族의 燈台가 됨과 동시에 밖으로는 혼란의 極에서 방황하는 세계 인류에 警鐸이 될 것을

中外에 聲明한다"는 표현에 나오듯이 그간 오지에서 삼학(계정혜) 수행만을 하던 은둔에서 벗어나 교단 정화운동에 결연히 나서겠다는 의지를 뚜렷하게 선언하였다. 대회에서는 종헌제정 위원 9인을[119] 선출하고, 실무 역할을 담당할 실행, 교섭, 재정 분과의 위원도 선정했다. 그리고 정화 추진을 총괄하는 대책위원 15명도[120] 정하였다. 이렇게 정화운동을 추진할 만반의 조직체를 강구하였다.

그 이후 선학원을 거점으로 불교정화운동을 추진하였던 주체들은 비구승 중심의 종헌 제정 작업을 하였다. 그래서 1954년 9월 28~29일 선학원에서 전국비구승대회가 열렸다. 146명(비구 116명, 비구니 30명)이 참가한 가운데 열린 그 대회에서는 종회의원 50명을 선출하고, 종헌을 통과시켰다. 그리고 비구측의 신집행부도 선출하였다. 그는 종정 송만암, 부종정 하동산, 도총섭 이청담, 아사리 정금오, 부아사리 김자운, 총무부장 윤월하, 교무부장 박인곡, 재무부장 이법홍 등이었다. 이후 비구측은 자체적인 종회를 개최하면서[121] 기존 교단 집행부와 교섭을 시도하였다.

마침내 비구측은 1954년 11월 5일, 태고사로 진입하였다. 이때부터 비구, 대처측은 치열한 대립을 하였다. 그러나 1955년 8월 12일, 조계사에서 개최된 전국 승려대회를 기점으로 종권, 사찰 관리권이 비구승단으로 넘어오게 되었다. 이는 당시 정부, 공권력, 일반 신도 등이 비구승단

---

119) 이효봉, 하동산, 정금오, 이순호, 박인곡, 이성철, 이석호, 김향곡, 윤월하 등이다.

120) 이효봉, 하동산, 정금오, 박금봉, 김적음, 김자운, 김보경, 김향곡, 문일조, 이성철, 김홍경, 신보문, 이석호, 이순호 등이다.

121) 11월 3일, 2회 종회에서 이른바 종조 문제(보조 지눌 선정)로 인해 정화 추진 주체를 비판하였던 송만암의 종정 직위를 배제시켰다. 그래서 종정에 하동산, 부종정에 정금오를 추대했다.

의 정통성을 인정한 결과이었다. 이 승려대회에서는 종헌 개정의 선포, 종정 및 중앙간부의 추대, 각도 종무원 간부 추대, 종단 사무 인수 등이 이루어졌다.

그러나 대처측의 이의제기, 사법부에서의 소송, 사찰 점유 및 관리권에 대한 갈등이 1959년까지 지속되었다. 그러다가 4.19. 5.16을 거치면서 비구와 대처 양측의 갈등은 1962년 4월 통합종단의 출범으로 인하여 일단락되었다. 한편 그 당시 기존 집행부도 새롭게 정비된 통합종단에 종권을 인수, 인계를 해주었음을[122] 유의할 필요가 있다. 내적인 갈등, 정화운동으로 빚어진 대립이 해소되면서 대한불교조계종으로 새롭게 출발하였음은 분명한 역사적 사실이었다. 불교정화운동이 전개되던 8년간 선학원은 일제시대에 정화정신을 구현한 백용성이 창건한 사찰인 대각사와 함께 비구승들의 거처, 대책 모의처이었다. 즉 불교정화운동의 산실, 운동본부이었다.

이렇듯 불교정화운동,[123] 교단 정화운동, 통합종단의 출범이라는 조계종단의 새 출발의 잉태, 기반이 된 거점은 선학원이었다. 그러면서 선학원은 불교정화의 이념을 태동, 확대, 운동화 시킨 역사를 갖게 되었다. 이는 불교정화의 이념이라는 측면에서 조계종단과 선학원은 동질적인 역사를 갖게 되었던 역사성을 말하는 것이다.

---

122) 졸고, 「불교 정화의 성찰과 재인식」, 『근현대불교의 재조명』, 민족사, 2000, p.412.

123) 졸고, 「정화운동의 전개과정과 성격」, 『새불교운동의 전개』, 도피안사, 2002.
졸고, 「한국 현대불교와 정화운동」, 『한국 현대불교사 연구』, 불교시대사, 2007.

7. 결어

지금까지 살펴본 조계종과 선학원의 '같은 뿌리'에 대한 역사 및 이념을 정리하면서, 양 측의 연대, 결합, 분열에 대한 이해를 하기 위한 몇가지 문제를 제시하는 것으로 맺는말에 대신하겠다.

첫째, 조계종과 선학원은 근대불교 시기의 국권상실, 일제 식민지 불교체제의 압박이라는 민족적, 시대적인 맥락에서 태동되었다. 때문에 이런 동질적 맥락으로 인하여 양 측은 역사 공유, 적절한 연대를 가져야 한다는 당위성을 갖게 되었다.

둘째, 조계종과 선학원은 일제 식민지 불교를 극복하려는 저항, 대항, 대결 의식에서 나왔다. 이는 곧 역사와 이념이 동질적이라는 큰 틀에서도 당연한 이해이지만, 그 구체적인 출범, 존립도 같은 기반에서 나왔다는 것을 말한다. 일제는 사찰령 체제를 가동시키던 초기에는 한국불교의 종단을 허용, 인정치 않았다. 그래서 당시 주류의 승려, 본말사 주지 등은 종단설립운동을 전개하였다. 그 결과 30본산 연합사무소(1915~1921), 총무원과 교무원(1922~1924), 승려대회에서의 종무원(1929~1933)을 거쳐 1941년 4월 조선불교 조계종이 출범하였다. 이 조계종은 대한불교(1946~1954), 불교 조계종(1954~1961), 대한불교 조계종(1962)으로 계승되었다. 때문에 현재의 대한불교 조계종은 1962년에 창종된 것이 결코 아니라, 근대 불교의 종단 설립운동 및 교단체제를 계승한 유일한 종단이다. 그런데 일본불교를 수용하려는 의식이 노정되면서 불교 근대화를 추진하였던 세력이 등장하였다. 그러면서 교단 내부에는 계율 및 수행 풍토의 이완 현상(대처승 출현, 선원 및 수좌 배척 등)을 성찰하려는 불교정화운동이 8 · 15 해방 직후부터 가시화 되었다. 바로 이런 추세에서, 그 흐름 및 운동의 중심 거점이 선학원이었다.[124] 그리고 선학원 계열의 수좌들은 정화운동의 주체이었다. 이 운동은 8년간의 지난한 내적 갈등을 거친 후에 1962년 4월, 이른바 통합종단으로 일단락되고 조계종단은 새출발을 하였던 것이다. 때문에 선학원은 조계종단의 성찰, 정화운동, 재출발을 기할 수 있게 하였던 거점, 운동의 본부, 이념을 제공한 촉매제 등의 역할을 하였던 것이다.

셋째, 선학원 창건, 운영에 있어서 일제하의 사찰, 선원, 수좌 등의 적극적인 참여, 후원, 협조가 있었음을 확인하였다. 지금껏 선학원의 역사, 이해에 있어서 이런 측면은 적극적으로 인식되지 않았다. 그러나 본 고찰에서 살핀 바와 같이 일제하의 경우에 있어서 전국적인 사찰, 선원, 수좌들의 후원은 상당한 것이었다. 요컨대 선학원은 전 불교계 차원에서 인식되고, 외호된 기관이었음을 알게 되었다.

넷째, 선학원은 선원, 수좌들의 중앙기관의 성격을 가졌다. 일제하의 경우 선학원은 조선불교 선종이라는 독자적인 정체성을 지닌 단체를 만들었고, 종무원을 두어 선풍진작 활동을 하고 수좌들의 조직체로 기능하였다. 예컨대 방함록 작성, 수좌 소식의 전달, 모범총림 지향, 청규 실

124) 선학원의 정체성을 고려할 때, 임환경(해인사)이 찬술한「남전 한규선사 행장」이 참고된다. 즉 그는 "선학원은 禪客의 도량으로 뿐만 아니라, 佛祖의 정맥을 계승하여 펴나가는 禪宗의 中央機關으로 그 설립 의의가 자못 지대하였다. 일정치하 총독부 관할 아래에서 한국불교의 일본화 배격에도 그 설립의 의의가 적지 않이 있었다. 당시 사찰령의 지배를 받지 않고자 해서 처음부터 寺 · 庵을 피하여 선학원이라 하여서 선종의 策源地로서 해방 전후에는 항일 민족운동의 本營 구실을 다하였고, 해방 후인 35년 뒤에는 정화불사의 本山 구실을 다하였다.『南泉禪師文集』(인물연구소, 1978), p.212. 선학원에서도 민족불교의 성지, 정화불교의 산실이라는 정체성을 표방하고 있다.

행 등은 그를 단적으로 말해준다. 그리고 선리참구원과 직접적으로 연계되었던(법인 참가) 선원 이외의 선원 및 수좌들도 선학원에서 열린 집회에는 대부분 참여했다. 이는 당시 선학원의 정신적 위상이 상당하였음을 말해준다. 즉 선원 및 수좌의 실질적인 중심체이었음을 말한다. 현재의 선학원이 각처의 선원, 수좌와 일체의 연계를 갖지 않는 것과는 상반된 내용이다.[125] 1994년에 출범한 개혁종단 내부의 전국선원수좌회와 최근의 선학원은 어떤 연고, 동질적 의식 등은 거의 없다고 보여진다. 최근 수좌회가 전국선원수좌복지회를 법인체로 만들면서 수좌 외호에 나선 것에도 선학원과의 연관은 일체 없다.

다섯째, 조계종과 선학원의 이념은 민족불교, 정화불교, 선불교가 중심 이념이었음이 드러났다. 이런 동질적인 이념은 지금껏 지적되어 온 것이지만 이 글에서 재삼 확인이 되었다. 때문에 이런 이념, 역사, 정체성이 확인되었다면 추후에는 공통적인 방향에서 공동 사업을 모색할 수 있을 것이다. 통합종단이 등장된 이후에 조계종단과 선학원이 동일한 인식하에 공동사업을 추진한 경우는 찾아 보기 어렵다.

일곱째, 조계종과 선학원 간에 그간 불편한 내용, 갈등이 있었는 바, 이에 대한 객관적인 정리, 이해도 필요하다고 본다. 최근에는 법인관리 및 지원법을 둘러싸고 논란이 전개되고 있다. 1994년 이후부터는 선학원 명칭에 조계종 기재, 조계종단의 종지 봉대, 선학원 이사에 조계종 승려의 배정, 분원장의 조계종단 총무원장의 임명,[126] 분담금 납부 등

125) 그러나 1960~1970년대에는 선학원과 수좌간의 일정한 연대 의식이 있었다고 이해된다. 1992년 경 선학원 이사장을 역임한 진제 스님 시절에 발간된 『선원』을 보면 당시 수좌들의 기고 혹은 소식이 전한다.

126) 1966년까지는 분원장을 조계종단이 임명하였다고 한다.

을 둘러싸고 본격적인 갈등이 노정되었다.[127] 양측의 갈등은 2002년 3월 6일, 양측 대표자인 정대와 정일이 합의서에 서명함으로써 일단락되었다. 그러나 그 이전에도 일정한 갈등, 감정상의 불편함이 있었다. 이에 대해서는 객관적인 자료에 의해서 세밀한 조사를 해야 한다. 미약하나마 필자가 접하였던 그 정보를 양 측의 접점을 찾아야져야 한다는 차원에서 제시하겠다. 1950년대 6년간 범어사와 선학원 간의 소송, 정화운동을 기념하기 위해 세운 정화기념관의[128] 부채로 인해 선학원이 저당잡혀 상당 액수의 재원(당시 시가 1200만원)의 투입, 정화운동 당시 정화불사 소요 자금 마련을 위해 선학원 기본재산의 매각,[129] 선학원 이사장을 역임한 채벽암이 단행한 선학원 신축불사(1973)의 부채(5500만원) 해결 등이 있었다.[130] 그래서 그 당시 선학원 이사진은 총사퇴하였고, 1970년 5월 정관 개정시에 반영된 조계종 승려가 선학원 이사가 된다는 내용이 삭제되기에 이르렀다.[131] 즉 선학원 부채 해결을 주도한 범행은 1975년

---

127) 『불교신문』 1998.3.3, 「정관개정 거부한 선학원 숨은 의도 ; 특별인터뷰 총무무장 혜창스님」.
『불교신문』 1999.9.21, 「중앙종회, '선학원 합의문' 왜 부결시켰나」.
『불교신문』 2001.9.11, 「조계종 선학원 관계 정상화」.
『선원』 36호(1998.4.1), 「선원법석 ; 정관개정 요구, 종단에 묻는다」.
『선원』 80호(2001.12.1), 「송년특집 ; '재단 –종단 관계 정상화 합의안' 도출에서 통과까지 올해 최대뉴스 장식」.

128) 『불교신문』 1995.8.29. 「불교正統 바로세운 산실 ; 철거 앞둔 불교정화회관」.

129) 선학원에서는 1956년 12월 30일 서울, 인천 등지에 소재한 기본재산을 처분했다고 주장한다.

130) 『선원』 79호(2001.11.1), 「창건 80년, 선학원 전 이사장 범행스님에 듣는다」. 1200만원, 5500만원의 부채 해소는 범행스님의 원력, 노력으로 가능했다. 그래서 범행스님은 75년부터 1991년까지 이사장을 역임하였던 것으로 보인다.

131) 어느 기록에는 1969년 3월이라고도 나온다. 이때 선학원 창립이사 명단을 삭제하였다고 조계종측은 주장한다.

에 선학원 이사장이 되어 1978년 2월에는 선학원의 정관 개정을 단행하여 임원진(이사, 감사)은 조계종 승려임을 삭제하고, 분원장 중에서 덕이 높은 승려로 선출하는 것으로 개정하였다.[132] 이와 같은 1970년대 이후의 선학원 역사에 대해서 객관적인 인식을 가져야 한다.

여덟째, 해방 직후에는 선학원과 연고를 가졌던 선원은 20여 개로 추정된다. 그러나 현재는 500여(?)[133] 개에 달하는 분원 및 사찰 등이 등록되어 있다고 한다. 그렇다면 왜 이렇게 선학원에 조계종 승려들이 등록을 다수 하였는가에 대한 성찰적인 이해가 있어야 한다. 무릇 결과에는 원인이 있을 것이다. 이런 전후사정을 포함한 조계종단과 선학원의 역사에 대한 냉정한 직시가 요청된다. 이와 같은 역사의식을 기조로 하여 조계종과 선학원의 정체성 및 지향을 인정하는 가운데 공생의 길로 나가야 한다.

아홉째, 종교에는 해당 종교의 정신인 사상과 그 사상을 유지 발전시켜 나가는 조직체가 있다. 이를 불교에서는 이사, 혹은 이판과 사판으로 지칭한다. 이 같은 양 측면은 결코 배제, 배척할 수 없다. 양 날개와 같이, 양 바퀴와 같이 이 두 측면은 공존하여야 종교 활동이 유지되는 것이다. 조계종과 선학원은 그 역사 및 이념에 있어서는 같은 뿌리라는 점은 역사적으로 확인되고 있다. 그런데 사판적인 측면의 조직, 법인, 관리라는 측면에 대한 이해관계 및 인식에서는 대응적인 노선이 노정되고 있다. 때문에 추후에는 이 내용에 대한 대승적 차원에서, 상식적인 접점

132) 이에 대해 범행은 재단에 재산 등록을 한 분원장만이 임원이 될 수 있게 한 것으로 주장하고, 강조했다.

133) 이에 대한 통계는 추후 정확한 기록에 의해 보완되어야 한다. 1990년대 초에는 600여 개라는 기록도 있다.

과 합의가 있어야 할 것이다.

열번째, 조계종과 선학원의 각각의 집행부는 전체 구성원들의 인식, 동의, 반발 등에 대한 입장을 잘 살펴야 한다. 조계종의 경우 총무원 및 종회에서는 종도 전체의 의견을 살피고 그를 반영해야 한다. 선학원의 경우 이사회가 많은 권한을 갖고 있거니와, 이사진은 선학원의 분원장, 소속 승려들의 의견을 반영한 가운데 제반 사업, 교섭이 추진되는 것이 당연하다. 조계종과 선학원은 과거 20년 전에도 최근과 거의 똑 같은 행보를 보여주었다.[134] 또한 조계종과 선학원 내부에서 법인법, 운영, 노선에 대한 이견이 있었음을 유의해야 한다.[135] 하여간에 역사에서 교훈을 찾고, 역사에 천추의 한이 되는 과오를 범하지 않는 차원에서 양측의 접점이 이루어져야 할 것으로 본다.

지금껏 필자가 생각하는 조계종과 선학원 간의 역사 및 이념의 내용을 개괄하여 살펴보았다. 부진하고, 애매한 측면은 지속적인 자료수

---

134) 조계종단은 이른바 개혁종단이 출범한 직후, 종도들의 사설사암 및 법인을 관리하려는 목적에서 종헌 9조 3항, 4항에 등록, 관리에 대한 원칙을 수립하였다.

135) 조계종의 승려인 학담은 실천승가회 20주년 기념 세미나(2013. 2. 26, 조계사)의 발제 글(「반야가 이끄는 상가의 사회적 실천을 위해」)에서, 종도가 만든 법인의 종단 이탈을 막기 위한 규제는 타당하나, 모든 재단에 이사 파견 등을 통해 재단을 관리하려는 것은 종헌정신에 합당하지 않고, 현 조계종단 집행부의 역량 밖이라고 지적하였다. 그는 기존 사찰 조직으로 감당하기 힘든 사회적 역할이 있는 단체는 조계종단과 이념적 연결만 갖도록 하고, 법인체들을 특별교구로 인정하여 별도 관리 및 활성화시킬 것을 주장하였다. 한편 선학원에 소속했던 임송산은 선학원의 기본재산과 설립 취지는 조계종 전신의 사찰과 승려들에 의해서 이루어졌다고 적시하면서 선학원은 종교법인으로서의 성격을 가져야 한다고 주장했다. 구체적으로는 이사회의 후보는 분원장 회의에서 선출, 평의원의 제도 부활, 정관에 이사장 또는 이사는 조계종 승려라는 것의 반영, 상임 이사제도의 부활 등을 선학원 운영상의 검토 사항으로 개진했다. 『선원』 8호(1992. 5), 「특별기고 ; 재단법인 선학원 운영에 대한 소고」 참조. 이렇듯이 양 측은 그 내부의 공론화 추진, 보편성 획득 작업에 유의해야 하지 않을까 한다.

집, 분석, 연구로 보완해 나갈 예정이거니와 많은 혜량이 있기를 기대한다.

현대기(1962~1993) 선학원의 역사와 성격

1. 서언

선학원 현재의 제반 문제를 이해하기 위해서는 선학원이 과거에서 현재에 이른 역사적 맥락을 계기적으로 바라보아야 한다. 이런 바탕에서 선학원의 성격, 진로 등을 종합적으로 바라볼 수 있다. 왜냐하면 선학원의 역사적 맥락은 선학원의 정체성을 함축하여 말해주기 때문이다. 때문에 선학원의 과거, 현재, 미래를 이해하기 위해서는 선학원의 역사적 사실을 객관적으로 이해하는 것이 중요하다. 그럼에도 불구하고 이런 성격 및 내용을 정리한 고찰은 희소하다. 지금껏 선학원에 대한 연구는 선학원의 태동, 전개 과정 및 이념을 다루면서 일제하 선학원의 역사만을 다루었다. 즉 해방 이후부터 현재까지의 역사 탐구에는 소홀하였던 것이다. 이런 불균형의 역사인식은 역사성, 객관성, 보편성이라는 측면에서 많은 문제점을 노정하였다.

한편, 최근 조계종과 선학원 간에는 '법인법'을 둘러싸고 논란이 장기화되면서 시비가 전개되었다. 그 과정에서 조계종과 선학원은 선학원의 정체성 및 진로를 놓고 법정 소송도 벌였다. 그런 대응 및 소송 과정에서 나타난 것은 선학원의 역사를 객관적으로 말해주는 자료의 중요성이다. 또한 그 논란에는 선학원 역사를 자의적으로 해석하는 경향도 노정되었다. 여기에서 그 원인을 다 개진할 여건은 안 되지만, 그 흐름만은 제시하려고 한다. 그 주된 첫 번째 초점은 선학원이 창건 본래의 취지에서 벗어나고 있다는 해석이다. 즉 창건 취지는 수좌 보호, 선 수행의 진작 및 연구이었지만 최근에는 재산관리에만 유의한다는 이해이다. 두 번째 초점은 선학원을 창건한, 그리고 선학원에 사찰 등록을 하여 연고가 있는 승려(수좌, 선원장 등)들에 대한 의식, 지향 등이 역사에서 배제된다는 것이다. 재단법인을 만든 취지와 선학원에 재산을 기부하거나 등록을 한 연유, 그런 전제에서 추진하는 선학원의 사업(노선, 지향)은 무엇인가 하는 점이다. 즉 선학원은 무엇을 위해 존재하는가에 대한 정체성이 퇴색되었다는 것이다. 선학원 존재의 당위성에 대한 보편성이 상실되지 않았는가의 우려가 제기되었던 것이다.

이에 본 고찰에서는 위에서 살핀 제반 내용을 유의하면서, 현대기 선학원 역사의 기본 흐름을 정리하려고 한다. 이를 통해 선학원의 정체성이 변질된 연유를 1960~80년대의 선학원 역사에서 그 단초를 찾아 보겠다. 즉 1962년 통합종단 이후의 선학원의 역사를 정리하면서, 선학원이 조계종과 개별노선을 걸었던 근거와 배경을 정리하고자 한다.

본고에서 다룰 현대기의 선학원 역사는 지금껏 미진하였던 선학원 전체의 역사를 보충해 줄 것이다.[1] 즉 현재 선학원의 역사, 성격 등의 이해에 도움을 줄 것으로 기대한다. 미진한 점은 지속적인 자료수집, 분석으로 해소하고자 한다.

---

1) 필자는 최근 선학원과 조계종의 상관성을 정리한 논고를 발표하였다. 「조계종과 선학원, '同根'의 역사 및 이념」, 『문학사학철학』 44, 2015.

2. 통합종단 출범(1962) 직후의 선학원

1945년 8 · 15 해방 직후 선학원은 불교혁신의 중심이었다. 그러나 격변기의 정치적 혼란, 불교 내부의 이념적 갈등 등으로 인하여 선학원이 의도한 불교혁신은 이루어지지 않았다. 당시 선학원이 주장한 초점은 비구승, 수행승 중심의 교단 운영이었다. 그러면서 대처승은 승려자격에서 이탈되었기에, 승단에서 배제해야 한다고 주장하였다.

그러나 1954년 5월, 이승만대통령의 유시에서 촉발된 불교정화운동이 전개되자 선학원은 정화의 중심 거점이 되었다. 8년간 진행된 불교정화운동 당시 선학원은 전국의 수좌들의 거점 역할을 하고, 불교정화운동의 재원도 담당하였다. 마침내 정화운동은 일단락되어 비구승, 수행승 중심의 조계종단을 재정립의 과정에서 선학원은 토대와 이념을 제공하였던 것이다.

마침내 정화운동의 당사자인 비구승과 대처승은 통합, 통일에 합의하여 이른바 통합종단을 1962년 4월에 출범시켰다. 당시 양측의 종정인 동산과 묵담은 정화운동의 문제점을 성찰하고 기존의 총무원 체제를 단일화하자고 선언하였다. 이에 양측의 집행부는 기존 종단의 사무 인계, 인수를 4월 13일에 서명하였다.[2] 이에 대한 내용은『대한불교』97호(1966.6.20)에 보도되기도 하였다.

이와 같은 통합종단의 출범으로 조계종은 그 이전의 불교의 역사, 문

2) 구 집행부의 종정 국묵담, 총무원장 박대륜, 종회의장 최재순, 감찰원장 박본공, 총무부장 조용명, 교무부장 · 재무부장 · 사회부장 대리 조용명이었고 신 집행부의 종정 이효봉, 총무원장은 임석진, 감찰원장 박문성, 총무부장 윤월하, 교무부장 문정영, 재무부장 박기종, 사회부장 이남채이었다.

화, 재산 등에 대한 모든 권리의 대부분을 계승 점유하는 종단이 되었다. 이런 역사는 사법부의 판결에서도 찾을 수 있다. 그는 서울 고등법원 판결문(1975.5.1 ; 선고 74나1950 판결)에서 다음과 같이 적시되어 있다.

> 1962. 3. 25. 통합종단인 대한불교조계종이 창단되어 그때까지의 모든 종단 소유의 사찰 재산이 위 대한불교조계종에 흡수 위 종단 소유로 되었다. … (중략) …
> 우리나라 불교계는 소위 비구, 대처 양파의 분열이 격화되어, 비구측은 대한불교조계종이라는 종단을 대처측은 불교조계종이라는 종단을 각 조직, 상호대립과 분규를 거듭하여 오다가, 정부의 불교분쟁에 관한 조정 시도로 1962.3.25. 경 비구와 대처 양 종파를 통합한 대한불교조계종이 새로 창설되어, 위 양 종파로부터 그 모든 재산 권리와 사무 일체를 인계, 위 대한불교조계종에 흡수하고 위 종래의 비구, 대처측은 종단은 소멸되게 되었다.

이처럼 대한불교조계종이 이전의 역사, 문화, 재산, 법적 정통성 등을 승계, 관리하게 되었다. 이런 배경하에서 선학원도 자연스럽게 조계종의 범주 안에서 활동하였던 것이다. 이는 선학원의 역사를 고려하면 당연스러운 것이었다. 구체적으로 재단법인 선리참구원에 재산을 기증한 승려들의 연고 사찰이 조계종의 사찰이었기 때문이다. 때문에 통합종단 이후에는 이런 인식이 보편적인 인식이었다. 특히 불교재산관리법에 의거하여 정부가 조계종의 재산관리 및 주지 임명에 개입할 수 있는 명분이 등장하면서 그는 관행이 되었다. 그를 예증하는 것은 선학원 계열의 주지를 임명함에 있어서 당시 정부는 조계종의 동의를 요청하였던 것이 그것이다. 여기에서 1962년 9월 25일, 선학원에서 조계종에 보낸 공문을 제시한다.

> 수신 ; 대한불교조계종 총무원장
>
> 건명 ; 선원장 임명내신
>
> 금번 정부에서 불교단체 등록을 실시함에 있어서 본 재단법인 선학원은 대한불교조계종과는 별도로 등록을 하게 되는 것이나 그러나 같은 계통의 종단의 승적을 가진 승려들이 본 선학원 산하의 각 선원장이 되는 고로 당국에서는 조계종정이 발행하는 임명장을 첨부하여 그 유관성을 표시함이 좋을듯 하다 하오니 이에 의하여 아래와 같이 선원장을 내신하오니 이에 의하여 선원장을 내신하오니 조속 발령해주시기 바라나이다.

이렇게 정부, 선학원은 선학원 주지 품신, 발령에 있어서 조계종단의 추천, 개입을 당연하게 인식하였다. 이런 인식하에서 선학원의 이사장이 선원장의 발령 시에는 조계종 종정이 발령을 하였다. 즉, 선학원에서 공문으로 조계종에 임명 요청을 하면, 조계종은 기안 공문으로 품의, 조치하고 임명장을 발부하였다. 이런 관행은 대체적으로는 1970년대 초반까지는 지속되었으나,[3] 그 내적으로는 일정한 진통이 있었다.

그런데 1960년대 중반 선학원의 운영 주체의 변화가 나타났다. 그는 평의원회가 퇴진한 것이다. 이는 중대한 변화이다. 그 내용을 정관 개정

3) 그러나 이에 대한 시점은 추후 확인이 필요하다.

에서 찾아보면 다음과 같다.

▷ 최초 정관(1934.12.5)

11조 ; 理事는 平議員會에서 본 法人의 普通會員 중 德望이 厚한 者로부터 此를 選擧한다.

▷ 3차개정(1965.4.24)

11조 ; 이사와 감사는 이사회에서 韓國僧侶 중 덕망이 후한 자로부터 차를 선출하여 서울특별시 교육위원회의 인가를 받아 취임한다.

▷ 5차개정(1969.3.10)

11조 ; 이사와 감사는 이사회에서 大韓佛敎曹溪宗 僧侶 중 덕망이 후한 자로부터 차를 선출하여 문공부장관에게 인가를 받아 취임한다.

이렇게 정관 개정에 의하여 보통회원이었던 수좌들의 협의체이면서, 선학원의 운영권을 뜻하는 예산 결산에 대한 권한을 갖고 있었던 평의원회가 없어졌다. 그런데 1934년 12월, 출범 당시의 선리참구원 기부행위 정관에는 명칭, 목적, 운영 등에 대한 내용도 나온다. 그 조항(9~21조)에 의하면, 법인의 구성원이 나온다. 즉 법인에는 보통회원, 찬조회원, 명예회원 등 수행자 개인도[4] 구성원으로 인정하였다. 그리고 보통회원 중에서 구성된 평의원회에서 이사를 선출하게 하였다. 평의원회(15명, 임

4) 보통회원은 승적을 가진 승려로 좌선 수행을 하는 자, 찬조 및 명예 회원은 법인 목적에 찬조하거나 자산을 기부하고 공로가 있는 자로서 이사장이 추대를 한다고 하였다.

기 3년)는 예산, 결산, 기타 중요사항을 심의하도록 정하였고, 이사회는 예산 결산 편성을 하면서도 평의원회에 보고를 하게 정하였다. 즉 평의원회는 대의기구이었고,[5] 이사회는 집행기구이었다. 이사장은 법인을 대표해서 이사회 및 평의원회에 대한 일체의 사무를 처리하는 권한을 부여하였다. 일제하 평의원은 대부분 수좌로 중견 고승이었다는 점에서[6] 평의원회는 이사회에 버금가는 위상을 갖고 있었다고 이해된다.

그렇지만, 1960년대 중반 평의원회의 퇴진이라는 사실은 이사회의 독주체제, 권한 강화를 의미하는 것이었다. 이런 변화는 선학원에 사찰을 기증하게 된 분원장(창건주, 중창주 등)의 권한의 부재를 야기하는 단초가 되었다. 그 당시에는 선학원에 많은 사찰이 등록을 하게 될지 혹은 내적인 문제점이 대두될 것인가에 대해서는 추측을 하지 못하였을 것이다.

한편, 선학원에 대한 문제는 조계종단 내부에서도 1960년대 후반부터 서서히 등장하였음을 유의해야 한다. 이에 대한 자료는 조계종단 종회 회의록에서 찾을 수 있다. 1969년 7월 7일에 개최된 20회 중앙종회의 회의록에는 다음과 같은 선학원 내용이 나온다.[7]

---

5) 이사가 직무상 부정행위가 있을 시에는 평의원회에 의결에 의거 파면을 할 수 있게 하였다.

6) 1대(1934. 12. 5) 평의원 ; 기석호, 전서경, 문 암, 서대암, 전설산, 박초운, 최원허, 황용음, 이춘성, 박고봉 최혜암, 김시암, 변유심, 김일옹, 김석하
2대(1938. 3. 7) 평의원 ; 이석우(심광사), 이근우(범어사), 황용음(수덕사), 윤서호(수덕사), 박초운(대승사), 윤퇴운(직지사), 홍화봉(직지사), 하정광(도리사), 박성학(통도사), 김석하(장안사), 홍기흔(장안사), 문정암(오대산 상원사), 강도봉(경성), 허동일(정암사), 표수복(봉익동)

7)『제2대 중앙종회 회의록』, 조계종 중앙종회, 2000, pp.261~262.

조용명의원 ; 3.16자 신문에 재단법인 선학원이 독립종교단체라 하였고, 선원장은 총무원에서 종정이 발령했지만, 지금부터는 선학원에서 발령하고 분담금도 여기서 징수한다 하였다. 독립 종교단체는 대한불교조계종과 어떤 관계가 있고 또한 독립종단이란 어떤 것인가?

황진경의원 ; 독립종교단체란 의도가 딴데 있는 것이 아니라 부산 금정선원 재산처분에 있어 문공부장관의 허가가 있었다. 금정선원은 재단법인 이사회 결의가 있으면 되고, 종정승인 필요가 없다고 문공부에서 말했다.

채벽암의원 ; 선학원은 법인체이다. 선원장은 이사회 결의에 의하여 정한다. 그 중간에 종정 발령도 받고 했는데 복잡하여 이사장 명의로 했다. 다른 의도는 조금도 없다.

조용명 의원 ; 독립된 종교단체라고 했으니 어떤 의미에서 독립된 종교단체냐 설명해 주기 바란다.

채벽암의원 ; 사무절차를 간략하게 하는 것이지 독립된 종교단체는 아니다.

김경우의원 ; 대한불교조계종파에 속하는 단체인가 아닌가만 말하면 된다.

황진경의원 ; 대한불교조계종파에 속하는 선학원이다.

조용명의원 ; 금정사는 재단법인 선학원으로 등기가 완료되었는지, 사찰인 이상은 총무원에 분담금 을 내야 된다고 본다.

채벽암의원 ; 선학원도 비용은 써야 되니 분담금으로 받는다.

김경우의원 ; 총무원의 지휘를 받아야 된다. 선학원 산하 주지는 종정이 발령하고 분담금도 내야 된다. 권리와 돈을 논하지 말고 조계종에 속하고 있으니 의무를 이행해야 된다.

조용명의원 ; 법인체는 법인체대로 사무를 보고, 사찰은 사찰대로 의무를 이행하자는 것뿐이다.

황진경의원 ; 김경우의원의 발언은 좋은데 불교재산관리법 때문에 필요 이외의 애로가 있으니 복잡하게 한 것이다.

의장[8] ; 선학원과 총무원이 양분되어 있다는 대외적인 인상인데 재단은 살아있다 하더라도 조계종은 통일되어야 하는데, 지금 와서 분담금과 발령을 별도로 한다하니 이사장이 품신해서 종정이 발령하면 될줄로 안다.

윤기원의원 ; 선학원에 대한 재단은 재단대로 선학원에서 운영하기로 하고, 인사 관계는 이사장 품신으로 종정이 발령하고 사찰로서 의무이행인 분담금은 총무원에 납입해야 된다를 동의한다.

조용명의원 ; 동의에 재청한다.

황진경의원 ; 사무 직원비 12만원, 총무원에서 내어 주기를 첨가 발언한다.

의장 ; 이의 없으면 통과하겠다.(전원 무이 통과)

황진경의원 ; 선학원 차용금 반제해 주기 바란다.

김남현의원 ; 예산 종회때 갚는 방향으로 하겠다.

8) 의장은 통도사 출신인 박벽안이다. 김광식 엮음, 『청백가풍의 표상』, 벽안문도회, 2013 참고.

이상과 같은 선학원 논란 발언에는 많은 정보가 나온다. 우선 1969년 초반 당시에 선학원 노선, 정체성에 논란이 제기되었다.[9] 왜 그렇게 되었을까에 대한 탐구가 요청된다. 그러나 조계종 대의기관인 종회에서는 선학원의 운영, 정체성은 그 이전과 동일한 이해를 하였다. 그 당시 선학원 이사장은 이대의이었고, 선학원장은 채벽암, 선학원의 원감은 황진경이었다.[10] 그래서 채벽암과 황진경은 선학원의 입장, 관리자적인 대변을 하였던 것이다. 그러나 결론적인 접점은 종회의 선학원 건에 대한 의결은 "본 건에 대하여는 선학원 재단 운영은 선학원에서 하되 선학원과 그 산하 사찰 인사문제는 이사장의 품신으로 종정이 발령하고, 사찰로서의 의무 이행인 분담금은 총무원에 납입토록 결의하다."로[11] 귀결되었다.

그런데 위의 발언 말미에 선학원 차용금 반제 즉 반환에 대한 내용이 주목된다. 필자가 접하였던 그 내용은 다음과 같다. 정화운동을 기념하기 위해 세운 정화기념관의[12] 부채, 정화운동의 자금 등으로 인해 선학원 재산의 상당 액수가 투입되었다는 것이다. 정화운동 당시 정화불사 소요 자금 마련을 위해 선학원 기본재산이 매각되었다고 한다.[13] 그러나 이에 대한 채무 이행은 즉각적으로 되지 않다가, 1973년 9월 선학원은 그 이행을 촉구하는 공문을[14] 보냈다. 이런 배경하에서 1974년 초반

9) 3월 6일자 신문은 아직 확인하지 못하였다. 교계 기관지인 『대한불교』에는 보도되지 않았다.

10) 『대한불교』 1969. 1. 「신년의 선학원 광고」.

11) 『제2대 중앙종회 회의록』, p.219.

12) 『불교신문』 1995. 8. 29. 「불교正統 바로세운 산실 ; 철거 앞둔 불교정화회관」.

13) 선학원에서는 1956년 12월 30일 서울, 인천 등지에 소재한 기본재산을 처분했다고 주장한다.

14) 그 공문(禪第65호)에서는 1957년 10월 경에 처분되었으며, 인천(3500평)과 행촌포교당(대지66평, 건평 38평)으로 합계 금액은 43,632,000원이었다.

에 이행되었다. 34회 중앙종회(1974. 2. 4~5)에서 아래와 같은 발언은 그를 대변한다.

> 재무부장 ; 선학원 소유의 인천 부두 땅과 시내 관음사를 팔아 정화에 쓴 것은 정화에 참여한 사람은 다 아시는 일이며 현직 선학원 이사들이 다 종단의 중진들로 총무원의 채무이행은 당연하다고 봅니다.
>
> 범행의원 ; 선학원은 정화의 근본도량으로 당시에 선학원 땅을 팔아 쓴 것은 사실입니다. 본인은 선학원 운영을 몇 번 맡아 왔기 때문에 아는 바로 비구종단에서는 꼭 갚아야 된다고 봅니다.[15)]

이런 논란 속에 당시 돈 2천만원이 선학원으로 변제되었다고 보인다. 이 종회를 보도한『동아일보』보도기사에 의하면 당시 총무원장인 손경산이 "18년 전 비구 대처싸움에 선학원 재산 4천3백여만원을 쓴 것이니 당연히 갚아 주어야 한다"는[16)] 발언을 하였다.

이런 정화불사의 재원 변제건이 논란이 될 즈음 선학원은 불사를 추진하였다. 그러나 선학원 이사장인 채벽암이 단행한 선학원 신축불사(1973~1975)는 부채로 귀결되었다.[17)] 그래서 그 당시 선학원 이사진은 총

---

15)『3대 중앙종회 회의록』, 조계종 중앙종회, 2000, pp.384~386.

16)『동아일보』1974.2.8,「폭력으로 맞선 不正問責」.

17)『선원』79호(2001.11.1),「창건 80년, 선학원 전 이사장 범행스님에 듣는다」. 5500만원의 부채 해소는 범행스님의 원력, 노력으로 가능했다. 그래서 범행스님은 75년부터 1991년까지 이사장을 역임할 수 있었던 것으로 이해된다.

사퇴하였고, 선학원 부채 해결을 주도한 범행은 1975년에 선학원 이사장이 되었다. 그런데 그는 1969년 3월 정관 개정시에 반영된 조계종 승려가 선학원 이사가 된다는 내용을 삭제하였다. 즉 1978년 2월 23일, 선학원의 정관 개정을 단행하여 임원진(이사, 감사)의 자격에서 조계종 승려임을 삭제하고, 분원장 중에서 덕이 높은 승려로 선출하는 것으로 개정하였던 것이다.[18] 그 이후, 선학원은 임제종을 창종하겠다는 의사를 피력하여 논란을 야기하였고,[19] 조계종 이외 종단 사찰도 등록을 받았다.[20] 그런데 문제는 이 무렵 종단의 분규가 심화되자, 사설사암을 창건한 조계종단의 승려들이 조계종단 보다는 선학원에 등록을 하는 빈도가 급증하였다 점이다. 선학원에 등록한 명분은 선학원이 조계종의 산하 법인이라는 인식과 창건주로서 연고권을 보장받기 용이할 것이라는 기대에서 나왔다.[21]

지금껏 살핀 바와 같이 통합종단 출범 이후 선학원은 조계종단과 개별 노선을 걸어갔다. 그는 정관개정을 통한 조계종 승려의 임원에서 배제가 그를 상징적으로 말해준다. 또한 1970년대 중반 무렵, 조계종단 내분이 심화되면서 선학원에 사찰 등록이 급증하기 시작하였다. 이로써 선학원은 양적인 성장을 기할 수 있는 체제에 접어들게 되었다. 이 같은 양, 질

18) 이에 대해 범행은 재단에 재산 등록을 한 분원장만이 임원이 될 수 있게 하여 직책에 대한 책임을 강조한 것으로 주장했다. 『선원』 79호(2001.11), p.4, 「창건 80년 선학원 전 이사장 범행스님에게 듣는다」.

19) 정확한 시점은 조사가 요망된다.

20) 이는 선학원이 법인법 관련 종단 회의(2014년 2월 21일, 조계종 총무원 회의실)에 참석하여 정리한 문건에 나온다. 선학원 총무이사는 타종단은 20%이며, 범행스님 때부터 등록을 받았다고 발언하였다.

21) 추후, 선학원 분원들의 등록 시점에 대한 통계를 입수하여 분석할 필요성이 있다.

의 변화는 선학원이 변화할 수 있는 요소로 작용하였음을 의미한다.

3. 1980~1990년대의 선학원

선학원은 통합종단 이후, 조계종단과 개별 노선을 걸어갔다. 1969년 3월 정관 개정시에는 조계종 승려가 선학원 이사가 된다는 내용이 반영되었다. 그러나 1978년 2월 23일에는 선학원의 정관 개정을 단행하여 임원진(이사, 감사)의 자격에서 조계종 승려임을 삭제하고, 분원장 중에서 덕이 높은 승려로 선출하는 것으로 개정하였다. 이런 개별 노선은 선학원 정체성, 진로 등에 중요한 단서임을 말해주는 것이다.

그런데 선학원의 정관 개정과 독자노선에 대한 논란은 즉각적인 문제로 비화되지는 않았다. 그 당시 종단은 조계사파, 개운사파로 나뉘어 3년간 내적 갈등을 전개하던 시기이었다. 더욱이 1980년 이른바 10·27법난을 당하여 혼미를 거듭하던 시기이었다.[22] 요컨대 선학원 문제에 주목할 여건이 되지 않았다. 그러다가 1981년 4월의 65회 중앙종회(1981.4.18)에서 논란이 제기되었다. 여기에서 종회의원들의 발언을 제시하겠다.

> 김능혜의원 ; 선학원은 종단과 둘로 볼 수 없는 곳인데 정관을 개정하여 종단의 영향권을 벗었고, 또 승려증도 별도로 발급한다고 합니다. 그러니 선학원과 종단관계는 하나가 되어야겠다는 생각에

22) 김광식, 「10·27법난의 발생 배경과 불교의 과제」, 『불교와 국가』, 국학자료원, 2013.

서 대책이 만들어져야 될 것으로 믿습니다.(이하 생략)

정도원의원 ; 선학원은 과거 노스님들이 출자하여 수행처소로 만들었고, 정화 때는 그 산파역을 한 곳입니다. 선학원을 운영하는 분들이 조계종 스님인데 무엇을 정리할 것이 있다는 것입니까? 종단 정화시에는 돈을 갖다 쓰고 이제 와서는 잘못이 있다고 정리한다는 것은 잘못된 것 같습니다.

황진경의원 ; 선학원은 정화의 요람이며 발상지라고 해도 과언이 아닙니다. 선학원의 과거 정관에는 임원 규정사항에 일반 승려는 누구든지 이사가 될 수 있다고 된 것을 선학원의 명맥을 유지키 위해 조계종 재적 승려라야 한다고 고쳐서 문공부에 등록시킨 적이 있습니다. 최근 분규가 있고 나서 그 임원 조항을 변경했다고 하니 그 조항만 종전과 같이 다시 환원시키면 족하다고 봅니다. 승려증도 선학원에서 발급한다고 하는데 과거에는 선원장 발령시에 선학원 이사회를 거쳐서 종정의 임명을 받도록 되어 있던 것입니다. 이것은 선학원을 정리하자는데 의의가 있는 것이 아니고, 정관 개정된 부분을 환원하자는 것인 이상 그 부분은 범행스님께서도 허허 웃으시면서 받아들여줄 것으로 생각합니다.

김천장의원 ; 지금 선학원 소속 사찰이 300개소가 되는데 한 곳에 3인씩의 승려를 가상해 볼 경우 900인 정도가 됩니다. 그들이 종지를 지키지 않고 다른 짓을 할 경우 큰일이라 아니할 수가 없습니다. 선학원도 임명품신할 경우 종단에서 임명장이 나가야 될 것이고, 승려증도 종단에서만 나가야 됩니다. 선학원 재단 소속 사찰에 있는 분들은 종단에 비협조적인 경우가 많습니다. 선학원 소속 사찰에 계신 분이 종단의 원로도 계시고 여러 스님이 있으니 선학원도 종단의 임명을 받도록 함이 타당한 것이라고 생각합니다.

이성타의원 ; 선학원 문제는 중요한 것입니다. 정화 이전에 공부처소가 없어서 공부를 하고자 만든 곳인데 이제는 공부할 수 있는 처소가 많기 때문에 사실상 두어야 할 의의는 없다고 봅니다. 역사적 전통에 비해 유지하는 것을 목적으로 두는 것은 좋겠으나 현재 본인이 알기로는 약 400개 사찰이 되는데 조계종 본사 구역 내에 있는 사찰이 조계종 소속이 아니라고 전혀 지시를 받지 않고 있습니다. 그런데 선학원 소속 스님은 종단에 와서 원로도 하고 공직도 맡고 있습니다. 앞으로 선학원을 종단과 무관한 별개로 하든지 흡수하든지 결정을 해야 할 것입니다.

수석부의장 정초우 ; 그러면 수습대책위원 4인을 지명하겠습니다.

(4인의 명단을 발표하니 다음과 같다 ; 이성타, 김능혜, 황진경, 김천장, 의장단 3인 포함 이상 7인)[23]

이상의 발언에서 선학원 정체성, 진로, 모순 등을 알 수 있다. 우선 1980년대 선학원 소속 사찰이 300~400여개라는 점과 독자적인 활동이 강화되었음을 알 수 있었다. 그러면 20여개 처에서 이렇듯이 어떤 연유로 300개 이상으로 증가되었는가? 이에 대해서는 별도의 설명이 요청된다. 선학원의 독자성은 이사회 구성원에서 조계종과의 관련을 배제하였을 뿐만 아니라 주지품신과 승려증 발급을 독자적으로 행하는 것

23)『제7대 중앙종회 회의록』, 중앙종회, 2002, pp.216~217.

으로 나타났다.

그러나 선학원 문제는 해소되지 않고, 그 이후에도 지속적으로 제기되었다. 조계종단 내부의 종회에서 선학원 문제의 논란은 재개, 상승하고 있었다. 즉 1985년 11월 28일의 84회 중앙종회에서는 많은 논란 속에 집행부에서 책임을 지고 상황을 파악하여 차기 종회에 내놓는 것으로 정하였다.[24] 1986년 3월 29일, 85회 중앙종회에서는 집행부가 선학원 이사장을 만난 경위를 듣고 대책(정관개정을 요구)을 정하였다. 그 당시 회의록을 보면 다음과 같다.

> 총무부장 박현성 ; 선학원 범행스님과 만나 많은 논의를 했습니다. 선학원 운영 정관이 '본 법인은 불교선리, 탐구 및 수행에 의하여 승려 및 제반 불교도의 정신 수양과 포교능력을 함양시키며, 포교활동 및 시설을 제공하는 것을 목적으로 한다.' 이렇게 되어 있습니다. 그 동안 총무원에서 선학원 이사장 이범행스님과 여러 가지 대화를 나누었습니다. 선학원 이사장 스님이 죄송하다고 말하고, 그 정관을 개정하겠다 하여 '본 법인은 대한불교조계종 종지를 봉행하고'로 바꾸어 앞으로는 선학원과 조계종이 둘이 아니고 조계종 승려로서 같은 뜻을 이행하겠다고 하니 여러 스님들께서는 어떻게 했으면 합니까?
>
> 김천장의원 ; 언제까지 개정한다고 했습니까?
>
> 총무부장 박현성 ; 4월 10일에서 20일 사이에 개정하겠다고 했고, 개정을 이행하지 않을 시는 8월 종회에서 어떠한 책임을 물어도

24) 『8대 중앙종회 회의록』, 중앙종회, 2004, p.451.

감수하겠다는 말이었습니다.

김천장의원 ; 만일을 우려하여 말씀드립니다. 총무부장 스님 답변과 같이 이행되면 좋으나 그렇게 되지 않을 때에는 조계종에서 조치할 것을 선학원 재단 주지나 선학원에 등록된 사찰 주지, 상좌 등은 종비생이나 승가대학생, 주지, 강원, 선원까지도 받아 주지 말아야 하고. 받아주는 당해 사찰 주지는 책임지도록 총무원에서 조치를 취해 주시기 바랍니다.

총무부장 박현성 ; 예 알겠습니다.

황진경의원 ; 선학원 문제는 제가 선학원에 몸담고 있었던 사람으로 잘 압니다. … (중략) … 때문에 근본적으로 대한불교조계종 종지를 봉대한다는 개정에 그칠 게 아니라 임원은 '대한불교조계종 재적승려만이 할 수 있다'고 선학원 이사회를 열어 정관 개정할 것을 정식으로 동의합니다.

의장 김월서 ; 황진경스님께서 정식 동의한 내용대로 통과 결의합니다.[25)]

그러나 선학원이 약속한 정관 개정은 이행되지 않았다. 왜냐하면 1987년 11월 12일에 열린 90회 중앙종회의 선학원 건은 "본 건에 대하여는 11인의 특별위원회에서 연구 검토하여 차기 종회 때 보고키로 결의하다"로 정하여졌기 때문이다. 그래서 1987년 12월, 91회 중앙종회에서도 선학원 문제가 다시 거론되었다. 그 종회의 특별위원회 보고의 건에 포함된 선학원 문제는 다음과 같이 정리되었다.

---

25) 위의 자료, pp.633~635

> 선학원의 현 정관을 원래의 정관대로 개정토록 결의하고, 총무원장 명의로 공한을 발송케 하는 한편 정초우 위원장스님과 박종하 위원스님, 최향운 위원 스님 세분을 선출하여 선학원과의 절충을 담당토록 하고, 이를 차기 종회에 보고하여 결의후 시행토록 한다.[26)]

그러나 선학원은 이런 요구에 응하지 않았다. 이런 배경에서 나온 특별위원회는 일정한 활동을 하였지만, 성과를 거두지 못하고[27)] 1988년 3월 29일의 92회 중앙종회에서 다음과 같은 보고를 하였다.

> 선학원은 현 정관을 원래의 정관대로 제93회(3월중 개회예정) 종회 때까지 개정하지 않을 경우 선학원 이사장은 종헌 · 종법에 의하여 중징계할 것을 결의한다.[28)]

이와 같이 종단에서는 지속적으로 문제를 제기하고, 대책위원회를 강구하고, 선학원과 교섭을 하였다. 그럼에도 불구하고 필자는 그 이후에 양측이 타결되었다는 기록을 보지 못하였다. 추측하건대 1994년 종단개혁이라는 변화로 인해 양측의 대화를 갖기 이전에는 선학원의 독자성이 지속, 강화되는 추세가 지속되었을 것이다.

한편, 이 기간에 선학원 내부에서 선학원 문제를 제기하고, 개선을 요구하는 움직임이 있어 주목된다. 이런 문제 제기는 선학원 진로, 개혁에

---

26) 위의 자료, p.1149.
27) 대책위원인 정초우, 박종하, 최향운 등이 선학원에 가서 선학원 이사를 만나서 문제를 제기하였으나, 뜻을 이루지 못하였다. 위의 자료, p.1284.
28) 위의 자료, p.1196.

큰 영향을 주지는 못하였지만, 그 제기에서 선학원의 현실, 모순 등을 엿볼 수 있어 검토가 요청된다. 우선 1987년 8월 8일, 선학원 사찰인 금정사 주지(慧明)는 「선학원은 조계종으로 돌아와야 한다 – 선학원의 설립 취지」라는 문건을 작성, 배포하였다. 그는 그 문건에서 선학원의 설립 취지, 역사, 범행의 독자행보 및 장기간의 권력을 서술하면서 선학원이 나아가야 할 길을 제시하였다. 그 문건에는 선학원 현실을 분석한 귀절이 있어 주목된다.

> 한 宗教團體가 存立하기 위해서는 宗旨와 理念과 教理가 있어야만 宗教로서 가치가 認定된다. 현재 禪學院은 아무런 宗教的 理念도 佛教的 宗派도 찾아 볼 수가 없다. 다만 財團法人體로서의 財團을 運營하기 위한 事業機關에 불과한 것이다. 현재 禪學院 登錄 寺刹 대부분이 曹溪宗 僧籍을 가졌거나, 절은 禪學院에 두고 僧籍은 曹溪宗 僧侶 행세를 하는 것이다.
> 이는 분명히 이율배반이다. 앞으로 大韓佛教曹溪宗 禪學院이란 명칭을 사용하지 않을 경우에는 僧籍 박탈은 물론이거니와 자기가 넣어 놓은 절도 보장받기 어려운 시점에 와 있는 것이다. 大韓佛教曹溪宗禪學院이란 名稱을 사용할 경우에는 僧籍도 살고 절(分院)도 살게 되는 것이다.[29]

이렇게 그는 1980년대 선학원 현실을 실랄하게 비판하였다. 선학원은 재단을 운영하기 위한 사업기관에 불과하다는 표현이 그를 단적으로 대

29) 金山慧明, 「禪學院은 曹溪宗으로 돌아와야 한다 – 禪學院 設立趣旨」, p.3.

변한다. 선학원 승려들이 승적은 조계종에 두고, 재산 등록은 선학원에 한 처사를 이율배반으로 단언하였다. 그럼에도 불구하고 그는 선학원과 조계종이 동질적인 연결 고리를 가져야 함을 강조했다.

> 지금에 와서 구태어 재단을 해체할 필요는 없는 것이다. 새로운 집행부를 구성하여, 禪學院을 신선한 얼굴로 만들어야 하는 것이다. 선학원이 조계종의 종지 이념 교리를 받들고 조계종과 선학원이 둘이 아닌 단일 종단으로서, 조계종의 계단에서 승려가 되고, 재기 재산을 선학원에서 영구히 보존시키는 일이다.[30)]

그러나 이와 같은 혜명의 제안에 대해서 선학원 내부에서 어떤 반응이 있었는지는 문헌에서 찾지 못하였다. 혜명은 자신의 소신을 이렇게 피력하면서, 그 직전에 조계종의 종단 기관지인 『불교신문』(1987. 7. 22)의 광고 지면에 「성명서 ; 선학원은 조계종 재단이다」는 글을 게재하기도 하였다.

그로부터 몇 년 후인 1990년대 초에 선학원 소속의 임송산이 선학원의 진로에 대한 의견을 개진한 글이 있어 참고된다. 선학원 소식지인 『선원』 8호(1992. 5)에 기고한 「특별기고 ; 재단법인 선학원 운영에 대한 소고」라는 글에서 임송산은 선학원 본질적인 문제 즉 운영, 교육, 사회참여 문제를 거론했다. 임송산은 범어사 출신으로, 중앙승가대 교수 및 학장을 역임한 승려로, 당시에는 인천 보각선원장이었다.[31)]

---

30) 위의 문건, p.7.
31) 그는 2004년에 입적하였다.

그는 선학원의 설립과 기본재산은 조계종 전신의 사찰과 승려들에 의해서 이루어졌다고 분석하였다. 이를 전제로 선학원은 종교법인으로서의 성격을 가져야 한다고 주장했다. 그러면서 당시 선학원 모순의 해소 및 진로 활성화를 위해 대안을 주장하였다. 본 고찰에서는 운영 측면을 거론하고자 한다. 그 구체적 내용은 이사회의 후보는 분원장 회의에서 선출, 평의원의 제도 부활, 정관에 이사장 또는 이사는 조계종 승려라는 것의 반영, 상임 이사제도의 부활 등이었다. 이러한 대안은 1970~1980년대 선학원 운영상의 문제점을 개선하려는 의도에서 제기된 것이었다. 이중에서 분원장 회의, 평의원 제도, 조계종 승려 정관 문제가 제일 중요하기에 그의 주장을 제시한다.[32]

> 첫째, 이사회의 이사 후보는 분원장 회의에서 선출되어야 한다.
> 현 선학원은 재단법인이라는 명목 하에 이사 선출을 사회법에만 의존하고 있다. 선학원은 성격상 일반사회 단체의 법인체라기보다는 종교법인적인 성격을 띤 종파로서 소속 사찰의 승려들의 의견과 참여의식이 최대한 반영되어야 한다. 그러기 위해서는 이사 선출을 분원장 회의에서 선출하는 방식을 취해야 한다. … (중략) …[33]
> 둘째, 평의원 제도가 부활되어야 한다. … (중략) …
> 대덕스님들을 보좌하고 의견을 제출하고 의견이 취합되면 그를 실행할 수 있는 젊은 층으로 평의원회를 구성하여 재단 쪽의 뿐만 아니라 종단

32) 임송산, 「재단법인 선학원 운영에 대한 소고」, 『선원』 8호(1992. 5), pp.44~45.
33) 그는 이사를 분원장 회의에서 후보를 선출하고, 그를 이사회에서 추인하자고 주장했다. 그러면서 다자산 출연자를 순위로 이사를 선출하는 것을 비판했다. 현재 이 제도는 조계종단(종립학교관리위원회)이 동국학원 이사를 선출할 때에 구현되고 있다.

> 적, 사회적인 일들까지도 협력할 수 있는 계층으로 구성되어야 한다.
> 셋째, 정관에 "이사장 또는 이사는 조계종 승려라야 한다"고 삽입시켜야 한다.
> 선학원의 기본재산과 설립 취지는 조계종 전신 사찰과 승려들에 의해서 이루어졌다. 또 재산보다 중요한 것은 역대 큰스님들의 선풍진작과 한국불교의 정화작업의 산실을 한 곳이 신자나 속인이 이사나 이사장을 맡을 수 없기 때문이다. 이사나 이사장을 조계종 승적을 가진 쪽에서 해야 하고 더욱 선풍진작에 진력할 수 있는 능력있고 덕망있는 스님으로서 선학원 위상을 바로 잡을 수 있는 대덕스님이어야 한다.

그러나 필자는 이와 같은 임송산의 주장이 즉각적으로 어떤 반향, 수용 등이 있었는지는 알 수 없다. 필자가 보건대 이 주장은 합리성, 종교성, 역사성 등에서 유의할 내용이라고 본다.

1992년 경, 선학원 이사장은 진제(해운정사)이었다. 그는 수좌들과 연계 강화, 『선원』 복간[34] 등을 통해 전통을 계승하면서 선풍진작에 나서려려는 행보를 갔다. 특히 『선원』은 그 당시 지성적인 수좌들이 참여하여 선풍진작을 이끌기 위한 행보를 갔으나, 불과 11회(복간호~ 15호)만 내고 중단되었다. 편집고문은 무여 · 설정 · 인각 · 휴암이었고 자문위원은 수안 · 성본 · 관조이었고, 주간은 효림이었다. 이렇듯이 선풍을 진작하겠다는 뜨거운 흐름이 있었기에 임송산도 선학원의 문제를 기고할 수

34) 일제하에 발간한 『선원』을 계승하였기에 복간이라 표방하였다. 특기할 점은 수좌들의 수행 기록인 芳啣錄을 수록하였다는 것이다. 『선원』의 편집 고문은 무여, 설정, 인각, 휴암 등이었다. 그러나 『선원』지는 1년만에 휴간에 들어갔다.

있었을 것이다. 그러나 연유는 단언할 수 없으나 진제는 이사장을 1년 정도만 하고 사임하였다.

> 그동안 스님은 해운정사와 더불어 선학원 재단 이사장직을 역임하면서 선학원 중앙선원 법회와 선학원 운영에도 열정을 쏟으셨는데 얼마 전 이사장직을 사임하셨다. 예상 밖에 갑작스러운 일이나 모든 대중이 놀랐고 그에 대해 스님은 선원지를 통해 대중들이 이해해 주길 바란다며 "본시 선학원이 생겨난 목적은 제방 선사님들이 한국불법을 재현하기 위해서였기에 역대 선사 스님들이 원장을 맡은 가풍에 따라 힘에 부치는 과다한 일을 맡게 되었지요. 그런데 지금은 몸이 많이 쇠약해져 무건운 짐을 놓고 해운정사에만 신경을 쓸려고 합니다. 선학원은 앞으로 한국 선풍의 진작을 위해 많은 일을 할 수 있으리라 믿으며 선학원 분원의 많은 스님들이 협력하여 선학원을 중심으로 선풍을 널리 펼치시기를 바랍니다."라고 인사말을 남겼다.[35]

위와 같이 그 연유는 알 수 없으나, 건강상의 이유로 사임한 것으로 나온다. 진제의 퇴진은 추후 탐구가 요청된다. 그 사임이 개인적인 차원인지, 아니면 선학원 진로 및 노선의 문제인지를 살필 필요가 있기 때문이다.

한편 1994년 4월에는 정일(법주사)이 이사장으로 취임하였으나, 특별한 변동은 없었다. 1996년 중앙선원장으로 성해가 취임하면서 토요선학강좌, 고승 초청법회를 개최하여 선풍진작에 나서기도 하였다.

---

35)『선원』 15호(1992. 12),「사부대중이 함께하는 선지식의 회상」.

그 무렵 조계종은 1993년 7월 28일 109회 중앙종회에서 선학원대책위원회(위원장, 허현)를 구성시켰다.[36] 당시 종회에서 결정된 내용은 다음과 같았다.

> 본 건에 대하여는 법인 재단을 별도로 설립하여 물의를 빚고 있는 선학원 및 기타 단체에 대하여 선학원 대책 특별위원회를 구성하여 근본적으로 해결 추진토록 결의하다.

성타는 그 회의 말미에서 선학원 문제만 다루지 말고, 대각회 등의 여타 법인체 및 큰스님들의(전관응, 서경보 등) 문제도 다루어야 형평에 맞다고 제안을 하자, 수용되었다. 또한 김정휴는 종헌보다도 선학원의 정관이 법률적 구속력을 가지고 있다는 점을 지적하였다. 당시 그 위원은 이성문, 이정우, 임영담, 박원우, 김법등, 김지형, 김허현, 진천제, 김도각 등 9인이었다. 그러나 별다른 활동은 하지 못하였다. 당시 종회에서 특별교구, 별도교구, 특별법, 특별위원회 등을 만들어 선학원을 종단 안으로 흡수해야 한다는 의견이 나왔지만,[37] 뚜렷한 대안은 없었다.

지금껏 1980년부터 1994년 무렵까지의 선학원 역사에서 중요 대목만을 제시하였다. 그러나 지금껏 이러한 역사적 전개에 대하여 조계종, 선학원 양 측에서는 관심을 기울이지 않았다. 그러나 이와 같은 1994년 종단 개혁 전후의 선학원 역사에 대해서도 객관적인 인식을 가져야 할 것이다. 본 고찰에서 미쳐 살피지 못한 94년 종단개혁 이후의 갈등, 접

---

36) 『제10대 중앙종회 회의록』, 조계종 중앙종회, 2006, pp.510~511.
37) 『제10대 중앙종회 회의록』, pp.706~718.

점 등의 역사는 별도로 고찰할 예정이다.

4. 결어

지금까지 현대기의 선학원의 역사를 당시 회의록, 자료 등을 제시하면서 그 대강을 살펴보았다. 맺는말은 선학원의 정체성을 조계종과의 상관성에 유의하여 재정리하면서 선학원 연구에 유의할 측면을 제시하는 것으로 맺는말로 대신하겠다.

첫째, 선학원은 근대불교 시기의 국권상실, 일제 식민지 불교체제의 압박이라는 민족적, 시대적인 맥락에서 태동되었다. 이런 역사성은 조계종단의 태동, 전개와 맞물려 있다. 때문에 이런 동질적 맥락으로 인하여 양 측은 역사 공유, 적절한 연대를 가져야 한다는 당위성을 갖게 되었다.

둘째, 선학원은 일제 식민지 불교를 극복하려는 저항, 대항, 대결 의식에서 나왔다. 이런 이념도 조계종단의 역사와 유사하다. 이는 선학원과 조계종단이 역사와 이념이 동질적이라는 틀에서 당연한 이해이지만, 그 출범과 존립도 같은 기반에서 나왔다는 것을 말한다. 일제는 사찰령 체제를 가동시키던 초기에는 한국불교의 종단을 허용, 인정치 않았다. 그래서 당시 주류의 승려, 본말사 주지 등은 종단설립운동을 전개하였다. 그 결과 30본산 연합사무소(1915~1921), 총무원과 교무원(1922~1924), 승려대회에서의 종무원(1929~1933)을 거쳐 1941년 4월 조선불교 조계종이 출범하였다. 이 조계종은 대한불교(1946~1954), 불교 조계종(1954~1961), 대한불교 조계종(1962)으로 계승되었다. 때문에 현재의 대한불교 조계종은 1962년에 창종된 것이 결코 아니라, 근대 불교의 종단 설립운동 및 교단체제를 계승한 유일한 종단이다. 그런데 일본불교의 영향을 받으면서 불교 근대화를 추진하였던 세력이 등장하였다. 그러면서 교단 내부에는 계율 및 수행 풍토의 이완 현상(대처승 출현, 선원 및 수좌 배척 등)을 성찰하려는 불교정화운동이 8 · 15 해방 직후부터 가시화 되었다. 바로 이런 추세에서, 그 흐름 및 운동의 중심 거점이 선학원이었다.[38] 그리고 선학원 계열의 수좌들은 정화운동의 주체이었다. 이 운동은 8년간의 지난한 내적 갈등을 거친 후에 1962년 4월, 이른바 통합종단으로 일단락되고 조계종단은 새출발을 하였다. 때문에 선학원은 조계종단의 성찰, 정화운동, 재출발을 기할 수 있게 하였던 거점, 운동의 본부, 이념을 제공한 촉매제 등의 역할을 하였다.

셋째, 선학원 창건, 운영에 있어서 일제하의 사찰, 선원, 수좌 등의 적극적인 참여, 후원, 협조가 있었다. 지금껏 선학원의 역사, 이해에 있어서 이런 측면은 적극적으로 인식되지 않았다. 일제하의 경우에 있어서 전국적인 사찰, 선원, 수좌들의 후원은 상당한 것이었다. 요컨대 선학원은 전 불교계 차원에서 인식되고, 외호된 기관이었음을 간과할 수 없다.

---

38) 선학원의 정체성을 고려할 때, 임환경(해인사)이 찬술한 「남전 한규선사 행장」이 참고된다. 즉 그는 "선학원은 禪客의 도량으로 뿐만 아니라, 佛祖의 정맥을 계승하여 펴나가는 禪宗의 中央機關으로 그 설립 의의가 자못 지대하였다. 일정치하 총독부 관할 아래에서 한국 불교의 일본화 배격에도 그 설립의 의의가 적지 않이 있었다. 당시 사찰령의 지배를 받지 않고자 해서 처음부터 寺 庵을 피하여 선학원이라 하여서 선종의 策源地로서 해방 전후에는 항일 민족운동의 本營 구실을 다하였고, 해방 후인 35년 뒤에는 정화불사의 本山 구실을 다하였다. 『南泉禪師文集』(인물연구소, 1978), p.212. 선학원에서도 민족불교의 성지, 정화불교의 산실이라는 정체성을 표방하고 있다.

이런 성격의 변질이 현대기에 와서 노정되었다.

넷째, 일제하 선학원은 수좌(회원, 평의원)와 선원들의 중앙기관의 성격을 가졌다. 이 전제에서 1934년에 출범한 재단법인 선리참구원은 수좌 및 선원의 수행 및 활동을 외호하는 법인체이었다. 일제하의 경우 선학원은 '조선불교 선종'이라는 독자적인 정체성을 지닌 종단을 만들었고, 독자적인 종무원을 두어 선풍진작 활동을 하고 수좌들의 조직체로 기능하였다. 예컨대 방함록 작성, 수좌 소식의 전달, 모범총림 지향, 청규 실행 등은 그를 단적으로 말해준다. 그리고 선리참구원(법인)과 직접적으로 연계되었던(법인 참가) 선원 이외의 선원 및 수좌들도 선학원에서 열린 집회에는 대부분 참여했다. 이는 당시 선학원의 정신적 위상이 상당하였음을 말해준다. 즉 선원 및 수좌의 실질적인 중심체이었음을 말한다.

그러나 위의 성격은 1960~70년대 선학원의 정관 개정으로 변질되어 갔다. 현재의 선학원은 각처의 선원, 수좌와 일체의 연계를 갖지 않는다.[39] 1994년에 출범한 개혁종단 내부의 전국선원수좌회와 최근의 선학원과는 연결, 동질적 의식은 거의 없다고 보여진다. 최근 수좌회가 전국선원수좌복지회를 법인체로 만들면서 수좌 외호에 나선 것에도 선학원과의 연관은 일체 없다.

다섯째, 선학원의 이념은 민족불교, 정화불교, 선불교가 중심 이념이었다. 이와 같은 이념은 조계종에서도 찾을 수 있다. 이런 동질적인 이념의 성격은 지금껏 지적되었다. 때문에 이런 이념, 역사, 정체성을 수

---

39) 그러나 1960~1970년대에는 선학원과 수좌간의 일정한 연대 의식이 있었다고 이해된다. 1992년 경 선학원 이사장을 역임한 진제 스님 시절에 발간된 『선원』을 보면 당시 수좌들의 기고 혹은 소식이 전한다.

긍한다면 추후에는 연결, 접점 등을 모색할 수 있을 것이다. 그러나 통합종단이 등장된 이후에 조계종단과 선학원이 동일한 인식하에 공동사업을 추진한 경우는 없다.

일곱째, 조계종과 선학원 간의 대립은 현대기에 노정되었다. 양측의 그간 불편한 내용, 갈등은 통합종단이 출범한 1962년부터 지속적으로 전개되었다. 본 고찰에서는 그 대강만을 정리하였지만 이에 대한 객관적인 정리, 이해도 필요하다. 최근에는 법인관리 및 지원법을 둘러싸고 논란이 전개되고 있다. 1994년 이후부터는 선학원 명칭에 조계종의 이름 부여, 조계종단의 종지 봉대, 선학원 이사에 조계종 승려의 배정, 분원장의 조계종단 총무원장의 임명,[40] 분담금 납부 등을 둘러싸고 본격적인 갈등이 노정되었다.[41] 양측의 갈등은 2002년 3월 6일, 양측 대표자인 정대와 정일이 합의서에 서명함으로써 일단락되었다. 그러나 그 이전에도 일정한 갈등, 감정상의 불편함이 있었다. 이에 대해서는 객관적인 자료에 의해서 추후 세밀한 조사를 해야 한다.

여덟째, 현대기 선학원이 관리하는 선원은 급증하였다. 해방 직후에는 선학원과 연고를 가졌던 선원은 20여 개로 추정된다. 그러나 현재는 500여(?)[42] 개에 달하는 분원(사찰)이 등록되어 있다. 그렇다면 왜 이렇게

40) 1966년까지는 분원장을 조계종단이 임명하였다고 한다.

41) 『불교신문』 1998. 3. 3, 「정관개정 거부한 선학원 숨은 의도 ; 특별 인터뷰 총무무장 혜창스님」.
『불교신문』 1999. 9.21, 「중앙종회, '선학원 합의문' 왜 부결시켰나」.
『불교신문』 2001. 9. 11, 「조계종 선학원 관계 정상화」.
『선원』 36호(1998. 4. 1), 「선원법석 ; 정관개정 요구, 종단에 묻는다」.
『선원』 80호(2001. 12. 1), 「송년특집 ; '재단 –종단 관계 정상화 합의안' 도출에서 통과까지 올해 최대뉴스 장식」.

42) 이 통계는 추후 정확한 기록에 의해 보완되어야 한다. 1990년대 초에는 600여 개라는

선학원에 조계종 승려들이 등록을 다수 하였는가에 대한 성찰적인 이해가 있어야 할 것이다. 이런 변화상을 포함한 조계종단과 선학원의 역사에 대한 냉정한 직시가 있어야 한다. 이와 같은 역사의식을 기조로 하여 조계종과 선학원은 서로 간의 정체성 및 지향을 인정하는 가운데 공생의 길로 나가야 한다.

아홉째, 종교에는 해당 종교의 정신인 사상과 그 사상을 유지 발전시켜 나가는 조직체가 있다. 이를 불교에서는 이사, 혹은 이판과 사판으로 지칭한다. 이 같은 양 측면은 결코 배제, 배척할 수 없다. 양 날개와 같이, 양 바퀴와 같이 이 두 측면은 공존하여야 종교 활동이 유지되는 것이다. 조계종과 선학원은 그 역사 및 이념에 있어서는 같은 뿌리라는 점은 역사적으로 확인되고 있다. 그런데 사판적인 측면의 조직, 법인, 관리라는 측면에 대한 이해관계 및 인식에서는 대응적인 노선이 경주되고 있다. 때문에 추후에는 이 내용에 대한 대승적 차원에서 상식적인 접점과 합의가 있어야 할 것이다.

열 번째, 최근 선학원은 만해 한용운에 대한 추모 및 연구 사업을 왕성하게 추진하고 있다. 만해의 역사성, 위상, 선학원과의 연고 등을 고려할 경우 이는 일정한 평가를 받는다. 그러나 선학원의 정체성, 역사성을 유의할 경우 이는 지나친 경도라는 지적을 받을 수 있다. 선학원은 그 역사성을 민족불교, 정화불교로 표방하고 있다. 만해는 민족불교에 부합되는 인물이지만, 정화불교에 대한 역사성과는 어떻게 조화를 시킬 것인가이다. 물론 선학원은 근대불교문화기념관의 건립, 선리연구원의 활동 통해 이를 모색하고 있다. 하여간에 선학원은 수좌 보호, 선풍진

기록도 있다.

작, 선리 연구,[43] 만해 이외의 연고 승려에 대한 연구 등에 더욱 유의해야 한다고 본다.

한편 통합종단 이후의 선학원 특히 1970년대 후반부터는 재산관리에만 유의하는 기관으로 변질되었다는 비판이 있다. 요컨대 분원의 연합체 성격에 머물렀다는 것이다. 이런 구도하에서 수좌 및 평의원들의 참여의식 희박, 평의원회의 퇴진이 노정되었다. 그렇다면 그 원인을 설명해야 할 것이다. 이에 대한 것은 필자의 후일 연구로 남겨두지만 여기에서는 그 대강의 뜻만 제시한다. 그는 선학원 태동의 배경인 일제하 불교라는 현실 해소, 정화운동 이후 수좌들의 참선 수행보다는 종권 및 사찰관리권에 경도를 지적할 수 있다. 그리고 1970~80년대 새로운 불교 현장에서의 선학원의 정체성 모호, 선학원이 정관에서 규정한 취지의 사업보다는 분원의 등록 · 유지 · 관리에만 유의한 현실,[44] 조계종 승려가 신규 사찰을 선학원에 등록함에 따른 선학원의 비대성에 걸맞는 조계종과의 효율적인 연관성(법, 이념 등) 구축의 실패 등을 거론할 수 있을 것이다.

열번째, 선학원 운영 및 노선에 구성원들과의 합의에 대한 문제점이 일부 제기된다. 선학원의 최근 집행부는 전체 구성원들의 인식, 동의,

---

43) 최근 선학원은 불교 연구진작을 위해 우수 연구논문 시상, 『선리연구』의 발간을 통해 심화된 학술활동을 하고 있다. 그러나 불교 전반에 대한 진작 보다는 선학원의 정체성에 부합하는 초점이 있는 연구 사업이 요망된다.

44) 선학원은 선리연구원을 2005년에 개원하여 학술활동에 나섰다. 즉 10년에 불과하다. 그런데 선리연구원은 禪, 선학원의 역사 및 정체성 등을 중점으로 연구할 당위성에는 미흡한 행보를 간다는 우려가 있다. 만해 한용운이 선학원에 주석하였고, 1920년대 전반기 선우공제회 이사를 역임한 것은 사실이지만 만해에 경도된 행사의 개최에도 비판이 제기된다.

반발 등에 대한 입장을 잘 살피지 못한다는 우려가 있다. 현재 선학원은 이사회가 많은 권한을 갖고 있거니와, 이사진은 선학원의 분원장과 소속 승려들의 의견을 반영하여 제반 사업, 교섭을 추진하는 것이 당연하다. 선학원과 조계종 간의 불편성은 과거 20년 전에도 최근과 거의 같은 행보를 보여주었다.[45] 또한 조계종과 선학원 내부에서 법인법, 운영, 노선에 대한 이견이 있었음을 유의해야 한다.[46] 하여간에 역사에서 교훈을 찾고, 역사적 정체성과 배치되는 길을 가지 않는 차원에서 양측의 접점이 이루어져야 한다는 흐름이 있다.

지금껏 필자가 생각하는 현대기 선학원 역사 및 이념을 이해하기 위한 전제에서 최근 선학원의 여러 측면 및 성격을 살펴보았다. 역사적 설명이 애매한 측면은 지속적인 자료수집, 분석, 연구로 보완해 나갈 예정이다.

---

45) 조계종단은 이른바 개혁종단이 출범한 직후, 종도들의 사설사암 및 법인을 관리하려는 목적에서 종헌 9조 3항, 4항에 등록, 관리에 대한 원칙을 수립하였다.

46) 조계종의 승려인 학담은 실천승가회 출범 20주년 기념 세미나(2013. 2. 26, 조계사)의 발제 글인 「반야가 이끄는 상가의 사회적 실천을 위해」에서, 종도가 만든 법인의 종단 이탈을 막기 위한 규제는 타당하나, 모든 재단에 이사 파견 등을 통해 재단을 관리하려는 것은 종헌정신에 합당하지 않고, 현 조계종단 집행부의 역량 밖이라고 지적하였다. 그는 기존 사찰 조직으로 감당하기 힘든 사회적 역할이 있는 단체는 조계종단과 이념적 연결만 갖도록 하고, 법인체들을 특별교구로 인정하여 별도 관리 및 활성화시킬 것을 주장하였다. 선학원에서도 일부 선원장들은 선학원이 탈종, 독자노선을 갈 경우, 기부재산을 되돌려 주거나, 탈종 노선을 전체 분원장들의 동의를 받아야 한다고 선언했다.

선학원 역사에서의 논의점

	과거	현재
1. 선원	토지= 수익, 지원 5처, 20개처	574개처?(361+213) 관리만 유의, 정체성 모호
2. 구성원	회원(수좌), 선원	선원(공 사찰, 사 사찰) 분원장의 정체성, 모호 창건주, 중창주는 관리인
3. 성격, 활동	선리 수행 및 연구 수좌, 선원과 연고 참선, 청규, 수좌 회의(방함록) 조계종 ; 연고(설립, 역사 등)	관리(재산), 수행 및 연구모호 禪林會(1967) 전국선원수좌회(1994) 민법, 재단법인 ; 독자성
4. 집행기관	이사회 - 수덕사, 범어사, 직지사 평의원회(1964년까지 존재) - 예산, 결산 등 심의	이사회
5. 종단	조계종 승려 100% 조계종과 연고성 주지(분원장) = 발령에 관여 이사 = 조계종 승려	타 종단 승려 30% 독립, 논란 1978년부터 독자 행보 종단 지향
6. 역사	- 선학원 주장 : 선학원 1934.12.5에 출범 대한불교조계종 1962.4 출범 불교정화운동 근거처, 재정지원	선학원의 역사가 빠름 선학원이 조계종을 탄생시킴
	- 조계종 주장 : 조계종은 1,700년 불교사 계승 근현대 종단 설립운동의 중심처(1941, 조선불교 조계종 계승) 정화운동 ; 한국불교 조계종, 불교 조계종으로 지칭(동질성) 1962년 통합종단 출범 ; 비구 · 대처 집행부에게서 인수, 인계를 받음 문제점 ; 기존 조계종 인식, 1962년만 강조한 것은 몰인식	
7. 설립 주체	재산 기증자는 만공 등 다수 재산 기증자의 연고 사찰과 연결 해당 사찰 및 법손은 조계종 구성원	자연인에 불과 조계종(사찰)과 무관 - 선학원 주장
8. 논란	조계종 연계 = 종지, 종통 분담금(교육, 수계 등) 법인법(자율인정 = 인사권, 재산권)	선학원 = 승려의 정체성 대응; 1978~2002(타결) 2013.4.11 ; 법인법, 대립 노선

선학원 정체성의 재인식
- 만공과 한용운, 계승의 문제 -

1. 서언

한국 근현대 불교사에서 간과할 수 없는 대상이 있으니 그는 선학원(禪學院, 서울 종로구 안국동)이다. 선학원은 선풍진작을 염원하였던 승려들에 의해 1921년에 창건된 도량으로, 일제하에서는 전국 선원 및 수좌의 중앙 거점이라는 역할을 하였다. 일제하 불교에서 선학원은 일본불교 정책에 대응적 노선, 선불교 중흥의 노선, 계율 수호의 노선을 걸어갔다. 이런 노선에서 1934년에는 재단법인 선리참구원(禪理參究院)을 발족시키고, 1941년에는 고승유교법회(高僧遺敎法會)를 개최하였다. 그리고 8 · 15 해방 이후에는 식민지 불교의 극복과 한국불교 전통의 회복(수행전통 회복, 대처승 배제 등)을 위한 불교정화운동(佛敎淨化運動)의 거점이 되었다. 당시 이 노선에 서 있었던 수좌들은 선학원에서 정화운동을 추진하여 조계종단의 정체성(비구승단)을 정비하면서 통합종단(1962)의 출범을 추동하였다.

이와 같은 선학원 역사와 이념은 한국불교사, 조계종단사에서 주목할 가치가 있어 그간 연구자들의 주목을 받아 왔다. 그리고 선학원의 운영을 이끌고 있는 주체들도 이를 중요하게 인식하여 수년 전부터 선학원

100주년 기념사업을 준비해 왔다. 그런 산물로 2018년 6월 2일에 선학원 100주년 기념관인 '한국근대불교문화기념관'이 준공되어, 그 행사가 성대하게 개최되었다.

그런데 최근 선학원에서 추진하고 있는 역사 및 이념의 작업을 유의해서 살피건대, 거기에는 적지 않은 문제점이 있다. 현재 선학원을 운영하는 주체들은 선학원의 역사와 이념을 민족불교, 정화불교로 표방하고 있다. 이는 타당한 역사인식이라고 볼 수 있다. 그러나 그 내면의 세부적인 내용을 주목하면 모순된 해석, 재검토해야 할 문제가 있다는 비판에서 자유스러울 수가 없다. 문제의 초점은 선학원을 설립하고, 운영하고, 그리고 활동하였던 승려들에 대한 계승인식 및 선양사업이 부적절하다는 것이다. 부연하면, 선학원 설립 및 운영의 핵심적인 인물인 만공(滿空, 수덕사)에 대한 계승 및 선양은 찾아볼 수 없고, 선학원에서 활동한 만해(萬海) 한용운(韓龍雲, 백담사)에 대한 계승 및 선양사업(추모 음악예술제, 학술문화제, 다례제 등)은 활발하게 추진하고 있다는 것이다. 이는 일면으로 보건대 한용운의 사업이 선학원 역사의 재인식 및 선양에 유리한 측면, 국가로부터 사업비 지원을 받기에 용이한 측면이 있었을 것이라는 점에서 수긍할 수는 있다.

그러나 필자가 보건대 현재 상황은 선양사업을 추진하는 비중의 경도가 지나침이 있다고 본다. 이런 지나침은 선학원 역사의 진실과 선학원의 정체성을 변질시킬 가능성이 농후하다. 이런 문제는 최근 조계종과 선학원이 대응적인 노선에 있는 현실, 선학원 내부에서 주류 노선과 입장을 달리하는 비판적인 단체(선학원 미래포럼)의 활동, 선학원이 본연의 정체성에서 이탈하고 있다는 비판 등과 맞물려 곤혹스러운 과제이다.

이런 전제에서 필자는 선학원의 창립, 활동을 대표하고 있는 만공과 한용운의 선학원이라는 무대에서의 활동 및 성격을 비교, 고찰하고자 한다. 이런 비교, 고찰을 통하여 선학원의 역사 찾기, 정체성 정비하기, 계승하기 등에서 참고할 수 있는 관점을 피력하고자 한다. 미진한 측면은 실사구시적, 성찰적인 탐구를 통해 보완을 할 예정이니[1] 선학제현의 질정을 바란다.

2. 선학원의 역사 및 이념: 선학원 상량문(2016) 검토

선학원은 최근 100주년 기념관의 공사를 추진하여, 그 준공 행사를 2018년 6월 2일에 가졌다. 그간 선학원은 기념관의 건립사업을 위해 많은 정성을 들이고, 막대한 예산을 투입하였다. 즉 2014년 11월 20일에 기공식을 하였고, 90억 원의 예산을[2] 투입하였으며, 기존 건물을 해체하여

1) 필자는 본 고찰을 2018년 10월 15일, 조계종 국제회의장에서 열린 선학원 미래포럼에서 발표하였다. 필자의 주장은 현 선학원 집행부의 인식과는 매우 이질적인 내용이다. 그래서 필자는 필자의 고찰을 시간적 여유를 갖고 보완하여 기고하기로 하였다. 그러던 중, 2019년 6월 선학원의 최종진(법진 이사장)은 『선문화연구』 26집에 「만해의 독립운동과 선학원재산환수 소송 판결문을 중심으로」라는 논고를 기고하였다. 이 논고는 필자의 주장을 반박한 것이다. 현재 필자는 선학원의 노선을 비판하는 글을 준비 중에 있다. 최종진이 논리로 활용한 판결문은 일제하 자료가 아닌, 1950년대 선학원과 범어사와의 소송에서 생산된 것이다. 필자도 그 판결문을 입수하여 분석중인데, 최종진의 해석과는 다른 내용도 있거니와 사료 비판이 누락된 해석은 많은 우려를 야기한다. 때문에 『한마음연구』에 기고한 이 고찰은 기존의 발제의 내용을 수정, 보완한 것임을 밝힌다. 최종진의 입장에 대한 필자의 견해는 추후 고찰에서 다루고자 한다. 이런 점에 대하여 독자 및 연구자들의 혜량을 부탁한다.

2) 국고보조 29억, 지방보조 6억, 자체 불사금 29억이다. 그러나 추가로 예산이 16억, 불

그 곳에 지하 4층 지상 2층의 전통한옥 양식의 건물을 준공하였다. 건물에는 법당, 전시관, 공연장, 세미나실, 사무실 등이 포함되어 있다. 이에 대한 소식은 불교계의 언론을 통하여 자세하게 보도되었다.

선학원이 준공한 기념관은 2016년 8월 18일에 상량식을 거행하였다. 상량식은 해당 건물의 공사 과정 및 성격을 담은 상량문(上梁文)을 작성하여 봉행하는 것이 관례이다. 선학원도 그날, 상량문을 작성하여 기념관의 대들보에 넣고, 행사를 하였다. 그 상량문에는 선학원의 역사, 이념, 주역 승려, 예산이 나오거니와 이는 선학원의 역사, 이념, 정체성을 참고할 수 있는 내용으로 주목된다. 문장이 길지만 역사기록을 보여준다는 입장에서 전문[3]을 제시한다.

上 樑 文

西天에서 傳해 온 智慧의 등불은
여러 民族에게 傳來되어 다양한 佛教文化를 꽃피웠으며,
우리 海東에서도 優曇鉢華가 滿開하였다.

會三歸一의 三門修行과 民族文化를 통하여
民族佛教의 傳統을 세워나갔으며,
다양한 佛教文化와 修行風土를 조성하였다.

사보시금 10억이 추가되었다. 이를 합한 금액이다.

3) 이 문장은『불교닷컴』2016년 8월 18일 기사에서 채록하였다.「'정화불교 산실 선학원, 미래 100년 떠받치다' 18일 선학원 100주년기념관 상량식 거행, 전통문화 계승 불교문화창달 랜드마크 기대」.

그러나,
부처님의 正法이 昌盛하던 시기도 있었고,
때론 抑壓을 받는 法難의 시절도 있었다.
나아가 外侵을 당하여 民族과 國土가 蹂躪되고,
正法이 歪曲되는 屈辱의 時期도 있었다.

日帝强占期에는 寺刹令에 의해
民族佛敎의 傳統이 抹殺되고,
倭色佛敎가 활개를 쳤다.
이때 民族의 獨立과 民族佛敎의 守護를 외치며
奮然히 떨치고 일어난 祖師스님들이 있었으니,
萬海, 龍城, 南泉, 道峯, 石頭, 滿空, 惺月 등의 明眼宗師들이었다.

이 祖師스님들은 義로운 活動과 修行을 위하여
1921년 10월 지금 이곳에 작은 伽藍을 마련하니, 禪學院이라 하였다.

禪學院은 民族佛敎의 傳統을 守護 繼承하고,
日帝 寺刹令의 지배를 받지 않기 위하여 붙여진 이름이다.

해방 후, 禪學院은 倭色佛敎를 淸算하고
民族佛敎를 繼承하기 위하여
淨化佛事를 주도하여
1962년 大韓佛敎 曹溪宗을 誕生시켰다.

그러므로 禪學院을 民族佛教의 聖地요,
淨化佛教의 産室이라고 부르는 것이다.

禪學院 設立 100周年을 앞두고
國庫補助金 29億, 地方補助金 6億,
禪學院 自體佛事金 29億을 基金으로
2014년 11월 20일 起工式을 가졌고,
2016년 8월 18일 上樑式을 奉行하게 되었다.

이에 1921년 禪學院 上樑文,
1922년 禪友共濟會 趣旨書,
1934년 朝鮮佛教 首座會의 宣言文을
금일 上樑文과 함께 奉安한다.

모든 일에는 반드시 때와 사람이 필요하다.

上樑式에 이르기까지 도움을 주신
많은 因緣들을 위해 祝願하며,
대들보를 끌어당기어 兒郎偉의 노래를 부른다.

어영차! 들보를 동쪽으로 던져라,
아침마다 붉은 해가, 제일 먼저 하늘을 물들이네.

藥師如來의 밝은 光明,
모든 중생 번뇌를 씻어주네.

어영차! 들보를 서쪽으로 던져라.
어느 누가 往生淨土, 원하는 뜻이 없겠는가?

九品蓮臺 阿彌陀佛 명호, 마음 새겨 지니도다.

어영차! 들보를 남쪽으로 던져라.
善財童子 求法行脚, 곳곳마다 펼쳐지니,
이 도량의 雲水衲子, 拈花示衆의 微笑짓네.

어영차! 들보를 북쪽으로 던져라.
삼각산 봉우리가 諸佛菩薩의 顯現이요.
대대로 轉輪聖王이 太平歌를 노래하네.

어영차! 들보를 위쪽으로 던져라.
마음과 푸른 하늘은 똑같은 모양일세.
마음의 根源 淸淨하니, 우리 모두가 부처로다.

어영차! 들보를 아래쪽으로 던져라.
釋迦世尊 金剛寶座에 단정히 앉았으니
언제나 三千大千世界에 紫色光明 발하도다.

원하옵건대, 上樑한 이 功德으로
禪學院 先代 祖師들의 禪風이 다시 떨쳐지고, 慧日이 밝아져서
길이 모든 衆生들의 福田이 될지어다.

2016년 8월 18일 (丙申年 陰 7월 16일)

財團法人 禪學院 理事長 法眞
理事會: 慧光, 鍾悅, 宗根, 松韻, 徹悟, 泳柱, 寶雲, 正德,
談交, 靑眼, 漢北, 玄晧.
監事: 圓明, 永恩.
長老院: 智玄, 慧光, 大雲, 大虛, 萬祥, 性度, 正悟, 性範,
寂照, 寶雲, 普光, 常傭, 雪晧, 經恩, 大蓮, 相源,
鍾悅, 齊哲, 正守, 正德.
梵行團: 松韻, 宗根, 圓明, 泳柱, 智光, 漢北, 玄眞.
전국 589 分院 分院長

위의 장문의 상량문에서 본 고찰 내용과 관련하여 주목할 내용은 세 가지이다. 이는 필자의 역사적 인식이다. 필자의 인식이 문제가 있다면 비판을 받을 수 있지만, 현재로서는 다음과 같은 이해를 하고 있다.

첫째로는 선학원을 창건한 승려, 즉 조사스님의 명단에 한용운을 포함시킨 것에 대한 문제이다. 최근에 선학원을 재건축을 하면서 올린 상량문에서는 선학원 조사들을 "만해(萬海), 용성(龍城), 남전(南泉), 도봉(道峯), 석두(石頭), 만공(滿空), 성월(惺月) 등의 명안종사(明眼宗師)들"이라고 하면서, 이들이 다음과 같은 행적을 갖고 있다고 제시하였다.

> 이 祖師스님들은 義로운 活動과 修行을 위하여
> 1921년 10월 지금 이곳에 작은 伽藍을 마련하니, 禪學院이라 하였다.

즉 위의 승려들이 선학원을 마련하였다는 것이다. 즉 창건하였다고 서술하였다. 그러나 이런 서술, 해석은 문제점을 잉태한다. 선학원은 1921년 8월 10일에 공사를 시작하여, 그 해 10월 4일에 상량식을 갖고, 그 해 11월 30일에 준공되었다.[4] 현재 선학원 상량문에서 가장 큰 문제점은 한용운은 선학원 설립에 관여하지 않았는데, 설립 조사(주역)로 기술한 것이다. 당시 그는 3 · 1운동으로 인하여 서대문형무소에 수감 중이었다. 그는 3년 징역형을 언도받았지만, 1921년 12월 22일에 출옥하였다.[5] 그런데 감옥에 수감 중이었는데, 어떻게 선학원 건물의 공사 과정에 참여할 수 있었는가? 이는 도저히 수긍할 수 없는 서술이다. 수감 중이었던 한용운을 찾아가서 선학원 공사 과정을 전하였고, 한용운은 동의를 해주었는가? 동의를 하였다고 해도 공사에 참여한 것은 아니다. 필자는 이런 기록을 접한 바가 없다. 오히려 일제하의 선학원 기록(1935)에는 다음과 같은 정반대의 내용을 찾을 수 있다.

> 佛紀二九四八年(大正十年)에 宋滿空 金南泉 白龍城 吳惺月 姜道峰 諸氏의 發起로 禪學院을 創立하다.[6]

---

4) 졸고, 「일제하 선학원의 운영과 성격」, 『한국근대불교사연구』, 민족사, 1996, p.99.
5) 『동아일보』 1921. 12. 23, 「地獄에서 極樂을 求하라 … 한용운씨 옥중감상」.
6) 선리연구원, 『선불장: 안거 방함록과 수좌대회록』, 2007, pp.142~143.

요컨대 한용운은 선학원 창건에 직접적으로 관여하지 않았다. 송만공, 백용성, 김남전, 강도봉 등이 선학원 창립(발기)의 주역이라는 객관적인 기록인 것이다. 그리고 1921년 10월 4일에 작성된, 선학원 상량문에도 '창건 대중질'에 11명의 인물로 백용성, 오성월, 송만공, 강도봉, 김석두, 한설제, 김남전, 이경열, 박보선, 백준찬, 박돈법이 나온다.[7] 여기에도 만해는 나오지 않는다.

1920년대 초반부터 선학원에 주석한 석주의 증언도 여기에서 주목할 만한 내용이다. 그는 만해를 지근거리에서 시봉한 당사자이다.

> 도봉스님이 늦도록 살아 계셔서, 도봉스님이 선학원을 처음 발기할 애기를 해주셨는데 처음 간동 법륜사에서 우리 스님(남전스님), 도봉스님, 석두스님이 주동이 되어 만공스님, 용성스님도 초청해서 회의를 했다고 해요. 수좌들이 선계에서 선학원 같은 기관을 하나 만들자고. … 만해스님은 백담사 계시면서 서울에 계시면 선학원에 계시고 만공스님도 서울에 오시면 선학원 계셨지. 용성스님은 대각사에 따로 계셨지.[8]

위의 석주 증언에도 만해가 창건, 설립의 주역이라는 뜻을 담은 어록은 없다. 그럼에도 불구하고 현재 선학원이 한용운을 선학원 설립의 '조사(祖師)'로 포함시킨 것은 명백한 역사 해석의 오류이다.[9]

---

7) 『재단법인 선학원 약사』, 1986, p.7.
8) 선우도량, 『22인의 증언을 통해 본 근현대 불교사』, 2002, pp.23~24.
9) 선학원은 1910년대를 선학원 태동기로 보고 있다. 이런 논리에서 만해를 설립조사로 보려고 하는 것으로 추정되나, 이는 억지의 역사인식이다. 그는 역사적 배경이지, 선학원은 1921년에 창건된 것으로 봐야 한다.

둘째로는 선학원 설립, 운영의 주역인 만공을 설립 조사의 후반부에 배열한 문제이다. 선학원을 설립한 주역(조사)인 7인의 명단에서 만공을 6번째로 배열하였다는 것은 역사적 사실의 홀대 및 자의적 해석이다. 이런 배열의 기준은 납득하기 어렵다.

필자는 첫 번째로 배열하는 것이 상식이라고 본다. 민족불교를 강조하기 위해서라면 만공을 제일 선두에 놓고 그 연후에 백용성(3·1운동 민족대표)을 초반부에 배열하는 것이 타당하다. 이는 최근 선학원과 수덕사 간의 간월암 및 정혜사에 대한 소유권을 놓고 사법부에서의 재판을 벌였던 일련의 사실에[10] 기인한 것이 아닌가 하는 의아심이 든다. 현재 선학원의 인터넷 홈페이지에 '설립조사와 중흥조' 난에서도 만해, 남전, 도봉, 석두, 성월, 만공, 용성, 적음의 순서로 배열하여 설명하고 있다.[11]

그런데 이와 같은 인식 및 서술은 예전의 선학원에서 기록한 내용과는 다르다. 그를 제시하면 1972년, 1986년, 1967년 등의 3건 기록이 있다. 우선 1972년 재단법인 선학원 이사장인 향곡(묘관음사)과 선학원 원장인 채벽암(신원사)이 선학원을 중창할[12] 때의 선학원 중창 결연문이 있다. 이 결연문에는 "우리 선학원은 근대 한국불교가 이루어 놓은 보배로운 도량으로, 민족의 정신적 영도자이면서 교계의 선각자이시던 송만

10) 『불교신문』 2018. 4. 2, 「'정혜사 소송' 선학원에 수덕사 완승대법원, 파기환송 이어 선학원측 재상고 마저 최종 기각」. 『불교신문』 2014. 3. 1, 「인터뷰 ; 수덕사 선학원대책위원장 효성스님」. 『불교저널』 2014. 2. 21, 「사설 ; 수덕사의 억지주장 비판」.

11) 선학원이 발간하고 있는 『불교저널』의 '설립조사 열전' 시리즈에서도 만해, 남전, 도봉, 석두, 오성월, 만공, 용성, 적음, 경봉 등으로 연재하였다. 이에 대한 배열 기준이 의아스럽다. 만해와 용성이 선학원과 일부 연고가 있었다 해서 이들을 선학원 설립 조사로 인식하는 것은 아전인수이다. 용성은 상량문 발기인에 이름만을 올렸고, 선학원 초기 활동에 전혀 동참하지 않았다.

12) 『대한불교』 1972. 6. 18, 「선학원 중창」.

공, 한용운, 백용성, 김남전, 강도봉 등 여러 대선사님의 발원에 따라 신도들의 지성으로 창건된 지 어언 52년이 넘었습니다."[13]라고 하였다.

그리고 1986년 3월, 선학원 이사장이었던 범행(팔달사)이 만든 『선학원 약사(禪學院略史)』의 기록이 있다. 그 기록의 '인사 말씀'에서 "백용성, 송만공, 김남전, 강도봉, 김석두, 오성월, 한용운, 김적음 스님 등 애국애족의 제 선사와 왕궁의 궁녀들이 궐기하여 구국애족항일의 정진도량을 창설하였으니, 이것이 재단법인 조선불교중앙선리참구원으로, 곧 우리 선학원(禪學院)이었습니다."라고 설명하였다. 필자는 이것을 1980년대 선학원 승려들의 인식을 대변하는 기록으로 본다.

그리고 1967년 『대한불교』의 선학원 탐방 기사에서도[14] 이런 해석이 나온다. 즉 선학원은 남전 · 도봉 · 석두의 주도로 창립 발기하였는데, 만공 · 한암 · 석우 · 성월 · 적음 스님이 정신적 지주이었고, 만해는 선학원을 내 집처럼 드나들던 인사로 서술하였다. 요컨대 최근의 선학원이 만해 한용운을 제일 선두에 놓고 역사를 만들고 있는 것과는 차이점이 있다. 만해는 창건에 관여하지는 않았지만, 출옥 후 10년간 선학원에 머물면서 민족운동 및 선학원 활동에 관여하였다. 그래서 이런 내용으로 1960~80년대 선학원의 연고 승려들은 만해를 창건의 '발원자' 및 '궐기자'로 취급하였다. 그러나 만해를 선학원의 '설립조사'로 인식하고 서술함은 문제가 된다. 요컨대 만공을 설립 조사의 첫 번째로 배열하는 것이 온당한 역사 서술이다. 그리고 만해를 선학원의 연고 인물로 설명을 한다고 해도 제일 우선적으로 거론하는 것은 어불성설이다.

---

13) 『대한불교』 1972. 10. 8, 「광고; 선학원 중창 結緣文」.
14) 『대한불교』 1967. 7. 30.[1회], 8. 6.[2회], 「名刹 … 名勝따라: 선학원」.

셋째로는 선학원이 조계종을 1962년에 탄생시켰다는 내용이다. 이는 역사를 왜곡하고, 나아가서는 역사를 자의적으로 창조하는 몰역사성이다. 이에 대해서는 필자가 기왕의 글에서 그 문제점을 지적한 바가 있지만,[15] 선학원이 조계종을 탄생시켰다는 주장은 어불성설이다. 선학원에 주석한 승려들이 1962년 대한불교조계종(통합종단)의 등장에 기여하고, 선학원이 그 거점 역할을 한 것은 사실이다. 그러나 조계종단이 1962년에 창종된 것은 결코 아니기에, '탄생시켰다'는 것은 자의적 해석이다. 대한불교조계종은 그 이전의 불교조계종(1954), 조선불교조계종(1941)을 계승한 종단이다. 그리고 1941년 조선불교조계종은 그 이전 불교 종단을 계승하였다. 때문에 선학원이 창건되던 1921년, 선리참구원이 법인으로 등장한 1934년에도 사찰과 불교 종단은 있었다. 그 종단을 계승한 것이 대한불교조계종이다. 현재 선학원이 조계종단의 행보(법인법)로 인해 대립적인 노선을 가고 있다고 해도, 또한 선학원이 정화운동 당시 정화 자금의 일부를 조달하였다 해도 조계종단의 역사를 왜곡하는 것은 부적절하다. 역사적 사실을 객관적으로 수용해야 할 것이다.

지금까지 선학원 상량문에 나타난 문제점을 세 측면으로 나누어 살폈다. 본 고찰과 직접적으로 유관한 첫째, 둘째의 문제점을 중점 거론하고자 한다. 이에 대한 내용은 장을 바꾸어서 구체적으로 서술하고자 한다.

---

15) 김광식, 「대한불교조계종의 성립과 성격 ; 1941~1962년의 조계종」, 『한국선학』 34, 2013.
______, 「조계종과 선학원, '同根'의 역사 및 이념」, 『문학 사학 철학』, 43 · 44합호, 2016.

3. 선학원과 만공

여기에서는 만공(1871~1946)의 선학원 관련 내용을 요약하여 제시한다. 이를 통해 선학원 역사의 주역이 만공임을 드러나게 하려고 한다. 만공의 생애, 경허의 수제자 등의 내용은 상식적인 역사이기에 생략하고, 선학원 역사 속에 나타난 만공의 내용을 제시하고자 한다.[16)]

1) 선학원 창건과 만공

선학원은 1921년 초반, 창건 논의가 시작되었다. 범어사 포교당(서울, 인사동)의 포교사 김남전 · 김석두와 석왕사 포교당(서울, 사간동)의 포교사 강도봉은 도회지에 '정법선리(正法禪理)'를 포교하는 공간을 만들자고 상의를 하였다. 그들의 상의는 수덕사 선승인 만공, 범어사 주지인 오성월, 3 · 1운동으로 피체되었다가 출옥한 백용성 등과 함께 상의하면서 구체화되었다. 이들은 1921년 5월 15일 석왕사 포교당(서울)에서 선학원 건립비용을 모금하기 위한 보살계 계단을 개최하였다. 회의를 주관한 만공의 발언이 전한다. 여기에서 선학원 창건의 사정을 알 수 있다.

> 여러분이 아시다시피 지금 조선불교는 완전히 식민지 총독 관할 밑에 들어가 있지 않습니까? 그래서 우리는 지금 총독의 허가 없이는, 사찰의 이전 폐합으로부터 절간에 있는 온갖 재산, 기물에 이르기까지 조금

16) 『불교신문』은 2014년에 '수덕사와 선학원'이라는 주제의 특집기사를 보도하였다. 2014. 10. 1. p.8, p.15, p.22 관련 기사 참고. 김경집, 「만공의 선학원 활동과 선풍 진작」, 『경허 · 만공의 선풍과 법맥』, 조계종출판사, 2009.

도 손을 댈 수가 없게 돼 있는 것입니다.

이런 판국이라 지금 조선 중들은 자꾸만 일본 중처럼 변질이 돼가고 있단 말입니다. 진실로 불조 정맥을 계승해 볼려는 납자들이 점점 줄어들고 있다 그런 말이죠. 우리 사찰령과는 관계가 없는, 순전히 조선사람끼리만 운영을 하는 선방을 하나 따로 만들어 보자, 이런 생각을 가지고 오늘 회의를 부치게 된거올시다.[17]

이러한 만공의 발언이 선학원을 태동케 하였음은 널리 알려졌다. 그 발언의 의미는 일제통치의 범위를 벗어난, 즉 사찰령 체제와는 무관한 조선승려들이 독자적으로 운영하는 선방을 만들어 보자는 취지이었다. 석왕사 포교당 계단에 참석한 승려와 신도들은 개인 자금을 제공하기로 했고, 오성월은 범어사 포교당을 처분한 자금을 지원하였다.

선학원 건립의 정신과 주역은 선학원의 상량문(上樑文, 1921.10.4.)에서 찾을 수 있다. 창건 정신은 정사(正邪)가 혼재되는 현실을 극복하겠다는 자주적인 지향이다. 상량문에 나오는 인물을 작성된 순서대로 제시하면 백용성(白龍城), 오성월(吳惺月), 송만공(宋滿空), 강도봉(姜道峰), 김석두(金石頭), 한설제(韓雪濟), 김남전(金南泉), 이경열(李景悅), 박보선(朴普善), 백준엽(白俊燁), 박돈법(朴敦法) 등이다. 이들은 불교의 포교의식이 투철하고, 일제의 불교정책에 비판적이며, 항일불교(임제종운동, 3 · 1운동) 활동을 한 인물이다. 이런 내용은 1935년 3월 7일의 수좌대회에 보고한 내용에도 다음과 같이 나온다.

---

17) 정광호, 「한국 전통선맥의 계승운동」, 『근대한일불교관계사연구』, 인하대출판부, 1994, p.191.

佛紀 二九四八年(大正 十年) 宋滿空, 金南泉, 白龍城, 吳惺月, 康道峰 諸氏의 發起로 禪學院을 創立하다.[18]

즉, 만공이 창립의 주역이었다. 이런 배경하에서 선학원은 1921년 12월에 준공, 출범하였다. 창건된 선학원에서는 수좌들의 조직체가 가동되었으니 그는 선우공제회(禪友共濟會)이었다. 1922년 3월 30일~4월 1일, 선학원의 창립 정신에 동의한 각처의 수좌들이 모여 회의를 갖고 운영 노선을 정하였다. 만공, 오성월, 백용성, 백학명, 윤상언(고암) 등 82명의 발기인은 선우공제회 취지서를[19] 발표하였다.

선우공제회의 발족에는 발기인 뿐만 아니라 각 선방을 대표하는 수좌들이 참여하였다. 그 수좌들은 철저한 수행을 하기 위해, 선풍을 진작하기 위해, 자신들이 처한 상황을 타개하기 위해 자립자애할 것을 강조하였다. 그리고 중생을 구제하겠다는 원력을 피력하였다. 이는 국권상실, 일본불교 침투, 식민지 불교정책에서 빚어진 불교의 현실을 자주, 자립의 정신으로 극복하겠다는 현실인식이었다.

당시, 창립총회에 참여한 수좌는 송만공, 오성월, 백학명, 이설운, 임석두, 이고경, 박고봉, 기석호, 김남전 등 35명이었다. 출범 직후, 만공은 선학원 창건의 주역으로서 선우공제회 출범 직후 수도부(修道部) 이사(理事)를 담당하고, 초기 재정이 어렵자 토지를 기부(정혜사 토지, 6,173평)하였다.[20] 현재, 선학원 3층 법당에 있는 불상은 만공이 직접 흙으로 빚

18) 선리연구원, 『選佛場 ; 안거 방함록과 수좌대회록』, 2007, pp.142~143.
19) 「선우공제회 창립총회록」, 『근현대불교자료전집』 권65, 민족사, pp.3~5.
20) 「선우공제회 제3회 정기총회록」.

었다고 하는 것을 볼 때 만공이 선학원 창건의 주역임은 분명하다.

요컨대 만공은 선학원 창건의 핵심 주역이었다. 선학원 창건의 역사에는 만공의 헌신, 주도가 분명하게 기록되어 있다. 이를 부정, 부인할 수는 없다.

2) 선리참구원(1934) · 조선불교선종(1935)과 만공

만공이 헌신적으로 참여하여 설립된 선학원은 1920년대 중반부터 재정 어려움으로 침체되었다. 그래서 선우공제회 본부는 직지사로 이전되고, 선학원 건물은 범어사 경성포교당으로 전환되었다. 그러나 만공은 선학원 침체기에도 그의 수행처인 수덕사에서 현실 직시를 하면서 미래를 준비하였다. 그 당시 그의 지성은 「선림계서(禪林稧序)-현양매구(懸羊賣狗)」(1927), 「발원문」(1930)에서 찾을 수 있다.[21] 이런 지성이 선학원 재건에 반영되었을 것이다. 1934년 이후부터 1946년 입적 직전까지 만공은 중앙선원(부인선원 포함)의 주실(籌室;조실)이었음에서,[22] 만공과 선학원과의 강한 연고성이 확인된다.

한편 선학원은 만공의 건당제자인 적음에 의하여 1930년에 재건되었다. 이때부터 선학원은 선풍의 대중화, 재정기반 강화에 유의하였다. 이런 구도에서 만공은 선학원에서 법문을 하고 대중들의 선풍 진작, 기반 강화에 직접 나섰다. 1933년 3월, 선학원에서 조선수좌대회가 개최되었음이 수좌대회록과 경봉(통도사)의 일지에 나온다.

---

21) 『만공법어』, pp.206~218.
22) 『禪苑』 4호, 1935, p.43. 선리연구원, 『選佛場 ; 안거 방함록과 수좌대회록』, 2007, pp.77~78.

> 佛紀二九六〇年(昭和八年) 三月 二十日에 禪友共濟會를 朝鮮佛敎 中央禪理參究院으로 改稱하고 財團法人으로 하기 爲하야 臨時 發起會를 組織한바 該 構成員은 如左하다.
> 宋滿空 金南泉 金玄鏡 黃龍吟 寄昔湖 尹西湖 邊唯心 李炭翁 金寂音[23)]

> 소화 8년 계유년 3월 20일 수좌대회를 열고 선우공제회를 조선불교 선리참구원으로 개칭 재단법인을 하기 위하여 발기인 송만공 김남전 김현경 황용음 기석호 윤서호 변유심 이탄옹 김적음
> 正租 170석 정혜사선원, 정조 100석 대승사선원, 정조 30석 직지사 선원, 정조 200석 범어사선원, 정조 130석 선학원[24)]

즉 만공(수덕사), 탄옹(직지사), 기석호(범어사), 남전(범어사, 선학원), 적음(직지사, 선학원)을 비롯한 9명의 수좌들은 수좌대회에서 선우공제회를 재단법인 선리참구원(禪理參究院)으로 전환시키기 위한 모임을 가졌다.[25)] 그래서 9명이 발기를 하였고, 정혜사 선원을 비롯한 5개처의 선원은 재원을 기부하였다. 여기에도 만공의 활동이 나온다.

마침내 1934년 12월 5일, 선학원은 재단법인 선리참구원으로 인가를 받았다. 설립 당시의 재산 기부자는 만공, 오성월(범어사)을 비롯한 다수의 승려들이었다.[26)] 만공의 지도하에 있었던 수덕사와 정혜사의 참여가

---

23) 위의 수좌대회록, p.144.
24) 『삼소굴일지, 경봉대선사일지』 극락선원, 1992, p.297.
25) 이 내용은 『選佛場 ; 안거 방함록과 수좌대회록』, p.144에도 나온다.
26) 『선원』 4호(1935.10), pp.44~45. 당시 시가로는 82,970원이었는데 기부자는 수덕사(송만공, 전서경), 김용사(김현경, 엄태영, 박초운), 정혜사(황법천, 방법인, 마경선), 직

돋보인다.[27] 출범 당시 만공은 제1대 이사장으로[28] 취임하였다. 만공을 비롯한 주체들은 이사회를 열고 운영, 노선에 대한 논의를 하였다. 그래서 전국 각처의 수좌 대표들은 모임을 갖고 선풍 진작, 선종의 진로에 대한 문제를 결정하는 수좌대회를 기획하여, 1934년 12월 23일 이사회에서 수좌대회 개최를 준비하였다.[29] 즉 1934년 12월 23일의 제5회 이사회에서 법인(선리참구원)의 기초를 정비하고, 법인이 등장하면서 가시화된 선종 부흥의 기운을 이용하여 수좌대회를 열고, 그를 계기로 선종의 독자적인 발전을 도모하려는 의도이었다. 그 의도는 선종의 규칙인 종규(宗規)를 제정하는 것으로 전개되었다.

이렇게 만공은 순교 정신이 강렬한 중견 수좌들과 함께 수좌대회를 준비하였다. 1935년 3월 3일, 중앙선원(구, 선학원)에서 제1회 수좌대회 준비위원회가 개최되었다. 여기에서 준비위원장을 선출하고 대회 준비에 대한 사무를 분장하고 실무 책임자를 선정하였다.[30] 이렇듯 선종의 자립, 선풍의 진작을 위한 수좌대회가 개최되었다.

수좌대회(首座大會)는 1935년 3월 7일, 중앙선원 법당에서 개최되었다.[31] 대회 준비위원을 대표하여 만공이 등단하여 개회사를 하였다.[32] 만공은 개회사에서 정법이 질식되는 때에 선종 수좌대회를 개최함은 의

지사(윤퇴운, 서대암), 범어사(오성월, 김경산, 오리산, 김석두, 김남전) 사찰의 승려들이다.

27) 출연 전답의 21%로 3만 3781평이었다.

28) 『불교시보』 1호(1935. 8. 3), 「〈휘보〉 ; 재단법인 선리참구원 인가」. 부이사장 ; 방한암, 상무이사 ; 오성월, 김남전, 김적음, 감사 ; 윤서호, 이탄옹이었다.

29) 「수좌대회 대회록」, 『選佛場』, 선리연구원, 2007, p.13.

30) 「대회록」, pp.13~14.

31) 김광식, 「조선불교선종과 수좌대회」, 『한국현대선의 지성사 탐구』, 도피안사, 2010.

32) 「대회록」, p.6.

의가 깊다고 발언하였다. 그리고 조선불교가 부진한 상태로 전락된 근본 원인을 불법의 진수인 선법(禪法)이 극히 침체됨에서 기인하였다고 진단했다. 때문에 불교의 부흥을 하려면 선종(禪宗)을 흥성케 해야 한다는 소신을 피력하였다. 만공은 뜻있는 승려들이 수년간 노력하여 조선불교 선리참구원이 재단법인으로 등장한 것, 그리고 선종의 근본적 자립 발전책을 토의하자는 목적으로 수좌대회가 열린 경과를 설명하였다. 그래서 만공은 대회에 참석한 수좌들에게 대회의 목적을 달성케 해달라고 당부하였다.

대회에 참가한 승려는 75명(비구 69명, 비구니 6명 등)이었다. 대회 의장인 기석호가 대회의 선서문을 봉독하였다. 이 선서문은 만공을 비롯한 당시 수좌들의 현실인식, 대회의 성격을 전한다. 이 선서문에서는 정법(正法)과 전등(傳燈)이 계승되어야 함에도 불구하고, 사마(邪魔)가 극성하고 정법이 파괴되는 현실에 참회를 하겠다는 수좌들의 현실인식이 나온다. 수좌들은 정법을 받들겠다는 원력을 세웠다. 그래서 참회하는 정신으로 삼보를 기만하는 삿된 무리들을 제거하겠다는 굳은 서원으로 신명을 바쳐 정법에서 물러서지 않겠다는 맹서를 하였다. 추후에는 중생제도, 번뇌 단절, 불법의 수행, 불도를 성취하겠다고 다짐하였다. 이 대회에서 만공은 종정(宗正)으로 추대되었다.

선서문은 참회를 통해 진리의 길로 나가겠다는 다짐이다. 근대 불교에서 나온 최고의 선언서이다. 이런 선언을 만들어 낸 주역은 만공이다. 1935년의 수좌대회와 선언문은 근대 불교사에서도 적극적으로 인식해야 할 대상이다. 이런 역사를 만든 주역이 만공임을 강조한다.

3) 유교법회(1941), 범행단 출범과 만공

만공은 전술한 바와 같이 선학원 창건 및 재건, 조선불교선종의 창종 주역이었다. 이와 같은 연장선상에서 그는 1941년 3월 4~13일, 중앙선원에서 개최된 유교법회(遺教法會)의 증명법사(證明法師)로 참여하였다.

이 법회는 일제가 선학원 수좌들을 통제하려는 것에 반발하면서 계율 수호, 불교정화를 기하려는 목적에서 개최되었다. 청담, 운허에 의하여 기획된 법회에 장석상, 박한영, 김상월, 강영명, 채서응, 하동산, 이청담, 윤고암, 정금오, 김자운, 강석주 등 40여 명의 수좌, 율사, 강백 등이 참여하였다. 만공과 박한영, 하동산, 김상월은 법회에서 범망경, 유교경, 조계종지 등의 주제로 법문을 하였다. 대회 증명법사인 만공은 법회에서 부처의 뜻을 실천하기를 강조하는 발언을 하였다.[33] 즉 만공은 법회의 중심부에 있었다. 유교법회에서 주목할 것은 법회에서 제기된 과제를 실천하기 위한 조직체인 범행단(梵行團)이 출범되었다는 점이다. 즉 승려들은 청정(淸淨), 계율 수호를 지향하는 실천적인 행보를 갔는데, 이에 대해서는 법회를 보도한 기사의 내용이 참고된다.

> 府內 禪學院에서는 今般 遺教法會를 마친 뒤에 習定均慧 比丘僧만을 中心으로 하는 梵行壇을 組織하야 禪學과 戒律의 宗旨를 宣揚케 되얏다.[34]

요컨대 대회에 참가한 비구승은 '습정균혜(習定均慧)'를 실천하는 행보

33) 만공문도회, 『만공법어』, 1982, pp.72~73, 「서울 선학원 고승대회 법어」.
34) 『불교시보』 69호, (1941.4.15), p.7, 「梵行團組織」.

를 갔다. 하동산, 이청담 등에[35] 의해서 발기되어 청정한 계행을 지키는 승려를 신도들이 외호하는 조직체인[36] 범행단이 출범하였다. 만공은 범행단을 불교정화를 추진하기 위한 조직체 및 인재 양성의 기반으로도[37] 의도하였다. 그러나 출범된 범행단은 1942년까지는 활동하였으나 일제 말의 군국주의 체제로 퇴진하였다.[38] 이런 사정은 만공 회상에서 수행한 김일엽의 회고(1955)에서도 찾을 수 있다.[39] 범행단 활동은 중단되었지만 범행단의 정신은 8 · 15 해방 이후 불교정화운동에서 재현되었다.

유교법회와 범행단의 역사에서 유의할 것은 일제말기에도 선학원이 정체성을 유지하였는데, 그 주역은 만공이었다는 것이다. 이런 역사에 드러난 이념은 식민지 불교체제의 극복, 정화불교 지향, 인재 양성이었다.

---

35) 운허는 『용성선사어록』(1941, 삼장역회) p.38의 「禪農觀」에서 "前日에 梵行壇 일로 東山上人을 鳳翼洞 敎堂에 訪한즉 때(필자 주, 1941년 4월)는 正히 師의 小祥을 지낸지 未幾요"라고 언급했다.

36) 정광호는 유마경 법회가 선학원에서 열렸다면서 신행단체로 보았다. 정광호, 『근대 한일불교관계사연구』, 인하대출판부, 1994, p.268.

37) 만공은 1930년대 초에 참선 승려 중에서 존경받을만 하고, 포교사가 될만한 자격자를 양성하기 위해 10년간 인재를 키우겠다는 포부를 밝혔다. 『禪苑』 2호(1932. 1), pp.87~88, 「지방선원 소식」.

38) 청담도 1954년의 일지에서 "高僧法會 ; 梵行壇 해산"이라고 하였다. 『청담필영』, 봉녕사 승가대학, 2004, p.183.

39) 『동아일보』 1955. 8, pp.2~3, 「만공선사와 불교정화 / 김일엽」.

4. 선학원과 만해 한용운

1) 만해와 선학원 연관성

만해 한용운(1879~1944)이 일제의 경성(마포) 감옥에서 출옥한 것은 1921년 12월 22일이었다. 출옥한 만해는 유점사 경성포교당으로 갔다. 한용운은 유점사 포교당으로 찾아온 동아일보 기자가 근황을 묻자, “옥중 생활은 고통 속에서 쾌락을 얻고, 지옥 속에서 극락을 구한 것”이라고 답변했다. 그는 감옥 안에서 직접 체험으로 깨달았다고 말하였다. 그리고 몸을 추스린 후에는 불교를 위해 일할 것이라는 포부를 피력하였다.

한편 한용운은 1922년 초,[40] 유점사 포교당에서 선학원으로 거처를 옮겼다. 선학원에 머물던 그는 민족운동을 최우선적으로 하려는 의욕은 있었겠지만, 자신의 신분이 승려이었기에 불교의 일에 우선적으로 관여하였다. 그가 출옥 후 가장 먼저 참여한 것은 감옥에 수감되었을 때 건립된 선학원 사업의 동참이었다. 만해는 자신이 거주하고 있는 도량인 선학원에서 전개되고 있는 선을 중흥하는 노선에 자연스럽게 동참하였다.[41] 주체는 아니었고, 합류하는 성격이었다.

만해는 1922년 3월 30일자로 서술된 선우공제회의 취지서의 말미에 첨부된 발기인(무순)에는 나온다. 한용운은 그 취지서의 둘째 줄에 8번째로 분명하게 나온다.[42] 이를 보면 만해는 선학원과 연관된 인물이 분명

---

40) 필자는 그 시점에 대한 구체적인 기록을 확인하지는 못하였다.

41) 선학원의 신문인 『불교저널』(2018. 1. 26)의 기사 「한용운」에서 “만해 용운스님의 출옥에 대비”하여 선학원 건립을 시작했다고 서술한 바, 이 내용은 근거가 없다.

42) 그의 제자인 춘성과 김초안(김용담)도 나온다.

하다. 만해가 선우공제회의 발기인이었음은 1935년의 선학원 자료에도 나온다.

> 佛紀 二九四八年(大正 十一年) 三月에 衰滅되는 禪院을 復興시키기 爲하야 宋滿空, 金南泉, 白龍城, 吳惺月, 康道峰, 韓龍雲 諸氏의 發起로 禪友共濟會를 創立하다.[43)]

그런데 기이한 것은 만해는 3월 30일, 오전 10시에 있었던 창립총회 회록의 출석자 명단에는 나오지 않는다. 당시 출석한 35명의 명단에 그의 이름은 없다.[44)] 현재로서는 그 연유를 단정적으로 말할 수는 없다. 중요한 다른 집회가 있어서, 만해는 총회에 불참하였는지에 대해서도 알 수 없다.

그러나 한용운은 1922년 11월 3일, 선우공제회 제2회 임시총회에는 출석하였다.[45)] 그리고 제3회 정기총회, 즉 1924년 3월 15일 모임에도 참여자로 나온다. 이 회의에서 그는 임시의장으로 활동하였고, 수도부 이사로 선출되었다.[46)] 선우공제회는 1925년경에 접어들면서 회의 운영이 어려워 직지사로 이전하고, 선학원도 1926년에 가서는 범어사 경성포교당으로 전환되었다는 것에서 짐작되듯 이때부터 한용운의 선학원과의 직접적인 연관은 희박하였다. 이렇듯이 한용운은 선학원에 주석하였지만, 선학원 운영과 연관된 활동은 뚜렷하게 나타나지 않는다. 다만 그는

---

43) 선리연구원, 『選佛場 ; 안거 방함록과 수좌대회록』, 2007, p.143.
44) 『근현대불교 기타자료(3)』; 『한국 근현대불교자료 전집 65』, 민족사, 1996, pp.4~7.
45) 『근세불교백년사』 제2권, 민족사, 1988, p.11.
46) 위의 책, pp.26~29.

선학원을 주된 거처로 활용하면서, 선학원이 서울 중심부에 위치한 관계로 민족운동, 불교활동, 계몽활동, 문학활동을 치열하게 하였다. 때문에 선학원 하면 만해 한용운이 널리 홍보된 것은 사실이었다.

2) 한용운의 선학원에서의 활동

한용운은 1922년 초반부터 1931년 중반까지 선학원에 머물렀다. 10년간 선학원을 주 거주처로 이용하였다.[47] 그러나 상주하면서 머무르지 않고, 백담사 · 신흥사 · 건봉사 · 통도사 등 지방에 연고가 있는 사찰을 왕래하면서 이용하였다. 그러면서 선학원에서 불교개혁, 계몽운동, 문학활동, 민족운동 등 다양한 활동을 하였다.

한용운이 선학원에 머무르면서 추진한 것은 불교개혁이었다. 그는 불교개혁과 함께 불교대중화를 위해 한문으로 된 불경을 번역, 출판하는 사업을 추진하였다. 불교의 통속화를 추진하고, 고승의 학설과 사상을 널리 알리려고 작정했다. 그래서 사업의 추진체인 법보회(法寶會)를 1922년 3월 24일에 만들었다.[48] 그러나 법보회는 뚜렷한 실적은 내지 못하였다. 다음으로 그는 불교개혁을 추진하는 불교청년운동에 관여하였다. 그는 불교개혁을 위해서는 사찰령 폐지, 주지 임명제 폐지, 통일기관의 인정, 승려의 자율이 최소한의 요건이라고 주장했다. 즉 일제의 식민지 불교정책을 완전 부정했다. 그의 이런 주장은 1923년 초반『동명』지 기자와의 대담에서 찾을 수 있다. 그는 불교 발전을 위해서는 '현 제도를

---

47) 위의『선학원약사』p.9에서도 "한용운선사가 다년간 이 선학원에 주석했다"고 서술했다.
48)『동아일보』1922. 9. 25,「佛教 社會化를 爲하야 한용운 씨 등이 법보회를 조직」.

타파하는 것'이 지름길이라고 강조하였다.[49] 그의 주장은 불교의 독립정신이었다.

한용운이 불교청년운동에 직접 가담한 것은 1924년 초이었다. 이때의 불교청년운동은 총독부의 탄압과 주지층의 견제로 인해 혼미 상태였다. 불교청년운동의 별동대인 조선불교유신회는 불교제도 변경, 재정 통일, 사찰 소유재산 통일, 불교대중화라는 강령을 내세우고 활동에 주력하였다. 1922년 4월경, 불교청년들은 사찰령 폐지에 동의하는 승려 2,284명의 서명을 첨부하여 사찰령 폐지의 건백서를 총독부에 제출하였다. 총독부가 이 건의를 수용하지 않자 청년회에서는 총재제로 조직체를 변경하여 운동의 추진에 변화를 주었다. 그래서 총재로 한용운을 선출하였다.[50] 그러나 그는 총재에 취임은 하였지만, 총독부에 사찰령 폐지를 해달라는 굴욕적인 방법은 동의치 않고 불교계 구성원 스스로가 사찰령을 거부하고 자주적인 통일기관을 만들면 된다고 주장했다. 그의 주장은 청년회 내에서도 찬반양론이 심했다. 한용운의 불교청년회 총재의 활동은 청년회의 퇴진기였기에 뚜렷한 것이 없었다.

한용운의 선학원에서의 문학활동은 시집 『님의 침묵』을 선학원에 머물면서 출간했다는 사실이 그를 상징한다. 1925년 그의 출가 사찰인 백담사에서 『님의 침묵』에 수록된 수십 편의 시를 창작한 그는 서울의 선학원으로 돌아왔다. 1926년 봄이었다. 그는 선학원에 머물면서, 백담사에서 쓴 원고 뭉치를 갖고 출판사로 향했다. 곧이어 1926년 5월 20일, 회동서관에서 그의 시문학 결정판이요, 영원히 기록될 명저인 『님의 침

---

49) 『동명』 2호(1923.1), p.2, 「現 制度를 打破하라 朝鮮佛教 法寶會 韓龍雲氏 談」.
50) 『동아일보』 1924. 1. 8, 「한용운씨 出陣, 불교유신회총재로」.

묵』이 발간되었다. 그리고 『십현담주해』도 그가 역경, 출판 사업을 위해 만든 법보회에서 『님의 침묵』 발간 직전인 1926년 5월 15일에 펴냈다. 『십현담주해』도 선학원에서 펴냈으나 비매품으로 나왔기에, 널리 유포되지는 않았다.

한편 한용운은 『님의 침묵』을 펴내고, 민족운동 중심부로 진입하였다. 당시 민족운동은 사회주의의 파급과 일제의 분열정책으로 큰 혼미를 겪었다. 일부의 민족운동가, 지식인들은 일제의 친일파 양성책에 말려들기도 하였다. 요컨대 민족운동 진영의 대혼란기였다. 이때 그는 1926년 6 · 10만세운동 당시에는 사전 예비 검속에 의해 일본 경찰에 6월 6일 선학원에서 끌려갔다.[51] 한용운은 민족운동의 분열에 대하여 민족운동에 대한 원칙을 수립해야 한다는 소신을 갖고 있었다. 즉 독립이라는 절대 과제를 위한 방법이 되어야지, 방법론이 우선될 수 없다는 것이다. 한용운의 이 소신은 『동아일보』 기자와 1925년 1월 1일에 대담한 내용인 「혼돈한 사상계의 선후책」에 나온다. 한용운은 '2천만 민중이 당면한 중대 문제'라는 부제가 붙은 위의 글에서 민족운동과 사회운동이 합치되고, 독립을 위한 노력을 공동으로 해야 한다고 강조했다. 특히 독립운동은 현실에 바탕을 두고 실행해야 한다는 원칙을 제시하였다.

한용운이 주장한 운동 진영의 대동단결은 좌우합작의 형태를 띠고 등장한 신간회(新幹會)로 나타났다. 1927년 2월 15일 서울 종로의 중앙기독교청년회관에서 신간회가 출범하였는데, 신간회는 "우리는 정치적 경제적 각성을 촉진함, 우리는 단결을 공고히 함, 우리는 기회주의를 배격함"이라는 강령을 내걸었다. 한용운은 1927년 1월 12일 신석우 집에서

51) 『동아일보』 1926. 6. 9, 「重大事件 後報, 禪學院도 수색」.

신간회를 발기하였다. 그리고 6월 10일 신간회 경성지회장으로 선출되었다. 그는 머무르고 있는 선학원을 신간회의 활동 공간으로 제공했다. 그러나 한용운은 1927년 12월 3일, 경성지회장을 사임했다. 그 연유는 경성 지회의 선전 강연회를 열기 위해 실무자가 마포경찰서에 청원서를 제출하는 조건으로 집회 허가를 얻었기 때문이다. 즉 만해는 회장인 자신과 상의하지 않고, 신간회 정신인 비타협주의를 훼손시킨 그 조치에 책임을 졌다.

이렇게 한용운은 선학원에 머물면서 다양한 활동을 하였다. 이로 인해 한용운의 독립운동, 민족운동, 대중활동이 선학원 역사에 일부는 편입될 수는 있다. 그래서 선학원 역사와 한용운 역사는 겹치는 부분도 있지만, 개별적인 역사도 있다. 한용운 역사 전체를 선학원 역사로 유입시킬 수 없음은 상식적인 이해이다. 그러나 그 상식을 배척하고, 무시하는 흐름이 있는지 유의해야 한다.

3) 한용운, 선학원에서 이사: 청진동 사직동 거주

한용운은 1931년 여름까지는 선학원에 머물렀다. 그러나 그 직후 무렵, 선학원을 떠났다. 그가 신간회의 광주학생운동의 지원 연설을 하려다가, 피체되어 있다가 풀려난 1930년 1월 선학원에서 그를 만났다는 인물의 회고가 있다. 1930년 1월 6일, 경찰에서 풀려난 한용운을 찾아간 김룡사 출신 불교청년인 민동선은 그 정황을 다음과 같이 회고하였다.

> 석방되던 때가 12월 세모 한창 추운 때였다. 소식을 듣고 안국동 선학원으로 찾아갔더니 그때는 밤이었다. 방 세간도 별로 없는 크다란 빈

방에서 사발만한 전기 곤로 한 개 앞에 놓고 보료 위에 딱 도사리고 외롭게 홀로 앉아 있는 그 자세야말로 보는 이로 하여금 오대산에서 방금 도착한 나반존자(那畔尊者)가 아니신가 의심하게 할 만큼 고고하고 표연하였다. "씨도 추운데 옥고가 얼마나 심하셨습니까?" "춥기는 무엇이 추워 여기나 마찬가진걸" 고통을 겪었으되 얼굴 빛 하나 변함없는 것을 볼 때에 지옥과 천당 고(苦)와 락(樂)이 둘이 아닌 경지를 이미 몸으로 체득한 사람이란 것을 짐작하게 되었다.[52]

이렇게 만해는 1930년 1월 초반에는 선학원에 있었다.[53] 이런 사정을 전하는 기록은 그 당시 잡지에도 있다.[54] 또한 그를 1931년 3월에 선학원에서 만났다는 승려인 현칙(상원사)의 기록도 추가로 찾을 수가 있다.[55] 그러나 한용운은 1931년 중반(?) 무렵 언제인가 선학원을 떠났다. 그 근거는 1931년 6월까지는 선학원 관련 기록에 한용운이 선학원에서 설법, 강화, 강연 등을 하였다는 내용이 나오기 때문이다.[56] 그러나 선학원을 떠난 구체적인 연유는 전하지 않는다. 한용운은 성격이 과격하

52) 민동선, 「한용운선생 회상기」, 『불교계』 22, 1967.

53) 「신간회원의 언동의 건」, 『사상에 관한 정보철, 제1책』, 京鍾警高秘 343호(1930. 1. 8). 이 문건에는 신간회 사건으로 방면된 만해가 선학원에서 외출도 않고, 독서에 골몰하고, 한약을 복용중이라는 내용이 나온다.

54) 『삼천리』 6호(1930. 5), 「명사의 書齋」에 한용운은 "현재 시내 안국동 40번지 동래 범어사 法堂속에 三界唯一의 安住地를 정하고 願成佛 度僧衆生 生活을 하고 게신데 서재는 바로 그 부처님 모신 겻방에 잇다"고 기술되어 있다.

55) 현칙, 『산중일지』, 2003, 지영사, pp.12~16. 즉 1931년 3월 경에도 선학원에 머물렀다.

56) 『禪苑』 창간호(1931. 10), pp.28~29, 「선학원 日記抄要」. 1931년 6월, 禪德으로 하안거 결제 강연도 하였다. 설법, 講話의 날자는 2.1, 2.11, 2.15, 3.8, 3.15, 3.21, 4.5, 4.12, 6.1 등이다.

고, 직선적이고, 다혈질이었다. 그가 열정적인 대중 강연을 하고 나면 강연 내용에 감동을 받은 청년들이 선학원으로 찾아와도 냉랭하게 대했다. 선학원 시절에도 대중 승려와 잘 어울릴 수 있는 체질이 아니어서 혼자 지냈다. 승려들에게 '중놈'이라고 욕하기 일쑤였다고 전한다. 이런 체질의 그는 선학원 관리의 책임자인 김남전과 불편했다.

> "만해 한용운 스님에 대해서 말씀해 주셨으면 합니다."
> "선학원에서 불교 잡지 한다고 같이 있었지. 성질이 대쪽 같았어. 그때 남전스님도 함께 있었는데 둘이 3년 동안 겸상을 하면서도 서로 한 마디 말도 안 했어. 그래서 대중들이 만해, 남전 두 사람을 가리켜 선학원에 보물이 둘 있다고 그랬지."[57]

위의 고송(파계사)의 증언에 의하면 한용운과 남전은 사이가 불편하였다. 이런 불편성으로 만해가 선학원을 떠났다고 단언할 수는 없다. 그러나 한용운은 선학원을 떠나 서울 종로의 청진동, 사직동에 방을 얻어 지냈다. 홀로 살다보니 늘상 냉방에서 지냈다. 한용운을 추종하였던 조종현(시조 시인)은 1931년 겨울, 청진동에 칩거하고 있을 때 찾아간 정황을 다음과 같이 전했다. 조종현은 개운사에서 머물면서, 문학 및 불교청년 활동을 하였는데 만당의 당원이었다.[58]

> 신미년(필자 주, 1931년) 겨울! 나는 선생을 청진동 숙소로 찾아뵈었다.

57) 불교신문사, 『한바탕 멋진 꿈이로구나』, 삼양, 1999, p.125.
58) 김광식, 「조종현의 불교사상과 한용운」, 『불교학보』 75, 2015.

그때 선생은『불교』사 시절, 춘추는 53세, 내 나이는 26세이었다. 무슨 용건이 있었던 것도 아니요, 더구나 어떠한 목적이 있었던 것도 아니었었다. 그저 찾아뵈옵고 싶어서다.
선생의 거실에 들어서자마자, 이마가 설렁하고 냉기가 온몸을 엄습했었다. 나는 나도 모르는 사이에 몸이 옴칫했었다. 방안에는 책상 하나, 그 위에는 조선일보 한 장이 놓여 있을 뿐, 메모용지는커녕 펜대 한 개도 없었다. 책 한 권도 눈에 띄지 않고 말쑥했다. 벽에 꽂힌 못 한 개에는 선생의 두루마기가 걸려있었고, 그 위에는 모자가 얹혔을 뿐, 방문객의 모자 하나 걸 못도 없었다. 앉을 방석은 말할 것도 없었다. 서화병풍이며 장서가 많을 줄로 알았던 나의 생각은 완전히 뒤엎이고 말았었다. 나는 새삼 놀라지 않을 수 없었다. 참고도서 한권 없이 어떻게, 어쩌면 그렇게 글을 쓸 수 있을까. 순간 내 머리는 번쩍했었다. '선생은 우박같이 머리에서 글이 쏟아지고, 샘솟듯 가슴에서 글이 솟는가보다' '석가모니가 무슨 책이 있어서 49년간 설법을 했나!' 옳다! 선생은 사상의 원천을 발굴하고 확보했기 때문에, 입만 열면 폭포같이 열변이 쏟아지고, 펜대만 잡으면 구름일듯 글이 부푸는 것이 아닐까.
선생은 가사, 장삼, 발우 한 벌 없는 운수납자(雲水衲子)의 생활이다. 청초하고 쇄연한 생애였던 것이다. 학과 같은 모습에 구름 같은 살이여![59]

이렇듯 한용운은 조계사 인근인 청진동의 사글셋방에서 처절한 고독 속에서 자신의 길을 묵묵히 갔다.

59) 조종현,「불교인으로서의 만해」,『나라사랑』2, 1971.

한용운의 재가 제자로서 만해 정신의 선양에 매진한 김관호의 회고는 만해의 사직동(147번지)[60] 시절을 말해준다.

> 처음 찾아 갔을 때 스님은 사직동의 8원짜리 삭월세 방에 계셨어요. 그 때 학생 기숙사비가 8원이였죠.[61]

> 내가 정인보 선생의 말씀을 들었는데 그 때 정 선생의 말씀에 조선청년은 한용운을 배우라고 하셨지요. 그래 내가 야학당에 다니면서 아무 마음가짐도 준비하지 않은 채 만해 선생의 사직동으로 찾아갔었답니다. 그런데 그분은 어찌 그렇게 냉랭하시고 사람을 반갑게 맞아들이지도 않고 무얼 물어도 자상한 대답은커녕 퉁명스럽기만 하셨지요.
> … (중략) … 그 분은 진지를 잡수지 못해서 혼자 냉방에 있으니 누가 밥을 할 사람도 없었지요.[62]

> 김옹이 이십 칠팔 세 되던 무렵, 사직동에서 방 한칸을 얻어 거처하고 계시던 스님을 처음 뵈었다. 당시 스님은 설악산 백담사에서 서울로 오신 지 얼마 되지 않은 때였다. 밥 해줄 시자 하나 없어 그때 돈으로 7, 8원 하던 장사 밥을 매식하고 계셨다.[63]

위와 같이 한용운은 사직동 냉돌방에서 조국과 민족을 위해 할 일이

---

60) 『동광』 38호(1932. 10), 「현대 인명사전 ; 불교사 한용운」.
61) 『불교신문』 1991. 2. 27, 「만나고 싶었습니다, 김관호옹」.
62) 고은, 『한용운 평전』, 향연, 2004, pp.319~320에서 재인용.
63) 『법시』 244호(1988. 3), p.40.

무엇인가를 고뇌하였다. 당시 그는 "조선 땅덩어리가 하나의 감옥이다. 그런데 어찌 불 땐 방에서 편안히 산단 말인가." 하면서 차디찬 냉돌방에서 꼼짝없이, 흐트러짐이 없이, 꼿꼿하게 앉아 있었다. 그래서 그에게 '저울추'라는 별명이 붙었다. 학생들이 만해를 찾아와 피곤하여 쓰러지면 이불을 꺼내 덮어주고, 자신은 방의 윗목의 방석에 앉아 참선으로 밤을 지새웠다는 구전이 있다.

사직동 시절의 한용운은 냉방에서 생활을 하였고, 식사(아침, 저녁)는 사 먹는 형편이었다. 청진동과 사직동의 시절은 각황사(지금의 조계사)에서 점심은 해결하였다고 전한다.

> 용운스님은 친구도 별로 없고 어떻게나 쌀쌀맞은지 몰랐습니다. 그러나 대개 점심 고양(공양)은 각황사에서 잡수셨는데 잠자리는 사직동이나 잘 알 수 없는 곳에다 정했어요. 굳이 절에서 자는 일을 피했지요. 스님네를 중놈 중놈 하고 욕하기 일쑤였지.
>
> 그래 여러 스님네들은 그 분이 나타나면 이크 또 욕쟁이가 왔어 하고 슬슬 꽁무니를 빼는 일이 많았어요. 그때 그분은 유엽스님과 함께 직접 인쇄소에도 가서 조판이나 문선까지도 직접 하다가 직공과 다툰 일이 있었지요.[64]

1930년대 초반, 조계사 원주 소임을 역임한 최원종의 위의 증언을 보면 한용운의 그 당시 생활을 알 수 있다. 즉 선학원을 떠나 생활을 하고, 점심은 그가 『불교』지의 사장이었던 연고로 불교사가 입주한 공간에 있

64) 고은, 2004, p.333에서 재인용.

는 사찰(각황사)에서 해결하였다. 그러나 아침, 저녁은 사서 먹을 수밖에 없었다. 하여간에 1930년대 초의 한용운 생활은 사찰과 세속의 경계에 있었다. 즉 경계인(境界人), 비승비속(非僧非俗)이었고 인간적으로는 쓸쓸함, 비참함이었다.

한용운은 마침내 고독한 그런 생활을 타개하였다. 그는 재혼을 하였다. 그는 입산 이전에 결혼을 한 이력이 있었다.[65] 그는 두 번째 부인이 된 유숙원과 1933년 겨울, 서울 성북구 신흥사에서 간단한 의식으로 부부의 연을 맺었다. 만해가 결혼을 하기 이전, 만해의 지인들은 떠돌이생활을 벗어나서 조그마한 집을 갖도록 권유하였다. 집도, 절도 없다는 저간의 말이 해당되었다. 그래서 그는 너무 지치고, 남들에게까지 피해를 주는 생활을 청산하겠다는 마음을 먹었다. 즉, 독신 수도를 정리하고 마땅한 사람이 있으면 결혼하겠다는 뜻을 주위 사람에게 전하였다. 그래서 재혼하였다.

그는 1910년 5월, 9월 두 차례에 걸쳐 구한국 정부, 일제 당국에 승려결혼 자유론을 담은 청원서(건백서)를 제출한 이력의 소유자이다. 그 결과 1920년대 중반 이후에는 불교의 대처화가 본격적으로 파급됨에 일익을 담당하였다. 그러나 그는 승려결혼이라는 문제가 불교의 모순으로 자리잡은 것에 대해서는 일체 언급치 않았다. 그의 제자인 이용조는 승려결혼이 불교의 암적인 존재가 된 것을 신랄하게 비판하였지만,[66] 그

65) 김광식, 『한용운』, 역사공간, 2015, p.225, 「한용운의 삶과 자취」 참고.
66) 김광식, 「1926년 불교계의 대처식육론과 백용성의 건백서」, 『한국 근대불교의 현실인식』, 민족사, 1998, pp.180~185. 김광식, 「용성의 건백서와 대처식육의 재인식」, 도피안사, 2010, pp.534~548. 이용조, 「위기에 직면한 조선불교의 원인 고찰(續)」, 『불교』 101 · 102합호, 1932.

는 불교 자주화를 강조하면서도 그 문제점에 대해서는 일체의 서술을 하지 않은 행보를 갔다.

한용운은 재혼한 직후에는 성북동의 구석에 있는 초가집을 얻어 살았다. 『동아일보』 기자와 연고가 있는 집인데, 방이 둘인 허술한 집이었다. 이럴 때 마침, 그를 찾아온 백양사의 승려인 김벽산(금타)이 초당을 지으려고 갖고 있었던 땅 52평을 한용운에게 넘겨주었다.[67] 이를 계기로 한용운은 김벽산이 제공한 땅 52평을 인수하여 거처할 집의 공사를 하여 1935년 봄에 입주하였으니 그것이 바로 심우장(尋牛莊, 서울 성북동)이었다. 이로써 한용운의 심우장 시대가 열렸다.[68]

5 결어: 선학원 역사에서 만공과 한용운의 비교

지금껏 전장에서 선학원 역사, 이념의 계승 선양 차원에서 대두된 만공 및 만해 한용운의 관련 내용을 제시하였다. 본 고찰의 맺는말에서는 앞서 서술한 그 내용에 유의하면서 만공과 만해가 선학원에서 갖는 역사성을 대비하여 서술하고자 한다.

첫째, 선학원 역사의 주역은 만공임이 역사의 기록상으로 분명하다고 본다. 만공은 선학원의 창건, 운영, 재건, 활동, 정체성 구현 등에 있어서 주역이었다. 만공과 선학원과의 연관성은 분명하고, 객관적인 사실이다. 이를 결코 부인할 수는 없다.

67) 김광식, 「금타선사 생애의 재검토」, 『대각사상』 29, 2018, p.33.
68) 김광식, 「만해와 심우장의 정신사」, 『만해축전 자료집』, 2014.

둘째, 선학원에 주석하면서 다양한 활동을 전개한 만해 한용운은 선학원과 연관은 되지만, 주역이라기보다는 조역 혹은 주석한 승려로 보는 것이 온당할 것이다. 그러나 선학원과 한용운의 각각의 역사는 중복되는 것이 있다. 이에 대해서는 적절하게 이해하여 서술해야 할 것이다. 한용운은 1922년 초반부터 1931년 중반까지 약 10년간 선학원에 머물렀다. 선학원에서 그는 계몽, 대중, 민족운동, 문학활동에 주력하였다. 한용운은 선학원에서 등장한 선우공제회 발기인, 1924년 선우공제회 수도부 이사로 나온다. 그러나 그는 그 외에는 선학원과 직접적인 실질적 활동은 하지 않았다. 선학원 본부가 바로 직지사로 이전하였기 때문이다. 1931년 중반 이후에는 종로구의 청진동, 사직동의 민가 집에서 사글세로 살면서 활동을 하다, 1933년에 재혼하여 1935년부터는 심우장으로 그의 거처를 완전히 옮겼다.

셋째, 위에서 요약한 전제하에서 최근 선학원과 관련된 만해 한용운 중심의 역사 재창조, 계승 작업은 심히 우려스럽다. 객관적 사실에 의거한, 보편적 역사성에 의거한 사업으로 조율되어야 할 것이다. 특히 선학원 100주년 기념관 정문 입구에 세워진 한용운 동상은 많은 문제를 제기한다.[69] 한용운이 선학원에서 민족운동을 포함한 다양한 활동을 한 것은 사실이지만, 그를 지나치게 강조하는 것은 선학원 정체성을 혼란케 할 요소가 다분하다. 예컨대 만해는 결혼을 한 인물(대처승)이고, 불교근대화 차원에서 승려 결혼의 자유론을[70] 강력하게 주장한 인물이다.

---

69) 그 위치를 이동시키든가, 혹은 만공의 동상을 함께 만들어서 균형적인 볼거리를 제공하든가 등 적절한 조치가 있어야 할 것으로 생각할 수 있다.

70) 김광식, 「한용운의 불교근대화 기획과 승려결혼 자유론」, 『한용운 연구』, 동국대출판부, 2011.

그렇다면 선학원은 정화불교, 정화운동의 근거처라는 역사성과 한용운의 결혼관의 사이에서 이질성, 상충성이 노정된다. 중도적 지혜로 조화시킬 수는 있지만 곤혹스러운 문제이다.

넷째, 선학원의 역사 및 이념의 정비에서 만공을 적절하게 강조해야 한다. 이를 이행하지 않으면 기존 선학원의 선양 사업은 의도적인, 왜곡된 역사의식에서 추진하는 사업이라는 비판에서 자유스러울 수 없다. 만공만을 추가하기 어렵다면 오성월, 백용성, 남전, 도봉, 적음 등 여타 큰스님들과 현대기 선학원의 이사장(청담, 대의, 향곡, 석주 등)을 포함해서 폭넓게 추진하면 될 것이다. 최근 조계종단과 선학원이 운영권을 놓고 대립을 하는 현실에서[71] 역사적 이해까지 논란이 심화된다면 우려스러운 일이다. 이는 선학원 정체성의 재정비가 요청됨을 뜻한다.

지금껏 선학원의 정체성을 재인식, 역사 찾기의 문제점을 통하여 개진하였다. 필자의 의견 개진이 선학원의 역사 및 이념 정립에 참고가 되길 기대한다.

---

71) 김광식, 「현대기(1962~1993) 선학원의 역사와 성격」, 『역사와 교육』 25, 2017, pp.189~195.

선학원의 설립 주체와 노선에 대한 재검토

1. 서언

한국 근현대불교에서 선풍진작 및 수좌보호를 표방한 기관이 있었으니 그는 일제하에 설립된 선학원이다. 선학원은 조계종단의 재정립을 만든 불교정화운동의 거점이었다. 이런 연고로 그간 선학원에 대해서는 적지 않은 연구가 있어 왔다. 그런데 최근 선학원의 운영 및 정체성에 대한 논란이 제기되었다. 그 논란에는 선학원의 설립조사에 만해 한용운이 포함되는가의 문제, 창건 및 운영의 주역인 만공에 대한 선학원에서의 계승의식 희박, 선학원 정체성(재산관리, 준 종단) 문제,[1] 조계종단과 개별 노선(법인관리법의 거부) 등이 포함되어 있다.

필자는 선학원을 연구하는 학자로서 선학원 내부의 모임인 '선학원 미래포럼'이 2018년 10월 15일, 조계종 국제회의장에서 개최한 워크숍에서 선학원 집행부의 인식에 대한 비평적인 글을 발표하였다. 그 논고는 「선학원 정체성의 재인식 : 만공과 한용운, 계승의 문제」이었다. 이 글의 초점은 선학원의 역사 계승의 작업에서 만공은 홀대를 받고 만해는 부

1) 현응(현, 해인사 주지)은 선학원은 종단 기능을 하지 말고, 선풍진작 및 선원 수좌 후원의 역할을 해야 한다고 주장했다. 『법보신문』 2014. 7. 15, 「선학원은 종단 흉내내지 말라」.

각된다는 것이었다. 이런 구도에서 만해는 선학원의 설립 조사가 아니라고 강조하였다. 이와 같은 내용은 현 선학원 집행부의 인식과는 이질적인 내용이었다. 때문에 필자의 논고에 대한 입장을 더욱 보완하여 학술지에 기고하기로 의도하였다.

그런데 2019년 6월, 당시 선학원의 선리연구원장인 최종진(법진스님)은『선문화연구』26집에「만해의 독립운동과 선학원 – 재산환수승소 판결문을 중심으로」라는 논고를 기고하였다. 이 논고는 필자의 주장을 정면으로 반박한 것인데, 선학원과 범어사가 관련된 소송(재산)에서 생산된 1954년 판결문(2심)을 활용하였다. 그래서 우선 필자는 2018년에 발제한 논고를 보완하여『한마음연구』4집(2020.2)에 게재하였다. 그러면서 최종진이 활용한 판결문을 입수하여 분석을 하였다. 필자가 그 판결문을 살핀 결과, 최종진은 사료(판결문) 비판을 적극적으로 하지 않았고, 사료의 일부만을 선택하여 서술한 것으로 판단하였다. 최근 선학원은 선학원 100년사인『선학원 백년의 기억』(2021.11)을 펴냈다. 이 책도 최종진이 주장한 논리를 거의 그대로 따르고 있다. 이 책은 선학원 현 집행부의 역사인식(언론의 자유)에서 나온 것인데 설립 조사(한용운), 수덕사, 만공과 관련된 일부의 내용에 편향적인 것이 있어 이를 역사기록 차원에서 제기하고자 한다. 필자는 2006년『태고종사』사태(불교정화운동과 고승의 왜곡 및 모독) 당시에도 그 책의 문제점을 지적하는 고찰을 발표한 바가 있다.[2] 본 고찰은 이런 입론에서 나온 것이다.

한편 필자는 예전의 논고에서 현재 선학원의 노선(사업)을 비판적으로 개진한 바가 있다. 즉 선학원의 창건 정체성에 부합되는 노선에서 멀어

2) 김광식,「『태고종사』의 분석과 문제」,『범어사와 불교정화운동』, 영광도서, 2008.

지고 재단법인(재산관리)에만 유의한다는 것이다.[3] 선학원의 역사 및 문화에 유의할 경우 최근의 노선은 문제가 제기될 수 있다고 인식하였다. 그 이후 필자는 선학원의 노선에 관련된 역사적인 자료를 찾으려고 유의하였다. 그러던 중 필자는 선학원 8 · 10대 이사장을 역임한 이대의가 선학원 이사장에 취임한 직후인 1967년 9월, 선학원을 개신하려는 의도하에 피력한 「실천요강」의 7개조의 내용을 발굴하였다. 이대의가 선학원의 노선을 개신하려는 의도 및 내용을 알 수 있는 이 자료를 이번 고찰에서 분석하였다. 또한 필자는 범어사 주지와 선리참구원 2대 이사장을 역임한 오성월의 자료 파일에서 1950년대 선학원과 범어사가 재판을 추진할 때에 범어사가 작성하여 법원에 제출한 문건, 「범어사 중앙포교당 이건의 유래(別號 禪學院)」를[4] 입수하였다. 그래서 이 문건도 본고에 활용하였다.

이와 같은 배경에서 나온 본 고찰이 선학원의 역사, 문화, 정체성 등을 조명함에 있어서 활용되기를 기대한다. 미진한 측면은 지속적인 자료수집, 분석, 연구로 보완해 가겠다. 제방 선학의 질정을 바란다.

---

3) 김광식, 「조계종과 선학원, '同根'의 역사 및 이념」, 『문학사학철학』 43 · 44호, 2015.
　______, 「현대기 선학원(1962~1993)의 역사와 성격」, 『역사와 교육』 25집, 2017, pp.193~194.

4) 이 자료는 범어사가 경영하는 금정중학교 교장을 역임한 현익채 선생님의 소장 자료에서 복사하였다.

2. 선학원의 창건 주체에 대한 탐구

필자는 이전 고찰에서 만해 한용운은 선학원의 설립 조사가 아니라고 주장하였다. 왜냐하면 첫째, 만해는 선학원의 창건이 추진되던 그때에 3·1운동으로 인하여 옥중에 수감되었기 때문이었다. 둘째, 선학원의 창건 당시 상량문(1921.10.4)에 만해가 나오지 않기 때문이다. 그 상량문에는 '대중질'이라는 제목하에 창건에 공로가 많은 인물 11명을 적시하였지만 만해는 부재하였다. 셋째, 만해는 선학원의 창건 및 운영의 주체라기보다는 동참 인물로 볼 수 있다. 만해는 1922년 초반부터 1931년 중반까지 10년간 선학원에 거주하며 선학원 활동(선우공제회, 1922~1924)에 동참하면서 민족운동 및 문학 활동을 한 것은 사실이다. 이와 같은 측면에서 필자는 만해를 선학원 설립의 조사로 보려는 것은 무리라고 주장하였다.

여기에서 부연할 것은 선학원에서 주장하는 '설립 조사'의 개념이 무엇인가 하는 점이다. 선학원 측에서는 그 개념을 보편적인 언어로 설명을 해야 할 것이다. 필자의 견해로는 '선학원의 설립 조사'라 할 경우에는 다음의 두 측면을 고려해야 한다고 본다. 첫째는 선학원의 설립을 건축과 관련된 측면에서 보는 경우이다. 이 경우 선학원은 1921년 11월에 건축 공사는 완료되었다. 현재의 선학원은 1921년도를 선학원 설립 100주년으로 보고 기념사업을 하였다. 그런데 만해가 감옥에 수감되었을 당시에 건축 공사가 추진되어 만해가 출옥한 때(1921. 12. 22)에는 종료되었다. 그렇다면 1922년부터 건축이 시작되었다는 최종진의 설을 수용한다면, 선학원의 역사 기점은 변경해야 할 것이다. 필자는 만해는 건축적인 '설립'에 관여하지 않았다고 거듭 주장한다. 둘째는 선학원의 설립을 재단법인 선리참구원의 인가에 맞추어 볼 수 있다. 선학원은 1934년 12월에 당시 총독부로부터 재단법인 설립 인가를 받았다. 그런데 그 인가 당시에 만해는 이사진에 포함되지 않았고, 그는 재혼을 하여 심우장에서 비승비속의 독자노선을 걸어 갔다.[5] 이렇듯 만해는 선학원의 건축 및 법인체의 설립에 전혀 무관하였다. 그런데 어떻게 설립 조사라고 강변을 하는가?[6] 셋째, 최종진 주장처럼 만해의 출옥을 대비하기 위해 선학원을 창건했다면, 만해는 출옥 직후 바로 선학원으로 가지 않은 연유가 설명이 안 된다. 만해는 출옥 직후 가회동 · 유점사 경성포교당에 머무르다[7] 1922년 초반에[8] 선학원으로 거처를 옮겼다.

그러면 위와 같은 배경에서 필자의 주장을 반박한 최종진의 논고에 나오는 해당 내용을 제시하고자 한다. 선학원은 범어사가 매각한 선학원의 일부 재산을 환수하고자 소송을 1950년대 초에 시작하였다. 최종진은 그의 논문에서 아래의 판결문(2심, 1954)을 제시하고 자신의 입론을 설명하였다.

---

5) 김광식, 「심우장의 어제와 오늘 – 한용운과 심우장의 정신사」, 『전자불전』 21집, 2019, pp.5~15.

6) 만해를 선학원 설립의 주도 인물로 본 최초의 학자는 오경후이었다. 그는 「선학원 운동의 정신사적 기초」, 『선문화연구』 창간호, 2006, pp.351~352에서 한용운을 선학원 설립의 주도인물로 포함시키면서, 선학원 '창설을 주도'하였다고 서술하였으나, 그 근거와 이유는 언급치 않았다.

7) 『동아일보』 1921. 12. 23, 「지옥에서 극락을 구하라」. 김광식, 『한용운』, 역사공간, 2015, pp.101~102.

8) 그 정확한 시점은 알 수 없다.

康道峰 · 金南泉 · 金石頭 등은 기미독립운동 당시 33인 중의 1인이며 理判系의 선종의 지도자인 한용운이 (감옥에서)복역하다가 단기 4254년도(1921)에 출옥하게 되자 同人(한용운)을 중심으로 한 事判系에 응하여 理判系의 수도원(을) 창립하고자 신도 崔昌勳 외 다수인으로부터 기부를 받아 서울특별시 안국동 40번지 대지 190평을 매입한 후 동 지상에 목조기와 집을 건축, 그 당시 범어사에서 인사동포교당을 폐지 철거하고 옛 목재와 기와 약간을 (선학원)건축에 기증하다. 하여 동 소송에서 訴外 원고재단(선학원)의 전신인 선학원을 창립하고 訴外 韓을 중심으로 민족의식이 강렬한 僧 及 信徒가 집합하여 禪의 수행에 정진하여 오던 차 당시 조선총독은 이를 탄압하고 重稅를 課하므로 선학원은 信託의 취지로서 위 건축을 단기 4255(1922)년 11월 27일 범어사 명의로 그 소유권 보존등기를 경유하고 同 지는 단기 4257년(1924) 8월 15일 범어사 명의로 그 소유권 이전 등기를 경유하다. 그 후 親日 사판계에서 태고사에 재단법인 조선불교총무원을 설립하므로 이판계인 선학원도 이에 응하여 단기 4266년(1933) 8월 경 원고(선학원)재단을 설립코자 수덕사 주지 송만공 외 15명으로부터 전답 약 15만평을 기부 받는 동시에 피고사(범어사)에 한 前時 信託을 해제하고 본 건 부동산을 반환받는 의미 하에서 당시 피고사(범어사)의 주지던 訴 外 오리산으로부터 전답 4만평과 같이 기부를 받어 단기 4267년(1934) 12월 5일 원고(선학원) 재단법인 설립허가를 받게 된 것이다.[9]

9) 최종진, 「만해의 독립운동과 선학원 – 재산환수 승소 판결문을 중심으로」, 『선문화연구』 26집, 2019, p.29.

그러면서 위의 자료를 "「법인재산 환수 승소판결문」, 선학원 소장문서, 27~28면"에 나온다고 적시하였다. 이 문서에 대한 설명은 다음과 같이 하였다.

> 신탁 이후 선학원은 범어사에 기부 재산의 소유권 이전 등기를 요구하지만, 범어사 내부의 일부 반대에 의해 신탁재산을 돌려주지 않자 선학원은 1953년 범어사를 상대로 법인재산 환수를 위해 제소하였다. 그러나 선학원은 이 민사소송에서 패소하였다. 선학원은 즉시 항소하고, 1954년 9월 27일 판결에서는 승소하였다. 위 인용문은 당시 항소심을 판결했던 재판장 판사 이성욱(李成郁)의 판결문이다.[10]

즉 당시 2심의 판결문을 갖고 자신의 논지를 전개하였다. 그 재판은 1심(1953.6.22. ; 범어사 승소), 2심(1954.9.27. ; 선학원 승소), 3심(1955.7.28. ; 선학원 승소)을 거칠 정도로 선학원과 범어사는 치열한 재판을 벌였다. 선학원은 재산 회수를 위해서, 범어사는 일제하에서 범어사가 선학원에 기여한 업적과 자신이 매각한 행위가 정당하였음을 인정받기 위해 법리 논쟁 뿐만 아니라 역사 해석의 논쟁도 수반하였던 것이다. 위의 판결문에서 최종진이 초점으로 삼은 내용은 아래이다.

> 康道峰 · 金南泉 · 金石頭 등은 기미독립운동 당시 33인 중의 1인이며 理判系의 선종의 지도자인 한용운이 (감옥에서) 복역하다가 단기 4254년도(1921)에 출옥하게 되자 同人(한용운)을 중심으로 한 事判系에 응하

---

10) 위의 글, p.18.

> 여 理判系의 수도원(을) 창립하고자 신도 崔昌勳 외 다수인으로부터 기부를 받아 서울특별시 안국동 40번지 대지 190평을 매입한 후 동 지상에 목조기와 집을 건축, 그 당시 범어사에서 인사동포교당을 폐지 철거하고 옛 목재와 기와 약간을 (선학원)건축에 기증하다.

위의 내용의 초점은 한용운이 감옥에서 복역하다가 1921년에 출옥을 하자, 한용운을 중심으로 사판계에 대응하여 이판계의 수도원을 창립하였다는 것이다. 이 내용을 근거로 최종진은 만해를 선학원의 설립조사로 보았다.

그런데 위의 내용은 많은 문제점이 있다. 그는 다음과 같이 정리할 수 있다. 첫째, 위의 판결문은 일제하 그 당시에 생산된 자료가 아니라는 점이다. 이런 자료는 3차 자료라고 볼 수 있다. 때문에 자료의 내용을 직접적으로 인용할 때에는 유의할 점이 많다. 둘째, 이 판결문은 지금껏 설명되어 온 선학원 창건의 역사와 배치되는 부분이 많다. 그는 창건 시점의 변화(1921년에서 1922년으로), 이판계의 수도원이라고 처음 나온 표현, 기존의 문헌 기록에 없었던 신도 최창훈의 등장, 범어사 기여 부분의 축소(목재와 기와 만을 기증) 등이다. 셋째, 이 판결문은 그 당시 재판의 최종적인 대법원 판결문이 아니다. 당시 그 재판은 3심(대법원)까지 진행되어 결과적으로는 선학원이 승소하였다. 판결의 초점은 1934년 12월 당시 재단법인으로 출범 때에 범어사가 신탁(선학원 건물 및 대지) 해지에 동의하였는가이다. 그렇다면 최종진은 대법원 판결문도 확인하고, 판결문에 나온 내용이 객관적 사실로 부합되는가의 문제를 종합해서 판단했어야 한다고 필자는 본다.

한편 필자가 입수한 대법원 판결문의[11] 도입부에는 다음과 같은 내용이 나온다.

> 이유 피고(필자주, 범어사) 소송대리인 노영무 상고 이유 제1점은 원심판결에는 신탁에 대한 법리를 오해한 위법과 판결에 영향을 미칠만한 중대한 사실을 오인한 위법이 있다고 사료함. '기 이유'에서 訴外 강도봉 등이 기미운동 당시 33인중의 1인이며 이판계 선종의 지도자인 訴外 한용운을 중심으로 사판계에 대응하여 이판계의 수도원을 창립하고저 신도 최창훈 외 다수인으로부터 기부를 받아서 안국동 40번지 지상에 목조건물 2동을 신축할 때 기시 피고사에서 인사동 소재 포교당을 폐지 철거하고 기 고재 급 고와 약간을 우 건축에 기증하고 동소에 원고 재단의 전신인 선학원을 창립하여 민족의식이 강렬한 신도가 집합하여 선의 수행을 정진하여 오던 차 당시 조선총독은 이를 탄압하고 중세를 과하므로 선학원은 신탁의 취지로서 동 부동산을 피고사 명의로 소유권 보존 또는 이전 등기를 경유한 것이라 판시하다.
>
> (1) 원고(필자 주, 선학원)가[12] 원심 판결서 적시 사실과 같이 한용운 선생을 빙자하는 것은 천만부당지사이며 선생은 당시 배일 수괴자로서 일반이 대면을 기피하여 성북동 일우에서 두문불출 고적한 생활을 하여 왔는데 차를 기화로 선생을 빙자하여 일정의 탄압을 피하기 위하여 신탁을 운운함은 전연 허위이며 (2) 또 원심 판결의 적시 사실중 동 건

---

11) 필자는 법률 포털서비스 '로앤비(LAWnB)'에서 입수하였다. 자료는 대법원 1955. 7. 28 선고 4288민상107 판결 부동산 소유권 이전 등기 절차이행「집2(5민).22」이다.

12) 문장에는 '원고는'으로 나오나, 문맥상 수정했다.

물의 신축에 관한 사실은 수도원을 창립하기 위한 것이 아니고 종래부터 있었던 인사동 188번지 소재의 중앙포교당을 안국동 40번지로 이전 확장한 것으로 건물을 그대로 인정하고 부족재는 신재를 다소 보충하였으며 자금은 동 대지를 방매하고 부족액은 피고 寺(필자주, 범어사)에서 충당하고 동 포교당 신도의 희사금도 약간 보충하여 왔으며 원고 재단법인 이사장 김적음은 동 건축에 전연 관여한 사실이 없으며 이후 10년 이상이나 경과한 후 즉 단기 4266년에 비로써 승려가 되어 위 포교당 감원의 직에 취임한 자이며 피고 사는 동인의 본사임에도 불구하고 원심 판결은 차를 간과하였으니 두서와 같은 위법이 있다고 사료함 (3) 또 원심 판결 적시 사실중 日政이 특히 차 경우에 있어 중세를 과하였다 하여 차를 피하기 위하여 일시 신탁하였다는 사실을 인정한 것은 오인의 경험칙과 상식에 위배한 궤변에 불과하며 원래 신탁(또는 기탁)은 당사자의 일방인 피고 사에서 상대방을 위하여 보관할 것을 약정하고 동 부동산을 수취함으로 인하여 이 효력이 발생하는 것이므로 여사한 약정의 의사표시가 없음에도 불구하고 허무맹랑한 억측 위에서 신탁을 인정한 원판결은 두서와 같은 위법이 있다고 사료한다 운함에 있고

위와 같은 대법원 판결문에는 범어사가 원심 판결(2심)을 비판한 내용이 나온다. 그런데 이 재판은 선학원 재산의 일부(건물)를 범어사가 덕성학원(선학원 인근)에게 1950년에 매도한 것에서 시작되었다.[13] 이에 선학원은 범어사가 임의로 매각한 재산을 되찾기 위해 1951년 4월에 소송을 시작하였는데, 1953년 6월 22일에 1심 판결에서 범어사가 승소하고, 선

13) 1944년 7월, 관권의 비호 아래에 덕성학원이 강점하였다고 선학원은 주장한다.

학원은 패소하였다.[14)]

그러나 그 당시 선학원은 선학원 재산 소송에 대한 이해를 다음과 같이 하였다. 즉 선학원은 1934년 12월 재단법인 선리참구원 출범에 즈음하여 범어사 재산(선학원 및 기타 토지 4만 4천평)이 선리참구원에 기부하기로 하였지만, 그 이행(등기)이 되지 않았음을 강조하였다. 그러면서 선학원 재산은 범어사가 1934년에 기부한 대상에 포함되었다고 선학원은 주장하였다. 그러나 범어사는 1922~24년 선학원 창건 직후에 선학원(건물, 대지)을 범어사가 재산 등기를 하였다고 주장하였다. 요컨대 1922~24년에 등기된 물권의 소유권에 대한 법리 논쟁이다. 다시 말하면 선학원은 등기된 건물은 신탁이 되었고, 1934년 기부 대상에 선학원(대지 1건, 건물 2건)이[15)] 포함되었다고 보았다. 그러나 범어사는 1920년대 초반에 범어사로 등기가 되어 있었기에 덕성학원으로의 매각은 정당하다고 보았다.

어쨌든 1934년 12월 재단법인으로 출범 당시 선리연구원과 범어사 간에 있었던 기부 및 이행(등기)에 대한 문제가 가장 중요한 초점이었다. 즉 1934년 문제를 풀기 위해서는 1920년대 선학원 상황을 판단해야 하기에 1920년대 선학원의 신탁 성격을 문제시 삼았던 것이다. 범어사는 신탁을 부정하는 것이고, 선학원은 신탁을 인정하면서 신탁하게 된 연유를 선학원에 있었던 만해의 민족의식에 가탁하여 일제당국이 중세를 하여 신탁된 것이라는 것이 주안점이었다. 그런데 대법원에서는 1934

14) 그 무렵인 1953년 4월 14일, 선리참구원에서 '재단법인 선학원'으로 명칭을 회복 · 전환시켰다.

15) 이는 기부 재산자 일람표에 나온다. 즉 오리산(범어사 주지)의 기부 목록에 나온다.

년 선학원이 재단법인이 될 때 범어사 주지(오리산)의 의도가 어찌 되었든 문서로 기부한 것은 인정을 해야 한다는 실정법의 논리로 판결하였다. 즉 기부한 것은 인정해야 한다는 것이었다. 범어사 주지 오리산은 1933년 선리참구원이 재단법인으로의 인가를 신청할 때에 찬동의 뜻으로 범어사 토지와 선학원 건물을 병합하여 기부 의사를 개진하였다. 그러나 범어사는 재단 추진을 한 주역인 남전이 범어사 토지(200석)의 이름만 빌리고자 한 것으로 보았다.[16] 그러나 총독부의 재단 신청 서류에 범어사 토지와 선학원 재산이 반영되었다. 그래서 대법원은 1934년 12월 5일에 선학원이 재단법인으로 인가된 것을 범어사 주지의 사찰령에 의거하여 범어사 재산을 선리참구원에 기부하겠다는 의지가 허가된 것으로 보았다.[17] 그러나 범어사는 1935년 이후, 범어사 내부에서 그 기부에 대한 운영회의 및 동의가 없었다고 보고 그 뒤처리인 등기 이행을 하지 않았던 것이다.

이런 기본 흐름에 만해와 선학원에 대한 역사가 활용되는 무대이었다. 즉 선학원에서 만해 행적을 조명하기 위한 목적이 전연 아니다. 이 점을 유의해야 한다. 요컨대 선학원은 재산관리의 입장에서 만해 행적을 활용하였던 셈이다. 판결문에 나온 만해 행적은 선학원이 재산 수호를 위한 역사 변조의 산물이다. 즉 독립운동가인 만해가 선학원에 거주하자, 일제가 탄압을 하는 차원에서 세금을 강하게 부과하였다. 이를 면하기 위해 범어사로 신탁했다는 것이다. 그런데 100년이 지난 지금에 와서

16) 『22인의 증언을 통해본 근현대불교사』, 선우도량, 2002, p.26.
17) 이는 대법원 판결의 내용이다. 그러나 필자는 1934년의 그 문건, 기록을 보지는 못하였다.

선학원은 '재산관리'를 위해 역사 변조를 또 다시 하고 있는 것이다.

그러면 이런 전제하에서 본장의 초점인 만해와 선학원 간의 연고를 주목해 보자. 이 판결문2심에서는 전술한 바와 같이 만해가 감옥에서 복역하다가 1921년 12월에 출옥을 하자, 한용운을 중심으로 사판계에 대응하여 이판계의 수도원을 창립하였다고 나온다. 이 내용을 근거로 최종진은 만해를 선학원의 설립조사로 보았다. 이와 같은 이해 구도는 필자의 연구 내용과는 완전 반대이다. 어쨌든 만해는 선학원 창건에 사실상 관여하지 않았다. 그럼에도 불구하고 이 판결문은 만해의 출옥(1921.12.22) 이후에 선학원 건립이 추진, 조성되었다고 하였다. 그러나 만해가 출옥하기 이전에 이미 선학원의 건립 취지가 당시 중견 승려들에 의하여 합의되었고 공사가 완료되었다. 그 승려들은 만공, 성월, 용성, 남전, 도봉, 석두 등이다. 그래서 이들은 상량문에 등재되었던 것이다. 그런데 공로가 분명하게 있는 이들을 역사에서 배제하고 오직 만해가 주도하였다는 판결문(2심)은 어불성설이다. 흥미로운 것은 판결문에서 밝힌 만해 행적은 위의 판결문 이외에는 찾을 수 없다는 것이다. 그래서 범어사 측에서도 천만부당하다고 하였거니와 이는 사실이 아니라는 점이다. 그리고 대법원 판결에서는 선학원 창건 및 만해 행적과 관련해서는 구체적인 입장(서술)을 밝히지 않았다는 점이다. 이 점은 매우 중요하다. 최종진은 이 점을 전혀 언급하지 않았다. 그는 자기가 필요한 내용(만해를 설립조사로 보고 싶은)이 나온 고등법원(2심)의 일부 문장만을 적출하여 논고를 서술하였다. 그도 대법원의 판결문은 보았겠지만, 자신의 논리(목적)에 부합되지 않았기에 배척하였다. 그러나 상식이 있는 학자라면 대법원 판결에 나온 범어사 측의 입장과 논리를 소개함이 당연한 것이다. 더욱이 그는 그가 소속한 선학원에 소장되어 있는 판결문 원본의 3건(1심, 2심, 3심)을 모두 열람하였을 것이다.[18] 그러나 그는 판결문의 일부만 가져와 자신의 주장에 활용하였다.

만약 최종진의 주장이 타당하다면 선학원의 창건 시점을 1921년에서 1922년으로 후퇴시키는 것이다. 이는 지난 100년간 공인되어온 선학원 역사를 변조하는 것이다. 또한 만해를 설립조사로 만들기 위해 선학원 역사를 임의로 가공한 것은 본의는 아니겠지만 기존 사실(상량문 등)을 부정하였다는 비판을 감수해야 한다. 그리고 1921년의 창건으로 초점을 맞춘 선학원 100년 역사서는 그 기원에서부터 부정을 당한다.

위와 같은 선학원과 범어사 간의 재판에서 필자가 주목하려는 내용은 선학원의 재산에 대한 문제이다. 지금껏 이에 대해서는 연구자들이 주목하지 않았다. 추후, 이 방면 연구가 필요함을 강조한다. 이런 관점에서 1950년대 초반 범어사가 작성한 「범어사 중앙포교당 이건의 유래(別號 禪學院)」를 소개한다. 이 문건은 범어사와 수덕사가 재판을 추진할 때에 생산된 것이다. 범어사가 경영하는 금정중학교 교장을 역임한 현익채가 필자에게 제공한 오성월 자료의 파일에서 나왔다. 목차는 다음과 같다.

18) 『불교저널』 151호(2018. 11. 9.), p.1. 「재산환수 소송 판결문에 나타난 만해와 선학원」. 여기에 3건의 판결문 사진이 나온다.

一. 梵魚寺 中央布教堂 移建의 由來(別號 禪學院)

1. 布敎堂의 移建 沿革

2. 一時 信託說에 對하야

3. 韓龍雲 先生의 憑藉에 對하야

4. 虛威 證人에 對하야

二. 財團法人 禪理參究院 設立의 由來

1. 法人 設立의 動機

2. 寄附 問題에 對하야

3. 法人의 惡用에 對하야

이와 같은 목차를 보건대 이 자료는 다각도에서 분석, 활용될 수가 있다. 이 자료는 선학원과의 재판에 대응하기 위한 차원에서 만들어진 것으로 보인다. 추측하건대 당시 재판부에 제출한 것이 아닌가 한다. 그렇다면 당시 범어사 내부에서 선학원을 아는 승려들이 서술에 참여하였을 것이다. 때문에 사료적 가치가 높다고 볼 수 있다.

본 고찰에서는 선학원의 설립 조사로 만해가 연관되었는가의 문제에 입각하여 관련 내용만을 적출하고자 한다. 우선 선학원이 창건되기 이전에 있었던 범어사 포교당(인사동)을 헐고, 안국동 40번지로 이전한 건축 과정에 대한 내용(布敎堂의 移建 沿革)을 제시한다.

擧今 三十五年 前 즉 檀紀 四二三四년 경에 범어사에서 오성월 김남전 김석두 김상호 諸氏로 하여금 포교당 移建委員으로 정하야 인사동 一八八번지의 포교당을 안국동 四十번지로 이전 확장한 바 건물을 그

> 대로 이전하여 부족재는 신재로만 이용하엇으매 자금은 동 대지를 매각하고 부족액은 寺財로 충당하였고 완성 후 김남전 선사로 布敎師로 임명하였다가 四二六〇年년 경에 선사가 사퇴하고 金尙昊氏가 계승 수호하다가 약 四二六三年 경에 右氏가 金寂音氏를 추천하여 범어사에 僧籍을 하여 監院으로 수호케 하다.[19]

이렇게 선학원의 건축 및 관리에 대한 개요를 분명하게 정리된 2차 사료이기에 주목할 내용이다. 김남전, 김상호, 김적음의 등장이 사실적으로 묘사되었다. 추후에는 여기에 나온 내용과 선학원을 설명한 기존의 내용을 함께 놓고 설명해야 할 것이다. 이제는 만해와 선학원에 대한 부분(韓龍雲 先生의 憑藉에 對하야)이다.

> 三十三人 중 韓先生을 奇貨로 假資하나 此 亦 千萬不當한 말이요. 先生은 其時 排日의 首魁로 一隅에 對面을 기피하여 城北洞 一隅에서 孤寂한 生活을 하든 분이오. 僧侶들도 絕足을 하였는데 況 信徒乎며[20]

즉 한용운을 선학원 신탁에 연결시킴은 천만부당하다는 것이다. 그런데 이 문건에서 설명한 만해의 정황은 1934년 이후 심우장(성북동) 시절의[21] 묘사이다. 이는 1934년 법인체 인가 시점 즉 선학원 재산 변동이 논란되었던 시기의 만해 동향을 서술한 것이다. 요컨대 만해는 1930년

---

19) 「梵魚寺 中央布敎堂 移建의 由來(別號 禪學院)」(A4, 9면) 문건 p.1.

20) 위의 문건, p.2.

21) 김광식, 「심우장의 어제와 오늘 – 한용운과 심우장의 정신사」, 『전자불전』 21집, 2019, pp.5~15.

대 중반에는 선학원과 관련이 전연 없었다. 이런 서술에서 범어사는 만해와 선학원을 연결시키려는 것에 강하게 부정하였던 정황을 엿볼 수 있다.

다음은 판결문에 나오는 선학원, 재단법인 선리참구원에 대한 정황을 증언한 인물에 대한 문제(虛威 證人에 對하야)이다.

> 彼 證人 중 崔昌雲女史는 白龍城 선사의 心腹 信徒로서 禪師 亦 동시에 봉익동 이번지에 자기 포교당을 新建하는데 全 責任者로서 全力을 하여 도로해 범어사 ○○에 대립이 되어 모든 방해공작을 다하매 범어사는 신도들 喜捨가 烏有에 歸하엇으매 金鏡峰 崔應山 亦 全 · 慶 下道 一坊에 었서 此 事에는 전연 不知者이오 姜正一(介逑)는 그 時年 少子로 僧도 되지 아니한 者인데 此等 증인들이 何에 根據한 證人언지 可笑할 일이며[22]

위의 내용에서 가장 주목할 것은 최창운이다. 판결문에서는 "신도 최창훈 외 다수인으로부터 기부를 받아"로 나온다. 그런데 이 인물은 그 당시 고승인 백용성(3 · 1운동 민족대표, 대각교 창설)의[23] 불사를 헌신적으로 돕던 보살이었다. 이 점은 위의 범어사 문건에 나오지만 백용성의 사료에 많이 나온다.[24] 선학원 창건을 후원한 신도 명단의 기록이 전하는데 그 어디에도 최창운이라는 인명은 없다. 때문에 판결문의 만해 내용은

22) 위의 문건, p.2.
23) 김광식, 「백용성의 생애와 사상」, 『백용성 연구』, 동국대출판부, 2017, pp.17~19.
24) 김광식, 『백용성 연구』, 동국대출판부, 2017, p.369, p.421.

허구일 가능성 높다고 필자는 본다. 강석주는 선학원 창건 당시에는 출가도 안 했다. 그는 10대의 행자로 1923년에 선학원에 왔다. 석주는 살아 생전에 선학원 창건에 대하여 다음과 같이 증언을 하였다.

> 도봉스님이 늦도록 살아 계셔서, 도봉스님이 선학원을 처음 발기할 애기를 해주셨는데 처음 간동 법륜사에서 우리 스님(남전스님), 도봉스님, 석두스님이 주동이 되어 만공스님, 용성스님도 초청해서 회의를 했다고 해요. 수좌들이 선계에서 선학원 같은 기관을 하나 만들자고. (중략) 만해 스님은 백담사 계시면서 서울에 계시면 선학원에 계시고 만공스님도 서울에 오시면 선학원 계셨지. 용성스님은 대각사에 따로 계셨지.[25]

> 선학원 설립 이전에 만공스님, 용성스님, 남전스님, 도봉스님, 석두스님이 석왕사 포교당에 자주 모여서 선학원 설립에 대한 구체적 회의를 가지셨죠.[26]

이와 같은 석주 증언에는 만해가 선학원을 설립한 주역이라는 뜻을 담은 내용은 없다. 그런데 어떻게 선학원과 범어사 간에 진행된 소송의 판결문에 만해가 선학원 설립을 단독으로 하였다는 날조적인 이야기가 들어갔는가? 참으로 납득할 수 없는 일이다. 이는 재산 수호를 위해서는 물불을 가리지 않는 물신적 가치관의 구현이라 하겠다.

---

25) 선우도량, 『22인의 증언을 통해본 근현대 불교사』, 2002, pp.23~24.
26) 『선원』 75호(2001. 7. 1), 「선학원 창건 80년 ; 석주스님에게 듣는다」.

이런 사실과 연관하여 고려할 것은 위에서 나온 선학원이 범어사에 신탁한 원인, 동기에 대한 문제이다. 이에 대해서 위의 판결문(2차)에서는 다음과 같이 나온다.

> 韓을 중심으로 민족의식이 강렬한 僧 及 信徒가 집합하여 禪의 수행에 정진하여 오던 차 당시 조선총독은 이를 탄압하고 重稅를 課하므로 선학원은 信託의 취지로서

그래서 현재 선학원 이사장인 최종진은 필자의 주장을 반박한 논고에서 1954년 판결문을 신뢰하고 있다. 그러나 이는 모순이라 하겠다. 선학원이 1948년 12월에 작성한 「선학원 창설 연기록」에는 다음과 같이 나온다.

> 禪學院 家屋 名義 及 垈地 名義는 金南泉 姜道峰 金石頭 三和尙 名義로 하였다가 稅金 관계로 梵魚寺 名義 借用也(吳利山 범어사 주지시)[27]

그리고 1986년에 펴낸 『선학원약사』에는 다음과 같은 내용이 나온다.

> 1922. 11 梵魚寺에 信託登記코 財團法人 설립준비
> 선학원을 범어사에 신탁등기 한 것은 오성월, 백용성 대선사를 신임하고 재단법인 설립을 위한 법률요건을 갖추면서, 극심한 탄압을 정면으로 받지 않기 위해 항일의지를 다소 호도하자는 의도였다.

---

27) 삼보학회, 『한국 근세불교 백년사』 2권, 민족사, 1988, p.8.

최종진이 70년 전과 35년 전에 위와 같이 서술된 것(만해 창건관련 내용 부재 ; 2차 자료)을 참고하지 않는 것은 수긍할 수 없다. 지금에 와서는 근거가 없고 신뢰하기 어려운 1950년대 판결문의 내용을 강조하는 것은 납득할 수 없다. 오성월, 백용성을 신뢰하면서 신탁한 것으로 나오지만 그 어디에도 만해 관련은 없다. 이런 신탁등기에 대해서 석주는 다음과 같이 회고하였다.

> 처음 선학원 가옥 명의 및 대지 명의는 남전스님, 도봉스님, 석두스님 등 3인의 명의로 되어 있었는데 선학원 앞으로 세금이 나오니까 포교당으로 전환하면 세금이 없다고 해서 범어사 명의로 전환했었죠.[28)]

위의 석주의 회고가 사실에 가장 근접한 내용이라 하겠다. 그리고 석주는 만해의 선학원 주석에 대해서도 다음과 같이 회고하였다.

> 제가 만해스님을 처음 만난 건 1923년 선학원에서였습니다. 당시 제 나이 15살 때였지요. 만해스님은 백담사에 주석하고 계셨을 때인데 서울에 오시면은 꼭 선학원에 묵으셨습니다.[29)]

> 그 당시 선학원에는 은사이신 남전스님 말고도 여러 분이 계셨는데, 석두스님, 효봉스님이 계셨고, 만해스님은 백담사에 갔다가 서울 올라 오

28) 『禪苑』 75호(2001.7.1), p.4, 「선학원 창건 80년 ; 석주큰스님에게 듣는다」.
29) 강석주, 「만해스님을 기루며」, 『만해새얼』 2호, 만해사상실천선양회, 1996, p.2.

시면 선학원에 와 계셨지. 그 스님들 시봉 다했지.[30)]

즉 만해는 선학원에 상주한 것이 아니고 그의 출가 사찰인 백담사에 있다가 서울에서의 활동이 있을 때에는 선학원에 머물렀다. 이는 만해가 선학원을 서울 활동의 근거처로 활용하였음을 은연중 말해주는 것이다. 즉 만해는 선학원의 건립 및 운영의 주체가 아니었다.

흥미로운 것은 최종진은 필자가 위에서 개진한 여러 내용을 잘 알고 있었다. 그래서 그는 2009년에 기고한 글, 「석주큰스님과 한국불교 근현대사」에서는 아래와 같이 서술하였다.

당시 선학원은 1921년 설립한 직후다. 당시 선학원은 일본불교의 확산에도 불구하고 한국불교가 지닌 정통성을 수호하고 표방한 설립 정신으로 민족불교의 성격이 가장 강렬했다. 예컨대 큰스님의 은사인 남전스님은 만공(滿空) · 도봉(道峰) · 성월(惺月)스님 등과 함께 대처식육(帶妻食肉)의 일본불교에 대한 저항과 당시 암울한 청정비구승(淸淨比丘僧)의 수행 여건을 마련하기 위해 건립자금을 모아 선학원을 설립하였다. 범어사가 임제종포교당을 선학원에 기부하고, 뜻있는 선사들이 돈과 토지를 헌납하여 1922년에는 선풍진작을 위해 선우공제회를 결성하기도 했다.[31)]

30) 『월간 봉은』 복간 9호, 1993, pp.7~8, 「특별대담 ; 봉은사 조실 석주스님과 주지 성문스님과 대화」.
31) 『그리운 석주 큰스님』, 선리연구원, 2009, pp.167~168.

즉 지금부터 13년 전에는 위와 같이 객관적으로 서술하였다. 이 서술에 만해 내용은 조금도 나오지 않는다. 그렇다면 최종진은 지금에 와서는 왜 만해를 설립조사로 내세우는가. 즉 뜬금없이 이제 와서 만해를 강조하는 연유는 무엇인가? 선학원측은 냉정하게 성찰해야 할 것이다.

필자는 최근 선학원이 만해를 강조하는 것에는 선학원과 범어사 · 수덕사가 법정소송을 한 이력, 선학원을 상징하였던 고승(오성월, 백용성, 만공)이 범어사와 수덕사 출신인 점, 만해의 투철한 민족운동 행적이 선학원의 정체성 홍보에 유리함 등을 고려한 것이라 본다. 그래서 한용운을 내세우는 것이라 이해된다. 만해 사업을 국가보훈처로부터 지원을 받아 추진하면서 만해를 선학원의 상징 인물로 내세운 산물이다. 그런데 그 표방을 위한 역사 만들기가 지나친 것이다. 이는 실제 내용과 부합하지 않는다. 필자는 1999년 11월 18일, 선학원 분원장 회의에 초청을 받아 강연을 하였다. 「21세기를 맞이 하는 선학원」이라는 주제하에 행한 그 강연 초고에서 선학원 창건의 주도 인물의 서술에서 만해를 적시하지 않았다.[32] 그러나 당시 강연에서는 아무런 이의, 질문을 받지 않았다.

그리고, 부연할 것은 선학원은 정혜사 · 간월암 소유권을 둘러싼 갈등 구도의 최종적인 대법원 판결에서 2018년에는 수덕사에 패소하였다.[33] 이런 연유로 말미암아 선학원의 역사에서 수덕사 지우기를 시도하고 있다는 의심을 받고 있다. 그 단적인 예증이 만공을 선학원 역사에 축소하는 것이었다. 선학원 역사의 1등 주역인 만공을 2016년의 상량문(선학원 100주년 기념관, '한국근대불교문화기념관)에서 7명 중 여섯 번째로 배열하였

---

32) 선학원 당시 회의 자료집, p.7.

33) 『불교신문』 2018. 4. 2, 「'정혜사 소송' 선학원에 수덕사 완승」.

다. 최종진은 선학원은 설립 조사에 대한 우열을 나누지 않았다고 주장하지만 수긍하기 어렵다. 사건, 운동, 단체의 역사 서술에서 맨 처음에 나온 인물이 제일 중요함은 보편적인 상식이다. 상식과 어긋나게 배열하고, 그를 지적하는 연구를 수용치 않는 것은 납득할 수 없다.

이런 구도와 흡사한 것이 범어사의 사례이다. 범어사는 1950년대 중반 선학원과 재산 매각을 둘러싸고 몇 년간 치열한 소송을 전개하였다. 선학원은 승소하였고, 재산을 수호할 수 있었다. 이때부터 선학원에서는 서서히 범어사가 선학원에 기여한 역사를 축소, 배척하여 왔다고 추정된다. 예컨대 선학원을 최초로 연구한 정광호 교수의 초청 강연(1998?)에서 선학원 창건 내용에 범어사가 강조되자, 발제 자료집에서 누락시켰음은 그 실례이다.[34] 정광호는 1972년의 『대한불교』에 11회(454호~465호)로 「선학원 반세기」를 연재하였다. 그리고 그 글을 자신의 저서인 『근대 한일불교관계사 연구』(인하대출판부, 1994)에 수록하여, 선학원 역사를 널리 알리고 선학원 연구를 개척한 당사자이다. 그런데 정광호 글에 나온 창건의 시말에는 만해에 대한 내용이 전혀 없다.

그리고 범어사 주지를 역임하였고, 선학원 창건에 많은 도움을 주고, 선리참구원의 2대이사장(1935.9~1943)과 조선불교선종 종무원장을 역임한 오성월은 선학원 역사에서 범어사를 대변하는 인물이다.[35] 그는 이

34) 1998년(?) 12월, 선학원은 일제하 선학원을 최초로 연구한 학자인 정광호 교수(인하대)를 초청하여 강연을 하였다. 그런데 강연을 부탁한 발제 내용에 창설 주체로 범어사가 강조되자, 그 원고를 회의 자료에 게재하지 않기로 하였다. 이 내용은 그 당시 선학원 내부 문건 '정광호교수님의 시각이 선학원의 창설 주체가 범어사로 강조되어 문제가 됨. 교수님의 원고를 회의자료에 싣지 않기로 함(12월 1일)'에 나온다.

35) 김광식, 「오성월의 삶에 투영된 禪과 民族意識」, 『불교와 국가』, 국학자료원, 2013, pp.181~193.

런 공로로 1941년에는 선학원 이사회에서 김적음과 함께 표창을 받았다. 최근(2016) 선학원은 재건축을 하면서 상량문을 다시 작성하였는데 오성월은 설립 조사 7명 중에 마지막으로 배열되었다. 최근 발간된『선학원 100년의 기억』에서도 간략하게 소개되었다.[36] 그러나 오성월은 수덕사 만공과 함께 중앙 차원의 선학원 역사에서는 더욱 강조되어야 할 인물이다.[37] 최근 선학원이 운영하는『불교저널』에서 보도한, 만해가 통신강의(중학과정)를 안국동 40번지에서 1930년에 시도하였다는[38] 것도 주목할 내용이다. 1930년 전반기, 만해가 그를 선학원 건물(범어사 포교당)에서 시도한 것은 범어사의 동의하에 가능하였을 것이다.[39] 그 때에는 선학원은 간판도 사라지고, 범어사 포교당의 역할을 하던 시점이었다. 필자의 주장은 범어사가 관련된 내용과 역할을 객관적으로 인식하고 선학원 역사에 반영하자는 것이다.

3. 선학원 노선에 대한 탐구

선학원 노선은 선학원의 정체성을 어떤 좌표에 설정하는가에 달려 있다. 필자는 참선과 유관한 사업을 하는 것이 온당할 것이라고 본다. 그러

36)『선학원 100년의 기억』, pp.545~557. 12면에 불과한 바, 이는 만해(35), 적음(31), 만공(13)에 비해 적은 분량이다.

37) 석주스님은 위의『봉은』대담에서 "범어사의 성월스님도 선학원 창건에 실질적인 도움을 주셨죠"라고 발언하였다.

38)『불교저널』2019. 10. 14,「만해스님 중등교육 기관 인수 운영했다」.

39)『동아일보』1930. 3. 16,「조선통신 강의 부활」.『중외일보』1930. 3. 18,「梵魚寺의 特志」.

나 현재에는 그런 노선 및 고민이 희박한 것으로 본다. 현재 선학원은 선학원 정체성을 민족불교, 정화불교로 설정하였다. 이런 구도에서 만해 한용운의 사업을 적극적으로 추진하고 있다. 그러나 만해 사업을 지나치게 추진하고 있고, 재산관리에만 유의하고 있다는 지적을 받고 있다.

이와 같은 최근의 행보를 고려할 때 1960년대 후반 선학원 이사장을 역임한 이대의(1901~1978)의 노선은 주목할 가치가 있다. 이대의는 1967년 8월 22일에 이사장에 취임하였다.

> 지난 22일 오전 열한시 재단법인 禪學院(서울 종로구 안국동 40)에서는 전 이사장 청담대종사와 신임 이사장 大義스님, 그리고 10여 명의 이사와 입회인 참석하에 선학원 법인 사무 인수 인계가 있었다. …(중략)… 인수인계를 마친 이 자리에서 신임 이사장 대의 스님은 취임 소감과 앞으로의 방침을 밝혔는데 『선학원은 불조혜명을 계승하기 위하여 기강을 확립하고 수행을 본으로 한다』고 하였다.[40]

이처럼 이대의는 취임 일성으로 수행을 기본으로 하는 노선을 개진하였다. 이대의는 취임 다음날의 『대한불교』의 지면에 이사장 취임 '인사말씀'이라는 광고를 게재하였다.[41] 여기에서 그는 선학원을 창설한 선사들의 근본종지를 이어 가겠다는 포부를 개진하였다.

이대의는 취임한 직후, 선학원의 노선에 대한 깊은 고민을 하였다. 그를 말해주는 것이 1967년 9월 3일자로 발표한 「실천요강」이다. 그러면

---

40) 『대한불교』 1967. 8. 27, 「선학원 이사장 대의스님 취임 ; 禪風振作할 터」.
41) 『대한불교』 1967. 8. 27, 「광고 ; 인사말씀」.

여기에서 7개조에 달하는 그 내용을 제시한다.

一, 佛祖慧命을 繼承키 爲하여 禪學院에 紀綱을 確立하고 精進을 目的으로 한다.

二, 恒常 四部大衆에 禪法을 指導하고 參禪을 爲主한다.

三, 各 分院에 隋時로 連絡하여 冬夏安居를 實施케 하고 禪法을 널리 宣揚케 한다.

四, 이 나라 首班과 要路에 佛敎를 認識시키어 三大事業을 推進케 하는 同時 禪學叢林 大基地를 圖得코자 한다.

五, 日帝時 植民地政策으로 寺刹에서 肉食 帶妻制度가 敢行될 때 佛祖慧命을 繼承키 爲하여 禪學院을 創設하신 先師들의 遺志를 받들어 살린다.

六, 叢林 譯經 布敎 三大事業을 完遂키 爲하여 歷史的인 淨化佛事를 本院에서 發起한 참뜻을 想起한다.

七, 以上과 같은 轉迷開悟하는 根本 宗旨를 다시 살리어 一切 衆生이 共成佛道하고 普皆 回向하기로 誓願한다.[42]

이상과 같은 7개조에 나온 내용은 근본 정신, 포괄적 사업, 실천 지향을 담은 것으로 파악이 된다. 이 성격을 대별하면 다음과 같다.

---

42) 『법시』 5호(1968.2), p.23.

- 근본 정신 ; 불조혜명 계승, 불교의 근본 종지(轉迷開悟) 회복, 정화불사 발기 취지 상기
- 포괄적 사업 ; 삼대(도제양성, 역경, 포교) 사업 추진
  禪學叢林 大基地 건설
- 실천 지향 ; 선법 지도, 참선 실시
  선학원 분원(24개 처)의 안거 수행 실시

이대의가 제시한 제안에 대해서 불교계는 어떤 반응을 갖고 있었는가? 이는 당시 보도기사에서 그 내용을 찾을 수 있다.

- 대의 이사장의 이와 같은 실천요강은 침체 상태에 있던 선학원 각 분원의 활동을 촉진시킨다는 데에는 일단의 의의가 있다고 보아진다. … (중략) … 그러나 실질적 효력을 걷을 수 있는 구체안이 없다.
- 현재의 선학원은 사실상 선원으로서의 구실보다는 서울 중심지의 포교소 구실을 하고 있는 실정이다. 여러 가지 입지 조건이 포교소에 더 적합하기 때문이다. 학생 단체, 마야부인회 등 각 신도단체가 이곳을 거점으로 하여 많은 활동을 하고 있는 것은 그 좋은 예 -
- 대의스님이 실천요강이 발표되자 교계에서는 그 의욕은 높이 사고 있다. 그러나 추진력이 문제라는 견해를 피력하고 있다. 즉 원칙에는 이의가 없으나 방법이 어떠 하냐는 것 -
- 선학원의 현 이사는 월하, 구산, 대의, 서운, 향곡, 석주, 범행스님. 이사회에서는 선학원 운영의 혁신에 관한 어떠한 방안도 결의하지 않았을 뿐 아니라 현 주지 범행스님도 실천 요강의 내용은 좋다고 하

나 적극 협조할 뜻을 밝히지 않고 있다.
이런 상황 속에서 이사장인 대의 스님이 과연 그의 소신을 어떻게 관철시켜 나갈 것인가는 미지수라고 볼 수밖에 없는 일이다.[43]

보도기사에 나온 반응은 실천요강의 내용과 뜻은 좋으나, 구체적인 실천방안에 대해서는 의문을 제기하는 것이다. 특히 선학원 이사회에서의 협조 여부가 관건이 아니었는가 생각된다. 이런 흐름 하에서 당시 불교계의 고승들이 이대의의 뜻에 찬동한 내용이 있어 주목된다. 이 내용은 『법시』 5호(1968.2)의 「실천요강」을 게재한 내용과 함께 나온다.[44] 이는 1967년 후반부에 당시 선학원 연고 고승들에게 동의를 받은 것이다. 우선 그 내용을 제시한다.

高僧大德 스님들 贊同文

청담스님(전 종정) ; 大興禪風

성철스님(해인사 총림 방장 화상) ; 殺活自在

서옹스님(천축사 조실) ; ○却月中桂 淸光轉更多

석주스님(칠보사 조실) ; 革凡成聖

기종스님(총무원장) ; 禪風大振

구산스님(감찰원장) ; 雲山淸風起 蒼空明月白

용하스님(운허, 역경원장) ; 根塵同原 縛脫無二

정영스님(총무부장) ; 禪風振作之要 旨積極贊同

43) 『대한불교』 1967. 10. 15, 「禪學院 大義理事長의 7대 實踐要綱이 뜻하는 것」.
44) 『법시』 5호(1968. 2), p.24.

성수스님(교무부장) ; 取旨 贊同

일호스님(禪林會 부회장) ; 某亦隨喜贊同

혜암스님(수덕사 조실) ; 此法嚴嚴毫釐 不同缺輪○

향곡스님(동화사 조실) ; 只許老胡會 不許老胡會

일우스님(傳戒師) ; 不流二邊

老老 화상(통도사) ; 雲捲晴天 日月明

경봉스님(전 선학원 이사장) ; 塵野萬山碧 宗門一點紅

월하스님(전 감찰원장) ; 慶祝 禪風更進 廣度衆生

청하스님(통도사 주지) ; 佛日再輝 法輪常轉

도광스님(범어사 주지) ; 靈山常存

광덕스님(봉은사 주지) ; 示宗門血脈 躍動也

행원스님(일본 홍법원장) ; 寶劍出現 殺佛殺祖

금오스님(법주사 조실)[45] ; 禪風再興 萬人開眼

위와 같은 찬동문은 이대의의 실천요강을 적극 지지하는 내용이다. 이대의는 1967년 9월 3일에 자신의 구상을 담은 실천요강을 발표하고, 그 이후에 전국을 돌면서 당시의 고승들에게 자신의 뜻을 개진하고 지지를 당부하였을 것이다. 그런 과정에서 이와 같은 찬동의 글을 요청하여 받아내었을 것으로 추측된다. 그런데 이대의의 실천요강이 실제로 어떻게 추진되었는지, 그 성과에 대한 내용은 가늠하기 어렵다. 추후 정

45) 금오스님의 직함은 공란으로 나오지만, 필자가 추가하였다. 금오스님은 1968년 10월 8일 법주사에서 입적하였는데, 왜 공란으로 하였는지는 알 수 없다. 병환으로 보직을 맡지 않았기에 그리 하였을 가능성이 있다.

밀하게 탐구를 해야 할 것이다.

그런데 필자가 위의 고승 찬동문에서 주목하고자 하는 것은 고승 전체가 조계종단의 큰스님들이라는 점이다. 이는 곧 선학원과 조계종단은 동질적인 집단임을 말해주는 것이다. 이런 측면에서 이대의가 이사장으로 재임하던 시절에 개최된 1969년 3월 10일, 이사회는 중요한 정보를 제공한다. 그 이사회를 보도한 기사를 살펴 보겠다.

> 재단법인 禪學院에서는 지난 10일 선학원 회의실에서 이사 7명 중 5인과 감사 月山스님이 참석한 가운데 갖었다.
> 이날 이사회에서는 정관 개정, 68년도 결산 승인 등 제반 안건을 토의했는데 정관 개정에서는 상무이사 제도를 신설하기로 하고 禪學院長인 벽암스님을 상무이사로 선출했으며 사무장에는 진경스님을 선출했다. 그리고 부산 금정사 재산 처분건은 수습에 주안점을 두고 처리할 것을 결의하고 재단법인 선학원 소속 각 선원장(주지)에 대해서는 여태까지는 조계종 종정이 발령하던 것을 선학원은 독립된 종교 단체로 선학원 이사장이 직접 발령하고 발령자 명단을 총무원에 보고하는 형식으로 하기로 했다. 단 선학원 소속 사찰 주지(원장)는 조계종 승려에 한해서 주지 또는 원장 발령을 하고 당해 선원 및 사찰의 분담금은 선학원 유지비로 선학원 사무국에서 직접 납부키로 결의하였다. 이날 회의에 참석한 이사는 다음과 같다. 대의스님(이사장), 청담스님, 서운스님, 범행스님, 벽암스님.[46]

46) 『대한불교』 1969. 3. 16, 「禪學院 理事會」.

이사회에서 결정된 주요 내용은 다음과 같다. 첫째는 상무이사 제도화이고 둘째는 선학원을 독립된 종교단체로 규정, 셋째는 선학원의 주지(분원장)는 조계종 승려로만 발령 등이었다. 이런 결정에서 첫째와 둘째의 내용은 지금도 지속되고 있다. 문제는 세 번째의 내용이다. 이는 선학원이 조계종과의 친연 및 소속 관계를 강하게 말해주고 있는 것이다. 이날 이사회에서 정관 개정된 것에는 다음과 같은 내용도 있었다.

> 5차 개정(1969.3.10.)
>
> 11조 ; 이사와 감사는 이사회에서 大韓佛教曹溪宗 僧侶 중 덕망이 후한 자로부터 차를 선출하여 문공부장관에게 인가를 받아 취임한다.[47]

즉 선학원의 이사와 감사는 조계종 승려로만 한다는 것이다. 그런데 현재는 선학원과 조계종의 갈등 관계로 인해 조계종 연고가 해소되어 가는 상황이다. 그러나 1969년 3월, 이대의가 이사장으로 재임할 때에는 조계종 연고가 분명하게 드러났던 것이다. 그렇다면 그 이후인 범행 이사장은 어떤 연유로 그를 해소하였는가? 그리고 청담은 전임 이사장이었는데 어떤 연고로 1965년 4월 24일(제3차 개정)에는 평의원 조항을 삭제하고, 이사는 이사회에서 한국승려 중 덕망이 후한 자를 선출하여 이사장이 임명하게 하고, 선원장 자격을 보통 회원에서 한국승려로 변경하였는가. 그리고 1965년 9월 11일(4차 개정)에는 "이사와 감사는 이사회에서 한국승려 중 덕망이 후한 자로부터 차를 선출하여 문교부 장관

47)「선학원 정관 중 임원선출 변경 사항」,『선학원 미래포럼 2018 워크숍 자료집』, pp.80~81.

의 허가를 받아 취임할" 수 있다는 내용으로 변경하였는가이다. 청담은 정화불사를 선학원에서 진두지휘한 당사자이고, 조계종단의 총무원장을 역임한 승려로 조계종단 의식이 충만한 인물이다.[48] 그런데 왜 선학원 정관에 있었던 평의원 내용을 후퇴시켰는가이다. 추측하건대 그 당시에는 선학원 소속 사찰이 10여 사찰에 불과하여 평의원회와 이사회로 굳이 나눌 필요성을 느끼지 못하였고, 조직 및 운영의 간결성을 위한 차원에서 나온 것으로 보인다. 추후, 이에 대한 연구가 필요하다.[49]

그리고 필자가 두 번째로 결정된 것으로 본 독립된 종교단체의 내용도 단순하지는 않았다. 선학원 이사회가 종료된 직후의 조계종단 종회에서는 독립의 내용 및 성격을 놓고 치열한 논쟁이 있었다. 그 결과 "본 건에 대하여서는 선학원 재단 운영은 선학원에서 하되 선학원과 그 산하 사찰 인사 문제는 이사장의 품신으로 종정이 발령하고, 사찰로서의 의무 이행인 분담금은 총무원에 납입토록 결의한다"로 정하였다.[50] 이런 결정이 실제 선학원에서 어떻게 수용, 실행이 되었는가는 탐구할 주제이다. 이런 의문에 설명을 하는 연구가 나오길 기대한다.

지금껏 살핀 바와 같이 이대의 이사장 시절, 선학원은 주목할 노선 및 좌표(사업)을 결정하였다. 이에 대해서는 역사적인 평가와 분석이 뒤따라야 할 것이다. 그러나 그보다는 우선 이대의라는 승려에 대한 탐구가

48) 김광식, 「이청담의 불교정화 정신과 조선불교 학인대회」, 『마음사상』 2집, 2004.
______, 「이청담과 불교정화운동」, 『한국 현대불교사 연구』, 불교시대사, 2006.
______, 「청담의 민족불교와 영산도」, 『마음사상』 4집, 2006.
______, 「청담의 불교정화운동과 정화이념」, 『마음사상』 9집, 2011

49) 정관 변경, 이에 대한 추가 연구가 필요하다.

50) 김광식, 「현대기(1962~1993) 선학원의 역사와 성격」, 『역사와 교육』 25집, 2017, pp.175~177.

필요하다. 현재 그에 대한 연구는 전무하고, 그의 법어집으로 문도들이 편찬한 『대의대종사 전집』(건양문화사, 1978)이 있을 뿐이다. 그는 치열한 수좌로 불교정화운동을 강력 주창하였고, 조계사 · 법주사 · 심광사 주지를 역임한 고승이었거니와 이 방면 연구자들의 동참을 요청한다.

4. 『선학원 100년의 기억』의 비평

선학원은 1921년에 창건되었기에, 2021년은 창건 100년이 되는 해이다. 그래서 선학원은 편찬위원회를 구성하여 100년사의 집필, 발간 준비를 하였다.[51] 그런 준비를 거쳐 2021년 11월 27일부로 이른바 선학원 100년사를 출간하고, 법회에서 봉정하였다.[52]

선학원 100년사라는 성격을 띠고 출간된 『선학원 100년의 기억』(813면)은 선학원에서는 심혈을 기울여 펴낸 책이다. 그래서 나름대로는 의의를 갖고 있다. 그는 무엇보다도 선학원이 공식적으로 펴낸 최초의 책이라는 역사적 의의를 부여할 수 있다. 그러나 필자로서는 몇가지 측면에서 아쉬움, 이견을 제기할 수밖에 없다. 우선 선학원이 당초 표방한 바와 같이 자료집이 별도로 출간되지 않은 점이다. 역사의 서술 및 편찬은 자료에 근거하는 것이 기본이고 상식이다. 그런데 자료가 전혀 수록되지 않아서 아쉬웠다. 다음으로는 그 책은 역사편(1부)과 인물편(2부)으로

51) 『불교저널』 2020. 7. 13, 「선학원 100년사 편찬 본격화」.
52) 『불교저널』 2020. 11. 29, 「선학원 미래 100년의 비전과 희망 펼쳐 보이다」. 『불교닷컴』 2020. 11. 29, 「1921~2021년, 선학원 백년의 기억」.

구성된 구체적인 내용에 있어서 논란될 소지가 있다. 세부적인 내용은 필자가 거론할 연유도 없고, 그럴 의지도 없다. 다만 본 고찰 서술과 연관된 문제만 지적하고자 한다. 첫째로『선학원 100년의 기억』에 수록된 내용(역사 및 인물)을 집필한 필자가 전혀 소개되지 않았다. 물론 책의 말미에 간행위원, 편찬위원, 집필위원을 소개하였지만 각 주제를 서술한 필자를 기재하지 않았다. 여기에는 그 연유가 있겠지만, 납득하기는 어렵다. 각 기관 및 단체의 역사 서술에는 나름의 원칙, 지침이 있을 것이다. 그러나 이 책은 단순한 편년적인 통사가 아니라, 역사 및 인물의 각 내용을 주제별로 분담하여 서술하였기에 필자를 소개하지 않은 것은 동의하기 어렵다. 둘째로는 선학원 설립 조사에서 만해를 강조하였고, 선학원과 수덕사 내용에서 감정적인 과도한 서술이 있다는 것이다.

이런 전제하에서 지금부터는『선학원 100년의 기억』에 만해를 '설립조사'로 본 것과 수덕사에 관한 서술이 '문제'가 있음을 간략하게 살피고자 한다. 첫째, 이 책에서는 전술한 바와 같이 최종진(법진 이사장)의 입론, 즉 만해 한용운을 설립 조사로 하는 내용이 일관되게 서술되었다. 그러나 구체적인 내용에서는 혼선이 제기되고 있다. 우선 이 책을 펴낸 대표자인 법진 이사장은 간행사에서 다음과 같이 서술했다.

> 선학원은 1921년 남전 · 도봉 · 석두와 같은 당시 불교계의 선각자들께서 민족대표 33인으로 옥고를 치르고 계셨던 만해 한용운 스님을 설립 조사로 모시고 설립 이념의 기초를 마련하였습니다.[53]

53) 선학원 백년사 간행위,『선학원 100년의 기억』, 선학원, 2021, p.9.

이는 애매하고 비역사적인 표현이거니와 최종진이 최근에 주장하였던 내용이다. 그러면 구체적인 서술에는 어떻게 나왔는가? 이 책의 제2장「선학원의 설립과 운영」의 1절 선학원 설립과 설립 조사에서 구체적으로 서술하였다. 그러나 '선학원의 설립 조사들 11명의 승려' 항목에서는[54] 만해 한용운에 대한 내용이 없다. 이는 이 파트를 담당한 필자의 양심적인 서술이라 하겠다. 그러나「선학원의 설립과 운영」의 2절 선학원의 보종운동의 '선학원과 만해 한용운' 항목에서는 선학원 설립 조사를 만해로 추정한 1950년대 판결문과 2016년 선학원의 근대문화기념관 상량문을 만해를 설립조사로 보는 근거로 제시하였다.[55] 그러면서 다음과 같이 서술하였다.

> 선학원 건립 조사의 첫 자리에 만해 한용운이 위치하는 것이 옳은가에 대한 논란은 있을 수 있다. 그럼에도 선학원 건립의 기본정신이 임제종운동과 3 · 1운동의 정신사적 맥락에서 찾을 수 있다는 점에서 선학원 건립조사에 만해 한용운이 포함되는 것은 당연한 것으로 이해되고 있다.[56]

위의 서술은 선학원이 만해를 설립조사로 보고, 만들려는 고충을 대변한다. 만해를 설립조사의 선두로 두려는 것은 역사 왜곡이라고 필자는 피력하였다. 그러자 위의 내용은 선학원에서도 고민스러움을 말해주

54) 위의 책, pp.198~205.
55) 선학원 백년사 간행위,『선학원 100년의 기억』, 선학원, 2021, pp.220~221.
56) 위의 책, p.221.

는 단서이다. 이는 필자 주장을 의식한 것에서 나온 것으로 보인다. 그래서 만해를 설립 조사로 보는 연유 및 단서를 선학원 정신(임제종운동, 3 · 1운동)에서 찾고 있음을 알 수 있다. 만해를 설립조사로 보려면 설립 과정에서 찾아야 하지만, 그 정신적인 배경에서 찾고 있음은 '억설'임을 스스로 인정하는 것이다. 요컨대 선학원 스스로 만해를 설립조사로 자의적으로 만들고 있음을 알려준다.

만해를 설립조사로 강력하게 보려는 내용은 이 책의 2부 인물과 사상편에서 찾을 수 있다. 2부의 1장 설립조사 및 중흥조편에서 첫 번째의 설립 조사로 한용운을 내세웠다. 한용운 파트의 2항 '만해 한용운과 선학원'에서 1954년 범어사와의 재판 과정에서 나온 고등법원 판결문을 그 결정적인 증거로 내세웠다. 그러나 이에 대한 문제는 전장에서 비판적으로 개진하였기에 재론하지 않는다. 그러나 그 문제점만을 간략하게 거론하겠다. 만해가 출옥하기 이전에 선학원은 창건되었지만, 판결문은 만해 출옥 이후라고 본 것이다. 즉 판결문에는 만해가 출옥하게 되자, 만해를 중심으로 수도원을 창립하고자, 건축을 하였다는 것이다. 이는 전혀 실제 사실과 부합하지 않는다. 그리고 최창운은 기부한 사실도 없다. 이런 몰역사적인 사실을 나열한 판결문에 근거하여 아래와 같이 서술했다.

> 결국 민족불교의 가치와 독립정신이 투철했던 이들은 1921년 12월, 옥고를 치르고 출옥한 만해를 선학원 설립 이념과 운영의 상징으로 설정하고, 만해를 구심점으로 하여 한국불교의 정체성을 확립하는 독자적

운동을 전개하고자 하였다.[57]

위의 서술에는 만해가 설립 조사라는 표현이 전혀 없다. 선학원에서 기고를 부탁한 역사가도 고민 끝에 역사를 변조하였음이 여기에 나온다. 그 당시 만해는 40대 초반이었고, 선학원에서 자생적으로 나온 선우공제회에는 만해보다 연상이고 수행 연륜이 많은 수좌들이 수십여 명이나 있었다. 이들은 만해의 들러리나 서는 승려들이 아니었다. 더 이상의 만해를 위한 선학원 역사 만들기를 하지 말아야 한다. 여기에서 선학원측의 역사 만들기의 한계가 노정되었던 것이다. 흥미로운 것은 그 책의 축사를 쓴 만해의 딸(한영숙)의 내용이 사실에 근사하다는 점이다.

> 선학원은 만해 한용운 스님과 뗄 수 없는 지중한 인연을 지니고 있습니다. 남전 · 도봉 · 석두스님과 같은 선학원의 설립 조사 스님들께서는 3 · 1독립운동으로 서대문형무소에 영어(囹圄)의 몸이 되신 만해스님을 선학원으로 모시고 한국불교의 정체성을 굳건히 지키고자 하였습니다.[58]

위의 내용이 솔직담백하게 만해와 선학원의 연고를 사실대로 기술하려고 한 것이다. 그리고 선학원 불당 내부에는 2016년 선학원 건축공사를 하기 이전, 고승(연고 스님) 진영이 걸려 있었다. 그 곳의 1열에 남전, 도봉. 석두, 오성월이 2열에 만공, 용성, 만해, 적음 순서로 나온다. 1열

57) 위의 책, p.489.
58) 『선학원 100년의 기억』, p.28.

은 창건의 실질적 주체로 보이고, 2열은 연고 고승의 위상을 말해준다. 이것이 역사적 사실에 근접한 배열이다. 여기에서 필자는 만해가 설립 조사가 아니라고 다시 강조한다. 다만, 만해가 창건 직후 선학원 활동의 구심적인 역할을 잠시(1922~1924) 한 것은 인정한다. 그러나 없었던 사실(창건 주체)을 만들고, 만해를 선학원 활동의 상징으로 만들려는 것은 동의할 수 없다.

그리고 선학원 100년사 책의 설립조사 및 중흥조 편에 나열된 각 인물에 대한 편중을 지적하지 않을 수 없다. 본고와 관련된 대상 인물의 지면을 소개하면 다음과 같다. 우선 설립 조사에 나온 것이다.

한용운(1순위) ; 35면

송만공(6순위) ; 13면

한용운을 송만공의 2배 이상으로 서술한 것은 지나침이다. 여기에서 무슨 해석이 필요한가? 몰역사적인 서술이 아닐 수 없다. 다음으로 중흥조에서 주목할 것은 다음과 같다.

적음 ; 31면

법진 ; 23면

적음은 중흥조라고 수식을 하였다. 그러나 그는 만공의 수법제자이고, 선학원의 설립 및 운영의 주체인 만공보다 더욱 많음은 이해하기 어렵다. 법진은 현 선학원 이사장이다. 선학원으로서 그의 공로는 상당하다고 보겠지만, 아직 활동하고 있고 업적에 대한 평가를 거치지 않은 당사자로서 만공보다도 더욱 많은 지면을 할애한 것은 납득하기 어렵다.

두 번째로 제시할 내용은 수덕사에 대한 내용이 편파적이고 감정적이라는 점이다. 역사는 근거와 기록에 의해서 객관적으로 서술해야 한다. 그렇지 않으면 역사가 아니다. 수덕사(만공)가 선학원 역사(창건, 운영 등)에 관련된 내용은 보편적이다.[59] 이는 선학원에서도 인정하는 바이다. 그러나 이번에 나온『선학원 100년의 기억』의 1부 4장인「한국 현대불교와 선학원」의 3항 '선학원과 수덕사'에는 선학원측의 일방적 입장이 주류를 이룬다. 이 서술에는 수덕사의 기여 내용은 전혀 없고 오직 정혜사와 간월암의 분규 내용만 나온다. 1934년 재단 설립 당시 만공은 적지 않은 토지(33,781평)를 기부하였다. 그 토지가 정혜사(간월암, 견성암 등)와 관련이 있다고 선학원은 주장하나 이에 대한 내용은 복잡하다. 그러나 이 책에서는 만공의 그 기부가 계기가 되어 정혜사와 간월암은 선학원 분원으로 관리되어 왔다고 썼다. 그러나 수덕사는 그 사실을 완전 부인하였다.[60] 그럼에도 불구하고 선학원은 관련 창건주와 분원장을 제시하였다. 또한 정혜사와 간월암을 대상으로 한 분쟁(수덕사와 선학원)을 소개하였다. 이 분쟁의 실제 진행은 다음과 같다. 1962년 불교재산관리법 당시는 수덕사에 등록, 1978년 문제가 돌출(범행 선학원 이사장이 수덕사 주지 겸직 시, 선학원에 등록하여 이중 등록됨), 1981년 수덕사(주지, 설정) 등록, 2002년에 양측(수덕사 주지 법장, 선학원) 합의(등기 등록은 선학원, 운영권은 수

59)『불교신문』은 2014년 10월 4회에 걸쳐「수덕사와 선학원」을 연재하였다.
60)『불교신문』2014. 3. 1,「인터뷰 ; 수덕사 선학원대책위원장 효성스님」.

덕사),[61] 2011년 조계종 재산등록, 2014~2015년 수덕사와 선학원의 시비 및 소송 전개가 있었다.[62] 그러나 2017~2018년에는 대법원 판결로 수덕사가 승소했다.[63] 이런 일련의 과정은 생략하고 일방적으로 선학원의 입장만 나열했다. 선학원 역사서이기에 선학원 중심, 위주로 서술할 수도 있다. 그러나 그 정도가 지나치다. 심지어는 다음과 같이 감정적, 단정적인 서술이 있다.

> 더욱이 수덕사는 재단과의 신의와 합의도 스스로 파기한 것이다. 이것은 만공스님을 비롯한 조사스님들의 숭고한 유지도 저버린 행위인 것이다.[64]

선학원의 입장, 논리도 있고 수덕사의 입장도 있다. 그러나 '만공의 숭고한 유지를 저버린 행위'라고 단정한 것은 역사서에 나올 수 없는 표현이다. 어느 편이 유지를 버린 것인가는 진실, 역사만이 알 것이다. 요컨대 이는 보편적, 상식적인 역사서에는 나올 수 없는 감성적인 서술이다.

---

61) 이 합의에 대한 전후사정, 진행 등은 매우 복잡하다. 이는 선학원은 일방의 내용만을 강조하고, 소개하기 때문이다. 선학원은 2002년 4~5월, 수덕사 주지 법장스님이 제출한 합의서에 의해 자신들의 입장을 강조하였다. 그러나 그 합의서(정혜사와 간월암의 창건주 권한이 덕숭총림 임회에 있음이 확인될 경우 정혜사 명의로 되어 있던 일체의 토지와 간월암 부속토지를 재단법인 선학원으로 등기 이전하는데 대하여 동의하며 적극적으로 협력할 것을 확인)를 제출한 배경, 사정 등은 서술치 않고 있다.

62) 『불교신문』 2014. 10. 15, 「수덕사에 대한 선학원의 부당한 행위」 참고.

63) 『불교신문』 2017. 11. 15, 「수덕사, 정혜사 소송서 선학원에 승소」.
________, 2018. 4. 2, 「'정혜사 소송' 선학원에 수덕사 완승」.

64) 위의 『선학원 100년의 기억』, p.428.

5. 결어

본장의 맺는말에서는 필자가 지금까지 개진한 내용을 대별하여, 그에 담긴 뜻을 다시 한번 개진하는 것으로 하겠다.

첫째, 필자는 이 글에서 선학원의 최종진(법진스님)이 발굴, 서술한 이른바 「판결문」에 대해 집중 살펴보았다. 그 판결문은 필자가 주장한 만해는 선학원의 설립 조사가 아니라는 것을 반박하기 위해 활용한 사료이다. 그러나 필자가 그 판결문의 만해 내용을 분석한 결과 그는 당시 사실을 반영한 것으로 볼 수 없다고 잠정 결론을 내렸다. 즉 신뢰할 수 없는 내용(만해 관련)이었다. 여기에서 필자가 강조하고 싶은 것은 역사학의 정체성이다. 역사학은 사실에 근거하여 역사를 서술하는 학문이다. 그런데 사실은 문헌, 기록, 증언 등의 사료에 담겨 있다. 때문에 역사가는 다양한 사료의 분석, 비판을 통해 사실, 진실을 추출해야 한다. 왜냐하면 사료에는 왜곡, 과장, 착각 등이 혼재되어 있기 때문이다. 즉 사료비판이 없는 서술은 사실, 역사로 인정받기 어렵다.

둘째, 1950년대 당시 선학원과 재판을 벌였던 범어사 측이 생산한 '자료'를 새롭게 제시하였다. 이 자료에 담긴 내용, 의미 등을 갖고 선학원 역사를 탐구하자고 제안을 한다.

셋째, 선학원 노선을 정립함에 있어 이대의 이사장이 발표한 「실천요강」을 새롭게 볼 것을 제안하였다. 이대의가 제안한 「실천요강」은 비록 실천단계까지는 가지 못했어도 선학원 노선의 정체성을 환기시켜 주는 자료이다.

넷째, 선학원의 역사에서 범어사의 관련성을 폭넓게 발굴, 재인식 해야 됨을 강조하였다. 범어사는 임제종운동(1911~1914), 범어사 경성(인사동)포교당(1917~1921), 선학원 창건(1921) 및 재건(1931), 선학원이 범어사 경성포교당으로 운영(1926~1931), 오성월의 이사장 근무(1935~1943) 등 다양한 측면에서 선학원 역사에서는 결코 배제할 수 없는 주체이었다.

다섯째, 필자는 최근 간행된 『선학원 100년의 기억』이라는 선학원 100년사 책을 비평하였다. 그 책에 담긴 오류, 지나침을 지적하였다. 그는 만해를 설립 조사로 본 것, 수덕사에 대한 감정적인 표현, 인물의 불균형적인 서술 등이다.

여섯째, 필자는 만해를 선학원 설립조사라는 개념에는 동의할 수 없지만, 새로운 개념을 창출하여 만해와 선학과의 연관성을 설명하는 것에는 동의한다. 만해는 선학원에 10년간(1922~1931) 서울에서 활동할 때의 주석, 선학원 창립 정신이 담긴 선우공제회(1922.3.30)의 발기인 및 수도부 이사로 추천되었다는(1924) 역사가 있다. 거시적으로 보면 만해는 선학원의 민족불교 노선에 동참한 인물로 볼 수 있다. 그러나 정화불교(불교정화운동, 비구승단 재정립)도 정체성으로 내세우고 있는 선학원의 상징 인물로 표방함은 지나침, 몰역사성이다. 필자는 만해 한용운을 연구하는 학자이다. 그래서 만해에 대한 다양한 글을 집필하면서 만해의 행적, 정체성의 탐구에 심혈을 기울이고 있다. 선학원이 만해를 선학원 역사에 끌어 들여 자신들의 설립 조사로 삼으려는 충정은 이해된다. 그러나 그는 과도한 편입으로 보거니와 만해의 행적 및 정체성을 고려하여 적절한 평가로 수정되길 기대한다. 만해는 민족운동, 독립운동에 주력한 독립운동가이었음을 유의해야 한다. 선학원은 근현대 불교사에서는 의미가 있는 대상이었지만, 만해를 선학원 역사에 끌어 들이고 매어 놓으려는 시도는 아전인수격의 역사 해석이다.

필자의 이와 같은 주장이 선학원의 역사, 문화, 정체성 등을 탐구함에 있어 참고가 되길 기대한다. 미진한 측면은 새로운 자료 발굴 및 분석으로 보완하고자 한다.

▌자료 발굴▐

해제 ; 선학원 및 선리참구원의 설립 문건

본 자료는 근대 불교의 역사에서 간과할 수 없는 대상인 선학원 역사를 새롭게 조명할 수 있는 자료이다. 선학원은 1910년대의 임제종 중앙포교당, 범어사 포교당을 계승하여 1921년 11월 30일에 창건되었다. 그러다가 1934년 12월 5일, 재단법인 조선불교 선리참구원으로 출범하였다. 그런데 1950년대 중반에는 선학원의 재산을 둘러싸고 선학원과 범어사 간에 소송이 전개되었다.

이번에 발굴, 소개하는 자료는 소송이 벌어지던 1950년대의 범어사 입장을 전하는 문건으로 재판부에 제출된 자료이다. 이 자료는「범어사와 조선불교중앙선리참구원」(부동산 관련 자료)철에 수록되어 있었다. 이 문건 속의 내용에는 1934년 재단법인 출범시의 출자 문제, 선학원 재산의 소유권을 비롯한 선학원의 역사를 새롭게 들추어 낼 측면이 있다. 그러나 이 자료를 갖고 연구, 서술할 시에는 적절한 사료 비판이 뒤따라야 할 것으로 보인다.

一. 梵魚寺 中央布敎堂 移建의 由來(別號 禪學院)

1. 布敎堂의 移建 沿革

距今 三十五年前 卽 檀紀 四二三四年 傾에 梵魚寺에서 吳惺月 金南泉 金石頭 金尙昊 諸氏로 하여금 布敎堂 移建委員으로 定하여 仁寺洞

一八八 番地의 布敎堂을 安國洞 四0番地로 移建 擴張한바 建物을 그리로 移建하데 不足한 材는 新材로만이 利用하엇으매 資金은 同 垈地를 賣却하고 不足額은 寺財로 充當하였고 完成 後 金南泉禪師를 布敎師로 任命하였다가 四二六0年 頃에 禪師가 辭退하고 金尙鎬氏가 繼承 守護하다가 約 四二六三年 頃에 右氏가 金寂音氏를 推薦하여 梵魚寺에 僧籍을 하여 監院으로 守護케 하다.

2. 一時信託에 對하야

本 布敎堂은 純全히 中央敎化 事業으로 目的하고 建設한 것은 京鄕이 共知하는 바인데 彼側에서 此 布敎堂을 信徒을 移轉하여 些少한 公課金을 避하기 爲하여 梵魚寺 名義에 一時 信託하니 그의 證據가 何에 在한지 참 그야말로 語不成說이요 言語道斷이며 더구나 金寂音는 其 移轉時에 僧도 되지 아니 하엇고 下道 一坊에엇서 얼투당투 아니한 者로서 鐵面的으로 虛僞 證人으로 虛構捏造로서 千年 古刹 즉 自己 本寺에 無知하게 加害를 하니 人天이 共怒할 일이매

3. 韓龍雲先生의 憑藉에 對하야

三十三人中 韓先生을 奇貨로 假資하나 此 亦 千萬不當한 말이요 先生其時 排日의 首魁로 一般이 對面을 忌避하여 城北洞 一隅에서 孤寂한 生活을 하든 분이오 僧侶들도 絕足을 하였는데 況 信徒乎며

4. 虛僞 證人에 對하야

彼 證人 崔昌雲女史는 白龍城禪師의 心腹 信徒로서 禪師 亦 同時에

鳳翼洞 二番地 自己 布教堂을 新建하는데 全 責任者로서 全力을 다하여 도로해 梵寺 事業에 對立이 되어 모든 妨害 工作을 다하애 梵寺는 信徒들 喜捨가 烏有에 歸하엇으매 金鏡峯 崔應山 亦 全, 慶 下道 一坊에었서 此事에는 全緣 不知者이오 姜正一(介述)는 그 時 年少者로 僧도 되지 아니한 者인데 此等 證人들이 何에 根據한 證人인지 可笑할 일이며

二. 財團法人 禪理參究院 設立의 由來

1. 法人 設立의 動機

約 距今 二三年 卽 檀紀 四二六六年 傾 金寂音氏가 當寺 布教堂 監院으로 就任 守護 中 一躍 千金을 夢想하고 財團法人을 設施하면 無依無托한 信徒들이 死後 信託으로 土地 其他 現品 等으로 投資을 하면 不過 饑年에 巨大한 財團이 成立될 줄로 夢想하고는 定慧寺 宋滿空, 大乘寺 金玄鏡 等 名義의 土地 目錄을 이용하면서 그의 收穫品은 各自 需用하기로 契約書를 作成하여 주고 但 梵魚寺만은 寺刹令의 關係上 承諾 與否도 不拘하고 目錄만 利用하여 財團 許可文書를 寫本으로 作成하여 多方으로 運動한 결과 書類 不備함에도 불구하고 不法으로 財團 許可가 되어 邇來 約 二十數三年이 되었으나 本來 目的을 未達하고 無如 幽靈 財團으로 今日에 至하였음

2. 寄附 問題에對하야

寺刹의 基本財産은 寺刹令에 依하여 寺中 平議員會 決議와 官府의 許

可 없이는 寄附 及 處分이 不可能하온대 本件은 當初부터 右 許可手續을 하지 아니하고 非公式으로 目錄만 暗用하였음

3. 法人의 惡用에 對하야

法庭에서 許可時에 무슨 非行을 하라는 것이 안임에도 不拘하고 法人勸力의 萬能, 正義로 千年 古刹의 財産을 막우 掠奪코자 하더니 이것이 무슨 賊反荷杖인지 公正한 裁判이 있기를 白日에 訴하나이다.

부록

만공 연보
참고 문헌

만공 연보

1871년 전북 태인 출생

속명은 송도암(宋道岩)

만공(滿空)은 법호, 월면(月面)은 법명

1884년 완주 봉서사로 입산

동학사(계룡산) 진암 문하에서 수행 시작

– 행자 수행

천장암(서산)에서 득도(得度 · 정식 출가)

– 은사 태허, 수계사 경허

1895년 봉곡사(아산)에서 첫 깨달음

1896년 마곡사(공주)에서 수행

– 경허에게 수행 지도 받음

부석사(서산)로 이전

– 경허에게 배우기 위해

경허 시봉, 지도 받음

– 범어사, 계명암

– 통도사, 백운암

구경각 깨침, 통도사 백운암

1901년 천장암에서 보림 수행

1904년 경허로부터 전법게 받음

– 천장암에서

1905년 수덕사에 주석하면서 선풍 진작

- 금선대 짓고, 후학 가르침
- 수덕사, 정혜사, 견성암을 선원으로 운영
- 교육 철학, 표방

도량(道場), 도사(導師), 도반(道伴) ; 강조

- 비구니 배려

1913년 경허 입적(1912) 사실, 수월이 만공에게 서신 전달

- 수월과 혜월, 삼수갑산에 가서 다비 거행

1918년 보덕사(예산) 주지 취임

- 선원을 창립하기 위해

1921년 선학원(禪學院) 창건

- 상량문에 발기인으로 나옴

1922년 선우공제회(禪友共濟會) 설립

- 수도부 이사, 많은 재정 지원

1930년 선학원 재건, 선학원 조실

- 제자 적음, 주도

1931년 수덕사 주지 취임

유점사 선원 회주

마하연 선원, 조실

1932년 한용운에게 『경허집』 편집 의뢰

1933년 마하연 주지 취임

1934년	선학원 재단법인 추진
	– 조선불교 선리연구원(禪理硏究院) 발족, 인가
	이사장으로 추대
	– 선학원에 전답 기증
1935년	조선불교 선종(禪宗)의 종정으로 추대됨
	마곡사 주지 취임
	– 마곡사 내분, 안정을 위해
1936년	경허 진영, 제작 · 봉헌
	– 금선대 영각
1937년	총독부 청사(본사 주지회의), 총독 경책
	일제 불교정책 비판
	한국불교 자주화 선언
	한용운, 석우 등과 선학원에서 만세를 부름
	한용운 ; 1937년 불교사를 빛낸 사건으로 평가
	독립자금 전달, 만해에게 수차례
	– 수범 · 수연(견성암) 증언
	만해 거처, 심우장 방문 – 울분, 개탄
1941년	선학원, 유교법회(遺敎法會) 증명 법사
	– 청정 계율, 한국불교 전통 수호 강조
	– 40명의 수좌 · 율사와 함께
	– 범행단(梵行團) 구성 – 청정계율과 청정비구 수호
	조계종단 출범, 고문
	– 일체 활동을 하지 않음

1942년　간월암(間月庵)에서 독립 발원의 천일기도 단행
간월암 중수
1943년　『경허집』 발간
– 선학원, 수좌 40여 명과 함께
1945년　8 · 15해방 3일 전, 천일기도 회향
– 세계일화(世界一花), 무궁화로 일필휘지
조선불교, 고문으로 추대
1946년　세수 75세, 법랍 62세로 입적
1947년　부도, 만공탑 건립
– 충남문화재자료 181호, 국가 등록문화재 473호
1968년　수덕사, 『滿空語錄』 간행
1982년　만공문도회, 『滿空法語』 간행
2015년　경허 · 만공선양회에서 만공을 독립운동가 포상 신청
– 수덕사, 학술 세미나 개최(3회)
– 국가보훈처 ; 실형, 근거, 객관성 강조
수덕사 ; 정신적인 독립운동
2016년　『만공법어 ; 나를 생각하는 자가 누구냐』 발간(비움과 소통)
2017년　『일제의 총칼 앞에서 조선의 얼을 지킨 만공』 발간
– 지은이 옹산
2018년　선학원 미래포럼, 선학원 세미나 개최
– 발제자 김광식(동국대), 만공이 선학원의 주역임을 강조
2023년　『선학원 연구』(중도기획) 발간
– 기획 ; 수덕사　– 지은이 ; 김광식

참고문헌

김혜공, 『만공어록』, 1968.

만공문도회, 『만공법어』, 1982.

선리연구원, 『選佛場 ; 안거 방함록과 수좌대회록』, 2007.

불학연구소, 『경허 · 만공의 선풍과 법맥』, 조계종출판사, 2009.

선학원 백년사 간행위, 『선학원 100년의 기억』, 선학원, 2021.

김광식, 『한국 근대불교사연구』, 민족사, 1996.

______, 『한국 근대불교의 현실인식』, 민족사, 1998.

______, 『근현대불교의 재조명』, 민족사, 2000.

______, 『새불교운동의 전개』, 도피안사, 2002.

______, 『한국현대불교사연구』 불교시대사, 2006.

______, 『민족불교의 이상과 현실』, 도피안사, 2007.

______, 『아! 청담』, 화남, 2004.

______, 『동산대종사와 불교정화운동』, 영광도서, 2007.

______, 『범어사와 불교정화운동』, 영광도서, 2008.

______, 『만해 한용운의 기억과 계승』, 인북스, 2022.

______, 「일제하 선학원의 운영과 성격」, 『한국독립운동사연구』 8, 1994.

______, 「범어사의 사격과 선찰대본산」, 『선문화연구』 2호, 2007.

______, 「불교정화운동과 화동위원회」, 『불교정화운동의 재조명』, 조계종출판사, 2007.

______, 「불교혁신총연맹의 결성과 이념」, 『한국 근대불교의 현실인식』, 민족사, 1998.

______, 「전국불교도총연맹의 결성과 불교계 동향」, 『한국 근대불교의 현실인식』, 민족사, 1998.

______, 「불교 '정화'의 성찰과 재인식」, 『근현대불교의 재조명』, 민족사, 2000.
______, 「전국비구승대표자대회의 시말」, 『근현대불교의 재조명』, 민족사, 2000.
______, 「조선불교조계종의 성립과 의의」, 『새불교운동의 전개』, 도피안사, 2002.
______, 「정화운동의 전개과정과 성격」, 『새불교운동의 전개』, 도피안사, 2002.
______, 「한국 현대불교와 정화운동」, 『한국 현대불교사 연구』 불교시대사, 2006.
______, 「대한불교조계종의 성립과 역사적 의의」, 『한국 현대불교사 연구』 불교시대사, 2006.
______, 「조계종과 선학원, '同根'의 역사 및 이념」, 『문학사학철학』 44집, 2015.
______, 「현대기 선학원(1962~1993)의 역사와 성격」, 『역사와 교육』 25집, 2017.
______, 「심우장의 어제와 오늘 – 한용운과 심우장의 정신사」, 『전자불전』 21집, 2019.
______, 「선학원 정체성의 재인식 : 만공과 한용운, 계승의 문제」, 『한마음연구』 4집, 2020.
______, 「강석주의 삶에 나타난 민족불교」, 『민족불교의 이상과 현실』, 도피안사, 2007.
______, 「만해와 강석주」, 『우리가 만난 한용운』, 참글세상, 2010.
______, 「만해와 만공」, 『우리가 만난 한용운』, 참글세상, 2010.
______, 「오성월의 삶에 투영된 禪과 民族意識」, 『불교와 국가』, 국학자료원,

2013

______, 「대한불교조계종의 성립과 성격; 1941~1962년의 조계종」, 『한국선학』 34호, 2013.

______, 「한암과 만공의 同異, 그 행적에 나타난 불교관」, 『한암선사연구』, 민족사, 2015.

______, 「만공의 민족운동과 遺敎法會 · 간월암 기도」, 『한국민족운동사연구』 93집, 2016.

______, 「만공 · 만해 · 김구의 독립운동 루트」, 『대각사상』 31집, 2019.

______, 「석주의 삶과 한용운」, 『만해학보』 21호, 2021.

______, 「한용운과 홍성, 연구의 서론」, 『만해학보』 22호, 2022.

김경집, 「근대 선학원 활동의 사적 의의」, 『불교학연구』 15호, 2006.

______, 「만공의 선학원 활동과 선풍 진작」, 『경허 · 만공의 선풍과 법맥』, 조계종출판사, 2009.

______, 「근대 선학원의 개혁인식 연구」, 『불교학연구』 23호, 2009.

김순석, 「중일전쟁 이후 선학원의 성격 변화」, 『선문화연구』 창간호, 2006.

______, 「일제하 선학원의 선맥 계승운동과 성격」, 『한국근현대사연구』 20, 2002.

______, 「조선불교선교양종과 조선불교선종의 종헌 비교 연구, 『보조사상』 34호, 2010.

고영섭, 「불교정화의 이념과 방법」, 『불교정화운동의 재조명』, 조계종출판사, 2007.

박재현, 「금어선원을 통해 본 한국 선원(禪院)의 근대성」, 『항도부산』 42, 2021.

오경후, 「선학원 운동의 정신사적 기초」, 『선문화연구』 창간호, 2006.

월 암, 「유교법회와 조계종의 오늘」, 『대각사상』 14, 2010.

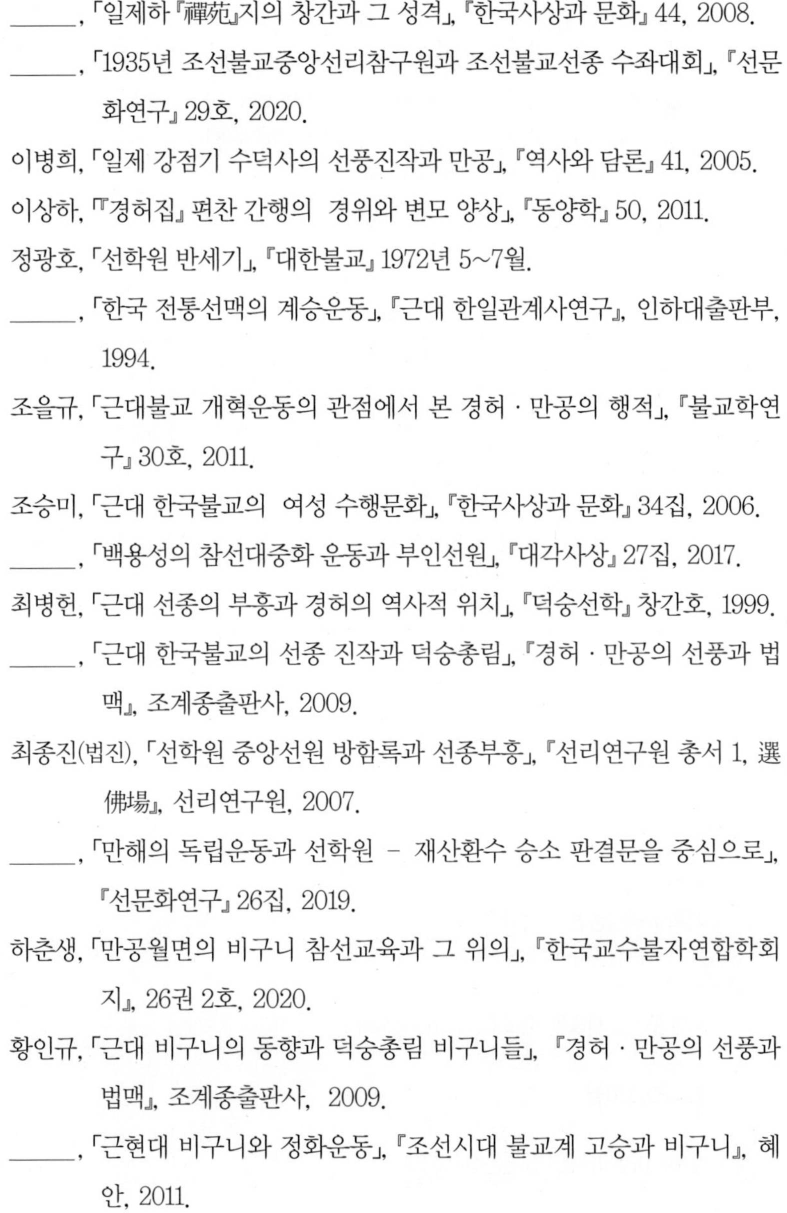

______,「일제하『禪苑』지의 창간과 그 성격」,『한국사상과 문화』44, 2008.

______,「1935년 조선불교중앙선리참구원과 조선불교선종 수좌대회」,『선문화연구』29호, 2020.

이병희,「일제 강점기 수덕사의 선풍진작과 만공」,『역사와 담론』41, 2005.

이상하,「『경허집』 편찬 간행의 경위와 변모 양상」,『동양학』50, 2011.

정광호,「선학원 반세기」,『대한불교』1972년 5~7월.

______,「한국 전통선맥의 계승운동」,『근대 한일관계사연구』, 인하대출판부, 1994.

조을규,「근대불교 개혁운동의 관점에서 본 경허 · 만공의 행적」,『불교학연구』30호, 2011.

조승미,「근대 한국불교의 여성 수행문화」,『한국사상과 문화』34집, 2006.

______,「백용성의 참선대중화 운동과 부인선원」,『대각사상』27집, 2017.

최병헌,「근대 선종의 부흥과 경허의 역사적 위치」,『덕숭선학』창간호, 1999.

______,「근대 한국불교의 선종 진작과 덕숭총림」,『경허 · 만공의 선풍과 법맥』, 조계종출판사, 2009.

최종진(법진),「선학원 중앙선원 방함록과 선종부흥」,『선리연구원 총서 1, 選佛場』, 선리연구원, 2007.

______,「만해의 독립운동과 선학원 – 재산환수 승소 판결문을 중심으로」,『선문화연구』26집, 2019.

하춘생,「만공월면의 비구니 참선교육과 그 위의」,『한국교수불자연합학회지』, 26권 2호, 2020.

황인규,「근대 비구니의 동향과 덕숭총림 비구니들」,『경허 · 만공의 선풍과 법맥』, 조계종출판사, 2009.

______,「근현대 비구니와 정화운동」,『조선시대 불교계 고승과 비구니』, 혜안, 2011.

• 김광식

동국대학교 특임교수

독립기념관 책임연구원, 부천대 교수, 만해마을 연구실장 역임

『한국근대불교사연구』, 『한국현대불교사연구』 등 40여 권의

저서가 있으며 만해학회 회장, 한국정토학회 회장을 역임하였다.

유심작품상(학술), 불교평론 학술상을 수상하였다.

선학원 연구

2023년 3월 15일 초판 인쇄

2023년 3월 28일 초판 발행

저자 | 김광식

기획 | 덕숭총림 수덕사

충남 예산군 덕산면 수덕사 안길 79

펴낸 곳 | 도서출판 중도(02-2278-2240)

값 : 25,000원

ISBN 979-11-85175-56-0 93220